"后发国家政治发展研究"丛书

国家出版基金项目
NATIONAL PUBLICATION FOUNDATION

谭融 主编

中东国家政治发展研究

韩志斌 等著

Research on the political development

of Middle Eastern countries

POLITICAL

天津出版传媒集团

天津人民出版社

图书在版编目(ＣＩＰ)数据

中东国家政治发展研究 / 韩志斌等著. —— 天津：
天津人民出版社，2023.12
（"后发国家政治发展研究"丛书 / 谭融主编）
ISBN 978-7-201-20259-4

Ⅰ.①中… Ⅱ.①韩… Ⅲ.①政治—研究—中东
Ⅳ.①D737

中国国家版本馆 CIP 数据核字(2024)第 050066 号

中东国家政治发展研究
ZHONGDONG GUOJIA ZHENGZHI FAZHAN YANJIU

出　　版	天津人民出版社
出 版 人	刘　庆
地　　址	天津市和平区西康路35号康岳大厦
邮政编码	300051
邮购电话	（022）23332469
电子信箱	reader@tjrmcbs.com

策划编辑	王　康
责任编辑	郑　玥
特约编辑	佐　拉　郭雨莹　武建臣
封面设计	汤　磊

印　　刷	天津海顺印业包装有限公司
经　　销	新华书店
开　　本	710毫米×1000毫米　1/16
印　　张	40.75
插　　页	4
字　　数	620千字
版次印次	2023年12月第1版　2023年12月第1次印刷
定　　价	162.00元

总　序

　　由天津人民出版社出版的"后发国家政治发展研究"丛书是由本人作为首席专家于 2015 年获批的国家社科基金重大项目"非西方国家政治发展道路研究"（15ZDA033）的成果，包括《后发国家政治转型与政治发展的理论和实践》《东南亚国家政治发展研究》和《中东国家政治发展研究》三部著作。本丛书经天津人民出版社推荐申请，以及国内政治学专家谭君久教授和高建教授的大力支持和推荐，于 2022 年 4 月获批"国家出版基金资助项目"。

　　本丛书的研究设计受到学术界"非西方中心论"思想的影响，意即后发国家基于历史文化传统和社会经济条件的不同，不可能走完全相同于早发国家的政治发展道路，后发国家在政治发展过程中，会经历各种曲折，显现出自身特色。系列著作涉及东南亚、南亚、非洲和中东地区各国，覆盖面广，研究颇具复杂性。通过追溯不同国家和地区政治发展的历史与现实，分析其特有的政治转型及政治发展路径，揭示不同国家和地区政治发展中的诸方面问题，总结其内在规律。

　　本丛书属于比较政治研究范畴，兼有历史政治学内涵，在政治学研究的基础上采用历史学研究方法。从地区国别入手，采用比较分析和类型学的方法对研究所得出的结论进行解释性归纳，力求通过对后发国家的政治转型与政治发展的经验性研究和质性分析，提出与后发国家政治发展历史与现实相适应的理论观点。

　　本丛书的第一部为南开大学谭融教授等著的《后发国家政治转型与政治发展的理论和实践》，此著作由两部分组成。

　　上篇为"后发国家政治转型与政治发展的理论"，对后发国家政治转型与政治发展的相关理论加以阐述。具体分为三章,第一章选取具有代表性的学者,对其相关理论进行系统阐释。包括:①阿尔蒙德的理论方法,即将系统理论引入比较研究,运用结构功能的理论方法,通过设定若干变量,将之引入发展中国家的政治研究。②白鲁恂基于对东南亚国家政治发展的研究,提出有关转型社会的理论,从政治文化的角度,分析东南亚国家转型中面临的威权主义政治危机及合法性风险。③亨廷顿对后发国家政治发展的研究,通过对 20 世纪后期世界第三次民主化浪潮的研究分析,对后发国家民主转型中出现的军人政治问题、政治不稳定乃至民主崩溃的原因,以及有效政府与政治秩序间的关系进行理论与现实分析。④威亚尔达有关民主本土化的研究,主张重构西方传统民主理论,认为基于后发国家历史文化传统不同,其民主形式、制度与实践均会发生与西方国家不同的变化。⑤福山的"三要件"论,分析后发国家国家能力、法治和负责制三个制度要件的平衡关系,以及与民主之间的关系。

第二章在介绍代表性学者理论的基础上,针对后发国家政治转型与政治发展中遭遇的突出问题,提取相关理论加以解析,包括:政治转型理论、威权主义政治理论、社会异质性及精英政治理论和军人政治理论。阐释后发国家在政治转型中政治体系所面临的政治文化与政治结构等诸方面的挑战。政治学者在分析中提出,威权主义处于极权主义与民主主义的中间状态,是当代后发国家政治发展中普遍存在的政治形态。在后发国家政治转型与政治发展过程中,政治精英既要体现广大民众的意志,又要努力保持政治社会秩序,在发展路径上面临两难困境。一些后发国家在其政治发展过程中显现出军事威权主义的特征,东南亚国家、拉丁美洲国家和非洲国家中都有此类案例。这些国家的军人干政中又显现出一种特有的军队自主性和"军事职业主义"特征,意即在国家面临危机、政治系统发生断裂时,军队以一种"中立"的面目出现,承担起维护国家安宁和推动社会经济发展的职责。后发国家政治进程中出现的此类现象值得关注。

基于对后发国家特有的关切,第三章对国家与社会关系理论进行了梳理,探讨国家在后发国家政治发展中的地位和作用,涉及国家自主性、国家能力和国家建构问题,分析国家建构与民主化之间的关系,提出现代国家的建构将伴随后发国家民主体制的建立、运行及治理。

对后发国家政治转型与政治发展的理论阐释成为系列著作的理论框架及地区国别案例分析的支撑。

下篇为"后发国家政治转型与政治发展的实践"，从国别入手，选取了亚洲地区的印度和泰国、非洲地区的南非，以及拉丁美洲地区的墨西哥和智利，对各国政治转型与政治发展进行案例研究。通过对这些国家的深入研究，总结经验，索取对我国政治转型与政治发展的有益启示。

其中，南亚国家中最具代表性的印度，因实行多党制并定期举行竞争性选举而被西方学界普遍认定为民主国家。本部著作中通过对印度历史及现实发展的经验性研究提出，印度的民主体制具有移植性，多年来，在民主体制的外壳下，显现出其国家能力和社会治理水平的低下，表明印度移植的民主并没有跟本国土壤很好地结合为一体。印度发展的案例表明：对于后发国家而言，不能仅仅以政体形态去衡量其政治发展的质量，还需根据其国家治理的实效加以评判，以寻求民主制度的内化。

泰国的政治发展呈现出另一个层面的特点，即与其根深蒂固的佛教文化紧紧联系在一起。在泰国的政治发展过程中，政治精英的作用明显，同时突出地显现出其政党政治的不稳定、不成熟，导致政治、社会动荡。泰国政治中军人干政的反复出现，成为其特色，呈现出其政治过程的断裂性。

本著作选取了非洲地区颇具代表性的南非作为案例，进行经验性研究。南非曾经是一个典型的种族主义威权政治国家，尽管在白人范围内秉承竞争性代议民主，但80%以上的黑人和有色人种被排除在政治体制之外，其种族隔离程度极为残酷，被一些学者称为南非本国内"白人的殖民统治"。20世纪后期，在多种因素的推动下，经过长期的奋争，南非最终实现了和平转型，表现出政治精英的政治智慧、包容性和妥协性，为多民族、多族群国家的政治转型和政治发展提供了有益的启示。

墨西哥地处北美，与美国毗邻，是拉丁美洲颇具特色的国家。20世纪以来经历了两次政治转型：由考迪罗军人独裁统治转向文人宪政体制；再由一党主导型威权体制转向多党竞争轮替的民主体制。政党政治的发展发挥了重要作用。对墨西哥的研究表明，在政治转型与政治发展过程中，政党的政治纲领及政治引领极为重要。墨西哥 2000 年转型后的政治实践表明,仅仅维系"竞争性选举"及政党"轮替",并不能保持一个国家的长治久安,还需要有效的社会治理,使广大民众感到满意,方能保持政治稳定,使国家政权立于不败之地。

智利地处南美,是一个具有长期民主传统的国家,20 世纪 70 年代建立了强军人统治下的威权体制,在政治上实行高度专制。20 世纪 90 年代以来,智利的政治转型经历了两个阶段:由军人政权转为文人政权,再由威权体制转向民主体制。当代智利政治经济发展的经验表明,任何一个国家都需要保持经济的平衡发展,同时在经济发展进程中保持利益的相对平衡性。利益分配的失衡,有可能出现政治社会危机,最终导致政治体制的变更。

本丛书的第二部是天津师范大学常士闇教授等著的《东南亚国家政治发展研究》。此著作中明确阐述了"合宜机制"理念,成为研究的理论预设。常士闇教授提出,所谓合宜机制是指一种合于内外发展实际状况,能够包容不同制度因素的适应性安排,一种减震的结构安排。此种结构安排在制度结构上具有混合性,是一种治理形态,体现为民主的本土化,即在政治民主的发展进程中,通过不断磨合,使外来的先进文化与本土文化和秩序相协调。常士闇教授认为,受世界发展变化的影响,东南亚国家独立前后渗入了不少西方的因素,成为东南亚国家政治生活的重要内容。尽管如此,东南亚国家有其自身的文化品格及政治发展路径,形成了有其个性的政治发展道路。

《东南亚国家政治发展研究》著作中,将东南亚国家的政治发展归纳为三种类型:①增量型政治发展,以新加坡和马来西亚为样板。新加坡选择了世俗的威权政治道路,将英国的法治与东方特有的集体主义结合在一起。马来西亚则汲取了西方的多党政治和协商民主,将族群政党联合协商与马来人的权威结合在一起,推进政治发展。②起伏型政治发展,指一些国家在实现国家独立和政治进程中,经由西方政治形态与传统政治形态之间的博弈,最终实现民主转型和民主的巩固,如印度尼西亚 20 世纪后期的经历。菲律宾被称为"亚洲的民主之窗",但国内的家族政治与现代民主纠缠在一起,经历了多次军事政变,政治才逐渐稳定。缅甸独立于二战之后,国内军人力量与地方族群力量的博弈导致政治动荡。

　　进入 21 世纪,军人集团与民主力量的斗争依然左右着缅甸的政治发展进程。柬埔寨独立后长期陷于内忧外患之中,国家基础薄弱,经济发展落后,党争激烈,政局动荡。最终建立君主立宪制,王国与民选政府结合,一定程度上解决了政治稳定问题。③变革型政治发展。如越南,20 世纪 90 年代以来进行政治体制改革,推进民主政治的发展。老挝政治发展起步较晚,国家建构时间短,处于变动中。老挝选择了社会主义,确立了人民革命党的领导地位,使其在遭遇国内外种种挑战时能够有条不紊地推进自身的政治发展。

　　在总体上,可从以下六个方面对当代东南亚国家的政治发展加以归纳:

　　第一,自主性状况。所谓自主性,指在国家与社会的关系结构中,国家具有独立于社会、制定具有约束力规则和政策的能力,涉及国家与社会的关系结构。强自主性的国家可以有力推进国家认同和国家建构,提升国家治理能力。如新加坡、印度尼西亚和马来西亚等在政治发展中强调国家的重要地位。反之,国家缺乏自主性或自主性较弱,如菲律宾,国家被家族势力和裙带关系所俘获,不仅难以形成整体性国家认同,在国家制度建设方面难以规避地方寡头势力的左右,还成为强势利益集团掠夺国家资源、侵吞社会财富的工具,甚至蜕变为掠夺型国家。

　　第二,精英政治发展形态。在东南亚国家政治发展进程中,政治精英发挥着重要作用,政党精英、军人精英、宗教精英、王室精英和商界精英形成不同的关系结构,呈现为一元主导和多元竞争等各种形态,推动或阻遏着各国的政治发展。

　　第三,军人政治状况。在东南亚地区,军队的政治作用有两种类型:一种是军队大规模地干预政治,如泰国、缅甸、印度尼西亚和菲律宾;另一种是军队对政治的干预较少,如马来西亚、新加坡、越南和东帝汶。东南亚国家军队大多经济独立,与商业界联系紧密,一定程度上能够自给自足。强大的经济基础成为军队保持自主性和独立性的后盾。东南亚大多数国家的军队未真正实现职业化,或走向职业化的时间较晚,使军队更像一种利益集团。尽管如此,对于东南亚大多数国家而言,军队走向专业化和现代化已成为必然趋势。

　　第四,政治制度化状况。东南亚国家在民族独立运动中,政治制度的变革显现为:①政党制度得以发展,由没有竞争或较少竞争过渡到有较多的竞争，选举自由和公正性得到一定程度的保证。②公民合法参与政治范围扩大，途径增多，公民政治权利的实现状况有所改善。③结社与言论自由方面的限制有所放宽。独立后，东南亚各国的政治体制汲取了他国的内容，也保留了自身的某些传统，显现出不稳定性、不成熟性和多样性的特点。实践表明，作为后发国家，东南亚各国走向民主将经历较为漫长的过程。

第五，族际政治发展状况。东南亚大多数国家是多民族国家，各国有数量不等的族群或种族。与欧洲和中东国家相比，东南亚各国在不同宗教之间表现出较大的包容性，有效地遏制了地区和宗教的分裂性。在族际政治治理体制方面，或采取联邦制，如马来西亚和缅甸，由简单治理走向复合治理；或在单一制下实施民族自治，如印度尼西亚。在治理策略上，采行社群主义，通过专门协调机构保持族际关系的平衡，显现出威权体制下权力的分享与吸纳。

第六，东盟与东南亚国家的政治发展。1967年，泰国、马来西亚、新加坡、印度尼西亚和菲律宾五国在曼谷签订宣言，成立东南亚国家联盟（简称"东盟"）。鉴于东南亚国家处于大国竞争要地，东盟遵循"协商一致""灵活性"和"政府间合作"的原则，以求在东西方冲突中保持中立，通过协商达成谅解，化解内部分歧，为各国发展保持更多"理性选择"空间。

本丛书的第三部为西北大学韩志斌教授等著的《中东国家政治发展研究》。

20世纪以来，中东地区在传统与现代、东西方文明的交织和碰撞中独具一格，在政治发展路径方面与世界其他地区有较大差异。在此期间，这一地区政变频发，族群对抗、部落内斗和教派冲突激烈，政治衰朽，民众抗议，政治面临严重挑战。进入21世纪，特别是出现中东变局后，学界普遍将中东各国的震荡归于经济绩效不佳、政治变革缓慢和社会民主诉求激增等多种因素。当代中东地区的动荡，凸显中东各国政治结构的缺陷和国家建构的失序，采用任何单一视角均难以厘清这一地区政治发展的复杂性和不确定性。

在总体上，可将当代中东各民族国家的建构概括为三种类型：

第一，以埃及、土耳其、伊拉克、利比亚等国为代表的"革命民族主义"类型。此类国家与以往的政治延续性不明显，在制度结构上有很强的创新性，涌现出一批魅力型威权统治者，如纳赛尔、凯末尔、萨达姆和卡扎菲等。

第二，以黎巴嫩、阿尔及利亚、突尼斯等国为代表的"内外力量竞逐协调"类型。二战后此类国家民族运动风起云涌，给委任统治当局极大压力，在英法殖民力量逐渐弱化的情况下，签订协议，建立现代民族国家。但这些国家政治基础薄弱，各派势力矛盾尖锐，致使建国后很长时期充斥着倡导政治变革与反对变革的激烈角逐。

第三，以沙特阿拉伯等海湾君主制国家为代表的"回归传统国家"类型。阿拉伯半岛的酋长国独立时受英国殖民者的影响较小，巴林、卡塔尔、阿联酋等国是在英国颓势无力、主动退出海湾地区的情况下建立的民族国家，独立和建国之路较为平顺，国内没有产生大量具有现代思想的民族主义者，使民族国家建立后得以回归到旧有传统国家的政治形态，体现为王权的集权化及政治、法律的中央集权化和军事化。

可见，中东民族国家的形成，既是各国政治发展的新起点，也包含了其政治体系、制度结构及发展方向的缺陷，制约了这些国家的政治发展。当代中东各民族国家建构过程中所隐含的政治缺陷显现为：首先，在很大程度上受到外部力量的影响，独立前殖民者划定的地理边界给各国此后的政治发展带来问题。其次，中东各国在民族国家建立伊始便忽略了自身政治体系的建构问题，一些国家如埃及、利比亚，在政治发展原则、制度建设和动员手段等方面过于激进，没有妥善解决国家建构中的政治整合和共识问题，未能使国家建构与自身的历史文化较好地连接。另一些国家如黎巴嫩，将新兴民族国家及政治制度建立在脆弱的政治体系之上，政治发展的基础不牢固，致使国家权力弱化，缺乏解决诸种问题的能力。此外，中东地区各国独立后，"阿拉伯民族主义"及"阿拉伯社会主义"思潮广泛传播，自由军官组织的革命形式及此后的政治发展形态与利比亚、伊拉克等国的国情有一定冲突，导致未来存在分裂性隐患。

从国家建构的角度，20世纪初以来，中东各国的政治发展大致经历了四个阶段，不同国家在各阶段的时间点上有所交叉，发展有所不同。

第一阶段：国家机构创设期。中东地区各民族国家从建立前后至20世纪70年代末80年代初，普遍完成了国家机构的创建，包括三种类型：①以黎巴嫩为代表的议会共和制。②以埃及、土耳其、叙利亚为代表的总统共和制。③以沙特阿拉伯等海湾君主国及伊朗为代表的君主制。此时期,大多数国家承接了传统的政治制度,而巴林、科威特、卡塔尔等国由于在建国前便受到英国殖民统治的影响,建立起现代行政体制,使其政治制度的创设早于民族国家的建立,并受到原宗主国理性主义政治体系的影响。又如伊朗,在传统的君主制框架下,其制度结构渗入了现代官僚体制的元素,呈现出一定的世俗性和现代性。

第二阶段:政治制度调整期。从20世纪70年代至90年代初,中东国家的政治发展受自身治理缺陷、内部政治压力、国内经济震荡,以及国际和地区形势的影响,普遍进行了政治制度的调整。以土耳其和埃及两个共和制国家为例,1980年的土耳其军事政变,终结了20世纪70年代联合政府更迭频繁、意识形态尖锐对立的混乱局面。在1983年宪法框架下,土耳其重塑了政治发展的基本原则和秩序,带有军方监管色彩的多党民主得以建立。在整个20世纪80年代,祖国党以绝对优势主宰土耳其政坛,实现了多党民主的良性发展。20世纪90年代,伊斯兰政党异军突起,各党派之间势力相当,意识形态日渐趋同。此后在脆弱的联合政府执政的情况下,土耳其的政治发展再次进入波折期。埃及的情况与土耳其相似,但在相当历史时期形势更为稳定。1970年,继任总统萨达特面临充满挑战的埃及,国内经济萧条、政治派别林立、军事及外交形势严峻。此时期,为保证法律、制度的稳定,萨达特进行政治改革,由一党制转向多党制。尽管如此,一些学者认为,此种多党制仍然是一党独大下的多党制,与纳赛尔时代没有本质区别,仍然是个人独裁。

这一阶段在政治结构上,土耳其、埃及、叙利亚等共和制国家现代官僚机构得以发展,各国的政治动员水平和政府治理能力有所提升,大部分国家的政治发展处于"独裁—技术型"框架下。

第三阶段:政治体制改革期。这一时期,阿拉伯半岛东海岸的酋长国纷纷建立,并将委任统治时期已经发展起来的政治模式制度化。20世纪70年代末和90年代初,中东地区君主制国家的政治发展受到极大冲击,不断进行政治体制及结构调整。20世纪70年代末期,伊朗的伊斯兰革命推翻了巴列维王朝,建立了伊斯兰共和国,使伊朗的政治体制发生了根本性变化。与此同时,伊斯兰复兴思潮席卷中东地区,各君主国的政治合法性受到挑战。

20世纪90年代初期,国际层面上的"天鹅绒革命"将民主化推向高潮,中东君主制国家纷纷进行政治变革。沙特阿拉伯、科威特、约旦等君主制国家推行分配型政治改革,颁布宪法或基本法,将协商会议引入政治体制,改革地方治理体系,争取民众的政治支持,增强政治认同。

第四阶段:政治结构变动期。进入21世纪,中东国家的政治结构进入了深刻变革时期。"9·11"事件后,美国及西方盟友推翻阿富汗塔利班和伊拉克萨达姆政权,推动"大中东民主改造计划",深刻影响了中东各国的政治进程。埃及、沙特阿拉伯等国家不同程度地向民众开放政治参与渠道,吸纳更多上层精英进入决策领域。伊朗哈塔米上台后开启了"文明对话",强调民众在政治发展中的作用。土耳其政坛中正义与发展党异军突起,逐渐控制了议会,埃尔多安走向前台,政治伊斯兰与土耳其政治发展相交融。叙利亚改革者也在这一时期发起了"大马士革之春"。2011年,"阿拉伯之春"席卷中东,除君主制国家、土耳其、伊朗基本保持稳定外,埃及等共和制国家受到民众运动的冲击,本·阿里、穆巴拉克、卡扎菲等威权人物垮台。中东变局后的十多年中,叙利亚、利比亚、也门等地区战火持续,无法顾及政治体制的调适;土耳其模式的影响力有所增强,埃及在穆尔西被罢黜后重回有军方背景的威权主义领导人塞西的统治;沙特阿拉伯等君主国继续深化改革,以增强其政治合法性。

2021年7月,阿富汗塔利班在美国撤军的背景下入主阿富汗,引发全世界的热切关注。种种政治变动表明中东的地缘政治环境发生重大变化,中东地区再次走到历史的十字路口,中东各国的政治发展进入深刻变革时期。

综上所述,本丛书的研究,有以下特点:

(1)政治精英、宗教领袖、军队和利益群体等政治角色成为关注对象,这些角色对后发国家和地区的政治发展具有推动、阻遏甚或挽救危机的作用。对这些政治角色的研究,成为本系列著作的一个特色。

(2)后发国家和地区社会普遍疲软,凸显出利益分散性乃至社会分裂性的特征,因此深入分析后发国家政治转型与政治发展进程中国家的作用以及国家与社会之间的关系,成为研究的重要维度,包括政治稳定与政治发展的关系、经济发展与政治发展的关系,以及国家在政治发展中的地位和作用等问题。

（3）对后发国家政党制度的研究是一个重要维度。政党具有进行利益综合与社会整合的功能，政党制度发展成熟与否对后发国家的政治转型和政治发展作用显著。政党制度较为成熟，有助于帮助政治系统对社会各阶层及诸种利益进行有效整合，使社会、政治平稳发展；反之，当一个国家的政党体制混乱不堪、政党之间争斗不断时，非但政党的社会整合功能难以实现，还可能导致整个政治系统的动荡不定。

（4）本丛书中涵盖一些国家和地区的种族和部落问题，此类问题既涉及各国的政治体制与相关政策，也涉及社会文化的多样性及族群关系的复杂性，成为本丛书的特色及研究难点。

与本丛书研究相关，并有待于进一步探讨的问题包括：

第一，后发国家的政治发展与其现代化进程的关系问题。在本丛书的设计和研究过程中，研究者有一个基本看法，即后发国家的政治发展与其现代化进程紧密相连。对于大多数后发国家而言，政治、经济和社会发展交织在一起，政治发展伴随着其现代化进程。因此，研究中不可避免地会追溯后发国家的现代化进程，探讨后发国家的现代化进程与其政治发展的关系。与早发国家曾经的经历相似，后发国家的现代化进程中，不可避免地会出现城市化的过程。伴随现代化进程中国民社会教育水平的提高，必然会发生社会流动，使社会结构发生相应变化，由此带来社会、经济、政治的变化。本系列著作中涉及此类问题，也是未来后发国家政治发展研究中有待进一步深入探讨的问题。

第二，后发国家政治发展与现代化进程中的社会整合问题。如上所述，后发国家的现代化进程中，伴随着城市化进程、社会流动和社会结构的变化，国家面临对社会重新加以整合的艰巨任务。基于后发国家的政治、经济、社会基础及文化传统，诸种变动有可能导致原本存在的某些分裂性因素显性化，包括意识形态的分裂性、文化的分裂性以及利益关系的分裂性等。现代化进程导致社会利益分化，必然会出现多种利益诉求，处理不好诸种利益诉求，可能使社会矛盾进一步加剧。凸显出在后发国家快速发展和政治社会结构转换过程中，政治系统通过何种方式去对社会加以重新整合的问题，包括如何通过构建一种主导价值去凝聚国民和各民族，如何调整社会利益分配机制，如何调整政党制度结构、形态与功能等多方面问题。

第三，后发国家政治发展中历史文化传统的作用问题。在本系列丛书的研究和论述中，探讨后发国家历史文化传统与其政治发展之间的关系，是一个重要维度。基于东南亚、南亚、非洲、拉丁美洲，以及中东国家和地区特有的历史和文化传统，其现代化及政治发展进程呈现出与早发国家不同的特点。如东南亚国家长期的儒家文化传统，以印度为代表的南亚国家深厚的多元文化传统，西亚、非洲国家独特的历史和宗教文化传统，拉美国家早期殖民地的历史遗迹及复杂多样的文化交织渗透等，对各国的现代化进程及其政治发展有深刻的影响。对此类问题的研究，难度较大，要求研究者有深厚的理论功底、文化底蕴和广阔的视野。

第四，后发国家政治发展过程中政治权力结构的变革问题。对后发国家政治发展的研究，涉及对不同国家政治权力结构、功效和建构调整的探讨。基于后发国家的现实，政治领袖和政治精英在政治权力结构中居于主导地位，民众缺乏充分的政治参与途径，政治改革与政治发展取决于政治领袖和政治精英的意志和能力。此种状况如今在后发国家和地区受到挑战，广大民众政治参与和表达利益的诉求大幅度提升。由此，如何改革和重新建构后发国家的政治权力结构成为亟待探寻的课题。

第五，后发国家军队的地位和作用问题。如前所述，在对后发国家政治发展的研究中，军队成为重要研究对象，后发国家军队成员的构成及其军队在政治发展中的作用成为探讨后发国家政治转型与政治发展的重要方面。在一些后发国家中，尽管军队也秉承职业主义原则，但其职业主义的内涵与早发国家有所不同，显现的是军队的自主性和政治责任。当社会出现严重的分裂性，文人政权无法有效应对，导致持续的政治危机时，军队视维护社会安定为己任，从后台走向前台，承担起维护国家和地区安定的职责。20 世纪60 年代至80 年代的拉美国家、20 世纪后期21 世纪初期的泰国和埃及都出现过此种现象。对后发国家军队的性质及未来走向，有必要进一步研究探讨。

第六，后发国家的国家与社会关系问题。在对后发国家政治转型与政治发展的研究中，国家与社会的关系是一个重要问题。基于此类国家政治、经济与社会发展中问题颇多,百废待兴,加之前述的社会疲软等因素,国家不得不承担相应责任,包括承担起对社会利益予以公平分配的职责等。大多数后发国家社会力量薄弱,社会利益群体不能有效聚合并通过合法渠道表达其诉求,国家作为集合体和执掌政权的一方,需要对诸种利益加以调节。如何通过有效机制处理好国家与社会的关系,保持两者间的平衡,力求在保持社会稳定的前提下,使之有序前行,促进社会公平正义,成为有待进一步研究的问题。

对后发国家政治发展的研究,无论在理论层面还是在实践层面都极具前沿性。一方面,通过经验性研究,探讨和建构适合于后发国家政治发展的理论体系;另一方面,通过挖掘后发国家和地区政治发展的规律,分析其与早发国家政治发展道路的异同及历史与现实原因,探寻符合后发国家和地区自身规律的政治发展路径。此类研究,针对后发国家和地区的特殊环境和特有问题,有利于避免盲目性。

希望本丛书的出版有助于国内政治学与比较政治研究的发展,有助于学术界同人对后发国家政治转型与政治发展的思考。

谭 融

2023 年 3 月

目　录

导论：国家建构与中东国家政治现代化的历史经纬

现代化是人类社会发展的必经之路，也是人类文明演进的前进方向。自近代以来，世界各国都对现代化进行了艰难探索，展示了现代化道路演进的基本趋势与多样形态。"一个国家走向现代化，既要遵循现代化一般规律，更要立足本国国情，具有本国特色。"[①]中国式现代化就是立足自身社会经济基础、根植中华优秀传统文化、统筹国内外的发展趋势、遵循人类文明演进规律而形成的符合中国国情、具有中国特色和世界历史意义的现代化道路，它打破了将"现代化"等同于"欧化""西方化""美国化"的历史叙事和话语陷阱，"创造了人类文明新形态，展现出现代化的新图景"[②]。同时，中国式现代化也拓展了发展中国家走向现代化的路径广度，"为广大发展中国家独立自主迈向现代化树立了典范，为其提供了全新选择"[③]。

反观中东国家，近代以来所遇的挫折和困境使其尚未完成从传统农牧社会向现代工业社会转型。[④]中东国家现代化在政变频发、民众抗议、民生不善、族裔对抗、教派冲突、地缘政治、外部干预、代理战争、传统与现代、东西方异质文明的相互交织与碰撞中举步维艰。21世纪以来，特别是阿拉伯剧变

---

① 习近平：《携手同行现代化之路——在中国共产党与世界政党高层对话会上的主旨讲话》，《人民日报》，2023年3月16日。

② 习近平：《深化团结合作 应对风险挑战 共建更加美好的世界——在2023年金砖国家工商论坛闭幕式上的致辞》，《人民日报》，2023年8月23日。

③ 《习近平在学习贯彻党的二十大精神研讨班开班式上发表重要讲话 强调正确理解和大力推进中国式现代化》，《人民日报》，2023年2月8日。

④ 王铁铮、闫伟：《中东国家现代化实践及历史反思》，《历史研究》，2023年第2期。

后,学界普遍认为中东国家现代化道路曲折是政治变革缓慢、经济绩效衰退和民主化诉求等多重因素综合作用的结果,突出体现了中东地区国家政治结构缺陷和现代化发展困境。由于国家能力的薄弱,美军入侵伊拉克和阿富汗后"移植"民主的艰难,巴勒斯坦哈马斯与以色列的高烈度冲突,均显示出中东形势的动荡与反复,中东国家政治秩序建构历程常常成为政治失序化过程,所谓"脆弱国家"等概念纷至沓来,展现了中东国家在探索现代化过程中动荡的现实。由此,政治现代化是考察中东国家现代化进程的重要方面。

从现代化历程的起源看,在中东民族国家体系形成之前,传统社会对中东现代化的影响是多方面的:农牧业长期停滞和商业优势的丧失延缓了中东工业化的步伐;中东社会组织中的部落家族结构牢不可破,不利于中东社会的现代化改造;实现制度上的民主化、法制化和世俗化有巨大阻力;协调伊斯兰教与政治、经济、文化等方面的关系任务艰巨;传统文化及价值观念与源于西方的现代价值观有冲突;环境、资源等客观条件制约着中东现代化的进程。[①]正是由于中东国家自身内生动力的软弱和不足,西方异质文明和殖民化的冲击与压力构成中东国家政治现代化启动的主要推动力。伴随着这种外源型的现代化,中东国家生产力要素和文化基因受外部影响较大。

因此,中东外源型现代化的启动是通过效法西方、从以富国强军为核心的器物改革和以立宪运动为核心的制度改革开始的。在器物层面上,改革内容主要是效仿西方军事体制改组军事建制,引进西方军事训练、作战方法和先进武器装备,建立军事学校和培养军事人才;在制度层面上,宪政改革成为这一阶段的主旋律,[②]主要内容是以西方政治制度为蓝本,设立议会,颁布宪法,限制封建君主权力,改革传统政治体制。尽管通过效仿西方所进行的器物改革和制度改革实质是维护封建王朝统治,但无法从根本上化解中东国家所面临的民族危机和社会危机,这却为中东民族国家体系的建立及中东国家现代化的发展作了前期准备,指明了发展方向。

---

① 王三义:《传统社会诸因素对中东现代化的影响》,《西北大学学报》(哲学社会科学版),2004年第3期。

② 陈德成主编:《中东政治现代化——理论与历史经验的探索》,社会科学文献出版社,2000年,第40页。

（一）民族国家建构与中东国家政治现代化的发展（20世纪初至20世纪70年代）

综观世界历史，各个地区由于具体条件的差异而在现代化进程中经历了不同的发展道路，但民族主义的兴起和民族国家的形成却是现代化进程中普遍存在的历史现象和不可或缺的必要环节。①国家建构是自上而下的、强化国家政权制度能力与合法化能力的过程，其主体只有国家。②从这个意义上说，民族国家的建立是现代国家进行国家建构的逻辑起点，它是现代化的前提及现代化发展方向与质量的基础，同时也是现代中东国家政治秩序建构的行为主体。正如福山所指，在历史的源头，"国家建构"的成败和时机是决定中东国家政治现代化道路走向的第一推动力。③

中东民族国家体系的形成主要集中于20世纪初至20世纪70年代海湾君主国相继立国。④在这一过程中，中东地区先后出现两次民族主义运动及独立后探索中东国家政治现代化发展道路的高潮。第一次是一战结束后，伴随奥斯曼帝国解体，中东地区相继出现土耳其、伊朗、阿富汗、沙特阿拉伯、埃及等几个独立或半独立的民族国家。第二次是二战结束后，伴随埃及、新月地带、海湾地区及马格里布诸国纷纷脱离西方殖民统治而完全独立自治，中东民族国家体系全面形成，开启独立自主探索和抉择现代化道路与模式的新高潮，并逐渐发展出三种主要模式。

一是强人政治与国家资本主义相结合的现代化发展模式。1923年土耳

---

① 哈全安:《伊斯兰传统文明的基本特征与中东现代化进程的历史轨迹》,《史学理论研究》,2007年第1期。

② 刘义强、管宇浩:《国家建构:为什么建构、建构什么与如何建构——兼论国内研究之不足》,《学习与探索》,2015年第6期。

③ ［美］弗朗西斯·福山:《政治秩序的起源:从前人类到法国大革命》,毛俊杰译,广西师范大学出版社,2014年,第V页。

④ 王泰、陈小迁:《追寻政治可持续发展之路:中东现代威权政治与民主化问题研究》,社会科学文献出版社,2016年,第51~60页。

其建国后，作为魅力型领袖的凯末尔凭借个人威望及共和人民党控制国家权力。以共和人民党为核心的一党政权颁布了体现民主政治原则的 1924 年宪法，为多党制的发展提供了法理框架，这对土耳其的国家建构具有重要意义。①二战后，土耳其开始从一党政治向多党政治转变，伊斯兰力量回归，世俗政治与宗教政治的权力角逐构成土耳其政治生活的突出现象，预示着土耳其多元化民主政治的进步与发展。在经济领域，土耳其确立了国家资本主义的发展定位。伊朗巴列维王朝也是此类现代化发展模式的典型。礼萨·汗时期通过军队巩固集权主义统治，整合社会认同，推进现代化行政体系建设和经济发展，通过石油财富开启"狂飙突进"的现代化改革举措，包括土地改革、出售国有工厂股份、提升妇女地位、森林及牧场国有化、建立扫盲大军、工人参加企业分红等。②二战后，伊朗现代化经历由"白色革命"到"全盘西化"的转变。③

二是传统国家回归与石油经济混合的现代化发展模式。它以沙特阿拉伯等海湾六国为代表。海湾君主制国家凭借石油财富快速推动经济和社会发展，但以沙特家族和瓦哈比教派相结合的政治精英在政治上始终保持着传统的统治形式，在城市利益集团和部落权贵中分配恩惠和特权，以此维持利益集团的统一。此外，君主制国家还加强国内安全力量的发展，加之为本国民众提供了良好的"从摇篮到坟墓"的公共服务体系，④进而奠定了沙特现代化的基础。

三是阿拉伯社会主义的现代化发展模式。阿拉伯社会主义以付诸革命民族主义与中东现代化的国家治理为典型特征。它主要包括埃及纳赛尔社会主义、伊拉克和叙利亚的复兴社会主义、阿尔及利亚的自管社会主义、利比亚的伊斯兰社会主义和突尼斯的宪政社会主义。1952 年的"七月革命"实现了以纳赛尔为核心的自由军官对埃及的领导权，推行以国有化为基础的

---

① 哈全安、周术情：《土耳其共和国的政治民主化进程研究》，上海三联书店，2010 年，第 38 页。

② Said Amir Arjomand, *The Turban for the Crown: The Islamic Revolution in Iran*, Oxford University Press, 1989, pp.72–73.

③ 王铁铮、闫伟：《中东国家现代化实践及历史反思》，《历史研究》，2023 年第 2 期。

④ Bertelsmann Stiftung, *BTI 2018 Country Report: Saudi Arabia*, Bertelsmann Stiftung, 2018, p.24.

社会主义经济政策,塑造了高度融合的军政体系。1941 年独立的叙利亚机械地移植法国国家机器的模式,制定宪法、成立议会,但最终水土不服,为复兴党上台创造了机会。1963 年,叙利亚复兴党上台后,实现了国家权力的集中和决策体制的转化,表现出阿萨德个人集权的凝聚,但各社会团体的政治参与是在政府控制下实现的。[①] 1958 独立后的伊拉克在复兴社会主义原则的指导下开启国家建构进程。1979 年,萨达姆上台后,构建了魅力型政治统治模式,开展石油国有化运动,建立以军事工业为核心的工业体系,大力推动农业改革。1962 年独立后的阿尔及利亚基于现实政治的需要,本·贝拉确立了以民族解放阵线党为核心的一党制。1965 年,国防部部长布迈丁发动军事政变。1976 年,阿尔及利亚恢复国民议会,通过《国民宪章》确立了阿尔及利亚自管社会主义的现代化发展模式。1956 年独立后的突尼斯废除君主专制,建立共和制政体。1959 年,颁布突尼斯第一部宪法,建立宪政体制,确立宪政社会主义的发展道路。从其民主化进程来看,以渐进回旋的方式呈现出"控制中的民主"到"总统的民主"特征。[②] 1969 年独立后的利比亚开启了伊斯兰社会主义现代化的尝试,以卡扎菲的"第三世界理论"为指导走上了直接民主与民众革命的政治现代化路径。利比亚经济上开展农业革命,大力发展石油工业,为构建独立的民族国家赋能。

(二)政治体系调整与中东国家政治现代化的变动(20 世纪 80 年代到 2000 年)

20 世纪 80 年代以来,中东政治制度体系进入深刻调整时期。在政治结构上,土耳其、埃及、叙利亚等阿拉伯共和制国家的现代官僚机构不断发展,各国的政治动员水平和政府治理能力均得到一定提升,但大部分国家的现代化限定在强人政治的框架之下。1980 年土耳其发生军事政变,它终结了20 世纪 70 年代联合政府更迭频繁、意识形态尖锐对立的混乱局面。在 1982

---

① 韩志斌等:《阿拉伯社会主义国家治理的历史考察》,中国社会科学出版社,2019 年,第 86 页。
② 韩志斌等:《阿拉伯社会主义国家治理的历史考察》,中国社会科学出版社,2019 年,第 86 页。

年宪法框架下,土耳其重塑其现代化基本秩序和原则,带有军方监管色彩的多党民主制得以确立,体现了土耳其对民主范围的收缩和对普遍自由的限制。[1]祖国党以绝对优势主宰土耳其政坛,实现了多党民主制的良性发展。至20世纪90年代,伊斯兰政党异军突起,各党派之间势力相当,政治意识形态也愈发趋同,在机会主义相互妥协及脆弱的联合政府执政情况下,土耳其的现代化道路进入较为波折的时期。[2]土耳其政坛再次陷入联合政府更迭频繁、伊斯兰主义对凯末尔主义的挑战和库尔德民族主义的兴起,不同社会力量围绕宪法修订而展开的权力博弈也越发激烈。

埃及的情况与土耳其相似,但形势更为稳定。1970年继任总统的萨达特面临的是一个充满挑战的埃及,国内政治派别林立、经济萧条、军事及外交形势严峻。[3]在此时期,萨达特的现代化改革举措主要是从一党制向多党制转变,声言"撤销所有非常措施,确保法律、制度的稳定"[4]。但此时萨达特所推行的多党制,是严格控制政党活动的多党制,也有学者认为"与纳赛尔时代相比,萨达特政权并没有什么本质区别,都是个人独裁"[5]。萨达特弱化了纳赛尔主义思想的实践,却没有提出自己鲜明的动员理念。萨达特的政治威望远低于纳赛尔,因此其政府有效性、合法性立足政府权威之上。

在君主制国家中,阿拉伯半岛东海岸的酋长国纷纷建立,并将委任统治时期已经发展起来的政治模式予以制度化。在20世纪70年代末期和90年代初,海湾乃至中东的君主制国家的现代化都受到了极大的冲击,这些国家不断进行政治体制与经济结构的调整。1979年伊朗伊斯兰革命的成功使得

---

[1]　Ilkay Sunar and Sabri Sayari, Democracy in Turkey: Problems and Prospects, in O'Donnell, Schmitter and Whitehead eds., *Transitions from Authoritarian Rule: Southern Europe*, The Johns Hopkins University Press, 1985, p.174.

[2]　李艳枝:《土耳其政治发展道路的反思与启示》,《西亚非洲》,2018年第4期。

[3]　Robert Mabro and Samir Radwan, *The Industrialization of Egypt 1939–1973: Policy and Performance*, Oxford University Press, 1976, p.38.

[4]　R. W. Baker, *Egypt's Uncertain Revolution Under Nasser and Sadat*, Harvard University Press, 1978, p.150.

[5]　杨灏城:《纳赛尔与萨达特时期的埃及》,商务印书馆,1997年,第402页。

伊斯兰复兴思潮席卷中东地区,各君主国的政治合法性经受着较大的挑战。20 世纪 90 年代初期,国际层面上的"天鹅绒革命"将民主化推向高潮,中东君主制国家中呼吁民主民权的运动也逐步增多。海湾战争的爆发将王权的治理不善与军事软弱彻底暴露出来。科威特的分配型政治改革引发传导效应,沙特阿拉伯等君主制国家纷纷在政治体制中引入协商会议,颁布宪法或基本法,改革地方治理体系,以弥补合法性漏洞。除沙特阿拉伯外,海湾君主制国家的现代民族国家均建立于第二次世界大战之后,这些国家大多承接了传统的政治制度,但摩洛哥的王权势力受到改革派势力的掣肘,巴林、科威特、卡塔尔等国家在建国之前便受到英国殖民者的影响,已具有某种类型的现代行政体制,因此它们的政治制度创设要先于现代民族国家建立,现代政治制度体系建设也较为深刻地受到外部力量的影响。与上述君主制国家不同的是,伊朗君主制政治制度的表层下有更为深刻的现代本质和世俗属性,在一定程度上塑造了现代官僚政治。

(三)地缘政治动荡与中东国家政治现代化的波折(2001 年至今)

2001 年"9·11"事件后,美国及西方盟友以"反恐"为由推翻了阿富汗塔利班、伊拉克萨达姆政权,并强行推动"大中东民主改造计划"等政策,从外部深刻影响了中东国家现代化进程。埃及、沙特阿拉伯等国家均不同程度地向民众开放了政治参与渠道,吸纳更多的上层精英进入决策领域。伊朗哈塔米上台后也开启了"文明对话",强调民众在现代化中的重要作用。在土耳其政坛中正义与发展党(以下简称"正发党")异军突起,逐渐控制了议会,埃尔多安开始走向前台,政治伊斯兰与土耳其现代化发展方向深入地交融在一起。叙利亚的巴沙尔政府也在此时提出"改革、发展和现代化"一揽子计划,推进政治自由化,此种革新风气也被许多西方评论者称为"大马士革之春"①。穆巴拉克时期埃及的现代化发展模式本质上与萨达特时期的现代化发展模式

---

① Radwan Ziadeh, *Power and Policy in Syria:Intelligence Services, Foreign Relations and Democracy in the Modern Middle East*, L B. Tauris & Co. Ltd.,2013,p.63.

相类似，2005 年的宪法修正案显示出了政权支持下的政治自由化努力，以重建每况愈下的政治合法性。①

2002 年埃尔多安当政后，凯末尔主义的动员模式被逐渐打破，土耳其步入了相对稳定的现代化道路，并在 2017 年的军人政变中赓续下来。② 2017年宪法修正案中规定总统由全民直选产生，埃尔多安最终赢得总统选举，并表示"在共和国历史上，我们第一次通过公民政治改变了我们的政治制度"③，推动土耳其政治体制从制衡的议会制向强有力的总统制转变④。

2011 年，震惊世界的阿拉伯剧变席卷中东，这是继 20 世纪 50 年代民族主义、80 年代伊斯兰复兴主义之后，阿拉伯世界第三次政治体制大变革。除君主制国家、土耳其、伊朗基本保持稳定外，埃及等共和制国家均受到民众运动的严重冲击。2011 年"1·25"革命推翻了穆巴拉克的统治，集权主义政权瓦解后开启艰难的政治重建进程。⑤本·阿里、卡扎菲等威权人物也纷纷下台。在随后的政治重建进程中，叙利亚内战爆发，持续的战乱和美欧实施的经济制裁对叙利亚经济造成严重影响，政治和经济重建将是异常艰难和漫长的过程。⑥利比亚、也门等地区仍然战火未消，更谈不上如何进行现代化。土耳其模式的影响力逐渐增强，埃及在具有政治伊斯兰背景的穆尔西开启短暂伊斯兰治理之后重回具有军方背景的集权主义领导人塞西的统治。沙特阿拉伯等君主国继续深化改革，增强自身政治合法性。2021 年 7 月，阿富

① Alaa Al-Din Arafat, *The Mubarak Leadership and Future of Democracy in Egypt*, Palgrave Macmillan, 2009, pp.86–88.

② Hatice Karahan, *The Quest for a New International Aid Architecture: The Turkish Experience*, Palgrave Macmillan, 2020, pp.37–57.

③ Erdogan, Turkey Made Historical Decision by Voting"Yes", https://www.globalsecurity.org/wmd/library/news/turkey/2017/turkey-170416-presstv01.htm, 2023-10-20.

④ Tolga Şirin, New Constitutional Amendment Proposal in Turkey: A Threat to Pluralistic Democracy, January 31, 2017, https://verfassungsblog.de/new-constitutional-amendment-proposal-in-turkey-a-threat-to-pluralistic-democracy, 2023-10-20.

⑤ 王泰、马云飞：《后穆巴拉克时代埃及政治转型的道路选择与制度重构》，《中东研究》，2022年第 2 期。

⑥ 刘东：《叙利亚危机的历程、影响与重建前景》，《中东研究》，2021 年第 2 期。

汗塔利班强势崛起并在美国撤军的背景下入主阿富汗,掀起国内外学术界对阿富汗身份政治的热切关注。①

总之,2011 年后中东的地缘政治环境发生重大变化,中东现代化再次走到历史的十字路口,各国都面临着诸多亟需变革的问题,也需要对未来现代化的方向加以抉择。但中东现代化的关键问题在于,强人政治模式容易塑造,但并不容易善终,解构动员模式和国家统治机器后,容易陷入政治秩序混乱。正如亨廷顿所言,"首要的问题不是自由,而是建立一个合法的公共秩序。人可以有秩序而无自由,但不能有自由而无秩序。必须先存在权威,而后才谈得上限制权威"②。

---

① 闫伟:《阿富汗塔利班崛起的历史逻辑》,《现代国际关系》,2021 年第 8 期。

② [美]塞缪尔·P. 亨廷顿:《变化社会中的政治秩序》,王冠华等译,上海三联书店,1989 年,第 6 页。

第一章　从威权政治到多党民主
——土耳其政治发展道路的跃迁

　　土耳其人在奥斯曼帝国的废墟上涅槃重生,顺应 20 世纪以来非西方国家的民族政治运动潮流,完成了现代民族国家的政治建构。土耳其共和国在奥斯曼帝国历史遗产的基础上,借鉴西方尤其是法国的世俗主义模式建立现代世俗国家,初步确立以凯末尔主义为理论指导的威权政治体制,延续了晚期奥斯曼帝国的现代化进程。随着凯末尔政权的终结和二战的结束,加入西方阵营的土耳其迅速启动多党民主制的政治实践。在冷战格局下,土耳其政坛伴随着左右翼政治力量的激烈角逐、世俗主义与伊斯兰主义的斗争和国家主义与自由市场经济的博弈,造成民选政府更迭频繁和军人干预政治的局面。20 世纪 80 年代以来,随着民主框架的理性收缩和伊斯兰主义与民族主义的整合,右翼政治力量主宰国家政权,导致"伊斯兰主义+民主"的土耳其新模式的构建和正义与发展党的长期执政。在 20 世纪以来的中东政治舞台上,土耳其顺利实现从"中东伊斯兰世界国家海洋中一个非宗教指路明灯"到"众多阿拉伯国家民众谋求政治改革的模板"的过渡。土耳其共和国的政治发展经历了从传统封建帝国向现代民族国家的过渡、从议会制到总统制的转变、从一党制到多党制的变迁,这体现了土耳其民众的历史选择,作为后发现代化国家的典型个案对中东地区乃至世界诸多国家产生深远影响。

第一节 晚期奥斯曼帝国的衰落及其历史转型

土耳其共和国的前身奥斯曼帝国上承古典伊斯兰世界的阿拉伯帝国，下启现代中东民族国家，是伊斯兰文明演进系列中的重要一环。奥斯曼帝国的缔造者突厥人作为在边疆地区皈依伊斯兰教的蛮族，借助阿拉伯帝国和拜占庭帝国衰落的有利时机迅速崛起，经过历代苏丹的励精图治和开疆拓土，迅速走出小亚细亚半岛而建立了一个横跨欧亚非三大洲的大帝国，鼎盛时期东起波斯湾，西到匈牙利，北达高加索，南部涵盖整个北非及地中海区域，控制红海、黑海、爱琴海和地中海，全部或部分包括现在的匈牙利、南斯拉夫、阿尔巴尼亚、希腊、保加利亚、罗马尼亚、乌克兰、土耳其、伊朗、伊拉克、叙利亚、黎巴嫩、约旦、以色列、沙特阿拉伯、也门、埃及、利比亚、突尼斯、阿尔及利亚等地，领土面积达 500 多万平方千米。为了有效管理疆域辽阔、民族众多的国家，奥斯曼帝国建立了一整套行之有效的统治机构和管理制度，奥斯曼帝国苏丹按照阿拉伯帝国的社会、宗教和政治惯例及财务制度对帝国进行管理，接受了古希腊人的文化观念、萨珊波斯的治国观念、伊斯兰的法律戒条及中亚细亚的草原传统、"加齐"理想，建立了独特的政治和伊斯兰机构体系：王权集权体制与竞争为王的苏丹继承制度、教权对王权近乎无条件地支持和依附所形成的政教同盟、掠夺扩张性的军政体制是奥斯曼帝国迅速崛起的内部关键性因素。[①]近代以来，随着西方国家的崛起和奥斯曼帝国对外扩张步伐的停滞，奥斯曼帝国丧失与西方国家的比较优势而造成传统政治体制无以为继，奥斯曼帝国的开明人士通过效仿西方国家的现代化改革来应对西方国家的挑战。

---

① 姜明新：《伊斯兰化后突厥人对外扩张与奥斯曼帝国兴起》，《西亚非洲》，2007 年第 7 期。

一、奥斯曼帝国的衰落与西方化改革的开启

奥斯曼帝国以征服立国，其赖以存在的历史基础在于穆斯林对基督徒发动的圣战和领土扩张，依靠兼收并蓄的宏大气势借鉴吸收了拜占庭帝国和波斯帝国的统治经验教训，促使帝国走向辉煌。军事上的胜利、政治机构的完善、社会秩序的稳定、经济繁荣、文化的高度发展构成 16 世纪"奥斯曼帝国黄金时代"的主要标志。16 世纪，奥斯曼帝国的对外扩张达到极限：在东部战线上，奥斯曼军队遇到萨法维王朝的强烈抵抗，不得不在伊朗高原边境停顿下来；在东方海洋上，他们碰上葡萄牙人的坚船利炮而失去相对优势；在克里米亚及其外围，他们受到俄罗斯人的阻挠；在非洲，他们面临沙漠和山脉的阻挡；在欧洲，他们遭到哈布斯堡王朝的勇猛还击而导致匈牙利和贝尔格莱德的脱离，威尼斯人夺取希腊驻地，俄国军队攻占黑海北岸的亚速……奥斯曼帝国到了只能后撤而不能前进的地步。对外战争的屡屡失利、疆土的接连丧失和一系列不平等条约的签订，标志着奥斯曼帝国的衰落。1699 年，奥斯曼帝国被迫签订《卡洛维茨条约》，将大片领土让与波兰、奥地利和威尼斯。1740 年，奥斯曼帝国与法国签署条约，规定法国人可以在帝国境内自由从事贸易、随意旅行和建立教堂，帝国境内的法国人享有治外法权、天主教徒处于法国领事的保护之下。1774 年，奥斯曼帝国被迫与沙皇俄国签订《库楚克–开纳吉条约》，放弃克里米亚和黑海北岸穆斯林汗国的宗主权，沙皇俄国获得多瑙河、黑海、达达尼尔海峡的航运权，并获准向伊斯坦布尔派驻公使，奥斯曼帝国境内的东正教教徒处于沙皇俄国的保护之下。

近代欧洲民族统一国家的形成和西方资本主义的全球殖民扩张使奥斯曼帝国面临严重的外部威胁。奥斯曼帝国的逐渐衰落与西方影响的增强呈现同步的发展趋势，因为奥斯曼苏丹希望促进帝国内外贸易的发展，因此给予西方列强贸易特权，最初是法国人，后扩展到其他民族国家，这些特权包括免税，争端和民事案件根据治外法权来解决，该协议是双向的，但奥斯曼人却很少使用，这就意味着欧洲逐渐控制进口贸易。欧洲利用有利时机扩大其贸易规模，这在某种程度上削弱了奥斯曼帝国主权，欧洲基督教国家的挑

战也极大地刺激了米勒特内部民族主义的发展,奥斯曼帝国在国际关系中也逐渐处于不利位置,而被西方国家视为"西亚病夫"。地理大发现导致廉价白银在 16 世纪末流入帝国而导致通货膨胀,奥斯曼帝国政府试图稳定货币价格,但并不能真正应对现代商业经济所带来的危机,商品和原材料价格受到严重影响,欧洲商人从印度和波斯湾进口越来越多的廉价商品,经过中东和中亚的传统丝绸之路由于海路的开通(绕非洲的海路及航海和造船业的进步)而日趋萧条。随着奥斯曼帝国经济问题的日趋严重,军事处境也日益恶化,需要加大对武器和基础设施的投资。由于现代的武器装备需要现代化的军队,这些军队只有用新式思想武装才能游刃有余地使用这些新式武器,所以改革已经是迫在眉睫的事情了。

奥斯曼帝国的强盛依赖对外扩张中的军事胜利,从而有更多的土地和战利品来支持帝国庞大的军事官僚机器,伯纳德认为,开放的边疆是奥斯曼帝国得以存在的理由所在,"边疆的传统却始终根深蒂固地存在于奥斯曼人的军事、社会和宗教生活之中,这样在边疆完全被封闭以致无法进一步实行扩张和殖民的时候,就不可能不影响到那些固有的传统"[1],所有奥斯曼帝国的军事组织、民政、税收和土地制度等都是配合征服需要而制定的,所以军事上的失败必然会动摇帝国的整个社会基础,而社会基础的瓦解则造成军事实力进一步削弱,从而导致苏丹权威的弱化。苏丹的儿子们先前被送到不同省份积累行政和军事经验,但到 17 世纪初,新苏丹开始将他们的兄弟幽禁在阁房或笼子中,这意味着王子们不能在继位前获得任何有助于政治统治的实践经验,继位的苏丹经常是体质虚弱不能履行职责的人,苏丹在国家核心机构中的权力逐渐弱化。

16 世纪中叶至 18 世纪初叶(1566—1730 年)的一百六七十年间,奥斯曼帝国历经 13 位年轻的苏丹,其中有 4 位即位时年龄不满 16 岁。这些苏丹或是庸碌无能之辈,或是荒淫无道的昏君。他们不理朝政,终日追求享乐,沉溺于糜烂的宫廷生活。在苏丹周围,尽是一些专事阿谀奉承的官吏,奴颜婢膝的御用文人,屈从讨好的太监、侍妾、奴仆、侏儒、丑角……那些身居显赫

---

[1] [英]伯纳德·刘易斯:《现代土耳其的兴起》,范中廉译,商务印书馆,1982 年,第 33 页。

地位的宠臣们,非奸即佞。他们专权误国,争权夺势,贪污腐化,卖官鬻爵,大大损伤了帝国的机体。在苏丹穆拉德三世和易卜拉欣统治期间,奢侈腐化,后宫干政,奥斯曼苏丹的统治权力日渐式微,伊斯坦布尔的中央政府对于行省的控制不断弱化,包括帕夏和贝伊在内的世俗贵族及执掌宗教权威的乌莱玛往往各行其是,成为挑战苏丹统治地位的隐患。1786年,出使伊斯坦布尔的法国人舒瓦瑟尔·古菲曾经指出:"这里不像在法兰西那样,皇帝可以独自做主。在土耳其,恰恰相反,若是想要做点什么事的话,便必须设法去说服那些事事都得由他们来评断道路的乌莱玛,去说服不论过去的或是现在的国家支持者。"①而马基雅维利指出:"土耳其国家极难征服,但倘若有过于强大的势力将其征服了,那么保有这块领土不再受侵犯却是件易事,因为征服之后那里不会有皇帝以外的任何抵抗中心。"②

军事进攻的不断失利,以蒂玛③为基础的军事制度瓦解、以伊斯兰教为主导的社会制度日趋保守、内外因素导致的经济衰退、官僚机构的日益庞大和财政体系的破坏,是奥斯曼帝国江河日下的主要表现。帝国的衰落是一个复杂的过程,包括经济、军事、社会、行政和心理等一系列问题。④奥斯曼帝国内部一些开明人士认识到必须通过改革来挽救颓势。最初,奥斯曼帝国的改革家们所考虑的主要是随着黄金时代体制机构的日益腐朽而暴露出来的帝国内部弱点,因而他们的建议仅仅着眼于过去,竭力使体制机构恢复到原来的状态。所以早期的改革旨在恢复过去的秩序,例如穆拉德四世(1623—1640)和辅政大将军柯普鲁卢(1656—1661)的改革举措意在根除腐化之风,试图通过没收非法财产来恢复昔日的经济实力。《卡洛维茨条约》和《帕萨洛

---

① [英]伯纳德·刘易斯:《现代土耳其的兴起》,范中廉译,商务印书馆,1982年,第468~469页。

② [意]马基雅维利:《君主论》,徐继业译,光明日报出版社,1994年,第24页。

③ "蒂玛"制度也可视为一种战功奖励制度,就是在新征服的领土内,将所征税收中的部分收入授予荣立战功的奥斯曼士兵,获取这部分收入的这种权利通称"蒂玛",享有这种权利的人称为"蒂玛利奥",蒂玛权利通常可以世袭,蒂玛利奥不仅是爵禄享受者,还是帝国行政机构的基础,他们有权处理社会治安和协助收税等事宜,战时必须自备军械马匹,大蒂玛享受者还要带上数目不等的全副武装的骑兵,到苏丹麾下参加战斗。

④ Roderic·H. Davison, *Essays in Ottoman and Turkish History,1774 –1923:The Impact of the West*, Saqi Books, 1990.

维兹条约》的签署证明了西方的军事优越性之后,奥斯曼帝国政治精英开始将借鉴西方国家推进现代化改革提上日程。

18世纪初,一些西方新式武器和技术在欧洲人的帮助下引进奥斯曼帝国军队,"但这些技术很难与帝国旧的军事体制协调,且对帝国军队的落后与无组织从总体上没有多大影响"[①]。18世纪末国际环境的变化使奥斯曼帝国认识到利用西方新式武器和技术的重要性。与沙皇俄国战败后签署的《库楚克-开纳吉条约》使苏丹不仅放弃了对克里米亚鞑靼汗国的主权,还给予俄国舰队在黑海航行的自由,这给奥斯曼帝国带来前所未有的打击。1789年法国大革命对教权阶层的打击和政教分离的尝试使得奥斯曼帝国内部一些开明人士认为,"穆斯林世界可能希望在不损及本身宗教信仰与传统的情况下,能从这样一个非基督教的、甚至是反基督教的、同时还被它的主要阐释人强调说是由基督教分裂出来的运动中,去找出那个难以捉摸的西方力量的秘密来"[②]。于是法国大革命的思想模式就成为帝国进行技术和制度改革的重要思想来源。

1791年,塞里姆三世召集军事、政治和宗教要员22人,征询帝国衰落原因,并商讨对策。支持苏丹的一派提出效仿欧洲改造旧军,建立新军,以挽救帝国危机。1792—1796年,苏丹颁布了一系列诏令:加强对地方军事采邑制的控制,实行军事、财政事务的新条例,建立军事工程学校,按欧洲方式组建、训练新军,以扩大苏丹的权力,强化中央集权的政治秩序,制约传统军事力量即近卫军团,克服其离心倾向,重建奥斯曼帝国的强盛与辉煌。塞里姆三世组建的新军约三万人,实行薪俸制,装备精良,聘请法国军官训练;按照现代化原则改造或重建了医疗卫生服务设施与学校、陆海军工程学校;首次建立了常驻英法等西欧国家的使馆;还成立了一个旨在推进改革的改革委员会,后来还成立了一个财政局,负责征税和筹措经费。塞里姆三世的改革被视为奥斯曼帝国现代化改革的开端,改革伊始就遭到近卫军团、贝克塔什教团及乌莱玛阶层的强烈反对。而且塞里姆三世改革一开始就被许多问题困扰着:塞里姆三世采取许多办法剔除不履行军事义务的蒂玛持有者和整

---

① William Hale, *Turkish Politics and the Military*, Routledge, 1993, p.15.

② [英]伯纳德·刘易斯:《现代土耳其的兴起》,范中廉译,商务印书馆,1982年,第61页。

顿近卫军,但没有成功;拿破仑入侵埃及切断了奥斯曼帝国与法国的联系,使法国的影响也逐渐削弱;新军在 1806 年爆发的俄土战争中和旧军队一样混乱和无序;更为关键的是,塞里姆三世缺乏推行改革的强大权力。1805—1806 年,塞里姆三世决定实行普遍义务兵役制,从近卫军和穆斯林中征募新兵,结果近卫军在欧洲省份公开暴动,塞里姆三世被迫取消该决定,任命近卫军首领为大维齐尔。1807 年 5 月,塞里姆三世命令近卫军辅助部队采纳欧洲式的训练方式并穿戴欧式制服时,驻在博斯普鲁斯的辅助部队又发生暴乱,塞里姆三世派去镇压的新军被近卫军打败,叛军在大维齐尔和大穆夫提的支持下,杀害了大批改革派人士,逼近首都,塞里姆三世被迫解散新军。但近卫军并不满足,罢黜塞里姆三世,拥立穆斯塔法四世出任苏丹,新政随之夭折。

1808 年,多瑙河地区的奥斯曼贵族巴拉克达尔帕夏入主伊斯坦布尔,废黜穆斯塔法四世,拥立新政的重要参与者麦哈迈德二世继任苏丹。麦哈迈德二世是一位精明的和强有力的政治家,上台后便将塞里姆三世的改革从军事延伸到行政、司法、教育和瓦克夫等各个领域,包括军队的欧式化、土地制度的非封邑化、政府机构的官僚化和政治生活的世俗化等。麦哈迈德二世从塞里姆三世的军事改革中吸取教训,认为推行军事改革必须摆脱近卫军的束缚。1826 年 5 月,苏丹下令组建一支欧式新军来代替近卫军,声称这是已故苏莱曼大帝军事体系的复活,军事教练不是由外国人而是由熟悉现代军事技术的穆斯林担任,得到了包括大穆夫提在内的乌莱玛阶层的支持。尽管麦哈迈德二世向近卫军解释说此举只是将近卫军重新编制,并用现代武器进行装备,但仍遭到近卫军的反对,麦哈迈德二世镇压近卫军之后将其解散,所建新军称为"穆罕默德常胜之师",此为著名的"吉祥事件"。

从此,近卫军作为一支反对西化改革的力量便不复存在,新军军官成为现代化改革的积极参与者和支持者。平息近卫军叛乱的同时,麦哈迈德二世平息了和近卫军有密切关系的贝克塔什教团的叛乱。1831 年,麦哈迈德二世宣布将蒂玛收归国有,废除封邑制,全面实行包税制,扩大财源,为建立新军提供必要的经济支持;建立了以文官为省长的地方机构;改革帝国传统的官僚机构,仿效西方内阁的格局设立新的国务会议,下辖陆军部、内务部、外交部、财政部、司法部,大维齐尔也改称首相(不久又恢复大维齐尔的称呼);启用新式官吏;倡导欧式服饰;实行薪俸制。这些举措一方面是为了巩固苏丹在摧毁近卫军旧势力后所获得的胜利果实,另一方面也是为了强化苏丹统治,遏制贵族的离心倾向。但是仅仅将大维齐尔变成首相,几个人获得大臣称号,还不足以组成一个内阁政府,于是麦哈迈德二世又成立大臣会议,由首相负责主持其事。随后分别在 1836 年和 1837 年成立军事委员会和最高法制委员会,这两个委员会都是小型的执行机构,各有主席一人、委员五人和一两名秘书,它们对于改革的计划与执行起了重要的作用。1838 年,麦哈迈德二世相继成立了农业、贸易、工业及公共事业等委员会。①近卫军和蒂玛制度的废除、新军的建立、军事与行政机构的分离和现代行政机构的建立是帝国政治现代化的重要步骤,因为"具有特殊功能的领域——法律、军事、行政、科学——从政治领域分离出来,设立有自主权的、专业化的但却是政治的下属机构来执行这些领域的任务"②。尽管麦哈迈德二世改革没有触动乌莱玛垄断的司法领域,但自此帝国出现政治、法律、教育领域中世俗机构和宗教机构二元并存的迹象,传统的伊斯兰领地被逐渐侵蚀,这对现代化进程产生深远影响。

坦齐马特是土耳其语"改革"一词的音译,是对塞里姆三世和麦哈迈德二世改革的继承与发展,进一步强化苏丹中央集权是坦齐马特改革的核心主题。阿卜杜拉·麦吉德即位后,出于挽救内外危机的需要继续推进现代化改革。1839 年,首相雷什德帕夏以苏丹的名义颁布敕令,是为"花厅御诏",内容包括:保障苏丹臣民的生命、荣誉和财产;废除包税制,实行直接征税制;采用征兵制,明确限定服役期限;打破宗教界限,强调权力分配的世俗原则,即帝国臣民无论信仰何种宗教,皆享有同等的法律地位。③奥斯曼帝国进入坦齐马特时代。1856 年 2 月,奥斯曼帝国政府又颁布新的改革诏书——哈蒂·胡马云,重申 1839 年"花厅御诏"的各项原则,再次宣布废除包税制,奥斯曼臣民在法律面前一律平等,此后奥斯曼帝国又在各个领域将改革推向深入。

---

① 〔英〕伯纳德·刘易斯:《现代土耳其的兴起》,范中廉译,商务印书馆,1982 年,第 105 页。

② 〔美〕塞缪尔·P.亨廷顿:《变化社会中的政治秩序》,王冠华等译,生活·读书·新知三联书店,1989 年,第 32 页。

③ Akram Fouad Khater, *Sources in the History of the Modern Middle East*, Houghton Mifflin, 2004, p.13.

阿卜杜拉·麦吉德即位后,扩充新军,打破宗教界限征募士兵,组建了五个军团,分别驻扎在帝国各地;另外还将兵役期规定为五年,外加七年的预备役。增设新式海军,同时按照欧洲国家的模式组建政府,在政务会议之外增设司法会议,实现行政与司法的权力分割。1864年奥斯曼帝国援引法国的行政区划,颁布法令将全国划分为27个行省(维拉耶特),下辖州(桑贾克)、县(卡扎)和乡(纳希耶)。省长拥有很大权限,由中央政府任命,同时还设立了参政会和省议会,其用意是要让民众有参政议事的机会。坦齐马特时期引进的代议制原则,也为政府体制进一步发展奠定了基础。体现在省参政会、省议会及各级法院等机构中的代议制原则是建构在穆斯林及非穆斯林共享权利的非直接选举制度上的,甚至以法国为范本的帝国政务会议也进一步扩大,容纳了各种宗教信仰的代表,但他们都是指派而非选举产生的。在省级政府和中央政府推行类似代议制的试验,就为后人倡导宪法、实行议会制提供了可资借鉴的宝贵依据。

坦齐马特改革是以效仿西方为手段、以巩固苏丹统治和帝国的统一为目的、世俗化倾向非常明显的现代化改革运动,扩展和加强了艾哈迈德二世时期发展起来的各种世俗机构,在司法和教育领域取得了突破性的成就,使教育和司法逐渐摆脱了乌莱玛阶层的垄断。世俗教育的长足发展使自由思想得以广泛传播,这些新型学校中培养出来的学生为日后的现代化改革做出很大贡献。但改革没能解决严重财政危机,非土耳其人的独立运动日趋高涨,现代化改革并不能化解帝国的危机。

二、晚期奥斯曼帝国的政治改革及其帝国终结

晚期奥斯曼帝国从器物层面效仿西方国家的现代化改革举措在乌莱玛阶层乃至传统官僚的抗拒下宣告失败,青年奥斯曼党和青年土耳其党通过在制度层面植入宪政体系成为现代政治的代言人,但其社会基础的薄弱导致哈米德二世的独裁专制,随着宪政运动的深入和国际局势的变化,奥斯曼帝国走向终结。

青年奥斯曼党作为奥斯曼帝国历史上最早的现代政治组织,兴起于19

世纪60年代,成员主要是青年知识分子、军官和商人,代表人物是纳米克·凯末尔、易卜拉欣·西纳斯、阿里·苏阿维(Ali Suavi)等。1865年,纳米克·凯末尔等人建立秘密组织"爱国者联盟",亦称青年奥斯曼党。[1] 1865年以后,纳米克·凯末尔与来自埃及的奥斯曼王室成员穆斯塔法·费萨尔等人在伦敦、巴黎和日内瓦从事政治活动,创办报刊,发表时局评论。1871年,纳米克·凯末尔等人返回伊斯坦布尔,宣传自由与宪政思想,屡遭苏丹政府的迫害。纳米克·凯末尔作为青年奥斯曼党人的代表,深受法国启蒙思想家孟德斯鸠和卢梭的影响,反对坦齐马特时代热衷于模仿西方体制而无视奥斯曼帝国传统和伊斯兰信仰的新政举措,强调现代西方的自由民主与早期伊斯兰教的政治理念具有一致性,倡导回归伊斯兰教的政治原则和民众主权的政治思想,主张制定宪法和实行选举,建立代议制政府,保障公民权益。他的思想是"政治自由主义与宗教保守主义结合的产物"[2],认为伊斯兰教是原始的、过于理想化的政治制度,西方文明带来了进步、繁荣并使欧洲居于领先地位。但他又认为二者之间并没有矛盾,伊斯兰教能够提供社会的道德和法律基础,奥斯曼帝国容忍多民族和多宗教的共同体政策是国家的政治框架;而西方文明应该为确保奥斯曼制度在列强崛起、经济进步的现代世界的生存提供实际的方案和技术支持,"坦齐马特改革失败最重要的原因就是对这三种因素的认识存在着严重的混乱"[3]。他主张成立代表全体奥斯曼臣民的、由选举产生的、立法与行政两权分立的议会,声称:"人民的主权,意味着政府的权力来自人民……它是由每个个人天然具有的独立性中必然产生出来的一种权利","每个人都是他自己那个世界的皇帝";[4]"我们唯一真正的宪法是伊斯兰法典……奥斯曼帝国是建立在宗教原则之上的,如果违背了这些原则,国家的政治生存将处于危险之中"[5]。他明确表示,"伊斯兰教法是我们国

---

① Erik J. Zurcher, *Turkey: A Modern History*, St Martin's Press, 1998, p.72.

② Erwin I. J. Rosenthal, *Islam in the Modern States*, Cambridge University Press, 1965, p.28.

③ Niyazi Berkes ed, *Turkish Nationalism and Western Civilization*, *Selected Essays of Ziya Gokalp*, Columbia University Press, 1959, p.18.

④ [英]伯纳德·刘易斯:《现代土耳其的兴起》,范中廉译,商务印书馆,1982年,第153页。

⑤ [美]戴维森:《从瓦解到新生:土耳其的现代化历程》,张增健、刘同舜译,学林出版社,1996年,第102页。

家的灵魂和本质"①。所以，青年奥斯曼党人将伊斯兰教作为保持帝国统一的
纽带，在悠久的历史传统中寻找宪政思想的依据，"达到使伊斯兰人民联合
起来的途径，不可能从政治目的或理论性的争议中找到，而只能在宣教者的
面前和从书本里去寻求"②。

　　1876 年 5 月 22 日，青年奥斯曼党人在伊斯坦布尔发动声势浩大的示威游
行，反对苏丹的专制统治。5 月 30 日，他们发动宫廷政变，推翻苏丹阿布杜·阿齐
兹统治，拥立阿卜杜拉·哈米德二世继位。哈米德二世假意发表立宪誓约，任
命青年奥斯曼党领袖米德哈特帕夏为大维齐尔取得信任，颁布奥斯曼帝国
历史上的第一部宪法——1876 年宪法。1876 年宪法对政府、苏丹任命的上议
院、选举产生的众议院、独立的司法机构及人权法案等都做了明文规定，立宪主
义者把希望寄予选举产生的众议院，但政府并非像米德哈特帕夏最初提议的
那样对议会负责，而是对苏丹负责。实际上，苏丹拥有批准立法、任命各部大臣、
召集和解散议会等各项大权，并被宣布为哈里发和神圣不可侵犯。哈米德二世
巧妙地将权力从政府转向宫廷，使苏丹的中央集权达到前所未有的程度。随
后哈米德二世进行了装点门面的宪政选举，由一批驯服且没有经验的议会
代表们组成的议会开启了宪政之旅。1877 年俄土战争失败后，哈米德二世乘
机把战败责任归诸立宪运动。1878 年 2 月，哈米德二世解散议会，苏丹宫廷取
代大维齐尔主持的最高波尔特，成为奥斯曼帝国的权力中心。"此时宫廷已经能
够'控制其他行政部门及全体民众'，具有'现代集权主义政府的特点'。"③最高
波尔特作为奥斯曼帝国的内阁，处于宫廷的附属地位，成为苏丹实行独裁统
治的御用工具。④哈米德二世"企图恢复最后的东方式的专制来巩固自己的
权力，他的帝国中的每一个自由的思想活动都在萌芽时就被扼杀"⑤。

　　①　Erwin I. J. Rosenthal, *Islam in the Modern States*, p.35.

　　②　[英]伯纳德·刘易斯：《现代土耳其的兴起》，范中廉译，商务印书馆，1982 年，第 358 页。

　　③　Kemal H. Karpat, *The Politicization of Islam: Reconstruction Identity, State, Faith, and Community in the Late Ottoman State*, Oxford University Press, 2001, p.172.

　　④　Stanford J. Shaw, Ezel Kural Shaw, *History of the Ottoman Empire and Modern Turkey: Volume 2, Reform, Revolution, and Republic: The Rise of Modern Turkey 1808–1975*, Cambridge University Press, 1977, pp.216–217.

　　⑤　[德]卡尔·布洛克尔曼：《伊斯兰各民族与国家史》，孙硕人等译，商务印书馆，1985 年，第 431 页。

哈米德二世攫取青年奥斯曼党的宪政革命成果，使其成为建立专制统治的跳板。哈米德二世当政时，试图以伊斯兰教为纽带将帝国境内的穆斯林联结起来，借助手中的专制权力来推行泛伊斯兰主义，以制止基督教领土的丧失对帝国的震荡和冲击。"官方主办的一系列报纸都支持泛伊斯兰主义，旨在保证非土耳其穆斯林（阿拉伯人、阿尔巴尼亚人以及其他人）对帝国的忠诚，并且吸引上述各地以及印度等地的穆斯林对帝国的政治和财政支持。第一步是将他们团结在奥斯曼帝国内，而下一步是在将来或近期完成类似德国和意大利式的统一。"[1]哈米德二世声称"他是所有穆斯林的哈里发"，"以此让欧洲列强相信其作为世界穆斯林的精神领袖维护其世俗权力有重要意义"。[2]可是，不仅什叶派和阿拉伯半岛的瓦哈比派不承认其哈里发地位，而且逊尼派也不是非常支持他。一位基督徒指出，泛伊斯兰主义"作为一种政治思想是非常有害的，它不仅不能挽救帝国，相反会毁灭帝国；从宗教标准看，苏丹-哈里发将自己的统治强加给所有穆斯林必将引起国际性的反对特别是被统治的穆斯林人口的反对"[3]。"随着奥斯曼帝国的衰落，其注定要沿着教派/族裔的边界发生分裂，才能适应民族主义时代的要求，也注定了泛伊斯兰主义在民族主义时代难以取得实际效果。"[4]泛伊斯兰主义未能挽救奥斯曼帝国的衰亡，青年土耳其党人高喊着"恢复宪法"的口号推出泛突厥主义以团结分散在帝国内部的最大种族群体——土耳其人。

哈米德二世的独裁统治使奥斯曼帝国的各种社会矛盾日益激化。1889年，军事学院的学生在伊斯坦布尔创立反对派政治组织"奥斯曼统一协会"，秘密宣传宪政思想。1894年，受哈米德政府迫害而流亡海外的"奥斯曼统一协会"成员在巴黎成立"奥斯曼统一与进步协会"，即青年土耳其党，艾哈迈

---

[1]　Jacob M. Landau, *The Politics of Pan-Islam : Ideology and Organization*, Clarendon Press, 1990, pp.23-24.

[2]　Jacob M. Landau, *The Politics of Pan-Islam : Ideology and Organization*, Clarendon Press, 1990, pp.36-37.

[3]　Jacob M. Landau, *The Politics of Pan-Islam : Ideology and Organization*, Clarendon Press, 1990, p.8.

[4]　昝涛：《现代国家与民族建构：20世纪前期土耳其民族主义研究》，生活·读书·新知三联书店，2011年，第61页。

德·里萨是其领导核心。青年土耳其党人在《奥斯曼统一进步委员会纲领》中宣称:"我们提请穆斯林和基督教的同胞们注意,应对现政权的政府制度保持警惕,由于这种制度违反诸如公正、平等及自由等各项人权,由于这种制度有碍奥斯曼全体人民的进步,并将国家置于外国控制之下,为此,我们成立了一个全部奥斯曼男女组成的奥斯曼统一进步委员会。"①

青年土耳其党主张恢复 1876 年宪法,召开新的议会,推翻哈米德二世的专制统治,建立真正意义的君主立宪制,捍卫奥斯曼帝国臣民的平等。1905 年日俄战争之后,俄国召开立法会议,启动宪政进程。1906 年,波斯开始进行宪政改革,颁布宪法。国际形势的变化加快了奥斯曼帝国政治反对派的行动步伐,青年土耳其党在军队中的影响迅速扩大。包括穆斯塔法·凯末尔在内的少数军官在大马士革成立"自由与祖国协会",马其顿成为反对派政治势力的主要活动区域。1906 年,"自由与祖国协会"并入青年土耳其党在萨罗尼卡创立的"奥斯曼自由协会",进而以进驻马其顿的第三军和驻守爱德纳的第二军作为争取对象,并与巴黎的反对派组织建立联系。1907 年开始,帝国各地普遍存在对哈米德二世专制统治的不满。安纳托利亚的歉收使政府财政更加紧张,工资拖欠,大多数人的提升被停止,许多士兵、军官和政府官员以离职表示不满。这种情况下,深受统一与进步协会影响的第三军不断举行起义。"革命实际上是 1907 年以来由于财政而非意识形态方面的原因导致的一系列起义最后事件。"②

1908 年,青年土耳其党各个分支在巴黎召开会议,就基本政治纲领达成一致。7 月 23 日,得到军队、阿尔巴尼亚穆斯林和马其顿游击队支持的青年土耳其党向哈米德二世发出恢复 1876 年宪法的最后通牒,迫使苏丹恢复中断 30 年之久的宪政和选举,由此开始奥斯曼帝国历史上的第二次宪政运动。众叛亲离的哈米德二世只好宣布恢复宪法和议会,随即对 1876 年宪法进行修订,出台了一系列临时修正案。"新修订的宪法规定,主权不再无条件的属于奥斯曼王室,后者必须效忠宪法;苏丹签署条约的权力受到议会的限

① [英]伯纳德·刘易斯:《现代土耳其的兴起》,范中廉译,商务印书馆,1982 年,第 222 页。

② Stanford J. Shaw, Ezel Kural Shaw, *History of the Ottoman Empire and Modern Turkey: Volume 2, Reform, Revolution, and Republic: The Rise of Modern Turkey 1808–1975*, p.266.

制;地方分权等。"①苏丹成为国家名义的首脑,"国家第一次成为各个政治派别争斗的对象,同时也标志着奥斯曼帝国大众政治时代的到来"②。9月,青年土耳其党在伊斯坦布尔召开代表大会,通过政治纲领,强调君主立宪制的政治目标和泛突厥主义的意识形态,政府应对议会而非苏丹负责,指出政府如果失去下议院多数议员的支持则应当辞职;苏丹任命上议院议员的三分之一,其余三分之二的议员由选举产生;民众不仅有权组建经济性的社会团体,而且有权组建符合宪法的政治团体。12月,奥斯曼帝国第二届议会在伊斯坦布尔召开,艾哈迈德·里萨当选为议长。

1909年4月12日至13日夜间,在帝国保守派的鼓动下,驻扎在伊斯坦布尔的第一军部分士兵,发动反对青年土耳其党的政变,哈米德二世随即撤换首相及部分青年土耳其党军官,恢复伊斯兰教法。24日,驻守马其顿的第三军司令穆罕默德·谢夫凯特和穆斯塔法·凯末尔率军占领伊斯坦布尔,平定叛乱,青年土耳其党重新控制国家权力。后经大穆夫提同意,议会废黜哈米德二世,推举穆罕默德·雷沙德出任苏丹,即为完全听命于青年土耳其党的穆罕默德五世。青年土耳其党人对1876年宪法进行系统修订而形成1909年宪法修正案,③集中体现青年土耳其党的政治纲领,明确限制苏丹的权力,进一步扩大议会权力,规定政府对议会负责而不再对苏丹负责,议会行使充分的立法权而无须苏丹批准。④将主权无条件属于奥斯曼王室改为苏丹必须宣誓效忠沙里亚法和宪法,并忠于国家;苏丹任免大臣的权力被取消,签订条约的权力受议会限制;苏丹驱逐对国家安全有危险的人的特权不再存在。⑤议会采用两院制,包括上议院和下议院;上议院议员中三分之一由苏丹指定,终身任职,上议院另外三分之二的议员和下议院议员由选举产生,任期四年;取消苏丹将所谓危害国家安全者驱逐出境的权力。1909年宪法修正案进一步

---

① James L. Gelvin, *The Modern Middle East, A History*, Oxford University Press, 2005, p.145.

② James L. Gelvin, *The Modern Middle East, A History*, Oxford University Press, 2008, p.145.

③ 有学者称之为1909年新宪法,但实际上该宪法只对1876年宪法进行较大规模的修改,所以并不能作为奥斯曼帝国历史上颁布的宪法而存在。

④ 周南京、梁英明:《近代亚洲史资料选辑》下册,商务印书馆,1985年,第124~126页。

⑤ Feroz Ahmad, *The Young Turks: The Committee of Union and Progress in Turkish Politics, 1908-1914*, Oxford University Press, 1969, pp.58-59.

保障公民权利,规定 20 岁以上的帝国公民皆享有选举权而不受财产资格的限制,公民享有结社的权利。

青年土耳其党革命终结了哈米德二世的专制统治,建立了议会、内阁和政府职能部门,引入了现代官僚机构和民众参与的政治机制,真正开启了君主立宪制的政治实验。从 1909 年平定叛乱到 1918 年奥斯曼帝国与协约国签订《摩德洛斯停战协定》,奥斯曼帝国举行了三次议会选举,青年土耳其党通过操纵议会选举赢得议会多数席位而控制政府和议会,西方意义上的代议制政府初具规模。1909—1911 年,青年土耳其党的反对者组建了包括温和自由党、奥斯曼改革党、人民党、新党和自由统一党等在内诸多政党,[①]部分政党通过参与议会选举来角逐国家权力,对青年土耳其党的选举优势构成一定威胁,这表明以政党竞争为基础的选举政治在奥斯曼帝国的出现。但是青年土耳其党使用暴力手段操纵议会选举,排斥其他政党成员进入议会,倚重传统官僚来掌控政府,使得宪法所倡导的议会民主选举徒具形式。

在国内民族矛盾尖锐和国际形势动荡的情况下,青年土耳其党逐渐抛弃宪法所倡导的民主自由精神而趋于独裁专制。

1913 年 1 月,陆军大臣恩维尔、内务大臣塔拉特和海军大臣杰马尔发动政变,建立军事独裁,这既是军人在奥斯曼帝国政治生活中地位坐大的必然,也源于奥斯曼帝国议会、政党和政府制度的不成熟,还与第一次世界大战前后复杂的国际形势密切相关。青年土耳其党革命旨在限制苏丹权力,建立立宪制的政治制度,却打着保护民众权利的名义逐渐走向军人独裁。一位土耳其历史学家指出:“世界上能像奥斯曼帝国宪法革命所给人带来的那样大的希望的运动,还是很少见的;同样地,世界上能像奥斯曼帝国宪法革命给人带来那样迅速而最后的失望的运动,也是很少见的。”[②] 1913—1918 年的奥斯曼帝国是宪政框架下的军人独裁统治时期,青年土耳其党继续完善政府机构,削弱伊斯兰教的政治地位,开展司法和教育改革,通过设立司法部、教育部和宗教基金部将传统结构纳入现代政府体系中。但是政府成员和军队将领之间的对抗削弱了青年土耳其党的权力基础,奥斯曼苏丹借机强

---

① 王三义:《晚期奥斯曼帝国研究(1792—1918)》,中国社会科学出版社,2015 年,第283~284 页。

② [英]伯纳德·刘易斯:《现代土耳其的兴起》,范中廉译,商务印书馆,1982 年,第224 页。

化个人权力,所以在1915—1916年的宪法修正案中,苏丹的权力进一步加强,几乎完全可以按照自己的意愿召开、停止和延长议会。[①]

伴随着内部激烈的权力斗争,奥斯曼帝国的巴尔干属地接连丧失,阿拉伯领地也遭到英法等国的染指,亲德的青年土耳其党将奥斯曼帝国拖入第一次世界大战,随着同盟国在战场上逐渐陷入被动,协约国针对战后肢解奥斯曼帝国进行秘密磋商,并先后签订了四个秘密协定:《伊斯坦布尔协定》[②]、《伦敦条约》[③]、《赛克斯–皮科协定》[④]和《圣·让—德—莫里埃讷协定》[⑤]。尽管这些协定随着一战后期国际形势的变化并未得以完全实施,但英法等国主

① [英]伯纳德·刘易斯:《现代土耳其的兴起》,范中廉译,商务印书馆,1982年,第384页。

② 俄国、英国和法国于1915年3月18日秘密签署的关于近东问题秘密协定,主要内容包括:允许俄国占领伊斯坦布尔、博斯普鲁斯海峡、马尔马拉海和达达尼尔海峡西岸地区;伊斯坦布尔作为自由港对所有协约国成员开放,俄国允许各国经过海峡自由通商;安纳托利亚地区成为英法的势力范围,穆斯林圣地麦加和麦地那及阿拉伯行省从奥斯曼帝国分离,由即将独立的阿拉伯国家统治;英俄两国承认并遵守1907年的分割伊朗的《英俄条约》,英俄两国在伊朗的"缓冲区"划归英国,而伊斯法罕和伊朗靠近阿富汗地区划归俄国。参见 Stanford J. Shaw, Ezel Kural Shaw, *History of the Ottoman Empire and Modern Turkey*: Volume 2, *Reform, Revolution, and Republic*: *The Rise of Modern Turkey 1808–1975*, Cambridge University Press, 1977, p.320。

③ 1915年4月26日,英国、法国、俄国和意大利四国秘密签署的针对近东的第二个协定。按照协定,意大利在战后占有巴尔干半岛西岸的特兰提诺、迪利亚斯特、伊斯特里亚和达尔马提亚沿岸大片土地,允许意大利获得多德卡尼斯群岛的主权;奥斯曼帝国在利比亚的一切权利归意大利所有。参见王三义:《晚期奥斯曼帝国研究(1792—1918)》,中国社会科学出版社,2015年,第316页。

④ 英国与法国签订的瓜分奥斯曼帝国阿拉伯领土的秘密协定,因英国一方代表M.赛克斯和法国一方代表G.皮科而得名,于1916年5月16日在伦敦正式签署。主要内容如下:大叙利亚地区(包括土耳其西南部、黎巴嫩、叙利亚和伊拉克北部)为法国控制;伊拉克的中部、南部,阿拉伯半岛及巴勒斯坦的海法和阿克两港由英国控制;巴勒斯坦由国际共管;将在叙利亚东部和摩苏尔(合称"甲区")及伊拉克北部和外约旦(合称"乙区")建立一个独立的阿拉伯国家或独立的阿拉伯联邦国家;"甲区"和"乙区"分别划为法国和英国的势力范围。协定还规定:英法两国在自己控制的领地内可以建立任何一种制度,在势力范围内将建立"独立"的阿拉伯国家;根据协定划定的范围,英法两国有权向新建的国家派遣顾问和公务人员。协定许诺意大利获得安纳托利亚西部,俄国获得安纳托利亚东部,包括埃尔祖鲁姆、特拉布宗、凡城和比特里斯等地。但该协定因为与英国对阿拉伯人的许诺冲突并未公布。1917年俄国十月革命后,苏维埃政府公布了该协定,揭露了英、法的阴谋,引起阿拉伯人的愤慨。

⑤ 1917年4月17日,英、法、俄、意等国在圣·让—德—莫里埃讷为了换取意大利加入协约国而签订的协定,许诺将安纳托利亚西南部包括伊兹密尔和科尼亚行省在内的大部分地区,以及从安纳托利亚西部至博斯普鲁斯海峡之间的区域都划给意大利。协定签订后,意大利向德国、奥匈帝国宣战,由于希腊对伊兹密尔和安纳托利亚西南地区提出领土要求,所以该协定并未公布。

宰奥斯曼帝国的历史走向则日趋明朗。1918 年 6 月 28 日,穆罕默德六世继任奥斯曼苏丹,此后同盟国一方走向全面崩溃。1918 年 10 月,德国在欧洲主战场全线溃败,奥匈帝国也溃不成军,保加利亚前线全面崩溃,奥斯曼帝国在南部战线毫无抵抗之力,同盟国宣告失败。在此种情况下,青年土耳其党掌控的塔拉特政府被迫于 10 月 13 日辞职。10 月 30 日,海军大臣劳夫帕夏率领的奥斯曼帝国代表团与协约国集团签订《摩德洛斯停战协定》,宣告奥斯曼帝国的失败。协约国随即占领奥斯曼帝国的主要城市、港口和战略要地,解散奥斯曼帝国的武装力量。不久,英国同意把《圣·让—德—莫里埃讷协定》中划给意大利的伊兹密尔转归希腊所有。面对着国家的生死存亡,奥斯曼帝国内部仍然充斥着激烈地争权夺利,奥斯曼苏丹的妥协投降和民众的斗争反抗形成鲜明对比,历史将晚期奥斯曼帝国的军官穆斯塔法·凯末尔推上了政治舞台。

第二节　现代土耳其民族国家建构与威权政治的确立

第一次世界大战结束后,民族独立运动的风起云涌和帝国主义委任统治的分而治之使奥斯曼帝国迅速解体,以凯末尔为首的土耳其民族主义者坚持"回到民族的合理限度中去",经历艰苦卓绝的独立运动,在奥斯曼帝国的废墟上缔造土耳其共和国,并通过较为彻底的世俗化运动实现民族国家的政治建构,确立国家控制宗教的世俗主义模式和现代政治体制,经过相对短暂的多党尝试而最终建立了以凯末尔主义为基础的一党制威权政治体制。

一、民族独立运动与土耳其共和国的建立

第一次世界大战后,协约国列强瓜分奥斯曼帝国的过程加剧了土耳其的民族灾难,并造成空前严重的民族危机。《摩德洛斯停战协定》签订后,英国、法国、意大利和希腊根据前述协定和实力分别占领奥斯曼帝国的不同区

域,并对伊斯坦布尔实行军事管制,奥斯曼帝国陷入分崩离析之中。1919 年
1 月,奥斯曼苏丹穆罕默德六世设立军事法庭,审判处置恩维尔、塔拉特和青
年土耳其党其他领导人,并任命自己的妹夫达马德·费里德帕夏为大维齐尔,
接受停战协定,准备与协约国签订和平条约。与奥斯曼帝国苏丹的立场相反,
安纳托利亚的民众坚决反对协约国的占领,当地民族资产阶级、爱国军官和
地方行政官员纷纷建立起"护权协会",高举民族独立旗帜捍卫国家主权。

　　1919 年 5 月 19 日,穆斯塔法·凯末尔在萨姆松的黑海码头登陆。6 月
22 日,凯末尔通过电报与阿马西亚的民族主义组织领导人取得联系,呼吁
"国家完整、民族独立正处在危险之中","中央政府已经无力履行其所承担
的责任","唯有民族的意志和决心才能拯救民族的独立"。凯末尔还与侯赛
因·劳夫贝伊和雷福德贝伊一起向安纳托利亚东部的民族主义组织发去公
开信,呼吁 7 月在埃尔祖鲁姆召开国民大会。7 月 8 日,奥斯曼苏丹对凯末尔
的离心行动深表怀疑,下令解除其军事指挥权。7 月 23 日,国民大会在埃尔
祖鲁姆召开,持续到 8 月 17 日。代表们草拟了一份书面文件,宣告土耳其民
族独立,不受外国托管或保护;放弃前奥斯曼帝国的领土,仅保留土耳其人
的区域;在此边界内,外国势力和公民没有额外的领土权利,少数民族不再
享有特权;新国家将接受来自任何没有帝国主义企图的国家的援助。[①] 9 月 4
日至 11 日,在西瓦斯召开的各民族主义组织参加的大会上,代表们赞成并
增补了《阿马西亚宣言》,宣告解除大维齐尔达马德·费里德的职务,提出武
装反抗协约国的阴谋, 选出以凯末尔为首的代表委员会,"竭尽全力甚至流
尽最后一滴血,来共同保卫自己的祖国,使其免受任何侵犯"[②]。凯末尔的号
召得到大多数民众的支持和响应。

　　1920 年 1 月 20 日,大国民议会通过《基本组织法》,实际上是新生土耳
其国家的临时宪法,规定大国民议会掌控和行使行政、立法权。1 月 28 日,民
族主义组织通过《国民公约》,重申埃尔祖鲁姆和西瓦斯大会的各项原则,强
调土耳其只有获得与其他国家完全一样的主权独立和自由, 才能保证整个

---

　　① Douglas A. Howard, *The History of Turkey*, Greenwood Press, 2001, p.86.

　　② [苏联]安·菲·米列尔:《土耳其现代简明史》,朱贵生等译,生活·读书·新知三联书店,1973
年,第 163 页。

国家的独立和繁荣，才能建立现代化的组织机构，这是整个国家生存和发展的重要条约。《国民公约》实际上是新生土耳其国家的独立宣言，为一个新生国家的诞生做了思想和舆论准备。①

奥斯曼苏丹政府为了消灭凯末尔领导的民族解放运动，维护协约国帝国主义列强的利益和奥斯曼帝国的封建统治，动用了苏丹-哈里发作为君主和宗教领袖的全部"权威"，利用穆斯林的宗教感情同民族主义者进行斗争。1920 年 3 月 16 日，英国正式占领伊斯坦布尔，宣布凯末尔领导的民族运动是叛逆行为，指使希腊军队大举进攻安纳托利亚地区。大敌当前，奥斯曼苏丹却将斗争矛头指向民族主义力量，大穆夫提迪里杂代·阿卜杜拉颁布"法特瓦"，宣布反对苏丹-哈里发的人是"暴徒"，应该将其开除出教籍，宣称杀死这些背叛伊斯兰教的人是全体穆斯林的宗教义务，逃避斗争是最大的罪孽，其死后不能进入天园，不能得到真主的宽恕。伊斯坦布尔军事法庭缺席判处凯末尔等人的死刑，苏丹政府还在安纳托利亚组织了一支"哈里发"军队，向凯末尔领导的民族解放运动发动进攻。4 月 23 日，凯末尔领导的民族独立运动在安卡拉成立国民政府，凯末尔与奥斯曼苏丹政府完全决裂。

1920 年 8 月 10 日，苏丹政府同协约国帝国主义列强在巴黎近郊的色佛尔签订了《色佛尔条约》。②《色佛尔条约》是凡尔赛体系中最带有奴役性、最苛刻的一个条约，不仅使土耳其丧失了五分之四的领土，而且完全剥夺了土耳其的独立主权，把土耳其推向亡国的边缘。苏丹政府在《色佛尔条约》上的签字卖国行为与凯末尔安卡拉政权维护土耳其独立的行动形成鲜明对比，其结果是彻底动摇了苏丹-哈里发的政治形象和宗教权威，而安卡拉政权的

---

① 王三义：《晚期奥斯曼帝国研究》，中国社会科学出版社，2015 年，第 321 页。

② 《色佛尔条约》共 433 条，主要内容如下：第一，委任统治问题。伊拉克、巴勒斯坦成为英国的委任统治地；叙利亚和黎巴嫩划为法国的委任统治地。第二，领土分割问题。奥斯曼帝国承认汉志和亚美尼亚独立，亚美尼亚和库尔德斯坦成立"独立国"，由英国控制；奥斯曼帝国的欧洲属地东色雷斯和亚洲本部伊兹密尔及其周围地区割让给叙利亚；叙利亚边境的广阔地带割让给法国，摩苏尔产油区割让给英国管辖。第三，海峡问题和军事制裁问题。海峡地区由国际共管，各国军舰和商船均可自由通航；协约国有权随时占领伊斯坦布尔；土耳其的军队不得超过 5 万人，海军只保留 6 艘驱逐舰和 7 艘炮舰；禁止建立空军、炮兵和使用重型武器。第四，经济问题。土耳其的财政和关税必须接受英国、法国、意大利建立的财政委员会的严格监督，并恢复领事裁判权。参见王三义：《晚期奥斯曼帝国研究》，中国社会科学出版社，2015 年，第 321 页。

威望却与日俱增。随着独立战争的节节胜利、协约国集团内部的利益争夺与分化及新生的苏维埃俄国对凯末尔的支持,《色佛尔条约》被最终摒弃,协约国决定重新召开会议商讨奥斯曼帝国的问题。在瑞士洛桑召开会议前,协约国同时向安卡拉和伊斯坦布尔两个政府发出正式邀请。协约国的邀请促使凯末尔决心废除苏丹制,把它和哈里发制分离开来。但这一决定遭到了他的亲密战友和议员们的反对。鉴于此凯末尔宣称:"先生们,主权和苏丹制都不能听命于学者或通过讨论和辩论由谁交与谁。主权和苏丹制是通过实力、威力和暴力取得的。"①

1922 年 11 月 1 日,大国民议会宣布苏丹制自两年前英军占领伊斯坦布尔之日起即不存在。议会宣布哈里发职位应属于奥斯曼王室,但规定哈里发只能依靠土耳其国家而存在,并应由大国民议会遴选"在道德与学识中最合适的"奥斯曼王朝的成员,其作为精神领袖并不拥有任何世俗权力。11 月 7 日,奥斯曼帝国最后一任苏丹穆罕默德四世瓦希代丁在英国庇护下登上一艘英国军舰出逃,奥斯曼帝国统治成了历史。随后大国民议会选出符合共和国需要的哈里发阿卜杜拉·麦吉德。土耳其民众在凯末尔的率领下赢得了独立战争的胜利,在洛桑会议上签订的《洛桑和约》在很大程度上满足了民族主义者的民族独立要求。1923 年 10 月 13 日,土耳其共和国正式宣布成立并定都安卡拉,10 月 29 日,大国民议会选举穆斯塔法·凯末尔为共和国首届总统,伊斯美特出任总理,新生的土耳其共和国通过世俗化改革来推动西方式现代化国家的政治建构。

二、凯末尔改革与威权政治的执政实践

凯末尔在西方自由主义、民族主义、民主主义、宪政主义和世俗主义的影响下,着力把土耳其缔造成一个融入西方文明的世俗民族国家。"阿塔图尔克的基本理想是一个伟大的、被解放的土耳其,它甚至比当代文明更发达,它要成为一个按照西方标准生活的国家,是西方不可分割的一部分。……阿

---

① [美]戴维森:《从瓦解到新生:土耳其的现代化历程》,张增健、刘同舜译,1996 年,第 146 页。

塔图尔克懂得这一理想只有通过一切领域的世俗化才能实现。他对历史的理解和他自己的言论都清楚地表明,西方只是在所有的秩序全部世俗化后才达到这样高的生活水准。"[1]所以凯末尔主义者通过政治、司法、教育、社会、宗教等领域的世俗化改革实现制度层面、象征领域、功能范畴和立法方面的现代建构,促进了土耳其由传统的伊斯兰社会向现代西方式社会的过渡。

废除苏丹制、建立共和国、取消哈里发是凯末尔政权实现世俗化的重要举措,也是在政治层面清除传统的政治秩序而建立世俗政治统治的重要步骤。1922 年 11 月 1 日,大国民议会决定废除苏丹制度,从法律上将世俗权威和宗教权威分开。当大国民议会在是否废除苏丹制度问题上争论不休时,凯末尔指出:"主权和政权都不能用学院式的讨论而让给任何人。主权是通过实力、威力、甚至是通过暴力获得的。奥斯曼的子孙们通过暴力取得了对整个土耳其民族的统治权,他们在六百年间统治了土耳其民族。现在,这个民族起来反对篡夺者,把他们打回老家去,并且着手实现理应属于它的主权。这是一个既成事实,假如所有在这里集会的人都了解这一点的话,那么在我看来,他们就会极其明智地行事。"[2]议会当天就以鼓掌的方式通过了废除苏丹制度的决议,宣布土耳其苏丹政府从 1920 年 3 月 16 日(指英国军队占领伊斯坦布尔,苏丹政府与它沆瀣一气之日)起已不复存在,至此已经永远成为历史。从此,确立民族主权至上原则,16 世纪以来合二为一的苏丹和哈里发制度被人为分离,哈里发成为凯末尔主义者号召和动员穆斯林的重要工具。取消苏丹制之后,凯末尔指出:"我们民族不想毁灭,它要生存并要做因此而需要做的一切。这就是它要改变制度的原因,它采取了权力直接来自本身的政府,取代了刚才我所说的那种君主制的政府。"[3]凯末尔认为,取代苏丹制度的应该是现代共和制度。由于他最为崇尚法国政体,同时主张土耳其

---

① Kemal H. Karpat ed., *Political and Social Thought in the Contemporary Middle East*, Praeger Publishers, 1982, p.326.

② [苏联]安·菲·米列尔:《土耳其现代简明史》,朱贵生等译,生活·读书·新知三联书店,1973 年,第 235~236 页。

③ 《穆斯塔法·凯末尔·阿塔图尔克语录》,转引自周清、晨风、陈友文主编:《当代东方政治思潮》,广东人民出版社,1993 年,第 670 页。

共和制度必须与国情相结合,强调"土耳其的民主制,尽管追随着法国大革命的足迹,但是一直按照自身的性质和特点发展着。因为每个民族实现自身的改革时,都要适当考虑其自身社会环境的压力与需要所产生的条件"。"我们现在的政府与我们的国家机构是我们民族自己直接建立的,它被称作共和国。"[①] 1922 年 10 月 29 日 20 时 30 分,大国民议会在"共和国万岁"的欢呼声中通过了建立共和国的决定,凯末尔当选为首任总统。

1924 年废除哈里发是制度层面世俗化改革的重要举措。废除苏丹制和成立共和国之后,新当选的哈里发阿卜杜拉·麦吉德二世仅仅是一位精神领袖且不具备任何政治权威。尽管凯末尔在最初希望将哈里发视为伊斯兰团结的象征以抗衡西方列强,并将其作为维持共和国合法性的依据,但一些对奥斯曼帝国怀有深深眷恋的人却试图恢复其某些权力,这引起凯末尔对哈里发态度的变化。

1924 年 1 月 22 日,凯末尔在对伊斯美特总理的密电中写道,土耳其不能容忍一个拥有独立国库、华服和世俗权威的哈里发。[②]关于废除哈里发的议案在大国民议会中进行了长时间争论,萨费特谢赫等 53 位议员明确指出:"阿拉伯文明证明宗教任何时候都不阻碍社会进步,土耳其如此落后的原因责任全部在统治者身上。伊斯美特宣称:我们永远也不能忘记哈里发的军队曾把我们整个国家变成了废墟。我们也不能忽视建立新的哈里发军队的可能性还没有消除……我们的国家再也不能容忍这种情况了。我们永远也不会忘记哈里发的'法特瓦'曾使我们遭受世界大战的惨祸,我们也远也不会忘记:当民族希望举行起义的时候,哈里发的'法特瓦'曾引起了比来自敌人方面更为可恶的对民族的诽谤言论。……如果一旦某一个哈里发突然想企图影响我们国家的命运,那么我可以斩钉截铁地说,我们将把他的脑袋拿下来。"[③]大国民议会经过激烈争论,最终于 1924 年 3 月 3 日通过废除哈里发

---

① 《穆斯塔法·凯末尔·阿塔图尔克语录》,转引自周清、晨风、陈友文主编:《当代东方政治思潮》,广东人民出版社,1993 年,第 671 页。

② Mehmet Yasar Geyikdagi,*Political Parties in Turkey:The Role of Islam*,Praeger Publishers,1984,p.42.

③ [苏联]安·菲·米列尔:《土耳其现代简明史》,朱贵生等译,生活·读书·新知三联书店,1973年,第 268~269 页。

的第 431 号法令。①废除哈里发制是凯末尔对于根深蒂固的伊斯兰正统势力发动的首次公开攻击,这标志着奥斯曼帝国传统政治体制的终结。

凯末尔政权还从宪法角度确立了土耳其现代民族国家框架。1924 年,共和人民党主宰的大国民议会通过土耳其共和国正式宪法即 1924 年宪法。宪法规定土耳其实行共和制,定都安卡拉,伊斯兰教为国教;废止议会两院制,实行一院制,议员由选举产生,任期四年,可连选连任;总统由议会选举产生,总统任命总理,统率三军;议会通过的法律须经总统批准方可生效,总统有权在十天内要求议会重新审定已经通过的法律;政府对议会负责且无权解散议会,每两万人选举议员一名,选民为年满 18 岁的男性公民,被选举人为年满 30 岁的男性公民;议员不得兼任政府职务和军队职务;司法独立;公民享有平等的法律地位、政治自由和信仰自由,私有财产受法律保护。1924 年宪法为土耳其政党和政府的行为提供了准则,它最终成为一个合法的平台,可以使反对党在这个平台上反对共和人民党,从而使民主政治秩序的建立成为可能。②所以说 1924 年宪法不但在一定程度上约束了执政党的政治行为,而且也为后来多党政治的发展提供了一个理论框架。③ 1924 年宪法给予公民广泛的权利和自由,又明确指出大国民议会作为最高权力机关,拥有立法、行政和司法三项权力。根据 1924 年宪法的第 8 条和 54 条,土耳其共和国的司法机关负责处理日常司法事务,但并未获得完全独立的地位。④理论上,1924 年宪法赋予土耳其公民自由和权利,但实际上公民的自由和权利并没有得到切实的保障,几乎所有的权力都集中在大国民议会手中,大国民议会的权力缺少必要的制约。因此,代表国家的大国民议会可以按照自己的

---

① Niyazi Berkes, *The Development of Secularism in Turkey*, McGill University Press, 1964, pp. 459-460.

② Kemal H. Karpat, "The Republican People's Party, 1923-1945", in Metin Heper and Jacob M. Landau, *Political Parties and Democracy in Turkey*, I.B. Tauris & Co Ltd, 1991, p.61.

③ Kemal H. Karpat, "The Republican People's Party, 1923-1945", in Metin Heper and Jacob M. Landau, *Political Parties and Democracy in Turkey*, I.B. Tauris & Co Ltd, 1991, p.60.

④ Ergun Özbudun, *Contemporary Turkish Politics: Challenges to Democratic Consolidation*, Boulder: Lynne Rienner Publishers, 2000, pp.49-53.

意愿赋予或限制公民的自由和权利。①随着凯末尔威权政治体制的确立，1924年宪法的许多条款都仅仅停留在书面上。

土耳其在完成现代国家的制度建构后，以政党政治的形式对国家进行政治治理，凯末尔通过共和人民党一党执政而确立起威权政治体制。1922年12月，凯末尔曾向报界透露建立人民党的意图，使其作为效仿西方建构现代政治的工具。1923年4月，凯末尔在安纳托利亚和鲁米利亚"保卫权利协会"的基础上组建人民党；8月，人民党在第二届大国民议会选举中获得垄断性胜利。10月29日，凯末尔宣布土耳其为共和国，着力把土耳其缔造成一个融入西方文明的世俗民族国家。"阿塔图尔克的基本理想是一个伟大的、被解放的土耳其，它甚至比当代文明更发达，它要成为一个按照西方标准生活的国家，是西方不可分割的一部分。……阿塔图尔克懂得这一理想只有通过一切领域的世俗化才能实现。"②人民党无疑是实施世俗化改革的重要工具。1924年11月，凯末尔将人民党改名为共和人民党，其成员包括城市与乡村、传统与现代、宗教与世俗的诸多社会成分抑或社会阶层，是典型的民族主义政党和实践民族主义的政治工具。共和人民党的基本纲领为全部政权集中于国家，议会是国家最高权力机构，保卫国家安全，改善司法制度和诉讼程序，发展国民经济，健全政府体制，鼓励私人投资经济建设；凯末尔主义的六大原则——民族主义、共和主义、世俗主义、平民主义、国家主义和革命主义则是共和人民党的主导意识形态。③

共和人民党成立后不久就出现了严重的政治分歧，以凯末尔和伊诺努为代表的左翼激进势力与以侯赛因·劳夫领导的右翼温和派日趋对立。1924年底，侯赛因·劳夫领导的22名右翼温和派议员宣布脱离共和人民党组建进步共和党，获得批准。进步共和党倡导西方自由主义模式，反对凯末尔的

①　Kemal H. Karpat, *Turkey's Politics: The Transition to a Multi-party System*, Princeton University Press, 1959, p.137.

②　Kemal H. Karpat, *Political and Social Thought in the Contemporary Middle East*, Praeger Publishers, 1982, p.326.

③　Metin Heper, *Political Parties and Democracy in Turkey*, I.B. Tauris, 1991, p.513.

激进举措及国家主义①经济政策，主张权力制衡和保障公民自由的原则，具有改良主义的浓厚色彩。②鉴于进步共和党对世俗化改革的抵制，共和人民党政府以涉嫌卷入赛义德叛乱的借口在其成立6个月后将其取缔，颁布《秩序法》从法律意义上取消其合法地位，确立了共和人民党的一党制政治，但是凯末尔并没有放弃多党制的尝试。1930年8月，凯末尔委托共和人民党的温和派成员费特希·奥克亚尔组建自由共和党，作为政党政治的点缀和制约总理伊诺努的政治工具，③凯末尔的诸多亲信成为自由共和党的核心成员。自由共和党纲领包括共和主义、世俗主义和自由主义，反对政府的经济垄断，主张降低税收和稳定货币政策，增加农业信贷，鼓励民间投资和吸引国外投资，实行直接选举，保障公民言论自由，保障妇女权益等。自由共和党作为反对党，激烈抨击伊诺努政府的经济政策。在宣布成立后的12天内，1.3万人申请加入自由共和党。自由共和党创建初期，仅占大国民议会15个席位。同年10月的议会选举中，自由共和党获得30个席位，④这引起共和人民党政府的震惊。11月，自由共和党迫于压力在成立99天后宣告解散。⑤

---

① 国家主义是一党专制和凯末尔威权政治在经济领域的延伸和表现。国家主义的广泛实践，提供了一党威权主义政治原则的物质保障。国家主义的核心内容是在私有制的前提下实现国家对经济活动的广泛干预，一方面强调政府在经济领域特别是工业化进程中的主导作用，另一方面强调私人经济与国有经济的长期并存和相得益彰。1935年，凯末尔对国家主义的经济政策做出如下说明："我们正在实行的中央集权下的经济统制，是由土耳其本身需要促成的，是一种特有的制度。他意味着在承认私人企业是主要基础的同时，也认识到许多活动没有开展起来，国家必须被赋予对经济的控制，也应付一个很大的国家和一个伟大的民族的一切需求……国家要在尽可能短的时间内开展某些尚未由私人企业开展的经济活动，结果它成功地这样做了……我们选择遵循的道路是一种区别于经济自由主义的体制。"1937年，凯末尔政府发布第3125号法令，对国家主义做出进一步解释："在经济和制造业领域，私人投资感到困难时，以国家经营的形式及更大的力量来从事，即在允许私人经营的同时，凡关系到公共生活及国家的和更高的利益所及的行业，由国家经营。"以此为基础制定和执行国民经济发展计划，保护关税，实施进口替代政策，加强外汇管理以服务于民族主义和威权政治的需要。所以说凯末尔时代国家主义的核心内容是扶植基础薄弱的民族工业和加速土耳其工业化进程，当威权政治的基础不复存在时，国家主义经济政策将面临巨大的冲击。

② Erik J. Zürcher, *Turkey: A Modern History*, St Martin's Press, 1998, p.176.

③ Metin Heper, *Political Parties and Democracy in Turkey*, I.B.Tauns, 1991, p.84.

④ Walter F. Weiker, *Political Tutelage and Democracy in Turkey: the Free Party and Its Aftermath*, E. J. Brill, 1973, p.115.

⑤ Erik J. Zürcher, *Turkey: A Modern History*, St Martin's Press, 1998, p.187.

1931年,共和人民党召开第三次代表大会,通过了党纲和党章,确立了党国合一的体制,共和人民党主席担任共和国总统,副主席担任政府总理。党国合一体制的经济基础是国家主义的经济政策,凯末尔谈到国家主义时说道:"我们的国家主义不是19世纪社会主义思想家提出的政策。我们的国家主义产生于土耳其的需要,是适应土耳其特性的制度。"①国家主义的实施保证了经济的稳定增长,大批国企管理人员扩大了党政官员的队伍,共和人民党的一党统治从而得以强化。1935年,共和人民党召开第四次代表大会,明确规定凯末尔主义的核心内容即民族主义、共和主义、世俗主义、平民主义、国家主义和革命主义是共和人民党的纲领和"基本的不可改变的原则",并决定实行共和人民党与政府部门的一体化,共和人民党总书记兼任政府的内务部长,共和人民党地方组织的负责人兼任省长。②政党政治与政府政治浑然一体,凯末尔等同于共和人民党而共和人民党等同于国家,成为凯末尔时代土耳其政党政治的显著特征。1931年,凯末尔建立"人民园地"和"人民之家"作为从属于共和人民党的民间组织。"人民园地"包括479个分支机构,"人民之家"包括4322个分支机构。③"人民园地"和"人民之家"旨在宣传共和人民党的基本纲领和凯末尔主义的意识形态,在文化、教育、卫生和社会福利诸多层面控制民众,进而构建联结城市与乡村的纽带,为巩固共和人民党的一党制统治发挥重要作用。1937年,凯末尔政权通过修改宪法,将凯末尔主义的六大原则作为治国的基本原则,这表明土耳其党政合一体制已经高度强化,形成"一个政党、一个民族、一个领袖"的局面,此时共和人民党与其说是一个取得与保持权力的工具,不如说是一个行使这种权力的工具。共和人民党对国家权力的高度垄断体现了凯末尔时代威权政治的基本内容,威权政治的强化是凯末尔时代政党政治的重要表现。

1938年11月,凯末尔去世后被共和人民党宣布为"永远的领袖",伊诺努则以共和人民党"终身主席"的身份出任总统。凯末尔奇理斯玛式的政治权威不复存在,共和人民党内部发生裂变,政府、政党和个人权威的高度统

① 转引自王彤主编:《当代中东政治制度》,中国社会科学出版社,2005年,第489页。

② C.H.Dodd, *Politics and Government in Turkey*, University of California Press, 1969, p.44.

③ Walter F. Weiker, *The Modernization of Turkey*, Holmes&Meier Publishers, 1981, p.4.

一出现危机。1939年,共和人民党召开第五次代表大会,实行政党组织与政府机构的分离,并允许反对党的存在。党和政府的任命不再互相结合,另外在议会的共和人民党议员中组成一个"独立团体",以发挥议会中反对党的作用。虽然伊诺努总统操控政党和议会,控制政府,政党、议会和政府构成威权政治的御用工具,但是凯末尔时代严格的党政合一政治体制却呈现松动的迹象。

1944年11月,伊诺努总统在议会发表演说,强调宪法赋予的议会权力,允诺实行民主政治和承认反对派政党的合法存在,以缓解日益加剧的国内矛盾。1945年6月7日,共和人民党议员杰拉尔·拜亚尔、阿德南·曼德勒斯、福阿德·科普鲁卢(Fuad Köprülü)和雷菲克·考拉尔坦联名向大国民议会提出针对共和人民党的《关于修改党章若干细则的建议》,要求成立反对党、取消经济限制。①福阿德·科普鲁卢在随后发表的文章中,指责一党独裁背离民主制的政治原则,抨击共和人民党政府滥用权力,呼吁强化议会对于政府的制约功能。②这标志着反对共和人民党一党制统治的开始。显然,他们希望改变共和人民党凌驾于其他政权机构之上的政治局面,认为宪法规定赋予个人权利和自由及发展多党制是实现这种政治变化的理想手段,认为如果这个方案被接纳,土耳其的政治生活将会急剧变动,所以杰拉尔·拜亚尔等人希望该建议能提交公众讨论,在民众支持的基础上获得通过。然而共和人民党抵制了该建议,宣称"民主在土耳其已经存在23年了,从共和国建立开始就存在着"③。这就意味着拒绝了杰拉尔·拜亚尔等人的建议。但在1945年6月17日的地方选举中,共和人民党政府首次实行自由提名候选人制度,由于过去的候选人均由共和人民党中央委员会操控确定,这就意味着在共和人民党内部做出民主尝试。1945年7月18日,国民复兴党经过伊斯坦布尔当局批准而成立,发起人为支持自由企业、反对国家主义政策的努里·德米拉、许塞因·阿夫尼·乌拉什及杰瓦特·里法特·阿特尔汗等。国民复兴党

---

①　Ali Yaşar Sarıbay, The Democratic Party, 1946–1960, in Metin Heper and Jacob M. Landau eds., *Political Parties and Democracy in Turkey*, I.B. Tauris & Co Ltd, 1991, p.120.

②　Yıldız Atasoy, *Turkey, Islamists and Democracy: Transition and Globalization in a Muslim State*, I.B. Tauris & Co Ltd, p.67.

③　Kemal H. Karpat, *Turkey's Politics: The Transition to a Multi-party System*, Princeton Unversity Press, 1959, p.144.

的纲领相当混杂,但是共和人民党政府允许其成立就表明愿意接受反对党。11月1日,伊诺努总统在议会发表著名演讲,宣布"为了适应国家的需要,在适当的民主自由气氛中,有可能建立另一个反对党"①。伊诺努声称,允许反对党的存在"是发展我国政治生活的正当途径,也是促进民族福利和政治成熟、更具建设性的办法。我们必须尽自己最大努力,来防止因政见不同而形成同胞之间的彼此敌视"②。在1945年至1950年,土耳其先后成立27个政党:社会公正党、工农党、一切为祖国党、纯洁与保卫党、捍卫伊斯兰党、理想主义党、纯民主党、自由民主分子党、土地财产自由企业党及由苦力和工人、社会主义者和自由主义者所组成的形形色色的党派,③它们成为土耳其多党制开启之初的重要点缀。二战之后的艰难形势表明共和人民党的治国模式已经不适应新国情,调整治国策略以适合新形势的需要是政治精英不可回避的选择。1950年大选之后,共和人民党将执掌近30年的权柄转交到民主党手中,从而开启了土耳其共和国历史的新时代。

第三节　土耳其多党民主制的启动及其曲折实践

第二次世界大战后,随着冷战格局的开启和土耳其加入西方资本主义阵营,凯末尔威权政治逐渐松动,民主党借助民主选举程序和民众支持而上台执政,这使得政党政治与政府政治逐渐分离,也标志着凯末尔于1919年提出的"真正的自下而上结构"④的政治已经开始。民主党与共和人民党的政治角逐,构成20世纪40年代中后期及50年代土耳其政治生活的主要内

---

①　Feroz Ahmad,*The Turkish Experiment in Ddemocracy,1950–1975*,Royal Institute of International Affairs,1997,p.53.

②　Feroz Ahmad,*The Turkish Experiment in Democracy 1950–1975*,Royal Institute of International Affairs,1997,p.9.

③　[英]伯纳德·刘易斯:《现代土耳其的兴起》,范中廉译,商务印书馆,1982年,第404页。

④　Dankwart A. Rustow,"Political Parties in Turkey:An Overview," in Metin Heper and Jacob M. Landau,*Political Parties and Democracy in Turkey*,I.B. Tauris & Co Ltd,1991,p.16.

容。由于民主党领导人脱胎于共和人民党,所以民主党执政期间仍具有一党制时代的显著特征。民主党执政后期对伊斯兰教进行政治性利用和日趋专制,导致军方以捍卫凯末尔主义和恢复秩序为名推翻民主党统治。土耳其1960年至1980年的政治实践见证了多党选举制的政权更迭频繁、意识形态多元化和左右翼政党的激烈角逐,体现了土耳其政治现代化道路的艰难探索历程。

一、多党民主制的开启与民主党的政治统治

第二次世界大战后,随着土耳其政治环境的相对宽松,杰拉尔·拜亚尔于1946年1月7日成立了民主党,民主党在很多方面与共和人民党具有相似之处,但强调经济自由主义和尊重宗教自由,民主党的发展势头和影响力远远超过了共和人民党的预期。1946年春末,民主党的地方分支机构已遍及全国,几乎成为所有反对派力量的代表,城镇和乡村民众聚集到一起组成民主党的地方分支机构,然后与民主党中央建立联系。这些被动员起来的民众"并不考虑民主党甚至都还没有发表可以为共和人民党政府接受的纲领,也不考虑民主党的观点是不是确实与众不同"①。面对民主党的迅速壮大,共和人民党在1946年5月举行的第六次代表大会上提出实行党内的民主化改革,废除党内领袖的终身制,规定共和人民党主席选举产生和任期四年的组织原则,同时宣布1946年7月举行议会选举,取消间接选举,实行直接选举。②

1946年7月举行的议会选举首次由执政党和反对党共同参与,结果共和人民党赢得大国民议会465个席位中的396个,民主党作为反对派赢得62个席位,独立候选人赢得7个席位。③共和人民党试图争取民主党加入政府,但遭到民主党拒绝。④民主党在此次选举中的失利源于准备工作的欠缺

① Kemal H. Karpat, *Turkey's Politics: The Transition to a Multi-party System*, Princeton University Press, 1959, p.153.

② Kemal H. Karpat, *Turkey's Politics: The Transition to a Multi-party System*, Princeton University Press, 1959, pp.153–154.

③ H. B. Sharabi, *Governments and Politics of the Middle East in the Twentieth Century*, D. Van Nostrand Co., Inc., 1962, p.53.

④ Erik J. Zurcher, *Turkey: A Modern History*, St Martin's Press, 1998, p.222.

和民主政治环境的不成熟，第一，民主党主要关注的是民众的生活成本太高、缺少自由、法律不民主、政府滥用职权等问题，这些作为宣传口号尚可，但不足以成为赢得多数选民支持的制胜法宝；第二，民主党没有一个系统的选举纲领，也没有解决经济和社会问题的详细规划；第三，民主党的基本主题是谴责共和人民党，抨击其缺点，表达人们在战争时代和改革时代聚集起来的不满情绪，却很少考虑到他们对共和人民党的实际影响，所以初次选举失利在所难免。[1]尽管如此，1946年大选拉开了多党角逐议会席位的序幕。1947年1月，民主党召开第一次大会，发表自由宪章，肯定凯末尔在实现民族独立和改造社会方面的历史功绩，宣布致力于民主政治的建设，在1920年民族宪章的基础上完成凯末尔的未竟事业。[2]会议期间，民主党主席拜亚尔提出著名的三项要求，即修改选举法、总统与执政党主席职位分离、废除违背宪法和民主原则的相关法律条款。[3]同年7月，伊诺努宣布承认反对派政党的合法地位及反对派政党与共和人民党的平等地位，赋予工人组织工会的合法权利。伊诺努声称："在一个多党制国家里，总统应该置身于政党政治之上，应该是一个无党派的国家元首，并且对于各个政党都负有同样的义务。"[4]随后，伊诺努总统与共和人民党政府总理佩克尔、民主党主席拜亚尔发表联合声明，宣布政党组织与政府机构分离，[5]共和人民党一党制由此退出历史舞台。

1948年中期，共和人民党采取了许多自由化的措施，如将一些不称职的官员送交法办，废除了治安法的第18条，[6]修改选举法中部分主条款，实行无记名投票、公开计票等新制度。共和人民党还修改了党章，对党主席和总

① Sabri Sayarı and Yılmaz Esmer, *Politics, Parties and Elections in Turkey*, Lynne Rienner Publishers, 2002, p.10.

② Erik J. Zurcher, *Turkey: A Modern History*, St Martin's Press, 1998, p.223.

③ Irvin C. Schick & Ertuğrul A. Tonak eds., *Turkey in Transition*, Oxford University Press, 1987, p. 105.

④ Kemal H. Karpat, *Turkey's Politics: The Transition to a Multi-party System*, Princeton University Press, 1959, p.192.

⑤ Erik J. Zurcher, *Turkey: A Modern History*, St Martin's Press, 1998, p.225.

⑥ 该法赋予警察未经授权即可逮捕公民的权利。

统的关系重新界定，这些措施给反对党创造了生存空间。1948 年 10 月 17 日，土耳其举行了一次补选，由于共和人民党拒绝民主党提出的由司法机关充任选举的最高监督机构的提案而导致民主党没有参加这次补选，所以共和人民党是这次补选的最大赢家。1948 年 12 月 23 日，反对党发表联合声明要求将凯末尔主义的六大原则从宪法中清除，伊诺努在 1950 年大选来临之前接受了该提议，并在 1950 年 4 月 14 日宣布允许重新开放圣陵和圣墓。① 民众仍然希望通过支持民主党带来社会的根本性变化。

1950 年 5 月，土耳其举行新一届议会选举，首次实行选民直接选举取代以往的间接选举的制度，由司法机构取代行政机关监督选举程序，采用秘密投票和公开计票的原则。在全国 890 万选民中有 795 万选民参加投票，投票率为 90%，结果民主党获得 424 万张选票，占总投票数的 53.3%；共和人民党获得 318 万张选票，占总投票数的 40%。根据土耳其的选举制度，民主党获得议会 487 个议席中的 408 个，共和人民党获得 69 个席位，民族党获得 1 个席位，独立候选人获得 9 个席位。② 民主党以压倒性优势赢得大选胜利，"民主党自己对选举结果都很吃惊"③。根据选举结果，民主党通过合法途径成为执政党，杰拉尔·拜亚尔当选第三任总统，阿德南·曼德勒斯成为政府总理，而伊诺努领导的共和人民党则沦为反对党。罗斯托认为这次选举具有里程碑式的意义，④萨勒贝伊认为"民主党上台是土耳其历史上的重要转折点"⑤。此次选举的意义在于其开启了多党民主制的大门，实现了从一党制到多党制的转变。尽管这次选举是土耳其政治民主化进程中的一次里程碑式事件，却不可能在一夜之间彻底改变国家的基本面貌。

---

① Mehmét Yaşar Geyikdaği, *Political Parties in Turkey：The Role of Islam*, Praeger Publishers, 1984, p.70.

② Metin Heper, *Political Parties and Democracy in Turkey*, I.B. Tauris, 1991, p.121.

③ Kemal H. Karpat, *Turkey's Politics：The Transition to a Multi-party System*, Princeton Unviersity Press, 1959, p.242.

④ Dankwart A. Rustow, Politics and Islam in Turkey, in Richard N. Frye ed., *Islam and the West*, Mouton, 1957, pp.69-107.

⑤ Ali Yasar Sarıbay, The Democratic Party, 1946-1960, in Metin Heper and Jacob M. Landou eds, *Political Parties and Democacy in Turkey*, I.B.Tauris & CO Ltd, 1991, p.119.

民主党在上台之前,可谓民众意志的代言人和民主政治的象征。民主党议员宣称:"阿塔图尔克是独立的总统,伊诺努是专制的总统,而拜亚尔则是自由的总统。"①然而民主党在取代共和人民党成为执政党之后,排斥政治异己的专制倾向逐渐显现,其对于共和人民党的限制程度甚至超过共和人民党执政时期对于民主党的限制程度。民主党执政期间,其与共和人民党之间的关系始终处于紧张状态。1951年,民主党政府取缔共和人民党的重要外围组织"人民园地"和"人民之家"。1953年,民主党控制的议会通过决议,将共和人民党及"人民园地"和"人民之家"的财产收归政府,旨在打击共和人民党的势力和削弱其作为反对党的政治影响。②

20世纪50年代前期是土耳其经济的繁荣时期,也是民主党统治的黄金时期。曼德勒斯政府加快经济建设,为缩小城乡经济差距做出一定贡献。民主党政府推行的政策促进了经济发展,尤其是农业产值增长迅速,农民成为新经济政策的最大受益者。农业的巨大进步换取了农民对民主党政府的广泛支持,经济政策的成功保证了民主党在1954年议会选举中的胜利。1954年5月,土耳其举行议会选举,结果民主党获得515万张选票,占选票总数的56.6%;共和人民党获得316万张选票,占选票总数的34.8%;民主党在议会中的席位从420个增至505个,共和人民党的席位从63个降至31个,布鲁克帕希领导的民族党获得5个席位。③

1954年之后,土耳其的经济形势开始恶化,价格机制的崩溃、市场正常交易功能的丧失、进口商品价格的暴涨,导致政府控制机制失效。政府的官僚作风、资源配置不合理更加剧了经济的衰退。经济形势的恶化导致社会不满加剧,民主党政府的支持率随之下降。1955年,伊斯坦布尔、安卡拉和伊兹米尔发生示威活动,民主党政府立即在这三个城市实行军事管制,在政党内部加强控制,清除党内反对派,这导致许多人退出民主党,另组自由党。此

---

① Mehmét Yaşar Geyikdaği, *Political Parties in Turkey: The Role of Islam*, Praeger Publishers, 1984, p.74.

② Mehmét Yaşar Geyikdaği, *Political Parties in Turkey: The Role of Islam*, Praeger Publishers, 1984, p.74.

③ Stanford J. Shaw, Ezel Kural Shaw, *History of the Ottoman Empire and Modern Turkey: Volume 2, Reform, Revolution, and Republic: The Rise of Modern Turkey 1808–1975*, pp.406–407.

后,自由党与共和人民党、民族党共同构成议会内部的反对派。1956 年夏,曼德勒斯援引 1940 年颁布的"国家安全法",控制市场物价和物资供应,强化新闻管制,取缔政治集会,独裁倾向进一步加强。①

1956 年 8 月,共和人民党总书记古里安遭到监禁。1957 年 4 月,工会联盟遭到取缔。同年 7 月,民族党领导人布鲁克帕希被逮捕。民主党政府的高压政策导致反对派政党的联合,议会反对党共和人民党、自由党和民族党试图建立竞选联盟,共同挑战民主党的执政地位。1957 年 9 月初,科普鲁卢退出民主党,加入反对派阵营。面对反对派的巨大压力,民主党政府决定提前举行大选,并颁布法令禁止不同政党建立竞选联盟。②在竞选中,曼德勒斯为了拉拢农民的选票,宣布政府允许农民延期偿还农业贷款,高价收购农产品,增加对宗教学校和清真寺的投资,最终民主党再次获胜,但仅获得 437 万张选票,占选票总数的 47.3%,赢得 424 个席位。相比之下,共和人民党获得 375 张选票,占选票总数的 40.6%,赢得 178 个席位,自由党获得 3.8%的选票和 4 个席位,民族党获得 7.25%的选票和 4 个席位。③针对此次选举,科普鲁卢声称:"这次选举斗争是整个民族反对一个人复活一个政党一个领导体制的斗争。"④获胜的民主党政府并没有控制严重的通货膨胀和克服严重的经济困难,而且开始表现出对知识分子、军队及官僚的不信任,称知识分子已经成为共和人民党获取权力的工具。1957 年 12 月 27 日,民主党政府通过"议会禁止议员将议会中进行争论的情况泄露于人民群众之间"的法令来限制反对派政党的宣传活动,此举显然有违宪法和民众言论自由。军方也表现出对民主党的反感,1958 年 1 月 17 日,政府逮捕了 9 名涉嫌发表反政府言论的军人。各种矛盾交织在一起,动摇了民主党的执政根基。民主党与反对派政党之间的不信任程度日益加深,民主党逐渐恢复了独裁统治,这种做法的代价是民

---

① Erik J. Zurcher, *Turkey:A Modern History*, St Martin's Press, 1998, pp.241-242.

② Irvin C. Schick & Ertuğrul A. Tonak eds., *Turkey in Transition*, Oxford University Press, 1987, p.113.

③ Feroz Ahmad, *The Turkish Experiment in Democracy, 1950-1975*, Royal Institute of Intenational Affairs, 1997, p.57.

④ Irvin C. Schick & Ertuğrul A. Tonak eds., *Turkey in Transition*, Oxford Unviersity Press, 1987, p.115.

主党统治的终结。①与此同时,许多报刊大张旗鼓地反对民主党的专制和压迫,但遭到民主党封刊,部分新闻记者被捕。大学生们走上街头举行反政府示威游行,民主党政府试图镇压学生游行但并没有成功,因为军队拒绝向学生开枪,甚至不愿意逮捕学生。于是,民主党政府开始实施军事管制,即将退役的陆军总司令杰马勒·古尔塞勒将军曾经建议国防部长采取一系列政治措施恢复秩序,在劝阻无效的情况下军方于 1960 年 5 月 27 日宣布接管政府,古尔塞勒将军领导的"民族团结委员会"成为立法和行政机构而控制国家权力,民主党的政治统治宣告终结。

二、军人政变与 1960—1980 年的多党政治

1960 年 5 月 27 日,以安卡拉军事学院学生为主体的军事力量占领了安卡拉和伊斯坦布尔的政府部门,"民族团结委员会"代行政府职能,逮捕包括曼德勒斯在内的民主党成员。军方接管政权后声称:"由于我们的民主政体已经陷入危机,由于近来的不幸事件,为了防止兄弟间的相互残杀,土耳其武装力量接管了我国的政府。我们的武装力量采取这一主动行动,是为了使各政党从他们所卷入的互不相容的形势中解脱出来,为了实现在超越党派和不偏不倚的政府和公断之下尽快举行公正的自由的选举,为了实现把政府移交给在选举中获胜的任何政党。……我们重申:我们的理想是国内和全世界的和平。"②军方承诺将尽快举行大选以选出新一届政府,并信守土耳其的外交约定,起草一部新宪法。负责起草新宪法草案的教授委员会在初步报告中为 1960 年政变辩护,并为未来实行何种政策建言献策,"把我们所处的形势(军方接管)看成是一次普通的政变是错误的。遗憾的是,许多个月甚至多年来本应是公民权利捍卫者和象征国家原则、法律、正义、伦理道德、公共利益和公共服务的政治力量现在丧失了这样的品质,反而成为代表个人势

①　Ali Yaşar Sarıbay, The Democratic Party, 1946–1960, in Metin Heper and Jacob M. Landou eds, *Political Parties and Democracy in Turkey*, I.B.Tauris & CO Ltd, 1991, p.128.

②　[美]凯马尔·H.卡尔帕特:《当代中东的政治和社会思想》,陈和丰等译,中国社会科学出版社,1992年,第476~477页。

力和野心以及阶级特权的唯物质利益是图的力量。……一个政府的合法性不仅来自其获取政权的方式,也来自政府在其执政期间遵守将其置于高位的宪法的态度。同时也取决于政府与舆论、军队、立法机关、司法系统和高等学府合作的态度,取决于它作为法律统治继续存在的能力。与此相反,政府和政治权势却不断制定与宪法背道而驰的新法律,然后着手利用这些法律来侵犯宪法。……我们把全国团结委员会[①](即军政府)安排国家部队和机构接管政府的行动看作是重建合法统治的迫切需要而采取的手段,目的在于改变这样一种情况:社会机构实际陷于瘫痪、人民被唆使相互残杀而导致无政府状态,存在着摧毁支撑这类机构所需要的伦理和道德基础的有意识活动。……为了改善这种情况,首先需要采取两个措施:①建立一个可发挥作用的临时性政府,在开始的时候提供为全国所欢迎的那类民主的行政机关,以捍卫人权和自由,照管公共利益。②起草一部新宪法,因为现有的宪法已遭到破坏,也已不起作用。新宪法要保证在法治的基础上建立一个国家,重组国家机构,并在民主权利和正义的基础上给一切社会机构以坚定的支持。……一旦这些预备性措施完成,将在很短时间内举行选举,建立机构,一个真正以法治为基础的国家将重新建立起来……"[②]

军事政变后不久,曼德勒斯与大国民议会中的 450 名民主党代表被捕,民族团结委员会以违宪的罪名将民主党政府总理曼德勒斯及财政部、外交部部长判处绞刑。"1960 年军事政变改变了土耳其的制度,引入了新的行政管理机制。"[③] 1960 年军事政变加速了国家政治力量的重组:一方面,具有独立经济地位和自由职业的新阶层迅速崛起,不断挑战凯末尔官僚精英的地位;另一方面,乡村社会结构的变化和劳工阶级的兴起,促进根植于社会底层的新中产阶级的兴起,他们积极推动社会变革。所以说,1960 年军事政变扫除根源于威权政府的道德观念残余,塑造以新生社会力量为基础的政治秩序,推进土耳其进入以多党竞选的政治时代。

[①] 全国团结委员会即民族团结委员会,原译文如此,这里原文引出。

[②] [美]凯马尔·H.卡尔帕特:《当代中东的政治和社会思想》,陈和丰等译,中国社会科学出版社,1992 年,第 477~480 页。

[③] Çağlar Keyder, *State and Class in Turkey: A Study in Capitalist Development*, Verso, 1987, p.143.

土耳其军队以强力形式终止了民主党的独裁统治，通过制定宪法和还政文官政府恢复议会秩序。民族团结委员会在一份名为"关于国内问题的基本观点"的文件中指出："确保国家民主和法律秩序的重建，……以宪法的形式确保一个高效的行政体系的运作。"[①]基于该共识，1960年12月，民族团结委员会通过了恢复制宪会议及选任制宪会议委员的法令，但并不直接干预宪法的具体制定。共和人民党成员涂尔汗·费伊兹鲁起草新选举法并召集制宪会议。制宪会议主要讨论了分别由伊斯坦布尔的"奥纳尔委员会"和"安卡拉集团"起草的两个宪法草案。"奥纳尔委员会"由伊斯坦布尔大学校长奥纳尔领导，是由民族团结委员会任命的新宪法起草小组；"安卡拉集团"的主要成员来自安卡拉大学法学院和政治学学院。制宪会议以这两个宪法草案为基础，就国家社会的定位、国家发展方向、议会统治是否坚持、经济自由是否应该得到保护等主题展开讨论。1961年7月9日，新宪法公布并提交全民公投，民众对此反应冷淡，结果以40%的反对票、17%的弃权票的相对多数获得通过。[②]

1961年宪法强调权力的分割与制衡的原则，以两院制取代一院制。下议院称为国民议会，共设450席，议员任期四年，按照各省人口数量和政党所获选票数的比例分享议席，议员产生于直接选举；[③]上议院即参议院，共设150席，参议员经选举产生，任期六年，每两年换选议员三分之一。所有民族团结委员会的成员均为终身参议员。另外，总统可提名15位参议员。议会正副议长均由议员选举产生，且不得参与政党活动。国民议会和上议院合称"土耳其大国民议会"[④]。议会选举由独立于政府的最高选举委员会和地方选举委员会实施监督，政府不得干预选举程序。[⑤]上议院有权以三分之二的多数

① Kemal H. Karpat, Social Groups and the Political System after 1960, in Kemal H. Karpat, ed., *Social Change and Politics in Turkey: A Structural-Historical Analysis*, E.J. Brill, 1973, p.237.

② Feroz Ahmad, *The Making of Modern Turkey*, Routledge Taylor & Francis Group, 1993, p.129.

③ Jacob M. Landau, Ergun Özbudun, Frank Tachau eds., *Electoral Politics in the Middle East: Issues, Voters and Elites*, Croom Helm, 1980, p.15.

④ Feroz Ahmad, *Turkey: The Quest for Identity*, Oneworld, 2003, p.122.

⑤ Stanford J. Shaw, Ezel Kural Shaw, *History of the Ottoman Empire and Modern Turkey: Volume 2, Reform, Revolution, and Republic: The Rise of Modern Turkey 1808-1975*, p.417.

票否决下议院的决议,这一规定旨在强化议会内部的权力制衡。①总统由大国民议会从议员中选举产生,任期七年,须以三分之二多数票通过,总统不得连选连任;总统当选以后,须脱离其所属政党,脱离军籍,并终止议员资格。总理由大选中获多数票的政党领袖出任,由总统任命,总理组阁对议会负责。司法机关完全独立并享有豁免权,可以处理政府涉案事件,可以向宪法法院提起诉讼。设立宪法法院,宪法法院对议会通过的法律有复审权,以检查法律是否符合宪法,以更好地保障公民的权利和自由。② 1961 年宪法表达了坚持民族独立与进步、维护法律秩序与社会公正的意愿,规定了对公民基本权利的保障,因而是一部倡导社会民主的宪法,奠定了此后土耳其民主政治的宪法框架。

1961 年 10 月 15 日的议会选举是军方还政文官政治的关键步骤。由于部分政党未在 15 个以上省份获得选票而被排斥在大选之外,最终共和人民党、正义党、共和农民民族党和新土耳其党角逐国家政权。结果共和人民党获得 372 万张选票,占选票总数的 36.7%,赢得议会下议院 173 个席位,在民主党的基础上重新组建的正义党获得 353 万张选票,占选票总数的 34.8%,赢得议会下议院 158 个席位,在自由党的基础上重新组建的新土耳其党获得 139 万张选票,占选票总数的 13.7%,赢得议会下议院 65 个席位,民族党获得 142 万张选票,占选票总数的 14%,赢得议会下议院 54 个席位。③由于共和人民党并没有获得绝对多数的选票和席位,最终与正义党组成第一届联合政府,其施政纲领宣称"政府的任务是将土耳其共和国在自由的条件下保证最快地发达兴旺起来,并在最近的将来赶上先进的国家"④。

由于联合政府面临的社会问题较为复杂,两党之间的矛盾较多,在经历

① Feroz Ahmad, *The Making of Modern Turkey*, Rautledge Taylor & Francis Group, 1993, p.129.

② Feroz Ahmad, *Turkey: The Quest for Identity*, Oneworld, 2003, p.122.

③ Sabri Sayarı and Yılmaz Esmer eds, *Politics, Parties and Elections in Turkey*, Lynne Rienner Publishers Inc., 2002, pp.190–191.

④ 杨兆钧:《土耳其现代史》,云南大学出版社,1990 年,第 284 页。

一场未遂的政变①之后,1962 年 5 月 31 日,伊诺努总理辞职,第一届联合政府执政七个月之后垮台。同年 6 月,共和人民党、新土耳其党、共和农民民族党组建第二届联合政府,基本纲领和前一届联合政府大致相似。10 月 6 日,联合政府不顾社会各界的反对通过了赦免部分曼德勒斯分子的法案,从而加剧了局势动荡,最终使该联合政府仅仅持续到 1963 年 12 月。在 1963 年11 月 17 日的补缺选举中,正义党取得胜利,但也无力组织一党制政府。由于正义党不愿意与伊诺努联合,伊诺努和独立派组织了第三届联合政府。这届政府纲领只增加了农业与土地改革的内容及发展社会公正、提高公共服务投资五年财政计划,其他则延续了前任政府政策,由于提交给议会的预算案未获通过,该届政府于 1965 年 2 月 12 日辞职。2 月 20 日以过渡政府著称的第四届联合政府成立,无党派参议员苏阿特·哈伊利·于尔古普吕(Suat Hayri-ürgüplü)任总理,该届联合政府维持到 1965 年议会选举。

在 1965 年议会选举前夕,正义党和共和人民党的意识形态都发生了重要变化,正义党由于对宗教的让步而变得日益右倾。正义党成员伊赫珊·杰格莱扬吉尔声称,可以运用宗教作为促进农村发展的工具,由于几乎每个农村都有清真寺,应将其作为传播知识的场所。正义党的另一个议员萨迪林·比尔吉奇(Sadetlin Bilgic)曾说:“宗教既是一种现实也是一种需要。世俗国家并不意味着公民坚持无神论。反对反动派的方法应该是造就高素质的神职人员。”“回到我们的传统是必要的,我并不认为伊斯兰教是阻碍进步的。只是在神学院衰落之后,迷信才开始盛行并阻碍进步。我们的纲领要将宗教与这些迷信区别开来。”②正义党 1965 年的竞选纲领含有以私营企业、外国援助、政治自由化和加强与西方联系为基础的发展思想,纲领在提到世俗主义时说:“在经济发展之外,我们也相信道德的发展,我们所理解的世俗主义不是亵渎神灵或不信教。”德米雷尔还宣称正义党代表所有基层的利益,包括

---

① 1962 年 2 月 22 日晚,在推翻民主党政府中起了积极作用的安卡拉军官学校、坦克学校、宪兵学校的学员包围了议会大厦、总统府和广播电台。但暴乱很快被政府军队镇压,约有 300 名军官被捕,69 人被解除职务。参加这次行动的青年军官们是激进的改革派,他们看到新政府的措施不能令人满意,打算通过政变解决国内的一些问题,推动经济进步。

② Mehmét Yaşar Geyikdaği,*Political Parties in Turkey:The Role of Islam*,Praeger Publishers,1984,pp.97–99.

城市居民和农民、工人和雇主等,[1]提出优先发展经济的策略,将所有人的利益融合到国家利益中,民族主义是国家统一的组成部分,反对阶级斗争。

共和人民党在埃杰维特执掌权柄之后,主张土地改革、社会正义、社会安全和政治发展,提出"中间偏左"的口号以赢得更多支持。正义党攻击共和人民党成为"通向莫斯科"的左翼政党,强调左翼思想是民族统一的主要威胁,将意识形态因素带入国家政治生活,这是意识形态分野的开端。共和人民党的尼哈特·艾瑞姆在1965年大选之前说:"土耳其当前面临的主要问题是发展,这是由于虽然土耳其已于19世纪启动现代化,但现代化的过程仍未完成,部分是由于缺乏对教育问题的解决方法,因此存在威胁革命的危险。出现接受阿拉伯字母的新一代将来就会产生问题⋯⋯教界人士认为既然国家是世俗的,就不应该干预宗教事务,并且宗教事务局应该有自治权,然而政府的职责之一便是维护公共秩序,因而国家不一定必须干预宗教事务。"[2]这表现了共和人民党对国家严格控制宗教的凯末尔世俗主义模式的修订。

1965年议会选举中,正义党获得了52.9%的支持率和240个席位;共和人民党获得28.6%的支持率和134个席位,其他4个政党也分别获得相应席位,[3]德米雷尔受命组织新政府。正义党政府表示重视私人企业和思想宗教自由,伊玛目-哈提普学校的学生可以接受高等教育。经济方面,宣布建立自由市场经济体制,政府工作重点从公有企业向私有企业,从小的传统生产组织向大型的资本主义生产转移,减少外贸和资本方面的限制;倡导福利国家及政府与公民之间的互助,宣称福利国家将建立在混合经济体制之上,并且这种制度将不会向国有或集体主义过渡;政府对宗教表示一定程度的宽容,并发展与所有阿拉伯或伊斯兰国家的友好关系,土耳其理解并支持所有阿拉伯国家的合法事业。正义党上台后不久,杰马勒·古尔塞勒总统去世,1966

---

[1]　Avner Levi, The Justice Party, 1961-1980, in Metin Heper ed., *Political Parties and Democracy in Turkey*, I.B. Tauris, 1991, p.140.

[2]　Mehmét Yaşar Geyikdaği, *Political Parties in Turkey: The Role of Islam*, Praeger Publishers, p.100.

[3]　Meliha Benli Altunışık and Özlem Tür, *Turkey: Challenges of Continuity and Change*, Routledge Curzon, 2004, p.35.

年3月,议会选举总参谋长杰夫代特·苏奈担任新总统。德米雷尔总理努力改善军官和士兵的待遇,避免干涉军队事务,苏奈总统也约束军队,使之不卷入政治斗争,所以正义党政府和军方之间维持了较好的关系。正义党成为大工业家的政党,共和人民党不能实现社会正义、平等和民主,政治系统受到冲击,有必要成立新的政党来满足社会需要,伊斯兰政党——民族秩序党应运而生。伊斯兰政党主张用伊斯兰教的观点和纲领来取代世俗的现代化纲领,得到安纳托利亚地区民众的广泛支持,为土耳其政坛注入新的力量。

20世纪60年代的土耳其政坛,深受国际两极格局的影响,国内政党斗争带有左右意识形态斗争的浓厚色彩。左派的兴起是马克思主义在土耳其政治实践的反映,土耳其劳工党、土耳其工会组织、土耳其青年学生和一部分知识分子等的激进政治主张表达了土耳其左派的基本观点。……土耳其革命工会联合会组织了大量的罢工行动,成为城市工人运动的主要领导机构。[1]尽管土耳其左派力量很强大,但他们并没能通过合法途径参与国家政治生活。在1969年的全国大选中,土耳其劳工党仅赢得2.7%的选票,在国民议会中获得2个席位。[2]因此,许多左派成员认为议会斗争的道路行不通,必须走一条革命的路,土耳其的阶级斗争空前尖锐。动荡的局势给1969年大选后上台的德米雷尔政府造成了极大的压力,社会各界对正义党的执政能力产生怀疑。1970年6月15日至16日,革命工会联合会从一百多个工作地点召集近十万工人示威游行以表达对"工会法"的抗议。其间游行工人与警察发生冲突,导致政府派军队镇压示威游行。军方对工人示威的巨大能量和德米雷尔政府的执政无能十分恼怒,军方的干预已不可避免。1971年初,军方政变策划者拟定政变后的领导人名单,法鲁克·居莱尔上将和穆赫辛·巴图尔上将分别担任总统和政府总理。1971年3月12日,土耳其发生了历史上著名的备忘录政变,军方再次以政变的形式终结了动荡的政治局势。

---

① Doğu Ergil, Identity Crises and Political Instability in Turkey, *Journal of International Affairs*, Vol. 54, No.1, 2000.

② Frank Tachau and Mary-Jo D. Good, The Anatomy of Political and Social Change: Turkish Parties, Parliaments, and Elections, *Comparative Politics*, Vol.5, No.4, 1973.

1971 年 3 月 12 日,土耳其武装部队在蒙督赫·塔马齐、法鲁克·居莱尔、穆赫辛·巴图尔等人的领导下发表了一份备忘录,要求政府立即着手改革,宣称如果政府拒不执行,军队将接管政权。[①]备忘录发布之后,德米雷尔总理被迫辞职,此为备忘录政变,意识形态的多元化和左右翼政治力量的激烈争端是此次备忘录政变的根本原因。备忘录政变后,大国民议会投票产生了一个技术专家政府。3 月 19 日,尼哈特·埃里姆受命正式组阁,新政府即土耳其历史上著名的"智囊团"政府。由于正义党拒绝加入,尼哈特·埃里姆组建的新内阁仅包括独立人士和原属共和人民党的退伍军人和保守派成员,埃里姆实际上只是一个傀儡,几乎所有的实权都掌握在总参谋长手里。军方领导成立国家安全委员会对埃里姆政府施加影响并维持其正常运转,因而埃里姆政府带有军人威权的浓厚色彩。军方和埃里姆政府对 1961 年宪法进行修改,并对自由混乱的局面进行控制。

1971 年 4 月 27 日,埃里姆政府宣布在 11 个省份实行军事管制。次日,两家主要报纸《晚报》和《共和报》被勒令关停整顿,随后许多期刊被禁。但是 1971 年军事政变并没有改变土耳其政治制度的运行秩序,军方仅仅出于控制左派政治力量和伊斯兰主义的兴起而发动温和的政变。备忘录政变后,只有左派的土耳其工人党和伊斯兰倾向的民族秩序党被宪法法院取缔,其他政党仍然相当活跃,土耳其的多党选举制度得以延续。

埃里姆政府试图通过开展社会经济方面的改革以赢得民众支持,不过此举遭到议会中右翼势力的激烈反对,1972 年 4 月 17 日,埃里姆总理被迫辞职,技术专家政府解体。5 月 15 日,苏奈总统授权费立特·梅林组织新政府,梅林组建了正义党、信任党、共和人民党三党联合政府,新政府承诺维护凯末尔改革和世俗化原则,实行无党派政策,以严格的措施恢复法律与秩序以反对专制与共产主义,实行土地改革,纲领获得议会的信任而得以通过,该届政府持续到 1973 年大选。而在 1973 年总统候选人的争夺中,文官政府拒绝了军方提名的总统候选人——1971 年备忘录政变领导人法鲁克·居莱尔将军,法赫里·科鲁蒂尔克当选为第六任总统。

---

① Frank Tachau and Metin Heper, The State, Politics, and the Military in Turkey, *Comparative Politics*, Vol.16, No.1, 1983.

　　随着 1973 年大选的举行，军方完全还政于文官政府。1973 年 10 月 14 日，土耳其举行大国民议会选举，登记入册的 19798164 名选民中有 11223843 名参加选举，全国 67 个选区中共选出 450 名大国民议会成员，27 个选区中选出 49 名参议员，参议员的民众投票率为 66.8%，高于 1969 年大选的 64.3%，其中有 550185 张无效或空白选票。共和人民党是这次大选的最大赢家，获得 3570583 张选票，支持率为 33.3%，席位数为 186，高于 1969 年的 2487006 张选票，27.4% 的支持率和 143 个席位。正义党获得 3197897 张选票，29.8% 的支持率和 149 个席位，低于 1969 年大选中的 4229712 张选票，46.5% 的支持率和 256 个席位。[①]

　　尽管共和人民党和正义党的支持率都相当高，但并没有达到单独组阁的法定席位，所以组建联合政府便成为必然选择。10 月 19 日，正义党拒绝与其他右翼政党组成联合政府，10 月 28 日，法赫里·科鲁蒂尔克总统要求埃杰维特组建新政府。埃杰维特最终与民族拯救党[②]组建联合政府，1974 年 1 月 26 日，总统批准共和人民党和民族拯救党联合政府成立。但由于二者分歧严重，5 月 20 日，共和人民党决定退出联合政府，9 月 18 日，埃杰维特宣布辞去总理职务，11 月 13 日总统任命参议员沙迪·艾尔马克组织新政府，艾尔马克总理呈交总统的 26 名部长名单中包括 15 名非议会成员，新政府纲领于 11 月 24 日在议会中公布，但 11 月 29 日以 358∶17 的投票结果被否决。12 月 13 日，4 个右翼政党正义党、民族拯救党、共和信任党和民族行动党商讨组建选举联盟，12 月 18 日，四党一致同意组建祖国阵线联盟。由于艾尔马克的新政府纲领未获议会通过，总统要求埃杰维特组织新政府也遭拒绝，于是总统要求德米雷尔组织政府，祖国阵线联盟予以支持，9 名前新民主党成员和 4 名独立议员宣布支持祖国阵线联盟，这就使拥有 228 席的祖国阵线联盟在议会中占绝对多数。1975 年 4 月 1 日，德米雷尔向总统提交了新政府名单并

---

　　①　Binnaz Toprak, *Islam and Political Development in Turkey*, E.J.Brill, 1981, p.104.

　　②　民族秩序党被宪法法院取缔 15 个月后，1972 年 10 月，埃尔巴坎的亲密战友素来曼·阿瑞夫·艾默瑞在民族秩序党主体力量基础上组建民族拯救党，民族拯救党具有明显的保守和宗教倾向，吸纳了许多希望在土耳其社会中寻找历史和文化根基而不是从外国吸收一些观念的年轻人，还吸引了部分正义党的成员，主要包括宗教保守派、小城镇的工匠和企业家，以及一些受过良好教育并要求改变土耳其文化和外交政策的知识分子。

获得批准,新政府的 3 位副总理由祖国阵线联盟的其余三党领导人担任,30名部长中正义党占 16 名、民族拯救党占 8 名、共和信任党占 4 名、民族行动党占 2 名(而其在议会中仅有 3 个议席)。4 月 12 日,议会以 222∶218 的微弱优势通过了德米雷尔政府的提案,第一届祖国阵线政府宣告成立。该政府一直持续到 1977 年。1977 年大选之后,尽管共和人民党获得41.4%的支持率和 213 个下院席位,但并没有达到单独组织政府议席数,而又找不到联合组阁的对象,于是以德米雷尔为首的第二届民族阵线政府成立,民族拯救党再次入主联合政府,但这个联合政府极为短命,由于国内严重的政治、经济危机问题不久便宣告辞职。1978 年 1 月埃杰维特与独立人士组建联合政府,由于政治局势动荡仍然不能持久,于 1979 年 10 月 16 日宣告垮台。德米雷尔于 1979 年 11 月组织了受民族拯救党、民族行动党和独立派支持的正义党领导的少数派政府,该政府被凯南·埃夫伦将军发动领导的军事政变推翻,土耳其 1961 年宪法框架下的多党政治宣告结束。

第四节 民主框架的理性收缩与土耳其新模式的探索

1980 年军事政变终结了 20 世纪 70 年代联合政府更迭频繁、意识形态尖锐对立的混乱局面,随着 1983 年宪法框架的确立,土耳其带有军方监管色彩的多党民主制得以建立。20 世纪 80 年代,祖国党以绝对优势主宰土耳其政坛,实现政党政治的良性发展。20 世纪 90 年代,世俗的中右政党逐渐丧失掌控国家政权的优势,伊斯兰政党异军突起成为举足轻重的政治力量,各政党旗鼓相当的得票率使其只能组成脆弱的联合政府,政党政治与机会主义相互妥协,导致政党政治的多元化和意识形态的趋同化,世俗的中右政党、民族主义政党和伊斯兰政党呈现合流的趋势。21 世纪,土耳其政党政治进入一个深度调整阶段,民众厌倦联合政府更迭频繁和执政不力的现状,开始倾向于纲领务实、立场温和的坚持中间路线的政党,正义与发展党因为占据政治光谱上的中右立场因而获得选民支持,先后四次赢得大选而单独执政。正义与发展党的执政实践标志着土耳其政治生活发展的全新阶段,其整合传统文化与现代政治理念的土耳其新模式促进了政党政治的成熟,但一党独大的选举优势、埃尔多安的独裁倾向和从议会制向总统制的转变使土耳其的政治民主化进程遭到广泛质疑。

一、1980 年军事政变与祖国党的政治统治

1980 年 9 月 11 日至 12 日夜,土耳其军方在总参谋长凯南·埃夫伦将军领导下发动军事政变,推翻德米雷尔领导的少数派政府并逮捕部分政府成员,解散大国民议会并羁押百余名议员,另有部分工会、学生团体、知识分子团体和律师协会的领导人遭到逮捕。"1980 年 9 月 12 日,军方不得不再次进行干预,不仅仅为了拯救民主政权,也是为了拯救国家,保障国民的生命财产安全。出于在土耳其建立西方式的民主的愿望而诞生的政治和意识形态终于以摧毁这一愿望而结束。"①凯南·埃夫伦将军宣称:"我再次重申,武装部队不得不接管我们的政府,以使土耳其民族获得应有的繁荣和幸福,给正在被侵蚀的阿塔图尔克的原则以新的力量和动力,保障祖国和民族的团结,在更坚实的基础上恢复自身失控的民主政体,恢复在逐渐消失的国家权威。"②军方随之中止一切政治活动,解散议会,大规模搜捕所有被怀疑参与恐怖活动的激进左派或右派政党党员和组织成员;成立由陆海空军总司令及武装警察部队司令组成的国家安全委员会来掌控国家权力。"由于这些原因和众所周知的其他原因,土耳其武装力量不得不接管国家的统治以保护民族与国家的团结,……从今天起直到新的政府和立法机构建立为止,在一个短暂的时期内,立法和行政权力将由以我为主席的,陆海空司令和宪兵总监组成的

① [美]凯马尔·H.卡尔帕特:《当代中东的政治和社会思想》,陈和丰等译,中国社会科学出版社,1992 年,第 474 页。

② [美]凯马尔·H.卡尔帕特:《当代中东的政治和社会思想》,陈和丰等译,中国社会科学出版社,1992 年,第 495 页。

国家安全委员会行使。"①9 月 21 日,军方主导组建了由前海军司令、退休的布伦特·乌鲁苏将军任总理、由技术官僚、教授和退休将军担任政府部长的新政府,形成典型的"专家治国"模式。军方将 1980 年军事政变之前的政党视为共和国的灾难,声称政党尤其是政党的领导人应该对这些灾难负责,这些政党削弱了国家权力,加剧了民众的内部对立。

因此,有必要创立一种全新的政治制度,借此修复由于以前政党的错误民主观念而导致的深层次分裂。②国家安全委员会监视政府取缔所有政党活动,随后解散所有政党,并禁止前政党领导人参政。③埃夫伦将军称:"土耳其国家需要新的政治领导人,……应该取缔旧政党以建立新政党。新成立的政党应该摒弃以往政党的意识形态,然后从凯末尔主义原则中吸取甘露。"④军方通过建构新权力体系、制定新宪法和系列法律来稳定政治秩序。军方保证,"一旦一部具有保护政权的适当保证条款的新宪法制定出来,它就将重建民主,并将权力移交给文官政府"⑤。"土耳其武装部队将在草拟好一部宪法、一项选举法和一项政党法(保证防止曾发生过的使议会制度变质和无法实施的情况出现,并与土耳其民族相称)以后,在作好必要的安排以后,把对国家的统治移交给将充分尊重人权和自由、承认民族团结是需要优先处理的问题、实现社会正义以及注重个人和社会的和平、安全、繁荣的政府。这个政府将建立在自由的民主政体、世俗主义和社会公平之上。"⑥

1982 年宪法的出台是政治秩序恢复的重要标志。军方政府成立以伊斯坦布尔大学宪法学教授奥尔罕·艾尔迪卡提领导的包含 15 名成员的宪法委

---

① [美]凯马尔·H.卡尔帕特:《当代中东的政治和社会思想》,陈和丰等译,中国社会科学出版社,1992 年,第 494 页。

② Frank Tachau & Metin Heper, The State, Politics, and the Military in Turkey, *Comparative Politics*, Vol.16, No.1.1983.

③ 这些政党领导人中间有 723 人禁止参与政治,其中 242 人禁止参政的期限是 10 年,481 人是 5 年。

④ Frank Tachau & Metin Heper, The State, Politics, and the Military in Turkey, *Comparative Politics*, Vol.16, No.1, 1983.

⑤ [美]凯马尔·H.卡尔帕特:《当代中东的政治和社会思想》,陈和丰等译,中国社会科学出版社,1992 年,第 474 页。

⑥ [美]凯马尔·H.卡尔帕特:《当代中东的政治和社会思想》,陈和丰等译,中国社会科学出版社,1992 年,第 495 页。

员会,并于1982年10月18日完成宪法草案,稍作修改之后于11月7日提交全民公投获得通过。1982年宪法明确宣布完全根据凯末尔对民族主义、革命主义和其他信条的解读来制定,宣称国家利益至上、民族和领土主权不容置疑,神圣的宗教情感绝不能成为政府或政治的组成部分。宪法序言强调:"任何与土耳其民族利益、领土与国家完整、历史与道德价值或民族主义、原则、改革和阿塔图尔克现代主义相违背的思想或观念都不能得到保护。"[①] 1982年宪法是对1961—1980年土耳其政治生活的总结和反映,各个条款对国家基本方向做了明确规定,存在强化中央集权和总统权力的趋向。1982年宪法赋予总统极大的行政任命权,其可以解散议会提前进行大选,任命最高教育委员会、任命宪法法院、上诉法院和最高检察院成员等,允许总统否决议会立法和宪法修正案;规定政府高于议会,并对个人的政治和公民权利进行了严格限制,限制新闻媒体和工会联盟自由,取消大学和国有电视台的自治地位等。1982年宪法体现了国家安全委员会各派之间的妥协,大部分观察家认为"1982年宪法的主要目标是……保护国家免受公民的冲击,而非保护个人的自由免受国家的侵害"[②],1982年宪法框架下的民主化进程呈现被监护的特征。

土耳其大国民议会于1983年4月颁布政党法,为参加1983年大选的新政党提供法律依据,并对政党活动、原则做出明确规定。1983年6月10日,颁布议会选举法,为了防止议会席位过于分散,第33条规定大选中未得到10%以上有效选票的政党不能在议会中赢得席位,此即所谓的"10%的门槛"。这一规定使得代表少数人的小政党由于门槛限制而不能进入议会,因而在国家中不能获得代表权,使得民主的代表性遭到质疑。随着新法律的制定,军方逐步恢复民主秩序。1982年11月,埃夫伦当选为第七任总统;1983年5月,国家安全委员会废除政党禁令,15个政党先后成立以角逐大选。由于国家安全委员会对有可能挑战现行政治秩序的政党进行严格审查,部分

---

① Michael M. Gunter, Turkey: The Politics of a New Democratic Constitution, *Middle East Policy*, Vol. XIX, No.1, 2012.

② Ergun Özbudun, *The Constitutional System of Turkey: 1876 to the Present*, Palgrave Macmillan, 2011, p.44.

与1980年军事政变后被取缔政党有一定关联的政党包括正确道路党、繁荣党、民族工作党(不久恢复原名民族行动党)、民主左翼党和社会民主平民党等未获得参加议会选举资格,最终参加1983年大选的是图尔古特·苏纳勒普领导的民族民主党①,乌鲁苏总理的秘书纳杰代特·贾勒普领导的平民党②和技术专家图尔古特·厄扎尔领导的祖国党③。

　　1983年11月6日,议会选举如期举行,参加投票的选民比例为1946年实行多党制以来最高,达到了总选民数的92%。④尽管军方希望民族民主党成为执政党,但民族民主党仅获得23.2%的支持率,平民党和祖国党分别获得30.4%和45%的支持率,结果祖国党获得议会212个席位,平民党为117席,民族民主党为71席。⑤祖国党得以单独组阁,这表明土耳其已经回归到多党政治的轨道,祖国党领导人图尔古特·厄扎尔逐渐排斥军方而掌握了国家权力,文官政治渐趋巩固。随后厄扎尔凭借祖国党独特的政治、经济、外交定位,主宰土耳其政坛十余年,被称为土耳其历史上著名的"厄扎尔时代"抑或"厄扎尔王朝"。当然埃夫伦将军本人在由军人政治向文官政治过渡中起了重要作用,"如果不是他积极干预,土耳其在由军人政治向文官政治的转变过程中会有更多波折,也不会像现在这样转变得如此彻底"⑥。祖国党的统治预示着土耳其政治全新局面的到来,其亲伊斯兰的政策和实践对于此后政党政治的发

---

①　退休将军图尔古特·苏纳勒普于1983年5月16日组建右翼倾向的民族民主党,完全采取了国家安全委员会的政策,主张对私有组织的活动进行限制,吸收外国资本,以及用新的共和国的民族原则和精神教育青年;主张建立基于自由竞争的经济体系,强调工业尤其是出口工业的发展,抑制通货膨胀,创造更多的就业机会。

②　乌鲁苏总理的秘书纳杰代特·贾勒普于1983年5月20日组建具有左翼倾向的平民党,主张促进社会正义与安全,提高生活水平,提高工人待遇,实行国家主义,主要和社会民主党争取前共和人民党成员和选民。

③　技术专家图尔古特·厄扎尔于1983年5月20日组建中间偏右立场的祖国党,主张采用更加自由的新古典主义经济政策,要求进口自由化、促进出口导向,将国有企业卖给私人,削减国家对企业的控制,降低通货膨胀率,遵循自由市场经济的指导原则;强调社会均衡发展,提高竞争力,阻止公共垄断,通过增加投资来促进经济增长;遵循国家安全委员会的原则和基本政策等。

④　Kemal H. Karpat, Domestic Politics, in Kemal H. Karpat ed., *Studies on Turkish Politics and Society: Selected Articles and Essays*, E. J. Brill, 2004, p.144.

⑤　Feroz Ahmad, The Turkish Elections of 1983, *MERIP Reports*, Vol.122, March/April, 1984.

⑥　William Hale, *Turkish Politics and the Military*, Rautledge, 1994, p.296.

展产生了重要影响。

1980 年军事政变后，面对全世界范围内伊斯兰复兴运动的兴起，军方政府和祖国党政府奉行土耳其–伊斯兰教一体化思想，作为新兴民族主义修正思潮，土耳其–伊斯兰一体化思想有强烈的政治使命意识，希望推动宗教与国家、政府与军队的联合，以伊斯兰教为建设社会的基础，[1]这使土耳其政治实践带有鲜明的民族宗教色彩。代表各种利益群体的政党的出现是 1983 年后土耳其政治发展的突出现象，正确道路党、社会民主平民党[2]、民族工人党和繁荣党[3]等政党相继成立。1987 年，土耳其以全民公投的方式通过宪法修正案，恢复了德米雷尔、埃杰维特及其他 1980 年政变以前的政党领导人参与政治活动的权利，[4]德米雷尔、埃杰维特、埃尔巴坎和图尔克斯随之担任正确道路党、民主左翼党[5]、繁荣党和民族行动党的领导人。在祖国党执政期间，埃尔戴勒·伊诺努的社会民主平民党和德米雷尔的正确道路党是其主要反对党。1985 年之后，土耳其的政治选举变得更加自由，政党重新成为政治活动的主角。军方支持的民族民主党解散，其大部分议员加入正确道路党；平民党由于意识形态的趋近性与社会民主平民党合并，正确道路党和社会民

---

① Birol A. Yeşilada，Problems of Political Development in the Third Turkish Republic，*Polity*，Vol.21，No.2，1988.

② 该党是 1980 年政变之前的共和人民党的主要继承者，作为最大的中左政党，其由伊斯梅特·伊诺努的儿子埃尔戴勒·伊诺努领导，其主要由 1980 年政变之前挑战埃杰维特领导权、由巴伊卡尔领导的部分共和人民党成员组成，主张割裂与共和人民党的传统关系，按照现代欧洲的社会民主路线重组共和人民党。1992 年 9 月，巴伊卡尔领导部分成员和 18 名议员一起重建新的共和人民党，1995 年两党再次合并。该党与埃杰维特的民主左翼党、新共和人民党一起组成土耳其政坛的中左政党。

③ 1983 年 7 月 19 日，阿里·图克曼在民族拯救党的基础之上领导组建繁荣党，埃尔巴坎回国后获得领导权，其社会基础为安纳托利亚小资产阶级和企业主，新移居大城市的中产阶级和部分工人阶层等。繁荣党强调民族独立、民族意识和民族利益，坚持自由民主的政治原则，倡导公正秩序，主张建立多元法律，保障个人权利自由。

④ Dankwart A. Rustow，Political Parties in Turkey: An Overview，in Metin Heper and Jacob M. Landau，ed.，*Political Parties and Democracy in Turkey*，I.B. Tauris，1991，p.19.

⑤ 在 1983 年大选之后，埃杰维特致力于成立一个基于大众政党组织模式的新左翼政党，该党不仅旨在实现参与性民主，而且希望与此前共和人民党的精英模式决裂。1985 年，由于埃杰维特仍被禁止参与政治，其长期政治盟友、妻子拉赫珊·埃杰维特成立民主左翼党，在其从政禁令被解除后，埃杰维特担任政党领导人。

主平民党的民众支持率日趋上升。

1987 年 10 月 29 日,议会选举如期举行,大多数政党参加选举,结果祖国党获得 36.3% 的支持率和 292 个议席,社会民主平民党获得 24.7% 的支持率和 99 个议席,正确道路党获得 19.1% 的支持率和 59 个议席,其他如民主左翼党、繁荣党、民族工人党等由于未能突破 10% 的门槛限制,并未获得议席。①此次大选说明正确道路党地位的上升,其作为继承正义党衣钵的中右政党与祖国党的意识形态并无本质差异,祖国党和正确道路党之间的竞争导致持中间立场的选民分裂,使得繁荣党的兴起与祖国党的衰落成为必然。尽管与 1983 年相比,祖国党的选举优势有所下降,但仍然在大选后组建一党制政府,其所强调的稳健温和的政治发展进程对于政党政治的发展意义非凡。

20 世纪 80 年代后期,土耳其经济发展出现困难,通货膨胀率从 1983 年的 30% 多增长到 1988 年和 1989 年的大约 80%。②政府官员的腐败引发民众对祖国党政府的信任危机,经济与政治的双重困境给祖国党政府带来巨大压力。居高不下的通货膨胀率和反对党的猛烈抨击给厄扎尔制造了不小的麻烦,而祖国党内部不和则动摇了其执政根基。在 1988 年祖国党的代表大会上,党内的民族主义者和伊斯兰主义者结成"神圣同盟",攻击党的自由主义倾向,直接挑战厄扎尔的权威,这使得祖国党的危机日益深化。祖国党的执政危机在 1989 年 3 月 26 日举行的地方选举中表现得淋漓尽致,此时受支持者追捧的伊斯坦布尔市长贝德雷丁·达兰拒绝以祖国党名义参加选举;转而有谣言称祖国党伊斯坦布尔支部拒绝为贝德雷丁·达兰提供竞选支持,导致其在竞选中意外失败而不能继续担任市长;祖国党在很多城市的分支组织通过抵制竞选以示对厄扎尔日趋专制的领导方式的不满。结果祖国党在此次选举中的支持率骤降到 21.8%,在 67 个市中仅仅赢得两个市的选举。③1989 年,凯南·埃夫伦任期届满而卸任总统职务;10 月 31 日,厄扎尔在大国

---

① Sabri Sayarı and Yılmaz Esmer, *Politics, Parties and Elections in Turkey*, Lynne Rienner Publishers Inc., 2002, pp.190–191.

② Üstün Ergüder, The Motherland Party, 1983–1989, In Metin Heper and Jacob M. Landau eds., *Political Parties and Democracy in Turkey*, I.B. Tauris & Co Ltd., 1991, p.155.

③ Üstün Ergüder, The Motherland Party, 1983–1989, In Metin Heper and Jacob M. Landau eds., *Political Parties and Democracy in Turkey*, I.B. Tauris & Co Ltd., 1991, p.161.

民议会第三轮投票中被选为第八任总统,担任总统后的厄扎尔宣布脱离祖国党,祖国党在土耳其政坛的执政优势逐渐丧失。

二、政治伊斯兰主义的转变与 20 世纪 90 年代的政治角逐

20 世纪 90 年代,政党政治的活跃和选举制度日趋成熟是此时土耳其政治发展的重要特征,意识形态迥异的不同政党组建联合政府是此时政党政治的突出现象,包括祖国党和正确道路党在内的中右政党的相对衰落是世俗政党政治地位弱化的重要表现,繁荣党的日趋活跃和伊斯兰主义政党主导联合政府是政治多元化的逻辑必然,联合政府的更迭频繁也使得多党民主政党政治遭受危机,特殊的历史转轨背景为正义与发展党异军突起提供了重要条件。

20 世纪 90 年代,随着两极格局的终结、政治伊斯兰主义的高涨和祖国党的相对衰落,土耳其政坛的右翼政治力量呈现重新洗牌的局面。1991 年议会大选,正确道路党获得 27% 的支持率和 178 个席位,祖国党获得 24% 的支持率和 115 个席位,社会民主平民党获得 20.8% 的支持率和 88 个席位,以繁荣党为首的选举联盟①获得 16.9% 的支持率和 62 个席位,民主左翼党获得 10.7% 的支持率和 7 个席位。②此次大选结束了祖国党一党独大的局面,德米雷尔领导下的正确道路党成为议会第一大党,但并未达到单独组阁所需的相对多数。这次大选另一个显著特征是包括社会民主平民党和民主左翼党在内的中左政党获得三分之一的席位,经过复杂的协商,正确道路党与社会民主平民党组建联合政府,执政近十年的祖国党沦为反对党,正确道路党与社会民主平民党组建的联合政府持续到 1995 年。

中右的正确道路党与中左的社会民主平民党签署实现经济增长和民主改革的协议组建联合政府被视为民主的胜利。联合政府的纲领一方面强调国家面

---

① 由民族行动党、繁荣党和改革民主党三个极右的小党组成选举联盟,其最终获得 16.9% 的支持率而成为议会第四大政治力量。

② Nilufer Narli, The Rise of the Islamist Movement in Turkey, *Middle East Review of International Affairs*, Vol.3, No.3, September 1999.

临的社会经济困难,因为土耳其位列世界上收入分配最不公平的 10 个国家之一,50%的公民并没有社会安全感,年通货膨胀率达到 70%,外债达 500 亿美元,[1]所以经济恢复是联合政府关注的焦点之一。联合政府另一方面着眼于对土耳其民主的批评,根据联合国针对人权和民主的标准指数,土耳其处于第 66 位,所以实现多元主义、政治参与和民主政权是联合政府协议的精髓所在。[2]

1993 年 4 月 17 日,厄扎尔总统去世,德米雷尔当选总统,奇莱尔随之担任正确道路党领导人和联合政府总理,新官上任的奇莱尔关注安纳托利亚东南部的分裂主义者,在军方高层和党内右翼势力的支持下,联合政府再次牺牲了民主化进程所需的深层次改革。联合政府当政期间,其面临的主要问题是如何调适私有化与民主化政策。由于正确道路党坚持将国有企业卖给私人,而这将造成相当高的失业率,这是社会民主平民党所反对的。1994年,当数名社会民主平民党成员宣称他们对私有化的支持取决于正确道路党对民主化的支持,正确道路党无视其盟友的要求,寻求祖国党的支持通过私有化法。由于双方意见分歧导致两党罅隙发生和社会民主平民党的分化,[3]联合政府逐渐演变为一个仅得到 225 名议员支持的少数派政府。考虑到政党制度的分化和主要政党内部分化的不可逆转,这对于奇莱尔而言寻找新的组建联合政府对象极为困难。

在 1994 年 3 月 27 日的地方选举中,社会民主主义者为其内部的冲突和分裂付出惨重的代价。社会民主平民党仅获得 13.6%的支持率,失去在所有大城市的选举优势,[4]其留下的权力真空被繁荣党填补。社会民主主义者在地方选举中失利、对联合政府影响力的弱化和实现民主化目标的无效导

---

[1]　Huri Türsan,*Democratisation in Turkey:The Role of Political Parties*,Bruxelles,PZE–Peter Lang,2004,p.231.

[2]　Huri Türsan,*Democratisation in Turkey:The Role of Political Parties*,Brwelles,PZE–Peter lang,2004,p.231.

[3]　社会民主平民党中的相当一部分组织在居尔坎(Gürkan)周围形成党内的左翼派别,占有该党 53 个议席中的 35 席,坚决支持采用民主化战略,指出其对联合政府的支持以联合政府实现政治制度的民主化为前提。由于民主化纲领并没有被联合政府贯彻,他们认为参与联合政府损害了该党的选举基础。

[4]　Huri Türsan,*Democratisation in Turkey:The Role of Political Parties*,Brwelles,PZE –Peter lang,2004,p.234.

致政党趋于衰落。正确道路党赢得 21.4% 的支持率使其努力谋求 1995 年大选的绝对优势，并试图通过修宪达到预期目标。1995 年 12 月，社会民主主义者在共和人民党①的旗帜下重新团结起来并选举丹尼兹·巴伊卡尔为共和人民党领导人。履新不久的巴伊卡尔向奇莱尔总理提交了一份内部安全咨询报告，要求其采用部分措施使得联合政府得以延续，该报告谈及内务部、健康教育部对宗教激进主义者和极端民族主义者的亲近，提及军方在国家中的特殊作用，但该报告并没有得到奇莱尔总理的重视，联合政府解体。9 月 21 日，奇莱尔作为议会第一大党的领导人，被任命组建新一届政府，由于其坚持组建一个由民族行动党和民主左翼党支持的少数派政府而招致党内外的反对，党内的反对以 12 名部长的辞职和脱离正确道路党达到顶峰。少数派政府的危机以恢复正确道路党—共和人民党联合政府而得以化解，该联合政府持续到 1995 年大选。

1995 年 12 月 24 日举行的议会选举，有 12 个政党参加选举，结果繁荣党赢得 21.38% 的支持率和 158 个议席，祖国党赢得 19.65% 的支持率和 132 个议席，正确道路党赢得 19.18% 的支持率和 135 个议席，民主左翼党赢得 14.64% 的支持率和 76 个议席，共和人民党赢得 10.71% 的支持率和 49 个议席，其他政党由于未能突破 10% 的门槛限制而未能获得议席。② 1995 年大选结果令朝野震惊。德米雷尔总统要求埃尔巴坎组建联合政府，但没有世俗政党愿意与繁荣党组建联合政府，在商业界、传媒界和军方的强大压力下，奇莱尔与老对头耶尔玛兹捐弃前嫌组成联合政府，规定先由耶尔玛兹担任总理，次年由奇莱尔接任。繁荣党对此表示抗议，繁荣党反复指控奇莱尔及其行政机构涉嫌腐败，要求议会介入调查奇莱尔在执政期间与其丈夫迅速积聚巨额财富的原因。奇莱尔则要求议会调查繁荣党的权力滥用情况：滥用捐助、私设训练营地、埃尔巴坎的巨额财产来源及涉嫌海洛因走私等。当祖国

---

① 1994 年地方选举的结果对社会民主平民党和共和人民党产生很大触动，激发了他们统一的动力。1994 年 6 月，社会民主平民党和共和人民党的三分之二市长启动"基层统一运动"。1995 年 2 月 18 日，在基层统一运动的压力下，社会民主平民党与共和人民党合并，席克曼·塞廷当选新政党领导人。10 月 9 日，巴伊卡尔经过激烈斗争当选为政党领导人。

② Sabri Sayarı and Yılmaz Esmer, *Politics, Parties and Elections in Turkey*, Lynne Rienner Publishers Inc., 2002, p.191.

党和繁荣党站在一起支持审查奇莱尔时,脆弱的联合政府仅仅维持 11 周便宣告解体,埃尔巴坎再度获得组阁权。奇莱尔权衡利弊,与埃尔巴坎接近。

1996 年 6 月 29 日,繁荣党与正确道路党组成联合政府,前两年由埃尔巴坎担任总理,奇莱尔担任副总理和外交部部长;后两年则由奇莱尔担任总理。尽管联合政府宣称坚持凯末尔主义和国家的既定方针政策,但埃尔巴坎政府却遭到军方的质疑和反对,其复兴伊斯兰文化的举措引起军方不满。1997 年 5 月 20 日,最高检察官向宪法法院提起公诉,要求取缔繁荣党。6 月初,宪法法院以埃尔巴坎和其他成员利用宗教感情谋取政治利益违反宪法第 24 条不准利用和滥用宗教感情为口实迫使其辞职,埃尔巴坎总理被迫于 6 月 18 日辞职,他原以为辞职后德米雷尔总统会将组阁权交给奇莱尔,但是德米雷尔却在军方建议下授权反对党领导人耶尔玛兹组建新政府。埃尔巴坎辞职后,部分正确道路党成员倒戈加入祖国党阵营,耶尔玛兹在德米雷尔总统的授权下联合埃杰维特组建联合政府。经过行政、司法和检察机关的努力,土耳其宪法法院最终于 1998 年 1 月 16 日以破坏世俗主义原则并违反政党法为名取缔繁荣党,同时取消埃尔巴坎等 6 名成员的议员资格,规定包括埃尔巴坎在内的 4 名领导人在 5 年内不准参政,并接受审判。

埃尔巴坎政府垮台后,埃尔巴坎意识到繁荣党难逃被取缔的命运,便要求其亲密战友伊斯米尔·阿尔帕特金组建新政党。1997 年 12 月 17 日,拥有 33 名繁荣党成员的美德党成立,尽管新政党极力淡化宗教色彩,但政党名称和党旗[1]设计都带有鲜明的伊斯兰色彩。1998 年 1 月 18 日,繁荣党所有议员加入美德党,另有部分祖国党议员因不满耶尔玛兹的统治转投美德党,拥有 144 个议席的美德党成为议会第一大党。1998 年 5 月 14 日,雷杰·库坦 (Recai Kutan)代替伊斯米尔·阿尔帕特金担任繁荣党主席,宣称尊奉真正的民主、人权和自由,强调人民意愿至上;[2]认为基本权利和自由是个人不可分割的权利,实现这些权利需要贯彻联合国人权宣言、欧洲人权公约、欧洲安

---

① 美德党党旗是红色的,上有一轮白色新月,右上角有一颗白色的心,新月和心之间是平行的五条白色斜线。

② Saban Taniyici,Transformation of Political Islam in Turkey:Islamist Welfare Party's Pro-EU Turn,*Party Politics*,Vol.9,No.4,2003.

全协作委员会协定、新欧洲巴黎协定和其他国家立法。美德党的纲领体现了伊斯兰政党放弃伊斯兰主义转向多元主义和民主开放的尝试,有学者指出,美德党已经成为与基督教民主政党相类似的穆斯林民主政党。[①]

尽管美德党摒弃繁荣党的公正秩序和民族观话语,而代之以道德、市场经济的时代诉求,且主张土耳其加入欧盟,但仍被凯末尔主义者视为掩饰真实目的的虚张声势。美德党的部分成员被指控为伪装的伊斯兰主义者,会在合适机会实现其政治目的,并引用埃尔多安早年的话语来借以佐证,"你或者是穆斯林,或者是世俗主义者,这两者不能并存","民主是一种方式还是一种目的……我们说民主是一种方式而不是目的"。[②]尽管美德党极力淡化其宗教色彩,居尔曾经宣称:"美德党不是一个宗教政党,宗教政党不会对土耳其或伊斯兰教有好处,这里没有旨在建立宗教国家的宗教运动,我们需要自由,这是全部。"[③]但仍然得不到军方和德米雷尔总统的认可。1998 年 11 月,由于支持耶尔玛兹的商业贸易公司涉嫌违法操作,耶尔玛兹因面临指控而被迫辞职。美德党作为议会第一大党理应成为组阁的首选对象,但德米雷尔总统和军方却授权埃杰维特组建少数派联合政府。为了保证埃杰维特在议会选举中获胜,1999 年大选比预期提前两个月,20 个政党角逐议会议席,结果民主左翼党获得 22.19% 的支持率和 136 个议席,民族行动党获得 17.98% 的支持率和 129 个议席,美德党获得 15.41% 的支持率和 111 个议席,祖国党获得 13.22% 的支持率和 86 个议席,正确道路党获得 12.01% 的支持率和 85 个议席,其他政党由于未能突破 10% 的门槛限制未能获得议会席位。此次大选体现了土耳其政党政治的新变化,土耳其人用一种"民主"的方式表达了自己的失望,他们把选票分别投给最不可能受到欢迎的政党,并在意识形态上处于反对派立场的民主左翼党和民族行动党,此为土耳其选举中的所

---

① Īhsan Yilmaz, State, Law, Civil Society and Islam in Contemporary Turkey, *The Muslim World*, Vol. 95, No.3, April, 2005.

② R. Quinn Mecham, From the Ashes of Virtue, a Promise of Light: The Transformation of Political Islam in Turkey, *Third World Quarterly*, Vol.25, No.2, 2004.

③ Marvine Howe, *Turkey Today: a Nation Divided over Islam's Revival*, Westview Press, 2000, pp. 218-219.

谓"保护性投票"①。而叱咤土耳其政坛近二十年的中右政党正确道路党和祖国党的影响力进一步弱化，当然他们支持率的下降还在于其领导人面临的腐败丑闻和执政不力，以及他们所宣扬的对政治多元主义和经济自由主义同时尊重的毫无新意的政治纲领,这就为下次大选的彻底出局埋下了伏笔。

1999 年大选之后,民主左翼党与民族行动党、祖国党组建联合政府,新联合政府从一开始就内部矛盾重重，各方在经济政策和政府工作的分配问题,加入欧盟的民主化进程问题,妇女是否戴穆斯林标志性的头巾等问题上意见难以统一。②而美德党的内部分裂逐渐公开化，在 2000 年 5 月 14 日的美德党代表大会上,居尔领导的改革派公开挑战库坦的领导地位,但在政党领导人的最终投票时，库坦以 633∶521 的简单多数战胜居尔继任政党主席。随后,当居尔与共和人民党领导人巴伊卡尔会晤时,美德党的传统主义者决定将居尔及其追随者送交政党纪律检查委员会处置,这就为美德党分裂埋下了伏笔。2001 年 6 月 22 日,在经历两年多的诉讼之后宪法法院以美德党已经成为伊斯兰主义的恐怖活动中心为由将其取缔，没收美德党的全部财产移交财政部,但大部分美德党议员仍以独立代表身份留在议会中,仅有部分议员被剥夺了在 5 年内参政的权利。③不久,党内的改革派和保守派分别创建政党。2001 年 7 月,忠诚于埃尔巴坎、以库坦为代表的保守派率先组建幸福党,库坦担任党主席。2001 年 8 月,以雷杰普·塔伊普·埃尔多安为首的改革派组建正义与发展党,AK 呼应土耳其语 ak,意为白而清洁,表示正义与发展党将与腐败污浊的过去决裂,而形成一块清洁的白板,埃尔多安担任党主席。正义与发展党得到美德党 51 名议员和其他议会成员的支持,美德党的著名人物如阿卜杜拉·居尔、布伦特·阿瑞恩、阿卜杜勒卡迪尔·阿克苏、阿里·乔什昆、瑟米尔·奇切克等都加入该党。正义与发展党极力淡化宗

① Frank Tachau,Turkish Political Parties and Elections:Half a Century of Multiparty Democracy, Turkish Studies,Vol.1,No.1,2000.

② Meltem Müftüler-Bac,The Never-Ending Story:Turkey and the European Union,in Sylvia Kedourie ed.,Turkey before and after Atatürk:Internal and Ecternal Affairs,Frank Cass Publishers,1999, pp.248-250.

③ R Quinn Mecham,From the Ashes of Virtue,a Promise of Light:The Transformation of Political Islam in Turkey,Third World Quarterly,Vol.25,No.2,2004.

教色彩,宣称其是保守的民主政党,主张对伊斯兰教进行更为民主的解释,在现代民主政治框架内谋求政治合法性;宣称关注人权问题,遵守土耳其签署的国际性协议,取消对妇女的歧视,将世俗主义作为基本原则加以贯彻,以保护宗教信仰自由和根据民族归属选择生活方式的权利,保护少数民族的语言和地位;加入欧盟等。这表明其已与幸福党分道扬镳。

以埃杰维特为首的联合政府任期至 2002 年 4 月。在短短的 3 年任期内,联合政府经历政治经济的双重冲击,内部矛盾加剧。2000 年是土耳其的总统换届年。3 月,民主左翼党、民族行动党、祖国党、正确道路党提出旨在延长德米雷尔总统任期的一揽子宪法修正案,拟将总统任期由 7 年改为 5 年且可连任两届,但该修正案被议会否决,各党围绕总统选举展开激烈角逐。4月,联合执政三党经过互相妥协与协商,推举无党派人士、宪法法院院长塞泽尔为总统候选人。经过议会三轮投票,5 月 5 日,塞泽尔击败美德党总统候选人纳夫扎特·亚尔欣塔什当选总统。民主左翼党由于地位骤降,在联合政府中失去统治地位。而原来处在政府第二、第三位的民族行动党和祖国党历来分歧较多,相互倾轧,面对民主左翼党力量削弱之势,两党都想借机把对方排挤出政府,以提高本党地位。厄兹坎副总理和 11 日辞职的外交部部长杰姆,联合无党派人士、经济国务部长德尔维什,组成"三驾马车",成立新的中间派政党,试图向埃杰维特政府发起直接挑战,但并没有成功。

2001 年 2 月,总统和总理在经济改革和反对腐败问题上出现分歧,政府出现暂时性危机并引发严重经济危机。4 月,副总理兼能源部部长朱姆胡尔·埃尔绥梅尔因多名能源部官员涉嫌贪污而辞职,祖国党主席耶尔玛兹出任主管欧盟事务的副总理。5 月,国务部部长于克塞尔·亚洛瓦因在烟草法案上与主管经济事务的国务部部长意见相左而辞职,内政部部长塔唐因与党魁分歧严重而辞职。6 月,在宪法法院决定取缔美德党之前,约 40 名美德党议员退党成为独立议员。下半年,联合执政三党的民众支持率普遍下降,提前举行大选的呼声日高,三党领导人决定捐弃前嫌,加强在经济改革、入盟和反腐败等问题上的合作。9 至 12 月,根据欧盟标准,议会先后提出《宪法》《民法》《刑法》和《国家安全法》修正案,但并不能阻止联合执政三党支持率的迅速下滑。

自 2002 年 5 月起,77 岁高龄的埃杰维特总理因健康原因未能亲自理政,多数时候由其年过八旬的夫人代为行事,这就形成政府群龙无首的局面,难免政出多门,矛盾重重。7 月 7 日,巴赫彻利副总理要求正在休会的议会举行特别会议,提议于 11 月 3 日提前举行大选,以解决当前的政治经济危机。翌日,民主左翼党主席、第三副总理厄兹坎出人意料地提出辞职,并宣布退出民主左翼党,联合其他政府成员另组新党。一时间,政府成员辞职风波骤起,从 8 日到 15 日,联合政府先后有 7 名部长辞职;53 名民主左翼党议员退党,民主左翼党在议会中的席位从 128 席锐减到 75 席,从议会第一大党降为第四位。由于民主左翼党的分裂,联合政府所占席位总数降至 283 席,只超出半数 6 席。2002 年 7 月,民族行动党联合其他在野党提出提前举行大选的议案获得议会通过,在 2002 年大选中成立一年多的正义与发展党以绝对优势获胜,正义与发展党上台标志着土耳其政党政治进入新阶段。

三、正义与发展党的执政实践与总统制的转变

2002 年 11 月 3 日,土耳其议会大选提前举行,坚持不同意识形态立场的 18 个政党参与议会角逐,包括极左的人民民主党、民主人民党,中左的共和人民党、民主左翼党和新土耳其党,中右的祖国党、正确道路党、青年党和正义与发展党,极右的幸福党、民族行动党和大团结党等,成立一年多的正义与发展党获得 34.28% 的支持率和 363 个议席,巴伊卡尔领导的共和人民党赢得 19.4% 的支持率和 178 个议席,[1]其他政党都因为选票没有过 10% 的门槛而未能获得议会席位,老牌政治家奇莱尔、耶尔玛兹、埃杰维特和德米雷尔都被排除在政治舞台之外。2002 年大选结果表明,亲伊斯兰的、保守的、潜在的、反现行体制的选举基础正在安纳托利亚中部地区兴起。[2]此次大选

---

① Huri Türsan, *Democratisation in Turkey : The Role of Political Parties*, Brwelles, PZE-Peterlang, 2004, p.193.

② Ali Çarkoğlu, the Rise of New Generation Pro-Islamist in Turkey : the Justice and Development Party Phenomenon in the November 2002 Election in Turkey, in M. Hakan Yavuz ed., *The Emergence of a New Turkey : Democracy and the Ak Parti*, University of Utah Press, 2006, p.136.

使土耳其结束了联合政府掣肘的局面而建立了一党单独执政的政府。由于禁止埃尔多安参政的禁令并没有解除，正义与发展党副主席阿卜杜拉·居尔获得塞泽尔总统授权组织第58届政府，四分之一的居尔政府成员都是前祖国党成员，其他的则是前繁荣党成员。①居尔政府推动议会修改宪法，解除了埃尔多安的从政禁令，2003年1月，宪法修正案获得通过，埃尔多安于3月9日在锡尔特省举行的议会补缺选举中当选为议员。3月11日，居尔辞职，埃尔多安被任命为总理，并组建第59届政府。正义与发展党政府上台后，在内政、经济和外交方面进行了一系列改革，诸多改革措施颇有效果，英国《经济学人》杂志评论说："从贫瘠的库尔德省份到伊斯坦布尔的崭新社区，正义与发展党'无声革命'的成效随处可见。"越来越多的土耳其观察家宣称在正义与发展党的领导下，土耳其"正在成为伊斯兰国家的真正示范"②。欧洲部分媒体甚至称正义与发展党政府所推行的改革为自阿塔图尔克之后的第二次革命。③土耳其进入"土耳其新模式"的构建时期，这进一步巩固了正义与发展党政府的统治，促进了民主政治的纵深发展。

2007年，总统和大国民议会的任期均届满，选举新总统和议会成为国家政治的主题。按照惯例，埃尔多安总理在塞泽尔总统任期结束之后可以执政党领导人身份角逐总统职位，但是埃尔多安的伊斯兰背景遭到世俗主义者的抗议，结果埃尔多安被迫放弃竞选总统，正义与发展党推出相对温和的外交部部长居尔担任总统候选人。共和人民党领导人巴伊卡尔宣称，如果正义与发展党控制总统职位，这将是对最后的共和国堡垒的征服，将使世俗政权处于危险的境地。④军方于4月27日在其网站上发出警告："土耳其武装力

---

① Muammer Kaylan, *The Kemalist: Islamic Revival and the Fate of Secular Turkey*, Prometheus Books, 2005, pp.414-415.

② Graham E. Fuller, Turkey's Strategic Model: Myths and Realities, *Washington Quarterly* 27, No. 3, 2004.

③ Menderes Cinar, Turkey's Transformation under the AKP Rule, *The Muslim World*, Volume 96, No.1, January 2006.

④ Burhanettin Duran, The Justice and Development Party's New Politics: Steering toward Conservative Democracy, a Revised Islamic Agenda or Management of New Crises?, in Ümit Cizre ed., *Secular and Islamic Politics in Turkey: the Making of the Justice and Development Party*, Routledge, 2008, p.96.

量是世俗政权的绝对捍卫者,必要时他们将清楚地表明其态度和行动。"[1]该声明被视作军方向政府发出的警告。4 月 28 日,大国民议会举行首轮总统选举投票,由于共和人民党的抵制只有 361 名议员参加投票,[2]直接导致居尔不能获得法定的、超过三分之二议席的多数票,被共和人民党诉至宪法法院,并于 5 月 1 日判定投票无效。在 5 月 6 日举行的第二轮总统选举中,居尔再次遭到反对党的抵制,当天只有 358 名议员出席,仍未达到法定的三分之二多数,投票未能进行,随后居尔宣布退出总统选举,正义与发展党试图通过修宪渡过难关。5 月 11 日,正义与发展党主导的大国民议会通过宪法修正案,规定总统由议会选举改为全民直选,任期由 7 年缩短为 5 年,可以连任一届。该宪法修正案于 7 月 31 日获得最高选举委员会的通过,并将于 10 月 21 日举行全民公投。埃尔多安总理推动大国民议会批准了最高选举委员会提前举行议会选举的建议,将 11 月 4 日的议会选举提前到 7 月 22 日举行。

2007 年 7 月 22 日,议会选举提前举行,14 个政党和 700 余名独立候选人参加了选举。[3]这些政党包括土耳其光明党、幸福党、自由团结党、独立土耳其党、正义与发展党、民族行动党、人民进步党、共和人民党、工人党、青年党、民主党、共产党、自由民主党、工人党。最终正义与发展党获得 46.66% 的支持率而得以再次单独执政。尽管正义与发展党获得比上次更高的支持率,但由于民族行动党突破 10% 的门槛,因而最终获得 341 个席位,比 2002 年的 363 席下降了 21 席;共和人民党赢得 112 席,民族行动党 71 席,无党派人士占据了 26 席。选举结果公布之后,军方宣称尊重民众的意愿。[4]民族行动党主席巴赫切利发表声明说,土耳其公民再次选举正义与发展党执政,应该尊重民众的意愿。尽管正义与发展党蝉联执政,但在第二个任期内仍然面临许多棘手问题。

首先是如何使本国经济在避免外国资金冲击的情况下持续、自主发展,

---

[1]　M.Hakan Yavuz and Nihat Ali Ozcan, Crisis in Turkey: The Conflict of Political Languages, *Middle East Policy*, Vol.XIV, No.3, Fall 2007.

[2]　这次居尔获得 357 票,其中正义与发展党的票数为 353 票。

[3]　Canan Balkır, The July 2007 Elections in Turkey: A Test for Democracy, *Mediterranean Politics*, Vol.12, No.3, November 2007.

[4]　Mehmet Ali Birand, The Armed Forces Respect the National Will, *Turkish Daily News*, August 15, 2007.

同时真正有效地解决就业问题,使民众生活得到进一步改善;其次是带有伊斯兰色彩的正义与发展党如何处理好与世俗政党之间的关系;再次是如何显著有效地应对新形势下的库尔德问题;最后是如何很好地应对军方和反对党的质疑等。为了减少新政府的阻力,埃尔多安明确表示正义与发展党政府将坚定地捍卫国家的世俗政体和民主体制,并于大选前在提名的议员名单中剔除了宗教保守分子而大举提名女性、自由派和年轻的候选人;指出其旨在成立一个由法律统治的民主、世俗和社会的政府,并发誓要成为所有土耳其人甚至所有政敌的总理,还表示将以国父凯末尔为榜样,为全体土耳其人服务。对正义与发展党而言,大选的胜利意味着该党得到民众再次授权,渡过了由总统选举造成的宪政危机,随之总统选举再次被提上日程。8月13日,正义与发展党再次推举居尔为总统候选人。居尔在8月20日和24日举行的前两轮投票中分别获341票和337票,均未达到当选所必需的三分之二以上选票,在第三轮投票中,民族行动党候选人萨巴哈廷·查克纳克奥卢获得70票,民主左翼党候选人塔伊丰·伊吉利仅获得13票,而居尔获得339票,超过法定的半数席位,当选第11任总统。在此前8月9日大国民议会议长选举中,正义与发展党议员科克索尔·托普坦以450票的绝对多数当选为议长,这标志着正义与发展党控制了议会、政府和总统府,成为土耳其历史上少有的一个对权力进行全方位控制的政党。

蝉联执政的正义与发展党政府尽管遭遇军方大锤计划和军方总辞职的挑战,遭到反对党共和人民党的反对,但其强大的民众基础有效地巩固了正义与发展党的政治统治,一系列修宪举措也为其争取了有利的政治社会处境和维系可能的选举霸权。2011年以来,西亚北非地区爆发了二战以来最严重的政治危机,阿拉伯世界的动荡震惊了正在民主化道路上稳步前进的土耳其,正义与发展党于2月21日向议会提交了提前举行大选的提案,并于3月3日获得议会通过,定于6月12日举行议会选举。参加选举的15个政党只有3个越过"10%门槛",正义与发展党再次以49.91%的绝对优势当选,反对党共和人民党和民族行动党也分别获得25.98%和13.01%的支持率。①这

---

① 资料来源:土耳其全国选举委员会网站:"Election Results of June 12, 2011", Supreme Electoral Board.12 June 2011。

三党分别获得议会 327 个、135 个、53 个议席,独立人士获得 35 个议席。参与 2011 年大选的主要政党在选举战略方面均作出了一定程度的调整,这主要表现在提交候选人名单、选举宣传方面。

在提交候选人名单方面,正义与发展党、共和人民党、民族行动党、民主和平党所作的调整非常明显。上届议会 550 名议员中有 267 人未能进入此次大选的候选人名单。①这显然是政党确保得票率的策略改变,同时也反映出一些政党激烈的党内斗争。凯末尔·杰马尔成为共和人民党主席之后,实行"去巴伊卡尔"路线,将巴伊卡尔及其支持者排除在名单以外。对此,许多共和人民党党员表达了自己的不满。有党员表示,"那些从来不为共和人民党投上一票的人,如今出现在名单上"②。此外,未超过"10%门槛"的小党如民主和平党开始以独立候选人身份来提名其党员成为议员,结果该党提名的 61 位独立候选人中 35 人顺利进入议会。正义与发展党延续了一党独大的格局,其他政党无法撼动其执政党地位。

2013 年以来,土耳其深受中东局势动荡的影响。7 月,正义与发展党政府因改造塔克西姆广场引发民众的抗议,一度导致政府与民众之间矛盾的升级。反对党以捍卫世俗主义和惩治腐败名义质疑正义与发展党的政治统治,深陷腐败门、窃听门的正义与发展党遭遇执政危机。尽管如此,在 2014 年 3 月的地方选举中,正义与发展党的得票率超过 45%,高于其在 2009 年全国性地方选举中 39.1% 的得票率。正义与发展党候选人拿下包括伊斯坦布尔和安卡拉在内的 49 个省市,这说明正义与发展党仍然拥有强大的民众基础。在 2014 年 8 月 11 日的总统选举中,正义与发展党主席、现任总理埃尔多安获得 51.79% 的选票,共和人民党和民族行动党联合提名的候选人伊赫

---

① 各政党中未能获得提名的上届议会议员人数如下:正义与发展党 167 人,共和人民党 64 人,民族行动党 27 人,亲库尔德政党民主和平党 8 人。值得一提的是,执政党正义与发展党的两位部长也不在候选人之列。Change comes out of candidate lists with 267 deputies out, 13 April 2011, http://www.todayszaman.com/news-240915-change-comes-out-of-candidate-lists-with-267-deputies-out.html(访问时间:2014 年 2 月 14 日)。

② Change comes out of candidate lists with 267 deputies out, 13 April 2011, http://www.todayszaman.com/news-240915-change-comes-out-of-candidate-lists-with-267-deputies-out.html(访问时间:2014 年 2 月 14 日)。

桑奥卢获得 38.44% 的选票，人民民主党候选人德米尔塔什获得 9.76% 的选票，[①]埃尔多安在首次总统直选中获胜，成为第 12 任总统，埃尔多安的胜利初步成功地上演了俄罗斯的普京模式。土耳其是议会制国家，总统更多拥有象征性权力，实际权力并不是很大，所以埃尔多安极力通过修宪甚至颁布新宪法来扩大总统权力，大力推行总统制。

埃尔多安赢得总统选举的巨大成功又强化了正义与发展党的选举霸权。2015 年 6 月 7 日，议会选举如期举行，20 个政党角逐议会席位，但只有正义与发展党、共和人民党、民族行动党和人民民主党越过"10%门槛"限制，得票率分别为 41%、25%、16.5% 和 13%，其余政党均扮演了"打酱油"的角色。依据土耳其议会选举比例代表制原则，正义与发展党获得 258 个议席，共和人民党 132 席，民族行动党 81 席，人民民主党 79 席。[②]

十年来，正义与发展党首次在议会中未能取得过半席位，将不得不与其他政党组建联合政府。由于亲库尔德人的人民民主党明确表示不会与正义与发展党联合组阁，达武特奥卢总理先后与第二大党共和人民党主席克勒奇达若奥卢和第三大党民族行动党主席巴赫切利就组建联合政府举行谈判，但无疾而终。8 月 18 日，达武特奥卢当晚向埃尔多安总统交回组阁权。埃尔多安总统随后宣布由于组阁失败将再次举行大选。在 11 月 1 日举行的第二次大选中，正义与发展党、共和人民党、民族行动党和人民民主党分别赢得 49.4%、25.4%、12%、10.7% 的选票和 316 个、134 个、41 个和 59 个议席，[③]正义与发展党再次获得单独执政的机会。

随着正义与发展党长期执政而形成的一党独大优势，埃尔多安积极谋求推动土耳其从议会制向总统制的转变，以使其成为掌控实权的总统。埃尔

① 土耳其选举委员会宣布埃尔多安在总统直选中获胜，2014 年 8 月 12 日。http://news.xin-huanet.com/world/2014-08/12/c_126858392.htm（访问时间：2016 年 12 月 28 日）。

② 土耳其大选执政党票数未过半埃尔多安修宪梦碎，2015 年 6 月 8 日。http://news.xinhuanet.com/world/2015-06/08/c_127890642.htm（访问时间：2016 年 12 月 28 日）。

③ "AK Party regains majority for single-party rule in repeat election", November 01, 2015, Today's Zaman. http://www.todayszaman.com/national_ak-party-regains-majority-for-single-party-rule-in-repeat-election_403102.html.

多安当选总统后,面对复杂的政治局势而进一步强化集权,积极推行总统制和新宪法,最终导致 2016 年 7 月军事政变的发生,埃尔多安总统随即动员民众走上街头支持民选政府,最终挫败军事政变图谋,埃尔多安随即宣布国家处于紧急状态,并对军警和司法传媒机构进行清洗,这在一定程度上破坏了民主与法治原则。埃尔多安和正义与发展党政府进一步通过修改 1982 年宪法来为实现总统制和维系正义与发展党的执政优势铺平道路。

2017 年的宪法修正案对土耳其民主政治产生重要影响。在修宪公投之前,"一些人害怕修宪公投的通过将导致土耳其滑向威权主义。……如果土耳其人批准了扩充行政权力的宪法修正案,土耳其国家的紧急状态将会无限期持续下去"①。诸多西方媒体和土耳其国内的反对派将此次修宪公投视为埃尔多安总统推行威权主义、建立个人"独裁"和推动伊斯兰化的重要步骤。欧洲安全与合作组织则发布报告,明确质疑公投结果,认为此次公投是在缺少自由的"不平等平台"上进行的。②专栏作家弗里达·吉蒂斯在美国有线电视新闻网发表评论称:"土耳其的民主制度在今天死亡,(此次公投)将使土耳其更少民主、更加分裂和更具宗教倾向……埃尔多安,一个充满个人魅力、威权倾向的、有着伊斯兰目标的民粹主义领导人已经成为国家深度分裂的焦点,此次公投将使那些分裂更为激烈和动荡。"③尽管上述言论不失偏颇,但我们可以想见的是,修宪公投通过后,埃尔多安总统的权力将进一步加强:2019 年宪法修正案实施后,埃尔多安不仅可以参选,而且不出意外的话将连任两个任期共 10 年,担任土耳其国家权力最高领导人直至 2029 年底。他将领导控制议会大多数议席的政党,控制立法和行政机构,进而通过任命宪法法院、最高法官与检察官委员会的多数成员而通过司法机构来巩固其统治地位,权力之间的制衡被打破。所以说,土耳其的民主化进程经过

---

① Polat Urundul, "Erdogan's Referendum: Expanding Executive Powers in Turkey", February 9, 2017. http://www.e-ir.info/2017/02/09/erdogans-referendum-expanding-executive-powers-in-turkey/.

② 转引自新华社:"修宪公投通过 内外矛盾难平",2017 年 4 月 18 日。http://world.people.com.cn/n1/2017/0418/c1002-29219613.html.

③ Frida Ghitis, Turkey's democracy has died, April 17, 2017. http://edition.cnn.com/2017/04/16/opinions/turkey-election-less-democracy-opinion-ghitis/index.html.

近百年的探索,以总统制的实施呈现民主与威权的悖论,土耳其能否成为中东地区谋求政治变革的模板还不得而知,"土耳其新模式"也打上了埃尔多安威权政治的鲜明特色。

第五节　关于土耳其政治发展道路的思考

政治发展道路指的是达成政治发展目标的途径,具体来说即为选择某一类型的政治体制,以达到政治民主与政治稳定的目标。土耳其的政治发展道路是非西方国家政治发展道路的典型个案,从晚期奥斯曼帝国改革迄今的二百余年,土耳其从传统封建社会向现代资本主义社会的转变伴随着后发现代化国家的道路探索过程,从一党制到多党制的变迁伴随着从威权政治向民主政治模式的转型,从国家主义到自由市场经济的转轨为政治发展道路提供了经济保障,体现了对政治民主和社会稳定的探索过程。土耳其的政治演进轨迹体现了对西方政治发展路径的模仿、移植甚至照搬,1924年宪法、1961年宪法和二战后的多党民主制实践即为明证,但历史民族文化传统和特殊的地缘政治地位影响了土耳其政治发展道路的历史选择,1980年宪法框架下的民主收缩和对政治秩序、政治稳定的强调,民众对伊斯兰政党的支持,导致土耳其新模式的出现。土耳其政治发展道路的终极目标是实现民主,但在实现民主的过程中经历了历经一党制威权——多党式民主——有限威权的变迁,体现了发展中国家对多元现代化模式的曲折探索和实践。

一、土耳其的政治发展道路

当今世界发展中国家包括我国的政治发展理论,深受现代西方政治发展理论的影响,尽管西方国家的政治发展理论带有一定的西方中心论色彩,但由于缺乏相对独立的理论解释框架,因而在解读后发现代化国家的政治发展道路和历史转型时,仍然是主要的理论参照。土耳其共和国成立近百年来,尽管政治发展道路的内涵并没有根本变化,依然是指土耳其选择什么样的政治制度的问题,但政治发展道路的具体形式随着时代的变迁发生相应的变化。土耳其共和国成立后,极力隔断与奥斯曼过去的联系,极力奉行"脱亚入欧"战略,在实践西方政治发展理论的基础上,坚信从传统社会到现代社会,从发展中国家到发达国家,只能有一种发展模式,即西方国家所经历过的发展道路和西方式的民主政治。土耳其的政治发展道路体现了对西方国家发展模式的照搬和模仿,但由于发展过程中面临现代民族国家构建、现代化发展与民主制度化等多重任务,自上而下的政治推动未能获得民众的认可,所以政治发展过程伴随着动荡、冲突和曲折反复。

(一)从传统封建帝国向现代民族国家的转变

奥斯曼突厥人作为皈依伊斯兰教的蛮族,在蒙古征服的压力下,逐渐迁居小亚细亚地区,完成从部落到国家的过渡,实行君主制的政治统治和奉行家族世袭的继承原则。随后,奥斯曼苏丹通过对东南欧基督教世界的圣战和对伊斯兰世界的征服建立横跨欧亚非三大洲的大帝国,在拜占庭、阿拉伯和波斯帝国传统的基础上形成具有鲜明特色的封建军事政治体系。奥斯曼帝国的统治体制建立在教权和俗权并立的基础上,蒂玛制度、近卫军制度的相互掣肘和多民族、宗教信仰群体的存在决定其并没有形成类似于东方国家的高度中央集权的政治体制。奥斯曼苏丹是帝国的最高领导人,拥有政治、经济、军事和宗教大权,尤其是攻陷马穆鲁克王朝僭取哈里发称号后,成为伊斯兰世界的哈里发、伊斯兰三大圣城的庇护人和"真主在大地上的影子"。奥斯曼苏丹分别建立以大穆夫提和大维齐尔为代表的宗教和世俗政治体系来保证帝国的良性运转,军事制度和行政制度的交互融合使其具有浓厚的军事封建帝国特征。奥斯曼帝国奉伊斯兰教逊尼派为正统,以哈里发为其最高精神领袖,依靠乌莱玛阶层来论证其政治合法性。

在奥斯曼帝国的宗教体系中,苏丹设有伊斯兰委员会来管理全国的宗教事务,该委员会由隶属乌莱玛阶层的大穆夫提、伊玛目、卡迪、穆夫提,以及教法、教义学学者组成。乌莱玛的首脑是谢伊赫·于尔·伊斯兰，即伊斯坦布尔的大穆夫提，伊斯兰委员会之下还设"学者会议"和"教律裁判委员会"等附属机构，从事司法和教律裁决、管理清真寺、履行宗教仪式、管理福利事业和宗教基金，开展各个层级的教育；学者会议还为中央行政机构的重要官员和地方官员配备法官或穆夫提，以为政府官员解释伊斯兰法等。奥斯曼帝国早期设立行使政府政治、司法、财政和行政功能的御前会议，苏丹通过任命大维齐尔和亲自主持每周4次的御前会议来处理国家大事；17世纪，由于苏丹穆罕默德四世由伊斯坦布尔隐退埃迪尔内的行宫，御前会议转变为由大维齐尔主持的政务会议，大维齐尔的独立官邸最高波尔特逐渐成为奥斯曼帝国的政府政治中心。

奥斯曼帝国的地方行政区域名为桑贾克，其长官为桑贾克贝伊。随着帝国征服和疆域扩大，奥斯曼苏丹逐渐设立行省，每个行省下设数量不等的桑贾克，每个桑贾克包括若干被称作蒂玛的军事封邑，封邑的领有者为蒂玛利奥。奥斯曼苏丹为了防止家族成员觊觎权力和削弱阿拉伯人的势力影响，开始在巴尔干地区的基督徒中间征召儿童作为为苏丹服务的奴隶，该制度被称作代夫沙梅制。①奥斯曼苏丹不仅归化了部分异教徒，培养了帝国必不可少的上层官僚和各级官吏，而且在统治集团中不断补充进了新鲜的血液和源源不断的后备军。

从14世纪开始，奥斯曼帝国从被征服的巴尔干斯拉夫人家庭中，招募基督教儿童，经过系统军事训练后加入被称作新军的耶尼切里军团——近卫军团，以取代传统的穆斯林士兵。蒂玛利奥组成的封建骑兵是奥斯曼军队的主力，他们和近卫军一起构成了帝国的常备军。初期的蒂玛利奥几乎都是能征惯战的骑兵，一个蒂玛利奥必须提供的骑兵人数与他所享受的蒂玛价值

---

① 代夫沙梅制是奥斯曼帝国独特的人才培训和官吏选拔制度。从征服的基督教地区征集到的少年被集中送往首都，皈依伊斯兰教之后经过严格的考试筛选，一部分才貌双全、有培养前途的少年被选送进入宫内学堂接受全面的教育，被灌输以忠君爱国、为苏丹建功立业的思想，并系统学习伊斯兰宗教、军事、数学、行政、财政管理、音乐、礼仪等知识。经过十几年的精心培养和汰选，这些青年都变成精通土耳其语、阿拉伯语、波斯语的帝国英才，毕业后被委以重任，服务于宫廷或被派往外地担任重要军事行政职务，有的甚至被授予"蒂玛"。

直接挂钩。[①]近卫军们自幼从军,待遇优厚,装备优良,训练有素,坚持独身,成为捍卫苏丹权力的强大王牌。蒂玛制度将帝国的行政与军事组织紧密结合在一起,使苏丹拥有强大的骑兵而无须支付巨额现金,减轻了国家的负担,帝国的军事封建性也得以体现。由于蒂玛制度与帝国的扩张密切相关,伴随着扩张步伐的停滞,蒂玛制度难以为继。近卫军由于独身原则被废止,导致近卫军团内部的职业世俗化现象,来源成分的复杂和对奥斯曼苏丹忠诚程度的下降。奥斯曼帝国后期,上述制度的腐败和朽坏影响到帝国社会的良性循环,与处于资本主义上升期的西方国家形成鲜明对比。

近代以来,西方国家通过文艺复兴运动、开辟新航路和宗教改革实现政治转型,通过资产阶级政治革命和工业革命为资本主义的全球扩张提供了政治和经济基础,资本主义崛起裹挟而来的坚船利炮冲击了东方的古老文明和地区,奥斯曼帝国传统政治秩序无以为继,而且奥斯曼帝国囿于传统文明和思想意识束缚而呈现发展的颓势,苏丹中央集权的式微、蒂玛制度的难以为继、民族主义意识的渗透及穆斯林内部的离心倾向……伴随着西方国家的全球殖民扩张,奥斯曼帝国首当其冲,所以帝国内部的开明人士为挽救危机自上而下推行现代化改革和现代政治体系的构建,这包括塞里姆三世、艾哈迈德二世和坦齐马特改革及青年奥斯曼党的宪政尝试和青年土耳其党的宪政革命。

现代化作为一个世界性的历史进程,是近代以来世界历史发展的潮流和趋势,意味着从传统社会向现代社会的过渡。晚期奥斯曼帝国的现代化改革主要关注西方国家的技术层面,因为欧洲在技术方面取得的巨大进步使奥斯曼帝国的部分精英分子相信可以通过西方式的改革来阻止欧洲列强的殖民统治,大维齐尔萨菲特帕夏宣称:"完全接受欧洲的文明,以证明它本身就是一个文明的国家。"[②]所以现代化改革主要从强化苏丹中央集权和克服地方势力的离心倾向入手,加强苏丹对蒂玛制度的控制;接受西方军事技术、训练西式军队,废除近卫军;建立现代政府机构和地方文官机构;引入现代

---

① [美]伊兹科威兹:《帝国的剖析》,韦德培译,学林出版社,1996年,第41~42页。

② S. Martin, *Religion and Social Change in Modern Turkey*, SUNY Press, 1989, p.113.

公民观念,制定世俗法律和开设世俗学校等。主要从技术和工具层面来改革过时的统治方式和恢复帝国的强盛与辉煌。艾哈迈德二世改革使社会诸多领域朝着西化方面迈进,"具有特殊功能的领域——法律、军事、行政、科学——从政治领域分离出来,设立有自主权的、专业化的但却是政治的下属机构来执行这些领域的任务"[1]。但是奥斯曼帝国的现代化改革具有极大的历史局限性,"统治者凝聚穆斯林民众的纽带是宗教统一而非政治意识"[2]。"反复的借款为欧洲政府的剥削提供了一个杠杆……此间官僚们发现他们处于借贷者的怜悯之下。"[3]奥斯曼帝国的现代化改革主要局限在上层建筑层面,其在一定程度上强化了苏丹的权力,实现了帝国统治阶层的权力重组,但改革者对西方的依赖和对制度层面改革的抵制决定其失败的结局,青年奥斯曼党应运而生。

青年奥斯曼党是奥斯曼帝国历史上最早出现的现代意义的政治组织,反对现代化改革的世俗化倾向和屈从西方列强的压力而出卖奥斯曼帝国的主权,倡导宪政秩序、民族主义和爱国主义,强调伊斯兰主义与现代西方自由主义的结合,主张通过实现君主立宪来建构现代政治秩序,通过制定宪法和召开议会来强化帝国的统一和维护不同民众的利益。青年奥斯曼党社会基础的缺乏导致其将希望寄托在苏丹哈米德二世身上,1876 年宪法的颁布和立宪君主制政体的建立,标志着晚期奥斯曼帝国改革进入制度层面。哈米德二世假借宪政运动来巩固自身权力,羽翼一旦丰满就在 1878 年 2 月以俄土战争失败为由宣布议会休会,自此至 1908 年的 30 年间停止召开议会,哈米德二世作为拥有绝对权力的专制君主统治着行将就木的晚期奥斯曼帝国,这更加剧了帝国的危机。20 世纪初,接受西方思想的世俗精英组建青年土耳其党主张恢复宪政秩序,推翻哈米德二世的专制统治。

1908 年 7 月 23 日,青年土耳其党要求哈米德二世恢复 1876 年宪法和宪

---

[1]　[美]塞缪尔·P.亨廷顿:《变化社会中的政治秩序》,王冠华等译,生活·读书·新知三联书店,1989 年,第 32 页。

[2]　A. Kazamias, *Education and the Quest for Modernity in Turkey*, George Allen and Uwin Ltd, 1966, p.40.

[3]　C. Keyder, *State and Class in Turkey: A Study in Capitalist Development*, Verso, 1987, p.38.

政选举,哈米德被迫宣布恢复宪法和议会,"新修订的宪法规定,主权不再无条件的属于奥斯曼王室,后者必须效忠宪法;苏丹签署条约的权利受到议会的限制;地方分权等"[①]。奥斯曼帝国确立立宪君主制。"国家第一次成为各个政治派别争斗的对象,同时也标志着奥斯曼帝国大众政治时代的到来。"[②]青年土耳其党随后对 1876 年宪法进行系统修订,成为奥斯曼帝国的根本性指导纲领。青年土耳其党终结哈米德二世的专制统治后,建立议会、内阁和政府职能部门,引入现代官僚机构和民众参与的政治机制,新苏丹穆罕默德五世成为名义上的国家元首。从 1908—1918 年,奥斯曼帝国举行了三次议会选举,青年土耳其党通过操纵议会选举赢得议会多数席位而成功掌控国家政权,西方意义的代议制政府初具规模。但是复杂的国际形势、阿拉伯民族主义意识的高涨和英法等国对奥斯曼帝国的渗透,导致奥斯曼帝国陷入一战的泥淖而最终遭到协约国集团的肢解。

随着奥斯曼帝国疆域版图的缩小和阿拉伯人的离心倾向,土耳其民族主义随之出现。齐亚·盖卡普认为要强化土耳其人的凝聚力,必须建构一种基于语言和民族群体的新政治认同,"一个国家和祖国的制度只有以民族理想为基础才能确保其持久性"[③]。1918 年 10 月,奥斯曼帝国战败投降,青年土耳其党领导人恩维尔、塔拉特和杰马尔出逃,青年土耳其党政府垮台。奥斯曼苏丹与协约国签订《摩德洛斯停战协定》,奥斯曼帝国领土陷入英法意和希腊的分割占领下,以凯末尔为首的民族主义者开展民族独立解放运动,形成伊斯坦布尔的奥斯曼苏丹政府与安卡拉的凯末尔政府并立局面,由于奥斯曼苏丹政府与协约国签署丧权辱国的《色佛尔条约》而遭到民众的背弃。1923 年 7 月,土耳其大国民议会与协约国集团签署《洛桑条约》,标志着土耳其作为现代民族主权国家的诞生。10 月,大国民议会废除苏丹制,成立共和国;随后废除哈里发制度,颁布 1924 年宪法,建立现代土耳其共和国。土耳其共和国成立后,建立现代政治系统成为土耳其启动现代化进程的首要任

---

① James L. Gelvin, *The Modern Middle East*, *A History*, Oxford University Press, 2005, p.145.

② James L. Gelvin, *The Modern Middle East*, *A History*, Oxford University Press, 2005, p.145.

③ Ziya Gokalp, *Turkish Nationalism and West Civilization*, *Selected Essays of Ziya Gokalp*, Columbia University Press, 1995, pp.80–81.

务。现代政治系统建设的内容包括："包容新法统来源的治理制度；提供新参与团体进入治理孔道的参与制度；提供负行政功能之责的官僚制度。"①所以凯末尔政权推行以土耳其民族主义为核心内容的凯末尔改革，完成现代民族国家政治构建的关键步骤。

从 1924 年开始，凯末尔政权在政治、经济、司法、教育和社会习俗等领域进行一系列世俗化改革，割断与奥斯曼帝国过去的历史联系，将伊斯兰教置于国家权力控制之下，推进制度形式、法律体系、文化表征等领域的世俗化进程。凯末尔改革一方面试图通过语言的同化和民族的整合实现民族认同；另一方面通过土耳其民族主义将西方文明和本国文化相调和，为土耳其"从一种文明转向另一种文明和成功完成这种转型提供了新的目标"②。"民族主义成了新土耳其共和国的意识形态。共和主义、民粹主义、现世主义、中央集权下的经济统制和改良主义在 1931 年被正式宣布为增补原则，并吸收进 1937 年的宪法。它们仅仅是民族主义的必然结果。"③建构现代民族国家是所有赢得民族独立国家的核心步骤，尽管凯末尔政权所建立的同质化国家给土耳其带来一系列问题，但是土耳其基本完成了从传统社会向现代社会的过渡。

（二）从议会制向总统制的过渡

土耳其的政治发展道路还体现在政权组织形式上。从晚期奥斯曼帝国开始，土耳其人通过颁布宪法来确定国家制度形式，经历了从议会君主立宪制到议会共和制，再到总统制的变迁。1876 年宪法的颁布和立宪君主制政体的建立是奥斯曼帝国实现制度层面转型的重要表现。1876 年宪法以 1831 年比利时宪法和 1851 年普鲁士宪法为蓝本，包括 12 章 119 款，规定伊斯兰教为国教，土耳其语为国语，成立由上议院和下议院组成的两院制议会，上议

---

① 转引自吴志华：《政治发展中的民主政治与政治稳定——政治发展理论述评》，《政治学研究》，1988 年第 6 期。

② Ziya Gokalp, *Turkish Nationalism and West Civilization*, *Selected Essays of Ziya Gokalp*, pp. 30–31.

③ ［美］卡尔帕特：《当代中东的政治和社会思想》，陈和丰等译，中国社会科学出版社，1992 年，第 462 页。

院议员由苏丹任命,终身任职;下议院议员由选举产生,每5万名男性国民选举1名议员,任期4年;上议院议员人数不得超过下议院议员人数的三分之一;全体议员必须宣誓效忠苏丹;内阁提交的法案和预算先后由下议院、上议院审议,最后交由苏丹批准;议员不得担任政府公职。苏丹拥有召集和解散议会、任免内阁大臣、批准议会制定的法律、统率军队、对外宣战与缔结和约等权力,内阁对苏丹负责,内阁首相及其他成员由苏丹任免;大维齐尔主持内阁会议,内阁决议需经苏丹批准后生效。1876年宪法仍然保留了苏丹相当大的权力,但这"至少在理论上标志着奥斯曼帝国从独裁君主制转变为立宪君主制。在奥斯曼帝国长达600年的历史中,苏丹不再享有绝对的权力,民众分享政府的权力得到确认,尽管这样的权力可能受到种种限制"①。而且,1876年宪法还包含了自由、平等、选举、司法独立和权力制约等现代政治要素,对于塑造奥斯曼帝国臣民的现代意识提供了重要的基础。

随着青年土耳其党革命的胜利,青年土耳其党人出于恢复宪法和议会的需要,对1876年宪法进行修订以实行君主立宪政体和维护帝国领土的完整。修订后的宪法明确规定苏丹必须效忠沙里亚法、宪法和国家,取消苏丹任免内阁大臣的权力,限制其签订条约的权力,取消其驱逐对国家安全有危险的人的特权。②规定议会仍然延续两院制,上议院议员中三分之一由苏丹指定,终身任职,另外三分之二的议员和下议院议员由选举产生,任期四年;规定政府对议会负责而不再对苏丹负责,议会行使充分的立法权而无须苏丹的批准;宪法明确保障公民权利,规定20岁以上的公民享有选举权而不受财产资格的限制,公民有结社的权利……修订后的宪法旨在建立一个能够维护领土完整的立宪政府,确立了西方意义的君主立宪制的框架,但青年土耳其党作为宪法的推行者却一步步走向军事独裁统治,形成晚期奥斯曼帝国历史上的悖论性发展趋势。

以凯末尔为首的民族主义者肩负反抗外来侵略和捍卫民族主权的双重

---

① Robert Devereux, *The First Ottoman Constitutional Period, a Study of the Midhat Constitution and Parliament*, Johns Hopkins Press, 1963, p.60.

② Feroz Ahmad, *The Young Turks: The Committee of Union and Progress in Turkish Politics, 1908–1914*, Oxford University Press, 1969, pp.58–59.

使命,所以在与伊斯坦布尔的苏丹政权斗争过程中,建国理念逐渐明晰。1921年,大国民议会通过了具有临时宪法功能的《基本组织法》,规定国家主权属于人民,议会行使最高立法权和司法权,议员由国民选举产生,总统由议员选举产生,政府对议会负责,议长兼任政府总理,伊斯兰教为国教。随着土耳其共和国的建立,大国民议会颁布1924年宪法,规定土耳其实行共和制,定都安卡拉,伊斯兰教为国教;废止议会两院制,实行一院制,议员由选举产生,任期四年,可连选连任;总统由议会选举产生,总统任命总理,统率三军;议会通过的法律须经总统批准方可生效,总统有权在十天内要求议会重新审定已经通过的法律;政府对议会负责且无权解散议会,每两万人选举议员一名,选民为年满18岁的男性公民,被选举人为年满30岁的男性公民;议员不得兼任政府和军队职务;司法独立;公民享有平等的法律地位、政治自由和信仰自由,私有财产受法律保护。1924年宪法确立了土耳其民主法制的现代民族国家框架,大国民议会是国家权力中心,但凯末尔作为奇理斯玛领袖凭借个人威望及共和人民党控制了国家相当的权力,所以在凯末尔威权政治体制下,宪法的许多条款仅仅停留在书面上,而且共和人民党通过修宪来强化执政党地位,并将凯末尔主义的六项原则正式列入宪法,形成高度的"党国合一"政治体制。随着凯末尔的去世,宪法服务于威权政治体制的色彩日益弱化,1946年的宪法修订将大国民议会议员的间接选举改为直接选举,多党民主制的推诿行为威权政治的终结埋下了伏笔。

1950年,民主党借助民主选举而上台执政,民主党的统治是土耳其从一党制向多党制转变、打破意识形态固化的十年,伊斯兰思潮的复苏、民主党领导人的独裁倾向和军人权力的被剥夺导致1960年军事政变的发生。军人依靠民族团结委员会来整治混乱局面和恢复政治秩序,1961年宪法出台。1961年宪法以两院制取代一院制,参议院为上院,共设150席;下议院称为国民议会,共设450席,议员由直接选举产生,任期四年。议会正副议长均由议员选举产生,且不得参与政党活动。总统由大国民议会从议员中选举产生,任期七年,不得连选连任;总统当选以后,须脱离其所属政党,脱离军籍,并终止议员资格。总统任命总理,总理选择其他政府成员。

1961年宪法基本遵循凯末尔主义原则,保护思想言论、协会和出版自由,明确禁止利用宗教压制公正和思想自由。1961 年宪法反映了权力的新平衡和支持这种平衡的力量在制度上的妥协。……官僚知识分子及新宪法的作者反对权力集中化和功用化。结果权力分散，官僚之间的平衡控制建立起来，以反对政党的权力。[①]尽管 1961 年宪法诞生于军方掌权的特殊环境，但堪称土耳其最民主的宪法。左右翼势力的激烈斗争使得 1961 年宪法所捍卫的民主政治伴随着联合政府更迭频繁和暴力行动频繁发生而黯然失色，军方再次以秩序的捍卫者自居而掌控国家政权。"面对迅速动员起来的下层民众，当政者由于害怕被马克思主义式的革命暴力或在选举中被推翻，所以压制社会动员的扩展，由此掀起一波右翼军人的夺权浪潮，导致很多新兴国家刚刚发展起来的民主政治被打压下去，取而代之的是寡头和威权统治。"[②]

　　1980 年军事政变后的军人政权颁布 1982 年宪法，恢复议会制政体。1982 年宪法序言强调："任何与土耳其民族利益、领土与国家完整、历史与道德价值或民族主义原则、阿塔图尔克现代主义相违背的思想或观念都不能得到保护。"[③]1982 年宪法重申总统由大国民议会选举产生，任期 7 年且不能连选连任，不属于任何政党；赋予总统任命政府总理和内阁成员，召集内阁和国家安全委员会会议，否决议会通过的法律和将议会提出的宪法修正案提交全民公决，任命武装部队总参谋长和宪法法院法官、最高法官与检察官委员会成员等；1982 年宪法还对公民基本权利和自由进行限制。1982 年宪法是对 1961—1980 年土耳其政治生活的总结和反映，其各个条款对国家基本方向做了明确规定，体现了土耳其对民主范围的收缩和对普遍自由的限制。1982 年宪法的制定和颁布基于军方掌权和整饬社会秩序的社会现实，宪法制定者主要考虑军方的诉求，所以在一定程度上限制了民选政治的空间。尽管 1982 年宪法在一定程度上整饬了政治秩序，并维持了祖国党在 20

[①] İlkay Sunar and Sabri Sayarı，Democracy in Turkey：Problems and Prespects，in O'Donnell，Schmitter and Whitehead eds.，*Transitions from Authoritarian Rule：Southern Europe*，The Johns Hopkins University Press，1985，p.174.

[②] ［美］霍华德·威亚尔达编：《非西方发展理论——地区模式与全球趋势》，董正华等译，北京大学出版社，2006 年，第 46 页。

[③] Michael M. Gunter，Turkey：The Politics of a New Democratic Constitution，*Middle East Policy*，Vol.XIX，No.1，Spring 2012.

世纪80年代的一党执政局面,但20世纪90年代以来的土耳其政坛伴随着联合政府更迭频繁、伊斯兰主义对凯末尔主义的挑战和库尔德民族主义的兴起,不同社会力量围绕宪法修订而展开的权力博弈成为此时国家政治治理中的突出难题,宪法修订也成为执政党摆脱1982年宪法监护土耳其民主的重要举措,所以1982年宪法几经修改,到现在为止几乎三分之一的条款被修订过。

2002年以来,埃尔多安领导的正义与发展党凭借执政优势先后四次赢得大选,先后出台十余项宪法修正案,这包括为埃尔多安当选总理铺平道路的2002年宪法修正案,降低议员年龄和允许私人经营国有林地的2003年宪法修正案,废除死刑和国家安全法院、加强性别平等、限制军人地位以符合入盟标准的2004年宪法修正案,关于广播与电视最高委员会成员选举、任期及其职能权限的2005年宪法修正案,缩短议会选举周期和实施总统直选的2007年宪法修正案,废除头巾禁令的2008年宪法修正案,关于司法机构改革、议员资格、政变领导人和军人犯罪、经济与社会权利及个人权利与自由的保护等的2010年宪法修正案,改革立法机构、实施总统制和扩大总统权限的2017年宪法修正案等。其中对土耳其政治发展道路影响最大的是推行总统直选2007年宪法修正案和实施总统制的2017年宪法修正案。2007年,由于总统选举遭到军方和反对党的抵制而陷入难产,所以正义与发展党提出针对1982年宪法的五个条款和两个临时条款的宪法修正案,将议会选举期限从5年缩短为4年,总统由全民直接选举产生,任期5年,可以连任两届。最终该修正案凭借全民公投获得通过。2014年埃尔多安通过全民直选当选总统,面对国内外复杂的政治局势,埃尔多安积极推进土耳其从议会制向总统制的转变。

2017年宪法修正案除了对1982年宪法中关于行政和司法机构的相关条款进行修订外,主要强化了总统的行政和立法权力。宪法修正案规定总统全民直选产生,支持率达到50%即可当选,且总统可以保留其政党身份;赋予总统不必由大国民议会授权而签署行政命令的权力;废除总理而代之以副总统,且有1个以上的副总统;总统作为行政首脑,有权决定国内安全政策,并对此采取必要措施;有权准备财政预算,并将其提交议会批准后实施;有权任命和辞退副总统、部长,副总统和部长对总统负责;有权任命和解聘高级公职人员等,且不需要大国民议会的批准。……基于上述条款,正义与发展党政府将修宪后的政权形式视为多元主义的"土耳其式总统制",实际上新政权将带来一种代表制民主,……其产生了一种缺乏制衡的"胜者通吃"的制度。[①]该宪法修正案遭到共和人民党和人民民主党的坚决反对,他们认为,这并不是一个很好的改变宪法的时机:土耳其处于紧急状态,除了埃尔多安没有人知道这种紧急状态将持续多长时间。在埃尔多安和正义与发展党政府的推动下,2017 年 4 月 16 日,宪法修正案凭借全民公投中 51.4% 的选民支持、48.6% 的选民反对的投票结果获得通过。埃尔多安宣称:"我们在共和国历史上首次通过公民政治改变了政治制度形式。"[②]

总统制成为 2019 年总统选举和议会选举后的法定政体,土耳其实现了法律意义的从议会制到总统制度的转变。尽管埃尔多安的威权和强权政治倾向颇受诟病,但民主政治的动荡导致民众将秩序置于优先考虑的地位,所以亨廷顿指出:"首要的问题不是自由,而是建立一个合法的公共秩序。人可以有秩序而无自由,但不能有自由而无秩序。必须先存在权威,而后才谈得上限制权威。"[③]

议会制和总统制作为现代国家的两种政府体制并无本质区别,议会制是伴随着近代政治的兴起自发产生的,而总统制作为美国开国元勋留下的历史遗产是人为设计的结果。议会制国家,国家元首和政府首脑通常是分离的,由不同的人占据这两个职位,并且两个职位有着不同的产生方式。而在总统制国家里,总统既是行政机关的最高领导者又是国家元首,对外代表国家,而议会是立法机关,是国内主权的代表,所以总统制的国家总是面临着双重合法性的问题。总统制和议会制,究竟哪一种体制更有利于政治现代化,政治家、政治科学家也无法给出令人满意的答案。总统制经常被提及的

---

① Tolga Şirin, New Constitutional Amendment Proposal in Turkey: A Threat to Pluralistic Democracy, 31 January, 2017. http://verfassungsblog.de/new-constitutional-amendment-proposal-in-turkey-a-threat-to-pluralistic-democracy/.

② Erdogan: Turkey made historical decision by voting 'Yes', April 16, 2017. http://www.globalsecurity.org/wmd/library/news/turkey/2017/turkey-170416-presstv01.htm.

③ [美]塞缪尔·P.亨廷顿:《变化社会中的政治秩序》,王冠华等译,生活·读书·新知三联书店,1989 年,第 6 页。

优点之一就是它的行政机构的稳定性,但也由此带来权力个人化的倾向,政治活动需要一个强有力的政府,但这要以政府领袖的权力膨胀为代价,总统制国家都摆脱不了这个悖论,埃尔多安实行总统制后广受诟病也源于此。民众对于议会制的背弃也源于议会制的动荡不安,但是尽管议会制政府经常表现出表面的反复无常,遮掩了它的稳定性优点,这种稳定性是通过执政党和政党联盟为保持其执政权所采取的方式而表现出来,并通过执政联盟而代表了广泛的民众利益。总统制作为一种"胜者通吃"的制度,有可能会仅仅相对多数支持者而脱颖而出,造成其代表性程度大打折扣,这也是关于土耳其实行总统制的修宪公投仅仅获得 51.4% 的支持率而通过的重要原因。土耳其从议会制到总统制的转变,呈现民主与集权的悖论性发展趋向。2014 年,福山在其著作《政治秩序和政治衰败:从工业革命到民主全球化》一书中指出,政治发展顺序非常重要,在进入现代化转型之后,应先建立强势政府而不是民主制度,尚未建立有效统治能力就进行民主化的政府无一例外地会遭受失败,土耳其从议会制到总统制的转变及建立强势政府的现实需要,也说明了这一点。

(三)从一党制到多党制的变迁

对于现代民族国家而言,建立国家不仅仅意味着创建有效的官僚制度,更重要的是还要建立一个有效的政党体系, 借此来疏导新兴集团的政治参与。亨廷顿认为,在政治发展中,政党具有建设和维系现代政治制度的功能,因此建立强大的政党制度是谋求政治稳定的重要保障。他指出,在社会力量尚未完全分化时期(如激进执政官制初期),军人政权在一定程度上充当新政治制度缔造者的角色,但在社会已高度发展或社会势力已经分化的时期,唯有政党组织能够担负建设现代政治制度的重任。因为,政党制度是组织参与的主要制度性机构, 它不仅能够有效地把社会分化出来的各种社会力量或社会团体吸收并同化于政治系统,而且还可以产生新的政治合法性基础,导致政治功能与行政功能分离。正因为如此,政党制度既是政治稳定的一大支柱,又是现代政治建设的重要环节。政党组织政治参与,政党体系影响政治参与扩展的速度,政党能够为变革提供稳定和有序的制度保障。对于正处于现代化转型中的政治体系来说,政党的力量直接影响着政治稳定,所以政党制度是现代政治发展道路的重要组成部分。政党政治作为现代政治制度的重要载体,源于西方政治现代化进程的历史建构,并被西方国家裹挟着资本主义的余威而渗透到全世界,所以从晚期奥斯曼帝国伊始就形成具有鲜明地区和民族特色的政党,青年奥斯曼党和青年土耳其党即为鲜明代表,他们作为现代意义的政治组织推动了晚期奥斯曼帝国现代政治模式的构建。无论是青年奥斯曼党,还是青年土耳其党,他们借助苏丹权威对国家权力机构进行塑造,所以政党功能在此时的议会选举和政府部门中体现得并不明显,议会代表和政府构成更多是从宗教信仰和民族归属的角度来加以区别,并非着眼于其是否属于政党成员。随着西方政党政治在中东的渗透,奥斯曼帝国内部也相继出现诸多政党。

1911 年 11 月,包括自由党、改革党、人民党在内的诸多政党及来自希腊、亚美尼亚、阿尔巴尼亚、保加利亚的反对派议员组建自由联盟,进而与青年土耳其党人分庭抗礼。1913 年,青年土耳其党通过使用暴力手段或解散政党,或推翻内阁,或解散议会以强化军事独裁,取缔反对派政党,"统一与进步协会"作为唯一的合法政党,占据议会 275 个议席中的 269 个。①议会完全成为青年土耳其党的顺从工具,奥斯曼帝国政党政治呈现一党制的集权特征。青年奥斯曼党和青年土耳其党的政治活动为土耳其共和国时期的政党政治提供重要前提,凯末尔作为青年土耳其党成员,其一党制的政治统治在一定程度上延续了青年土耳其党的政治实践。

土耳其共和国成立后,为了捍卫民族独立和强化凯末尔主义者的权力,凯末尔建立共和人民党来实现对国家权力的控制。亨廷顿曾经指出:"为了尽量减少政治意识和政治参与的扩大酿成政治动荡的可能性,必须在现代化进程的早期就建立现代的政治体制,即政党制。"② 1923 年 4 月,凯末尔在安纳托利亚和鲁米利亚"保卫权利协会"的基础上组建人民党作为推行世俗化改革的重要工具;1924 年 11 月,人民党改名为共和人民党,并将其纲领渗

---

① Alec L. Macfie, *The End of the Ottoman Empire 1908–1923*, Longman, 1998, p.77.

② [美]塞缪尔·P.亨廷顿:《变化社会中的政治秩序》,王冠华等译,生活·读书·新知三联书店,1989 年,第 368 页。

透在 1924 年宪法条款中。凯末尔作为一个奉行脱亚入欧战略的领导人,曾经推行了多党制的尝试,1924 年底,允许右翼倾向的议员脱离共和人民党而组建进步共和党。进步共和党倡导西方自由主义模式,对凯末尔政权构成威胁而遭到取缔。1930 年 8 月,凯末尔委托共和人民党的温和派成员费特希·奥克亚尔组建自由共和党,作为议会内部的反对党来制约伊诺努总理,但其迅速发展的趋势和议会席位的攀升而被迫解散,凯末尔最终确立起一党制的威权政治体制。"强有力的一党制向来都是自下而上为夺权而战的民族主义运动或革命运动的产物。"①在一党制度下,政府决策和政治领导人的选拔过程几乎是在单一政党的构架内进行,或许允许小党存在,但其对主要政党内部的运作几乎不可能施加任何影响,所以呈现出鲜明的威权政治特征。1931 年,共和人民党第三届代表大会确立了党国合一的体制;1935 年共和人民党召开第四届代表大会,决定实行共和人民党与政府部门的一体化,政党政治与政府政治浑然一体;1937 年,凯末尔主义的六大原则写入宪法成为治国的基本原则,形成"一个政党、一个民族、一个领袖"的局面。

在包括土耳其在内的诸多实行一党制的国家,执政党被视为维系民族一体化的工具,是维持政治局面稳定的关键,是唯一能成为权威源泉的现代组织,在捍卫民族独立和国家尊严方面发挥了积极作用。在一党制时代,土耳其的现代化主要局限于上层精英社会和城市范围,凯末尔主义者借助捍卫国家主权和建构民族国家的名义排斥了下层民众的政治参与,共和人民党作为御用工具发挥了操纵国家权力的功能。凯末尔威权政治体制与其奇理斯玛式的个人威望密切相关,随着凯末尔的去世,土耳其威权政治逐渐呈现松动的趋势。1939 年,共和人民党第五届代表大会启动政党组织与政府机构的分离,以推动执政党内部的改革,但一党制的政治统治维持到 1950 年大选。二战后,民主党的成立、多党选举的实施及共和人民党在 1950 年大选的失势标志着从一党制到多党制的转变。

20 世纪 50 年代,尽管充斥民主党与共和人民党的政治角逐,但民主党的一党独大使土耳其的政党政治仍然带有一党威权制的显著痕迹。1960 年

① ［美］塞缪尔·P.亨廷顿:《变化社会中的政治秩序》,王冠华等译,生活·读书·新知三联书店,1989 年,第 386 页。

军事政变终结了民主党的统治,1961 年宪法所确立的政党政治呈现碎片化特征,政治环境的相对宽松促成多元政党的广泛建立,1961—1980 年,土耳其政坛除了中左的共和人民党和右翼倾向的正义党主宰政坛外, 还出现了各种各样的政党,包括共和农民民族党、新土耳其党、土耳其工人党、民族秩序党、信任党、民族行动党、民族拯救党等,这些政党积极参与此时的议会选举,部分政党成为联合政府的重要组成部分。尽管土耳其社会呈现左右翼意识形态激烈斗争的局面,出于掌握国家政权的需要,土耳其政坛呈现中左政党和中右政党联合组建政府的局面,但由于意识形态的歧异,出现联合政府更迭频繁的局面,所以政党政治碎片化趋势愈益明显。伴随着伊斯兰主义和极端主义的兴起,土耳其军人于 1980 年再次发动政变推翻民选政府,以整饬秩序为名对政党进行重新洗牌。随着 1980 年军事政变后政治秩序的恢复,带有鲜明的军方监管色彩的多党民主制得以建立,代表各种利益群体的政党广泛建立是 1983 年之后土耳其政治发展的突出现象, 这包括祖国党、民族民主党、正确道路党、社会民主平民党、民族工人党、繁荣党、民族行动党、民主左翼党等, 土耳其政坛呈现世俗主义政党与伊斯兰主义政党的分野。1983 年后,祖国党以绝对优势赢得三次大选而单独执政,其他政党也借助民众的支持在土耳其政坛崭露头角。

20 世纪 90 年代以来,祖国党的相对衰落、繁荣党、正确道路党的兴起和民主左翼党的壮大导致民众支持率更为分散, 土耳其政坛呈现联合政府甚至少数派政府更迭频繁的局面。从 1991 年大选到 1999 年大选,很少有联合政府任满一届,而且伴随着现代伊斯兰主义和库尔德民族主义的兴起,世俗的中右政党、民族主义政党和伊斯兰主义政党呈现合流的趋势,土耳其政坛再次呈现以共和人民党为代表的中左政党与以正义与发展党和民族行动党为代表的中右政党的意识形态分歧。从一党制到多党制的过渡,不仅是政党政治形式的改变,更是体现了从精英政治向民众政治的尝试,民众通过民主选举参与国家政治生活,影响官方政策走向。多党制的广泛政治实践,不仅体现了对威权主义的摒弃,而且作为政治民主化的外在形式,实现了民主化进程从上层精英层面向下层民众社会的广泛延伸, 体现了土耳其社会将边缘社会群体纳入国家现代化进程的广泛尝试。民众通过参与国家社会生活,影响政党的政治决策实现了民众意志与国家意志的趋同。21 世纪以来，正义与发展党的蝉联执政促使土耳其政党政治进入新的发展阶段。

2002 年以来，正义与发展党连续四次以绝对优势赢得大选，形成一党独大的执政优势，并致力于打造伊斯兰+民主的"土耳其新模式"，这既是民众对多党政治下联合政府更迭频繁的回应，也体现了现代化进程中土耳其政治发展的必然。亨廷顿曾经指出：对于正处于现代化转型中的政治体系来说，政党的力量直接影响着政治稳定，只有在一个强大的政党领导下，才能够实现政治的稳定有序。虽然政党可能会因争夺选民而引发腐败，但强有力的政党却能以制度化的公共利益取代四分五裂的个人利益。[①] 21 世纪的土耳其政坛仍然呈现出左右翼政党竞争的基本格局，但历次大选的结果表明意识形态的差异并非决定选民投票的关键因素，而政党施政纲领的务实性和契合性是吸引选民的重要因素。

近年来，共和人民党在东南部落后地区的得票率开始上升，而这曾经是伊斯兰传统区域，选民曾经是伊斯兰政党和库尔德政党的积极支持者。凯末尔主义盛行的西部大城市却成为正义与发展党的强大后盾。所以说尽管土耳其政坛存在左右派政党的分野，但选民对各个政党的支持是基于其政治纲领而非泾渭分明的意识形态差异。近年来，惯于守成的正义与发展党逐渐失去执政之初的强劲势头，而趋于保守和放慢政治社会改革的步调，其对政党自我利益的过分关注和对一党得失的宪法修订均遭到军方和反对党的质疑与反对，所以正义与发展党尽管在 2015 年大选中延续了以往的选举成功，且埃尔多安通过修宪实现了从议会制到总统制的过渡，但军方对埃尔多安和正义与发展党专权倾向的不满，葛兰运动的暗流涌动及正义与发展党内部的权力博弈都使得土耳其的政党政治面临诸多变数。埃尔多安一党独

---

① ［美］塞缪尔·P.亨廷顿：《变化社会中的政治秩序》，王冠华等译，生活·读书·新知三联书店，1989 年，第 332~336 页。

大的执政优势也体现了新威权主义①在土耳其的政治实践。土耳其从威权政治到民主政治的过渡，再到新威权主义的回归则体现了发展中国家政治发展道路的曲折多变。一般而言,威权政治体制下创造的社会经济发展成果、民众政治参与意识的加强,使政治上层建筑与经济基础出现落差,此时民主政治能更好地适应社会发展形势,克服威权主义政体的种种弊端。换言之,社会经济的发展在短期内为威权体制创造了政治的合法性,但从长期来看又孕育着民主政治的种子,从而为终结威权政体做好准备,这也体现了土耳其民主政治的终极发展趋向。

二、影响土耳其政治发展道路选择的诸因素

每个国家选择的政治发展道路都与该国的历史文化、政治传统、社会经济发展、政治精英的认识,乃至地缘政治环境等关系密切相关,其政治发展道路的选择也深受这些因素的影响,所以奥斯曼帝国的历史遗产、土耳其的经济模式变革、现代化过程中的危机等都影响了土耳其政治发展道路的选择,并在不同阶段影响政治发展道路的转型。

(一)奥斯曼帝国的历史遗产

奥斯曼帝国对土耳其共和国的影响是不容忽视的, 尽管以凯末尔为首

---

① 新威权主义也称新权威主义,是介于民主政治和专制体制之间的一种较为温和的过渡形式。作为后发展国家现代化初级阶段的政治选择,新威权主义的要旨在于通过强制性的政治整合维持社会秩序,以达到发展经济、促进社会进步的目的。作为一种政治实践,新威权主义的优势在于它提供了一种社会变迁过程的可控性,其特点是实行经济发展优先战略,以民族主义聚合社会共识;低度政治参与,以精英主义的行政权力结构作为威权统治的基础;强调社会秩序和政治稳定,其合法性基础立足经济绩效。在低度政治参与的条件下,新威权主义政体的政治稳定,在很大程度上是以对大众传媒、集会、结社等公共领域的控制,以及执政党对各级政权、选举过程的有效掌控来实现的。这种低参与度的体制有助于保证改革启动期所需要的政治稳定,然而却也无法避免权力配置封闭性所造成的政治腐败和权力失范。新威权主义政体无疑对这些内生性矛盾缺乏自我调节能力。社会结构深层次矛盾如果持续积累,就会极大地削弱大众对社会体制的政治认同,从而造成转型时期的政治合法性危机。参见李炳烁:《新权威主义、立宪政体与东亚法治转型》,《法制与社会发展》,2009年第2期。

的土耳其共和国的缔造者极力隔断与奥斯曼过去的联系，但是深植于民众心底的伊斯兰文化信仰和民族认同都直接影响着土耳其精英分子对现代化道路的选择。"有着真正民主头脑的土耳其人，包括大多数伊斯兰主义者，都能够认识到土耳其共和国与奥斯曼帝国之间在历史、文化与社会生活等方面的沿袭关系是如此紧密，以至于要想解决当代土耳其的许多与文化心理相关的问题时，都需要与奥斯曼帝国的过去相融通。"①所以奥斯曼帝国的伊斯兰文化传统和民族认同对土耳其的政治发展道路产生重要影响，且伴随土耳其政治历史变革的始终。

第一次世界大战后，由于奥斯曼帝国的解体和青年土耳其党政府的垮台，以凯末尔为首的奥斯曼帝国精英分子通过艰苦卓绝的民族解放运动实现民族独立，为了实现建立强大的、民族的、世俗的国家的目标，凯末尔政权在1922—1937年通过一系列世俗化改革将帝国晚期的现代化改革推向顶峰，世俗化改革渗透到政治、法律、教育、文化、社会生活等各个领域，同质化的单一民族国家成为现代民族建构的目标所在。凯末尔世俗化改革自上而下推行，尽管官方抑或上层领域的世俗化改革在如火如荼地进行，但却很少触及普通民众的生活，民众仍然保留了他们的传统信仰。卡尔帕特曾说，"乡村和城镇……继续保持他们基本的伊斯兰传统和习俗，世俗主义的文化目标只在部分意义上得以完成"②。在凯末尔威权政治时期，凯末尔主义者将国家独立自主和富强作为首要发展目标，实行与过去割裂的国家控制宗教的世俗主义发展模式，伊斯兰教的蛰伏状态体现了官方的强力控制和民众建设新国家的热情，一旦民族国家建构的任务完成，宗教作为传统文化的内核就开始发挥作用。随着一党制向多党制的转变，在文化领域，伊斯兰教作为传统文化的积淀和载体在普通穆斯林的社会实践中逐渐复苏，伊斯兰教育、宗教传媒日趋活跃，具有宗教象征意义的功能拓展；苏非派伊斯兰教也在秘密状态下迅速发展，新苏非主义运动的兴起促使伊斯兰复兴运动达及更为广泛的社会群体；在政治领域，宗教作为厚重的历史传统和文化积淀在选举政

---

① Kemal H. Karpat ed., *Ottoman Past and Today's Turkey*, E.J. Brill, 2000, p.Ⅷ.

② Kemal H. Karpat, *Turkey's Politics: The Transition to a Multi-party System*, Princeton Unviersity Press, 1959, p.271.

治中发挥了重要的工具性作用，诸多政党利用伊斯兰教的强大宗教汇聚力来扩展社会基础，一些政党还将伊斯兰教作为抵制共产主义威胁的手段，所以附属于世俗政策的宗教在伊斯兰政党出现后呈现出强劲的发展势头。在伊斯兰复兴的大潮中，被凯末尔改革排斥在权力之外的民众阶层逐渐被纳入现代政治体系之中，所以伊斯兰复兴在运动很大程度上是边缘群体争取权利和角逐政权的行为，"如果说地位衍生于政治影响、经济财富或智力声望的话，（伊斯兰复兴运动）是他们在土耳其社会的等级机构中寻求一席之地的努力过程"①。借助新苏非主义运动和伊斯兰政党，广大民众实现广泛的政治参与和权力分享，所以马丁宣称："在伊斯兰复兴的不同外表面前，我们遭遇了来自边缘省份和小城镇的冲击……边缘地区已经着手征服中心地区。"②这说明伊斯兰复兴运动强大的社会动员作用及边缘征服中心的尝试。现代伊斯兰复兴运动旨在借助传统的宗教形式倡导民主与平等的基本原则，其实质在于借助宗教形式否定传统政治模式进而扩大了民众的政治参与和实现民众的权力分享，并进一步促进了土耳其政党政治的发展。

随着伊斯兰复兴运动的兴起和凯末尔威权政治的松动，伊斯兰主义与民族主义的整合在文化和政治领域逐渐显现，并在 1980 年军事政变后付诸实践。土耳其军方认为，国内社会动荡和政局不稳的根本原因是"民族文化"的倒退，只有加强"民族统一与团结"才能结束政治动荡、意识形态分离和道德沦丧的局面，因此推行"土耳其-伊斯兰一体化"思想，用"民族文化"和"伊斯兰价值观"来改造政治与社会。1983 年军方还政文官政府后，祖国党政府被认为是新保守主义和新自由主义力量崛起的标志，③积极致力于伊斯兰教

---

① Binnaz Toprak, Islam and the Secular State in Turkey, in Cigdem Balim, Ersin Kalaycioglu, Cevat Karatas, Gareth Winrow, Feroz Yasamee eds., *Turkey: Political, Social and Economic Challenges in the 1990s*, E. J. Brill, 1995, p.95.

② Şerif Mardin, Culture and Religion towards the Year 2000, in Turkey in the Year 2000, *Turkish Political Science Association*, Ankara, Sevinc Matabaasi, 1989, pp.163–186.

③ Meral Özbek, Arabesk Culture: A Case of Modernization and Popular Identity, in Sibel Bozdoğan and Reşat Kasaba eds., *Rethinking Modernity and National Identity in Turkey*, University of Washington Press, 1997, p.231.

与民族文化和民族主义的融合。[①]这说明严格的凯末尔主义逐渐呈现松动的迹象,这种思想贯穿 20 世纪 80 年代以来土耳其官方意识形态之中,这也体现在伊斯兰政党和伊斯兰背景政党的基本纲领中。学界一致认为,从民族秩序党到繁荣党一以贯之的是民族观意识,这些伊斯兰政党根植于更广泛的被称为"民族观运动"的民众运动,宣称反对西方主义、反对欧洲主义,认为国家的发展要以民族和伊斯兰原则为基础,重现奥斯曼帝国的伟大过去,欧盟作为"基督教联盟"具有不同的价值和利益取向。20 世纪 90 年代末期,土耳其伊斯兰主义者开始根据人权自由等普世性概念来重新界定其宗教思想和需要,由繁荣党骨干组成的美德党坚持社会保守主义、文化民族主义、文化多元主义、自由市场经济,主张现代化、民主、人权、全球化和加入欧盟,这表现了传统的伊斯兰主义者已经突破单纯的宗教民族狭隘而趋于务实开放。

继承美德党内部改革派衣钵的正义与发展党反对将其贴上伊斯兰主义的标签,将保守的民主作为政党纲领,埃尔多安宣称:"正义与发展党正在试图用一种健康的方式来塑造宗教与民主、传统与现代、国家和社会之间的关系。"[②]显然正义与发展党寻求了一种基于伊斯兰教和民主相容的新话语,这标志着伊斯兰主义者主导话语的转变。[③]其他正义与发展党领导人也明确宣称正义与发展党认可和尊重土耳其共和国的基本特征,遵循阿塔图尔克的民族主权传统,同意政权的世俗来源,所以说正义与发展党建构土耳其新模式的努力仍然基于土耳其的民族历史传统,体现了将现代政治理念与伊斯兰文化传统相调和的尝试,追根溯源体现了对奥斯曼帝国传统的坚守,埃尔多安也多次重申土耳其要重现奥斯曼帝国的辉煌。有学者指出:"认为传统的反对社会力量的归属感和共同的目标不仅推动了国家内部的协商能力,而且也提升了国家和社会之间协商的能力。国家和宗教活动家之间基本性

---

① Hugh Poulton, *Top Hat*, *Grey Wolf and Crescent: Turkish Nationlism and the Turkish Republic*, Hurst&Company, 1997, p.184.

② Kenan Cayir, The Emergemce of Turkey's Contemporary "Muslim Democrats", in ümit Cizre ed., *Secular and Islamic Politics in Turkey: the Making of the Justice and Development Party*, p.76.

③ Berna Turam, *Between Islam and the State: the Politics of Engagement*, Stanford University Press, 2007, p.137.

的一致是政治多元主义和竞争性政治的前提。"①这指明了土耳其未来的发展方向,也说明了伊斯兰传统文化对土耳其政治发展道路的影响。

(二)经济模式变革的影响

经济模式变革是发展中国家在经济现代化探索过程中所经历的路径选择。马克思主义经典观点指出:"经济基础决定上层建筑,上层建筑反作用于经济基础。"美国著名政治学家和社会学家利普塞特认为稳定民主的社会生态建立在多元的社会基础之上:经济发展是政治发展的物质基础,民主与社会经济发展水平存在正相关的关系;而政治价值、认同、合法性基础等社会心理因素,则构成了稳定民主机制有效运作的政治文化基础。②所以一般认为,政治民主与经济的发展之间存在着正相关关系,经济的发展必然要求政治民主的发展,而政治民主的进步又会促进经济的增长。所以经济模式变革在很大程度上影响了土耳其政治发展道路的选择。由于经济模式变革伴随着试错与纠错的交替进行,所以土耳其政治发展道路也伴随着动荡和稳定的交替进行。

后发现代化国家普遍经历了由争取民族独立向国家建设方面的转变,经济和社会的全面发展成为它们的新使命。土耳其共和国成立后,为了促进从封建土地国有制农业经济向民族独立经济的过渡,采取国家主导的经济发展模式:一方面从政策层面极力扶持农业和民族工业的发展,鼓励私人兴办工商企业以培育民族资本和民族资产阶级;另一方面集中政府不多的财力进行包括市政改造和道路建设的重大基础设施建设,通过赎买方式逐步收回外国人拥有的铁路、港口等。随着民族国家经济的逐步恢复和20世纪30年代全球经济大危机的波及,凯末尔政权在苏联的影响和帮助下,借鉴苏联计划经济模式推行国家主义的经济政策,从临时性的经济自保措施转向

---

① Berna Turam, *Between Islam and the State : the Politics of Engagement*, Stanford University Press, 2007, p.143.

② Gary Marks & Larry Diamond, Seymour Martin Lipset and the Study of Democracy, *American Behavioral Scientist*, Vol.35, No.4/5, 1992.

国家主导的中央计划经济。在坚持资本主义发展道路的基础上,立足国内原料建立和发展本国的轻、重工业,投资兴建国营企业,赎买国内外资企业收归国有,实现关税自主,建立国营银行,推进基础设施建设,使土耳其形成初步完整的工业体系。但是土耳其的国家主义经济政策区别于苏联的计划经济模式,是在私人所有制前提下、立足民族经济的工业发展优先的经济政策。"在经济领域采取国家主义政策,我认为首要的是应当视为一种防卫措施……在经济上采取国家主义是我们在谋求发展的道路上所使用的范围措施。"①

1937年2月,将凯末尔主义写入国家宪法的第3135号法令对国家主义原则作出明确规定:"在经济和制造业领域里,在私人投资感到困难时,则以国家经营的形式及更大力量来从事。即在允许私人资本经营的同时,凡关系到公共生活及国家的和更高的利益所及的行业,则由国家经营之。"②所以土耳其的国家主义仍然带有自由经济的部分特征,旨在为凯末尔威权政治体制的确立提供经济保障。国家对经济的高度控制与国家对政治社会生活的控制互为表里,共同形成凯末尔威权政治的重要内容。随着凯末尔威权政治逐渐松动,共和人民党内部的权力斗争导致国家主义政策遭到质疑,接任伊诺努担任总理的杰拉尔·拜亚尔曾对国家主义经济政策作出向自由主义的调整和回归,并以立法的形式确立起以自由经济为主、以国营经济为辅的经济发展原则。但由于伊诺努在凯末尔去世后继任总统,且在二战阴影的笼罩下,为了捍卫国家的独立和安全,伊诺努时代仍然延续了国家主义经济政策,从政治、经济、社会发展等方面加强国家控制,直到二战结束后多党民主制的启动。国有计划经济体系的建立和单一政治体制的巩固,为民族经济发展奠定了基础,但是生产力与生产关系之间的不适应性、经济发展与管理制度的不协调性越来越突出地反映出来,经济和政治体制的改革迫在眉睫。

随着土耳其由一党制向多党制过渡和民主化进程的启动,经济发展战略出现从政府干预的国家主义向市场化的自由主义转变的迹象,进口替代的经济模式逐渐取代国家主义经济政策。1947年,共和人民党在启动多党制的同时,提出自由化的经济政策。20世纪50年代的民主党统治时期,强调自

① 杨兆钧:《土耳其现代史》,云南大学出版社,1990年,第108页。

② 杨兆钧:《土耳其现代史》,云南大学出版社,1990年,第107~108页。

由主义的经济政策,鼓励民间资本和外国资本投资工业领域,私人企业数量和规模均大幅上升,但是国有企业始终在工业化进程中占据主导地位。国有企业大都属于基础工业和重工业,国有资本与私人资本、境外资本的融合导致在经济领域形成一定程度的混合所有制。20世纪60年代以来,土耳其政府采取多项积极措施鼓励私人企业发展,包括对投资新兴产业者实行减税政策,对进口生产性基础设备实行关税优惠政策,而对进口工业品征收高额关税;土耳其政府还为私人企业提供低息贷款,鼓励发展私人企业。但是在进口替代模式的经济体系下,政府主导的工业投资呈现分布不平衡状态,国有企业仍然是工业化进程的主力,国内市场处于政府的保护之下,工业品主要满足国内市场而缺乏国际市场的竞争力。私人企业和国有企业的长期并存构成此时工业化进程的突出特征,国有资本占据国家经济核心领域使其作为威权政治的经济基础影响了民主政治的良性运行。利普塞特曾经"揭示了经济发展水平与民主秩序的稳定程度之间的正相关关系,指出经济发展是政治发展亦即民主制确立并走向稳定的一个不可或缺的基础"[①]。所以伴随着土耳其经济的发展和私人资本带来的经济活跃,民主制借助议会选举和广泛的民众参与而得以实现。但是土耳其作为后发现代化国家,经济模式的转变带来了社会阶层的重新分化,控制国家资本的凯末尔精英和控制私人资本的安纳托利亚地区新型力量代表了不同的政治诉求,传统凯末尔精英、新型产业工人、民族资产阶级和安纳托利亚小资产阶级同时并存。1961年宪法所确立的民主政治将更多边缘社会群体纳入国家的政治生活中去,他们之间的冲突和斗争体现在议会选举和意识形态的角逐中,这导致土耳其政党多元化、碎片化,联合政府更迭频繁和不同派别力量冲突频繁发生的局面。所以说,土耳其由国家主义向自由经济的过渡及进口替代工业模式的实施带来政治动荡和官方与民众对现行政治模式的反思。

20世纪80年代以来,土耳其政府放弃进口替代的工业发展模式,以出口导向经济战略为基础制定了带有自由放任主义特征的经济开放政策,具体如下,在价格改革方面:一是取消官方限价,着手进行价格改革,把部分国

---

① 陈剩勇、徐珣:《民主的社会基础:政治发展理论解读》,《浙江大学学报》(人文社会科学版),2009年第2期。

营企业卖给私人,并大力扶植私营企业;二是以高利率抑制通货膨胀;三是实行外币兑换自由和自由浮动汇率政策。在对外贸易方面:一是取消补贴出口政策,使出口商的商品机会均等,并根据出口商品的质量和出口量,在税率上分别给予 5%~20% 减税优待;二是扩大给予出口商的贷款,中央银行给予出口商的贷款低于给予其他部门的 7%;三是给予出口商更多自由,减少针对他们的出口限制;四是鼓励给予商品出口部门的投资倾斜;五是实行里拉对美元的贬值,以利于商品出口。在引进外资方面,土耳其鼓励外国投资者积极地在土耳其投资建厂,政府在建厂和提供原材料方面给予优惠。新经济政策促进土耳其经济迅速发展,带来民主政治框架理性收缩基础上的平稳发展。因为现代化经济发展需要有相应的政治制度作保证,而政治制度只有适应经济和社会发展变化,才能有效和正常运作。所以 20 世纪 80 年代的祖国党统治时期,土耳其政治发展相对平稳。但是随着经济发展带来剧烈的社会变动,自由市场经济造成贫富分化加剧和经济危机频现。现代化进程一方面带来了广泛的民众动员和期望值的提高,另一方面是满足这些新渴望能力的不足,如此便在期望和满足之间出现了差距。社会动员虽然提高了民众的期望,而与现代化相伴的经济水平的提高,应能通过满足社会期望的方式来缓和社会不满及消弭由此引发的政治动乱,但结果却事与愿违,"经济发展本身就是一个造成不稳定的进程,并且正是这些能够满足希求的变革又趋于扩展那些希求"①。因为在经济增长以某种速度促进物质福利提高的同时,却又以另一种更快的速度造成社会矛盾的积聚。

　　20 世纪 90 年代土耳其政坛再次呈现变动剧烈的景象,伊斯兰政党打着公正秩序的名义而获得广泛的支持。再加上国有资本仍然占据重要份额,政府有着强烈介入经济领域的冲动,因而导致权力寻租,并使一部分掌握行政资源的人成为既得利益集团,这些既得利益集团的封闭属性影响了土耳其民主政治的建构与发展。普沃斯基指出:经济上深刻转型的历史时刻,尤其是市场经济形成、经济实现增长之时,诚然为民主的过渡提供契机;然而此种转型是否被接受,以及人们接受此种转型之后是否坚持此种政体,从而使之持

---

① [美]塞缪尔·P.亨廷顿:《变化社会中的政治秩序》,王冠华等译,生活·读书·新知三联书店,1989 年,第 38 页。

久,皆不确定。关键在于能否形成一种均衡博弈的制度框架,提供人们公平博弈的机会,从而使人们不愿意游离于这一制度体系之外,并理性地服从现有的规则体系,进而实现民主的持久与巩固。[①]"经济发展也没有自然导向民主,而是产生了更大的腐败以及威权主义的巩固和强化。"[②]直到今天为止,土耳其的经济体制改革仍然在路上,正义与发展党执政以来顺应安纳托利亚中产阶级发展的需要,致力于实现经济平等和地区平衡发展政策,但伴随着安纳托利亚资本对国家经济控制的增强,土耳其政坛呈现新威权主义的回归,再次有力地证明了经济对政治的影响。

土耳其的现代化进程经历了政治上向民主政治过渡、经济上向市场经济过渡的双重过程,这两个过程复杂地交织在一起,既互为因果又相互影响,内在地统一于社会转型之中。经济发展之所以构成民主的社会基础,在于它为稳定民主的社会生态的形成创造基础性条件:促进了与民主的制度安排相关的各种政治、社会要素的形成。在向民主政治转型和向市场经济转轨的过程中,经济发展与民主政治建设相互作用,经济发展深化民主进程,民主政治带来社会经济发展。当然,这并不意味着两者之间有着必然的因果关系,只是说明二者是现代化系统中不同的层面,没有民主就没有现代化,民主是现代化的内在要求之一;没有经济的发展,也会给民主带来束缚。经济发展使得民主成为可能;政治领导使得民主成为现实。亨廷顿指出:"民主化正在一波接一波地冲击着独裁的堤岸,在经济发展浪潮助动下,每一波浪潮都比前一波退得更多,退得更少。在有智慧有决心的领导人推动下,历史会前进,民主乃世界大势,各国转型模式虽异,且困难重重,但民主化的道路不会因之扭转,时间属于民主一边。"[③]所以,随着土耳其经济变革的深入,政治民主化进程将会继续推进。

---

① [美]亚当·普沃斯基:《民主与市场——东欧与拉丁美洲的政治经济改革》,包雅钧等译,北京大学出版社,2005年,第5~23页。

② [美]霍华德·威亚尔达:《新兴国家的政治发展——第三世界还存在吗?》,刘青等译,北京大学出版社,2005年,第46页。

③ [美]塞缪尔·亨廷顿:《第三波:20世纪后期的民主化浪潮》,欧阳景根译,中国人民大学出版社,2013年,第297页。

(三)现代化进程危机的影响

"现代化主要是指工业革命以来现代生产力导致社会生产方式的大变革,引起世界经济加速发展和适应性变化的大趋势,具体地说,这是以现代工业、科学和技术革命为推动力,实现传统农业社会向现代工业社会的大转变,使工业主义渗透到经济、政治、文化、思想各领域并引起社会组织与社会行为深刻变革的过程。"[1] 16 世纪以来发端于西欧地区的现代化世界进程大体上就是一个工业文明的普及、现代社会的形塑和世界体系的建构过程。现代化意义上的社会转型,除了创造现代社会原型的国家,对于大部分"外源性现代化"国家来说,都是中断自己原来的自然历史进程,按照外部世界主流文明的范型,建构与主流文明相融合的、具备普遍性特征的"现代社会"。长期以来,由于西方现代化道路的先行性导致西方国家有意或无意地把西方的现代化模式当成标准,认为后发展国家会走上与西方国家大致相同的现代化道路,所以诸多国家的现代发展道路存在对西方国家移植和照搬的情况。实际上,由于现代化本身是一个复杂的、多层面的,涉及技术、经济、政治、社会和文化诸方面革新的系统过程,在土耳其现代化进程开启后,理论与实践之间的差距使得现代化进程中充满诸多因素的矛盾运动,而且与现代化建设相适应的民众心理、社会意识和配套设施并没有跟上,这进一步导致政治经济的两极化和社会分化,因而遭到广泛质疑和反对。诸多不满在民众中间形成一系列危机:政治认同危机、政治合法性危机、政治渗透危机、平等分配危机和政治参与危机,这是普通民众质疑脱离伊斯兰传统的现代化模式的合理性与适应性的重要表现,从而对政治发展道路的选择产生一定影响。

认同是社会成员对自己群体归属的一种认知和情感依附,民族、种族、宗教、语言、风俗等都是认同的重要媒介。国家认同通常是指生活在某一个国家之内的公民基于对自己国家的历史文化传统、道德价值观念、理想信

---

[1] 罗荣渠:《现代化新论》,北京大学出版社,1993 年,第 95 页。

念、国家主权等的热爱基础上而建立起的认同。①国家认同作为一种重要的国民意识，是维系一个国家存在和发展的重要纽带。对于一个国家而言，有了公民对自身的认同作为基础，就会在国家内部产生强大的凝聚力，就会对国家的安定团结和稳定发展产生重要影响。"政治认同的危机则可以表述为存在于文化、心理决定意义上的个人–群体认同和政治意义上的共同体认同之间的紧张。"②土耳其历史发展的不同阶段，伴随着不同的政治认同危机。凯末尔威权政治时期，民众的伊斯兰文化信仰遭到压制，所以形成对凯末尔主义的抗拒与排斥。多党民主制时期，工业化和城市化的驱动导致安土重迁的民众被迫离开他们居住的乡村向城市移民，这其中他们中许多人成为失业、半失业、通货膨胀及不卫生的生活环境的受害者。他们通常抱着很高的期望来到城市，却发现这里盛行拜金主义、自私、犯罪。另外，城市中盛行的人格分裂、异化和挫折也使他们产生深深的幻灭感，并威胁他们的安全和认同。这种认同危机促使他们与宗教信仰拉近距离，作为情感慰藉的宗教能够减轻他们的恐惧感，给予他们一种指向未来的稳定、方向和信仰意识，所以现代伊斯兰主义随之兴起。对于土耳其而言，现代民主政体的稳定与有效运作，能够有效消解这种认同危机，实现个人–群体认同与政治共同体认同的一致与重合，从而使紧张得以缓和。但是由于缺乏政治认同导致不同社会阶层价值歧异的冲突不能缓和，从而引起政治上的极端主义、分离主义的出现和政治动荡的频繁发生，导致土耳其民主政治框架的相对收缩。

合法性是指"政府的决定基于正常的信仰及做出决定的正确方式被社会民众接受的基础和程度"③。利普塞特指出，合法性指的是"政治体系有能力培育并维续这样的信念：即现存的政治制度是最适合于社会需要的"，"一个特定的民主制度的稳定性……依赖于政治体系自身的有效性和合法性"。④

---

① 贾英健：《全球化背景下的民族国家研究》，中国社会科学出版社，2005年，第180页。

② Leonard Binder, etal eds., *Crises and Sequences in Political Development*, Princeton University Press, 1971, p.53.

③ Monter Palmer and William R. Thompson, *The Comparative Analysis of Politics*, F. E. Peacock, 1978, p.74.

④ Seymour Martin Lipset, Some Social Requisites of Democracy: Economic Development and Political Legitimacy, *The American Political Science Review*, Vol.53, No.1, 1959.

合法性是政府和民众之间的一个道德纽带,这个纽带越强,民众越有可能认识到当前的政治体制对于他们的社会是合适的,并将遵守那些规定,甚至当遵从将会带来不快或对个人造成损害时也不言放弃,而那些没有合法性的政治制度将被迫诉诸日趋增强的压制来捍卫自己的利益。合法性危机是指政治权威失去民众的信任而逐渐成为非法的或少数人的代表。凯末尔现代化改革自上而下的精英性特征,决定统治阶层与民众之间存在一定区别,居于统治地位的世俗主义者是世俗化和西方化的,他们说西方语言和接受西式教育,而大部分穆斯林是未受过系统教育的,他们并不能理解精英领导者的话语。

因此,世俗主义者不能实现他们统治的合法性,或以其政策和纲领动员民众或整合多种族的公民,所以其领导的政权便陷入合法性危机,威权政治的垮台成为一种必然。合法性的寻求有赖于建立在缓和的价值冲突之上的坚定的政治认同基础。基于此,利普塞特强调建构政治体系合法性,通过给予不同社会阶层进入政治体系的机会,承认其平等的政治社会地位,为稳定的民主政治体系提供一种社会心理和价值基础。[1]所以凯末尔威权政治之后寻求民主政治的过程也是促进民众广泛政治参与的过程。在土耳其多党制的不同阶段,各政党借助民众的投票为其上台执政提供合法性前提,并为其掌权提供合法性论证,这是土耳其世俗政党和伊斯兰政党普遍采取的模式,政治合法性危机的存在也导致土耳其政党政治更迭频繁的局面。

政治渗透危机是指中央政府的政策不能达及民众层面而造成的危机,那些不能在地方层面行使其决议的政府就内在本质而言是不稳定的。国家政府的有效渗透是指中央政府能够将指示达及最低级的社会机构中,政府的行为和政策得到基层政府机构、政党和地方乡村委员会的支持,从而使得国家的法律和政权的政策和纲领能够得到有效的实施。这种国家建构的过程导致一个核心的权威机构拥有日趋增长的推动力来有效地实施国家权威、确立公共遵从和统治整个社会。晚期奥斯曼帝国以来,精英与民众之间缺乏沟通的现象普遍存在,凯末尔主义作为官方意识形态促使大城市的精英阶层产生翻天覆地的变化,而在安纳托利亚乡村地区,广大穆斯林仍然固守传

---

① Seymour Martin Lipset, Some Social Requisites of Democracy: Economic Development and Political Legitimacy, *The American Political Science Review*, Vol.53, No.1, 1959.

统的生产模式和信仰体系，统治精英的颇富野心的现代化纲领远远超出习惯于旧传统的民众所能理解的范围，统治者和被统治者之间的沟壑非但未能弥合反而愈益加深。这种文化沟壑或认知差距不但阻止合法性危机的解决，也阻碍了领导人与民众形成和谐的关系和国家精英躬下身来到民众中间实现信息的沟通，因此凯末尔精英并不能真正动员民众来实践他们的现代化纲领。渗透危机只有通过民众的广泛政治参与才能最终得以解决，而实现广泛民众政治动员的民主化进程无疑对于解决渗透危机具有重要意义。

平等分配危机指的是国家经济财富分配不均所造成的危机。由于富裕阶层和掌权精英并不愿意放弃特权和财富，因而对再分配采取抵制的态度以维持他们的经济投资和生产，这样就在社会中造成严重的财富分配不均的状况。分配危机伴随着权力的相对剥夺或民众的过高期望，而这进一步导致社会政治不稳定。有研究表明，人类的暴力和侵略行为不仅因为他们在绝对意义上的贫穷和被剥削，而且因为他们感到相对于他人被剥削而没有满足个人期望，这样相对被剥夺感将会导致叛乱和革命。格尔的"相对剥夺感"理论认为："每个人都有某种价值期望，而社会则有某种价值能力，即，使大众的价值期望获得满足的能力。当社会变迁导致社会的价值能力小于个人的价值期望时，人们就会产生相对剥夺感。相对剥夺感越大，人们造反的可能性就越大，造反行为的破坏性也越强。"①尽管期望与现实之间的巨大差距不一定会导致动乱，因为是否引发社会动乱还要取决于社会流动机会及政治制度化水平的高低。社会挫折感产生后，如果社会能够提供充分的流动机会，就会缓和这些挫折感，使民众不致因此而寻求更积极的政治参与或诉诸激烈的暴力，如果没有种流动性，就会导致政治参与过度；此外，如果社会拥有较高的政治制度化水平，就能为民众提供合法的渠道来表达自己的政治参与诉求并被有效地吸纳，从而在较大程度上满足人们的要求，由此消弭了政治不稳定因素。所以土耳其的现代化改革也以实现平等分配为前提，诸多政党都打着公正、秩序和平等的旗号来赢得民众的支持，诉诸宗教的政治表达也成为许多反政府力量的手段。尽管土耳其现代化进程中的政治动乱被

---

① 转引自赵鼎新：《社会与政治运动讲义》(第二版)，社会科学文献出版社，2012 年，第 78 页。

军方、强权政府或加以阻止,或加以控制,或加以疏导,分配危机并没有激发大规模的革命或暴动, 但是由分配危机激发的民众抗议活动却屡见不鲜。2014 年的盖齐公园抗议表面上看是部分民众对正义与发展党一党独大长期执政的不满,实质上则是对社会分配不公的自然宣泄。

接受现代化洗礼的民众不可避免地要求更多的政治参与, 当国家精英拒绝民众参与政治决策过程的意愿时, 相对的政治剥夺或政治参与危机将会发生。西德尼·维巴认为,政治参与指的是平民或多或少地以影响政府人员的选举及他们采取的行动为直接目的而进行的合法活动。[1]政治参与的扩大是政治现代化的重要标志,也是衡量一个国家政治发展的重要标准。当民众的政治参与得不到满足时,政治参与危机就会发生。在凯末尔威权政治时代,民众政治参与的热情被现代国家建立的民族自豪感所掩盖,所以民众更多关注的是国家建设的成效而非自身权利的保障。第二次世界大战后,土耳其引入竞争性选举,畅通民众政治参与的渠道;从国家主义向自由经济的过渡及随之而来的城市化进程将更多坚守传统信仰的边缘群体纳入国家政治生活中,他们对政治的参与在很大程度上促进了土耳其民主政治的发展。亨廷顿通过对发展中国家现代化进程的大量实证分析后认为, 造成这些发展中国家政治动荡和政治衰败的原因在于:这些国家在现代化的过程中,社会急剧变革,各种社会集团被动员起来迅速参与政治,而它们的政治体制发展滞后,低水平的政治制度化不能够提供合法的足够的政治参与渠道来满足政治参与的要求,结果必然发生政治动荡和骚乱。"制度化是组织和程序获取价值观和稳定性的一种进程。"[2]所以在回应日趋增长的政治参与压力时,政府为了维持统治将会变得更加威权或操纵的选举或公选, 军方也以捍卫国家秩序为名发动政变而建立军人掌权的威权政府,限制了民众政治参与的空间。

到目前为止,土耳其初步建立多元主义的民主形式,现代国家经典民主结构中的权力制衡原则、政党制度、选举制度等都进一步得到巩固,大众政

---

① [美]诺曼·H.尼、西德尼·维巴:《政治参与》,载[美]格林斯坦、波尔斯比编:《政治学手册精选》(下卷),商务印书馆,1996 年,第 290 页。

② [美]塞缪尔·P.亨廷顿:《变化社会中的政治秩序》,王冠华等译,生活·读书·新知三联书店,1989 年,第 12 页。

治参与进一步扩大。在政治生活中,各方政治力量也开始逐步习惯现代民主政治的原则,以协商与改革作为改进现行政治体制的主要手段,这与政治参与危机后开展的民主政治的建构不无关系。但是土耳其目前尚未形成制度化的民主体制,所以由政治参与危机造成的政治动荡还会发生。

西方发达国家是逐步实现现代化的,这使得他们有足够的时间来解决现代化过程中涌现的各种危机,而土耳其的现代化进程是加速进行的,试图将几个世纪的转变压缩在一两代人之内完成,因此既没有时间也没有机会来适应这些转变,因而在转变的过程中必然造成社会政治危机频仍、威权政治确立、暴力冲突和革命时断时续的现象,所以亨廷顿宣称:"现代性孕育着稳定,而现代化过程却滋生着动乱。"①土耳其的政治发展道路伴随着现代化进程的诸多危机蹒跚前行。政治发展的实质就在于提高政治体系的制度化水平,政治制度化是消除发展中国家政治不稳定顽症的最根本的办法。在现代化的过程中,只有保持政治制度化和政治参与之间的平衡关系,才能避免现代化过程中的政治动荡、腐化、独裁和暴力。

三、土耳其政治发展道路的走向与历史启示

发展中国家的政治发展,民主政治的建构是其核心内容。按照现代政治文化观念,民主作为政治发展所追求的终极价值之一已成为全人类的普遍共识。尽管民主的表现形式多种多样,但作为一种普遍价值具有最基本的标准,即国家权力来自人民,其他的包括对国家权力进行分权与制衡的制度与法律安排,有真正意义上的选举等。不过,发展中国家稳定民主政治的实现是一个异常复杂的政治和社会转型过程,这种转型既有赖于以工业化为特征的市场经济的长足发展,亦有赖于与市场经济密切相关的、独特的价值体系和政治认同,以及在此价值体系与政治认同基础上建构起来的政治体系的合法性。②所以土

---

① [美]塞缪尔·P.亨廷顿:《变化社会中的政治秩序》,王冠华等译,生活·读书·新知三联书店,1989年,第31页。

② 陈剩勇、徐珣:《民主的社会基础:利普塞特政治发展理论解读》,《浙江大学学报》(人文社会科学版),2009年第2期。

耳其的政治发展道路在借鉴西方政治发展道路的基础上，经历了复杂调适的过程，现在仍处于民主化的进程中。而且在一个缺乏民主基础的发展中国家，要推进政治现代化、建构稳定的民主制，需要克服和跨越民主先发国家所没有过的一系列政治、社会和文化障碍，需要创造和培植让外来的、移植的民主赖以生长的基本条件，这给土耳其政治发展道路的未来走向带来一定难题。

（一）土耳其政治民主化进程的曲折性与必然性

作为现代化进程的重要组成部分，土耳其的政治民主化进程主要表现为对西方政治民主模式的照搬和模仿，从宪法和制度框架确立西方意义的民主模式。20世纪早期的学术界关于发展中国家政治发展的主流观点认为，政治发展是一个从传统到现代转变的普遍的、必然性的过程，所有国家都要遵循这种模式。市场经济的引擎一旦启动，随之而来的便是中产阶级的成长，工人、农民和社会大众的政治动员，从而导致社会和政治变迁，其发展趋势是走向更高水平的多元民主政治。这一单线的、可预测的普世性发展过程的最终产品是令人愉快的民主和自由公正的社会。[1]而实际上，包括土耳其在内的发展中国家所经历的政治发展道路并非一帆风顺，土耳其的政治民主化进程历经一党制威权—多党式民主—有限威权的变迁。威权政治作为民主发展过程的重要阶段，维护了民主政治发展过程中的秩序并终结了政治现代化进程中的动荡局面，威权政体的崩溃带来民主转型的启动，尽管民主政治是土耳其的终极发展目标，但民主转型的巩固伴随着威权政治与民主政治的交替互动。

从晚期奥斯曼帝国开始，土耳其人为摆脱传统政治秩序和历史遗产而建立现代政治体制，开启民主化进程。土耳其共和国成立后效仿西方民主制度形式，建立现代意义的政治制度和宪法体系。在包括土耳其在内的后发现代化国家中，民主化的初期阶段一般采取威权主义政体，信奉国家主义经济政策，凯末尔威权政治体制即为代表。凯末尔通过自上而下的世俗化改革以

---

① ［美］霍华德·威亚尔达编：《非西方发展理论——地区模式与全球趋势》，郑振清译，北京大学出版社，2006年，第1~2页。

国家强力重塑了权力机构,强化了共和人民党一党执政局面,确立"一个政党、一个民族、一个领袖"的基本政治原则,民众参与国家建设的热情冲淡了对政治参与和权利自由的向往。凯末尔政权的合法性,在很大程度上建立实现民族独立的政绩上,一旦民族独立任务完成,威权政体带来的政治僵化,以及随之而来的贪污腐败、官商勾结、裙带关系等,最终导致国家经济增长乏力、社会问题无法解决,使政府依赖政绩建立起的政权合法性受到质疑,凯末尔严格的威权政治体制出现松动。

第二次世界大战后,加入西方资本主义阵营的土耳其效仿西方开启多党民主制进程。土耳其政治精英接受利普塞特的观点,认为民主就是"一种提供法定机会可定期更换施政官员的政治体制,以及由居民中尽可能多的人通过对竞选政治职位者的选择来影响重大决定的一种社会机制"[①]。开启多党竞选、两院制的西方式民主转型,这在很大程度上突破了凯末尔威权政治的框架,促进了广泛的政治动员和实现了相当程度的民众政治参与,土耳其的政治自由达到相当高的程度。然而具有西方色彩的政治发展模式给包括土耳其在内的许多新兴发展中国家带来的大多数并不是进步与发展,而是政治动荡、经济停滞、贫富悬殊。亨廷顿从二战后的历史现实出发,认为美国和西方的一套价值体系对于发展中国家是不适合的,发展中国家的政治发展首先需要的是建立权威的政治秩序和保持政治稳定,并用三个基本事实来加以佐证:其一,从政府维护公共秩序的基本功能来看,"各国之间最重要的政治分野,不在于它们政府的形式,而在于它们政府的有效程序"[②];其二,二战后发展中国家的经济增长,并没有出现现代化理论家所预想的政治发展和政治民主化,反而加重了这些国家的社会混乱和政治衰败;其三,在发展中国家那些经济发展越快的国家,政治上的动荡越严重。亨廷顿认为,"首要的问题不是自由,而是建立一个合法的公共秩序"[③]。所以发展中国家

①　[美]利普赛特:《政治人:政治的社会基础》,刘钢敏等译,商务印书馆,1993年,第29页。

②　[美]塞缪尔·P.亨廷顿:《变化社会中的政治秩序》,王冠华等译,生活·读书·新知三联书店,1989年,第1页。

③　[美]塞缪尔·P.亨廷顿:《变化社会中的政治秩序》,王冠华等译,生活·读书·新知三联书店,1989年,第7页。

政治发展的关键环节和首要步骤是建立具有权威的政治结构，建立和维持必要的公共秩序,在现代化进程的初期,威权政治是比民主政治更好的选择。

"政治稳定依赖制度化和参与之间的比率。如果要想保持政治稳定,当政治参与提高时,社会政治制度的复杂性、自主性、适应性和内聚力也必须随之提高。"①尽管亨廷顿的观点不无偏颇,但其对政治制度化、政治参与、政治稳定的描述触及发展中国家民主转型的症结所在, 土耳其从 1950 年到 1980 年甚至 21 世纪初的政治实践也为其提供鲜明的例证。伴随着意识形态的尖锐对立和政治局势的动荡,土耳其军方以捍卫秩序为名发动军事政变建立军人威权来整饬混乱的政治形势,出现以不民主的方式来捍卫民主秩序的悖论性局面,体现了土耳其从威权政治向民主政治过渡的复杂性和曲折性。

20 世纪 80 年代以来,伴随着"第三波"国家进入民主巩固阶段,土耳其民主政治呈现突破 1982 年宪法监护框趋于相对巩固阶段的态势。民主巩固并不是简单的民主制度的维持, 而是民主制度所引导的政治行为者的准则与规范的巩固,包括宪政机制、表达机制、行为与支持民主的市民文化的巩固。② 1982 年宪法基于 1980 年军事政变后军人掌权的历史,所以宪法及其主导的选举法和政党法都带有限制民主权利的显著特征。历届民选政府通过修改宪法,一步步弱化宪法对民主政治的监护,进一步巩固政治权威和强化政府能力。尽管正义与发展党一党独大和埃尔多安的集权行为广为诟病,但是巩固政治权威并不意味着实行专制独裁统治,而是要建立以理性和法律为合法性基础的现代政治权威, 以弱化政治动荡带来的对民众权利自由及政治参与的限制。目前,土耳其意在建立以总统制为核心的政治体制框架,完善和强化新威权主义下的宪政体制,使土耳其从中东剧变的社会动荡中逐步走向政局稳定。民主是目前包括土耳其在内的所有后发现代化国家克服政治腐败、裙带关系、国际治理难题等最为可行的解决办法。可以想见的是,土耳其一旦建立起以理性和法律为合法性基础的现代政治权威,政府的动员

---

① [美]塞缪尔·P.亨廷顿:《变化社会中的政治秩序》,王冠华等译,生活·读书·新知三联书店,1989 年,第 73 页。

② 李路曲:《当代东亚政党政治的发展》,学林出版社,2005 年,第 81 页。

和贯彻能力将大大提高,政治发展也将走上有利于民主政治实现的快车道。

(二)土耳其政治发展道路的历史启示

选择什么样的政治发展道路,对全世界任何国家和民族都具有重大意义,历史前进的每一步都离不开政治发展道路的选择;探索适合本国国情的政治发展道路,是政治制度民主化发展的关键;政治发展道路的生成逻辑有其自身的客观规律,体现着历史发展和民众意志的选择。一个国家选择什么样的政治发展道路,既不是哪个人或群体的主观意志可以左右的,也不是哪个政党或政治力量可以决定的;政治精英在选择政治发展道路时,绝对不是凭空想象,而是受到该国在政治上占主导地位的社会力量的影响,并在历史文化传统和全人类文明成果的基础上做出的历史选择。土耳其的政治发展道路选择即为这方面的鲜明例子,给我们留下重要的历史启示。

发展道路从本质上讲是一种价值取向,土耳其经历从传统国家向现代民族国家、从议会制向总统制、从一党制向多党制的转变,从本质上说,向民主制度过渡是土耳其政治发展道路的价值取向。尽管如今埃尔多安的集权倾向和对葛兰运动的清洗遭到广泛质疑,但正义与发展党通过修订宪法赋予民众更为广泛的权利和自由,强调司法独立地位,接纳国际公认的民主原则,体现了对民主制度的坚定立场。土耳其在现代化进程中,经历了建国初期完全认同西方文明的凯末尔改革,到二战结束后效仿西方国家的多党民主制政治实践,再到整合伊斯兰文化传统与现代西方政治理念的土耳其新模式的构建,所以在同外来文化融合的过程中如何保持本民族政治文化特性并促使本民族政治文化向更高层次的发展是摆在土耳其人面前的重要问题。尽管中东剧变以来,风景独好的土耳其似乎是动荡中的各国谋求政治民主变革的模板,但政治文化的异质性和发展道路的歧异使其究竟能给中东其他国家提供多少经验借鉴尚不得而知。

土耳其的政治发展道路,体现了发展中国家现代化进程的艰难探索,尽管遭遇曲折动荡,但成效显著。土耳其从奥斯曼帝国的废墟上涅槃重生,经过近百年的努力成为中东地区民主化程度最高的伊斯兰国家,在跃升为世界第十七大经济体的同时，还被列入"新钻国家"（N-11）、"薄荷四国"（MINTs）和"灵猫六国"（CIVETS）。目前，面对建国百年愿景，土耳其新模式将以鲜明的埃尔多安威权政治的特色而载入史册。土耳其的政治发展道路实践表明，由于国情和政治发展水平的差异，不同国家的政治民主化发展并非千篇一律，也不可能套用某种固定模式。一些发展中国家长期经济落后、政治动荡的原因是和其初始制度和历史传统分不开的，诺斯的路径依赖原理①对政治发展理论的价值在于：它促使人们重新审视对非西方的本土性文化、制度传统和发展模式的研究，使寻求单一政治发展模式的努力转向对具有多元本土发展模式可能性的探讨。土耳其的实践证明，一味地迷信西方民主思想，机械地照搬西方民主模式并不能解决政治民主化的问题，只能造成严重的政治后果，而探索本国政治发展之路才是正确的选择。

目前，土耳其的政治现代化道路仍然处于探索过程中，我们坚信选择一条适合自己国情的政治现代化道路是一种创新，而绝不是机械的模仿。"政治发展不是不顾自身传统的发展，而是基于各国历史传统、社会文化状况基础上，有利于各国政治稳定、经济发展、文化繁荣的发展……正确的做法应该是正视各国各自的传统，以传统为基础……创造性地走出各国自己的政治发展之路。"②古今中外人类社会发展正反两方面的经验一再告诉我们，作为社会发展重要组成部分的政治发展，选择什么样的发展道路，直接影响着国家和民族的前途与命运。所以应该立足国情、立足当代，坚持走自己的发展道路，这是被包括土耳其在内的诸多发展中国家革命、建设和改革实践所反复印证的基本经验。土耳其政治发展道路实践表明，不能完全照搬西方市场经济和多党民主政治发展模式，应该与本国历史文化传统和基本国情相

---

① 路径依赖指的是一种制度一旦形成，不管是否有效，都会在一定时期内持续存在，就好像进入一种特定的"路径"，制度变迁只能按照这种路径走下去。路径依赖有不同的方向，一种是良性的状态，就是某种初始制度选定之后，其报酬递增促进经济发展，其他相关制度安排向同样方向配合，导致有利于经济增长的进一步的制度变迁；另一种是恶性状态，就是某种制度的轨迹形成之后，初始制度的报酬递减消退，开始阻碍经济发展，那些与这种制度相关的制度安排和组织为了自己的既得利益而尽力维护它，此时社会陷入无效制度，进入"锁定"状态。

② 竹森：《当代政治发展研究衰落探因》，刘军宁等主编：《自由与社群》，生活·读书·新知三联书店，1998年，第267页。

结合,走自主务实的政治发展道路,逐步建立"强化中央政府权力、强化大型主导政党和政党体制、强化立法机构与行政机构合作的民主政治制度",这对于其他处于转型中的发展中国家发展道路选择提供了很好的范例。

第二章　从家族政治到宗教政治

——沙特阿拉伯政治发展道路的流变

第一节　沙特阿拉伯家族政治的发展道路

一、沙特阿拉伯家族政治的起源

18世纪初，日渐衰落的奥斯曼帝国虽在名义上拥有对阿拉伯半岛的统治权，然而其实际控制范围仅限于希贾兹、也门和半岛的东海岸地区。纳季德地区地处阿拉伯半岛腹地，被广袤的沙漠所环绕。为数众多的游牧部族和零星分布的绿洲定居点构成纳季德地区的主要政治势力，各种形式的部族酋长国是这一地区最普遍的政治组织形态。[①]人口的部族差异与地区差异、各种阿拉伯语方言的并存、宗教信仰的混乱甚至对立，无不排斥着中央集权的政治倾向。纳季德地区长期处于封建割据的无政府状态，游牧部族对绿洲国家的频繁劫掠与游牧部族之间为争夺水源和牧场而进行的战争构成阿拉伯半岛的历史常态。

---

① Joseph Kostiner, *The Making of Saudi Arabia*(*1916–1936*)*:From Chieftaincy to Monarchical State*, Oxford University Press, 1993, p.4.

沙特家族通常被视作阿纳宰部族的分支，该部族起源于阿拉伯半岛北部，是半岛上著名的饲养骆驼的游牧部族。18世纪初，沙特·本·穆罕默德·本·穆克林出任德拉伊叶埃米尔，沙特家族政权由此发端。[1]德拉伊叶是纳季德中部一个小型的绿洲定居点，由邻近的几个村庄所组成，居民包括农民、商人、手工业者、乌莱玛和奴隶，总数不超过70户。[2]沙特家族埃米尔负有保护德拉伊叶绿洲免受外界攻击的责任，绿洲居民则承担缴纳贡赋和提供军事力量的义务。自1727年开始，沙特家族成员穆罕默德·本·沙特·本·穆罕默德出任德拉伊叶酋长国的埃米尔，行使对德拉伊叶定居点的政治领导权并向其居民征收贡赋。18世纪40年代，沙特家族埃米尔的权力局限于德拉伊叶绿洲之内，除了对其居民征收贡赋之外，埃米尔的行政权力还相当微弱。

1744年，伊斯兰教瓦哈比派的创始人穆罕默德·本·阿卜杜勒·瓦哈卜移居德拉伊叶绿洲。穆罕默德·本·沙特·本·穆罕默德亲自造访穆罕默德·本·阿卜杜勒·瓦哈卜，承诺给予他"与酋长的妻子和儿女同等的保护"[3]。穆罕默德·本·沙特·本·穆罕默德不顾许多邻近族长的反对，与穆罕默德·本·阿卜杜勒·瓦哈卜盟誓："誓与你合作，直到正确的信仰恢复为止。"[4]在穆罕默德·本·阿卜杜勒·瓦哈卜的指引下，穆罕默德·本·沙特·本·穆罕默德发动了旨在统一阿拉伯半岛的瓦哈比派运动。至1765年穆罕默德·本·沙特·本·穆罕默德去世之时，第一沙特国已经控制了纳季德的大部分地区。阿卜杜勒·阿齐兹·本·穆罕默德·本·沙特承袭埃米尔权位以后，继续其父扩张领土和传播瓦哈比派伊斯兰教的事业。1773年，第一沙特国占领利雅得，继而在18世纪80年代，第一沙特国基本上统一了纳季德地区。纳季德各地原有的埃米尔仍旧控制各自的绿洲和牧场，但必须向沙特家族政权缴纳天课以示顺从。第一沙特国家向东的扩张无往而不胜。1793年，瓦哈比派军队降服哈立德部

① Mark Weston, *Prophets and Princes：Saudi Arabia from Muhammad to the Present*, John Wiley & Sons, Inc., 2008, p.91.

② Madawi Al-Rasheed, *A History of Saudi Arabia*, Cambridge University Press, 2002, p.15.

③ Ayman Al-Yassini, *Religion and State in the Kingdom of Saudi Arabia*, Westview Press, 1985, p.25.

④ ［日］田村秀治编：《伊斯兰盟主——沙特阿拉伯》，上海译文出版社，1981年，第59页。

落,控制哈萨地区,纳季德以东地区的战事结束。1797 年,卡塔尔承认第一沙特国的统治权,随后巴林也向德拉伊叶的沙特埃米尔缴纳天课。第一沙特国向西的扩张与希贾兹地区统治者谢里夫家族政权产生了冲突。尽管面临希贾兹人的强烈反抗,第一沙特国仍于 1802 年征服了塔伊夫,并在 1803 年占领了麦加。阿卜杜勒·阿齐兹·本·穆罕默德·本·沙特统治时期,第一沙特国征服了广大的领土,巩固了沙特家族政权的统治基础。至 1803 年阿卜杜勒·阿齐兹·本·穆罕默德·本·沙特去世之时,第一沙特国占据着阿拉伯半岛中部和东部的广大领土,控制着从麦加到巴林的阿拉伯半岛大部分地区。

1788 年,穆罕默德·本·阿卜杜勒·瓦哈卜与阿卜杜勒·阿齐兹·本·穆罕默德·本·沙特共同指定阿卜杜勒·阿齐兹·本·穆罕默德·本·沙特之子沙特·本·阿卜杜勒·阿齐兹·本·穆罕默德作为第一沙特国埃米尔的继承人,这一事件标志着第一沙特国王位世袭制度的正式确立。[①]第一沙特国采用父死子继和长子继承的形式在沙特家族内部实现政治权力的传承,有利于沙特家族政权的巩固和沙特国家的统一。

沙特·本·阿卜杜勒·阿齐兹·本·穆罕默德子承父位,带领瓦哈比派军队在 1804 至 1806 年征服了整个希贾兹地区,沙特家族的权力达到顶点。第一沙特国拥有沙特国家历史上最大的版图:东到波斯湾,西到红海,北到叙利亚的豪兰至巴格达近郊,南到阿拉伯海。奥斯曼苏丹对希贾兹两座圣城麦加和麦地那的统治权力亦不复存在,阿拉伯半岛几乎全部处于第一沙特国的控制之下,堪称"先知以后阿拉伯半岛上最大的王国"[②]。

第一沙特国的扩张引起奥斯曼帝国的恐慌,奥斯曼苏丹马哈茂德二世派遣埃及总督穆罕默德·阿里远征阿拉伯半岛。1818 年 9 月,穆罕默德·阿里之子易卜拉欣攻陷德拉伊叶,沙特埃米尔阿卜杜拉·本·沙特·本·阿卜杜勒·阿齐兹投降被俘,第一沙特国灭亡。德拉伊叶被易卜拉欣夷为平地,沙特家族成员、瓦哈卜家族成员和纳季德贵族共约四百人被流放至埃及,剩余的沙特家族成员向纳季德中心地区撤退。1819 年初,阿卜杜拉·本·沙特·本·阿卜

---

① Alexei Vassiliev,*The History of Saudi Arabia*,New York University Press,2000,p.88.

② [叙]莫尼尔·阿吉列尼:《费萨尔传》,何义译,商务印书馆,1977 年,第 15 页。

杜勒·阿齐兹在伊斯坦布尔被奥斯曼帝国苏丹处死。

埃及撤军以后,纳季德再次陷入部落割据的混乱状态。第一沙特国末代君主阿卜杜拉·本·沙特·本·阿卜杜勒·阿齐兹的兄弟穆沙里·本·沙特·本·阿卜杜勒·阿齐兹尝试恢复沙特家族政权却未能成功,被埃及守军俘虏并杀害。沙特家族后裔图尔基·本·阿卜杜拉·本·穆罕默德的势力逐渐增强,在苏戴里部族的支持下东山再起,于1824年定都利雅得,建立第二沙特国并以瓦哈比派伊玛目自居。图尔基·本·阿卜杜拉·本·穆罕默德将土耳其和埃及的军队全部赶出纳季德,还夺取了盖西姆、哈萨和阿曼的部分地区。至1833年,整个波斯湾沿岸地区都隶属于瓦哈比派政权并向利雅得沙特政权缴纳贡赋。[①]第二沙特国的王位继承呈无序状态,沙特家族长期的内讧导致第二沙特国长期处于动荡状态。1834年,图尔基·本·阿卜杜拉·本·穆罕默德被他的一个远房兄弟穆沙里·本·阿卜杜勒·拉赫曼暗杀。随后,图尔基的长子费萨尔·本·图尔基·本·阿卜杜拉从巴林返回利雅得,处死穆沙里·本·阿卜杜勒·拉赫曼,接掌沙特政权。1837年,费萨尔·本·图尔基·本·阿卜杜拉拒绝向奥斯曼苏丹缴纳贡赋,埃及军队自希贾兹攻入纳季德。埃及总督穆罕默德·阿里扶植沙特家族成员哈立德·本·沙特·本·阿卜杜勒·阿齐兹出任第二沙特国的埃米尔,费萨尔·本·图尔基·本·阿卜杜拉则在1838年兵败被俘并被押往开罗。1841年,沙特家族旁系支族成员阿卜杜拉·本·苏乃彦占领利雅得,推翻哈立德·本·沙特·本·阿卜杜勒·阿齐兹的统治。1843年,费萨尔·本·图尔基·本·阿卜杜拉被埃及人释放,他在哈伊勒的统治者拉希德家族的帮助下,重新占领利雅得并恢复埃米尔权位。

1843—1865年,第二沙特国在费萨尔·本·图尔基·本·阿卜杜拉的统治之下进入黄金时代,控制着纳季德及阿拉伯半岛东部的诸多地区。费萨尔·本·图尔基·本·阿卜杜拉向奥斯曼苏丹俯首称臣并向其缴纳贡赋,避免与控制希贾兹的谢里夫家族发生直接对抗,同时在阿拉伯半岛东部地区与英国殖民者展开激烈角逐。1865年费萨尔·本·图尔基·本·阿卜杜拉去世以后,他的长子阿卜杜拉·本·费萨尔·本·图尔基承袭父位,但次子沙特·本·费萨尔·

---

① Alexei Vassiliev, *The History of Saudi Arabia*, Soqi Books, 1985, p.165.

本·图尔基试图争夺埃米尔位,并且得到第三子穆罕默德·本·费萨尔·本·图尔基和第四子阿卜杜勒·拉赫曼·本·费萨尔·本·图尔基的支持。沙特家族内部围绕王位继承问题再次发生长期的争斗,奥斯曼帝国和英国等外部势力参与其中。奥斯曼帝国支持阿卜杜拉·本·费萨尔·本·图尔基,英国则扶植沙特·本·费萨尔·本·图尔基的势力。两兄弟之间进行了长期的内战,利雅得的统治权在两兄弟之间数次易手。

1870 年,沙特·本·费萨尔·本·图尔基击败阿卜杜拉·本·费萨尔·本·图尔基的军队,占领哈萨,次年又攻占利雅得,阿卜杜拉·本·费萨尔·本·图尔基逃往南部的盖哈丹地区。1875 年,沙特·本·费萨尔·本·图尔基去世,阿卜杜勒·拉赫曼·本·费萨尔·本·图尔基继任利雅得的埃米尔权位。1876 年,阿卜杜拉·本·费萨尔·本·图尔基重返利雅得并恢复埃米尔权位。沙特家族的内讧削弱了第二沙特国的力量,利雅得沙特政权的属地仅仅包括利雅得城镇及其周围的几个村庄,纳季德东部诸地拒绝向利雅得埃米尔缴纳贡赋,贝都因人亦不再服从第二沙特国的统治,北方的杰贝勒沙马尔国在 1884 年一度出兵占领利雅得。1887 年 10 月,沙特·本·费萨尔·本·图尔基的儿子们控制了利雅得,俘虏了埃米尔阿卜杜拉·本·费萨尔·本·图尔基。北方的杰贝勒沙马尔国在奥斯曼帝国的支持下,趁机插手利雅得埃米尔国的内部事务,救出阿卜杜拉·本·费萨尔·本·图尔基并将他带往杰贝勒沙马尔国的首都哈伊勒,利雅得成为杰贝勒沙马尔国的属地。阿卜杜勒·拉赫曼·本·费萨尔·本·图尔基起兵反抗杰贝勒沙马尔国的统治,一度占领利雅得却再次失败。1889 年,阿卜杜勒·拉赫曼·本·费萨尔·本·图尔基成为沙特家族毫无争议的领袖,他再次夺回利雅得并恢复埃米尔权位。1891 年 1 月的穆莱达之战,阿卜杜勒·拉赫曼·本·费萨尔·本·图尔基不敌拉希德王朝的进攻,第二沙特国家灭亡,以阿卜杜勒·拉赫曼·本·费萨尔·本·图尔基为首的沙特家族成员四处逃散。

1902 年初,阿卜杜勒·拉赫曼·本·费萨尔·本·图尔基之子阿卜杜勒·阿齐兹·本·阿卜杜勒·拉赫曼·本·费萨尔占领利雅得,建立第三沙特国。沙特家族势力陆续向利雅得集结,阿卜杜勒·阿齐兹·本·阿卜杜勒·拉赫曼·本·费萨尔发起了以利雅得为根据地的统一活动。阿卜杜勒·阿齐兹·本·阿卜杜勒·拉赫曼·本·费萨尔复兴瓦哈比派伊斯兰教作为官方意识形态,邀请瓦哈卜家族后裔阿卜杜拉·本·穆罕默德·本·阿卜杜勒·拉提夫领导沙特国家的宗教活动。沙特家族与瓦哈卜家族的联盟有效地将部落对沙特国家的政治忠诚转变为宗教顺从,巩固了沙特家族的政治统治权。阿卜杜勒·阿齐兹·本·阿卜杜勒·拉赫曼·本·费萨尔从拉希德人手中夺取了嘎西姆地区,与此同时,纳季德中部和南部的哈尔吉、阿弗拉吉、豪塔、达瓦塞尔、瓦什姆、苏戴里和马赫马勒等地的部落也都归顺了沙特政权,沙特家族在阿拉伯半岛中部的统治地位得以确立。1913年5月,沙特军队先后攻占胡富夫、乌凯尔和卡提夫三个奥斯曼帝国的军事重镇,哈萨地区重新成为沙特国家的领地,沙特政权在阿拉伯半岛东部的统治地位得以确立。1921年8月,沙特军队占领哈伊勒,拉希德人投降,杰贝勒沙马尔地区归属沙特国家。1922年,沙特军队进入阿西尔,占领首府艾卜哈。1924年,沙特军队先后占领塔伊夫、麦加和麦地那,随后,整个希贾兹地区被沙特政权所征服,第三沙特国确立起对阿拉伯半岛绝大部分地区的统治。

二、家族政治的法制化进程

阿拉伯半岛素有部族社会的历史传统。广大的游牧部族和微小的绿洲定居点构成阿拉伯半岛腹地纳季德地区的主要政治势力,各种形式的部族埃米尔国是纳季德地区最普遍的政治组织形态。[①]纳季德地区主要的定居点都是相对独立的政治实体,部族属性和分裂割据是纳季德定居点政治体制的主要特征。埃米尔家族因其祖先建立了该定居点或者因其强大而从定居点建立者后裔的手中夺取了埃米尔职位而拥有对该定居点的所有权和统治权。埃米尔所在的部族具有维持埃米尔国国内秩序、保护民众、对敌作战的责任和义务。部族埃米尔国没有明确的国界,所辖领土由其下属诸部族在某一特定时期放牧的地域所组成。部族埃米尔国的统治依赖于不牢固的私人

---

① Joseph Kostiner, *The Making of Saudi Arabia*(*1916–1936*)：*From Chieftaincy to Monarchical State*, Oxford University Press, 1993, p.4.

协约或临时约定，所辖诸部族根据它们的需求和利益随时加入或离开酋长国。沙特家族政权长期延续部族埃米尔国的传统形式。即使是在第一沙特国的鼎盛时期，沙特家族政权虽已基本统一了纳季德地区，然而纳季德各地原有的部族首领仍旧控制各自的绿洲和牧场，战利品的劫掠和分享构成联结沙特国家与众多部族群体的纽带。一旦沙特家族政权的扩张停止，游牧部族就各行其是。

　　直到20世纪初，阿卜杜勒·阿齐兹·本·阿卜杜勒·拉赫曼·本·费萨尔建立第三沙特国，仍然沿袭纳季德地区的部族埃米尔国传统，采用埃米尔的政治称谓。沙特国家共包含大约50个地位较高的部族埃米尔和几百个次要部族及其分支的谢赫。[1]沙特家族以联姻为手段，将有重大影响力的部族势力纳入沙特家族的统治集团，扩大沙特家族政权的权力基础。阿卜杜勒·阿齐兹·本·阿卜杜勒·拉赫曼·本·费萨尔及其兄弟，以及沙特家族的其他成员均利用伊斯兰教可以娶四个妻子的规定和离婚相对容易的惯例，与许多重要的游牧部族和城市贵族联姻。阿卜杜勒·阿齐兹·本·阿卜杜勒·拉赫曼·本·费萨尔与著名的阿拉伯部落贵族、有很高宗教学识的家族、定居的纳季德家族和沙特家族的旁支联姻，共有22个妻子。[2]缔结婚约是结束部族争斗并维持沙特国内各主要家族之财富和权力的重要方式。许多传统上的重要家族都通过与沙特家族的姻亲关系获得了重要的经济和政治地位，成为沙特政权的重要支柱。沙特埃米尔国统治的实质是建立在其统治区域内各主要部族联合之基础上的部族政治，阿卜杜勒·阿齐兹·本·阿卜杜勒·拉赫曼·本·费萨尔实际上就是部落联盟的首领。阿拉伯各部族承认沙特家族统治者的政治权力在部族组织之上，但他们"对国家的忠诚并非国家主义的，而是对沙特家族的忠诚"[3]，家族政治与部族政治合而为一。

　　阿卜杜勒·阿齐兹·本·阿卜杜勒·拉赫曼·本·费萨尔作为沙特埃米尔国的最高统治者，既是沙特家族的首领，同时也是各部族间的仲裁人和部落联

---

①　Mordechai Abir, *Saudi Arabia: Government, Society, and the Gulf Crisis*, Routledge, 1993, p.5.

②　Madawi Al-Rasheed, *A History of Saudi Arabia*, Cambridge University Press, 2002, p.77.

③　Alexander Natasha, *Saudi Arabia: Country Study Guide*, Washington, D. C.: International Business Publications, 1999, pp.74–75.

盟的领导人。埃米尔国财政与沙特统治者的私人金库之间并没有区别。阿卜杜勒·阿齐兹·本·阿卜杜勒·拉赫曼·本·费萨尔根据个人能力和对他的忠诚度来任命他的堂兄弟和侄子担任各省和主要城镇的统治者。沙特家族成员广泛充任沙特国家的主要行政人员和地方长官。沙特国家的军队主要由阿卜杜勒·阿齐兹·本·阿卜杜勒·拉赫曼·本·费萨尔的亲属、姻亲和贝都因人组成。①

第三沙特国历史上还曾经历短暂的苏丹国时期。1921 年初,阿卜杜勒·阿齐兹·本·阿卜杜勒·拉赫曼·本·费萨尔宣布放弃"利雅得埃米尔"的称谓,采用"纳季德及归属地区苏丹"的称号。埃米尔国和苏丹国,其社会根源皆是部族传统的广泛存在和中央集权政治的缺乏。

民族国家的建立和君主制的强化构成沙特家族政权克服血缘传统、部族结构和地域差异的政治手段。征服希贾兹地区以后,阿卜杜勒·阿齐兹·本·阿卜杜勒·拉赫曼·本·费萨尔于 1926 年 1 月 8 日在麦加被拥戴为"希贾兹的国王"并获得效忠。②延续希贾兹地区的君主制传统,阿卜杜勒·阿齐兹·本·阿卜杜勒·拉赫曼·本·费萨尔改称 "希贾兹国王和纳季德及其归属地区苏丹"③。1926 年 8 月 31 日,阿卜杜勒·阿齐兹·本·阿卜杜勒·拉赫曼·本·费萨尔颁布《希贾兹王国约法》规定,"希贾兹王国是具有明确边界线的整体,不能以任何方式加以分割。希贾兹王国是设有咨议机构的君主国和伊斯兰国家,在内外事务上具有独立自主的权力。希贾兹王国的最高权力属于阿卜杜勒·阿齐兹·本·沙特国王陛下"④。《希贾兹王国约法》是沙特阿拉伯第一份规定国家政体和君主权力的法律文件。根据《希贾兹王国约法》,希贾兹国王阿卜杜勒·阿齐兹·本·阿卜杜勒·拉赫曼·本·费萨尔任命他的儿子费萨尔·本·阿卜杜勒·阿齐兹·本·阿卜杜勒·拉赫曼为希贾兹总督,代表国王主持希贾兹咨询会议。希贾兹咨询会议由国王指定的乌莱玛、权贵和商人代表组

---

① Mordechai Abir, *Saudi Arabia: Government, Society, and the Gulf Crisis*, Routledge, 1993, p.3.

② Askar H. al-Enazy, *The Creation of Saudi Arabia: Ibn Saud and British Imperial Policy, 1914–1927*, Routledge, 2010, p.154.

③ Alexei Vassiliev, *The History of Saudi Arabia*, New York University Press, 2000, p.265.

④ Alexei Vassiliev, *The History of Saudi Arabia*, New York University Press, 2000, p.295.

成,①其职责是向总督提出有关立法、预算、特许权和公共事务等方面的建议。②希贾兹咨询会议通过授予代表权的方式,将希贾兹主要的权力集团纳入沙特家族的控制之下。希贾兹咨询会议名义上具有"批准财政预算和代表公众意见的权力"③,但实际上希贾兹的统治权力掌握在国王的代表希贾兹总督费萨尔亲王手中。

1927 年 5 月 20 日,阿卜杜勒·阿齐兹·本·阿卜杜勒·拉赫曼·本·费萨尔与英国签订《吉达条约》,英国承认阿卜杜勒·阿齐兹·本·阿卜杜勒·拉赫曼·本·费萨尔占有地区的"完全和绝对的独立"④,沙特阿拉伯成为独立的民族国家。1932 年 9 月 18 日,阿卜杜勒·阿齐兹·本·阿卜杜勒·拉赫曼·本·费萨尔颁布第 2716 号国王敕令:"希贾兹、纳季德王国及其归属地区改名为'沙特阿拉伯王国',我的称号为'沙特阿拉伯王国国王'"⑤,这一敕令标志着沙特阿拉伯王国君主制度的正式建立。君主制的建立是沙特国家统治区域和传统部族社会初步整合的逻辑结果。君主制的建立有利于中央集权政治的发展和克服传统部族政治的离心倾向。

石油时代,伴随着沙特阿拉伯的政治发展,关于君主制和王位继承的法律规定逐步建立。20 世纪五六十年代,沙特家族内部的"自由亲王"集团提倡宪政改革,曾向国王沙特提交一份宪法草案,包含"沙特阿拉伯是大阿拉伯民族范围内的一个领土不可分割的伊斯兰教主权国家;国家实行立宪君主制,限制国王的权力,扩大大臣会议的权限;沙特王位的继承人应从先王阿卜杜勒·阿齐兹的家族成员中遴选"⑥等内容。"自由亲王"的宪法草案还要求成立国民议会:国民议会由 120 名议员组成,其中 40 名议员是亲王和内阁

①　Willard A. Beling, *King Faisal and the Modernisation of Saudi Arabia*, Croom Helm, 1980, p.28.

②　Joseph Kostiner, *The Making of Saudi Arabia(1916–1936):From Chieftaincy to Monarchical State*, Oxford University Press, 2011, p.101.

③　Daryl Champion, *The Paradoxical Kingdom:Saudi Arabia and the Momentum of Reform*, Hurst & Co., 2003, pp.47–48.

④　Alexei Vassiliev, *The History of Saudi Arabia*, NYV Press, 2000, p.275.

⑤　Willard A. Beling, *King Faisal and the Modernization of Saudi Arabia*, Croom Helm, 1980, p.30.

⑥　Peter W. Wilson and Douglas F. Graham, *Saudi Arabia:the Coming Storm*, Armonk, M. E. Sharpe, 1994, pp.50–51.

部长,通过任命产生,另外 80 名议员由选举产生;国民议会拥有广泛的权力,负责制定法律和监督内阁;国王有权解散国民议会,但必须在三个月内选举新的议会。"自由亲王"的宪法草案强调,国王作为绝对统治者的地位必须在原则上得到坚持,内阁和国民议会均从属于国王的统治,国王有权任免内阁部长,有权直接任命国民议会三分之一的成员,国民议会另外三分之二的成员虽然由地区议会选举产生,但选区的范围仍由国王决定。虽然"自由亲王"的宪法草案未能获得批准和实施,但其改革要求和具体措施为沙特阿拉伯王国的政治发展指明了方向。

历经国王费萨尔·本·阿卜杜勒·阿齐兹·本·阿卜杜勒·拉赫曼、哈立德·本·阿卜杜勒·阿齐兹·本·阿卜杜勒·拉赫曼和法赫德·本·阿卜杜勒·阿齐兹·本·阿卜杜勒·拉赫曼时期的现代化进程,国王法赫德·本·阿卜杜勒·阿齐兹·本·阿卜杜勒·拉赫曼于 1992 年颁布《政府基本法》,在法制层面上明确规定沙特阿拉伯的君主制政体:"沙特阿拉伯是具有完整主权的国家,沙特阿拉伯实行君主制的政治制度,国家的统治权力属于沙特阿拉伯王国的创立者阿卜杜勒·阿齐兹·本·阿卜杜勒·拉赫曼·本·费萨尔的子孙。"[1]关于沙特阿拉伯的君主权力,《政府基本法》明确规定:"国家之权力由司法权、行政权、立法权组成,国王是这些权力的仲裁人。国王是大臣会议的主席,大臣会议副主席和各部成员向国王负责,国王有权解散和重组大臣会议。"[2]与《政府基本法》同时颁布的《协商会议法》规定:协商会议由主席和 60 名成员组成,其成员皆由国王以能力、经验和正直的标准选拔任命;协商会议成员必须宣誓效忠国王;国王具有终止和重新召开协商会议的权力。[3]根据《政府基本法》和《协商会议法》的规定,沙特阿拉伯的君主制显然属于绝对君主制的历史范畴,国王拥有王国最高的司法权、行政权和立法权。

《政府基本法》关于君主制和王位继承制度的规定是沙特家族政治法制

---

[1]　The Basic Law of Government, Article 44, Joseph Kechichian, *Succession in Saudi Arabia*, Palgrave, 2001, p.214.

[2]　The Basic Law of Government, Article 56, 57, Joseph Kechichian, *Succession in Saudi Arabia*, Palgrave, 2001, p.215.

[3]　Mordechai Abir, *Saudi Arabia: Government, Society, and the Gulf Crisis*, p.201.

化的重要成果。《政府基本法》明确规定："沙特阿拉伯实行君主制的政治制度，国家的统治者出自开国君主阿卜杜勒·阿齐兹·本·阿卜杜勒·拉赫曼·本·费萨尔·沙特的儿子及其后裔，他们之中最正直的人将按照《古兰经》和先知的逊奈获得效忠。"①《政府基本法》的规定在沙特家族政治的发展史上开创了三个法制性的先例，即"国王有权颁布王室法令指定和免职王储"②、承认"至少60个阿卜杜勒·阿齐兹·本·阿卜杜勒·拉赫曼·本·费萨尔的孙辈是合法的王权继承人"③，以及将非阿卜杜勒·阿齐兹系的沙特家族旁系成员排除在王位继承权之外。根据《政府基本法》的规定，王位继承人的挑选原则是个人的能力和品行，而非年龄和资历。《政府基本法》规定王位传承的具体法律程序是"国王死后王储将接管所有的王权直至他获得效忠"④。这一规定改变了长久以来的继承制传统，规定了新的王位继承程序，即王储在国王死后并非自动继位，而只是作为临时的统治者，直到获得家族的承认和效忠并被拥立为国王。这一规定在实际上明确了沙特家族对王位继承人的最终决定权。王位继承权属于阿卜杜勒·阿齐兹·本·阿卜杜勒·拉赫曼·本·费萨尔的直系子孙、非长子继承的制度和沙特家族拥有王位继承人的最终决定权是维持沙特家族政治的必要条件。

2006年，国王阿卜杜拉·本·阿卜杜勒·阿齐兹·本·阿卜杜勒·拉赫曼颁布《效忠委员会法》，进一步完善了沙特阿拉伯家族政治的法律框架。《效忠委员会法》规定成立"效忠委员会"，"由国王伊本·沙特（即沙特阿拉伯王国的开国君主阿卜杜勒·阿齐兹·本·阿卜杜勒·拉赫曼·费萨尔·沙特）的儿子和孙子组成"⑤。关于王储的选择，《效忠委员会法》规定："国王在与效忠委员

① The Basic Law of Government, Chapter 2, Article 5, https://www.saudiembassy.net/about/country-information/laws/The_Basic_Law_Of_Governance.aspx（访问日期：2015年12月15日）。

② The Basic Law of Government, Chapter 2, Article 5, Section c, in Joseph A. Kechichian, *Succession in Saudi Arabia*, p.210.

③ Alexander Natasha, *Saudi Arabia: Country study guide*, p.83.

④ The Basic Law of Government, Chapter 2, Article 5, https://www.saudiembassy.net/about/country-information/laws/The_Basic_Law_Of_Governance.aspx（访问日期：2015年12月15日）。

⑤ The Allegiance Council Law, Article 1, https://www.saudiembassy.net/archive/2006/transcript/Page4.aspx（访问日期：2015年12月15日）。

会成员商议之后,选择 1—3 位王储候选人并提交给效忠委员会,由效忠委员会指定其中一人或者另选他人作为王储"①;"国王可以在任何时候要求效忠委员会指定一位王储候选人;若国王否决了委员会的提名,委员会将对国王提名的人选和委员会提名的人选进行投票选举,获多数票的候选人将成为王储"②。《效忠委员会法》还规定,效忠委员会有权根据医疗委员会提交的国王健康状况报告,批准王储暂时代替国王执政或是取代国王继承王位。③当医疗委员会报告国王和王储均因健康状况暂时失去执政能力,效忠委员会将组建"临时王室议会",暂行统治国家的权力,直至国王和王储中的一人恢复健康。④当医疗委员会报告国王和王储均因健康状况永久失去执政能力或同时死亡的时候,将由"临时王室议会"暂时管理国家,效忠委员会将从国王阿卜杜勒·阿齐兹·本·阿卜杜勒·拉赫曼·本·费萨尔·沙特的子孙中挑选一人继任王位。⑤《效忠委员会法》以法律的形式确定沙特家族政治机构"效忠委员会"拥有决定王储人选,甚至废立国王的最高政治权力。《效忠委员会法》在《政府基本法》的基础上进一步明确,沙特阿拉伯王位继承权属于国王阿卜杜勒·阿齐兹直系子孙,王位继承人的决定权属于由国王阿卜杜勒·阿齐兹·本·阿卜杜勒·拉赫曼·本·费萨尔直系子孙组成的"效忠委员会",这两项规定最终以法律的形式将沙特家族非阿卜杜勒·阿齐兹系的成员排除在国家核心政治权力之外。《效忠委员会法》对王位继承人选择程序的详细规定意味着,将来沙特王位继承人的决定权将不再掌握在国王一人之手,而是诸亲王的集体决定。

---

① The Allegiance Council Law, Article 7 (A), https://www.saudiembassy.net/archive/2006/transcript/Page4.aspx(访问日期:2015 年 12 月 15 日)。

② The Allegiance Council Law, Article 7 (B), https://www.saudiembassy.net/archive/2006/transcript/Page4.aspx(访问日期:2015 年 12 月 15 日)。

③ The Allegiance Council Law, Article 11, https://www.saudiembassy.net/archive/2006/transcript/Page4.aspx(访问日期:2015 年 12 月 15 日)。

④ The Allegiance Council Law, Article 12, https://www.saudiembassy.net/archive/2006/transcript/Page4.aspx(访问日期:2015 年 12 月 15 日)。

⑤ The Allegiance Council Law, Article 12, Article 13, https://www.saudiembassy.net/archive/2006/transcript/Page4.aspx(访问日期:2015 年 12 月 15 日)。

石油时代以来，民族国家的建立和经济社会现代化的发展提供了政治权力国家化的历史基础，以君主制为核心的家族政治构成政治权力国家化的重要载体。家族政治法治化进程中对君主制度、王权归属和王权继承原则的规定和逐步完善，是政治权力国家化的客观需要，同时也是维持沙特家族经济、社会和政治权力的重要保障。

三、沙特王室的政治协商和权力制衡

在阿拉伯半岛的传统历史环境中，家族是阿拉伯部族社会内部更加紧密且牢固的政治单元。部族领导权实际上属于具有特殊谱系和血统的核心家族，部族酋长（或埃米尔）由核心家族的谢赫（长老）出任。在部族内部，酋长是家长式的首领和经济社会活动的组织者，具有决定部族迁徙，分配牧场、水源和各个家族宿营地的职责。同时，酋长也是部族内部各家族之间矛盾纠纷的仲裁者，是执行部族习俗的监督者。酋长职位的继承权通常属于酋长的长子，然而其他幼子，甚至是酋长的远房侄子也可以获得继承权。[1]酋长职位继承权的不明确性和继承程序的不确定性是大部分纳季德定居点中酋长家族不同分支之间权力争斗频繁发生的重要原因。这种争夺权力的家族内讧从一开始就伴随着沙特家族政权，第二任德拉伊叶埃米尔栽德·本·马卡姆就因家族内部的权力斗争而被谋杀。[2]第一沙特国时期，父死子继和长子继承的原则有助于埃米尔职位在沙特家族内部传承的有序和稳定。然而第二沙特国时期，因沙特家族不同分支的亲王甚至亲兄弟之间的相互争斗，埃米尔权位继承呈无序状态。奥斯曼帝国、英国和杰贝勒沙马尔国等外部势力趁机插手，家族内讧导致第二沙特国陷于长期的动荡直至崩溃。沙特阿拉伯王国建立以后，阿卜杜勒·阿齐兹·本·阿卜杜勒·拉赫曼·本·费萨尔指定他在世的最年长的儿子沙特·本·阿卜杜勒·阿齐兹·本·阿卜杜勒·拉赫曼为

---

①　Uwaidah Metaireek Al-Juhany, *The History of Najd Prior to the Wahhabis; A Study of Social, Political and Religious Conditions in Najd During Three Centuries Preceding the Wahhabi Reform Movement*, Ph. D. Dissertation, University of Washington, 1983, p.176.

②　William Powell, *Saudi Arabia and its Royal Family*, Lyle Stuart Inc., 1982, p.203.

继承人，而他的兄弟穆罕默德·本·阿卜杜勒·拉赫曼·本·费萨尔则提名自己的儿子哈立德·本·穆罕默德·本·阿卜杜勒·拉赫曼为候选人，并对阿卜杜勒·阿齐兹·本·阿卜杜勒·拉赫曼·本·费萨尔企图将王位继承权限制在他自己后裔中的行为感到愤怒。[1]哈立德·本·穆罕默德·本·阿卜杜勒·拉赫曼1939年死于一场公路车祸，穆罕默德·本·阿卜杜勒·拉赫曼·本·费萨尔亦于1943年7月去世以后，沙特家族旁系支族已无力挑战阿卜杜勒·阿齐兹·本·阿卜杜勒·拉赫曼·本·费萨尔后裔的继承权。

沙特王国的王位继承采取王储制，即现任国王在世时听取王族主要成员的意见以后，挑选他的继承人并立为王储，国王死后由王储继位。协商和公议是家族政治和君主政治的程序合法性来源。沙特家族政权的政治协商具有双重历史基础，即阿拉伯部族社会的麦吉里斯和伊斯兰传统的舒拉原则。在漫长的中世纪，尽管部族首领谢赫具有家长式权威，然而其所作的所有重要决定必须获得部族长老会议"麦吉里斯"的支持，部族成员有权在麦吉里斯发表意见。舒拉原则是伊斯兰政治传统的重要组成部分，《古兰经》第42章专以"舒拉"为题，规定"他们的事务，是由协商而决定的"[2]。《古兰经》明确要求先知穆罕默德"当与他们商议公事"[3]，麦地那诸哈里发亦通过舒拉的方式继承权位和决定温麦内部的重大事务。

沙特家族政治以部族政权为历史起点，部族之间的协商和家族内部的协商构成沙特国家重要的政治原则。阿卜杜勒·阿齐兹·本·阿卜杜勒·拉赫曼·本·费萨尔的直系男性后裔约有400人。[4]1933年，阿卜杜勒·阿齐兹·本·阿卜杜勒·拉赫曼·本·费萨尔挑选他的儿子沙特为王储，并召集协商会议和咨询会议开会以通过这一决定。协商会议和咨询会议在亲王费萨尔·本·阿卜杜勒·阿齐兹·本·阿卜杜勒·拉赫曼的主持下举行联席会议，按照国王阿卜杜勒·阿齐兹·本·阿卜杜勒·拉赫曼·本·费萨尔的意愿确立了"穆斯林哈里发

①　Talal Kapoor，The Kingdom：Succession in Saudi Arabia（part one），2007-10-01，http：//www.datarabia.com/royals/viewCommentary.do?id=619（访问日期：2015年12月3日）。

②　《古兰经》，马坚译，中国社会科学出版社，1981年，42：38。

③　《古兰经》，马坚译，中国社会科学出版社，1981年，3：159。

④　Abbas Kelidar，The Problem of Succession in Saudi Arabia，*Asian Affairs*，Feb78，Vol.9，Issue 1.

和国王们奉行的关于确立符合法律条件的人为王储的制度"①。

　　沙特家族的协商机构旨在以协商制度和公议原则维持沙特家族的团结和统一。在国王沙特与王储费萨尔权力之争的危急时刻，首先诞生的沙特家族协商机构是"王室长老委员会"。"王室长老委员会"由阿卜杜勒·阿齐兹·本·阿卜杜勒·拉赫曼·本·费萨尔的儿子和他的兄弟所组成，具体的成员和人数不定，没有常设机构，也没有固定的会期。"王室长老委员会"按照协商和公议的原则实施沙特家族的"集体领导权"，对国王废立、王储遴选、王室矛盾调解和其他关系到家族、国家命运的重大问题起着决策性的作用。② 1964年10月，亲王穆罕默德·本·阿卜杜勒·阿齐兹·本·阿卜杜勒·拉赫曼召集王室长老委员会，起草王室法令，赋予王储费萨尔·本·阿卜杜勒·阿齐兹·本·阿卜杜勒·拉赫曼唯一统治者的地位，只是不采用国王的名号。在遭到国王沙特·本·阿卜杜勒·阿齐兹·本·阿卜杜勒·拉赫曼的反对之后，王室长老委员会经过进一步的讨论和协商，决定正式废黜国王沙特·本·阿卜杜勒·阿齐兹·本·阿卜杜勒·拉赫曼，由王储费萨尔·本·阿卜杜勒·阿齐兹·本·阿卜杜勒·拉赫曼继承王位。③国王费萨尔·本·阿卜杜勒·阿齐兹·本·阿卜杜勒·拉赫曼统治时期，通过国王定期与王室长老委员会商议的方式，强化沙特家族资深成员在政治决策中的核心地位。国王哈立德·本·阿卜杜勒·阿齐兹·本·阿卜杜勒·拉赫曼统治时期和国王法赫德·本·阿卜杜勒·阿齐兹·本·阿卜杜勒·拉赫曼统治初期，王室长老委员会在协调"吉鲁维–沙马尔系"与"苏戴里系"的权力斗争方面发挥了积极作用。

　　随着沙特家族资深成员年事已高或相继离世，沙特家族内部的权力和人事结构已发生变化，单一的非正式的家族协商机构已无法满足解决家族内部问题的需要。2000年6月，"沙特家族委员会"成立，由18名分别代表沙特家族主要分支的亲王所组成，王储阿卜杜拉·本·阿卜杜勒·阿齐兹·本·阿

---

　　① ［叙］莫尼尔·阿吉列尼：《费萨尔传》，何义译，商务印书馆，1977年，第317页。

　　② Alexander Bligh, *From Prince to King: Royal Succession in the House of Saud in the Twentieth Century*, New York University Press, 2000, p.79.

　　③ Alexander Bligh, *From Prince to King: Royal Succession in the House of Saud in the Twentieth Century*, New York University Press, 2000, p.79.

卜杜勒·拉赫曼担任主席。①"沙特家族委员会"作为一个正式的机构,其职责是管理沙特家族的福利、教育和婚姻等重要事务,以及组织沙特家族不同分支随时就家族内部的重要问题进行讨论和协商。"沙特家族委员会"并非一个决策性实体,但它的成立将沙特家族内部协商和公议的原则制度化。"沙特家族委员会"采取行动清除王族内部的腐败,并通过商议放宽了沙特家族女性成员联姻的范围。②"沙特家族委员会"包括 8 名非阿卜杜勒·阿齐兹系的沙特家族旁系成员,③而不仅仅局限于沙特家族的核心势力,沙特家族内部行使协商和监督权力的范围亦由此扩大。

在国王沙特·本·阿卜杜勒·阿齐兹·本·阿卜杜勒·拉赫曼与王储费萨尔·本·阿卜杜勒·阿齐兹·本·阿卜杜勒·拉赫曼之争的历史时代,沙特家族面临内部分裂的危险。亲王塔拉勒·本·阿卜杜勒·阿齐兹·本·阿卜杜勒·拉赫曼为首的"自由亲王"曾经拟定宪法草案,提出"立宪君主制"④的政治构想和宪政民主等现代政治理念,却以失败告终,亲王塔拉勒·本·阿卜杜勒·阿齐兹·本·阿卜杜勒·拉赫曼淡出沙特阿拉伯的政治舞台。沙特家族政治历经半个世纪的改革进程之后,2000 年成立的"沙特家族委员会"中不仅包括沙特家族的实权派人物,还包含诸如巴德尔·本·阿卜杜勒·阿齐兹·本·阿卜杜勒·拉赫曼和塔拉勒·本·阿卜杜勒·阿齐兹·本·阿卜杜勒·拉赫曼等具有相对自由倾向的亲王。"沙特家族委员会"任命亲王塔拉勒·本·阿卜杜勒·阿齐兹·本·阿卜杜勒·拉赫曼为正式成员,在一定程度上标志着自由亲王势力的回归,至少在外表上弥合了沙特家族内部存在多年的保守派阵营和自由派阵营的分野。有学者提出,"沙特家族委员会"与立宪君主制国家的议会上院

---

① Stig Stenslie, *Regime Stability in Saudi Arabia:the challenge of succession*, Routledge, 2012, p.36.

② Talal Kapoor, The Kingdom:Succession in Saudi Arabia（part four）, 2008-01-01, http://www.datarabia.com/royals/viewCommentary.doid=3214(访问日期:2015 年 12 月 1 日)。

③ Al-Saud Family Council, in Simon Henderson, *After King Abdullah:Succession in Saudi Arabia*, the Washington Institute for Near East Policy, 2009, p.14.

④ Peter W. Wilson and Douglas F. Graham, *Saudi Arabia:the Coming Storm*, The Middle East Journ, 1996, pp.50-51.

相类似。①

2007 年，国王阿卜杜拉成立"效忠委员会"，任命米沙尔·本·阿卜杜勒·阿齐兹·本·阿卜杜勒·拉赫曼担任主席，其成员包括 15 名阿卜杜勒·阿齐兹·本·阿卜杜勒·拉赫曼·本·费萨尔的儿子和 19 名阿卜杜勒·阿齐兹·本·阿卜杜勒·拉赫曼·本·费萨尔的孙子，②分别代表拥有王位继承权的家族分支。"效忠委员会"的主要职责是通过家族核心分支代表之间的协商和公议，选举沙特王位继承人，并在国王和王储都无法行使统治的特殊时刻，建立由 5 名亲王组成的过渡权力机构统治国家。③沙特家族协商机构的发展构建了协调家族内部各势力集团关系的平台，从而有效地促进沙特家族成员的团结一致，是为沙特家族政治的"安全阀"。"效忠委员会"通过家族主要分支投票方式通过的结果，成为新时期沙特家族政治变革的合法性所在。近年来，国王萨勒曼·本·阿卜杜勒·阿齐兹·本·阿卜杜勒·拉赫曼两次废黜王储变更和王位继承人的决定，皆以"效忠委员会"的投票通过作为合法性保障。2015 年 4 月 29 日，国王萨勒曼·本·阿卜杜勒·阿齐兹·本·阿卜杜勒·拉赫曼废黜王储穆克林·本·阿卜杜勒·阿齐兹·本·阿卜杜勒·拉赫曼，任命穆罕默德·本·纳耶夫·本·阿卜杜勒·阿齐兹为王储，任命穆罕默德·本·萨勒曼·本·阿卜杜勒·阿齐兹为副王储。据沙通社报道，"效忠委员会"的 34 名成员进行投票，以 28 票赞成、4 票反对和 2 票弃权的结果，通过了此次王位继承人变更的决定。④ 2017 年 6 月 21 日，国王萨勒曼·本·阿卜杜勒·阿齐兹·本·阿卜杜勒·拉赫曼宣布由他的亲生儿子穆罕默德·本·萨勒曼·本·阿卜杜勒·阿齐兹代替穆罕默德·本·纳伊夫·本·阿卜杜勒·阿齐兹担任王储职位，这一决定得

---

① Iris Glosemeyer, Saudi Arabia: Dynamism Uncovered, in Volker Perthes, *Arab Elites: Negotiating the Politics of Change*, Lynne Rienner Publishers, 2004, p.151.

② King Abdullah names members of the Allegiance Commission, December 10, 2007, http://www. saudiembassy.net/latest_news/news12100801.aspx(访问日期：2015 年 12 月 14 日)。

③ *The Allegiance Council*, Arab Press Service Diplomat News Service, 2011-11-14, http://www. thefreelibrary.com/_/print/PrintArticle.aspx?id=272373988(访问日期：2015 年 5 月 11 日)。

④ Saudi deputy crown prince gets 82% of allegiance council votes, Al Arabiya News, 2015-4-30, http://english.alarabiya.net/en/News/middle-east/2015/04/30/New-Deputy-Crown-Prince-got-28-out-of-35-at-the-Saudi-Allegiance-Council-.html(访问日期：2015 年 12 月 4 日)。

到"效忠委员会"的赞成,获得了 34 票中的 31 票。[①]

协商和公议原则是维持沙特家族内部和谐的重要保障,权力制衡则是避免沙特家族内部力量极化发展的重要手段。沙特家族在内部的多元权力集团之间适当分权,诸重要派系在权力、影响和财富方面维持一定的平衡。诸多派系间潜在的权力制衡和斗争阻止了任何单独的集团垄断家族和国家的权力,从而避免家族权力结构从内部瓦解。国王费萨尔统治时期,曾积极支持费萨尔获得王位的"吉鲁维–沙马尔系"和"苏戴里系"诸亲王及国王费萨尔·本·阿卜杜勒·阿齐兹·本·阿卜杜勒·拉赫曼诸子逐渐获取重要的领导职位,成为沙特家族内部举足轻重的政治派系。"吉鲁维–沙马尔系"的核心人物是母亲为吉鲁维部族成员加瓦拉·宾特·穆萨伊德·本·吉鲁维的同胞兄弟穆罕默德·本·阿卜杜勒·阿齐兹·本·阿卜杜勒·拉赫曼和哈立德·本·阿卜杜勒·阿齐兹·本·阿卜杜勒·拉赫曼,以及具有沙马尔部族母系背景同时与吉鲁维部族联姻的阿卜杜拉·本·阿卜杜勒·阿齐兹·本·阿卜杜勒·拉赫曼。"吉鲁维–沙马尔系"亲王因其虔诚和务实而得到沙特阿拉伯国内部族势力和宗教势力的支持,该系成员担任国家石油和经济方面的诸多重要职位,统领起源于部族–宗教势力的国民卫队,北方省区是该系的主要势力范围。"苏戴里系"的核心成员是母亲同为哈萨·宾特·艾赫迈德·苏戴里的 7 个同胞兄弟,该系成员长期掌控内政部安全部队和正规军,且因其开放和反恐的姿态深受西方国家特别是美国的信任,以利雅得为核心的中部省区是其主要的势力范围。"费萨尔系"诸王拥有瓦哈卜家族的血统,且大都拥有现代西方教育的背景和较高的文化水平,得到国际社会的好评和沙特国内宗教势力的支持,构成"王室技术官僚"[②]的重要力量,该系成员主要掌控外交部和石油投资部门,以阿西尔和麦加等西南部省份为其主要势力范围。

沙特家族内部多元政治派系权力制衡的主要内容是国王、王储和第二

---

① Saudi King Deposes Crown Prince And Names 31-Year-Old Son As New Heir, NPR 24 Hour Program Stream, 2017-6-21, http://www.npr.org/sections/thetwo-way/2017/06/21/533775632/saudi-king-deposes-crown-prince-and-names-a-new-heir-age-31(访问日期:2017 年 8 月 1 日)。

② Alexei Vassiliev, *The History of Saudi Arabia*, NYV Press, 2000, p.438.

副首相(副王储)①的继承序位及其权力分割。费萨尔·本·阿卜杜勒·阿齐兹·本·阿卜杜勒·拉赫曼继任国王以后，任命吉鲁维系亲王哈立德·本·阿卜杜勒·阿齐兹·本·阿卜杜勒·拉赫曼为王储，苏戴里系亲王法赫德·本·阿卜杜勒·阿齐兹·本·阿卜杜勒·拉赫曼为第二副首相。哈立德·本·阿卜杜勒·阿齐兹·本·阿卜杜勒·拉赫曼和法赫德·本·阿卜杜勒·阿齐兹·本·阿卜杜勒·拉赫曼的继承序位在很大程度上是家族内部势力集团博弈的产物。②国王哈立德·本·阿卜杜勒·阿齐兹·本·阿卜杜勒·拉赫曼统治时期，苏戴里系亲王法赫德·本·阿卜杜勒·阿齐兹·本·阿卜杜勒·拉赫曼担任王储，吉鲁维-沙马尔系亲王阿卜杜拉·本·阿卜杜勒·阿齐兹·本·阿卜杜勒·拉赫曼出任第二副首相。从此，"吉鲁维-沙马尔系"与"苏戴里系"以隔代继承的方式角逐王权，开始了长达40年的明争暗斗。20世纪70年代后期80年代前期，苏戴里系势力膨胀，阿卜杜拉·本·阿卜杜勒·阿齐兹·本·阿卜杜勒·拉赫曼的权位一度岌岌可危。苏戴里系诸王试图取代阿卜杜拉·本·阿卜杜勒·阿齐兹·本·阿卜杜勒·拉赫曼的第二副首相职务及其国民卫队掌控权，阿卜杜拉·本·阿卜杜勒·阿齐兹·本·阿卜杜勒·拉赫曼则广泛联合王族内部非苏戴里系势力与苏戴里系势力抗衡。二者的对抗甚至引发了王族内部数百名亲王的分野和争论。国王法赫德·本·阿卜杜勒·阿齐兹·本·阿卜杜勒·拉赫曼继位以后，阿卜杜拉·本·阿卜杜勒·阿齐兹·本·阿卜杜勒·拉赫曼出任王储，苏戴里系亲王苏勒坦·本·阿卜杜勒·阿齐兹·本·阿卜杜勒·拉赫曼任第二副首相。

1998年国王法赫德·本·阿卜杜勒·阿齐兹·本·阿卜杜勒·拉赫曼身体欠佳，王储阿卜杜拉·本·阿卜杜勒·阿齐兹·本·阿卜杜勒·拉赫曼日渐掌握实权并继续加强非苏戴里系势力的联合。2005年国王法赫德·本·阿卜杜勒·阿齐兹·本·阿卜杜勒·拉赫曼去世，王储阿卜杜拉·本·阿卜杜勒·阿齐兹·本·阿卜杜勒·拉赫曼继任国王，苏戴里系亲王苏勒坦·本·阿卜杜勒·阿齐兹·本·阿卜杜勒·拉赫曼出任王储，第二副首相的职位因未能达成一致意见而长期空缺。在第二代亲王日益老龄化的沙特政坛，第二副首相的角色和地位

---

① "第二副首相"一职设立于1967年，"副王储"的头衔设立于2014年。

② Talal Kapoor, The Kingdom: Succession in Saudi Arabia (part two), 2007-11-01, http://www.datarabia.com/royals/viewCommentary.do?id=2777(访问日期: 2015年12月1日)。

中东国家政治发展研究 ▶▶▶

变得日益重要。当国王和王储同时因健康问题而无法进行有效统治时,第二副首相拥有暂时领导国家,甚至直接继承王位的重大权力。经过长期的博弈,2009 年 3 月,"苏戴里系"亲王纳耶夫·本·阿卜杜勒·阿齐兹·本·阿卜杜勒·拉赫曼被任命为第二副首相。

2011 年王储苏勒坦·本·阿卜杜勒·阿齐兹·本·阿卜杜勒·拉赫曼去世,纳耶夫·本·阿卜杜勒·阿齐兹·本·阿卜杜勒·拉赫曼继任王储仅 8 个月后亦离开人世,苏戴里七兄弟中最年轻的亲王萨勒曼·本·阿卜杜勒·阿齐兹·本·阿卜杜勒·拉赫曼成为王储,第二副首相职位再次空缺。2014 年,国王阿卜杜拉·本·阿卜杜勒·阿齐兹·本·阿卜杜勒·拉赫曼不顾部分王室成员的反对,突然宣布任命最年轻的第二代亲王穆克林·本·阿卜杜勒·阿齐兹·本·阿卜杜勒·拉赫曼为副王储。国王阿卜杜拉·本·阿卜杜勒·阿齐兹·本·阿卜杜勒·拉赫曼统治时期,由于苏戴里兄弟的接连去世和非苏戴里系势力的广泛联合,沙特政坛一度出现苏戴里系势力下降和阿卜杜拉·本·阿卜杜勒·阿齐兹·本·阿卜杜勒·拉赫曼势力膨胀的局面。

石油时代,沙特阿拉伯家族政治呈现出多元化的发展特征,表现为沙特家族内部建立起不同层次的协商机构和渠道,也表现为家族内部不同权力集团之间的权力分享和权力制衡。家族政治多元化趋势的深层次背景是石油时代沙特阿拉伯经济、社会和政治的发展,以及沙特家族的权力垄断。沙特家族通过垄断国家权力,进而实现对石油财富的占有和社会势力的控制。有权势的亲王或家族分支的"封地"整合了一定的政府部门、安全机构、社会机构或文化机构,其亲属长期把持"封地"内的重要职位并培育广泛的权力根基。[1]许多亲王的势力范围还超出了政府机构,在经济和社会的子系统中拓展他们的权力基础。沙特家族内部的权力集团与沙特社会中的部族、乌莱玛、技术官僚、专业人员和民众建立起复杂的关系网,进而在沙特社会中形成多元的利益集团。家族政治的多元化趋势相比传统时代的部落长老政治,实为历史的进步。然而沙特阿拉伯家族政治的多元化只是国家政治多元化之初级阶段的表现。家族内部权力集团之间虽然存在利益差异和派系斗争,

---

[1]　Paul Aarts, *Saudi Arabia in the Balance*, C. Hurst & Co. Ltd, 2005, p.219.

130 ▶▶▶▶

但其维护沙特家族统治地位和权力的政治立场尚无明显差异。

四、沙特国家权力机构中的家族威权与权力制衡

第三沙特国建立初期,希贾兹与纳季德的政府体系有所区别。1931 年,希贾兹地区代表会议正式成立,其职责是掌管该地区的行政事务。代表会议由 4 名成员组成:希贾兹总督费萨尔·本·阿卜杜勒·阿齐兹·本·阿卜杜勒·拉赫曼任代表会议主席,其余 3 名分别为外交事务代表、协商会议副主席和财政事务代表。①代表会议下设的 6 个基本的部,分管沙里亚事务、内政、外交、财政、教育和军事。②国王阿卜杜勒·阿齐兹·本·阿卜杜勒·拉赫曼·本·费萨尔任命的希贾兹地区代表会议主席是希贾兹政府的最高领导,代表会议主席直接对国王负责。同一时期,纳季德地区唯一比较重要的领导机构是利雅得的王室会议,阿卜杜勒·阿齐兹·本·阿卜杜勒·拉赫曼·本·费萨尔集政府首脑、法官、将军于一身。王室会议的主要成员包括沙特家族成员及瓦哈比派乌莱玛和部落长老,它为所有有关部落财富、法律争论和社会契约等方面的重要决策提供了商议的场所。王室会议下设 16 个"迪万"(府)和"舒尔贝"(部),分别掌管除希贾兹地区以外所有地区的各项国家事务。

国王阿卜杜勒·阿齐兹·本·阿卜杜勒·拉赫曼·本·费萨尔统治时期,政府机构改革启动,统一的政府机构体系逐渐形成。1932 年,沙特阿拉伯设立财政部,统一掌管全国的财政税收。1944 年,国防部成立。从 1950 年到 1953 年,沙特阿拉伯的内政部、交通部、卫生部、教育部、农业部和商业部陆续成立。1953 年 10 月,国王阿卜杜勒·阿齐兹·本·阿卜杜勒·拉赫曼·本·费萨尔颁布王室法令,规定大臣会议的最初形态和目的,以及人员组成、权限范围、运作程序和组织机构。大臣会议"由王室法令任命的负责管理国家各部事务的大臣组成,负责审理国家的一切事务,包括外交和内政,做出符合国家利益的

---

①　Fouad Al-Farsy, *Modernity and Tradition: The Saudi Equation*, Knight Communication, 1999, p.48.

②　北京大学亚非研究所西亚研究室编著:《石油王国沙特阿拉伯》,北京大学出版社,1985 年,第 26 页。

决定"[1]。该王室法令指定王储沙特·本·阿卜杜勒·阿齐兹·本·阿卜杜勒·拉赫曼为大臣会议主席(即"首相"),授予他监督和管理所有政府部门的权力。这份王室法令还规定,国王任命大臣会议的主要成员,决定出席大臣会议的人选;大臣会议负责制定和执行国家政策,批准国际条约,任免政府官吏;大臣会议成员对国王负责;大臣会议的决议须经国王批准方可生效,国王有权否决大臣会议的决议。[2]

大臣会议作为沙特阿拉伯王国的内阁政府,不同于希贾兹地区的协商会议,处于国王的直接控制之下。大臣会议集立法、司法和行政三种权力于一体,兼有议会、最高法院和内阁政府三重功能,负责制定除伊斯兰教法之外的其他法律,同时行使司法权力和履行政府职责。至1953年底,沙特阿拉伯王国的政府机构已经基本建立。国王阿卜杜勒·阿齐兹·本·阿卜杜勒·拉赫曼·本·费萨尔指派沙特家族成员担任国家政府机构的领导职务,乌莱玛宗教权威和部落领袖也参与到国家政府机构中,然而对外事务、财政和地方总督等关键职位完全掌握在沙特家族成员手中。通过沙特阿拉伯政府体系的建立,沙特家族完全控制了国家各个方面的统治权力,沙特家族威权政治是沙特阿拉伯中央集权的核心内容。

1954年3月,国王沙特·本·阿卜杜勒·阿齐兹·本·阿卜杜勒·拉赫曼召开了大臣会议第一次会议,并以政府公报的形式公布了大臣会议的规章制度和组成部分。"大臣会议的决定必须在国王批准之后方可生效"[3],国王对大臣会议的决议具有否决权。各部大臣既对国王负责,也对大臣会议负责,大臣会议下设秘书处、开支院、技术专家局和上诉法院等机构。沙特阿拉伯王国强调国王与国家的一致性,或者说"朕即国家"的政治原则,大臣会议的

---

① Summer Scott Huyette, *Political Adaptation in Saudi Arabia: A Study of the Council of Ministers*, Westview Press, 1985, p.65.

② Fouad Al-Farsy, *Modernity and Tradition: The Saudi Equation*, Knight Communication, 1999, pp. 49-50.

③ *Constitution of the Council of Ministers and Constitution of the Divisions of the Council of Ministers*, published in Umm al-Qura (Government Official Gazette), No.1508, 26th March, 1954 (21 Rajab, 1373 AH). Quote from Fouad Al-Farsy, *Modernity and Tradition: The Saudi Equation*, Knight Communication, 1999, p.50.

所有成员必须宣誓效忠国王和国家。①实际上，因国王个人的权威和能力差异及家族内部派系争斗与权力制衡的具体环境，沙特阿拉伯国王对大臣会议的控制力有所不同。国王对大臣会议控制权的差异及家族派系的权力制衡，主要表现在国王与首相职位的分离或合一上。

国王阿卜杜勒·阿齐兹·本·阿卜杜勒·拉赫曼·本·费萨尔和国王沙特·本·阿卜杜勒·阿齐兹·本·阿卜杜勒·拉赫曼时代，国王与首相的职位是分离的，首相职位由王储担任。国王与首相的二元权力结构提供了沙特家族内部权力角逐的平台，大臣会议的权限抑或国王与王储之间的权力分配，构成家族成员角逐权力的核心内容。王储费萨尔·本·阿卜杜勒·阿齐兹·本·阿卜杜勒·拉赫曼曾以提高大臣会议地位的方式限制国王沙特·本·阿卜杜勒·阿齐兹·本·阿卜杜勒·拉赫曼的权力，当费萨尔·本·阿卜杜勒·阿齐兹·本·阿卜杜勒·拉赫曼继任国王以后，君主权力的强大又使大臣会议成为完全隶属于国王的政治实体。

1964年，费萨尔·本·阿卜杜勒·阿齐兹·本·阿卜杜勒·拉赫曼继任国王以后，再次修改《大臣会议法令》，明确规定由国王兼任首相，大臣会议直接对国王负责。《大臣会议法令》规定："内阁会议是国王主持下的立法机关，该会议在首相或副首相主持下召开，做出的决定经由国王裁决同意后方可正式成立；内阁的任免和辞职需以王室敕令的形式宣布生效，所有内阁成员向国王负责。"② 1992年的《政府基本法》，再次明确规定了大臣会议的权力体系和运作规则："国家之权力由司法权、行政权、立法权组成，国王是这些权力的仲裁人。国王是大臣会议的主席，大臣会议依据《政府基本法》和其他法规协助国王执行其任务。大臣会议副主席和各部成员向国王负责，国王有权解散和重组大臣会议。"③《政府基本法》还明确规定，大臣会议绝对地对国王负责，大臣会议在国王的直接领导下制定法律和规章，并在获得国王同意并以王室敕令的形式颁布以后，负责监督这些法律法规的贯彻和实施，享有一

---

① Alexei Vassiliev, *The History of Saudi Arabia*, NYV Press, 2000, p.445.

② ［日］田村秀治编：《伊斯兰盟主——沙特阿拉伯》，上海译文出版社，1981年，第150页。

③ The Basic Law of Government, Article 44, 56, 57, Joseph Kechichian, *Succession in Saudi Arabia*, pp.214–215.

定程度的立法权和行政权。

国王费萨尔·本·阿卜杜勒·阿齐兹·本·阿卜杜勒·拉赫曼统治时期,大臣会议发展成为国王直接控制下的较为完备的中央政府机构。大臣会议在国王或大臣会议副主席的主持下举行会议,其决议须经国王批准以后方能生效。大臣会议成员的任命、罢免和辞职,都必须经由国王颁布王室法令加以批准。大臣会议全体成员就其工作对国王负责。新条例规定大臣会议的职权有:制订内政、外交、财政、经济、教育、国防和一切社会事务的政策并监督其执行;拥有制定规章、行政和管理的职权;有权决定一切财政事务和与政府各部及其他政府机构有关的一切问题并监督措施;批准国际条约和协定。[①]为了适应沙特阿拉伯石油经济和社会发展的需要,20世纪60年代初,石油和矿产资源部、劳工和社会事务部、朝觐与瓦克夫事务部、通讯部陆续成立。1970年,掌管全国司法的大穆夫提去世,国王费萨尔借机成立司法部,将国家的司法权力纳入中央政府的控制之下。1975年,公共工程与住房部、工业与能源部、邮电部、计划部、高等教育部、市政与乡村事务部建立。[②]

国王哈立德·本·阿卜杜勒·阿齐兹·本·阿卜杜勒·拉赫曼继续扩充大臣会议,1975年10月13日颁布的王室法令宣布大臣会议下设20个部。[③]大臣会议除下设各部以外,还陆续设立了一些独立于各部之外的行政机构和委员会,例如石油和矿产总公司、人事总局、调查局、农业最高委员会和行政改革最高委员会等。经过四任国王的努力,国王哈立德·本·阿卜杜勒·阿齐兹·本·阿卜杜勒·拉赫曼统治时期,沙特阿拉伯已经建立了一整套中央政府机构,政府部级机构达到20个,其他专门机构约有70个。[④]大臣会议的成员不断增加,1993年,阿卜杜勒·阿齐兹·本·巴兹被任命为大穆夫提,主持资深乌莱玛委员会,并以部长的身份加入大臣会议,王国最高宗教政治机构正式成为隶属于中央政府的政府部门,王国最高的宗教权威正式成为国王领导下的政府部长,教权从属于俗权的沙特家族威权政治最终定型。

---

① 北京大学亚非研究所西亚研究室编著:《石油王国沙特阿拉伯》,北京大学出版社,1985年,第29页。

② Ayman Al-Yassini, *Religion and State in the Kingdom of Saudi Arabia*, Westview Press, 1985, p.66.

③ Fouad Al-Farsy, *Modernity and Tradition: The Saudi Equation*, Knight Communication, 1999, p.53.

④ David E. Long, *The Kingdom of Saudi Arabia*, University Press of Florida, 1997, p.48.

从大臣会议建立之始，沙特家族就完全控制了王国的中央政府。国王凌驾于中央政府之上，大臣会议主席由王储或国王担任。大臣会议决议须交国王批准并以王室法令的形式公布。国王对大臣会议决议有异议时，有权驳回大臣会议的决议，直至其经过修改并符合国王的意志时方能通过。沙特家族始终保持对大臣会议的统治地位，除了国王兼任首相以外，副首相、第二副首相、国防部部长、内务部部长、外交部部长、国民卫队司令、情报部门首长及其他核心职位，都由沙特家族亲王担任。[1]大臣会议其他的重要职位也都掌握在沙特家族次分支或者旁系支族的成员手中。20世纪50年代，大臣会议由9人组成，其中8人出自沙特家族。20世纪60年代，大臣会议中的非沙特家族成员数量逐渐增多。1962年，国王沙特·本·阿卜杜勒·阿齐兹·本·阿卜杜勒·拉赫曼任命新一届内阁，由5名沙特家族成员和6名非沙特家族成员组成，但大臣会议中的关键职位仍由沙特家族成员把持，司法部部长、宗教部部长和教育部部长则来自沙特家族的坚定盟友即宗教权威瓦哈卜家族。国王哈立德·本·阿卜杜勒·阿齐兹·本·阿卜杜勒·拉赫曼时代，大臣会议中非沙特家族成员的势力呈上升趋势，1975年10月的大臣会议由26人组成，其中沙特家族成员8人，非沙特家族成员18人。[2]然而80年代，大臣会议中的一些希贾兹出身的技术专家陆续辞职或被开除，由对沙特家族更为忠诚的纳季德官僚或苏戴里家族成员替代。

沙特家族长期控制王国的经济、政治和社会资源，其政治统治地位保障了该家族成员占据高等教育机会的优先权力，沙特家族成员对社会发展的适应能力相对于社会大众具有一定的优越性。在沙特家族年长的领导人物之外，相对年轻的"王室技术官僚"集团已经兴起，他们拥有很高的教育水平，控制了王国政府中的许多专业性职位。前国王费萨尔·本·阿卜杜勒·阿齐兹·本·阿卜杜勒·拉赫曼的儿子沙特·本·费萨尔·本·阿卜杜勒·阿齐兹从普林斯顿大学毕业归国后，长期担任沙特阿拉伯的外交部部长。[3]"王室技术官僚"的发展前景较为可观，越来越多受过西方教育或具有国内高等学历的

---

① Joseph Kechichian, *Succession in Saudi Arabia*, Palgrave Macmillan, 2001, p.142.

② Mordechai Abir, *Saudi Arabia in the Oil Era: Regime and Elites: Conflict and Collaboration*, p.137.

③ Alexei Vassiliev, *The History of Saudi Arabia*, NYV Press, 2000, p.438.

亲王积极地参与政治事务。在大臣会议之下,大批年轻的沙特亲王占据着政府各级各类部门的重要职位。

目前,沙特阿拉伯的大臣会议共包含 23 名拥有部长职位的部长和 7 名国务部长,其中沙特家族成员共 5 名,占据着首相、副首相兼国防部部长、内政部部长和国民卫队部部长等核心职位,另有瓦哈卜家族成员 2 名。担任大臣会议核心职位的沙特家族成员,除国王兼首相萨勒曼·本·阿卜杜勒·阿齐兹·本·阿卜杜勒·拉赫曼仍为年龄较大的第二代亲王,其余的均为第三代甚至第四代亲王,具有明显的年轻化趋势。

在沙特阿拉伯国家权力机构中,家族分支权力制衡的重要表现是武装力量的多元化和权力分割。沙特阿拉伯的武装力量主要包括由沙特皇家陆军、沙特皇家空军、沙特皇家海军(包括海军陆战队和特种部队)、沙特皇家防空部队组成的国防军、国民卫队、国家安全部队和情报总局。沙特阿拉伯的国防军由国防部统领,是"苏戴里系"的军事基础。国防部部长长期以来由"苏戴里系"诸王领导,其中苏勒坦·本·阿卜杜勒·阿齐兹·本·阿卜杜勒·拉赫曼自 1963 年至 2011 年 10 月长期担任国防部部长,萨勒曼·本·阿卜杜勒·阿齐兹·本·阿卜杜勒·拉赫曼自 2011 年 11 月至 2015 年 1 月担任国防部部长,此后国防部部长一职由萨勒曼·本·阿卜杜勒·阿齐兹·本·阿卜杜勒·拉赫曼的儿子穆罕默德·本·萨勒曼·本·阿卜杜勒·阿齐兹接任至今。国防部副部长的职位也长期由"苏戴里系"亲王出任。

国民卫队的前身是国王阿卜杜勒·阿齐兹·本·阿卜杜勒·拉赫曼·本·费萨尔时代组建的部落军事–宗教部队"伊赫瓦尼"。国民卫队曾经是与国防部下属的正规军平行的军事力量,后从国防部独立出来,由与国防部平级的国民卫队部领导。20 世纪 60 年代以来,国民卫队成为阿卜杜拉·本·阿卜杜勒·阿齐兹·本·阿卜杜勒·拉赫曼的势力范围和军事基础。源于沙特家族内部权力争夺的历史背景,国民卫队长期构成"非苏戴里系"制约"苏戴里系"军事权力的重要手段。自 1962 年到 2010 年,阿卜杜拉·本·阿卜杜勒·阿齐兹·本·阿卜杜勒·拉赫曼长期担任国民卫队司令。2010 年 11 月,前国王阿卜杜拉·本·阿卜杜勒·阿齐兹·本·阿卜杜勒·拉赫曼任命他自己的儿子穆特易卜·本·阿卜杜拉·本·阿卜杜勒·阿齐兹接任国民卫队司令。2013 年 5 月,国民卫队部建立,穆特易卜·本·阿卜杜拉·本·阿卜杜勒·阿齐兹继续担任国民卫队部部长。阿卜杜拉·本·阿卜杜勒·阿齐兹·本·阿卜杜勒·拉赫曼的另外三个儿子也在国民卫队中担任高级职位。

沙特阿拉伯的国家安全部队由内政部管辖。20世纪60年代以来,内政部及其所辖的国家安全部队成为"苏戴里系"的势力范围。"苏戴里系"诸亲王长期把持内政部正副部长职位:法赫德·本·阿卜杜勒·阿齐兹·本·阿卜杜勒·拉赫曼于1962年至1975年担任内政部部长;纳耶夫·本·阿卜杜勒·阿齐兹·本·阿卜杜勒·拉赫曼于1975年至2012年6月担任内政部部长;艾哈迈德·本·阿卜杜勒·阿齐兹·本·阿卜杜勒·拉赫曼从1975起长期担任内政部副部长,2012年6月接任内政部部长;穆罕默德·本·纳耶夫·本·阿卜杜勒·阿齐兹·本·阿卜杜勒·拉赫曼于2012年11月至2017年6月担任内政部部长;阿卜杜勒·阿齐兹·本·沙特·本·纳耶夫·本·阿卜杜勒·阿齐兹从2017年6月起接任内政部部长至今。①

情报总局是沙特阿拉伯主要的军事情报部门,是沙特政府体系中一个独立的机构。从1979年至2001年,图尔基·本·费萨尔·本·阿卜杜勒·阿齐兹任情报总局总监。1985年起,情报总局的副总监由前国王法赫德·本·阿卜杜勒·阿齐兹·本·阿卜杜勒·拉赫曼的儿子沙特·本·法赫德·本·阿卜杜勒·阿齐兹担任。2001年9月1日,王储阿卜杜拉·本·阿卜杜勒·阿齐兹·本·阿卜杜勒·拉赫曼任命他的亲信亲王纳瓦夫·本·阿卜杜勒·阿齐兹·本·阿卜杜勒·拉赫曼接任情报总局总监,然而因为副总监的职位仍由沙特·本·法赫德·本·阿卜杜勒·阿齐兹担任,该部门的权力归属没有发生实质性的改变。2005年1月,纳瓦夫·本·阿卜杜勒·阿齐兹·本·阿卜杜勒·拉赫曼因健康问题而离职。经历了9个月的职位空缺以后,2005年10月,国王阿卜杜拉·本·阿卜杜勒·阿齐兹·本·阿卜杜勒·拉赫曼任命穆克林·本·阿卜杜勒·阿齐兹·本·阿卜杜勒·拉赫曼为情报总局总监,同时还任命国王的亲侄子费萨尔·本·阿卜杜拉·本·穆罕默德接替了亲王沙特·本·法赫德·本·阿卜杜勒·阿齐兹长期担任的副职,情报总局被纳入国王阿卜杜拉·本·阿卜杜勒·阿齐兹·

---

① Wikepedia:Ministry of Interior(Saudi Arabia),https://en.wikipedia.org/wiki/Ministry_of_Interior_(Saudi_Arabia)(访问日期:2017年月12日)。

本·阿卜杜勒·拉赫曼为首的"非苏戴里系"的势力范围。尽管如此,"苏戴里系"仍努力在情报总局中占据一席之地。2012 年 7 月,亲王班达尔·本·苏勒坦·本·阿卜杜勒·阿齐兹被任命为情报总局总监,10 月起,副总监由非王族身份的优素福·本·阿里·伊德里斯担任。2014 年,情报总局总监由哈立德·本·班达尔·本·阿卜杜勒·阿齐兹接替。2015 年 1 月,国王萨勒曼·本·阿卜杜勒·阿齐兹·本·阿卜杜勒·拉赫曼任命哈立德·本·阿里·胡麦丹接替情报总局总监一职。

五、沙特阿拉伯家族政治的发展模式

沙特阿拉伯家族政治缘起于根深蒂固的部族传统,与阿拉伯半岛闭塞的地理位置和恶劣的自然环境密切相关,亦是纳季德地区经济和社会发展长期相对停滞的历史产物。酋长国时代阿拉伯半岛上的阿拉伯人分别属于各自的部族,血缘关系及共同的经济利益,特别是土地和水源的共有权构成维系部族制度的基本纽带。每个部族按照父系的原则划分为若干家族居住区,家族构成财产占有的基本单位。部族社会中个体成员的生存、认同和福利都与其部族和家族密切联系在一起。[①]个体成员的婚姻关系、社会地位及其他的社会关系,大体上由其部族和家族的归属所决定。前石油时代,根源于部族传统的广泛存在和中央集权政治的缺乏,沙特阿拉伯家族政治以埃米尔制和苏丹制为外在形式长期延续。

沙特阿拉伯的家族政治根植于前石油时代阿拉伯半岛特殊的历史环境,其政治合法性来源于部族传统、教俗合一的政治体制,以及麦吉里斯和舒拉原则。石油时代,伴随着沙特阿拉伯经济社会现代化的发展,家族政治亦步入现代化的历史进程,表现为法制化、威权化和多元化的演变特征。通过立法以明确阿卜杜勒·阿齐兹·本·阿卜杜勒·拉赫曼·本·费萨尔的直系子孙掌握国家核心政治权力、以瓦哈卜家族为首的宗教权威与沙特家族势力的此消彼长,以及沙特家族内部的多元协商机构和政治派系,是石油时代沙

---

① Uwaidah Metaireek Al-Juhany, *The History of Najd Prior to the Wahhabis: A Study of Social, Political and Religious Conditions in Najd During Three Centuries Preceding the Wahhabi Reform Movement*, Ph. D. Dissertation, University of Washington, 1983, University Microfilms International, p.173.

特阿拉伯家族政治发展的重要表现。法制化进程中家族权力的国家化趋势、威权化进程中家族权力的意识形态官方化趋势，以及多元化进程中家族权力的制衡化趋势，塑造了当今沙特阿拉伯家族政治之超越传统部族政治和传统宗教政治的现代要素。

相比当今世界主流的共和政治和政党政治，家族政治的血缘基础无疑呈现相当的传统性质。国家权力垄断于家族之手、公共财富的不合理分配及使用、社会地位的等级差异，以及民众政治参与的普遍缺乏，是沙特阿拉伯家族政治之传统性质的重要表现。然而结合沙特阿拉伯的历史发展道路和现实发展水平，家族政治尚且具有一定的存在合理性和现代化适应性。沙特家族通过控制石油经济而间接地控制社会变动，以高福利的社会政策和广泛的社会补贴换取民众的忠诚和顺从，在一定程度上有利于确保政治稳定和巩固政治霸权。沙特家族成员因其长期享有的优越条件，在教育背景、管理才能和执政经验等方面处于较高的水平。未来，结合家族政治的历史遗产，借鉴议会和选举的政治手段，贯彻协商原则和扩大政治参与，推进政治改革从王室向精英和民众层面的延伸，维持国家安定和提升社会福祉，是关乎沙特家族政治前景的重要因素。

20世纪末期以来，沙特阿拉伯的君主政治呈现出老人政治的面貌，第二代亲王均年事已高。国王法赫德·本·阿卜杜勒·阿齐兹·本·阿卜杜勒·拉赫曼和国王阿卜杜拉·本·阿卜杜勒·阿齐兹·本·阿卜杜勒·拉赫曼在位时期，都已经是80岁以上的老人。王储苏勒坦·本·阿卜杜勒·阿齐兹·本·阿卜杜勒·拉赫曼和纳耶夫·本·阿卜杜勒·阿齐兹·本·阿卜杜勒·拉赫曼担任王储之时年事已高，尚未等到真正继承王位便已离开人世。国王萨勒曼·本·阿卜杜勒·阿齐兹·本·阿卜杜勒·拉赫曼继位时已79岁有余，同时继任王储的穆克林·本·阿卜杜勒·阿齐兹·本·阿卜杜勒·拉赫曼是第二代亲王中最年轻的一位，却也已经69岁有余。从阿卜杜勒·阿齐兹·本·阿卜杜勒·拉赫曼·本·费萨尔的孙辈中挑选继承人，已成为沙特家族君主政治的迫在眉睫之势。

2015年4月29日，国王萨勒曼·本·阿卜杜勒·阿齐兹·本·阿卜杜勒·拉赫曼颁布王室敕令，宣布废黜穆克林·本·阿卜杜勒·阿齐兹·本·阿卜杜勒·拉赫曼的王储职位及副首相职务，由第三代亲王穆罕默德·本·纳耶夫·本·

阿卜杜勒·阿齐兹接任王储,并任命第三代亲王穆罕默德·本·萨勒曼·本·阿卜杜勒·阿齐兹为副王储。任命阿卜杜勒·阿齐兹·本·阿卜杜勒·拉赫曼·本·费萨尔的孙辈担任正副王储,在沙特阿拉伯家族政治发展史上具有里程碑式的重要意义。王位向第三代王子的传承是对半个多世纪以来兄终弟及王位继承原则的颠覆,同时又是 20 世纪 90 年代初《政府基本法》法制化先例的具体实践,是维持家族政治生命力的重要举措。

家族政治与君主政治广泛存在于传统文明的历史阶段,二者是长期伴生的历史现象。在传统文明的不同历史时期,家族政治与君主政治之间经历了相互依存却又此消彼长的发展道路。近现代初期,欧洲诸国在重商主义经济蓬勃发展的基础之上,采用君权神授和朕即国家的宗教政治理念,建立起超越家族政治、贵族政治和宗教政治的"绝对君主制"。纵观沙特阿拉伯石油时代的政治发展历程,虽然常被定义为"绝对君主制"[①]国家,但君主政治在沙特阿拉伯无疑是家族政治的组成部分和表现形式,威权色彩的家族政治长期构成"绝对君主制"的历史内涵和实质所在。沙特阿拉伯的君主政治在诸多方面受到家族政治的制约,表现在王位继承由"效忠委员会"通过家族内部协商和公议的方式确定、国王做出的所有重大决定都须与沙特家族重要成员商议,国家的法律和决策也以王室法令的形式颁布。

尽管存在家族内部多元权力制衡的传统和现实,然而权力的角逐无疑是政治统治的实质,君主政治与家族政治之间的博弈仍然是长期存在的主题,也将在很大程度上影响着沙特阿拉伯的未来。特别是在第二代亲王年事已高,国家权力不可避免地向第三代亲王传承之际,权力角逐呈白热化之势,王位继承人的选择表现出不稳定性。国王阿卜杜拉·本·阿卜杜勒·阿齐兹·本·阿卜杜勒·拉赫曼在位后期,着力扶植他自己的儿子的势力,任命他自己的儿子穆特易卜·本·阿卜杜拉·本·阿卜杜勒·阿齐兹担任国民卫队统帅,并将国民卫队的地位提高到部级。国王阿卜杜拉·本·阿卜杜勒·阿齐兹·本·阿卜杜勒·拉赫曼还将他自己的儿子法赫德·本·阿卜杜拉·本·阿卜杜

---

① James Buchan, Secular and Religious Opposition in Saudi Arabia, in Tim Niblock, ed., *State, Society and Economy in Saudi Arabia*, Croom Helm, 1982, p.107. Karen Elliott House, *On Saudi Arabia: Its People, Past, Religion, Fault Lines—and Future*, Alfred A. Knopf, 2012, p.12.

勒·阿齐兹任命为国防部副部长,由此增强对国防军的影响力和控制权。麦加省长和利雅得省长等重要职位也相继由国王阿卜杜拉·本·阿卜杜勒·阿齐兹·本·阿卜杜勒·拉赫曼的儿子担任。

国王萨勒曼·本·阿卜杜勒·阿齐兹·本·阿卜杜勒·拉赫曼继位以后,不断擢升他的亲生儿子穆罕默德·本·萨勒曼·本·阿卜杜勒·阿齐兹的势力。2015 年 1 月 23 日,国王萨勒曼·本·阿卜杜勒·阿齐兹·本·阿卜杜勒·拉赫曼继任仅一周以后,就大规模改组政府,解除前国王阿卜杜拉·本·阿卜杜勒·阿齐兹·本·阿卜杜勒·拉赫曼的三个儿子和一个外甥担任的要职,任命穆罕默德·本·萨勒曼·本·阿卜杜勒·阿齐兹为国防部部长。

2015 年 4 月 29 日,国王萨勒曼·本·阿卜杜勒·阿齐兹·本·阿卜杜勒·拉赫曼再次颁布国王敕令,任命侄子穆罕默德·本·纳伊夫·本·阿卜杜勒·阿齐兹接任新王储,同时任命穆罕默德·本·萨勒曼·本·阿卜杜勒·阿齐兹为副王储。随后的两年中,国王萨勒曼·本·阿卜杜勒·阿齐兹·本·阿卜杜勒·拉赫曼陆续赋予其子穆罕默德·本·萨勒曼·本·阿卜杜勒·阿齐兹诸项最重要的国家权力,国防军队、油气产业等国家命脉均掌握在穆罕默德·本·萨勒曼·本·阿卜杜勒·阿齐兹手中。穆罕默德·本·萨勒曼·本·阿卜杜勒·阿齐兹事实上还成为沙特阿拉伯外交事务的最高长官,负责沙特阿拉伯所有重大外交政策的制定,包括领导对也门胡塞武装的战事、实施与时任美国总统特朗普的双边互访,以及代表沙特出席 20 国集团首脑会议。2017 年 6 月 21 日,沙特阿拉伯国王萨勒曼·本·阿卜杜勒·阿齐兹·本·阿卜杜勒·拉赫曼突然宣布废黜穆罕默德·本·纳伊夫·本·阿卜杜勒·阿齐兹的王储职位和内政部部长职务,任命穆罕默德·本·萨勒曼·本·阿卜杜勒·阿齐兹接任王储和内政部部长。这一王位继承序位的变更,在一定程度上有别于第三沙特国家自建国以来长期坚持的家族政治原则, 呈现出更加明显的威权主义君主制色彩。如果穆罕默德·本·萨勒曼·本·阿卜杜勒·阿齐兹顺利继任国王职位,将是沙特阿拉伯王国王位继承历史上一个特殊的转折点。代际传承和父子相承合二为一的双重内涵赋予了穆罕默德·本·萨勒曼·本·阿卜杜勒·阿齐兹王位继承的或可承受之重。在此新旧更替之际,沙特阿拉伯的君主政治和家族政治必将发生诸多重大的调适以适应时代之变, 变化的方向和结果会受到内外环境的诸多影响。

尽管国王萨勒曼·本·阿卜杜勒·阿齐兹·本·阿卜杜勒·拉赫曼在任命其子穆罕默德·本·萨勒曼·本·阿卜杜勒·阿齐兹为王储的王室法令中仍然重申了沙特王位的传承规则,即"沙特国王和王储不能出自同一分支支系"[①],然而目前的王位继承序位已经在事实上打破了这一王位传承规则,萨勒曼·本·阿卜杜勒·阿齐兹·本·阿卜杜勒·拉赫曼父子相承标志着君主政治在与家族政治传统的博弈中已略胜一筹。

第二节　沙特阿拉伯宗教政治的发展道路

一、沙特阿拉伯宗教政治的起源

18世纪初,阿拉伯半岛的宗教信仰处于混乱状态,多种伊斯兰教派并存,对圣徒、圣墓、圣物的崇拜广泛盛行,多神教重新抬头,许多信仰甚至保留着原始信仰的残余。目睹当时阿拉伯半岛经济落后、社会动荡、政治混乱、信仰衰退的状况,出生于纳季德宗教世家的穆罕默德·本·阿卜杜勒·瓦哈卜致力于研究伊斯兰神学和教法学,试图从中找到拯救宗教和社会的办法,创立了瓦哈比派伊斯兰教教义。瓦哈比派伊斯兰教的核心内容是严格坚持一神崇拜的信仰原则,强调恪守宗教功修和缴纳天课,摒弃穆斯林宗教生活中的陋习恶俗,号召对背离经训者发动圣战。

前瓦哈比时代,德拉伊叶的沙特家族政权与纳季德其他定居点的政权并无差别。1744年,伊斯兰教瓦哈比派的创始人穆罕默德·本·阿卜杜勒·瓦哈卜来到德拉伊叶绿洲,沙特家族埃米尔穆罕默德·本·沙特·本·穆克林亲自造访,承诺给予他"与酋长的妻子和儿女同等的保护"[②]。穆罕默德·本·阿

---

① C. WANG:《海湾头条资讯20170622》,译读海湾,2017-06-22,http://mp.weixin.qq.com/s/zpRs Nv0eXud5JBthKLlyZg(访问日期:2017年7月28日)。

② Ayman Al-Yassini,*Religion and State in the Kingdom of Saudi Arabia*,Westview press,1985,p.25.

卜杜勒·瓦哈卜对穆罕默德·本·沙特·本·穆克林说:"你是德拉伊叶的首领和智者。我希望你对我宣誓:你将对不信者发动圣战。作为回报,你将成为穆斯林共同体的领袖,而我将成为宗教事务的领导人。"①穆罕默德·本·阿卜杜勒·瓦哈卜许诺,如果穆罕默德·本·沙特·本·穆克林皈依瓦哈比教派:"安拉将赋予你胜利,从这些胜利中获得的战利品将远远大于你现在的税收。"②穆罕默德·本·沙特·本·穆克林不顾许多邻近族长的反对,同穆罕默德·本·阿卜杜勒·瓦哈卜订立协议:"誓与你合作,直到正确的信仰得到恢复为止。"③由此,瓦哈比派伊斯兰教创始人穆罕默德·本·阿卜杜勒·瓦哈卜与沙特家族埃米尔穆罕默德·本·沙特·本·穆克林建立起历史性的教俗联盟,瓦哈比派沙特国家由此诞生,教俗合一的政治制度在纳季德始露端倪。沙特家族以武力支持穆罕默德·本·阿卜杜勒·瓦哈卜对异教徒和非瓦哈比派穆斯林发动的圣战,穆罕默德·本·阿卜杜勒·瓦哈卜则为沙特家族埃米尔作为穆斯林社团政治领袖的地位提供宗教政治合法性,同时也为沙特家族政权的统治和扩张提供意识形态的支持。穆罕默德·本·沙特·本·穆克林和穆罕默德·本·阿卜杜勒·瓦哈卜采用家族联姻和血缘结合的方式来巩固教俗联盟。穆罕默德·本·沙特·本·穆克林的长子阿卜杜勒·阿齐兹·本·穆罕默德·本·沙特娶穆罕默德·本·阿卜杜勒·瓦哈卜之女穆迪·宾特·穆罕默德·本·阿卜杜勒·瓦哈卜为妻。④沙特家族和瓦哈卜家族的联合统治建立在盟誓和联姻的基础之上,沙特家族掌握着国家的最高政治权力,瓦哈卜家族则享有国家的最高宗教权威。

沙特家族和瓦哈卜家族开始携手在阿拉伯半岛发动一场"回归正教"的瓦哈比派宗教政治运动,传播瓦哈比派伊斯兰教并拓展瓦哈比派沙特国家的疆域。瓦哈比派的核心思想"唯一神论"为沙特政权区别于纳季德其他部族政权提供了宗教政治合法性。瓦哈比派沙特国家根据《古兰经》的规定征收战利品的五分之一和天课,这既是国家行使权力的表现,又在实际上增强

---

① Madawi Al-Rasheed, *A history of Saudi Arabia*, Cambridge University Press, 2010, p.17.

② Ayman Al-Yassini, *Religion and State in the Kingdom of Saudi Arabia*, Westview Press, 1985, p.25.

③ [日]田村秀治编:《伊斯兰盟主——沙特阿拉伯》,上海译文出版社,1981年,第59页。

④ Daryl Champion, *The Paradoxical Kingdom: Saudi Arabia and the Momentum of Reform*, Columbia University Press, 2002, p.22.

了国家的实力。瓦哈比派净化信仰的宗教宣传构成沙特家族扩张的舆论工具，从事圣战的瓦哈比派战士成为沙特政权扩张的军事力量。接受瓦哈比派的宗教思想、缴纳天课和致力于对异教徒的圣战，构成诸多地区和部落效忠于德拉伊叶埃米尔国的基本模式。"最有效的政治军事组织和宗教意识形态相结合，构成了最初的宗教政治运动。"①沙特家族的军事扩张与瓦哈比派的宗教宣传相辅相成，每当沙特军队占领一处，瓦哈比派宗教学者随即进入并着力宣传"真正的信仰"。沙特家族向各地派遣穆夫提和卡迪，他们负责宣传瓦哈比派的宗教思想，并依据《古兰经》、"圣训"和罕百里派教法行使司法权力、仲裁纠纷。这些瓦哈比派穆夫提和卡迪是沙特家族控制诸多地区和部落的重要手段。

1773年沙特军队占领利雅得以后，穆罕默德·本·阿卜杜勒·瓦哈卜集中精力研究瓦哈比派教义和礼拜仪式等问题，将他原有的部分权力授予阿卜杜勒·阿齐兹·本·穆罕默德·本·沙特，并逐渐退出世俗政治领域。②1792年，穆罕默德·本·阿卜杜勒·瓦哈卜去世，第一沙特国埃米尔阿卜杜勒·阿齐兹·本·穆罕默德·本·沙特继任瓦哈比派伊斯兰教伊玛目（教长）职位，首开沙特家族统治者兼任瓦哈比派宗教领袖的先河。沙特政权从瓦哈卜家族与沙特家族的教俗二元权力体制转变为沙特家族教俗合一政治体制。沙特家族获得教俗联盟的领导权，瓦哈卜家族作为沙特家族政权的宗教顾问，从属于沙特家族的政治统治。

教俗合一政治体制的建立，赋予沙特家族统治者特殊的宗教地位。瓦哈比派穆斯林接受沙特家族统治者作为"合法的世袭的伊斯兰教统治者"③，宗教的顺从与政治的服从合二为一。沙特家族统治者担任瓦哈比派教长"伊玛目"，这一特殊的宗教政治地位为沙特家族政权奠定了宗教政治合法性基础，由此将沙特家族政权与阿拉伯半岛中部其他埃米尔国和酋长国的统治

---

① Christine Moss Helms, *The Cohesion of Saudi Arabia:Evolution of Political Identity*, Croom Helm, 1981, p.77.

② Ayman Al-Yassini, *Religion and State in the Kingdom of Saudi Arabia*, Westview press, 1985, p.26.

③ Daryl Champion, *The Paradoxical Kingdom:Saudi Arabia and the Momentum of Reform*, Columbia University Press, 2002, p.23.

从根本上区别开来。沙特·本·阿卜杜勒·阿齐兹·本·穆罕默德在位期间，瓦哈比派宗教政治运动达到顶峰。"宗教消除了族群之间的互相竞争和互相嫉妒，把他们统一在信仰真理的大方向上。"① 19世纪初，随着沙特军队的节节胜利，瓦哈比派教义的传播速度和影响范围都是空前的。从巴格达到也门，从波斯湾到红海，瓦哈比派信徒遍布各地。沙特国家进一步弘扬瓦哈比派教义的基本精神，严惩那些无视伊斯兰教法和亵渎瓦哈比派戒规的部落。莱蒂·勃兰特称："这是安拉的使者以后的第一个阿拉伯国家，在它的旗号下，在法律和秩序的基础上统一了阿拉伯半岛。"②从1807年起，沙特家族统治者沙特·本·阿卜杜勒·阿齐兹·本·穆罕默德主持一年一度的麦加朝觐仪式。控制麦加的朝觐活动，为沙特家族政权提供了丰富的财源，巩固并扩大了沙特家族政权的宗教政治影响，亦为瓦哈比派伊斯兰教在伊斯兰世界的广泛传播创造了条件。

第一沙特国强调宗教立国和宗教治国的政治原则，瓦哈卜家族与沙特家族的教俗联盟，以及瓦哈卜家族与沙特家族的权力分享，构成第一沙特国的明显特征。第一沙特国建立之初，穆罕默德·本·阿卜杜勒·瓦哈卜拥有绝对的宗教权威，他既是宗教学者和宗教法官，又是圣战的组织者和政治生活的重要参与者。穆罕默德·本·阿卜杜勒·瓦哈卜之子阿卜杜拉·本·穆罕默德·本·阿卜杜勒·瓦哈卜继任沙特国家的宗教领导人以后，撰写了大量反对什叶派信仰的宗教著述，为沙特家族的进一步扩张提供了宗教政治合法性。19世纪初，穆罕默德·阿里征服阿拉伯半岛，处死包括穆罕默德·本·阿卜杜勒·瓦哈卜的孙子苏莱曼·本·阿卜杜拉·本·穆罕默德在内的许多瓦哈卜家族重要成员③，还将瓦哈卜家族的一个重要分支整体放逐到埃及④。瓦哈卜家族的规模大为缩减，导致其在教俗联盟政治体制中的势力下降。

图尔基·本·阿卜杜拉·本·穆罕默德建立第二沙特国以后，沿袭第一沙

① ［突尼斯］伊本·赫勒敦：《历史绪论》，李振中译，宁夏人民出版社，2014年，第203页。

② ［叙］莫尼尔·阿吉列尼：《费萨尔传》，何义译，商务印书馆，1977年，第15页。

③ Madawi Al-Rasheed, *A History of Saudi Arabia*, Cambridge University Press, 2010, p.16.

④ Alexander Bligh, The Saudi Religious Elite（Ulama）as Participant in the Political System of the Kingdom, *International Journal of Middle East Studies*, Vol.17, No.1, Feb., 1985.

特国教俗合一的政治传统，亦以瓦哈比派伊玛目自居。图尔基·本·阿卜杜拉·本·穆罕默德消除了纳季德地区各部落之间的混战和无视瓦哈比派伊斯兰教规的现象，并致力于向波斯湾沿岸地区传播瓦哈比派伊斯兰教。"至1833年，整个波斯湾沿岸地区都隶属于瓦哈比派政权并缴纳贡赋。"①费萨尔·本·图尔基·本·阿卜杜拉统治时期，虽然瓦哈比派沙特政权的疆域明显不及第一沙特国家辽阔，但它获得了阿拉伯半岛及周边势力的广泛承认，"构成从'革命的瓦哈比派运动'到'瓦哈比派国家'的中间环节"②。许多阿拉伯部落在接受沙特家族统治的基础上，真正信仰了瓦哈比派伊斯兰教。瓦哈比派伊斯兰教逐渐成为纳季德及其周边地区占主导地位的宗教思想。

与第一沙特国相比，第二沙特国的宗教热情和领土扩张趋势明显减弱，瓦哈卜家族的政治影响力及其在沙特国家中的政治地位显著降低。第二沙特国时期，沙特家族的内讧长期持续，不同派别之间竞争激烈且王位更替频繁，瓦哈卜家族亦未能完全置身事外。瓦哈卜家族干预沙特家族的王位继承，在不同时期曾支持沙特家族旁系支族成员穆沙里·本·阿卜杜勒·拉赫曼和阿卜杜拉·本·苏乃彦竞争沙特国家埃米尔之位，虽均一度获得胜利并登上埃米尔之位，却都不敌第二沙特国建立者图尔基·本·阿卜杜拉·本·穆罕默德之子费萨尔·本·图尔基·本·阿卜杜拉而被推翻。杰贝勒沙马尔国击败第二沙特国后，瓦哈卜家族转而投靠杰贝勒沙马尔国以维持瓦哈比派伊斯兰教的影响，沙特家族与瓦哈卜家族的盟友关系一度中断。

阿卜杜勒·阿齐兹·本·阿卜杜勒·拉赫曼·本·费萨尔建立第三沙特国以后，自任沙特国家的埃米尔，尊其父阿卜杜勒·拉赫曼·本·费萨尔·本·图尔基为瓦哈比派伊玛目。阿卜杜勒·拉赫曼·本·费萨尔·本·图尔基去世以后，阿卜杜勒·阿齐兹·本·阿卜杜勒·拉赫曼·本·费萨尔身兼埃米尔和瓦哈比派伊玛目双重职务，再次确立了沙特家族教俗合一政治体制。

---

① Alexei Vassiliev, *The History of Saudi Arabia*, NYV Press, 2000, p.165.

② Daryl Champion, *The Paradoxical Kingdom: Saudi Arabia and the Momentum of Reform*, Columbia University Press, 2002, p.31.

二、官方瓦哈比派宗教政治的定型

第三沙特国经历了从部族埃米尔国向君主国发展的历史道路，同时也经历了瓦哈比派伊斯兰教从民间宗教逐步成为官方意识形态的历史进程。第三沙特国建立之初，阿卜杜勒·阿齐兹·本·阿卜杜勒·拉赫曼·本·费萨尔摒弃前嫌，邀请瓦哈卜家族后裔阿卜杜拉·本·穆罕默德·本·阿卜杜勒·拉提夫领导沙特国家的宗教活动，迎娶阿卜杜拉·本·穆罕默德·本·阿卜杜勒·拉提夫之女塔尔法·宾特·本·阿卜杜拉·本·穆罕默德为妻，恢复了沙特家族与瓦哈卜家族的历史性联盟。

以阿卜杜拉·本·穆罕默德·本·阿卜杜勒·拉提夫为首的瓦哈比派乌莱玛援引先知穆罕默德时代的历史实践，以及"查希里叶"和"希吉拉"的宗教概念，强调迁徙是摆脱蒙昧状态和获得真正信仰的必经之路，呼唤民众走出沙漠和走向定居，进而阐述伊赫瓦尼运动的理论基础。阿卜杜拉·本·穆罕默德·本·阿卜杜勒·拉提夫倡导建立瓦哈比派兄弟会，即"伊赫瓦尼"，试图用瓦哈比派的"兄弟"之爱来代替氏族部落的传统互助。他将瓦哈比派教义编纂成游牧民易于理解的宗教典籍，并通俗地阐释严格的一神信仰，要求人们认真履行伊斯兰教的各项宗教功课，恪守伊斯兰教法。除严格遵守伊斯兰教的五项基本功修之外，伊赫瓦尼理论还要求对"兄弟"的忠诚、顺从埃米尔和伊玛目、"兄弟"之间互相帮助、拒绝与欧洲及其统治的国家交往。[①]阿卜杜拉·本·穆罕默德·本·阿卜杜勒·拉提夫还大力宣扬定居生活特别是农耕生活的优越性。一神崇拜、恪守教法、顺从长官和同胞互助，构成伊赫瓦尼运动的思想核心。

自1910年开始，阿卜杜拉·本·穆罕默德·本·阿卜杜勒·拉提夫就委派弟子和门徒担任"穆陶威"，前往各地传播伊赫瓦尼思想，向各部落游说成立"伊赫瓦尼·陶希德"（认主独一兄弟会）的必要性和迫切性。穆陶威到各部落以伊斯兰教的名义教化部落民，向他们阐述安拉的法规比部落义务更为重

---

① 　Alexei Vassiliev, *The History of Saudi Arabia*, NYV Press, 2000, p.227.

要,号召各部落放弃自相残杀的战争和血亲复仇的行动,共同团结在瓦哈比派伊斯兰教的旗帜之下,保卫纳季德和沙特政权。穆陶威还向部落民宣传服从穆斯林共同体领导人的重要性,而服从的具体表现就是向沙特政权缴纳天课,并响应沙特政权对非瓦哈比派发动圣战的号召。[①]穆陶威既是瓦哈比派信仰的传播者,又是沙特政府的代理人,他们在监督部落民遵守瓦哈比派戒律的同时,也负责为沙特政府征收天课。

阿卜杜勒·阿齐兹·本·阿卜杜勒·拉赫曼·本·费萨尔还邀请各部落酋长到利雅得做客,安排他们到瓦哈比派乌莱玛开办的宗教学校学习宗教课程和瓦哈比派教义。一些狂热信仰瓦哈比派伊斯兰教的部落酋长回到各自的部落后,着手将伊赫瓦尼理论付诸实践。来自不同部落的贝都因人放弃传统的游牧生活,移入具备完整宗教功能的定居点"希吉拉",尊奉瓦哈比派教义,恪守宗教功修。他们接受瓦哈卜家族为首的利雅得乌莱玛作为神启法律的保护者和解释者,承认阿卜杜勒·阿齐兹·本·阿卜杜勒·拉赫曼·本·费萨尔是穆斯林共同体的伊玛目,向沙特政府缴纳天课。[②]伊赫瓦尼运动崇尚圣战,其宗教激情源自崇拜安拉和为安拉在尘世中的代理人服务的宗教原则,向所有的异教徒发动圣战是伊赫瓦尼的神圣职责。迁徙、定居、务农和圣战,构成伊赫瓦尼运动的基本环节。

伊赫瓦尼运动的开展,有利于沙特国家制度的构建和沙特社会的整合。瓦哈比派和伊赫瓦尼运动强调顺从安拉、顺从伊玛目及恪守宗教功修的信仰原则,成为阿卜杜勒·阿齐兹·本·阿卜杜勒·拉赫曼·本·费萨尔驾驭游牧部落和控制民众,进而强化国家权力的重要工具。伊赫瓦尼运动通过复兴宗教,有利于建立一种广泛的宗教认同以对抗部落认同,其兄弟会的宗教理念有利于沙特国家内部的团结和稳定。伊赫瓦尼运动促进了沙特国家军队的建立,一支以希吉拉的伊赫瓦尼和利雅得的城镇居民为基础的专业军队开始形成。另外,阿卜杜勒·阿齐兹·本·阿卜杜勒·拉赫曼·本·费萨尔还通过征收天课和战利品的五分之一作为国家税收来行使国家权力。适当的税收既

---

① Madawi Al-Rasheed, *A History of Saudi Arabia*, Cambridge University Press, 2010, p.52.

② Christine Moss Helms, *The Cohesion of Saudi Arabia: Evolution of Political Identity*, Croom Helm, 1981, p.137, pp.140–141.

意味着各部族对沙特家族统治的承认,也是各部族服从国家权力的象征。沙特国家开始从部族政体向君主政体转化。

伊赫瓦尼运动的狂热信仰和圣战激情混合了贝都因人的传统习俗和平等主义倾向,具有明显的双重性质和影响,既是沙特家族对外扩张的工具,亦是沙特国家集权政治的障碍。阿卜杜勒·阿齐兹·本·阿卜杜勒·拉赫曼·本·费萨尔试图抑制伊赫瓦尼的宗教激情,因此对派往最大的希吉拉艾尔塔维耶的宗教学者发布命令:"在宗教事务方面指导贝都因人,解决他们的法律问题,禁止他们的宗教狂热,宗教狂热是违反宗教基本原则的。"[1]阿卜杜勒·阿齐兹·本·阿卜杜勒·拉赫曼·本·费萨尔要求瓦哈比派乌莱玛颁布法特瓦(宗教法令),以呼吁宽容为主题,指责伊赫瓦尼的狭隘和偏执,以及缺乏容忍的极端行为。

伊赫瓦尼的宗教政治志向与沙特政权国家主义的政治理念之内在矛盾、伊赫瓦尼运动的激进倾向与阿卜杜勒·阿齐兹·本·阿卜杜勒·拉赫曼·本·费萨尔的中央集权政治模式之固有矛盾,以及伊赫瓦尼领导人的分权倾向与阿卜杜勒·阿齐兹·本·阿卜杜勒·拉赫曼·本·费萨尔的权力膨胀之外在矛盾,导致伊赫瓦尼运动与沙特家族政权从紧密合作逐渐走向分歧和对抗。征服希贾兹以后,伊赫瓦尼运动逐渐进入失控状态。1924年底,阿卜杜勒·阿齐兹·本·阿卜杜勒·拉赫曼·本·费萨尔要求瓦哈比派乌莱玛发布新的法特瓦,强调阿卜杜勒·阿齐兹·本·阿卜杜勒·拉赫曼·本·费萨尔作为伊玛目具有对圣战的绝对领导权,同时援引"信仰不能强迫"的启示和相关教法,要求伊赫瓦尼停止攻击尚未加入伊赫瓦尼运动的游牧民和定居民。伊赫瓦尼将阿卜杜勒·阿齐兹·本·阿卜杜勒·拉赫曼·本·费萨尔的政策视作对宗教信仰的松弛。1926年,伊赫瓦尼在艾尔塔维耶集会,提出对阿卜杜勒·阿齐兹·本·阿卜杜勒·拉赫曼·本·费萨尔的控罪书,从多方面质疑阿卜杜勒·阿齐兹·本·阿卜杜勒·拉赫曼·本·费萨尔的宗教政治合法性。1927年初,阿卜杜勒·阿齐兹·本·阿卜杜勒·拉赫曼·本·费萨尔在利雅得召集一次有3000名伊赫瓦尼成员参加的会议。利雅得乌莱玛发布法特瓦,明确否定阿卜杜勒·阿齐

---

① Metin Heper & Raphael Israeli,*Islam and Politics in the Modern Middle East*,Croom Helm Ltd.,1984,p.46.

兹·本·阿卜杜勒·拉赫曼·本·费萨尔有任何违背伊斯兰教的行为。[1]法特瓦强调发动圣战的决定权和圣战的领导权属于伊玛目，否定了伊赫瓦尼继续向境外的异教徒发动圣战的要求。乌莱玛明确表示，穆斯林共同体的伊玛目有权自由地征收伊斯兰税收，绝不允许任何人发动叛变。[2]

伊赫瓦尼与沙特国家中央权力的分歧最终升级成为武装斗争。伊赫瓦尼成员无视阿卜杜勒·阿齐兹·本·阿卜杜勒·拉赫曼·本·费萨尔的禁令，在希贾兹肆意劫掠，还深入约旦、科威特和伊拉克境内劫掠财物。[3]1928年，伊赫瓦尼首领费萨尔·达维什、苏尔坦·本·比贾德和宰丹·本·西沙莱恩宣称他们才是信仰的真正拥护者，指责阿卜杜勒·阿齐兹·本·阿卜杜勒·拉赫曼·本·费萨尔偏离了伊斯兰教的真正道路并与英国异教徒相勾结。三人密谋推翻沙特家族政权，瓜分纳季德、希贾兹和哈萨。1928年11月，阿卜杜勒·阿齐兹·本·阿卜杜勒·拉赫曼·本·费萨尔在利雅得主持集会，与会者主要包括伊赫瓦尼领导人、部落谢赫、城市贵族和乌莱玛共800余人，反对伊本·沙特的伊赫瓦尼首领缺席会议。阿卜杜勒·阿齐兹·本·阿卜杜勒·拉赫曼·本·费萨尔要求瓦哈比派乌莱玛和穆陶威"澄清领导人和追随者之间的关系，以及两者之间相互的义务"。阿卜杜勒·阿齐兹·本·阿卜杜勒·拉赫曼·本·费萨尔援引瓦哈比派宗教信条，强调顺从穆斯林共同体领袖的原则。瓦哈比派乌莱玛宣称伊赫瓦尼首领误入歧途，脱离了穆斯林共同体"乌玛"的共同意见，应该受到攻击直至他们返归正道。[4]瓦哈比派乌莱玛将费萨尔·达维什列为篡权者，裁定消灭篡权者是符合伊斯兰法律的。最后，瓦哈比派乌莱玛再一次向阿卜杜勒·阿齐兹·本·阿卜杜勒·拉赫曼·本·费萨尔宣誓效忠，进一步确认瓦哈比派宗教权威与阿卜杜勒·阿齐兹·本·阿卜杜勒·拉赫曼·本·费萨尔的教俗联盟，巩固了阿卜杜勒·阿齐兹·本·阿卜杜勒·拉赫曼·本·费萨尔对穆斯林共同体的领导地位，维护了阿卜杜勒·阿齐兹·本·阿卜杜勒·拉赫曼·本·

---

[1]　Madawi Al-Rasheed, *A History of Saudi Arabia*, Cambridge University Press, 2010, p.67.

[2]　Metin Heper & Raphael Israeli, *Islam and Politics in the Modern Middle East*, Croom Helm Ltd., 1984, p.47.

[3]　David Howarth, *The Desert King: A Life of Ibn Saud*, Collins, 1964, p.134.

[4]　Madawi Al-Rasheed, *A History of Saudi Arabia*, Cambridge University Press, 2010, p.68.

费萨尔权力的宗教合法性。此后,阿卜杜勒·阿齐兹·本·阿卜杜勒·拉赫曼·本·费萨尔在瓦哈比派乌莱玛的全力支持下,成功平息了伊赫瓦尼武装叛乱。

伊斯兰教作为意识形态和宗教政治力量,既非一成不变,亦非浑然一体。根源于阿拉伯半岛特定的历史环境和宗教传统,瓦哈比派伊斯兰教自诞生以来便是革命的意识形态和激进的宗教政治力量,是改造阿拉伯社会的重要武器。伊赫瓦尼运动以复兴瓦哈比派"纯正"的伊斯兰信仰在阿拉伯半岛的统治地位为宗教理想,是瓦哈比派伊斯兰教发展的重要阶段,对瓦哈比派伊斯兰教的性质和基调产生重大影响。在伊赫瓦尼运动的发展历程中,官方意识形态与民间宗教信仰逐渐分道扬镳。瓦哈比派宗教势力在信仰和行动层面实际上分裂为官方与民间两大阵营。部分伊赫瓦尼成员延续瓦哈比派伊斯兰教原初的宗教狂热和激进倾向,表达传统部族社会民众的社会理想和政治需要,构成沙特阿拉伯民间宗教政治的初始形态。作为官方意识形态的瓦哈比派则强调伊斯兰教的温和性,倡导宽容的宗教原则,反对任何形式的宗教狂热,着力宣传反叛政府的非法性,致力于维护沙特国家的统一。官方瓦哈比派宗教权威强调沙特家族政权的宗教政治合法性,宣称沙特家族是伊斯兰教的捍卫者、沙里亚的执行者、圣城的监护者和国家财富的管理者。

伊赫瓦尼运动对瓦哈比派乌莱玛在沙特国家中的角色和地位产生了重大影响。瓦哈比派乌莱玛本是沙特国家宗教政治权威和伊赫瓦尼运动的倡导者,然而在伊赫瓦尼运动的发展历程中,阿卜杜勒·阿齐兹·本·阿卜杜勒·拉赫曼·本·费萨尔多次要求瓦哈比派乌莱玛颁布法特瓦,为其特定的政治目标服务。阿卜杜勒·阿齐兹·本·阿卜杜勒·拉赫曼·本·费萨尔为支持伊赫瓦尼运动的乌莱玛和穆陶威发放薪水,改变了教职人员经济收入独立于政府的历史传统。伊赫瓦尼成员关于引进电报等问题对阿卜杜勒·阿齐兹·本·阿卜杜勒·拉赫曼·本·费萨尔的质疑曾经部分得到乌莱玛的默许,伊赫瓦尼运动最终失败的历史结局剥夺了乌莱玛主动干预国家事务的权力。伊赫瓦尼运动终止以后的很长一段时间,除了向统治者个人提出一些批评意见之外,乌莱玛几乎不再参与任何的政治活动。

经由伊赫瓦尼运动的历史实践,沙特阿拉伯官方瓦哈比派宗教政治逐步成型。乌莱玛丧失了他们曾经享有的有限自主权,处于从属于沙特家族政治领导的地位,其收入和活动都受到沙特政权的干预和管理。乌莱玛不再关注沙特家族的对外政策,默许君主制和世袭原则的确立,甚至对违背沙里亚的新法律法规也视而不见。伊赫瓦尼运动结束以后,沙特国家表现出控制宗教信仰的倾向。阿卜杜勒·阿齐兹·本·阿卜杜勒·拉赫曼·本·费萨尔宣布,沙特阿拉伯的宗教问题只能由乌莱玛决定,禁止召开没有事先得到他同意的任何目的的会议。[①]阿卜杜勒·阿齐兹·本·阿卜杜勒·拉赫曼·本·费萨尔规定,只有少数由国家提名的乌莱玛才有权给予宗教意见和颁布法特瓦,没有获得利雅得乌莱玛支持的宗教学者不允许讲道或解释经文。获得沙特官方支持的宗教学者有:阿卜杜拉·伊本·阿卜杜·拉提夫·谢赫、萨阿德·伊本·阿提克、穆罕默德·伊本·阿卜杜·拉提夫·谢赫、阿卜杜拉·安加利、阿卜杜拉·伊本·苏莱姆、阿卜杜·拉赫曼·伊本·萨利姆。这些官方宗教学者获得政府的高额财政补贴,构成了一个最忠诚于沙特家族的官方乌莱玛核心集团。国王阿卜杜勒·阿齐兹的决定,受到以利雅得乌莱玛为基础的忠诚于沙特家族的乌莱玛的大力支持。官方乌莱玛集团以自身的宗教权威为沙特政权服务,通过为沙特家族各方面的统治政策提供宗教政治合法性辩护而满足沙特家族统治者的需要,沙特阿拉伯教俗合一的政治体制进入新的发展阶段。

三、教俗合一的君主制度

沙特阿拉伯是当今世界上最典型的实行教俗合一君主制的国家。瓦哈比派伊斯兰教是国家的官方信仰和主体意识形态。沙特阿拉伯国王的统治权力和沙特家族政权的宗教政治合法性来源于瓦哈比派官方宗教政治学说。瓦哈比派伊斯兰教发展成为一种官方意识形态,是近现代阿拉伯半岛深刻危机的历史产物,也是社会和政治运动发展的逻辑结果。在宗教根源深厚的阿拉伯半岛,"神"是权力的源泉,"一神"则意味着建立统一的国家,消灭其他的权力中心。瓦哈比派伊斯兰教恪守"独尊安拉"的唯一神论教义,通过复兴一个顺从安拉的穆斯林共同体的宗教政治理念,建立一种超越传统部

---

① Mamoun Fandy, *Saudi Arabia and the Politics of Dissent*, Macmillan, 1999, p.47.

族认同的宗教认同,为沙特家族政权的建立和统一提供意识形态的基础。

　　沙特阿拉伯王国沿袭伊斯兰国家的政治传统,君主制度具有教俗合一的特点。沙特阿拉伯教俗合一君主制的理论基础源自正统伊斯兰教宗教政治理论。中世纪以来,正统伊斯兰教政治理论的思想体系逐步确立,温麦的原则、沙里亚的学说和有关哈里发的学说为教俗合一的伊斯兰国家奠定了基本的政治框架。根据正统伊斯兰教政治理论,伊斯兰教是伊斯兰国家的基础,教会与国家在正统伊斯兰政治理论中是具有相同意义的概念,宗教权力与世俗权力并无明显的界限。温麦亦即伊斯兰国家既是宗教意义的集合体,又是政治意义的集合体。温麦起源于安拉的意志,捍卫伊斯兰教法沙里亚的神圣地位是伊斯兰国家的目的所在。[①]沙特阿拉伯王国尊奉瓦哈比派伊斯兰教作为官方意识形态,瓦哈比派伊斯兰教极力强调教法至上的宗教政治原则。瓦哈比派伊斯兰教教义规定,"统治者被赋予了来自民众的效忠以后, 只要他根据安拉的法律领导穆斯林社团,穆斯林社团就会成为安拉的法律的活的化身,合法的统治者的责任就是确保人们熟知安拉的法律并严格遵从"[②]。瓦哈比派的这一原则要求沙特国王以《古兰经》和"圣训"立教,以罕百里学派的教法学说治国,确保沙特国家教俗合一的性质。

　　沙特阿拉伯王国坚持以宗教立国和治国,《古兰经》是王国的宪法,伊斯兰教法"沙里亚"是政府和国家事务的唯一章程和最终的仲裁标准。[③]《古兰经》和"圣训"构成沙特阿拉伯王国官方法律制度的基础。沙里亚法位于沙特阿拉伯王国法律体系的顶端,规定国家制度、社会规范和个体穆斯林的行为。早在沙特阿拉伯王国建立时, 阿卜杜勒·阿齐兹·本·阿卜杜勒·拉赫曼·本·费萨尔就明确宣布:"为崇高的安拉工作,遵从安拉的法律,遵循安拉的指示,是阿卜杜勒·阿齐兹的建国原则;服从安拉,接受安拉的命令和指示是最受重视的头等大事。"[④]国王费萨尔·本·阿卜杜勒·阿齐兹·本·阿卜杜勒·拉赫

　　①　Gibb, H.A.R., *Studies on the Civilization of Islam*, Princeton University Press, 1962, p.141.

　　②　Alexander Natasha, *Saudi Arabia: Country Study Guide*, p.153.

　　③　Tom Pierre Najem and Martin Hetherington, *Good governance in the Middle East oil monarchies*, Routledge Curzon, 2003, p.40.

　　④　钱学文:《当代沙特阿拉伯王国社会与文化》,上海外语教育出版社,2003 年,第 53 页。

曼宣布："我认为王国的宪法是世界上最古老的宪法，已经有一千三百多年的历史了，这就是：'仁慈的《古兰经》'。"[①] 1992 年，国王法赫德·本·阿卜杜勒·阿齐兹·本·阿卜杜勒·拉赫曼颁布的《政府基本法》明确规定："伊斯兰教是沙特阿拉伯的官方信仰，《古兰经》和'圣训'是沙特阿拉伯的永久性宪法。沙特阿拉伯王国政府的权力来自神圣的《古兰经》和'圣训'，王国所有法律都根源于《古兰经》和'圣训'。"[②] 根据《政府基本法》，沙特国家的根本职责是保护私有财产、捍卫伊斯兰教信仰、执行伊斯兰教法和保障沙里亚赋予的公民权利，国王拥有最高的司法权和行政权。

根据正统伊斯兰教政治理论，温麦亦即伊斯兰国家的统治者是哈里发，哈里发兼有宗教权力和世俗权力。"伊玛目"是哈里发的宗教称谓，"信士的长官"则是哈里发的世俗称谓。[③] 沙特阿拉伯国王既是国家的领袖，又是穆斯林的领袖、最高的宗教首领"伊玛目"，兼有世俗和宗教的双重最高权力。保卫伊斯兰教发源地和圣城的安全，维护《古兰经》的神圣地位，是沙特国王的首要职责。1926 年 7 月在麦加召开的"全体穆斯林代表大会"上，阿卜杜勒·阿齐兹·本·阿卜杜勒·拉赫曼·本·费萨尔被世界各国的穆斯林代表推举为"圣地护主"，由此获得了极高的宗教地位和权威。国王阿卜杜勒·阿齐兹·本·阿卜杜勒·拉赫曼·本·费萨尔采用"圣地护主"的称号，国王法赫德·本·阿卜杜勒·阿齐兹·本·阿卜杜勒·拉赫曼则以"两圣寺的仆人"取代了"陛下"称号，[④] 由此象征着沙特阿拉伯国王兼有宗教与世俗的最高权力，沙特国王和沙特政权因此获得了特殊的宗教政治合法性。沙特国王以伊斯兰教的捍卫者和圣城的保护者自居，甚至以全体穆斯林的宗教领袖自居。1992 年的《政府基本法》强调，沙特政府的责任是保护伊斯兰教和保卫圣城。沙特家族历代国王均以虔诚的瓦哈比派信徒著称。官方瓦哈比派乌莱玛依据《古兰经》和"圣训"阐述的宗教原则，竭力宣传沙特君主权力的合法与地位的神圣，为

---

① ［叙］莫尼尔·阿吉列尼：《费萨尔传》，何义译，商务印书馆，1977 年，第 301 页。

② Joseph Kechichian, *Succession in Saudi Arabia*, Palgrave Macmillan, 2001, p.210.

③ Lambton, A.K.S., *State and Government in the Medieval Islam*, Oxford, 1985, p.14.

④ Mordechai Abir, *Saudi Arabia in the Oil Era: Regime and Elites; Conflict and Collaboration*, Croom Helm, 1988, p.193.

沙特王权披上了神圣的外衣。

沙特阿拉伯教俗合一君主制的宗教政治合法性来源于正统伊斯兰教政治理论和瓦哈比派教义。正统伊斯兰教政治理论着力论述哈里发兼有最高宗教权力和世俗权力的宗教政治合法性，要求民众顺从哈里发的统治。早在阿拔斯王朝统治时期，伊本·穆加法就提出，哈里发在遵循《古兰经》和"圣训"的前提下，具有至高无上的权力和地位，哈里发的统治不容挑战，臣民只有顺从哈里发的义务而无权约束哈里发的行为。[①]安萨里则认为，君主是安拉在尘世的代治者，他所行使的权力应当使他的臣民望而生畏，从而使他的臣民相安无事，否则，安拉的法度将会无法维持，芸芸众生亦将受到无尽的伤害。罕百里派教法学家伊本·泰米叶的学说作为瓦哈比派宗教思想的重要来源，强调世人必须顺从自己的长官，顺从国家的秩序。"如果我们终生祈求安拉而仅有一次如愿，那么我们应当祈求安拉赐福我们的长官。"[②]瓦哈比派伊斯兰教教义进一步提出，"每个穆斯林一生中都必须对一个穆斯林统治者宣誓效忠，以确保自己死后可以进入天堂[③]。这一教义和宗教理论不仅赋予沙特国王宗教政治合法性，而且将效忠沙特家族统治者与宗教的回报联系在一起，为沙特君主制的长期维系提供了重要的保障。官方瓦哈比派宗教政治理论要求沙特民众将对瓦哈比派伊斯兰教的忠诚转化为对沙特国王和沙特家族政权的忠诚。沙特家族授意官方瓦哈比派乌莱玛颂扬沙特家族的宗教政治合法性，宣称沙特家族是伊斯兰教的捍卫者、沙里亚的执行者、圣城的监护者和国家财富的管理者。

沙特阿拉伯王国实行教俗合一君主制，君主集权借助于教俗合一的宗教政治而达到很高的水平。在宗教权力的层面，沙特国王是穆斯林共同体的宗教领袖，是瓦哈比派伊斯兰教教长"伊玛目"。在世俗权力的层面，沙特国王既是国家元首，又是全国武装力量的总司令和最高法官，在一般情况下还兼任大臣会议（内阁）的首相。沙特阿拉伯王国明确强调教俗合一的政治原则，大臣会议的所有成员必须以安拉的名义宣誓效忠伊斯兰教信仰，宣誓效

① Schacht, J., *The Legacy of Islam*, Oxford, 1974, p.408.

② 哈全安：《中东史（610—2000）》，天津人民出版社，2010 年，第 297 页。

③ Alexander Natasha, *Saudi Arabia: Country Study Guide*, p.153.

忠国王和国家。①国王的权力在理论上只受沙里亚的约束,他掌握着王国的最高军事权力,既行使王国最高的行政权,又行使最高的司法权,同时还拥有除沙里亚以外的立法权。国王作为武装力量的总司令,任命所有上校以上的军事长官。国王作为最高法官,掌握着最高上诉法院的职能,具有赦免权。国王通常以首相的身份任命所有的内阁大臣和其他高级政府官员及各省省长。国王对大臣会议上做出的决议有最终裁决的权力,并以王室法令的形式公布这些决议使之具有法律效应。国王颁布的一切王室法令在沙特阿拉伯王国都具有法律效力,所有沙里亚以外的立法都以王室法令或各部法令的形式颁布,各部法令必须经过国王的审核和批准。在对外关系上,沙特阿拉伯王国所有的驻外使节都由国王任命,所有的外交人员都由国王授权。②

尽管教俗合一的君主制赋予沙特国王除受伊斯兰教法"沙里亚"约束以外的几乎不受限制的权力,然而在现实中,因客观的社会政治环境和国王个人的权威和能力有所差异,沙特历任国王的实际权力并不相同。当国王的权威能够压制所有制约王权的因素时,国王的权力就高于一切,反之王权则会受到各种因素的制约。

阿卜杜勒·阿齐兹·本·阿卜杜勒·拉赫曼·本·费萨尔统治时期,由于部族传统的延续和国家综合国力相对弱小,国内部族集团和国外帝国主义国家对沙特政权尚存在一定的威胁,阿卜杜勒·阿齐兹·本·阿卜杜勒·拉赫曼·本·费萨尔的实际权力受到一定的挑战。阿卜杜勒·阿齐兹·本·阿卜杜勒·拉赫曼·本·费萨尔尽力维持与瓦哈比派乌莱玛的合作关系,在宗教事务方面顺从乌莱玛的意愿,在其他方面主要通过劝说的方式获得乌莱玛的支持。但是,"当乌莱玛给予阿卜杜勒·阿齐兹·本·阿卜杜勒·拉赫曼·费萨尔政治或军事方面的建议时,如果阿卜杜勒·阿齐兹·本·阿卜杜勒·拉赫曼·本·费萨尔不同意,他就会让他们回到书本中去"③。1927年2月11日,乌莱玛颁布法特瓦,提出"应该立即废除希贾兹地区存在的所有的奥斯曼法律,只能实行纯粹的沙里亚法律"。然而,阿卜杜勒·阿齐兹·本·阿卜杜勒·拉赫曼·本·

① Alexei Vassiliev, *The History of Saudi Arabia*, NYV Press, 2000, p.445.

② Alexander Natasha, *Saudi Arabia: Country Study Guide*, pp.81–82.

③ H. C. Armstrong, *Lord of Arabia*, Arthur Barker Ltd., 1934, p.214.

费萨尔决心继续维持奥斯曼世俗法律，于 4 个月后颁布王室法令批准了希贾兹地区现存的法律体系："奥斯曼法律的统治仍然有效。我们不会将其撤销，也不会颁布其他的法律取而代之。"[1] 1930 年，阿卜杜勒·阿齐兹·本·阿卜杜勒·拉赫曼·本·费萨尔决定在现有的宗教学科的基础上，建立一个现代的教育体系。乌莱玛颁布法特瓦，抗议教育指导委员会制定的总课程体系中含有外语、地理和绘画等学科。阿卜杜勒·阿齐兹·本·阿卜杜勒·拉赫曼·本·费萨尔告知乌莱玛，伊斯兰教主张信徒接受知识，同时，他要求教育指导委员会主席哈菲兹·瓦赫巴在总课程体系中维持外语、地理和绘画这三项科目的设置。[2] 20 世纪 30 年代，乌莱玛强烈反对引进电报和无线电广播，此事最终以妥协的方式解决，即广播只能用来播报有关《古兰经》的新闻和朗诵。

国王沙特·本·阿卜杜勒·阿齐兹·本·阿卜杜勒·拉赫曼由于其个人能力不足和统治政策的失误，国家面临各方面的危机，沙特家族内部也出现国王与王储的权力之争，君主的权力一度下降。大穆夫提领导瓦哈比派乌莱玛参与王国的政治事务，发布了有关国王与王储权力变动的法特瓦，宣布"将国内外事务的所有权力移交给王储和副首相费萨尔·本·阿卜杜勒·阿齐兹·本·阿卜杜勒·拉赫曼；国王沙特·本·阿卜杜勒·阿齐兹·本·阿卜杜勒·拉赫曼将保留纯礼仪上的国家君主头衔"[3]，至少在表面上显示出宗教权力对君主权力的决定性影响。68 名沙特家族成员认可了这份法特瓦，费萨尔·本·阿卜杜勒·阿齐兹·本·阿卜杜勒·拉赫曼举行加冕礼继任国王。费萨尔·本·阿卜杜勒·阿齐兹·本·阿卜杜勒·拉赫曼在宣誓就职的仪式上发誓，将按照沙里亚法律和传统来统治国家。由大穆夫提领导的乌莱玛、沙特王族，和来自王国各地的显要人士，向费萨尔·本·阿卜杜勒·阿齐兹·本·阿卜杜勒·拉赫曼宣誓效忠。

国王费萨尔·本·阿卜杜勒·阿齐兹·本·阿卜杜勒·拉赫曼力挽狂澜，获得了沙特家族和瓦哈比派乌莱玛，以及国内其他重要政治势力的认同。由于

---

①　Ayman Al-Yassini, *Religion and State in the Kingdom of Saudi Arabia*, Westview press, 1985, p.74.

②　Ayman Al-Yassini, *Religion and State in the Kingdom of Saudi Arabia*, Westview press, 1985, p.50.

③　Metin Heper and Raphael Israeli, *Islam and Politics in the Modern Middle East*, Croom Helm, 1984, p.49.

费萨尔·本·阿卜杜勒·阿齐兹·本·阿卜杜勒·拉赫曼的个人魅力和权威,以及他领导的沙特阿拉伯王国综合国力不断上升,使君主权力达到顶峰。费萨尔·本·阿卜杜勒·阿齐兹·本·阿卜杜勒·拉赫曼的现代化改革措施包括引进电视播放系统,瓦哈比派乌莱玛在此问题上有不同的意见。虽然瓦哈比派乌莱玛引用伊斯兰教义论证在电视中上演人体形象是不道德的,国王费萨尔·本·阿卜杜勒·阿齐兹·本·阿卜杜勒·拉赫曼仍然未与乌莱玛商议便颁布法令,批准在吉达、希贾兹和利雅得建造电视台。这项法令引起乌莱玛的不满,王国的宗教政治势力在利雅得举行游行示威运动,其中有许多官方乌莱玛参加,沙特阿拉伯王国的警察和军队开枪镇压了此次游行示威。沙特阿拉伯王国的官方宗教权威并没有采取有效的行动反抗国王的决定。国王费萨尔·本·阿卜杜勒·阿齐兹·本·阿卜杜勒·拉赫曼说服乌莱玛理解电视在教授和实践伊斯兰教中的作用,官方宗教政治权威权衡之后表示赞成电视播放系统的引进[1],沙特阿拉伯王国在1967年建立了定期的电视节目播放系统。

国王哈立德·本·阿卜杜勒·阿齐兹·本·阿卜杜勒·拉赫曼统治时期,由于他的身体欠佳,以及沙特家族内部的权力争斗,君主权力受到很大的限制。以阿卜杜勒·阿齐兹·本·阿卜杜拉·本·巴兹为首的瓦哈比派乌莱玛常常表现出对国家政策的不满。1978年,利雅得伊斯兰大学的近2000名教职人员和学生举行抗议,批评沙特国家电视频道播放了反伊斯兰教和颠覆瓦哈比主义社会的节目。[2]信息部部长穆罕默德·阿卜杜勒·亚马尼宣称这些电视节目反映了沙特现代社会的面貌,但他遭到麦地那伊斯兰大学校长和"宗教研究、教法宣传和指导委员会"主席阿卜杜勒·阿齐兹·本·阿卜杜拉·本·巴兹的严厉训斥。同年,瓦哈比派乌莱玛强烈批评沙特阿拉伯王国的电视节目表达了"现代主义者"关于沙特妇女地位的观点,同时严厉指责这些"现代主义者"是反对伊斯兰教的人。阿卜杜勒·阿齐兹·本·阿卜杜拉·本·巴兹还指责工业和电力部部长加兹·哥赛比侮辱了伊斯兰教。1979年麦加圣寺发生叛

---

[1] Alexander Bligh, "*The Saudi Religious Elite (Ulama) as Participant in the Political System of the Kingdom*", p.42.

[2] Mordechai Abir, *Saudi Arabia in the Oil Era: Regime and Elites: Conflict and Collaboration*, Croom Helm, 1988, p.149.

乱,新伊赫瓦尼运动采用伊斯兰政权主义的言辞,置疑沙特家族的宗教政治合法性,要求推翻沙特君主制。国王哈立德·本·阿卜杜勒·阿齐兹·本·阿卜杜勒·拉赫曼不得不向沙特官方宗教政治权威求助。官方宗教政治权威颁布法特瓦支持沙特政权,判定新伊赫瓦尼运动违背了宗教戒律,同时授权沙特军队进入圣寺平叛。随后,沙特军队在法国反恐部队的帮助下镇压了新伊赫瓦尼成员占领麦加圣寺的叛乱。

国王法赫德·本·阿卜杜勒·阿齐兹·本·阿卜杜勒·拉赫曼统治时期,沙特阿拉伯民间宗教势力蓬勃兴起,并在海湾战争以后达到高潮,形成对沙特君主制和沙特家族宗教政治合法性的严峻挑战。国王法赫德·本·阿卜杜勒·阿齐兹·本·阿卜杜勒·拉赫曼需要瓦哈比派宗教权威为其统治提供宗教政治合法性辩护,于是在妇女驾驶权等方面采取对官方宗教势力让步的措施。官方宗教权威阿卜杜勒·阿齐兹·本·阿卜杜拉·本·巴兹颁布法特瓦,宣布沙特妇女驾驶车辆是非法的行为。[1]沙特政府解雇了参加驾车游行的妇女的工作。在面临国内外危机的情况下,国王法赫德·本·阿卜杜勒·阿齐兹·本·阿卜杜勒·拉赫曼多次要求官方乌莱玛权威颁布法特瓦支持沙特国王的政治决策。当国内的诸多伊斯兰主义者共同签署《要求信》和《劝诫备忘录》并向国王请愿,要求严格按照伊斯兰法律进行统治、增加宗教人士在政治决策中的权力,以及进行多方面的政治社会改革之时,国王法赫德·本·阿卜杜勒·阿齐兹·本·阿卜杜勒·拉赫曼要求以阿卜杜勒·阿齐兹·本·阿卜杜拉·本·巴兹为首的官方乌莱玛权威谴责请愿运动的主张和行为。经由国王费萨尔·本·阿卜杜勒·阿齐兹·本·阿卜杜勒·拉赫曼统治时期开始的宗教机构官方化和乌莱玛官僚化进程,官方宗教权威与民间宗教势力逐步分裂,官方瓦哈比派宗教政治势力依附于沙特君主和沙特家族,沙特阿拉伯统治集团中教俗力量的对比向沙特君主和沙特家族一方倾斜。1992年12月,国王法赫德·本·阿卜杜勒·阿齐兹·本·阿卜杜勒·拉赫曼将拒绝在谴责《劝诫备忘录》的声明上签字的7名乌莱玛权威人士免职,并重新任命了10名忠于国王的乌莱玛进入乌

---

① Joshua Teitelbaum, *Holier than Thou: Saudi Arabia's Islamic Opposition*, Washington Institute for Near East Policy, 2000, p.30.

莱玛长老委员会。①

四、宗教机构的官方化进程

第三沙特国建立初期，王国并没有正式的宗教机构，国家最重要的宗教政治事务由一个非正式的乌莱玛组织掌管。这个非正式的宗教组织由10—15名纳季德和希贾兹的宗教法官所组成，以瓦哈卜家族的宗教权威为最高领导，他们的主要职责是在利雅得帮助国王统治国家。

1953年，国王阿卜杜勒·阿齐兹·本·阿卜杜勒·拉赫曼·本·费萨尔开始组建王国的中央政府，建立"宗教-法律意见发布和宗教事务监督协会"，由瓦哈卜家族成员穆罕默德·本·易卜拉欣·谢赫担任主席。1965—1974年，"宗教-法律意见发布和宗教事务监督协会"共颁布了675份法特瓦，主要处理宗教仪式、神权、妇女的地位和个人事务等方面的问题。

国王费萨尔·本·阿卜杜勒·阿齐兹·本·阿卜杜勒·拉赫曼在政府改革宣言"十点计划"中提出，要建立一个由22名乌莱玛长老和法理学家组成的委员会，其职责是就个人向他们提出的时事性问题给予宗教-法律意见。1971年8月29日，国王费萨尔·本·阿卜杜勒·阿齐兹·本·阿卜杜勒·拉赫曼颁布王室法令，宣布建立"资深乌莱玛委员会"，包含17名沙特阿拉伯王国最杰出的罕百里教法学派宗教学者，由阿卜杜勒·阿齐兹·本·阿卜杜拉·本·巴兹担任领导。②"资深乌莱玛委员会"是沙特阿拉伯的最高宗教机构，其职责是为国王提供宗教事务方面的建议。国王每周与居住在利雅得的"资深乌莱玛委员会"成员会面一次。"资深乌莱玛委员会"行使沙特阿拉伯的最高宗教权力，是沙特阿拉伯王国伊斯兰法的最高权威，理论上具有很大的权力和影响。"资深乌莱玛委员会"建立的主要目的是研究沙里亚，拥有批准王位继承、制定王国的宗教政策、发布宗教法令、决定王国的宗教事务，以及监督沙特政

---

① Daryl Champion, *The Paradoxical Kingdom:Saudi Arabia and the Momentum of Reform*, Columbia University Press, 2002, p.224.

② Metin Heper and Raphael Israeli, *Islam and Politics in the Modern Middle East*, Croom Helm, 1984, p.35.

府施政举措的职责和权力。在新国王继位之前，"资深乌莱玛委员会"必须颁布一份赞成的法特瓦，并宣布新国王是穆斯林的领袖"伊玛目"。

　　"资深乌莱玛委员会"理论上负有引导并监督沙特国王"绝对顺从"伊斯兰教法的责任，绝对顺从伊斯兰教法是沙特国王拥有对沙特民众绝对统治权力的基础。然而"资深乌莱玛委员会"事实上从不表达任何对沙特王室家族的反对意见，它的成员由国王任命或免职，薪水由政府发放。1992年，"资深乌莱玛委员会"中的7名乌莱玛因不愿在谴责《劝诫备忘录》的声明上签字而被国王法赫德·本·阿卜杜勒·阿齐兹·本·阿卜杜勒·拉赫曼免职，国王法赫德·本·阿卜杜勒·阿齐兹·本·阿卜杜勒·拉赫曼重新任命了10名绝对顺从沙特家族和政府政策的乌莱玛进入"资深乌莱玛委员会"。[①]"资深乌莱玛委员会"不具有任何"大穆夫提"曾经享有的独立自主地位和个人权威，而是"第一个为国王将来需要的宗教认可和宗教支持服务的讨论会"。作为沙特国王和政府的专职顾问，"资深乌莱玛委员会"的最主要职责是在国王需要宗教权威的支持和授权时，就某些有争议的涉及伊斯兰教教义的重大问题，颁布宗教政治裁断说明"法特瓦"，给予国王和沙特家族宗教政治合法性的支持。[②] 2009年，国王阿卜杜拉·本·阿卜杜勒·阿齐兹·本·阿卜杜勒·拉赫曼扩充"资深乌莱玛委员会"，其成员开始包含另外3个逊尼派伊斯兰教法学派即沙斐仪、哈乃斐和马立克教法学派的资深宗教学者。"资深乌莱玛委员会"成员的任期为4年。2010年，国王阿卜杜拉·本·阿卜杜勒·阿齐兹·本·阿卜杜勒·拉赫曼颁布王室法令，规定只有官方认可的宗教学者才有权颁布法特瓦，这些官方认可的宗教学者主要都是"资深乌莱玛委员会"的成员。[③]

　　"宗教-法律意见发布和宗教事务监督协会"和"资深乌莱玛委员会"的建立，将颁布"法特瓦"的权力制度化和机构化。与"资深乌莱玛委员会"同时建立的还有"伊斯兰研究和颁布费特瓦常设委员会"。国王费萨尔·本·阿卜

---

① Daryl Champion, *The Paradoxical Kingdom: Saudi Arabia and the Momentum of Reform*, Columbia University Press, 2002, p.224.

② Peter W. Wilson and Douglas F. Graham, *Saudi Arabia: The Coming Storm*, M.E.Sharpe, 1994, p.25.

③ Christopher Boucek: Saudi Fatwa Restrictions and the State-Clerical Relationship, Carnegie Endowment For International Peace, 27 October 2010, http://carnegieendowment.org/2010/10/27/saudi-fatwa-restrictions-and-state-clerical-relationship/6b81（访问日期：2017年8月14日）。

杜勒·阿齐兹·本·阿卜杜勒·拉赫曼从"乌莱玛长老委员会"的成员中挑选 4 名成员组成"伊斯兰研究和颁布费特瓦常设委员会",仍由谢赫阿卜杜勒·阿齐兹·本·阿卜杜拉·本·巴兹担任主席。此后沙特阿拉伯的法特瓦主要是由"资深乌莱玛委员会"和"伊斯兰研究和法特瓦常设委员会"颁布,由各清真寺的领拜人"伊玛目"向民众传达,进而由"扬善惩恶委员会"具体实施。2010年,"资深乌莱玛委员会"在"伊斯兰研究和颁布费特瓦常设委员会"之下新建了一个委员会,由萨利赫·本·穆罕默德·努海丹领导,专门负责监督费特瓦的颁布,禁止未被政府授权的学者颁布任何的费特瓦。①

国王费萨尔·本·阿卜杜勒·阿齐兹·本·阿卜杜勒·拉赫曼还创建了"高级卡迪会议",由沙特阿拉伯国内最有影响力的法官和法理学家所组成,其中若干成员来自"资深乌莱玛委员会"。"高级卡迪会议"的主要职能是阐释有关沙里亚的重大法学理论和疑难问题,并对某些重大的法律案件提供咨询和指导性意见等。

20 世纪 90 年代初,国王法赫德·本·阿卜杜勒·阿齐兹·本·阿卜杜勒·拉赫曼创建了"伊斯兰教事务部",其职责包括掌管传教事务、星期五的布道和沙特阿拉伯的伊斯兰大学。1994 年 10 月,伊斯兰教事务部又下设一个由 14 名成员组成的"伊斯兰传教和指导委员会",其主要权力是具体负责管理星期五布道和审查领拜人。"伊斯兰传教和指导委员会"每周向王国各地传真一个星期五布道的模型,实质上是通过这种手段来限定王国各地清真寺布道的主要内容,控制和统一民众的宗教政治思想。"伊斯兰传教和指导委员会"还拥有检查教育项目以"保护年青人不受激进思想侵害"的职权。②面对国内伊斯兰反对派运动日益高涨的局面,沙特政府于 1994 年 10 月宣布建立一个"最高伊斯兰教事务委员会",由国防部部长苏勒坦·本·阿卜杜勒·阿齐兹·本·阿卜杜勒·拉赫曼亲王领导,其成员包括内政部、高等教育部、财政部、司法部和外交事务部的部长,以及伊斯兰世界联盟的秘书长。③"最高伊

---

① Christopher Boucek:Saudi Fatwa Restrictions and the State-Clerical Relationship,Carnegie Endowment For International Peace,27 October 2010,http://carnegieendowment.org/2010/10/27/saudi-fatwa-restrictions-and-state-clerical-relationship/6b81(访问日期:2017 年 8 月 14 日)。

② Joseph Kechichian,*Succession in Saudi Arabia*,Palgrave Macmillan,2001,p.136.

③ Joseph Kechichian,*Succession in Saudi Arabia*,Palgrave Macmillan,2001,p.137.

斯兰教事务委员会"加强了沙特王族对王国宗教政治领域的控制,一定程度上削弱了官方乌莱玛权威的权力和地位。

以上机构和组织构成了沙特阿拉伯的官方宗教权威机构,它们直接服务于沙特国王和沙特家族统治集团,其主要使命是在总体上捍卫伊斯兰传统的纯洁性,遏制各种背离伊斯兰教基本原则的异端倾向,保持和维系沙特阿拉伯"纯正的"伊斯兰特征,为沙特家族政权提供宗教咨询,赋予沙特王权宗教政治合法性。沙特阿拉伯王国的另一类官方宗教组织主要面对沙特阿拉伯广大普通的穆斯林,其宗旨是用《古兰经》和伊斯兰教法指导、监督和规范穆斯林的伦理道德观念和行为方式,促使他们恪守伊斯兰教教规并顺从沙特家族政权的统治。这类官方宗教组织中影响最大的是"扬善惩恶委员会"和"宗教研究、教法宣传和指导委员会"。

1926年夏,阿卜杜勒·阿齐兹·本·阿卜杜勒·拉赫曼·本·费萨尔在麦加和麦地那原有的非正式机构"市场监督处"的基础上,在希贾兹地区建立了"扬善惩恶委员会",任命总卡迪阿卜杜拉·本·布莱伊德负责"扬善惩恶委员会"的组建工作。"扬善惩恶委员会"建立的目的是强制执行瓦哈比派教义和宗教戒律,控制沙特民众的社会行为,其主要职责是制定道德、日常生活和行为的标准,监督宗教法律的实施,强制穆斯林遵守伊斯兰教的各项要求并服从瓦哈比派的训诫,管理道德事务,监督穆斯林履行宗教义务,稽查违反沙里亚的行为。[1] 1929年夏,阿卜杜勒·阿齐兹·本·阿卜杜勒·拉赫曼在利雅得建立"扬善惩恶委员会"的理事会。1930年,国王阿卜杜勒·阿齐兹·本·阿卜杜勒·拉赫曼·本·费萨尔颁布王室法令,将"扬善惩恶委员会"并入警察机关的总理事会,规定国王拥有对"扬善惩恶委员会"和警察机关的仲裁权。[2] "扬善惩恶委员会"实际上是由沙特政府雇佣的"宗教警察",其基层组织深入沙特民众的日常生活中,监督和管理沙特民众的各方面行为。"扬善惩恶委员会"通过强制执行瓦哈比派原则和暴力镇压等手段,在沙特阿拉伯王国

---

① Joseph Kostiner, *The Making of Saudi Arabia*(*1916–1936*):*From Chieftaincy to Monarchical State*, Oxford University Press, 2011, p.110.

② Ayman Al-Yassini, *Religion and State in the Kingdom of Saudi Arabia*, Westview Press, 1985, pp.69–70.

初步建立起安定的社会秩序,由此巩固了国王阿卜杜勒·阿齐兹·本·阿卜杜勒·拉赫曼·本·费萨尔的统治权力。

"扬善惩恶委员会"逐步发展成为一个管理制度较为健全的半司法性宗教组织,属于国家行政机构的范畴。"扬善惩恶委员会"在沙特阿拉伯建立了地方分会、省级委员会、大穆夫提和首席卡迪、国王层层从属的管理制度,[①]凡是委员会的重大问题,都必须得到国王的指示。"扬善惩恶委员会"在沙特阿拉伯各地共有大小分会2000多个,每个分会的成员少则几人,多则几十人不等,其成员主要是一些公共雇员和志愿者。"扬善惩恶委员会"的势力和控制范围延伸到沙特阿拉伯的各个角落,有利于王权的巩固和国家的统一。"扬善惩恶委员会"是沙特阿拉伯官方瓦哈比派的重要机构,长期由瓦哈卜家族成员担任总管,直接对国王负责,是官方瓦哈比派乌莱玛和沙特国王控制社会的主要工具,通过强制国民恪守伊斯兰教教法和瓦哈比派戒规来控制国民的行为,遏制外来文化和思想意识在王国的传播。1976年,"扬善惩恶委员会"的总管阿卜杜勒·阿齐兹·本·阿卜杜拉·本·哈桑·谢赫,获得了政府部长的身份和地位,"扬善惩恶委员会"正式成为从属于国家行政体制的政府机构。1979年底的麦加圣寺事件之后,沙特政府投入更多的资金支持"扬善惩恶委员会",利用该组织严密控制沙特民众和社会。80年代末,"扬善惩恶委员会"拥有宗教警察2万余人,是瓦哈比派乌莱玛控制沙特社会的重要工具。"阿拉伯之春"以后,国王阿卜杜拉·本·阿卜杜勒·阿齐兹对"扬善惩恶委员会"进行改革,任命瓦哈卜家族成员中具有相对自由倾向的阿卜杜勒·拉提夫·本·阿卜杜勒·阿齐兹·谢赫担任"扬善惩恶委员会"负责人,享有内阁部长的身份和级别,直接向国王汇报工作。2013年,"扬善惩恶委员会"雇用了4000余名"宗教警察",另外包含近1万名行政人员。"扬善惩恶委员会"由政府预算提供开支,2013年其预算为39亿美元。[②]

"宗教研究、教法宣传和指导委员会"是一个具有相对独立性的官方宗

---

①　Alexei Vassiliev, *The History of Saudi Arabia*, NYV Press, 2000, p.440.

②　Louise Lief, "With youth pounding at kingdom's gates, Saudi Arabia begins religious police reform". *CS Monitor*, May 23, 2013, https://www.csmonitor.com/World/Middle-East/2013/0523/With-youth-pounding-at-kingdom-s-gates-Saudi-Arabia-begins-religious-police-reform(访问日期:2017年8月15日)。

教机构,其成员由国王直接任命和领导,其活动直接向国王负责。"宗教研究、教法宣传和指导委员会"的主要任务是宣扬瓦哈比派教义,发行宗教书籍和资料,规划有关伊斯兰教和瓦哈比派教义的研究课题,举办培训宣教人员的研讨会或学习班,以及应其他国家之邀,向国外派遣宣教人员。"宗教研究、教法宣传和指导委员会"出版了许多罕百里教法学派著名教法学家和瓦哈比派创立者穆罕默德·本·阿卜杜勒·瓦哈卜的著作,以及与伊斯兰教和瓦哈比派教义相关的出版物。沙特政府将这些宗教书籍和该委员会的相关宗教研究成果出版并分发到各地,以象征沙特阿拉伯王国的统治者是伊斯兰教的传播者。

沙特阿拉伯的官方宗教组织还包括致力于向国外传播伊斯兰教的宗教机构。这些宗教机构的职责是扩大沙特阿拉伯在穆斯林世界的威望和影响,同时在瓦哈比主义的旗帜下,维护伊斯兰的团结。始建于 1972 年底的"世界穆斯林青年大会"是这类机构的主要代表。"世界穆斯林青年大会"的总部设在利雅得,其主要使命是通过开展各种形式的活动,确立和维护沙特阿拉伯在伊斯兰世界的盟主地位。"世界穆斯林青年大会"的宗旨包括:通过宣传唯一神论,为伊斯兰教意识形态服务;强化穆斯林青年的伊斯兰自豪感,强调伊斯兰制度是优于其他一切制度的思想;支持世界上所有的穆斯林青年和学生组织。"世界穆斯林青年大会"的主要活动包括在国外修建清真寺和宗教学校、组织传教人员访问各国的穆斯林社团、接待一年一度的穆斯林青年代表大会并为他们出版宗教教科书等。[①]"世界穆斯林青年大会"的所有活动都在沙特政府的指导下进行,沙特政府为该组织的活动提供了巨额的财政资助。

五、教界成员势力的缩减

第三沙特国建立初期,沙特阿拉伯各行政区域不仅在经济和社会方面,而且在政治和宗教方面也存在着诸多差异。希贾兹地区长期以来受到奥斯曼帝国官方意识形态和宗教传统的影响,尊奉沙斐仪教法学派,同时实行宗

---

① 　王铁铮、林松业:《中东国家通史:沙特阿拉伯卷》,商务印书馆,2000 年,第 300 页。

教宽容的原则,允许各个教派的发展。纳季德地区是瓦哈比派宗教政治运动的发源地,罕百里教法学派长期占据统治地位,在意识形态方面具有相对极端的倾向,其他诸多教法学派遭到排斥。阿卜杜勒·阿齐兹·本·阿卜杜勒·拉赫曼·本·费萨尔统治时期,按照伊斯兰教的历史传统,沙特阿拉伯各个地区的乌莱玛分别掌管该地区的宗教、司法和教育领域,清真寺是乌莱玛行使权力的主要场所。

　　沙特阿拉伯官方宗教政治的主体是王国为数众多的教界成员,其上层成员拥有一定的宗教学识,通称"乌莱玛",其核心力量是瓦哈卜家族。瓦哈卜家族和沙特家族分别掌握国家的教权与俗权,是沙特国家重要的历史传统和政治原则。瓦哈卜家族作为瓦哈比派伊斯兰教的精神支柱和沙特国家的宗教权威,在沙特阿拉伯的政治和社会中享有特殊的威望和地位,是沙特阿拉伯仅次于沙特家族的家族势力。瓦哈卜家族的重要成员从沙特国家建立伊始,就一直辅佐沙特家族掌管国家的宗教生活。1953 年,阿卜杜勒·阿齐兹·本·阿卜杜勒·拉赫曼·本·费萨尔任命瓦哈卜家族成员穆罕默德·本·易卜拉欣·谢赫为沙特阿拉伯的"大穆夫提",掌管国家的宗教政策和法律事务。"大穆夫提"是沙特阿拉伯的最高宗教权威,通常由瓦哈卜家族成员担任,其主要职责是针对法律和社会事务给予教法学意见"法特瓦",对沙特阿拉伯的法院系统具有非常重要的影响。国王阿卜杜勒·阿齐兹·本·阿卜杜勒·拉赫曼·本·费萨尔和国王沙特·本·阿卜杜勒·阿齐兹·本·阿卜杜勒·拉赫曼统治时期,沙特阿拉伯最重要的乌莱玛权威在"大穆夫提"的领导下,不定期地举行非正式的集会,讨论与宗教有关的重要问题。1969 年,沙特阿拉伯的大穆夫提穆罕默德·本·易卜拉欣·谢赫去世,国王费萨尔·本·阿卜杜勒·阿齐兹·本·阿卜杜勒·拉赫曼废黜"大穆夫提"一职。国王费萨尔·本·阿卜杜勒·阿齐兹·本·阿卜杜勒·拉赫曼设立"资深乌莱玛委员会"作为王国的最高宗教机构,任命非瓦哈卜家族成员阿卜杜勒·阿齐兹·本·阿卜杜拉·本·巴兹担任领导。"资深乌莱玛委员会"取代传统上由"大穆夫提"掌握的为国家重要事件颁布法特瓦的最高宗教政治权力,它的设立"标志着沙特阿拉伯历史上瓦哈卜家族时代的结束"[①]。

---

　　① Daryl Champion,*The Paradoxical Kingdom:Saudi Arabia and the Momentum of Reform*,Columbia University Press,2002,p.59.

1993 年，国王法赫德·本·阿卜杜勒·阿齐兹·本·阿卜杜勒·拉赫曼重新设立"大穆夫提"一职，任命阿卜杜勒·阿齐兹·本·阿卜杜拉·本·巴兹担任该职。阿卜杜勒·阿齐兹·本·阿卜杜拉·本·巴兹并非瓦哈卜家族的后裔，他是沙特阿拉伯任"大穆夫提"一职的唯一一名非瓦哈卜家族成员。伊赫瓦尼运动以后，沙特阿拉伯的乌莱玛大都放弃了对沙特家族国内外政策的关注，默许了沙特阿拉伯君主制和世袭统治原则的建立，甚至对阿卜杜勒·阿齐兹·本·阿卜杜勒·拉赫曼·本·费萨尔所执行的违背沙里亚的新法律法规也视而不见。这一时期，阿卜杜勒·阿齐兹·本·阿卜杜拉·本·巴兹是坚持向统治者提出批评意见的乌莱玛之一，这些批评意见主要是关于与非穆斯林的关系和一些诸如财富分配不均的国内问题。阿卜杜勒·阿齐兹·本·阿卜杜拉·本·巴兹因其广博的宗教学识和不妥协的声誉而在沙特民众中拥有很高的威望。从"资深乌莱玛委员会"建立开始，历经国王费萨尔·本·阿卜杜勒·阿齐兹·本·阿卜杜勒·拉赫曼、哈立德·本·阿卜杜勒·阿齐兹·本·阿卜杜勒·拉赫曼和法赫德·本·阿卜杜勒·阿齐兹·本·阿卜杜勒·拉赫曼统治时期，阿卜杜勒·阿齐兹·本·阿卜杜拉·本·巴兹长期位居于沙特阿拉伯宗教政治机构的顶端，是沙特阿拉伯最著名的宗教权威和伊斯兰学者。阿卜杜勒·阿齐兹·本·阿卜杜拉·本·巴兹在民众中的威望有助于他为沙特家族的政策提供宗教合法性支持，被法国政治学家吉乐斯·凯佩勒称为"瓦哈比主义制度的名誉领袖"①。然而，以阿卜杜勒·阿齐兹·本·阿卜杜拉·本·巴兹为首的乌莱玛权威在麦加圣寺事件和海湾战争时期颁布的一系列法特瓦，全力支持沙特家族的国内外政策，甚至不惜允许非穆斯林军队踏入麦加圣寺和伊斯兰圣地，招致沙特阿拉伯民众和伊斯兰世界的诸多非议。官方乌莱玛权威在民众中的威望下降，沙特阿拉伯的宗教政治势力发生分裂，民间宗教政治势力发起了对官方乌莱玛和沙特家族宗教政治合法性的挑战。

1999 年，阿卜杜勒·阿齐兹·本·阿卜杜拉·本·巴兹去世，国王法赫德·本·阿卜杜勒·阿齐兹·本·阿卜杜勒·拉赫曼任命瓦哈卜家族成员阿卜杜勒·阿齐兹·本·阿卜杜拉·谢赫担任"大穆夫提"及"伊斯兰研究和颁布法特瓦常

---

① Gilles Kepel, *The War for Muslim Minds:Islam and the West*, Harvard University Press, 2004, p. 186.

设委员会"主席。阿卜杜勒·阿齐兹·本·阿卜杜拉·谢赫的宗教学识和威望不如其前任,其宗教社会主张亦相当保守,他曾发表声明称沙特阿拉伯的女孩年满 10 岁就应准备结婚。[①] 2012 年 3 月,阿卜杜勒·阿齐兹·本·阿卜杜拉·谢赫发布法特瓦,宣称必须摧毁阿拉伯半岛上的所有基督教教堂。这一法特瓦引起国际社会的普遍反对,一些著名的伊斯兰学者也公开谴责阿卜杜勒·阿齐兹·本·阿卜杜拉·谢赫的法特瓦违背了伊斯兰教主张和平和宽容的基本教义。

自从穆罕默德·本·瓦哈卜与沙特家族领导人建立历史性的联盟以来,瓦哈卜家族成为沙特阿拉伯宗教政治权威的象征和代表。从穆罕默德·本·阿卜杜勒·瓦哈卜到"大穆夫提"阿卜杜勒·阿齐兹·本·阿卜杜拉·谢赫,至少有 15 位瓦哈卜家族成员担任过沙特阿拉伯宗教领导集团中最重要的职位。[②]然而历经三个多世纪以来沙特国家的发展历程,瓦哈卜家族与沙特家族的势力呈现此消彼长的趋势。相对于沙特家族的威权化趋势,以瓦哈卜家族为首的宗教权威的权力和地位明显下降。

长期以来,瓦哈卜家族与沙特家族的婚姻状况有所不同,由此导致两个家族的人口生态出现较大差异。在瓦哈比派沙特国家几个世纪的历史中,瓦哈卜家族成员通常只有一个妻子,或者最多有两个妻子。[③]沙特家族成员则利用《古兰经》允许一夫四妻的规定和边娶边离的方式,与沙特阿拉伯境内的众多部族联姻。阿卜杜勒·阿齐兹·本·阿卜杜拉·拉赫曼·本·费萨尔曾与 30 多个部族联姻,沙特家族共有 3000 至 5000 名亲王。[④]婚姻状况的不同所导致的直接后果是瓦哈卜家族后裔的数量相对有限,而沙特家族的庞大规

---

① Louise Lief,With youth pounding at kingdom's gates,Saudi Arabia begins religious police reform,CS Monitor,May 23,2013,https://www.csmonitor.com/World/Middle-East/2013/0523/With-youth-pounding-at-kingdom-s-gates-Saudi-Arabia-begins-religious-police-reform(访问日期:2017 年 8 月 15 日)。

② Madawi Al-Rasheed,*Contesting the Saudi State:Islamic Voices from a New Generation*,Cambridge University Press,2007,p.27.

③ Alexander Bligh,The Saudi Religious Elite(Ulama)as Participant in the Political System of the Kingdom,*International Journal of Middle East Studies*,Vol.17,No.1,Feb.,1985.

④ Abbas Kelidar,The Problem of Succession in Saudi Arabia,*Asian Affairs*,Feb78,Vol.9,Issue 1.

模是其势力强大进而在教俗合一政治体制中占据主导地位的重要因素。数量众多的沙特家族成员通过联姻的方式，与国内的重要部族建立起广泛的血缘联系，进而成为一个拥有诸多重要支系的庞大的血缘集团。沙特家族通过联姻和血亲关系缔结的政治盟友远远超越了瓦哈卜家族的范围，瓦哈卜家族在沙特阿拉伯政治权力结构中的地位下降。吉鲁维和苏戴里等众多非宗教色彩的部族成为沙特家族政权的重要支柱，沙特阿拉伯政权结构的世俗色彩日益增强。

瓦哈卜家族成员职业的变化是教俗合一政治体制中其宗教政治权威和影响逐渐缩小的重要因素。历史上，瓦哈卜家族成员通过代代相传的宗教教育，对罕百里派教法学原则和瓦哈比派伊斯兰教教义有着精深的研究，主要从事宗教、法律和教育领域的职业。随着社会的发展和开放，瓦哈卜家族成员的职业构成发生改变，一些瓦哈卜家族成员选择了传统职业领域之外的发展方式。例如，阿卜杜勒·拉赫曼·谢赫是20世纪60年代激进倾向的纳赛尔主义政治家，阿卜杜拉·本·阿卜杜勒·拉赫曼·谢赫是沙特阿拉伯的将军。与此同时，沙特阿拉伯的伊斯兰大学和宗教专业的学生日渐增多，非瓦哈卜家族的乌莱玛人数不断增长，其中不乏宗教学识渊博和富有宗教威望之士。从20世纪三四十年代开始，沙特阿拉伯的宗教领导人职位不再由瓦哈卜家族所垄断。从1957到1962年沙特阿拉伯的12名乌莱玛权威中，只有3人是瓦哈卜家族成员。1969年大穆夫提穆罕默德·本·易卜拉欣·谢赫去世以后，瓦哈卜家族成员担任沙特阿拉伯宗教权威的数量进一步减少。随后的一段时期，"资深乌莱玛委员会"主席、司法部部长等重要的宗教职务均由非瓦哈卜家族成员担任。尽管瓦哈卜家族成员仍然担任一些其他的领导职务，但他们在政府体系中的势力范围日渐缩小。至2003年，瓦哈卜家族成员在沙特阿拉伯内阁中仅占2个席位，即司法部部长和伊斯兰事务部部长。2009年国王阿卜杜拉变更内阁成员之后，瓦哈卜家族成员在内阁中仅占1席，即伊斯兰事务部部长。目前，瓦哈卜家族成员担任"大穆夫提""扬善惩恶委员会"主席和"伊斯兰事务、捐赠、号召和指导部"部长这3个宗教政治领域的重要职位。虽然瓦哈卜家族仍是沙特阿拉伯最著名的宗教家族，且在沙特阿拉伯社会和政治中拥有仅次于沙特家族的威望，但是沙特家族已经建立起对沙特阿拉伯的威权统治,与瓦哈卜家族有名无实的宗教权威有天壤之别。

穆陶威是沙特阿拉伯教界成员的下层群体,其最初的身份是接受阿卜杜勒·阿齐兹·本·阿卜杜勒·拉赫曼·本·费萨尔和瓦哈比派乌莱玛的派遣,到伊赫瓦尼定居点希吉拉中传播瓦哈比派教义的宗教教师。他们是阿卜杜勒·阿齐兹·本·阿卜杜勒·拉赫曼·本·费萨尔向部族民众灌输瓦哈比派信仰和训练伊赫瓦尼成员为沙特国家进行圣战的重要工具。后来,穆陶威主要负责官方宗教机构"扬善惩恶委员会"的基层工作。穆陶威人数众多,遍布城乡的各个角落,他们既是宗教习俗的教导者和监督者,又是地方世俗事务的管理者,通常被称为"宗教警察"。他们沿街巡视,负责监督市场秩序,督促人们按时礼拜和斋戒,并且有权惩处违反瓦哈比派戒律的人。违反瓦哈比派戒律的人轻者被拘留或当众鞭笞,重者将被没收财产和住宅。穆陶威拥有取缔娱乐设施和娱乐场所、取缔丧葬仪式和各种庆典中的不符合瓦哈比派的异端行为的权力,他们还负责监视违反瓦哈比派戒律事件频发的地点。

穆陶威还负责设置性别隔离区,禁止吸烟和饮酒的行为,禁止男性穿着丝绸服饰和佩戴饰物,禁止制造和出售乐器,禁止绘制和出售包含人物或动物形象的绘画作品等。[1]穆陶威还负责在书店中查抄和没收有悖于逊尼派和瓦哈比派教义的书籍、杂志和音像制品。穆陶威的资历和地位与乌莱玛大相径庭,他们大多出身寒微、识字不多,其中相当一部分是上了年纪的文盲。加入穆陶威行列不需要接受任何专业训练,虔诚和严守瓦哈比派戒律是成为穆陶威的必要条件。穆陶威依附于沙特阿拉伯的宗教机构"扬善惩恶委员会",受命于官方乌莱玛和沙特国王,是沙特家族政治统治和官方乌莱玛管理国家宗教事务的重要工具。穆陶威通过强制民众遵守瓦哈比派教义,对维护公共道德和社会治安、捍卫沙特家族的统治作出了巨大的贡献。长期以来,穆陶威因其保守的立场和蛮横的态度,以及沿街巡逻、随意惩处民众的行为而备受争议和批评。2016年4月,沙特阿拉伯大臣会议出台新规定,取消穆陶威拘留嫌疑人的权力,如果发现违背瓦哈比派教义的行为,穆陶威只

---

[1] Ayman Al-Yassini, *Religion and State in the Kingdom of Saudi Arabia*, Westview Press, 1985, p.69.

能向警察和缉毒警察报告。①

沙特阿拉伯政府行政机构改革的必然结果是行政机构权限的扩大和教界成员势力范围的缩减。1924 年建立的麦加地方委员会就包含了审查麦加的司法体制、发布有关朝觐和瓦克夫方面的规章制度和监管宗教教育等职能，乌莱玛在该委员会中仅拥有 2 个代表席位，传统上由乌莱玛独立控制的司法、朝觐和宗教领域开始受到费萨尔亲王领导的国家行政机构的监管。石油时代，沙特阿拉伯大臣会议体系和国家行政机构迅速发展，管理司法、教育和朝觐事务的政府部门陆续建立，乌莱玛传统上在司法和教育领域的阵地逐步丧失，教界成员政治和社会领域的权力显著缩减。

沙特阿拉伯的司法体系经历了从简单到复杂的发展进程，乌莱玛在司法体系中的地位和权限逐渐降低。1927 年，阿卜杜勒·阿齐兹·本·阿卜杜勒·拉赫曼·本·费萨尔颁布法令，鼓励民众向放置在麦加和利雅得政府门口的"投诉箱"中投放诉讼申请，而国王将亲自审理"投诉箱"中的诉讼案件。"投诉箱"政策使国王成为司法领域的最高仲裁人，凌驾于传统上由乌莱玛领导的司法体制之上。石油时代，国王费萨尔·本·阿卜杜勒·阿齐兹·本·阿卜杜勒·拉赫曼将特定范围的司法权力委托给一些委员会、调查团和特别法庭，这些机构与王国的司法体系相区别，不受沙里亚的限制，有权自主做出司法判决或根据西方法律和国际法做出判决。这类机构的负责人和职员都拥有世俗教育的背景，而几乎没有沙里亚法的专业背景。后来，这类机构中的冤情调查委员会、商业纠纷调查团、作假案例中央委员会等都获得了永久的地位，它们与传统的司法体系合并，取代了官方乌莱玛的一些司法权力。②

20 世纪 50 年代，沙特阿拉伯的司法体系变得高度复杂。从国外引进许多世俗法律之后，商业法、劳工法和国际法大都是由世俗人士来阐释，乌莱玛的司法权力仅限于解释沙里亚民法和刑法。由国王和政府制定的行政法

---

① "Saudi Arabia strips religious police of arresting power", *Aljazeera*, 14 April 2016, http://www.al-jazeera.com/news/2016/04/saudi-arabia-strips-religious-police-arresting-power-160413141418824.html（访问日期：2017 年 8 月 15 日）。

② Ayman Al-Yassini, *Religion and State in the Kingdom of Saudi Arabia*, Westview Press, 1985, pp. 75–77.

规不断增加,它们都具有法律效力,实际上削弱了沙里亚的权限。1952 年的王室法令明确划分法官的类别, 随后建立了许多准司法的实体作为沙里亚法律体系的增补,实际上限制了沙里亚法律体系的权力。1962 年,费萨尔·本·阿卜杜勒·阿齐兹·本·阿卜杜勒·拉赫曼的"十点计划"要求保持司法独立并建立一个司法部,①这是王国司法体系结构调整的关键步骤。大穆夫提穆罕默德·本·易卜拉欣·谢赫去世以后,国王费萨尔·本·阿卜杜勒·阿齐兹·本·阿卜杜勒·拉赫曼颁布王室法令,宣布建立司法部。司法部取代原来由大穆夫提独立掌握的最高司法权力, 司法体系并入沙特阿拉伯大臣会议的框架之内。司法部部长向大臣会议主席(通常由国王兼任)述职,大穆夫提传统上独立掌控的沙里亚解释权被收归政府所有。司法部的成立,标志着沙特家族的统治权力在瓦哈比派乌莱玛控制的传统领域的广泛延伸。2005 年,沙特阿拉伯宣布进行司法体制改革, 将建立一个最高法庭来接管传统上由乌莱玛担任的"最高司法委员会"的职权,同时还将建立一个由上诉法庭、商业法庭和劳工法庭构成的网状法律系统。②沙特阿拉伯的司法体制改革,构成沙特家族行政体系扩大和乌莱玛权限缩小的重要途径。

第三沙特国建立之初,教育领域处于乌莱玛的控制之下。1953 年,教育部成立, 由亲王法赫德·本·阿卜杜勒·阿齐兹·本·阿卜杜勒·拉赫曼担任部长。1962 年,费萨尔·本·阿卜杜勒·阿齐兹·本·阿卜杜勒·拉赫曼任命乌莱玛权威哈桑·本·阿卜杜拉为教育部部长, 教育部成为乌莱玛的势力范围和活动据点。1975 年,高等教育部建立,由哈桑·本·阿卜杜拉担任部长,一个保守的技术官僚阿卜杜勒·阿齐兹·本·阿卜杜拉·胡维特接替了教育部部长的职位。③1987 年初,教育部部长阿卜杜勒·阿齐兹·本·阿卜杜拉·胡维特接替哈桑·本·阿卜杜拉成为高等教育部部长。④ 2016 年,教育部部长由艾哈迈德·

---

① Mordechai Abir,*Saudi Arabia:Government,Society,and the Gulf Crisis*,Blackwell Publishing Ltd,1995,p.46.

② Paul Aarts,*Saudi Arabia in the Balance*,Hurst & Compang,2005,p.448.

③ Mordechai Abir,*Saudi Arabia:Government,society,and the Gulf crisis*,p.16.

④ Mordechai Abir,*Saudi Arabia in the Oil Era:Regime and Elites:Conflict and Collaboration*,Croom Helm,1988,p.193.

埃伊萨担任。教育领域的改革将高等教育的管理机构与初等和中等教育的管理机构分离,乌莱玛逐渐失去了对王国教育领域的控制权。

世俗教育和世俗大学的蓬勃发展则使教界成员在沙特阿拉伯教育领域中的阵地更加丧失。1926 年,国王阿卜杜勒·阿齐兹·本·阿卜杜勒·拉赫曼·本·费萨尔委派埃及人哈菲兹·瓦赫巴主持希贾兹地区的教育董事会,聘请埃及教师授课,开设世俗教育课程,世俗教育正式纳入沙特阿拉伯的发展计划。[1] 1952 年,在沙特阿拉伯的初等学校课程体系中,宗教课程占 80%,世俗课程包括地理、绘图和外语。[2] 1954 年,沙特阿拉伯引进现代教育模式,实行六年制初等教育和六年制中等教育。自 20 世纪 60 年代起,沙特阿拉伯的世俗教育迅速扩大,聘用外籍教师和讲授现代课程的世俗学校明显增多。60 年代初,沙特政府聘用的外籍教师约为 2000 人。至 70 年代初,外籍教师的人数增长 10 倍。[3] 虽然教界势力仍然主导着沙特阿拉伯的初等教育,但世俗教育的发展使教界势力丧失了对中等教育和高等教育的控制,宗教学科在总课程体系中的比例不断下降。沙特阿拉伯的世俗高等教育发展迅速,沙特国王大学、阿卜杜勒·阿齐兹国王大学、费萨尔国王大学均为主要开展世俗教育的综合性大学。石油矿产大学是沙特阿拉伯最典型的高等世俗学校,采用美国的教育模式,主要聘用美国教师,用英语授课,约占半数的学生来自哈萨的什叶派穆斯林。

20 世纪 60 年代以前,沙特阿拉伯的女子教育属于非正式的私人教育的性质。1959 年,沙特政府承认女性具有接受正式教育的权利。1960 年,费萨尔·本·阿卜杜勒·阿齐兹·本·阿卜杜勒·拉赫曼以首相的身份倡导在沙特阿拉伯发展公共的女子教育。发展女子教育有违瓦哈比派的历史传统,颠覆了瓦哈比派乌莱玛的思想意识和认知。教界势力在一些地区组织反对女子教育的暴动,国王费萨尔·本·阿卜杜勒·阿齐兹·本·阿卜杜勒·拉赫曼以强硬的态度将其镇压,乌莱玛的权威遭受极大损失。国王费萨尔·本·阿卜杜勒·

---

[1]　Khalid Al-Ankary, *Urban and Rural Profile in Saudi Arabia*, G. Borntraeger, 1989, pp.4–10.

[2]　Alexei Vassiliev, *The History of Saudi Arabia*, NYV Press, 2000, p.310.

[3]　Daryl Champion, *The Paradoxical Kingdom: Saudi Arabia and the Momentum of Reform*, Columbia University Press, 2002, p.113.

阿齐兹·本·阿卜杜勒·拉赫曼设立女子教育局,赋予其相当于部级机构的地位,由一名拥有部长级权力和地位的乌莱玛长老所领导。由于女性大学教师的缺乏,沙特阿拉伯高等女子教育的方式主要采取男性教师通过录像授课的方式。1983 年,国王沙特大学建立女子分校。2002 年女子中学失火以后,王储阿卜杜拉·本·阿卜杜勒·阿齐兹·本·阿卜杜勒·拉赫曼迅速取消了瓦哈比派乌莱玛掌管女子教育的权力,将女子教育交由国家直接管理。①

按照伊斯兰教的历史传统,朝觐和瓦克夫事务属于乌莱玛独立掌控的重要领域。1962 年,沙特阿拉伯建立"朝觐事务和宗教基金部",负责管理朝觐事务和宗教财产,任命一名乌莱玛权威终身负责。虽然"朝觐事务和宗教基金部"仍然属于乌莱玛掌握的势力范围,但其作为大臣会议的下属机构,最高控制权掌握在首相和国王的手中。

沙特阿拉伯实行教俗合一的政治制度,政治生活具有浓厚的宗教色彩。瓦哈比派伊斯兰教创始人穆罕默德·本·阿卜杜勒·瓦哈卜与沙特家族首领穆罕默德·本·沙特·本·穆克林建立的教俗联盟,奠定了沙特国家宗教政治的历史基础。穆罕默德·本·阿卜杜勒·瓦哈卜去世以后,沙特家族领袖兼任瓦哈比派伊斯兰教伊玛目,确立了沙特阿拉伯延续至今的教俗合一政治体制,瓦哈比派宗教权力与沙特家族的世俗权力共同存在于沙特国家政治实体中。

沙特阿拉伯建立在部族酋长国的历史基础之上,建立有效的中央集权统治,进而整合传统部族社会,是沙特国家建立以后面临的首要任务。伊赫瓦尼运动作为瓦哈比派伊斯兰教发展的重要阶段,对瓦哈比派伊斯兰教的性质和基调产生了重大影响。经由伊赫瓦尼运动的发展历程,瓦哈比派官方宗教政治在沙特阿拉伯逐渐定型。名义上,乌莱玛是沙里亚的监护人,埃米尔的行为必须符合由乌莱玛所解释的《古兰经》和"圣训"的规定。实际上,沙特阿拉伯的宗教政治原则是教俗合一体制中俗权凌驾于教权之上,当乌莱玛和沙特家族意见不一致时,通常都是乌莱玛屈从于沙特家族统治者的意愿。

沙特阿拉伯的官方宗教政治采取教权国有的外在形式,实质上是沙特家族控制国家宗教权力,进而巩固沙特家族统治权力和地位的政治制度。石

---

① Stephen Schwartz, *The Two Faces of Islam:The House of Sa'ud From Tradition to Terror*, Doubleday, 2002, p.265.

油时代,沙特阿拉伯教俗合一宗教政治遵循沙特国家建立以来的历史传统,并在此基础上发展出一整套官方宗教政治制度及其实践。沙特阿拉伯官方宗教政治的主要表现是教俗合一的君主制、宗教机构的官方性,以及教界成员的官僚性。

沙特阿拉伯王国实行教俗合一君主制,官方瓦哈比派宗教意识形态和政治传统赋予国王除受伊斯兰教法约束之外的几乎不受限制的权力,君主集权借助于教俗合一的宗教政治而达到很高的水平。沙特阿拉伯以《古兰经》为宪法,《政府基本法》亦明确规定沙特家族的政治权力来源于《古兰经》和"圣训",瓦哈比派信仰和伊斯兰教法构成教俗合一家族政治的法理基础。沙特家族以"保护伊斯兰教和保卫圣城,维护伊斯兰教法的神圣地位"为名进行统治,以瓦哈卜家族为首的乌莱玛集团是沙特家族宗教政治合法性的主要维护者。然而,沙特阿拉伯的家族政治无疑包含宗教与世俗的双重元素。石油时代,沙特阿拉伯开始了完善国家机构和强化政府职能的政治改革,其结果必然是宗教政治权威势力范围的缩小、行政机构权限的扩大、君主权力的强化和沙特家族威权政治的发展。沙特家族威权政治构成沙特阿拉伯从传统政治模式向现代政治模式过渡的中间环节,官方宗教政治则是沙特家族威权政治的重要组成部分和具体实践手段。

石油时代以来,宗教机构的官方化和教界成员的官僚化是沙特阿拉伯官方宗教政治发展的基本趋势。沙特阿拉伯的宗教机构都由国家直接出资创建或接受国家财政的巨额资助,瓦哈比派乌莱玛的生计也完全依赖沙特阿拉伯政府的财政补贴。经济的非独立地位决定了官方宗教政治势力对沙特家族政权的依附,高额的津贴换取教界成员以自身的宗教权威为沙特家族的政治统治服务。伴随着沙特阿拉伯中央集权化政策的实施,宗教机构并入国家行政体系和教界成员官僚化的历史进程正式启动。始于阿卜杜勒·阿齐兹·本·阿卜杜勒·拉赫曼·本·费萨尔时代的宗教机构官方化进程的必然结果,是教界成员势力范围的缩小和独立性的彻底丧失。国王费萨尔·本·阿卜杜勒·阿齐兹·本·阿卜杜勒·拉赫曼时代,政府行政机构改革拆分了传统上集中于教界领袖大穆夫提之手的教界权力,并在大臣会议中设立正式的部委管理司法、教育和朝觐事务,教界势力传统上独立控制的重要阵地逐步丧失。尽管费萨尔·本·阿卜杜勒·阿齐兹·本·阿卜杜勒·拉赫曼仍将原有和新建的宗教机构，以及司法部和教育部置于教界管理之下，但宗教机构实际上成为国家行政体系的一个组成部分，管理这些领域的神职人员成为沙特王国的政府官员，教界领导亦成为由国王指定的内阁成员。国王法赫德·本·阿卜杜勒·阿齐兹·本·阿卜杜勒·拉赫曼时代，官方宗教政治的最高权力具有二元倾向，公共道德委员会主席和科学研究、教法宣传和指导委员会主席共同分享最高宗教权力。宗教权力的并行体制使最高宗教权力机构相互制约，宗教势力的影响进一步削弱。沙特阿拉伯宗教机构的官方化和教界成员的官僚化导致宗教政治势力与沙特家族的传统关系发生根本性变化，沙特家族通过政府行政体系控制原属于教界成员的势力范围，教界成员再也不能构成一个自治的权力中心了。教界成员丧失了他们传统上享有的自主权力，成为政府公职人员，其地位和活动受到国家规章和政治目标的支配。宗教机构的官方化与教界成员的官僚化标志着沙特王国官方宗教政治的日臻成熟。

石油时代，沙特阿拉伯的历史表现为沙特家族教俗合一权力结构的日趋膨胀和经济社会剧烈变革的双重倾向。沙特家族着力扩充国家机构和完善政府职能，并将传统上相对独立的宗教领域和宗教权力纳入中央政府统治之下，进而强化沙特家族的威权政治统治。同时，沙特家族借助威权政治的手段和教俗合一的瓦哈比派官方宗教政治意识形态，致力于改造沙特阿拉伯传统的经济秩序和社会结构，在石油产业提供巨额资金的基础上，沙特阿拉伯逐步走上现代化的发展道路。传统农牧经济的衰落、资本主义经济的发展、工业化和城市化的发展，以及新兴社会阶层的迅速成长，标志着沙特阿拉伯现代化的长足进步。沙特家族改造传统经济秩序和社会结构的主观目的，是维护沙特阿拉伯家族的统治地位，官方宗教政治的发展是家族威权政治膨胀的逻辑结果。官方宗教政治与家族威权政治的相互依存是沙特王国政治的历史形态和主要特色，宗教色彩的统治模式是沙特阿拉伯的重要历史传统和政治统治原则。

沙特阿拉伯的官方宗教政治建立在沙特家族权力垄断的基础之上，教俗合一官方宗教政治并非官方宗教势力对国家政治权力的分享。沙特家族的权力垄断无疑是沙特阿拉伯教俗合一政治制度的实质所在，官方宗教政治则是沙特家族垄断政治权力进而控制社会和驾驭民众的意识形态和舆论工具。官方宗教政治致力于为沙特家族威权政治服务,赋予沙特家族宗教政治合法性是官方宗教政治的主要职能。伴随着现代化的长足进步,沙特阿拉伯经历了新旧经济社会秩序消长的深刻变革,权力的争夺导致诸多社会群体间的激烈对抗。面对沙特民众分享经济政治权力、推进政治现代化改革的强烈要求,官方宗教政治成为沙特家族压制民众力量、维护威权统治的工具。沙特家族威权政治和官方宗教政治的强化导致沙特社会的矛盾对抗不断加剧。

沙特阿拉伯地处伊斯兰教圣地所在的阿拉伯半岛,素有宗教立国和宗教治国的政治传统。政治生活的非世俗性决定了权力角逐的宗教色彩,民间宗教政治运动成为民众政治崛起进而挑战家族威权政治和官方宗教政治的主要形式。民间宗教政治的兴起也是经济社会变革和民众经济政治力量崛起的重要产物。官方宗教政治和民间宗教政治日渐成为沙特阿拉伯最重要的政治分野。不满沙特家族威权政治和官方宗教政治的宗教学者和民众逐渐脱离官方宗教政治的领导和控制,组织或加入各种民间宗教政治团体以维护自己的信仰和权利。诸多民间宗教政治派别以自下而上的方式,采用请愿或暴力的活动手段,持有温和或激进的政治立场,包含挑战沙特家族权力垄断和扩大民众政治参与的共同愿望。民间宗教政治思潮和运动借助回归传统的宗教形式,倡导平等和民主的政治原则,强调民众的政治参与和公民权利,要求发展选举政治、议会政治和政党政治,属于现代性意识形态的范畴,成为推进沙特阿拉伯王国政治现代化进程的重要力量。民间宗教政治运动的兴起和发展引起沙特家族统治者和官方宗教政治集团的恐慌,并促使官方宗教政治集团更加依赖沙特家族的威权政治,试图借助沙特家族的统治权力来维持他们的既得利益和社会政治地位,官方宗教政治日益暴露出传统和保守的色彩。

沙特阿拉伯民间宗教政治思潮和运动的发展根源于经济社会发展的历史进程,呈现出从社会边缘成分到核心群体的演进趋势。20世纪70年代,沙特阿拉伯民间宗教政治思潮和运动的群众基础仅限于沙特阿拉伯的什叶派和伊赫瓦尼后代等边缘群体,其教派运动和宗教激进主义运动的斗争形式主要局限在宗教领域的反抗,具有捍卫信仰的强烈倾向。80年代后期,沙特阿拉伯民间宗教政治思潮和运动则以新兴的中产阶级知识分子为中坚力量,广泛发动王国各个地区各个阶层的民众积极参与。90年代,民间宗教政治思潮和运动呈现出多元化的发展趋势,采用政治请愿和政治暴力等多种方式广泛开展活动,形成了全国范围内对沙特家族政治和官方宗教政治的严重挑战。世纪之交,沙特阿拉伯的民间宗教政治思潮和运动无疑呈上升的趋势,民间宗教政治力量的政治影响不断扩大。"觉醒派谢赫"在一定程度上参与到国家政治改革的历史进程之中,甚至部分取代保守的官方宗教权威,成为沙特家族统治者与民众之间的调解人。"伊斯兰-自由主义"运动一度形成不同教派的伊斯兰主义宗教政治派别与世俗自由主义派别的政治联盟,其政治请愿在沙特阿拉伯的政治舞台留下了深刻的印记。"圣战派"运动与"阿拉伯半岛基地组织"挑战了沙特家族的宗教政治合法性,其暴力行动给沙特家族的统治造成巨大的压力。由于缺乏多方共同接受的明确政治纲领及克里斯马式的政治领袖,沙特阿拉伯的民间宗教政治派别难以形成稳定的政治联盟。"觉醒派谢赫"和"伊斯兰-自由主义"运动长期停留在精英政治的发展阶段,社会基础相对薄弱。加之中产阶级与沙特家族之间存在着千丝万缕的联系,其在挑战沙特家族权力垄断和推动政治现代化进程方面具有明显的软弱性和妥协性。"圣战派"运动与"阿拉伯半岛基地组织"主要与跨国基地组织网络相联系,在沙特阿拉伯国内的支持者局限于从阿富汗归国的圣战者和持激进宗教政治意识形态的城市贫民。他们在一定程度上脱离了沙特阿拉伯社会发展的主流方向,未能得到沙特民众的广泛支持。

综观世界历史,政治稳定与政治动荡的交替出现是现代化进程中的普遍现象。政治发展的主要方式有政治改革和政治革命,沙特阿拉伯在建国时期主要采取政治革命的发展道路,而在整合国家和社会的历史时期主要采用自上而下政治改革的发展道路。沙特阿拉伯未来的政治走向尚不明确,目前存在多种可能性。一种可能性是,沙特家族通过自上而下的政治改革,以温和渐进的方式缓解民众与官方的政治矛盾,实现威权政治向民主政治的过渡,实现民众广泛的政治参与和权力分享,推动沙特阿拉伯的政治现代化进程。另外一种可能性是,沙特家族内部发生分裂和斗争,由此实现威权家族政治向现代民主政治的演变,实现议会政治、选举政治抑或政党政治的发展模式。还有一种可能性仍然存在,即民间宗教政治势力通过自下而上的政治革命,以激烈和极端的方式否定现存的政治秩序,由此作为沙特阿拉伯政治发展模式变更的历史杠杆,最终实现政治发展道路的彻底转变。

第三章　从议会民主宪政到复兴党威权政治
——现代叙利亚政治发展道路的嬗递

　　叙利亚是现代阿拉伯世界乃至整个中东最重要的国家之一，素有"地理上最大的小国""东西方文明的摇篮""阿拉伯民族跳动的心脏"等美称，自古以来便是西亚地区重要的政治、经济和文化中心，以及古老丝路贸易的关键节点。然而值得注意的是，历史上并不存在叙利亚民族和国家清晰、成熟的政治和地理共同体架构，与大多数阿拉伯国家类似，叙利亚民族国家实体实际上是西方殖民统治在较短时期内人为催熟的结果，因此其一出生就面临着国家认同缺失、民族观念淡薄、政治秩序涣散、地方主义强大、经济贫困落后、宗派矛盾严重、政府能力低下等一系列严重问题。为了解决这些问题、推动新生民族国家逐渐由虚弱走向巩固、由混乱走向治理、由治理走向稳定、由稳定走向初步善治，叙利亚人在不同历史时期先后探索并实践了议会民主宪政体制、泛阿拉伯民族主义、军政一体一党体制、超人威权体制，以及开明威权体制等多条现代政治发展道路，并在经历一系列挫折和教训之后，取得了现代国家治理的初步成效。但是在漫长曲折的现代化道路探索中，叙利亚人始终没能真正实现民族关系的平等化、国家利益的人民化、政治体制的法制化、社会发展的公平化等国家现代化发展的根本性要求，以至于2011年国内危机爆发后，叙利亚数代人苦心经营的现代国家秩序再次出现了被付之一炬的危险。

第一节 何为"叙利亚"？
——叙利亚政治地理区位的历史演变

一、"叙利亚"政治地理称谓的来源

"叙利亚"这一名称从词源和称谓学上来看源自希腊语，但其最直接的起源有众多说法，其中受到普遍认可和接受的观点是"叙利亚"为"亚述"的缩写形式。古希腊历史学家希罗多德认为，叙利亚一称是希腊语，亚述或亚述人居地为其原始表达形式。[①]公元前 8 世纪，当希腊人开始接触东方的新亚述帝国时，他们便使用"亚述"一词指代所有居住在从地中海以东到两河流域及更远东方地区的居民。而"叙利亚"这个称谓，则最早出现于公元前 6 世纪末，亦为希腊式称谓。然而在已知中东本土的古代文献却中极少出现"叙利亚"一词，这说明，当地人不仅不称这块土地为"叙利亚"，也并不认为自己是所谓的"叙利亚人"，而仅称自己是生活在当地的亚摩利人、腓尼基人、以色列人、犹太人等。即使在少数使用叙利亚称谓的古典文献中，对"叙利亚"一词的界定和运用也有严重差异。例如，在"希腊化"时代，"叙利亚"一词有时意为北至小亚细亚黑海南岸、南达古埃及的整个条带状地区，并且与"亚述"一称相混淆。有时，它又可表示上古时期的阿拉米人或更早的埃伯拉人统治之地。有时它还与古典时代的"柯里叙利亚"（Coele，希腊语空心的意思，指代夹在外黎巴嫩山脉和黎巴嫩山脉之间的贝卡谷地[②]）一词同义，泛指"希腊化"时代以后，各西方古典帝国（塞琉古、罗马、拜占庭）的叙利亚省份

---

① Lamia Rustum Shehadeh, *The Origins of Syrian Nationhood*. Histories, pioneers and identity, Adel Beshara ed., 2011, p.17.

② Lester L. Grabbe, A History of the Jews and Judaism in the Second Temple Period, I: *Yehod: A History of the Persian Province of Judah*, Volume 1, 1971.

（大致包括以大马士革为中心的今叙利亚东南），"柯里叙利亚"的称谓出现后，实际上已与原来混用的"腓尼基""犹太"等词区别开来，并常与后两者同时并列出现。此时，人们一般以"叙利亚和腓尼基"指代小亚细亚以南、埃及以北的地中海东岸滨海区域。可以说，"叙利亚"称谓的历史内涵是极为复杂和相对模糊的，这一称谓从诞生之初便更多地传达着一种西方人而非中东人或者叙利亚本土人自身的世界观。

二、叙利亚政治地理区位的历史变迁与最后固定

"叙利亚"一词作为一种称谓来源多端并且变化复杂，而其作为一种地理区位概念出现和使用极早，但内涵并不明晰且迁沿不断，直至20世纪40年代，叙利亚的政治地理内涵才最后确定下来。叙利亚地区的政治地理化发端于马其顿国王亚历山大东征时期，在这一时期，希腊征服者直接采用希腊词汇"叙利亚"来代表河外地或埃伯纳里省（美索不达米亚北部，也就是现代叙利亚的东北地区和安纳托利亚东南的一部分[1]，希罗多德将阿拉米亚、腓尼基和塞浦路斯也算入埃伯纳里[2]）。因此，罗马史学家阿里安最早使用"叙利亚总督"一词来指代亚历山大帝国埃伯纳里省的管辖者。公元前1世纪，古罗马地理学家斯特拉波承认叙利亚的地理边界存在着不同的划分标准，他认为那种把叙利亚分为柯里叙利亚、叙利亚和腓尼基，并将当地活动范围多变不定的犹太、阿拉米、阿拉伯土著部落划归其中的界定方法并不恰当。他本人主张应将"叙利亚"界定为北至安纳托利亚的亚玛奴山脉，东抵幼发拉底河河畔，东南至阿拉比亚沙漠边界，南达埃及一带的半月牙形区域，并且这一区域内部还可以继续细分为塞琉古叙利亚、黎巴嫩和腓尼基等子区域。东罗马帝国统治叙利亚一带后，又在该地自北向南划分了两个叙利亚

---

① Dandamaev, Eber-Nari, *Encyclopaedia Iranica*, Vol.7, 1994.

② Drumbrell, *The Tell el-Maskuta Bowls and the "Kingdom" of Qedar in the PPersian Period*, BA-SOR 203, pp.33-44.

区、两个腓尼基区、三个巴勒斯坦区共七个行政区划,同归叙利亚省属。

公元 7 世纪,阿拉伯伊斯兰国家崛起,阿拉伯人在第二任哈里发欧麦尔时期,向北完成了对叙利亚地区的征服。由此开始,所有阿拉伯语资料以及后来的奥斯曼土耳其文献都用阿拉伯语"al-Sham"(沙姆,意为半岛北方)一词指代西方古典文献中的"叙利亚"地区。此时,"沙姆"被大体界定为北至安南托利亚的陶鲁斯山脉,南抵西奈沙漠的全部区域。此后它先后被划分为四大哈里发时期至阿拉伯帝国倭马亚、阿拔斯两王朝时期的多个军管区。

哈里发欧麦尔征服叙利亚后,为继续对抗北方拜占庭帝国的军事威胁、解决被征服地区的管理问题,其对叙利亚进行了新的行政划分和区域界定。在公元 639 年的贾比亚会议上,他将叙利亚划分为北部的霍姆斯、中部的大马士革、南部的豪兰,以及东南的约旦等四大军事管辖区。公元 680 年,倭马亚王朝在叙利亚又增设了一个从霍姆斯军管区分割出来新军管区——肯奈斯林军管区。该管区大致覆盖了叙利亚北部靠近拜占庭帝国的边境区域。不久,更靠北的前线城市阿勒颇取代肯奈斯林成为该管区首府,这一军事行政区划一直维持到公元 1098 年的十字军入侵为止。在此期间,不断崛起的伊斯兰地方王朝如哈姆丹、伊赫什德、法蒂玛、卡尔达斯、小塞尔柱等对有关区域的行政边界时有调整,但大体维持着阿拉伯人一贯的叙利亚地区划分传统。

从公元 1098 年开始,叙利亚沿海地区被西欧封建领主主导的十字军攻陷,十字军参考西欧本土的封建体制,在整个叙利亚沿海平原占领区陆续建立起耶路撒冷、安条克、埃德萨、的黎波里等拉丁化封建国家及领地。此时由于叙利亚内陆仍然为伊斯兰地方王朝控制,叙利亚实际上出现了地缘和文化两分的奇特景象,这种景象导致了伊斯兰世界与基督教世界对叙利亚的差异化理解。公元 1291 年,随着西欧十字军最后的据点阿卡沦陷,叙利亚沿海地区的拉丁化走向终结,在短暂的蒙古入侵后,叙利亚成为埃及马穆鲁克王朝的亚洲一部分。此时,叙利亚作为一个独立的政治地理单元之地位受到了埃及-叙利亚政治地理统一体的挑战。

1516 年,奥斯曼土耳其帝国南下进攻马穆鲁克王朝,并成功占领了整个埃及-叙利亚地区,叙利亚由此正式成为奥斯曼帝国的一部分。奥斯曼统治当局起初将叙利亚中北部完整的作为一个内含诸多区县的单独大省加以控制。但在 1549 年，叙利亚被重新划分为两个省——北部的阿勒颇省以及中部内陆的大马士革省。1579 年，奥斯曼土耳其人在叙利亚西部沿海地区成立了的黎波里省，以便管理该地区的基督徒。1586 年，当局又在叙利亚东部内陆地区增设拉卡省。至此，叙利亚地区被完全分割为四个相对独立的省份。19 世纪中前期，埃及阿里王朝从奥斯曼帝国统治下独立，并且出兵征服叙利亚，废除了奥斯曼帝国在叙利亚的既有行政区划。埃及征服当局很快将叙利亚地区细分为大马士革、阿勒颇、的黎波里、西顿、巴勒斯坦、耶路撒冷和纳布卢斯等多个省加以控制。1831 年，叙利亚沿海城镇提尔、西顿、贝鲁特和的黎波里成为单独的帕夏区，归易卜拉欣帕夏统治。1832 年，包括黎巴嫩在内的整个地区都被埃及阿里王朝再度合并为一个省，通称阿拉伯斯坦，由埃及委任艾米尔管理。

埃及阿里王朝撤离叙利亚后，1864 年 11 月，坦齐马特时代的奥斯曼政府颁布新法令，决定重新设定叙利亚地区省份属性，准备成立新的、标准的省级管理机构对之加以管理，原来的省级单位则大多降格为州，由州长负责。同时奥斯曼帝国在官方文件中正式恢复使用"叙利亚"这一西方古称。1870 年，奥斯曼当局将叙利亚地区明确划分为两个部分，即位于叙利亚中部的叙利亚省（包括以前的大马士革省、西顿省）和位于叙利亚北部的阿勒颇省，该行政区划一直持续到 1888 年。1888 年后，叙利亚地区又一次被重组为六个行政区域——叙利亚省、大马士革省、哈马省、豪兰省、卡拉克省，以及贝鲁特省。[①]这次重组的目的在于分割和切断叙利亚阿拉伯人的内部联系，以防范阿拉伯民族主义威胁奥斯曼当局在该地区的政治统治。第一次世界大战结束后，随着奥斯曼土耳其帝国统治最后的土崩瓦解，这一行政区划遭到废止。

1916 年，英法两国签订了密谋瓜分奥斯曼土耳其帝国亚洲领土的《赛克斯—皮科协定》。1920 年，英法两国以此前密定的《塞克斯—皮科协定》为基础，依据 1920 年 4 月国际联盟圣雷莫会议有关委任统治的具体约定，将传统叙利亚地区一分为二，分别予以占领。其中，英国获得南部叙利亚地区即

---

① Ilzkowitz, *Ottoman Empire and Islamic Tradition*, Unviersity of Chicago Press, 1972, pp.21–23.

巴勒斯坦和约旦等地,法国则鲸吞了除摩苏尔之外的整个北叙利亚地区,摩苏尔地方则被法国以石油利益交换的方式转交给英国控制下的伊拉克当局。此时,叙利亚这一历史地理概念的涵盖范围逐渐遭到缩小并最终定指为今天的叙利亚和黎巴嫩两地。而法国委任统治当局接手叙利亚不久,便开始策划对该地区进行进一步的分割统治。1920 年 8 月 30 日,法国当局宣布将叙利亚境内的贝鲁特、的黎波里、西顿、提尔、贝卡谷地、巴勒贝克与以基督教徒为主体的旧黎巴嫩省合并,组成大黎巴嫩特区,享有自治权。1922 年,在法国委任统治当局授意下,国际联盟正式宣布大黎巴嫩脱离叙利亚,以独立身份归属法国殖民统治。在此之后,法国又赋予叙利亚北部靠近土耳其的亚历山大勒塔地方以自治权,并于 1939 年将之作为政治筹码,划割给土耳其。至此,现代叙利亚作为一个民族主权国家的地理区域终于大致确定了下来。1941 年 9 月 28 日,第二次世界大战期间,法国流亡政府宣布叙利亚地区在其现有的政治版图内独立。1943 年 8 月 17 日,叙利亚选举首任总统,正式宣布成为一个边界固定、内涵明确的现代政治地理实体。

第二节　叙利亚现代政治发展道路的启动
——议会民主宪政体制实践

　　1946 年 4 月 17 日,法国在叙利亚长达 26 年的殖民统治终结,叙利亚获得了完全独立。但此时的叙利亚并非严格意义上的现代性民族国家。其疆域是殖民者人为划分的结果,疆域内绝大多数的阿拉伯人并不认为自己是叙利亚人,乡村、部落和城镇下层社会民众只对家族、部族、地区和宗教保持忠诚。这些情况无一不增加着叙利亚政治建构和社会治理的难度。

一、独立初期的叙利亚议会民主宪政发展道路

叙利亚取得完全独立地位后，最初的国家政治体制依旧是延续自法国殖民统治时期人为构建的一院制议会民主共和政体。而在叙利亚政治现代化初始阶段突然出现的这种形式上成熟的政体，究竟是否符合叙利亚国情？议会民主制下叙利亚国家政治体系的具体性质又该如何理解呢？

（一）议会民主制的揭幕及其普力夺政体性质

较为主流的西方政治发展理论强调，一国政治体系的性质是由该国政治制度化程度与社会政治参与程度之间的比率决定的。这一比率越高，即政治制度化程度越接近高于社会政治参与程度的政治体系相对稳定，具备公民性政体的特征。这一比率越低，即政治制度化程度越接近低于社会政治参与程度的政治体制相对动荡，更接近于普力夺的政体特征。而在普力夺政体中，各种被现代化思潮明确了自我身份并强化了自我认同的社会集团会倾向于以各自特有的方式，直接而非有序地干预国家政治，以谋求更多的国家权位和集团利益。这里牵涉出一个问题，即如何界定政治制度化与政治参与的具体程度，进而辨明二者的比率关系。对此，亨廷顿大体指出，政治参与程度可以划分为三个层次，在最低层次，政治参与只限于极少数传统社会的贵族与精英群体；在中间层次，政治参与最显著的标志是新兴中产阶级对政治秩序的充分介入；最高层次的政治参与则意味着社会各阶层对政治体系建构的最广泛参与。[①]而对于政治制度化程度高低的判断，理论界尤其是西方理论界并没有达成共识，西方学者认为制度化程度由于差异太大而难以标准化，其程度似乎只有在进行横向比较之时才有意义。但笔者认为无论制度化程度的衡量标准有多么复杂和多样，以下几点基本衡量尺度却是共通的：

---

① ［美］塞缪尔·P.亨廷顿：《变化社会中的政治秩序》，王冠华、刘为等译，上海人民出版社，2008年，第60页。

即制度化程度的高低首先取决于政治制度与当前社会发展情势的契合度，其次取决于政治制度对历史传统的继承性，再次取决于社会基本面对现行制度的接受程度，最后取决于政治制度运作的有效性。那种高度契合社会发展需要，制度基础扎根于并发展自历史传统基础之上，社会普遍接受度高，运行高效的政治体制无疑是高度制度化的政治体制，那种部分契合社会发展需要，部分继承历史传统，社会接受程度一般，运行效率普通的政治体制为中度制度化的政治体制；那种脱离社会现实需要，与历史传统割裂，社会接受程度低下，缺乏效率的政治体制则仅有最低水平的制度化程度。

就独立初期叙利亚国家政治体系的具体性质而言，其政治制度化建立在一院制议会民主制基础之上，法国殖民当局强加给叙利亚人民的1930年宪法是该制度实行的宪政法理来源。1930年宪法规定，叙利亚为议会制共和国，议会作为叙利亚国家最高立法机关，实行一院制，议会共设议席124席（1943年确定），每届议会任期为4年，每年召开2次会议，国家元首总统由议会选举产生，但不对议会负责，政府内阁由总统直接任命，但不对总统负责而对议会负责，政府内阁拥有广泛的行政权力。

作为叙利亚现代政治发展的开端，议会民主体制在叙利亚的确立源于法国殖民当局便宜行事的统治利益，该宪法以法国政体为参照蓝本，将高度成熟的资产阶级代议民主制直接照搬和移植到叙利亚，并以此作为国家的基本政治体制和核心上层建筑。但值得注意的是，这一时期的叙利亚并未经历完整、系统甚至有规模的工业化，现代化仅仅刚刚起步，支撑议会政体的资本主义经济基础尚处萌芽状态，资产阶级力量较弱且在政治上相当不成熟，专制主义传统和政教合一色彩依然十分浓厚，绝大多数民众不理解也不认同议会制度。这些情况意味着叙利亚缺乏践行成熟资产阶级代议制的基本条件。因此一院制议会民主制政体在叙利亚的建立，实际上严重脱离叙利亚社会的发展要求，其并非叙利亚社会历史发展自然而然的产物，缺乏对叙利亚地区历史传统的起码继承。对此，部分西方学者也对叙利亚议会民主制的有效性抱有疑问，比如英国著名叙利亚问题专家帕特里克·希尔便认为，独立初期的叙利亚"并非处于西方宪政体制之下，而仅仅处于西方宪政体制的掩盖之下"①。可见在一院议会民主制下,叙利亚政治的制度化程度处在相当低的水平之上。

在政治参与程度方面,1947年7月叙利亚议会举行了独立以来第一次选举,这次选举被叙国内外普遍认为是"现代叙利亚历史中最自由、最具代表性、对叙利亚现代政治影响最深远的一次选举"②。从选举的结果以及叙利亚议会民主制政治力量的最新构成情况来看,以宗教长老、部族首领、土地贵族、大商人领袖为主体③的独立人士获得了叙利亚议会的大多数席位(50个席位),他们是地区及世家或部族利益的代言人,基本上仍然属于传统社会的贵族精英阶层。在现代化观念的散播下,这些传统阶层形成了比较强烈的自我认同,他们希望通过大规模干涉议会,有条理且合法地推动国家机器继续服务于本集团利益。与此同时,叙利亚议会也出现了为数不少的现代政党组织,其中最具规模的政党为分裂于具有浓厚地区与部族家族色彩的松散型民族主义联合党派"爱国民族联盟"④的人民党和民族党两党。在此次议会选举中,两党分别获得议会20个和24个席位,进而成为议会最大党。⑤在两党之中,人民党主要代表叙利亚北部阿勒颇地区的土地贵族、地方豪强和大商人利益,与伊拉克境内政治集团关系密切;民族党则主要代表以大马士革为中心的叙利亚南部土地贵族、地方豪强与大商人利益,与沙特王室关系密切。从政党的现代化特征来看,两党并非纯粹意义上的现代政党,因为两党均无明确的政治纲领和差异性的政治理念。不过两党均表示坚决反对封建专制主义,因而部分体现出新兴阶级的利益诉求。

除人民、民族两大党之外,叙利亚还存在着阿拉伯复兴党、阿拉伯社会党、叙利亚社会民族党、叙利亚共产党(民族主义)等规模较小的新兴政党,这些政党均有初步的政治纲领(有最高纲领但缺乏行动纲领)和明确的政治

① Patrick Seale, *The Struggle for Syria, A study of Post-War Arab Politics, 1945-1958*, I.B Tauris, 1986, p.45.

② Umar F.ad-Allah, *The Islamic Sturggle for Syria*, Mizan Press, 1983, p.143.

③ 王新刚:《20世纪叙利亚——政治经济对外关系嬗变》,西北大学出版社,2003年,第83页。

④ Malcom Yapp, *The Near East Since the first World War: A History to 1995*, Routledge, 1996, p.98.

⑤ Derek Hopwood, *Syria 1945-1986: politics and Society*, Routledge, 2013, p.32.

主张,大多数由新兴中产阶级头面人物领导,其成员构成、政治诉求和行为实践虽然残留着叙利亚部族和家族利益的痕迹,但比较明显地体现着中小工商业资本家等中产阶级的政治冲动和意志。值得注意的是,在 1947 年议会选举中,由阿拉伯社会党、阿拉伯复兴党和叙利亚共产党组成的新兴政党联盟(反对派联盟),总共赢得议会 33 个席位[1],这一情况表明,在叙利亚现代政治起步阶段的议会民主制中,叙利亚中产阶级虽然稚嫩,但实际上已经开始有组织地介入叙利亚国家政治议程。不过与势力强大、占据政治主导地位的传统精英阶层相比,叙利亚中产阶级的政治参与仍是不充分的,其议会席位不占多数且对国家重大事项没有决定权。如果按亨廷顿关于政治参与程度的划分标准衡量,议会民主制下叙利亚的政治参与程度显然不处于最低层次,同时其也并不处于中间层次,而是徘徊于低层次到中间层次的区间之内。

上述情况表明,独立初期的叙利亚国家政治体制是低层次的政治制度化程度和中低层次的政治参与程度的结合,并且其政治参与程度要高于政治制度化程度。由此可以推断,一院议会民主制下的叙利亚国家政治体制属于帆多锚少的典型普力夺政体。而按照普力夺政体一般意义上的三种类别[2]来看,叙利亚普力夺政体又是介于寡头型政体与激进型政体之间的一种过渡政体。这种政体的基本特点是当政局相对稳定、权力短暂收束时,国家会倾向于形成寡头独裁的决策机制;而当政局稍有波动,权力出现松动时,国内各方政治力量便会形成对国家权力和政治利益的激烈争夺;国家则总是处于寡头决策和多方权力争夺的周期交替循环之中。独立初期,叙利亚形成的该性质政体一般在现代化已经起步但起步不久的发展中国家比较常见,在这些国家中,业已出现的新兴阶级为满足自身利益和长远发展需要,会努力敲击传统社会的坚固外壳,以求持续推动社会运作方式、治理结构、阶级结构和利益分配方式的全面转型,而当这种努力越激烈,其所在国的政局便会越动荡,而取得政治平衡和稳定的方式就会越极端,以至于在传统社会和

---

[1]　John Mchugo, *Syria form the Great War to Civil War*, Journal of Peace Research, 2014, p.122.

[2]　低程度的政治制度化与低程度的政治参与组合构成寡头型普力夺政体,与中等程度的政治参与组合构成激进型普力夺政体,与高程度的政治参与组合构成群众型普力夺政体。

现代社会最后主次易位前,国家的政治局面都很难恢复理性。议会民主时期的叙利亚政治发展的整个进程是这种政治状态的真实写照。

(二)普力夺状态下叙利亚议会民主宪政体制的失范脱序

1947 年 7 月首次议会选举之后,叙利亚组建了以传统势力代言人民族党为核心的新政府。[1]然而不到一年时间,叙利亚国家政局便开始陷入动荡,造成动荡的直接原因是受传统统治集团打压[2]的叙利亚军队在第一次中东战争中惨败及民族党政府涉嫌滥用巴勒斯坦基金。以此为起点,叙利亚国内各方政治力量开始互相攻奸、军人集团与政客集团之间,新旧政治势力之间纷纷指责对方应对战败承担责任,首都大马士革则接连爆发反对民族党政府的大规模示威和暴动,民族党政府乃至叙利亚议会的合法性受到越来越多质疑。在这一局面下,民族党政府内阁重要成员、国防部长阿赫迈德·萨拉巴提在一片谴责声中被迫于 1948 年 5 月 24 日提交辞呈。民族党元老、政府总理杰米勒·马尔丹为了稳定局势,出面兼任国防部长一职,并允诺扭转国内外局势,但首都大马士革的反政府游行示威和议会内部各反对派的指责之声仍然没有任何停止的迹象。12 月 1 日,叙利亚议会召开会议就叙国内外紧张局势展开大规模辩论,人民党联合叙利亚社会党等在野党,以及一些著名独立人士向民族党马尔丹政府发难,激烈指责其腐败无能并对前线战事失败以及叙国内局势紧张负主要责任,陷入孤立的马尔丹迫于压力被迫辞去总理一职[3],民族党政府随即倒台。

民族党政府垮台后,叙利亚国家元首、总统舒克里·库阿特利立即宣布全国进入紧急状态,并先后邀请人民党领袖哈希姆·阿塔西与德鲁兹大贵族阿德尔·阿兰组建新政府。然而由于叙利亚国内各方力量在政治权力如何分配

---

① Tabitha Pertan, *Syria*, Praeger Publishers, 1972, p.87.

② 叙利亚军队的构成主体是少数族裔阿拉维人,委任统治期间被法国殖民当局策动用来充当镇压叙利亚民族主义的工具,逊尼派政府对其极不信任。

③ Samim Moubayed, *Damascus Between Democrecy and Dictatorship*, University Press of America, 2000, p.4.

问题上存在严重分歧,阿塔西与阿兰两届内阁的组建很快便以失败告终。[①]
库阿特利总统随即紧急从巴黎召回叙利亚驻法国大使、政坛元老、中间派人
士哈立德·阿兹姆,命其组阁。深受西化教育影响、态度坚决的阿兹姆成功协
调各方分歧,并集合一批政治新人顺利组建起新一届内阁。叙利亚国内形势
一度有逐渐稳定下来的迹象。但坚持务实主义的阿兹姆内阁急于解决国内
严峻的金融动荡,一上台就迫不及待地与其联系紧密的外国伙伴——法国
尤其是美国政府接触洽谈贷款与石油管道建设合作事宜。美国作为战后新
兴的全球性霸权,急于借此染指中东,便很快允诺了阿兹姆政府的合作意
向。然而美国被阿拉伯世界视为犹太复国主义总后台,在第一次中东战争刚
刚经历惨败的情况下,与美国的合作使得阿兹姆政府再次陷入叙利亚国内
舆论尤其是新兴政治力量谴责的旋涡。议会各派均对阿兹姆政府的这一决
策持强烈反对态度,这一情况致使其内阁的有关政治议程几乎处于搁浅状
态。与此同时,叙利亚军队的反政府情绪也越来越浓烈。面对国内局势再度
失控的风险,库阿特利总统下令逮捕叙利亚军队总参谋长胡斯尼·扎伊姆上
校,意图通过追究军队中东战争战败责任的方式,达到敲山震虎、震慑所有
反对派的目的。但扎伊姆上校不甘坐以待毙,迅速与对叙利亚现政权执行效
率倍感失望的美国当局展开秘密接触,并在美国中情局的幕后支持下,于
1949 年 3 月 30 日发动叙利亚独立后的第一次军事政变,成功推翻叙利亚议
会民主制政府,逮捕并驱逐总统库阿特利,解散议会并实施党禁,从而揭开
了军队频繁干涉叙利亚政治进程的序幕。

二、军事独裁体制突起
——议会民主宪政道路的重大挫折

从扎伊姆军事政变开始,叙利亚在 1949 年,接连发生了三次军人政变,
1951 年后又发生了第四次军人政变,并且出现了扎伊姆、辛纳威、施舍克利
三个形式有别的军事独裁政权交替崛起的局面,议会民主制由此受到强烈

---

① Samim Moubayed,*Damascus Between Democrecy and Dictatorship*,University Press of America,
2000,p.7.

冲击。四次军事政变的出现和三种军事独裁体制的形成，既是外部新老殖民主义力量借军人干政之手插手叙利亚内政的结果，也是叙利亚议会民主制普力夺政体内部矛盾激化的产物。其给予了叙利亚议会民主制度本身以沉重打击，并且初步促使叙利亚国家政体向高度集权和军政一体化的方向倾斜，这种倾斜对叙利亚现代历史影响深远。

（一）扎伊姆非制度化军事独裁体制

三·三零军事政变后，胡斯尼·扎伊姆很快开始打造以自己为核心的一整套军事独裁体制，在这套体制中，扎伊姆拥有凌驾于叙利亚政治社会之上的专断权力，并且以开明进步的现代化支持者姿态出现在人们面前。扎伊姆掌权后，依托以美国为首的外部势力支持，立即在叙利亚境内推行了一系列较为激进的现代化、世俗化和西方化的改革措施，他宣布叙利亚将仿行土耳其模式，努力建设真正意义上的世俗现代国家。为达到这一目的，他参照西方尤其是美国大学教育模式改造叙利亚大学教育体制，给予妇女参政议政权利，用世俗化法律取代传统的伊斯兰教法，并继续推进、加强与美国、土耳其甚至是死敌以色列等国的政治经济合作。其批准了阿兹姆政府未能贯彻实施的石油管道建设计划，支持美国政府的中东军事存在，改善与土耳其关系并与以色列达成停火协议。扎伊姆的开明姿态一度得到了叙利亚激进现代主义和改革主义者、军队中的中青年军官集团、中产阶级左派的拥护，他们视扎伊姆为叙利亚的凯末尔[①]，并给予其政治上的配合与支持。西方国家也普遍对扎伊姆报以欣赏的态度，部分西方学者甚至称他为"第二次世界大战以来第一次推翻传统阿拉伯世界的军事领导人"[②]。

然而扎伊姆军事独裁体制是一种缺乏基本制度支撑的临时体制，在合法性和生命力方面存在巨大缺陷。作为叙利亚现代化的推动者，扎伊姆没有组建起任何代表自身政治诉求的现代政党，也没有与新兴阶级组成有效政

---

① Don Peretz, The Middle East Today, *Middle East Journal*, 1982(2).

② Syria: *World War II and independence*. Britannica Online Encyclopedia. https://www.britannica.com/place/Syria.

治联盟,相反,严格的党禁和肃杀的政治氛围实际上脱离了政治现代化的基本制度要求,最终使其现代化构想成为得不到现代制度支撑的无本之木,其许诺的现代化改革和社会转型也自然难以实现。同时,亲美、友土、和以[①]的外交路线激怒了在犹太复国主义及北方领土问题上感到不满叙利亚社会基本面,也使英国等老牌帝国主义国家在中东的政治存在受到了挑战。这些因素都严重削弱了扎伊姆独裁政权的执政根基。结果,扎伊姆执政不到五个月便被叙利亚爆发的又一轮军事政变推翻。

(二)辛纳威形式制度化军事独裁体制

1949 年 8 月 13 日,叙利亚北部阿勒颇出身的亲英派军官萨米·辛纳威联合军队中的德鲁兹派势力以及一些中产阶级军官,在英国的策划和支持下,发动 1949 年的第二次军事政变,推翻扎伊姆政权,夺取叙利亚国家权力,建立起另一套军事独裁机制。与扎伊姆不同,新军事政变成功后,辛纳威并未直接建立起一套形式化的军事独裁体制,而是退居幕后隐蔽地掌控叙利亚国家大权。在国家政治的前台,辛纳威呼应国内普遍的反独裁政治情绪,主动解除党禁、恢复业已中断的叙利亚议会民主制外壳,并在这个外壳之中扶持人民党作为自己的政治代言人。1949 年 8 月 15 日,在辛纳威的直接授意下,人民党领袖哈希姆·阿塔西出面接替短暂担任叙利亚临时国家元首最高军事委员会主席一天的辛纳威本人,就任叙利亚总统。随后,一个以哈希姆·阿塔西为首、人民党成员为主体、各中产阶级政党广泛参与的新政府经议会选举产生。11 月 15 日,在辛纳威的默许下,叙利亚举行独立后第一次制宪会议,开始制定独立后的首部新宪法。

就在辛纳威以议会民主制外衣为掩护隐蔽行使独裁权力的同时,为了报偿英国给予的强大政治支持,也为了满足其统治基础——叙利亚北部贵族精英集团的迫切需要,辛纳威主动响应由人民党哈希姆家族提出、受英国当局全力扶持的"大叙利亚"计划,力求推动叙利亚与伊拉克两国达成政治

[①]　Tabitha Pertan, *Syria*, Praeger Publishers, 1972, p.96.

合并。人民党政府则在辛纳威和以人民党为主体的叙利亚议会之双重支持下,迅速与伊拉克政府展开两国政治合并谈判。①然而辛纳威与人民党政府抛出的叙伊合并方案,并未被叙利亚社会普遍接受,该方案由于严重背离以大马士革为中心的叙利亚南部政治集团(以民族党为代表)之核心利益,而遭到他们空前激烈的反对和痛恨。同时,以社会党骨干胡拉尼为代表的中产阶级左派、军队中的南方军官集团及叙利亚的伊斯兰主义者也纷纷发声表示反对这一方案。由此开始,叙利亚国内政局实际上已经出现南北割裂、一分为二的严峻局面。而在国际方面,美国并不甘心在叙利亚的失败并且担忧叙伊合并会使英国势力坐大, 进而将美国的政治存在从中东核心区域挤压出去,因此对亲英的辛纳威政权也采取敌视态度。所有这些情况都预示着奉行片面路线的辛纳威独裁体制即将迎来危机。

(三)施舍克利绝对军事独裁体制

1949 年 12 月 19 日,辛纳威多年密友阿迪布·施舍克利在美国的外部支持下,突然发动第三轮军事政变,推翻辛纳威政权,终止叙伊合并计划,叙利亚随之进入施舍克利军事独裁时期。施舍克利政变成功后,一开始继续仿效辛纳威的做法, 通过扶持制度化政治代言人的方式退居幕后掌控叙利亚政局。②为了展现自身掌权的合法性和开明进步性,施舍克利承诺议会民主政体将继续存在,叙利亚的政治现代化进程不会中断。随后,在施舍克利的授意下,叙利亚正式公布颁行了已获制宪会议通过的 1950 年宪法。该宪法强调叙利亚仍为"议会民主制共和国",否认旧阶层伊斯兰教法治国的主张,并且认同阿拉伯民族主义, 认定叙利亚人是阿拉伯民族的一部分。然而 1950 年宪法的公布及施舍克利的低调开明姿态并没有能够使叙利亚政治局势恢复稳定,胡拉尼领导的叙利亚社会党(中产阶级左派)在全国范围内不断发动农民运动;仍然主导议会的人民党则明确排斥施舍克利的军政控制,强调

---

① Samim Moubayed, *Damascus Between Democrecy and Dictatorship*, University Press of America, 2000, pp.53–56.

② Tabitha Pertan, *Syria*, Praeger Publishers, 1972, pp.99–102.

国防部长应由文官担任、宪政部队不应受控于军队而应统属于文官控制的内政部。1951年穆斯林兄弟会出身的人民党骨干马穆鲁夫·达瓦利比经议会选举上台组阁。达瓦利比极端仇视军政体制,拒绝与施舍克利展开任何形式的合作。人民党新政府此举终于耗尽了施舍克利的所有耐心。1951年11月19日,施舍克利发动第二次军事政变,从幕后走向前台,开始直接控制叙利亚国家权力。

1951年11月19日政变结束后,施舍克利放弃对议会民主制的拥护,强迫总统阿塔西辞职,关闭议会,取缔复兴党等较为激进的中产阶级政党,撤销1950年宪法的执行机构最高法院,并逐步将叙利亚一切政治权力收夺集中于以他为核心的军队手中。此外,他还专门组建起一个直接代表其意志与利益的军人政党——阿拉伯解放运动,并以之作为其行使政治统治权力的制度化支撑。1952年1月,施舍克利开始在叙利亚实行全面党禁,包括民族党、人民党、叙利亚共产党以及穆斯林兄弟会在内的叙利亚所有政党和政治团体均遭解散和取缔,而由其直接控制的阿拉伯解放运动随之成为唯一合法政党和执政党。[1]与此同时,大批年轻军官因受到当局的破格拔擢而纷纷进入政坛,军人在叙利亚国家政治生活中的地位空前提高,叙利亚军事现代化的步伐也由此较以往大为加快。[2]

在政局基本稳定后,施舍克利开始集中力量推动叙利亚政治和社会的现代化,希望将叙利亚打造成一个完全以其个人权威为核心,统一、完整、内聚的现代民族国家。为此,他在全国范围内推行普遍的民族和文化同化政策,大量废除少数民族和部落首领特权,压缩民族自治地区和地方部落权力,炮轰德鲁兹人自治领地,强化对全社会的政治控制和舆论审查。然而由于其手段太过强硬、激烈,这些政策并未收到预期效果,反而大范围地激怒了叙利亚各方政治势力,使他们逐渐放下以往的矛盾、分歧和隔阂,进而结成反对共同政敌的统一战线。1953年6月,代表传统社会精英利益的人民党、民族党、部分勋贵独立人士,以及代表新兴中产阶级和城市工商业者利

---

① John Mchugo, *Syria from the Great War to Civil War*, Journal of Peace Research, 2014, p.131.

② Derek Hopwood, *Syria 1945-1986: politics and Society*, Routledge, 2013, pp.35-36.

益的复兴党、社会党、叙利亚共产党成员齐聚叙利亚中部城市霍姆斯,签署政治联合宣言《叙利亚民族公约》,共同反对施舍克利军政权在叙利亚的独裁统治,要求当局立即还政于民,结束叙利亚的非正常状态。由此开始,施舍克利实际上已经陷入完全的政治孤立之中。

1953 年 7 月,为了反制《民族公约》,进一步强化军政独裁体制,施舍克利操纵叙利亚全体公民投票强行通过了 1953 年宪法,改叙利亚议会民主制政体为总统制政体,并经由"人民直选"迅速当选叙利亚总统兼政府总理[1]。同年 10 月,为了昭示其政权的合法性,施舍克利名义上撤销党禁、重启叙利亚议会选举,意图强迫叙利亚所有政治力量承认其本人获得的既定合法地位,并在其个人权威下恢复以往的政治运作。但除阿拉伯解放运动及少数获特许的右翼政党外,绝大多数叙利亚政党仍被排斥在议会选举之外。十月议会选举的最终结果是施舍克利控制的阿拉伯解放运动一党独占叙利亚议会9 成以上的席位,其他右翼政党和小部分独立人士总计仅获得寥寥数席之位。选举结束后,叙利亚举国上下弥漫着对施舍克利军事独裁和议会选举骗局的反感与不满情绪,推翻施舍克利统治基本成为叙利亚全社会所有阶层和各方力量的共同愿望。

1954 年 1 月,叙利亚德鲁兹山区率先爆发反对施舍克利军事独裁的武装起义。紧随其后,阿勒颇爆发声势浩大的群众性反政府示威,叙利亚国内局势急转直下。2 月 25 日,阿勒颇驻防军突然哗变,公开反对施舍克利政权,叙利亚各地驻军在第一时间纷纷予以响应,首都大马士革震动。同日,施舍克利出于自身安全考虑被迫宣布辞去一切职务,随即流亡黎巴嫩。至此,高压统治叙利亚长达 3 年的施舍克利军事独裁政权再次因军队叛变宣告垮台。

(四)军事独裁体制与叙利亚的政治现代化

1949 年初至 1954 年初约 5 年的时间内,叙利亚政局呈现出令人错愕的剧烈变化,军人从幕后走向台前频繁干政,多个军事独裁政权你方唱罢我登

---

[1]　Samim Moubayed,*Damascus Between Democrecy and Dictatorship*,University Press of America,2000,p.91.

场的接踵而至,以至于有人惊呼这是叙利亚政治现代化和"民主制度"的倒退和灾难。然而事实是否真是如此呢? 答案是趋于否定的。实际上,如果仔细观察这些现象,人们不难发现它们出现在叙利亚议会民主制度脆弱难行、国内政治争夺白热化及国家秩序逐渐失序大背景之下。从某种意义上讲,属于叙利亚现代政治发展自我修正和自主探索的一部分。三个军政权在其执政过程中无论其具体组织形式有何差异,均力主结束旧的治理结构并实现叙利亚政治社会的现代化变革,只不过他们采取的手段大多是不符合政治现代化标准的极端和暴力手段,他们冲击和破坏的则是具有形式上政治现代化特征的叙利亚西方宪政体制及其遮蔽下的传统政治秩序。正如亨廷顿所认为的那样:"军人干政最主要的原因来自政治,它是一个社会政治、制度结构性问题的重要体现……寓于一国有效政治制度软弱和缺失的普力夺状态之中。"①而在亨廷顿有关判断的基础上,笔者进一步认为,作为最早最密集接触西方现代事物、最具组织性和纪律性、出身社会中下层且具有强烈社会变革诉求的社会集团,军队又是最能修复一国脆弱普力夺政治体制的短期政治力量。而在长期性方面,由于纯粹的军人集团缺乏政治合法性、手段粗暴且没有成熟的制度化政治体制支撑,其并无能力单独推动国家政治和社会现代化的持续发展。

　　我们可以很容易发现,自 1949 年叙利亚发生首次军事政变以来,无论是扎伊姆、辛纳威还是施舍克利所建立的军事独裁体制,都没有建立起一套行之有效的政治运行机制,扎伊姆单纯依靠个人威信从事,辛纳威躲在议会民主制背后借力于传统政治势力人民党等非己政治力量掌权,施舍克利则组建起一个毫无社会基础、形同虚设的傀儡政党作为其制度支撑,这些稚嫩的政治行为注定其政权必然不会长久。同时,过激的政治手段不仅冲击了叙利亚旧势力的利益,而且也严重损害了叙利亚社会各进步力量及广大人民的权益,引起叙利亚社会上下的普遍不满。而不同军人集团与英美等西方干涉势力千丝万缕的联系,则进一步加剧了叙利亚社会对军人政治的不信任

---

　　① 　[美]塞缪尔·P.亨廷顿:《变化社会中的政治秩序》,王冠华、刘为等译,上海人民出版社,2008 年,第 162~163 页。

感,成为军事独裁体制在叙利亚迅速垮台的重要因素之一。不过,三种军事独裁体制尤其是施舍克利绝对军事独裁体制的确立,在很大程度上将军人政治完全引入叙利亚政治现代化的发展进程之中,使军队日益成为一种公开的有效的政治工具。[1]这一情况为叙利亚日后形成的军政一体化秩序打下了基础。

三、"阿拉伯联合共和国"
——中产阶级议会精英的泛民族主义治国实验

(一)议会民主政体的脆弱恢复与叙利亚复兴党的政治崛起

施舍克利军事独裁体制被推翻后,叙利亚议会民主体制得以恢复。传统社会政治精英哈希姆家族领袖和人民党元老哈希姆·阿塔西接任总统一职,民族党领导人萨布里·阿萨里暂代总理职务。与此同时,军队暂时离开政治舞台中心,接受议会制政府的领导与管理。[2] 1954 年 3 月,阿塔西总统颁令宣布废除军事独裁时期的 1953 年宪法,恢复 1950 年宪法,重新从法理角度确认议会民主体制为叙利亚的唯一合法政治体制。不久,流亡埃及的前总统库阿特利重返叙利亚。

1954 年 9 月叙利亚举行新的议会选举,尽管本次议会选举仍然只有40%的投票率,议会制的制度化水平依旧脆弱而低下,但叙利亚传统政治精英、中产阶级政党等各方合法政治势力依然摩拳擦掌、跃跃欲试。而选举的最终结果则反映了军事独裁体制瓦解后叙利亚政局的最新变化——代表传统社会政治力量的人民党和民族党在议会所获议席比重出现明显下降,独立人士尤其是代表中产阶级参政意愿的新兴政党所占议席数量则大幅度上升,其中复兴党(已与胡拉尼领导的社会党合并,成为叙利亚最大中产阶级

---

① Patrick Seale,*The Struggle for Syria*,*A study of Post-War Arab Politics*,*1945-1958*,I.B Tauris,1986,p.127.

② Hazimat Taghiyah,*Defeat of a Despot*,Damascus Press,1954,p.101.

政党)独自斩获议会 22 个席位,①成为超过民族党仅次于人民党的议会第二大党,这一情况表明叙利亚中产阶级的政治参与程度获得了较大提升,叙利亚政治现代化有了新的发展。然而值得注意的是,叙利亚传统势力的政治力量虽然有所削弱,但依旧具有相当的生命力,他们仍然主导着叙利亚国家的主要政治议程。9 月大选期间,老练的中间派独立人士阿兹姆曾尝试组建以新兴中产阶级政治力量为主体、新旧势力密切合作的联合政府,但因各方分歧太大以及传统政治势力人民党的出尔反尔,而以失败告终。叙利亚随后形成了以法利斯·库里为首的保守派政府。

1955 年 8 月,叙利亚议会举行新的总统选举,传统政治势力的老牌代言人舒克里·库阿特利在埃及等外部势力的支持下再度当选总统,民族党人萨布里·阿萨里则重新组建起以民族党为核心的新政府。此时,叙利亚处于政治发展的困顿期,各方政治力量矛盾重重,传统政治精英与新兴中产阶级之间围绕着叙利亚议会民主政治体制继续摩擦不断、斗争激烈。1956 年,人民党与受英美支持的伊拉克当局合谋在叙利亚策划新政变,试图夺取政权并再推与伊拉克的政治合并议程,但政变阴谋最终败露,叙利亚国内舆论一片哗然,政坛随即发生地震。以人民党为代表的传统政治精英和北向阿拉伯民族主义者遭受前所未有的沉重打击,已基本失去政治影响力,传统政治势力此后再难独立掌控叙利亚政局并应对国内危机,叙利亚国家权力随即进一步向中产阶级以及军人势力转移。之前已在议会选举中崭露头角的新兴中产阶级左翼政党——叙利亚复兴党的政治影响力随之迅速攀升,很快被邀请进入改组后的叙利亚民族联合新政府,并且掌握了经济和外交要职。②由此开始,复兴党作为一个较为激进的中产阶级政党,在叙利亚议会民主制的合法框架内,逐渐开始主导叙利亚国家政治的议事议程。

叙利亚复兴党是一个中产阶级的泛阿拉伯民族主义和阿拉伯社会主义政党,主要由包含阿拉维、德鲁兹等少数族裔中农阶层在内的叙利亚城市和

---

　　① 　Derek Hopwood,*Syria 1945 –1986:Politics and Society*,St.Antony's College,Oxford,the Academic Division of Unwin Hyman ltd,1988,p.37.

　　② 　Kaylani,Nabil,The Rise of the Syrian Ba'th,1940–1958:Political Success,Party Failure,*International Journal of Middle*,Cambridge University Press. 1972,pp.3–23.

农村地区中产阶级组成,学生、青年军官、中产阶级官僚集团是其政治路线的重要支持者和拥护者。[①]复兴党以"统一、自由、社会主义"为核心内容的阿拉伯复兴社会主义为党的政治纲领,强烈认同阿拉伯民族一体化,主张通过社会主义建设实现全民族现代化。自独立初期叙利亚议会民主制启动以来,复兴党一直坚持在议会宪政体制下,推动叙利亚国家的世俗化和现代化发展,但由于传统势力长期把持议会,中产阶级政党普遍力量弱小,复兴党并无能力推行其泛阿拉伯民族主义和阿拉伯社会主义的政治主张。20世纪50年代开始,叙利亚政治现代化水平在新旧势力激烈的斗争中步伐逐渐加快,传统政治精英与新兴中产阶级之间的力量结构对比发生了较大变化,中产阶级参政力量获得较大提升,业已与叙利亚社会党实现政治合并,成为叙利亚最大中产阶级政党的复兴党开始进入议会民主制政治舞台的中心。是时,叙利亚精英阶层对国家政局的持续动荡及接踵而至的外来干涉深感疲惫,认为这些乱象产生的原因是叙利亚国小力弱、缺乏民族凝聚力和强有力民族政权领导的结果。因此,急于将叙利亚拖出普力夺秩序和国内危机泥潭的政治精英们越来越瞩目复兴党泛阿拉伯民族主义的政治主张。

(二)"阿联"实践——议会民主宪政道路的二次挫折

就在叙利亚议会民主制舆论政情发生深刻变化的同时,阿拉伯世界大国埃及的政局也发生了巨大变化。1952年埃及爆发七月革命,以纳赛尔为核心的青年自由军官组织推翻亲英国的法鲁克王朝,开始掌握埃及政权。由于纳赛尔奉行坚定的阿拉伯民族主义立场,其威望与影响力在整个阿拉伯世界与日俱增。1956年,纳赛尔带领埃及在苏伊士运河战争中粉碎英法两国的殖民干涉后,开始享有阿拉伯民族英雄的崇高声望,以至于叙利亚举国上下无不钦佩和仰慕纳赛尔的坚定民族主义精神。由此开始,与埃及合并建立二元制阿拉伯联合国家,在纳赛尔强有力的民族主义旗帜之下实现叙利亚现

---

① Ernest Dawn, Ottoman Affinities of 20th Century Regimes in Syria, *Palestine in the Late Ottoman Period*, David Kushner ed., 1986, pp.183–185.

代化,逐渐成为以复兴党为首的叙利亚议会大部分政治精英的普遍共识。

早在 1956 年 4 月进入民族联合政府前,复兴党便已经向叙利亚社会各界公开将与埃及实现政治联合的愿望。1956 年 6 月 27 日,在复兴党的支持下,新成立的叙利亚民族联合政府总理萨布里·阿萨里在议会上宣称"将尽快协调强化叙埃关系,希望能看到一个两国均能接受的政治合并方案出台"[1]。7 月 5 日,叙利亚成立以总理阿萨里为首的三人委员会筹划商讨与埃及合并事宜,同日,叙利亚议会迅速表决支持叙埃两国合并计划,两国合并进程由此正式启动。然而由于埃及与叙利亚政治体制和国家体量存在较大差异,也由于纳赛尔对与叙利亚政治家分享权力一事存在迟疑,埃及对政治合并的态度较叙利亚谨慎许多,叙埃合并议程一开始并不平坦。直到 1957 年叙苏《莫斯科协定》[2]签订及美国伙同土耳其武力干涉叙利亚内政后,叙埃合并议程才大为加快。1958 年 2 月 1 日,在叙利亚做出大量让步性承诺后,叙埃两国最终达成一致,宣布成立阿拉伯联合共和国。由于议会民主制下的叙利亚缺乏具有代表性的政治领袖,纳赛尔顺理成章地成为"阿联"最高领导人。

"阿联"成立伊始,纳赛尔执政当局没有给予叙利亚任何叙利亚人期许的平等政治待遇,而是立刻着手在叙利亚构建埃及主导的专制统治。要求包括复兴党在内的叙利亚所有政党依照合并前达成的约定全部解散,叙利亚议会立即闭会。面对埃及的压力,除叙利亚共产党外,包括"阿联"推手复兴党、叙利亚最大的传统势力人民党、民族党在内的其他各政党全部自行宣告解散,叙利亚共产党则被迫转入地下。[3]而对于复兴党人提议成立以叙利亚人为主体的六人地区最高委员会来专门治理叙利亚地方的补充性主张,纳赛尔同样以完全拒绝的态度作为回应。为了进一步强化个人权威,纳赛尔于3 月 12 日签署总统令,以行政命令的方式进一步强令叙利亚所有政党彻底解散、停止一切形式的政治活动。在此之前,纳赛尔已经批准"阿联"临时宪

---

① David W Lesh,*Syria and United States_Eisenhower's Cold War in the Middle East*,Westview Press,2001,p.63.

② David W Lesh,*Syria and United States_Eisenhower's Cold War in the Middle East*,Westview Press,2001,p.118.

③ 王新刚:《中东国家通史——叙利亚和黎巴嫩卷》,商务印书馆,2003 年,第 223 页。

法,规定"阿联"实行总统制,"阿联"总统享有最高行政权力、总统有权任命各部部长并决定"阿联"大议会议员人数,如有必要,总统可以随时解散议会并且宣布国家进入紧急状态。①这实际上公开确认了纳赛尔"阿联"仲裁者的唯一地位,并且意味着除埃及外,叙利亚也将完全处于纳赛尔个人威权的统治之下。此后,在"阿联"组建的历届政府内阁中,埃及人基本控制了大部分机要职位,叙利亚人仅能获得一些闲散职位,即使担任"阿联"副总统的胡拉尼和阿萨里也只能承担政府服务和地区协调等事务性工作。②

在叙利亚地方治理问题上,纳赛尔当局也没有回应叙利亚议会精英的政治期望,采取了无视叙利亚错综复杂社会现实的粗暴政策,完全将埃及的领袖制治理模式照搬叙利亚,致力通过在叙利亚构建军警监管和情报监督的双重安全监视网络,严厉管制叙利亚全境。同时,纳赛尔统治当局还想方设法削弱叙利亚本土军队实力,不断调换叙利亚军官,下调叙军常备军力,派遣埃及军队进驻叙利亚。叙利亚的政治独立性和国家民族尊严因之遭到了极大践踏,军人和政治家对当局的不满情绪与日俱增。除此之外,纳赛尔还通过1961年颁布的七月法令,不切实际地在叙利亚推行基于埃及经验的土地改革、农业合作及工商业国有化措施,这些脱离叙利亚社会现实的过激举措,虽然对叙利亚未来的政治和社会发展产生了一定影响,但当时并没有促进叙利亚社会经济结构的优化、推动叙利亚经济现代化实现良性发展,反而严重冲击了包括叙利亚土地贵族、城市中产阶级、农村中产阶层在内的叙利亚社会各阶层各团体的利益,使他们开始警惕和疏远纳赛尔当局,进而对泛阿拉伯民族主义产生日益严重的质疑。最终,不满埃及专横统治的叙利亚大多数中间政治力量放弃对泛民族主义实践的幻想,形成了反对"阿联"体制的新政治统一战线。而作为"阿联"重要推手的叙利亚复兴党人,其内部也开始因纳赛尔的专断问题逐渐分裂为以胡拉尼为代表的地区主义者(Qutriyyun)集团和以艾弗拉克为代表的民族主义者(继续坚持泛阿拉伯

---

① [英]罗伯特·史蒂文思:《纳赛尔传》,王威等译,世界知识出版社,1992年,第226页。

② Aburish,Said K. *Nasser,the Last Arab*,St. Martin's Press,2004,p.151.

民族主义）集团两大派系。①并且无论是强调叙利亚国家民族主义优于泛阿拉伯民族主义的复兴党地区主义集团还是强调泛阿拉伯民族主义优于叙利亚国家民族主义的复兴党民族主义集团，二者均对纳赛尔控制下的"阿联"架构持基本否定的态度。②

由叙利亚中产阶级议会精英推动建立的"阿联"是叙利亚现代政治演进历程中的一个特殊历史时期。这一时期，叙利亚经历了与阿拉伯民族兄弟大国埃及在现代历史上唯一一次的政治合并，然而这次政治合并未使叙利亚政局面貌焕然一新，在泛民族主义的新政治框架内，叙利亚没能获得起码的平等二元主体地位，议会精英"借阿拉伯民族兄弟大国之力推动叙利亚政治和经济现代化有序发展"的构想也根本没有实现。因为处于绝对强势地位的埃及纳赛尔政权一开始就抱有埃及国家民族主义的本位思想，认为阿拉伯民族的统一必须是其领导下的统一，阿拉伯民族性必须依托于其英雄领袖的魅力，阿拉伯民族主义的实践必须以地方性的削弱乃至消失为条件。并且议会民主制下的叙利亚与领袖制下的埃及之间存在巨大的政治和社会差异，这种差异无法在短期内有效弥合，两国政治习惯和政治秩序的不断互斥则意味着"联合共和国"实难完成真正意义上的政治一体化进程。因此，"阿联"不仅未能成为扭转叙利亚议会民主制脆弱秩序的救命稻草和强心剂，而且给予叙利亚议会民主制和叙利亚国家尊严又一次沉重冲击。自此以后，叙利亚人的国家民族主义情绪被普遍点燃，中产阶级政治精英的政治道路也越来越表现出激进性和革命性的特征，叙利亚现代政治发展道路随之逐渐开始向自我凝聚和集权主义的方向迈进。

（三）脱离"阿联"与议会民主宪政体制的再恢复

1961 年 9 月 28 日，叙利亚发生逊尼派中产阶级军官纳赫拉维中校领导

---

① Rabinovich Itamar. *Syria Under the Ba'th*, *1963 – 1966*: *The Army Party Symbiosis*, Transaction Publishers, 1972, p.36.

② Rabinovich Itamar. *Syria Under the Ba'th*, *1963 – 1966*: *The Army Party Symbiosis*, Transaction Publishers, 1972, p.36.

下的军事政变,政变军人攻占叙利亚首府大马士革,逮捕以内务部长萨拉杰为首的一大批埃及驻叙文武官员,政变发生后,政变军人立即向纳赛尔当局提出变阿联体制为邦联体制、解除萨拉杰一切职务、修改埃及在叙利亚实施的部分法令的改革要求。但纳赛尔当局没有对这些要求做出任何回应。很快,政变军人将埃及驻叙官员以及亲埃的叙利亚官员全部驱除出境。纳赛尔随即发表声明谴责军事政变并拒绝与叙利亚政变军人展开任何形式的谈判,同时他指令埃及海空军向叙利亚方向进军。然而当埃及军队抵近叙利亚时,包括第二大城市阿勒颇、最大港口拉塔基亚在内的叙利亚主要城市均已为政变军队掌控,纳赛尔不得不取消原定的军事行动计划,叙利亚对"阿联"的军事脱离成为既定事实。此后,埃及国家舆论机器开足马力对叙利亚军事政变展开了全方位挞伐,但迫于国际形势和国内外舆论,纳赛尔并没有采取更进一步的军事行动,最终埃及当局不得不默认叙利亚的政治脱离。

九月军事政变发生后,政变军人宣布成立新的临时政府并允诺将在未来4个月内完全恢复叙利亚议会民主制的正常运作。这一举措得到了叙利亚社会各阶层精英以及广大民众的普遍支持。10月2日,刚刚完成党组织重建的叙利亚民族党、人民党、复兴党内的地方主义者等议会政治精英代表在大马士革发表联合独立宣言,公开支持政变军人的行动,并谴责埃及当局的高压专制统治背离了"阿联"建立的初衷、破坏了叙利亚的政治自由和宪政民主。

1961年12月,原定于次年初举行的叙利亚议会选举在军队的力推下提前举行,尽管这次议会选举受到军方的严格限制,但人们的参与热情却有增无减,参加议会选举投票的选民人口比例达到了叙利亚法定选民总人口的近六成,这一数字较"阿联"建立前的任何一次议会选举都要高得多。而选举的结果显示,叙利亚议会政治力量的对比又发生了新的变化,人民党、民族党乃至穆兄会等传统势力政党实现强势复苏,三党共计获得议会54个席位。其中,人民党以独占议会33个席位的优异成绩,重新成为议会第一大党。而原先力主实践泛阿拉伯民族主义的复兴党(地区主义者除外)等中产阶级政党则丧失了在议会中的大量席位,逐渐趋于边缘化。12月议会选举结束后,叙利亚组建了以人民党元老马穆鲁夫·达瓦利比(穆兄会出身)为总理的新政府。①叙利亚民族国家的主权和政治秩序也因此得以恢复。然而好景不长,议会各方政治力量围绕"工商业国有化""土地改革"以及"实现政治民主"等问题再度爆发激烈争吵,并导致达瓦利比于1962年3月25日辞去总理职务,新联合政府再度倒台。

四、普力夺失范状态的继续与议会民主宪政道路的终结

达瓦利比政府下台后,议会民主政体下的叙利亚再度陷入政局的极端动荡之中。1962年3月28日至4月3日一周之内,大马士革、霍姆斯、阿勒颇先后发生三次军人政变。第一次军人政变是由九月军事政变的领导人纳赫拉维中校于大马士革直接发起的,其目的是矫正议会民主制引发的又一轮混乱局面,并尝试恢复土地改革和国有化举措,重建与埃及的联合政治秩序。政变军队逮捕了包括总统库德西在内的大部分叙利亚政府文职官员并武力关闭议会。这次军事政变由于没有得到叙利亚军队及各阶层精英的广泛支持而迅速陷入困境,叙利亚全国各地先后爆发大规模的抗议示威浪潮,叙利亚一度进入无政府状态。纳赫拉维政变仅仅三天后,纳赛尔主义者贾西姆·阿尔万在复兴党青年军官集团的支持下又在霍姆斯发动了第二次军事政变,企图接手纳赫拉维军人政变集团无力推进的重建阿联计划,但复兴党青年军官集团的目的在于结束纳赫拉维逊尼派军官集团对军队的控制,他们对阿尔万重建阿联的计划不仅不感兴趣而且表示反对。结果霍姆斯军事政变后,叙利亚军队很快发生分裂。4月1日,叙利亚军方召开"霍姆斯军事会议"公开谴责军中激进分子的主张。为了反制霍姆斯军事会议,阿尔万又于4月3日独自率领支持者在阿勒颇发动第三次军事政变,此次政变一发生,阿尔万便致电纳赛尔当局请求埃及派兵支援。由于这次政变没有得到叙利亚社会的任何支持,其很快自行瓦解。阿勒颇兵变后,叙利亚军方通过协商决定将纳赫拉维、阿尔万等军中激进分子全部驱逐出境,恢复叙利亚民选

---

① Don Peretz, The Middle East Today, *Middle East Journal*, 1982(2).

文官政府,但不取消党禁并禁止召开议会。

1962年春季连续发生的三次军事政变对刚刚恢复的叙利亚议会民主宪政体制造成了新的严重冲击,并一度使之濒临崩溃。虽然三次军事政变的具体诉求有所差异,但政变军人却均有一系列共同目标,即削弱传统政治精英对政局的控制,重新恢复土地改革和工商业国有化进程,确立军队在叙利亚政治秩序中的主导地位。在军人频繁干政的强大压力下,获准恢复的文官临时政府不得不重启土地改革运动和大型私企的国有化进程。与此同时,阿兹姆、胡拉尼和前总理达瓦利比等议会政治精英也在致力于修复叙利亚议会民主制机体、反对阿联秩序重建和军人继续干预政治。1962年6月,临时政府在各方政治力量的支持下宣布取消新闻检查。不久,处于非法状态的议会各政党恢复活动,议会民主制在重建叙利亚法律秩序的呼声下也得以走向恢复,但此时这一政治体制已经行将就木、奄奄一息了。就在议会民主政体逐渐恢复之时,1962年7月,叙利亚再度发生由纳赛尔主义者与复兴党右翼联合发动的又一轮未遂政变,这场政变再度给刚刚有所好转的叙利亚议会民主制机体当头一棒。

1962年9月14日,在议会政治精英们不懈努力下,叙利亚国民议会终于复会,但它已经是叙利亚议会民主制历史上的最后一届议会。议会复会后,政坛元老哈立德·阿兹姆在叙利亚议会各党派的支持下组建起以其为核心的民族联合新政府。然而与以往的情况非常类似,阿兹姆新政府一上台便面临激烈的派系斗争,联合政府内部的穆兄会和地方土地贵族等旧势力反对并层层阻挠阿兹姆执意推进的政治和经济现代化改革,纳赛尔主义者谴责阿兹姆奉行顽固的脱离"阿联"政策,军队则对阿兹姆限制军人干政、废除紧急状态法、推动叙利亚政治民主化的努力感到极为不满。于是,在各方势力的又一轮攻讦下,阿兹姆政权很快陷入风雨飘摇之中。1963年初,叙利亚发生由纳赛尔主义者与穆兄会激进势力发起的多场暴乱。2月初,阿兹姆本人因担忧叙利亚国内政局失控而重病缠身,其政府出现多位部长相继离职的严峻局面,在这一状态下,叙利亚议会民主制道路迎来了最后时刻。1963年3月8日,逊尼派军官齐亚德·哈里里在复兴党军人、纳赛尔主义者、中间派军官集团的支持下发动日后被称为"三·八革命"的新一轮政变,政变成功推翻阿兹姆政府并彻底终结了已经断断续续运行了十几年的议会民主政体。由此开始,叙利亚现代政治发展道路探索终于进入了复兴党一党专政的新时期。

五、叙利亚议会民主宪政道路最终夭折的内在逻辑

议会民主时期是叙利亚民族国家所经历的第一个现代化探索和发展阶段,具有鲜明的过渡特征。从建设性方面讲,议会民主制的确立和发展实际上为叙利亚勾勒出了第一套完整的现代政治治理体系,并初步启动了叙利亚政治现代化的发展进程。在这一形式上成熟的体制之下,叙利亚社会各阶层精英特别是中产阶级精英们获得了独立参与现代政治运作、构建有效民族国家实体、推进国家走向治理的大量经验,也吸取了不少教训,这些经验教训对叙利亚国家现代化的长远发展无疑具有积极意义。

然而从制度的有效性和可行性而言,议会民主制探索又是叙利亚现代化发展历程中的一段弯路,其与叙利亚社会的基本现实和需要严重脱节。因为与大多数亚非拉发展中国家一样,叙利亚民族国家一开始并非一个成熟的现代政治实体,其没有经历过成规模的工业化变革和社会转型,国家经济基础极为落后和传统,教育和文化事业总体上处于前现代甚至中世纪状态,民众的国家和民族意识极为淡薄,次民族的少数族裔、部族、氏族、家族、教派认同具有强大生命力,以此为基础的血缘与亲缘关系长期充当着社会各阶层相互联系、分散团聚的纽带,社会的基本矛盾也经常表现为不同宗派团体之间的横向矛盾。同时,以土地贵族、大商人、宗教长老及部落首领为代表的传统贵族势力与广大贫苦民众之间的利益冲突和阶级矛盾也十分尖锐。因此,在这样一个纵横矛盾交织的前现代社会建立起来的议会民主制政体显然是过于早熟的,这种早熟为叙利亚现代化实践带来了六重顽固性问题:议会民主的形式化、国家权力的普力夺、政治秩序的失序化、军人干政的常态化、政权更替的频繁化、国家力量的虚弱化。这些问题的出现和长期无解意味着议会民主制发展道路只不过是叙利亚现代政治发展史上的一次海市蜃楼,其无力推动叙利亚现代化真正走向正轨,并且注定要以失败告终。

第三节　叙利亚现代政治发展道路的转折
——复兴党一党专政体制实践

　　议会民主制道路探索最终失败后，叙利亚逐渐进入了复兴党主导的现代政治秩序探索新时期。叙利亚复兴党全称阿拉伯复兴社会党，是一个以叙利亚中产阶级为主体的民族主义和社会主义政党。这一政党的产生是阿拉伯民族辉煌历史的共同记忆、近代阿拉伯世界的衰落与苦难、西方民族主义认同舶来、帝国主义时代阿拉伯民族主义思潮觉醒，以及殖民统治对阿拉伯民族整体性的人为分割等多股历史叙事共同交织建构的结果。在议会民主时期，复兴党曾是叙利亚议会宪政体制与泛阿拉伯民族主义的积极倡导者、维护者和参与者，然而在频繁遭遇议会民主宪政体制实践与泛阿拉伯民族主义实验的多次严重失败后，复兴党逐渐转变了对叙利亚政治社会发展的认知，逐渐转型成为一个激进的国家民族主义政党，并与叙利亚军队干政势力完成了有机融合。由此开始，复兴党终于在叙利亚逐渐构建起一套强健有力的专政体系。

一、叙利亚复兴党的诞生及其早期政治演化

（一）叙利亚复兴党的诞生

　　叙利亚阿拉伯基督徒艾弗拉克是阿拉伯复兴社会党的最初创始人和理论教父。艾弗拉克 1912 年出生在大马士革一个信奉东正教并从事粮食买卖的中产阶级家庭[①]，其父亲是忠诚的阿拉伯叙利亚民族主义者，对殖民主义

---

　　① Kmel S.Abu Jaber,*The Arab Ba'th Socialist Party——History,Ideology and Organization*,Syracuse University Press,1966,p.10.

深恶痛绝，艾弗拉克从小便受其家庭环境的熏陶，立志投身于大叙利亚民族的解放事业。1929 年，18 岁的艾弗拉克赴法国巴黎索崩神学院留学，并在此地与逊尼派出身的比塔尔结下了深厚的友谊。[①]在比塔尔等阿拉伯留学生的影响下，阿弗拉克开阔了视野，其叙利亚民族主义[②]思想逐渐拓展为具有整体性的阿拉伯民族主义思想。此外，在留学期间，艾弗拉克还受到了法国资产阶级自由主义、德国大日耳曼文化民族主义及共产主义思想的熏陶及影响。[③]其中，共产主义思想对殖民主义罪恶的揭露和不妥协的斗争态度令其感到尤为震撼和赞赏。[④]不久，阿弗拉克成了一名共产主义者。[⑤] 1934 年留学归国后，艾弗拉克与叙利亚共产党人合作，共同创办进步刊物《先锋》，宣传马克思主义和反殖民理论。同时，其还抽出时间为具有共产党倾向的左翼媒体《天天》报撰写稿件。1936 年，法国社会党左翼政府上台，通过形式上的让步，诱骗叙利亚民族阵线签订了不利于叙利亚的叙法协定草案。[⑥]出于国际主义原则，叙利亚共产党在法国共产党的劝说下，对草案的签订持支持态度。此举令艾弗拉克大失所望，其随即与比塔尔共同撰稿激烈抨击法国政府和委任统治当局，同时指责叙利亚共产党已沦为"法共和法国政府手中的工具"。受此事件影响，艾弗拉克逐渐放弃了对共产主义思想的热衷，并重新从传统的阿拉伯民族主义、泛伊斯兰主义、马克思主义的个别原则，以及法国安德烈·吉德和罗曼·罗兰等人的自由主义思想中汲取营养。[⑦]其自成一派的思想体系开始崭露头角。

---

① John Mchugo, *Syria from Great War to Civil War*, Saqi Books, 2014, p.118.

② 即萨阿德创立的以"新月大叙利亚"地区为民族地理范畴的一种民族主义思想，详见 David Roberts, The Ba'th and the Creation of Modern Syria, St.Martin's Press, 1987, pp.11-15.

③ 王仲义：《阿弗拉克与复兴社会党及其复兴社会主义》，《河北师范大学学报》（哲学社会科学版），1994 年，第 108 页。

④ Kmel S.Abu Jaber, *The Arab Ba'th Socialist Party——History*, Ideology and Organization, SU Press, 1966, p.11.

⑤ ［美］凯马尔·H.卡尔帕特编：《当代中东的政治和社会思潮》，陈和丰等译，中国社会科学出版社，1992 年，第 189 页。

⑥ John Mchugo, *Syria from Great War to Civil War*, Saqi Books, 2014, pp.97-98.

⑦ 彭树智：《东方民族主义思潮》，西北大学出版社，1992 年，第 364 页。

1939年，法国委任统治当局无视叙利亚人民的感情，擅自将与叙利亚关系密切的亚历山大勒塔割给土耳其[①]，后者则以伊斯坎德伦省的名义对这一地区行使直接管辖权。此举使叙利亚甚至整个阿拉伯世界一片哗然，也使艾弗拉克清醒认识到，阿拉伯民族的重新振兴迫在眉睫。1940年，阿弗拉克开始筹划构建政党性质的政治组织。1941年，其与比塔尔正式以"阿拉伯复兴运动"的名义从事具有政党性质的活动。1943年，法国当局迫于二战形势，宣布叙利亚独立，同年7月，艾弗拉克第一次将其领导的"阿拉伯复兴运动"称作"党"，同时指出党的口号是"统一的阿拉伯民族，具有不朽的使命"[②]。1944年初，艾弗拉克发表《我们对共产主义理论的立场》一文，综述阿拉伯共产主义运动，并清算其与共产主义者的联系。文章认为，阿拉伯共产党普遍忽视了两个事实：一是阿拉伯民族具有区别于西欧历史的自己的历史，西欧社会发展遵循的规律并不适应阿拉伯社会；二是阿拉伯民族并非"一个弱小的次等民族"[③]，不需要等待解放，它有"自己的特殊历史使命"。另外，值得注意的是，艾弗拉克在文中将阿拉伯民族的特殊性与社会主义的部分原则糅合在一起，首次提出"阿拉伯复兴社会主义"这一历史概念[④]，这表明艾弗拉克政治思想正在走向体系化过程，并且社会主义思潮依就是推进这一过程的原动力之一。

1945年7月，艾弗拉克和比塔尔等人向法国殖民当局间接控制下的叙利亚政府申请建立阿拉伯复兴社会党，但遭到拒绝，不过前者借此机会正式公布了名为《阿拉伯复兴运动原则》的纲领性文件，该文件将酝酿中的阿拉伯复兴党明确定位为一个革命的、社会主义的、民族主义的、人民大众性质的政治团体。1946年，法国殖民军队被迫从叙利亚彻底撤退。在此背景下，艾弗拉克发表《阿拉伯社会主义概貌》一文，对阿拉伯复兴社会主义进行进一步的概念描述和理论扩充。该文强调，阿拉伯复兴社会主义是阿拉伯民族主

---

① ［叙］以萨特·阿尔·努斯等：《叙利亚地理与历史概要》，马肇椿译，生活·读书·新知三联书店，1974年，第138页。

② 彭树智：《东方民族主义思潮》，西北大学出版社，1992年，第285页。

③ 彭树智：《东方民族主义思潮》，西北大学出版社，1992年，第287页。

④ 刘竞主编：《中东手册》，宁夏人民出版社，1989年，第413页。

义与社会主义个别原则的结合,是民族的社会主义,它是从阿拉伯人的生活环境和特殊条件出发,为解决阿拉伯民族所面临的问题服务的。①由此开始,作为复兴党指导思想的阿拉伯复兴社会主义理论体系渐趋完整。1947年,阿拉伯复兴党第二次建党申请获叙利亚民族政府批准。同年4月4日到4月6日,复兴党在大马士革召开第一次代表大会即"民族一大",大会正式宣布阿拉伯复兴党成立,推选艾弗拉克为主席、比塔尔为总书记,集体讨论并通过了复兴党党纲和党章。其中,党纲以阿拉伯民族主义、民粹主义、反殖民主义和社会主义②为依托,明确指出"阿拉伯祖国是不可分割的有机整体",复兴党正在领导一个"争取阿拉伯统一、自由和社会主义的民族革命运动"。至此,肇始于1930年代中期的"阿拉伯复兴运动"终于以政党组织的形式登上历史舞台。1947年7月,刚刚成立的复兴党与叙利亚社会党、共产党组成左翼联盟,角逐叙利亚议会选举,联盟最终斩获议会33个席位,成为此次大选的最大赢家,③但戏剧化的是,复兴党本身却无一人成功进入议会④,这表明初出茅庐的复兴党依然缺乏足够的政治影响力。

阿拉伯复兴党建立初期,其政治号召力极为有限,组织发展相当缓慢。当时阿拉伯世界面临的迫切任务是进一步挣脱帝国主义的殖民枷锁,分别实现各民族地方的政治独立和自决。因此,复兴党及其倡导阿拉伯民族整体性的复兴社会主义思想并不为广大民众所认知和接受,其在战后阿拉伯民族解放运动中的实际作用和影响亦是微不足道的。⑤声音薄弱的复兴党作为一个政党实际上并不引人注目。但这一时期却是复兴党走向政治成熟的重要过渡阶段,其在参与叙利亚议会民主制实践的过程中,在与辛纳威等军事独裁政权合作的过程中积累了大量的政治经验,这些经验的获得对复兴党日后的政治崛起意义不凡。

---

① 刘竞主编:《中东手册》,宁夏人民出版社,第414页。

② Hopwood Derek, *Syria 1945–1986:Politics and Society*, St.Antoy's College, Oxford, 1988, p.83、p.88.

③④ John Mchugo, *Syria from Great War to Civil War*, Saqi Books, 2014, p.122.

⑤ 沈昌纯:《阿拉伯世界当代主要思潮》,《阿拉伯世界》,1998年第2期。

(二)叙利亚复兴党与泛阿拉伯民族主义实践

1949年,中东形势风云巨变,犹太人复国主义在阿拉伯宗教文化圣地巴勒斯坦成功建国,占有优势的阿拉伯国家联军在阻止犹太人复国的军事行动中一败涂地。这一残酷现实点燃并唤醒了整个阿拉伯世界普遍的民族主义情绪。是时,要求阿拉伯民族内部团结、共同奋斗、一致对外的呼声越来越高。受此影响,阿拉伯复兴社会主义思潮第一次真正受到整个阿拉伯世界的重视与支持。复兴党随之迎来快速发展的崭新机遇期,其思想主张逐渐广播于阿拉伯各国,其组织基础亦得到极大拓展。至1950年,除叙利亚外,复兴党相继在约旦、黎巴嫩、伊拉克等新月国家建立分支机构。1953年,由于立场相近并且相互欣赏,复兴党与阿克拉姆·胡拉尼领导的阿拉伯社会党成功合并,成立"阿拉伯复兴社会党"。此次合并使复兴党获得了社会党在叙利亚农村中下层和军队中的大量政治资源,进一步拓展并夯实了群众基础。[1]此外,更为引人注目的是,两党合并后,原先与胡拉尼联系密切、叙利亚军事院校贫寒出身的少壮军官们开始成为复兴党的积极追随者和重要骨干力量,他们日后对复兴党的发展转型和叙利亚政治议程演进产生了极其深刻的影响。

1954年6月,复兴党召开第二次民族代表大会即"民族二大",除叙利亚本地代表外,还有黎巴嫩、伊拉克等国的代表与会。大会根据1949年以来复兴党组织建设的基本情况,表决通过了新党章,决定在党中央设立"民族委员会"作为全党最高领导机构,统一负责整个阿拉伯世界的复兴党事务;在每一个阿拉伯国家设立"地区委员会"为地方领导机构,负责处理所在国所有的复兴党事务。至此,复兴党民族和地区并行的双层领导机制初步形成。此后,复兴党组织发展迅猛,党在阿拉伯各国尤其是在叙利亚政治生活中的影响力急速上升。1954年9月,叙利亚国民议会改选,复兴党竟有多达22人进入议会,这与1947年议会选举复兴党无人当选的窘境形成了鲜明对比。

1956年中东局势再变,苏伊士运河战争后,埃及总统纳赛尔威望大增,

---

[1] Moshe Maoz, Avner Yaniv, *Syria under Assad:Domestic Constraints and Regional Risks*, Routledge, 2003, p.23.

成为整个阿拉伯世界共同仰望的民族英雄，并且逐渐扛起了阿拉伯民族主义大旗。复兴党对此倍感欣喜，认为这是实现复兴社会主义理想的大好契机,其随即开始积极接近并热情支持纳赛尔政权。[1]为了更好地展开与纳赛尔当局合作，复兴党加紧介入叙利亚政局。1956 年 6 月 15 日,叙利亚成立民族联合政府。复兴党获得了外交部长和经济部长两个关键职位。1957 年,复兴党重要领导人、原社会党领袖胡拉尼当选议会议长,复兴党在叙利亚政坛的影响力进一步上升。此后，随着内外时机的逐渐成熟,复兴党开始策动与埃及的合并,其一再声称两国实现合并是"走向阿拉伯统一的重大步骤",是"加强阿拉伯人民反帝斗争的必要措施"[2]。复兴党的这种宣传在叙利亚国内造成了极大影响,叙利亚社会主流声音基本赞同叙埃两国合并的主张,并且时任叙利亚总统的原民族党领袖库阿特里是在埃及资助下重新上台的,其本人也是纳赛尔民族主义思想和个人魅力的仰慕者。因此,在类似一系列条件的促成下,叙埃合并逐渐成为现实。1958 年 2 月 1 日,叙埃两国政府通过谈判正式实现合并,建立阿拉伯联合共和国(简称"阿联"),3 月 8 日,也门王国以合众的形式加入,联合共和国改名为阿拉伯合众国。至此,复兴党多年的政治夙愿终于成功地迈出了第一步。

　　叙埃合并后,复兴党三巨头之一的胡拉尼出任新政权副总统,比塔尔等复兴党元老纷纷出任中央政府和叙利亚地方政府要职。但令复兴党始料不及的是,这次合并并未成为复兴党政治新生的起点,反而成了复兴党建党以来遭遇最严重挫折和损失的转折点。因为纳赛尔本人并不情愿与复兴党和叙利亚政治家真正分享权力。早在两国合并之前的 1958 年 1 月,这一情况就已初露端倪。是时,比塔尔曾以叙利亚外交部长的身份访问开罗,试探纳赛尔的真实态度。[3]此间,其被明确告知,埃及接受的合并形式是"无条件的完全统一","包括复兴党在内的所有叙利亚政党都要被取消",复兴党人可以以个人的身份加入由纳赛尔领导的阿拉伯社会主义联盟,并在其中发挥

————————

①　Peretz, Don, *The Middle East today*, Greenwood Pub Group, 1994, p.414.

②　刘竞:《中东手册》,宁夏人民出版社,1989 年,第 245 页。

③　John Mchugo, *Syria from Great War to Civil War*, London Saqi Books, 2014, p.139.

重要作用。①然而由于复兴党执着于阿拉伯民族的统一大业,并且对纳赛尔抱有充分的信任甚至幻想,对于埃及开出的苛刻条件并未太多在意而是予以坦诚接受。1958 年 3 月 15 日,就在也门加入"阿联"后不久,纳赛尔随即发布命令,正式宣布解散所有叙利亚政治党派,复兴党民族委员会决定执行这一命令,认为这一决策符合"阿拉伯民族的最高利益"。复兴党解散后,其主要成员依约加入纳赛尔领导的叙利亚民族联盟。但纳赛尔仍对政治威望颇高的复兴党人怀有疑虑,认为他们是联合政权巩固的重大威胁。随后,纳赛尔开始公开排挤、打压复兴党人,胡拉尼和比塔尔等复兴党要员先后被迫离开联合政府。与此同时,纳赛尔逐步以仲裁者的身份专断"阿联"一切事务,其在叙利亚大力推行激进的土地改革和国有化政策,并且下令以陆军元帅阿米尔为首的埃及军团对叙利亚全境实行军事管制。上述措施使叙利亚成了埃及的一个省,而非平等的政治实体。②此举不仅挫伤了叙利亚人民的地方民族自尊,引起了叙利亚保守势力和军人集团的强烈不满,而且也使许多复兴党人大失所望。

1958 年至 1959 年,受叙埃合并的影响,黎巴嫩、伊拉克等国政府唯恐本国的复兴党人颠覆其政权,因此对两国复兴党分支机构采取弹压政策,伊拉克复兴党组织甚至被迫转入地下。此时,由于复兴党组织在叙、黎、伊等地相继受挫,全党陷入一片混乱。1959 年 8 月底,复兴党在黎巴嫩首都贝鲁特召开"民族三大",大会对叙埃合并等问题重新进行了激烈的讨论甚至辩争,虽然与会成员一致同意采取措施重整党的队伍,但此次大会并未能平息部分党员对纳赛尔的不满情绪,复兴党内认识分歧随之雏形初现。

就在复兴党重整队伍的同时,党内年轻军官们也开始独立组织自己的政治活动。1959 年,以进修为名义,被纳赛尔当局变相调往埃及的复兴党少壮军官、少数派出身的萨拉赫·贾迪德、阿菲兹·阿萨德、穆罕默德·乌马兰、哈马德·乌贝德等人③瞒过埃及军警的监视,成立秘密组织"军事委员会",策

---

① John Mchugo,*Syria from Great War to Civil War*,Saqi Books,2014,p.140.

② Torrey G.T,*Syrian Politics and the Military*,1945–1958,Ohio,1964,p.325.

③ *Watha'iq Mou'tamar Shoutura Documents of the Chtoura Conference*,Syria Government Publishing House,Damasus,1962.

划反对纳赛尔政权和叙埃合并的行动。该委员会组建后,通过各种方式联络在埃及的叙利亚尤其是复兴党军官,并最终形成了成员数达二十余人的组织体系。从其组织体系运行机制上来看,军事委员会一方面延续了复兴党基层组织层次分明、秘密活动的特点,另一方面也继承了叙利亚军队中以军阶高低为准绳的严格服从秩序,因而具有政党政治和军人政治糅合的显著特征。军事委员会的出现是复兴党政治演化的一件大事,其既是党内军人不满现实、重建复兴党党组织的结果,也是叙利亚军队政治化传统的一贯延续,对日后复兴党政治道路的进一步演进影响甚大。

(三)叙利亚复兴党的内部分裂及其政治道路的转向

纳赫拉维军事政变和脱离"阿联"事件后,随着叙利亚国家主权恢复,国内政治版图迎来新一轮重组, 正在重建的叙利亚复兴党随之出现一系列公开的政治力量分化和政治道路分歧。

就复兴党内部政治分裂力量而言,在关于对"阿联"性质的认识上,复兴党内部出现了四支立场迥异的独立派别。第一支是以原社会党党首胡拉尼为代表的复兴党左翼(地区主义者),该集团主张彻底否定"阿联",并积极赞成脱离"阿联"。其领袖角色胡拉尼虽曾身为阿联副总统,但长期以来对纳赛尔的大埃及主义和独裁专断作风极为不满, 他本人是叙利亚政治家中最坚决的反纳赛尔人士。[1] 20 世纪 60 年代初,胡拉尼领导的复兴党左翼持续我行我素,已在事实上成为一个独立政党,并最终于 1962 年 5 月召开的复兴党民族五大上与复兴党组织主体彻底分道扬镳。第二支是以艾弗拉克和比塔尔为首的复兴党传统领导核心即右翼元老派(民族主义者),该派仍然坚持亲埃及和支持"阿联"的基本立场,但这一立场已发生明显动摇,作为复兴党两大元老之一,比塔尔曾一度署名公开支持脱离"阿联",尽管在复兴党民族委员会集体谴责的压力下,比塔尔被迫放弃了这一态度,但其影响却难以逆转。第三支是以复兴党内统派领导人萨米·苏凡为代表的纳赛尔主义者

---

① Torrey G.T, *Syrian Politics and the Military*, 1945–1958, Ohio, 1964, pp.319–326.

（力量较前两派弱小，为党内激进势力组成），作为对胡拉尼与比塔尔脱离行为的愤慨回应，该派主动退出复兴党并另组亲纳赛尔的社会主义联盟运动，并积极筹划叙埃重新合并。第四支是"阿联"时期在埃及秘密成立并独立活动的复兴党军事委员会，叙利亚政变后，该委员会一度支持脱离"阿联"，但由于其成员大多数是宗教少数派出身，遭到逊尼派纳赫拉维政变集团清洗运动的直接冲击，导致部分成员被开除军籍，为了应对危机，该委员会转而反对脱离"阿联"，甚至积极密谋推翻"分裂者政府"。军事委员会的微妙态度引起了军队中纳赛尔主义者的兴趣，两者出现了某种程度的合作趋向，这一趋向的产生对叙利亚国内政治格局产生了深远的影响。总之，复兴党人热衷于泛阿拉伯民族主义实践，对叙埃统一亦怀有期待，但反对和警惕任何将叙利亚附庸化的企图和行动，正是对纳赛尔和统一运动认识的剧烈分化，复兴党党内政治力量迎来了建党以来第一次严重的公开决裂。

就不同政治力量的道路分歧而言，复兴党分裂后，党内各派分别开展了方向迥然的政治道路实践，并引发了不同的社会政治后果。具体来说，第一种政治道路实践即胡拉尼领导下复兴党左翼的重返议会行动，这一行动由于呼应了高涨的叙利亚地方民族主义情绪和脱离派的强烈政治诉求，因而取得显著成果。1961年12月1日叙利亚举行脱离"阿联"以来首次议会选举，民众参与程度较以往大为提高，投票率高达50%~60%，创下了叙利亚建国以来投票人数之最的历史纪录，而新议会则以97%的绝对多数通过退出"阿联"的决议[1]。在这一背景下，胡拉尼以高票当选议会议员，其领导的复兴党左翼更是斩获议会15个席位，成为此次议会选举的赢家之一，与此形成鲜明对比的是，艾弗拉克、比塔尔等复兴党右翼元老则在此次议会选举中全部落选。重返议会后的胡拉尼一派与阿兹姆等老牌政治家合作，致力修复议会民主政治机制，并取得一定进展，但叙利亚议会民主制依然危机四伏。

第二种政治道路实践是复兴党军事委员会密谋策动的兵变。随着议会民主政治的恢复和发展，1962年3月25日，在人民党领袖达瓦利比辞去总理职位、《紧急状态法》即将取消之际，察觉到叙利亚政治局面将要脱离掌控

---

① Tabitha Petran, *Syria—Nations of Modern World*, Ernest Benn Limited London, p.153.

的纳赫拉维集团于3月28日在大马士革再度发动兵变，胁迫解散议会，要求恢复土改与国有化，并与埃及重新合并。由于兵变缺乏支持，抗议活动蔓延全国，叙利亚局势很快失控。在这一背景下，复兴党军事委员会加紧与纳赛尔主义者联系并伺机而动，3月31日，纳赛尔主义者贾西姆·阿尔万在复兴党军事委员会的协助与支持下，于霍姆斯发动第二次兵变，复兴党军事委员会成员与纳赛尔主义者共同构成了此次兵变的骨干力量，军事委员会意图通过此次兵变，消除纳赫拉维集团清洗的影响，进而恢复在军队中的地位，获取政治议程中的话语权。纳赛尔主义者则主要希望恢复"阿联"实体。由于纳赫拉维集团趋于瓦解，基本达到目的军事委员会并没有响应纳赛尔主义者的要求。此时，叙利亚军队内部裂痕进一步扩大，形成了支持脱离派的大马士革军官集团、与脱离派立场相近的胡拉尼追随者、势力较强的纳赛尔主义者、不持立场的中立派军官，以及复兴党军事委员会五支力量。为了进一步实现合并目的，阿尔万等纳赛尔主义者又于阿勒颇发动第三次兵变，但由于缺乏组织和支持，兵变很快遭到军事当局镇压，阿尔万等人被驱逐。几次兵变后，文官政府得以恢复，军队暂时退出政治前台，但叙利亚议会民主制已经奄奄一息，复兴党军事委员会则巩固了在军中地位，逐渐成长为一支可以左右叙利亚全局的关键政治力量。

第三种政治道路实践是复兴党元老与纳赛尔主义者合谋策动的政变，兵变失败的纳赛尔主义者并不甘心，于1962年7月与复兴党元老右翼合作，密谋策划政变，以求推翻叙利亚脱离派临时政府，并且企图在政变得手后建立以比塔尔为首的复兴党和纳赛尔主义者联合政权，进而恢复与埃及的统一谈判。但政变参与者与埃及当局往来的秘密电文被叙利亚当局破译，政变以流产告终。此次政变图谋引起了叙利亚当局的高度警觉，临时政府立即着手修订政党组织活动条例，意在取缔并限制宗教和阿拉伯民族主义政党参与政治，叙利亚社会民主党、共产党、穆兄会尤其是纳赛尔主义者均在取缔之列，复兴党则在受限之列，其政治活动落入低潮。

总体而言，脱离"阿联"政变发生后，复兴党整体上呈现分离、弱化、活跃三种趋势。其中，分离一是指以胡拉尼为首的复兴党左翼重返议会，成为脱离派政府的支持者，主动撇清与复兴党原有关系并最终彻底决裂的行动；二是指复兴党内亲埃及激进的纳赛尔主义者自立门户的脱党行为。弱化则主要指复兴党传统领导核心的脱力化,脱离"阿联"后,艾弗拉克、比塔尔等复兴党元老控制的复兴党领导机构虽然得以重建,但其不仅元气受损、实力不足,而且其保守倾向跟不上叙利亚国内政治形势变化,故而政治道路实践艰难,影响力持续下降,短期内难有实质作为。与前两种变化形成鲜明对比,复兴党军事委员会这个较为激进的离散型复兴党军官组织在叙利亚政治舞台上日渐活跃化,其不仅借助军队干政的传统,干预了叙利亚国内政治历程,冲击了脱离派文官政府,而且更巩固了在军队中的基本地位,成为一支令人瞩目的新兴力量,并为以后叙利亚政局突变、复兴党掌权,以及党内新左派崛起和党的继续分裂做了铺垫。

二、复兴党军政一体一党专政体制的确立、发展与转变

1963 年 3 月 8 日,叙利亚复兴党在国内外形势变化直接刺激和党内新生力量的极力督促下,转变对议会民主制的态度,联合其他激进势力,以革命的暴力手法,夺取并掌握了以往一盘散沙的叙利亚民族国家权力,从而揭开了复兴党长期执叙利亚牛耳的序幕, 由于这一历史事件是在复兴党内军队势力的主导下完成的, 且到 1970 年 11 月阿菲兹·阿萨德政变上台前,复兴党一直维持着党军二元共治、共存的局面,因此有学者将 1963 年到 1970 年复兴党初步掌权的这一时期称为传统军政时期。[①]传统军政时期,复兴党政府在叙利亚掀起了疾风骤雨式的大规模变革, 使叙利亚中央权力迅速集中,政治社会结构发生极大改变,一个凝聚稳定的叙利亚现代国家实体随之雏形初现。

政治制度化程度和政治参与程度的迅速提升及国家权力的持续迅猛集中,是复兴党一党体制在叙利亚逐渐确立后,叙利亚政治发展状况的突出特点。这一时期,叙利亚先后经历了三个中央权力凝聚的重大阶段。第一个阶段从 1963 年 3 月到 5 月,其间,叙利亚国家权力完成了由议会共治的涣散

---

① 还有学者称其为叙利亚第二共和国或传统复兴时期。

状态向少数激进派联合集权再向复兴党一党专制凝聚过渡；第二阶段从
1963 年 6 月到 1966 年 2 月，其间，叙利亚国家权力完成了由复兴党一党专
制向党内新左派及军人小集团专制的凝聚过渡，第三阶段从 1966 年 2 月到
1970 年 11 月，其间，叙利亚国家权力完成由新左派军人小集团专制向阿萨
德个人威权的最终凝聚。

（一）"三·八革命"与复兴党军政一体一党体制的初步确立

1963 年 3 月 8 日，具有浓厚军人背景的三股激进势力——复兴党军事
委员会、纳赛尔主义者，以及中立派军官集团合流发动军事政变，推翻脱离
派议会文官政府，成功夺取政权。政变后，联合夺权的三股势力决定不再召
开和留存叙利亚一院制议会，而是以新的最高权力机关"全国革命指挥委员
会"及其重要辅助机关"军事管制委员会"取而代之。此举以强硬姿态，最后
终结了叙利亚议会民主制道路，最后终结了叙利亚建国以来政治权力在"议
会民主体制"形式下"普力夺"的溃散状态，并且第一次将国家最高权力紧密
收束和高度集中于一个由夺权三派联合建构的新制度化框架内。但这一框
架的内部权力分配并不平衡，因而仍然缺乏稳定性。复兴党一派占据着明显
政治优势，其自身就单独构成一种现代政治运转的制度化框架。纳赛尔主义
者和中立派军官集团二者则组织相对涣散、政治根基有限。同时，三派势力
政治立场差异巨大、态度南辕北辙，缺乏长期合作所需要的共同政治纲领和
内部组织联系。复兴党人虽然仍心系泛阿拉伯主义实践，但已经十分警惕外
部势力对叙利亚民族国家造成的实际利益损害，相较于建立在阿拉伯民族
主义整体性基础上的超国家联合，其更关注叙利亚民族国家本身的利益报
偿和内部治理。纳赛尔主义者则截然相反，其对叙利亚民族国家建构和具体
利益得失并不感兴趣，而更倾向于将之作为一个重要的政治筹码，推进由埃
及主导的"阿联"秩序的重建。与前两者相比，中立派军官集团并未提出具体
的政治诉求，其态度谨慎而暧昧。这样一来，叙利亚国家权力的再分配和进
一步集中就不可避免了。很快，就在三·八革命结束后的仅仅两个月内，叙利
亚再度爆发权力之争。纳赛尔主义者借口复兴党人主导的政府有意拖延叙

埃重新合并事宜而发动武装暴乱。复兴党人则在调集军队镇压暴乱的同时，乘机对军中逊尼派中产阶级出身的纳赛尔主义者和中立派军官集团进行大规模清洗，并最终将二者驱离叙利亚权力中枢。此后，叙利亚国家权力完全集中于复兴党一党，复兴党党政军政合一、一党专政、高度集权的政治体制初步确立，叙利亚随之彻底完成了由议会民主制普力夺政体向少数激进派联合集权体制再向复兴党一党专制的过渡，叙利亚政治制度化迎来了新的发展局面。

(二)军政一体一党制下的党军关系转化与党内军人集团专政体制的确立

叙利亚民族国家政体再度变更、国家权力向复兴党集中后，依然未能取得足够平衡,作为新政体唯一领导核心的复兴党,其内部又出现新的权力分配问题,并随即演化出相互矛盾着的两个并行子系统。一个子系统是以艾弗拉克、比塔尔等党的创始人为代表、党的民族领导机构为依托的文官元老派;另一子系统是以复兴党军事委员会少壮军官为主体、党的地区领导机构为依托的武治新左派。其中,元老派享有崇高的政治威望,但缺乏维系权力的实力基础;新左派手握雄厚实力,但不具备把持权力的足够政治威望和影响力,并且二者的阶层利益和政治诉求存在显著差异。主要代表中产阶级中上层、农村中农利益的元老派态度温和、保守,继续倾心于横向的阿拉伯民族主义理想,不承认阶级分化的真实存在,主张尊重私人财产、团结国内各阶层、循序渐进的解决叙利亚内部问题。主要代表中产阶级下层、农村贫农利益的新左派态度激昂、进取,热衷于在叙利亚推动纵向的社会主义改革,认同阶级社会分化,主张调整所有制、进行一定程度的阶级斗争、用改革甚至革命的手段夯实叙利亚民族国家的基础。

一党制确立后,复兴党两大子系统在泛阿拉伯主义实践、国内秩序重构、经济社会发展道路等所有事关叙利亚国家治理全局的重大问题上都存在严重分歧,并随之进行了各种形式的政治斗争。不久,握有实力的新左派得势。1963年10月,复兴党召开"民族六大",在新左派的全力推动下,大会对复兴党党纲进行了大量修改,并将以革命方式促进阿拉伯民族统一;实行社会主义形式的人民民主专政;推行生产资料所有制的国有化变革、开展国内阶级斗争甚至实现一定程度的"科学社会主义"等内容纷纷编纂入纲。"民族六大"后,复兴党内政治平衡被进一步打破,党内两大子系统逐步走向分离、双方矛盾日益尖锐,斗争更趋于白热化。据统计,1963 年 10 月到 1966 年初,仅仅两年多的时间,叙利亚内阁更替宛如走马灯,十分频繁,达十余次之多。①1966 年初,复兴党内权力之争达到临界,逐渐陷入被动的元老派率先发难,意图通过党政系统驱除新左派势力。而新左派势力则决意以武力相反击。1966 年 2 月 23 日,复兴党军事委员会巨头贾迪德、阿萨德等人发动"2·23"军事政变,以暴力手段一举终结了元老派的政治存在,同时确立了自己在党、政领导机构的独一专断地位,两大子系统并存的复兴党一党专政体制随之宣告终结。以此为开端,叙利亚国家权力进一步集中,完成了由一党专制向一党少壮军人集团专制的成功过渡。

(三)军政一体一党体制向领袖威权政体的最终过渡

军人集团专制确立后,新左派立即着手重组叙利亚党政体制,使党内权力向地区领导机构转移, 国家权力向地区领导机构操控下的寡头决议机构全国革命委员会集中,进而构建起权力更为凝聚的新左复兴党人一党体制。但这一体制依旧隐含着分别以原复兴党军事委员会巨头贾迪德和阿萨德为领袖的两个权力构造中心。不过,基于同一派别的共同政治诉求和紧密合作关系,新政权内部的两个权力构造中心起初并没有进行自我权力构造,而是以一种分工协作、相互依存、上下平行的亲密状态共同支撑着新一党体制构建的政治基础。

新一党体制逐步稳固后, 贾迪德以其原军事委员会第一巨头的传统政治威望幕后操控叙利亚全局,以之为首的新左派随即将既定的激进主张付诸实践,其逐步从党群关系扩大、国民经济的全面国有化转型、农村土地的

---

①　John F. Devlin, *Syria: Modern State in an Ancient Land*, Westview Press, 1983, pp.55–56.

再分配,以及基础设施建设等方面入手,自上而下、大刀阔斧地对叙利亚社会结构和经济运行体制进行纵向改革,并且用输出革命和阶级斗争的方式处理外交事务。但是,新左派冒进且操之过急的国内改革脱离了叙利亚经济基础和社会发展现状,不仅未能改变叙利亚经济社会相对落后的现状,反而严重挫伤了叙利亚本就有限的生产力,激化了国内阶级矛盾。20世纪60年代后半叶,叙利亚国民经济增长率持续下降,到60年代末期已不足1%,国内民生受损且社会各阶层关系紧张。同时,极左的对外政策,迅速恶化了新复兴党政权与约旦、沙特等阿拉伯兄弟国家的关系[①],并使叙利亚在相关国际事务的处理上陷入空前的被动。1967年,叙利亚在第三次中东战争中遭遇惨败,小集团专制的新复兴党一党体制随之陷入空前的合法性危机之中,其对叙利亚国家政局的控制力逐步削弱,复兴党初步凝聚起来的民族国家政治权力及其内聚力有走向迸散的危险。这一情况的出现改写了叙利亚一党体制政治生态的基础,使原先两个权力构造中心相互依存的凝聚状态被打破。手握兵权的阿萨德集团在贾迪德秩序逐渐走向失败后,以救市姿态迅速解除自我抑制,逐步活跃起来。以此为节点,叙利亚国家权力再度呈现进一步转移和集中的倾向。到1970年,阿萨德集团的自我权力塑造已近完成,通过一系列大大小小夺权行为、政治辩论和宣传策动,阿萨德基本把控了叙利亚军队与安全情报部门,并整合出一个包含小资产阶级、个体经营户、农民、工人等社会各阶层在内的普遍政治联盟,进而重新收束并凝聚了叙利亚的国内认同。此时,复兴党新一党体制已濒临崩溃边缘。1970年11月中旬,阿萨德发动"再纠正运动",以一场快速、迅捷、干净、不流血的军事政变,彻底推翻了激进派军人小集团专制的新复兴党一党体制及其激进道路,并几乎收夺了其所有政治资源。至此,叙利亚国家权力完成了由寡头决策集团向阿萨德个人威权的转移集中,这标志着叙利亚中央权力已凝结至顶峰,一个中央集权空前强大的新叙利亚随之雏形初现。

---

① 新左派热衷于对外尤其是对阿拉伯世界输出革命。See John F. Devlin, *The Baath Party: A History from Origins to 1966*, Hoover Institution Publications, 1976, p.220.

三、军政一体一党体制道路与叙利亚政治社会的双向结构性变革

1963 年到 1970 年,复兴党一党制确立和调整的过程,既是叙利亚国家权力不断转移集中的过程,也是叙利亚社会存在和上层建筑发生重大变革、国家政治现代化架构进一步走向成熟的过程。为了给国内权力的持续再分配创造条件,也为了践行各自政治路径、建构自身合法性,复兴党内各派尤其是以少壮军人为代表的左翼势力在其内部博弈中,出台并推行了大量触及其自身及叙利亚社会基本面的激进策略,这些策略从纵向阶级构造和横向社会派系权重两个层面上对叙利亚政治社会的基本结构产生了深刻的变革性影响。

(一)一党政治与叙利亚纵向阶级结构的重组

复兴党传统军政时期,叙利亚社会的纵向阶级结构发生显著改变,呈现一挫退、一壮大、一上升的总体特征。

其中,"一挫退"是指具有浓厚割据、分离和依附色彩的叙利亚封建大地主、部落豪贵,以及逊尼派大资产阶级等旧势力遭政治、经济双重打击,进而受挫退出历史舞台的现象。1963 年"三·八革命"对叙利亚议会民主制的终结,实际上摧毁了大地主、部落豪贵和逊尼派大资产阶级等传统势力参与国家重大决策、争夺国家权力的政治渠道,旧势力通过议会民主制形式把持国家权力、操控国家方针,以举国机制谋取私益的局面被彻底打破。随后,复兴党人在军队系统和政府机构中进行的多次大清洗,在客观上扫除了残余的旧势力,并使之丧失了卷土重来的政治基础。同时,复兴党新左派逐渐推进的土地改革和国有化运动,使叙利亚封建地主大地产大量被没收,部落私营地持续缩小,农村的封建自治秩序被打破,法国殖民时代发展起来的逊尼派资产阶级工商企业甚至中小私营资本被大量收归国有,旧势力赖以存在的经济基础随之遭到重创和铲除。到 1970 年阿萨德上台前,在复兴党政权政治、经济双向挤压之下,旧势力在叙利亚总人口中所占比例业已下降

500%有余,仅余 1%左右①,作为叙利亚政治生活的参与主体,他们实际上已退出历史舞台。

"一壮大"是指叙利亚农民阶级力量迅速增强,并与新兴中产阶级紧密结合。早在"阿联"时期,复兴党人就已配合埃及当局的土地改革运动,严格限制土地占额,并开始没收大地产。"民族六大"之后,复兴党左翼加紧在全国范围内推进土地改革运动,将大地主、部落首领手中控制的大面积土地收归国有,并重新分配给无地少地农民。有关资料显示,1963 年至 1970 年,拥地面积不足 10 公顷的农村中农人口在叙利亚总人口中所占比重大幅度增加,从之前的 30%上涨至 48%,其拥地总面积亦从之前的 13%增至 23.6%,同时,无地农民所占人口比重则从之前的 60%降至 36%左右。②农民阶级尤其是小农阶层的诉求得到极大满足,其阶级力量迅速壮大。为了巩固和捍卫既得土地权益,农民阶级很快与土改推动者新兴中产阶级结成坚实同盟,这一同盟成为支撑叙利亚民族国家巩固凝聚与政治现代化的一支中坚力量。

"一上升"是指新兴中产阶级实力大幅度提升,并持续主导叙利亚政局的现象。"三·八革命"后,以复兴党军事委员会及党内中青年党员为政治代表的新兴中产阶级(中产阶级中下层)激进势力抬头,其与纳赛尔主义者、逊尼派中立军官集团、复兴党元老派等传统中产阶级(中产阶级中上层)势力的连番斗争中不断胜出,进而实力大增,并一度成为叙利亚政坛的唯一主导力量,叙利亚政治参与程度进一步提升,形成了中产阶级主导国家政局的新局面,政治现代化步伐由此大为加快。

(二)一党政治与叙利亚横向社会派系结构的重组

就派系权重而言,党军空前耦合、军队势力膨胀以及少数族裔的剧烈消长是复兴党传统军政时期叙利亚横向社会结构的三大主要变化。

其中,党军耦合最重要:"三·八革命"后,叙利亚最现代化的两股力量——

---

① Eberhard Kienle ed., *Contemporary Syria*, London, 1994, p.38.

② R Hinnebusch, *Syria: Revolution from Above*, Routledge, 2001, p.120.

军队和世俗化的中产阶级政党复兴党迅速走向合流。由此开始,复兴党高层遂以党的军事委员会为载体,通过不断推进军队的复兴党化,逐渐掌握了整个叙利亚军队,而出身社会中下层的叙利亚军人则反向借助军队中日渐发达的复兴党组织脉络,逐步完成了对复兴党及其领导层的渗透和把控。在这一过程中,党、军两个系统进行了规模宏大的有机耦合,最终形成了一种相互依存、相互寄生、你中有我、我中有你的党政军政混合模式。该模式以优势互补和负负得正的效益,把复兴党的政治制度优势与军队力量的强大实力基础迅速结合起来,从而为一盘散沙的叙利亚社会第一次塑造出一支兼具雄厚实力和可持续性制度支撑的强健领导主体和有力内聚核心,这对于叙利亚民族国家凝聚治理的进一步展开无疑是极为重要的。

军队势力膨胀最突出:在党军耦合模式下,叙利亚军队政治地位的提升迅猛异常,由于手握实力且组织纪律性最强,军队集团在复兴党内外多次政治较量中,一直扮演着关键角色,其总能扭转甚至改变叙利亚国内政治的演进方向。因此对于党的所有政治领导者来说,获得来自军队的支持是极为重要的。[1]可以说,军队势力是复兴党政权之所以能够建立、维系乃至转型的支撑框架和重要基石,其态度关系到整个政权和叙利亚政治现代化的最终命运。新左派当政后,作为新复兴党政权的实质领袖,出身军事委员会的贾迪德深知军队力量对复兴党政权影响的严重性,为了防止军队尾大不掉以及政权退回较为低级的军政府化状态,贾迪德曾一度致力于实现党军分离和以党治军,其一再强调军队职业化的重要性,要求军队高官必须无条件服从党纪,并且不允许在职军官兼任党和国家领导人职务,以求将军人集团剥离政治决策层。但是这一策略并没有收到预期效益并且不了了之,因为军队系统对叙利亚政治生态圈的渗透已经深入骨髓,叙利亚大部分党和国家的决策者都与军队保持着直接和间接的关系,复兴党及其政权的运作已无法离开与军队系统的密切合作,党军耦合作为一种推动叙利亚民族国家凝聚和现代化发展的成功方案已经为叙利亚政治发展逻辑所肯定。在这一背景下,

---

[1] Itamar Rabinovich, *Syria Under the Ba'th*, *1963–1966*: *The Army-Party Symbiosis*, Israel Universities Press, 1972, p.23.

军队势力作为一种日渐强大、能动和不可或缺的政治化力量已然确定无疑。

少数族裔的剧烈消长最明显：复兴党取得政权后，为了应对复杂的内外环境，进而践行阿拉伯民族主义理想，其出台大量政策，一再强调和强化叙利亚民族国家的阿拉伯性质及认同，否认或淡化非阿拉伯族裔的民族性。其中，针对阿拉伯化水平最低、自我认同较强但尚未独立建国的跨界民族库尔德人，复兴党各派政府无论其具体政治立场如何，均以统一的弹压和阿拉伯化政策给予应对，此举以强硬手段大幅度削弱了库尔德民族主义对叙利亚民族国家内聚的潜在威胁，使得这一民族遭受了叙利亚自建国以来最强烈的政治挤压和排斥。同时，由于以阿拉维派为主少数教派出身的军队势力在复兴党政治系统中的力量日益膨胀，因此阿拉维等少数派力量也随之快速上升，进而显现出凌驾于叙利亚国家诸族群之上的趋势，成为日后国家权力建构的潜在主体。

第四节　叙利亚现代政治发展道路的里程碑
——阿萨德威权体制的建构与探索

一、阿菲兹·阿萨德领袖威权体制的确立及其意义

1970 年再纠正运动后，叙利亚国内政治形势骤变。是时，传统贵族和工商农业资产阶级势力濒于瓦解，具有威望的复兴党元老及贾迪德等新左派政治强人亦已淡出政治舞台，务实老练的阿萨德获得了叙利亚党政军三界独一的绝对优势地位。很快，其便着手重构叙利亚政治图景，建立以自身为中枢神经的党政军权力分配体制。在这一过程中，对复兴党的系统改造和利用被放在了极为关键的位置上。虽然从表面上看，阿萨德承袭了"三·八革命"以来复兴党"一党专政、党政合一、以党治国"的传统政治形式，继续将复兴党作为维系其统治的基本架构。但不同以往的是，阿萨德并没有在实质

上把复兴党作为叙利亚政治的真正领导核心，而是根据现实需要，从顶层和基层两个方面入手，对复兴党系统进行了附庸化、工具化和外围化改造。

首先，从顶层组织的改造来看。为了巩固其党内领导，阿萨德分别于1971年5月和8月，先后出任复兴党地区和民族领导机构总书记，史无前例的身兼二职，以全党唯一最高领导人的身份，完成了对整个复兴党系统的全面控制。同时，为了获取这种控制力的长期性和合法性，其通过党代会修改复兴党中央机构的选举制度和领导制度，确立并强化了复兴党自上而下的政治原则①，突出并强调了其本人在全党的绝对地位。除此之外，阿萨德还对地区委员会、复兴党代表大会等党中央领导机构的构成与职能进行了再调整。地区委员会作为曾经掌握复兴党实权的传统领导中心，一直受到阿萨德本人的格外重视。就任总书记后，阿萨德随即重组地区委员会，委员会全部14名委员均被换选，新当选委员中大部分是出身阿拉维派的阿萨德亲信，地区委员会实际上已附庸于阿萨德的个人权威。此后，阿萨德不断抬高地区委员会的政治地位，将叙利亚大部分内外事务的讨论与决策都集中置于地区委员会中进行，但所有大事的最终决定权仍牢牢控制在阿萨德本人手中。这样一来，附庸于阿萨德个人权威的地区委员会便最终成了辅助阿萨德议政、决策的内层咨议机构。与此同时，复兴党名义上的最高权力机构——全党代表大会继续发挥着重要作用，但大会议程被严格限定在发表、讨论复兴党报告，宣布新阶段复兴党大政方针等方面，其并不参与实际决策。民族与地区委员会联席会议即中央委员会为其常设机构，该委员会由行政长官、高级将领以及党组高层等复兴党精英组成。② 1985年前，其成员由选举产生，任期四年。③ 1985年后，其成员则由阿萨德本人直接任命。④全党代表大会逐渐成为阿萨德威权政治的外围咨议机构。

其次，从基层组织的改造来看，阿萨德在重构复兴党顶层设计的同时，

---

①　Perthes Volker. *The political Economy of Syria under Asad*, I B Tauris, 1995, p.155.

②　Alasdier Drysdale, The Syrian political Elite, 1966–1976 A Spatial and Social Analysis, *Middle East Studies*, Vol.17, No.1 Jan, 1981.

③　E. Zisser, *Asad's legacy: Syria in Transition*, New York University Press, 2001, p.26.

④　刘竞:《中东手册》,宁夏人民出版社,1989年,第435页。

并没有忽视对复兴党基层组织的利用。一方面,其继承了贾迪德时期就已经大量建立的复兴党民众协会和基层机构,同时给予这些单元更大支持和权力,使之能够有效组织、调动甚至控制包括工人、农民、教师、学生和妇女在内的叙利亚基层群众,从而构造维系阿萨德统治的坚实群众基础。据相关资料统计,阿萨德执政后,复兴党基层组织建设不断加快。到 20 世纪 80 年代,已形成 11163 个被称为"哈勒卡"的基层单位,党在基层群众中的影响力随之迅速扩大。到 80 年代中后期,复兴党党员总数达 50 万人,其中有 60% 来自农民与工人群体。[①]与之同步,复兴党间接操控下的工会、农会、学生联合会、妇女联合会等半官方群众组织也获得了长足发展。1992 年,叙利亚工会成员已增长至 54 万人,其中有 25% 来自不受政府直接控制的私人企业。[②]另一方面,加强党在军队中的影响力,推进军队的复兴党化也是阿萨德复兴党基层组织重构的重要一环。民族国家建立后,军队一直是叙利亚政治生活中的重要干预力量,阿萨德能够取得政权的关键也在于军队系统的忠诚效力。因此,其本人极为关注军队的建设问题。早在 1963 年,为了阻止叙利亚军队内部严重的派系纷争,阿萨德就曾借助复兴党完备的组织系统和思想理论体系,在军队中打造整齐划一的复兴党组织和意识形态网络。[③]在纠正运动后,这一进程迅速加快,复兴党在政治上对军队的绝对垄断地位随之彻底确立。到 1992 年,全部 100 万复兴党成员中,有 10% 是军人出身。[④]基本上所有军队精英都被纳入复兴党系统之中,阿萨德本人则通过复兴党对叙利亚军队行使组织和思想上的双重领导。

　　总而言之,阿萨德掌握叙利亚国家权力并担任复兴党最高领导人之后,复兴党作为其统治体系的基本架构,依然牢固维持着国家执政党的至高地位。并且,在阿萨德一系列的调整和改造下,其组织系统、议政机制、思想建设等方面都有了长足发展。但显而易见的是,复兴党职能结构的所有调整、

---

　　① Raymond Himebusch, *Syria: Revolution from above*, Routledge, 2002, pp.80–92.

　　② Perthes Volker, *The political Economy of Syria under Assad*, I B Tauris, p.173.

　　③ Amos Perlmutter, The Comparative Analysis of Military Regimes: Formation Aspiration and Achievements, *World Politics*, Vol.33, No.1 Oct, 1980.

　　④ Perthes Volker, *The political Economy of Syria under Assad*, I B Tauris, p.155.

优化和发展都是紧紧围绕着阿萨德个人威权的有效构建而展开的。随着阿萨德政治权力的不断巩固和膨胀，复兴党作为一个执政党的整体地位和威望开始不及阿萨德个人，其终于成了支撑阿萨德威权政治运作的附庸化工具。然而复兴党有限政党政治的继续留存，毕竟在一定程度上适应着叙利亚政治现代化发展的时代要求，其在疏通叙利亚社会上下的同时，确也为阿萨德威权的长存提供了重要的制度性支撑。反过来讲，阿萨德个人威权的形成虽是叙利亚政治现代化不成熟的表现，有悖于复兴党集体领导的初衷，但越是政治不成熟的社会，就越需要强有力政体的有效存在，因为它可以最大限度地结束内部涣散状况、增强国家凝聚力，进而完成后发国家的现代化赶超。复兴党执政前后，叙利亚已经经历了太多的动荡和纷争，国家的现代化建设因而举步维艰，连番的混乱表明，叙利亚所面临的第一需要是权力的累积集中而非相反。因此，一定时期内，阿萨德威权的稳固建立恰恰是叙利亚经济社会实现现代化发展、复兴党实现其政治夙愿的重要保证。故而，作为集体党的复兴党与阿萨德个人专断威权的顺利交融也就不足为奇了。并且从某种角度看，这种交融可以被认为是叙利亚现代化进程中的一次历史进步。

二、阿菲兹·阿萨德威权体制确立的继承性历史基础

阿菲兹·阿萨德威权体制的确立是叙利亚政治现代化发展和政局变化自然演绎的结果。但若从制度化的继承性与发展性来讲，这一体制与叙利亚社会历史的长期运动也同样有着千丝万缕的联系。它的出现实际上是叙利亚传统历史文化价值观、古老宗教知行体系，以及法国殖民主义分而治之的少数族裔政策遗产之间相互作用的产物，其制度化水准受到叙利亚传统历史和文化惯性的深刻影响。

（一）伊斯兰宗教威权主义传统——领袖威权体制的思想渊源

叙利亚本身是一个多宗教、多教派的发源地，犹太教、基督教、伊斯兰教均在这里得到传播和发展。公元7世纪，伊斯兰教在阿拉伯半岛兴起，随着

阿拉伯国家的建立和对外扩张,地理上重要的枢纽地带叙利亚首当其冲受到影响,很快就被并入阿拉伯帝国的版图之内,而叙利亚地区的各多民族也在阿拉伯征服的过程中纷纷皈依伊斯兰教,成了阿拉伯-伊斯兰文明的中枢,并受到伊斯兰创教伊始便已经体现出来威权主义的思想的深刻影响。这是叙利亚现代政治制度化的重要思想源头,其制度化影响不亚于中国、法国等拥有强大历史传统的国家。

伊斯兰教是著名的一神教,教义强调真主至大,认为真主是"超绝万物的和至睿的存在""天地的国权所有者""全能的天地创造者"。这种对真主至高无上地位的尊崇赋予了其人间使者——穆罕默德以绝对权威,穆罕默德在人间拥有传教布道的神圣使命,有解释教义经文的权力。穆斯林应当谨守拜功、完纳天课、服从使者绝对领袖穆罕默德的指令。627 年,穆罕默德与犹太人彻底决裂,"确定易卜拉欣为克尔白和朝觐的创始人,规定莱麦丹月为斋月"[①]。632 年,十多万名穆斯林来到麦加朝觐,穆罕默德的独一宗教领袖地位从此得到确立。

另一方面,穆罕默德作为伊斯兰宗教最高领袖还拥有干预世俗生活的威权。《古兰经》中规定:"你们应当信仰真主和使者,你们应当分舍他所委你们代管的财产","信道的人,你们当服从真主,应当服从使者和你们的主事人,如果你们为一件事而争执,你们使那件事归真主和使者判决"。[②]从伊斯兰教的宗教经典中可以看出,真主赋予了穆罕默德宗教式领袖以宗教和世俗的双重最高权力。622 年,穆罕默德迁徙到麦地那,建立了以信仰为基础的统一社团——"乌玛",它一创立便具有宗教组织和政治机构的双重特征。伊斯兰教作为一种意识形态支配着乌玛的内部生活,"穆罕默德则以真主的名义实际行使的权力,通过制止冲突和建立秩序,演变成凌驾各部落之上的国家权力"[③]。经过数十年的军事和政治斗争,穆罕默德成为穆斯林中实质的宗教和政治领袖,乌玛演变为具有政治权威和共同信仰的神权国家。

---

① 吕大吉主编:《宗教学通论》,中国社会科学出版社,1989 年,第 540 页。

② 马坚译:《古兰经》,中国社会科学出版社,1981 年,第 420 页。

③ 金宜久主编:《当代伊斯兰教》,东方出版社,1995 年,第 90 页。

　　穆罕默德去世之后，后继的历任哈里发都强调自己在宗教和世俗统治领域的双重合法性，伊斯兰教不同的教派对哈里发权威都有所解释。最激进的哈瓦利吉派（出走者）虽然认为哈里发应当严格根据《古兰经》和"圣训"进行统治，道德品质和宗教品质是其合法性的来源。但是他们并没有说明废黜哈里发的制度和方法。什叶派学说甚至赋予伊玛目神性，伊玛目们被视为政治和精神的领导者，具有无罪性和不谬性特征，能超脱任何错误和罪过。这一学说对叙利亚地区的什叶派尤其是阿萨德出身的阿拉维派影响深远。与什叶派不同，作为叙利亚人口主体的逊尼派规定了伊玛目有必要履行的诸多职责，逊尼派所追求的伊玛目只是一种至善理想的象征。该派认为伊玛目必须在协商原则的基础上建立政府，协商会议既要有宗教学者的参与，也要有公众领袖的代表，从而建立一个避免混乱的理想的社会秩序。然而相较于些许义务，逊尼派教义却赋予了伊玛目尤其是哈里发远大于义务的绝对权力，因此广大穆斯林对哈里发权力的制约"只能停留在虚幻的理论之中，由此造成的忠君思想和权威观念成了伊斯兰教政治理论的实质所在"[1]。

　　另外，穆斯林认为《古兰经》和"圣训"在伊斯兰教法的创制中起到渊源的作用。"尊奉经训是穆斯林的天职，任何人对经训不得篡改、曲解或亵渎"[2]，经训所构成的伊斯兰教法内容十分广泛，无所不包，几乎涵盖了穆斯林宗教生活和精神生活的所有领域，对婚姻、家庭、遗产、贸易、借贷、债务等内容有着详细的明文规定，指导并约束着穆斯林的日常行为规范。由此可见，《古兰经》等经典著作不可变的权威性、哈里发（伊玛目）实际上不受约束的统治地位，以及在伊斯兰教义指导下建立的"乌玛"社团，这三种因素构成了中东历史上长期存在的威权主义思想，这种思想在中东中枢叙利亚地区拥有强大的历史生命力。因此，"在以往政教合一、尚未分离的情况下，穆斯林对伊斯兰教的虔诚包含了对主事人的崇拜和服从，在政教权力分离之后，穆斯林对现实社会中的威权统治则采取默认或臣服的态度，传统的威权主义由此

---

①　哈全安：《中东国家的现代化历程》，人民出版社，2006 年，第 12 页。

②　金宜久主编：《当代伊斯兰教》，东方出版社，1995 年，第 7 页。

而沿袭下来"①。这便是阿萨德威权之所以能够在叙利亚建立的一个重要的继承性思想渊源与历史基础。

(二)法国殖民统治时期的少数族裔政策遗产——领袖威权体制的阶级基础

法国在叙利亚殖民统治时期,为了打击叙利亚主体民族意识,巩固和维护法国殖民利益,采取分而治之、以夷制夷、以少抵多的策略,积极扶植叙利亚少数族裔,煽动叙利亚地方民族和部族忠诚,并称这种忠诚为和谐状态。② 委任当局第一任驻叙利亚高级专员古罗曾在对叙利亚地方贵族的演讲中宣称:"法国在叙利亚政治活动的一个目标就是要满足所有特殊人群的需要······以实现普遍的自由和自决。"③

为此法国殖民当局几经物色,终于找到了居住在叙利亚西部拉塔基亚山区的阿拉维人作为其重点扶持的对象。阿拉维派原是什叶派的一个远方分支,是一种崇拜太阳、星星、月亮或者天空、认同神性三位一体的神秘主义教派,由于经济文化的落后、政治上无权、教派内部长期分裂,自10世纪该派创派以来,阿拉维人便长期受到作为叙利亚社会主体的逊尼派穆斯林之排挤、欺压和歧视,并"常常被苛捐杂税压得透不过气"④。法国殖民当局认为处于叙利亚社会边缘、与主体民族矛盾重重、趋近基督教信仰方式的阿拉维人是弹压叙利亚阿拉伯民族主义力量对法国殖民统治反抗的利器,因而在政治上对其加以扶植、在经济上对其施与援助,在军事上对其给予拉拢。这些举措使得阿拉维人的社会地位直线上升,大量阿拉维人获准参加法国组建的殖民地军队,并成为军队的构成主体,在整个法国殖民统治期间,阿拉

---

① 王林聪:《中东国家民主化问题研究》,中国社会科学出版社,2007年,第271页。

② Melik Kara Ozberk, *Nationalist Ideologies in Syria:1970–2000*, LAP LAMBERT Academic Publishing,2010,pp.48–52.

③ Melik Kara Ozberk, *Nationalist Ideologies in Syria:1970–2000*, LAP LAMBERT Academic Publishing,2010,p.50.

④ [以]摩西·马奥茨:《阿萨德传》,殷罡等译,世界知识出版社,1992年,第27页。

维人垄断了叙利亚所有军务，并经常奉命镇压和打击逊尼派阿拉伯穆斯林的反法斗争，成为法国殖民当局殖民统治力量的重要构成。由此开始，阿拉维人对叙利亚国家政治发展进程产生了日益重要的影响，而以阿拉维人为主体的叙利亚军队干政力量则最终成为阿拉维族系出身的阿菲兹·阿萨德个人威权确立的重要基石，整个阿拉维派则更是直接构成了阿菲兹·阿萨德威权政治架构的强大阶级基础和主要支撑性力量。

三、阿菲兹·阿萨德威权体制的宏观体系架构

庞大细腻的政治体系建构是阿菲兹·阿萨德威权体制的中心内容。阿菲兹威权有着世界现代政治发展史上罕见的严密政治体系架构。其依靠家族部落与教派亲信，建立起紧紧围绕其本人的中央权力系统，并以之严格把控叙利亚国家的最高权力。在该权力中枢之下，阿萨德重新调整传统的党政军关系，打造出一个以军队系统、复兴党组织系统及政府行政机构三大主体为支撑的中坚政治力量，负责维护国家安全、掌握和控制民意及掌理行政与社会事物。在这一中坚政治力量外围，阿萨德通过召开人民议会，建立全国进步阵线及其他各类社会团体和群众组织，又逐渐构建起一套用以深度渗透、联合、控制全体社会成员的政治辅助性系统。

（一）紧密收束的中央权力

稳固中枢权力的建立，是阿萨德威权崛起的关键。在纠正运动之后，在阿萨德集团的授意下，叙利亚废止了复兴党一贯的寡头决策机制，并以总统制取而代之。1971 年重新召开的人民议会将阿萨德推选为叙利亚新总统。1973 年 3 月，叙利亚颁布"永久宪法"，正式确认国家政体为"一党制下的总统共和体制"，并且规定叙利亚总统任期 7 年，可连选连任，唯一候选人在复兴党地区委员会的建议下，由议会提名。[①]这实际上公开承认了阿萨德唯一

---

① 朱福慧、王建学：《世界各国宪法文本汇编》（亚洲卷），厦门大学出版社，2012 年，第 27~25 页。

总统候选人①的合法身份，因为此前阿萨德已经就任复兴党民族和地区双层领导机构总书记，并完全控制了复兴党的全部党政大权。这样，从1971年首次当选总统，到2000年去世，阿萨德一直都是叙利亚总统选举的唯一当选者。而叙利亚总统作为国家元首和政府首脑，集所有大权于一身。为了顺利行使权力、有效处理国内外事物，阿萨德任职总统期间，还在身边培养了一个由部落家族血亲及阿拉维派嫡系组成的小集团，作为其贴身咨议者和代行者，他们一同凌驾于叙利亚军队、党和政府机关之上，组成了整个国家权力的最高中枢。在这一中枢系统内，总统、家族、亲信集团三大要素由内向外共同建构了一个轮廓清晰严整、极具内聚力的政治同心圆。

在这一同心圆中，独大的总统权力是绝对内核。1973年叙利亚《永久宪法》明文赋予总统行政、军事、立法、外交等方面的绝对权力，强调"总统代人民行使行政最高权力，会同内阁磋商制定国家的总政策，有权任免副总统、内阁会议主席（总理）、副主席（副总理）、部长和副部长、军队将领、法院法官，以及驻外使节等职务；总统为军队和武装力量的最高统帅，可以发布一切必要的决定、命令；总统有解散议会的权力，议会闭会期间，在特定紧急情况下，总统可以行使立法权；总统有权宣布和终止紧急状态；总统有权宣布战争、总动员和媾和"②。从上述规定可以看出，叙利亚立法权和决策权实质上都由总统本人一手掌控，议会不过是一个象征性的表决机构，而所谓司法独立也同样是一纸空文，总统实际上凌驾于一切力量和机制之上，拥有压倒性的政治权势，是整个威权中枢运行的绝对内核和灵魂所在。

紧密的家族势力是中枢主体。阿萨德推翻贾迪德主导的新左派实力，一个关键在于其摧毁了对方的军事情报安全机构。因此在阿萨德时期，叙利亚情报机构与安全部门得到了相当程度的重视，为了保证对相关机构的绝对控制，阿萨德将所有有关领导岗位都委任给其阿拉维派马塔维拉部落家族血亲。其中，突击队和禁卫军完全族属化，就连普通士兵也大多是与其同乡的阿拉维人，阿萨德的两位胞弟"里法特与贾米勒分别担任禁卫军司令和穆

---

① Volker Perthes, *The Political Economy of Syria Under Asad*, I. B. Tauris & Company, p.41.

② 朱福慧、王建学：《世界各国宪法文本汇编》（亚洲卷），厦门大学出版社，2012年，第27~25页。

尔塔达民兵司令,负责保卫拉塔基亚地区的阿拉维社团"[1],"内弟阿德南·马赫卢夫指挥着拥有 2000 人的共和国卫队,直接负责保护总统官邸";[2]堂弟阿德南·阿萨德主管叙利亚特战队,负责戍卫首都大马士革地区。其他两位家庭成员尤苏夫·阿萨德和穆哈默德·阿萨德则分别掌管哈马地区的复兴党机构和驻扎在阿勒颇地区的特防卫队,这两个地区是穆斯林反对派的主要活动地;阿萨德的亲戚加齐·坎安是叙利亚军队驻黎巴嫩情报机构的首脑;次子巴沙尔·阿萨德子承父业接管政权,至今依然是叙利亚总统,而巴沙尔的弟弟迈哈尔·阿萨德则是仅次于总统的二号人物,如今是叙利亚军方的最高掌权者,直接指挥著名的第四装甲旅、总统卫队和共和国卫队,同时其也是叙利亚情报部门的实际掌权者。可以说,紧密的家族血亲势力牢牢控制着叙利亚民族国家的所有权力与安全命门,他们构成了叙利亚权力中枢的主体。

牢靠的亲信集团是外围保证。阿萨德统治时期,将国家权力运行机制创造性地分为"表、里"两个系统。其中表系统是基于叙利亚宪法与复兴党党纲的官方权力体系,它包括议会、各级政府及复兴党组织机构,这个形式上的权力体系负责国家日常事务及社会运行与控制。在这层"合法性外衣"内部,存在着一个以阿萨德为首被称为"贾马阿"的非官方权力机构,它是由阿萨德阿拉维派亲信集团组成的小圈子,负责严密控制着国家的各个权力中心。"贾马阿"由十余个在情报系统、安全机构及精锐部队中担任要职的人员组成,他们被戏称为"十巨头"。这个小圈子忠诚团结,他们中的多数人均为与阿萨德关系密切或共事多年的老同志,对阿萨德绝对忠诚且言听计从,负责贯彻执行阿萨德的所有重要决策。在"贾马阿"中虽然仍有少数忠于阿萨德的逊尼派官员担任内阁和军队的高级职务,然而事关国家安全与政权稳定的要害部门,则仍然全部由阿拉维亲信主管,他们成为阿萨德威权中枢运作的坚强基石和可靠保证。[3]阿萨德的这种做法虽然有助于提防占人口多数的

---

① Hanna Batatu, Some Observations on the Social Roots of Syria's Ruling, Military Group and the Causes for Its Dominance, *Middle East Journal*, Vol.35, No.3, Summer 1981.

② Eyal Lisser, *Asad's Legacy: Syrian Transition*, New York University Press, 2001, p.31.

③ 严庭国:《当代叙利亚社会与文化》,上海外语教育出版社,2006 年,第 85 页。

逊尼派的反叛,可以有效保护自身的安全,但机会的不平等也招致了逊尼派穆斯林及普通民众的不满,成为叙利亚政治秩序的潜在隐患。

(二)党、政、军三大支柱

威权中枢牢固树立后,复兴党传统军政时期的三股重要政治力量,叙利亚军队系统、复兴党组织系统及其控制下的行政官僚系统,逐步丧失其政治主导地位,并日渐转型成为支撑阿萨德威权权力中枢有效运作的三大政治支柱。

其中,军队系统支撑国家安全、拓展群众基础。军人出身,并且经历过传统军政时期复兴党内多场激烈政治斗争的阿萨德,深知军队对叙利亚政权的重要意义。从其威权创立伊始,阿萨德就把控制和利用军队作为巩固政权的重要手段。为此,他借助自己在军队中的传统影响力,逐步整合并打造出忠诚于他本人的一个主要由军队、警察、宪兵系统,以及安全情报等部门构成的军事安全系统。该系统规模庞大且自成体系,担负着维护国家安全、镇压反政府力量及巩固阿萨德个人威权的重任。此外,为了强化和维系军事安全系统的忠诚度,进而将之作为叙利亚国家持续团聚的实力根基,阿萨德还不断提高军事安全部门人员的待遇水准,使之达到一个相当高的水平。此举广泛吸引了叙利亚社会各阶层青年参军入伍,进入国家体制。在该过程中,叙利亚出现了大批效忠于现政府的中产阶级,这在相当程度上拓宽了阿萨德政权的群众和社会基础,并且显著增强了叙利亚社会结构的稳定性和民族国家的内聚力。相关统计显示,"20世纪90年代,叙利亚全国武装力量总人数已达43万之众,其中,仅警察和情报系统就有10余万人,加上附属于军队的公司、企业、研究机构雇佣的文职人员,整个军事安全体系雇用了近一半的国家公职人员,他们占全国劳动力总人口的15%左右"。

复兴党组织维系国家性质、督连社会上下。虽然阿萨德威权的建立,弱化并否定复兴党的实际政治领导地位。但形式上,复兴党组织系统仍然举足轻重,它既是阿萨德威权政治合法性的重要来源,也是支撑其威权运作的重要政治基础。1973年颁行的叙利亚"永久宪法"规定,阿拉伯复兴社会党是国家和社会的领导党,复兴党唯一执政地位首次为宪法所确定。党的纲领依旧是叙利亚民族国家的主导思想,规定着现代叙利亚复兴社会主义民族国家的基本性质。在这样的条件下,复兴党组织一直发挥着聚拢精英、勾连基层、督纠上下的重要作用。是时,叙利亚政府、军队中众多部门均由复兴党成员领导,即使在权力中枢系统,总统本人及其血亲心腹也都在名义上是复兴党员。此外,主要的社会团体如工会、商会、农会、妇联、其他各类行业联合会及高等院校的负责人也均由复兴党成员出任。入党成为民众进入权力体系的唯一通道,所有精英的选拔、招募、培训,均要通过党组织进行。如前所述,"自20世纪70年代起,复兴党规模不断壮大,到1992年,已达100万人"[1]。复兴党庞大的规模和雄厚的社会基础为其叙利亚政治动员与上下勾连提供了有利条件,党在叙利亚各地和各部门都设有基层组织,其组织系统毛细众多,渗透到叙利亚社会生活的方方面面,成为监督各级政府,参与中央、地方决策制定与执行的一支重要政治力量。部分西方学者甚至认为,这一时期复兴党仍拥有"绝对和永恒的统治权"。

行政官僚系统强化社会控制、进行社会整合。阿萨德上台后,叙利亚的所有决策权均集中于总统,叙利亚行政官僚系统没有决定权、只有执行权,但作为中央决策的践行者和传达者,其作用亦不容忽视。行政官僚体系全面负责叙利亚社会的管理与控制,相较于军队和党政系统,其效率更具持久力。阿萨德威权建立后,行政系统中文官集团的规模不断扩大。到20世纪90年代初,人数已达70余万,约占全国劳动力总人口的20%,而其中60%成长为官僚阶层,其增长速度是同期人口和劳力增长速度的两倍多。[2]由此形成的庞大的官僚阶层,客观上起到了大规模吸纳和控制中产阶级、维护政治稳定的作用。同时,与官僚阶层相伴生长的是基于血缘、地缘、职业的裙带关系网络,其不断扩大着阿萨德政权社会整合的有效覆盖范围。

---

① Volker Perthes, *The Political Economy of Syria under Assad*, I.B.Turis, 1992, p.155.

② Volker Perthes, *The Political Economy of Syria under Assad*, I.B.Turis, 1992, p.141.

(三)外围政治辅助系统的构造

德国社会学家马克斯·韦伯认为,威权国家的坚强性和有效性集中体现在"国家有能力使民众服从它的要求,参与它领导和控制下的体制,并认可体制的合法性"。而这一目标的实现,主要通过国家对社会、特别是社会组织的控制来完成。①阿萨德当政后,通过召开人民议会、建立全国进步阵线,以及各种基层群众组织为其威权机制打造出一整套用以有效控制社会各团体的辅助性系统,这一系统在大幅度增加其威权持久力和稳定性的同时,也在客观上推动了叙利亚政权现代化的发展进程。使之突破了复兴党传统军政时期政治参与度极低的寡头机制,大为满足了现代化进程中叙利亚民众和其他政治势力的政治参与诉求。同时,也挣脱了叙利亚早期不成熟的议会民主制逻辑,没有将国家治理置于民族国家认同意识薄弱、私益浓厚的地方势力手中,而只是通过表面的政治民主化,将这些势力的政治利益纳入叙利亚总体议程中给予关照,以保障国家的政治平衡和凝聚力。

人民议会的辅助效用。1971 年 2 月 21 日,叙利亚人民议会成立,此届议会的议员由复兴党临时委员会任命。1973 年,《永久宪法》确认人民议会为国家立法机关,每四年举行一次选举。其职能包括:提名总统人选、通过法律、讨论内阁政策、接受和批准议员辞呈、撤销对内阁成员的信任、通过国家预算与发展计划、批准有关国家安全的国际条约和协定等。②实际上,人民议会自建立以来就只是一个咨询机构,处于政治决策的边缘,没有真正的立法权,仅有一定程度上的监督权。"对于政权,议会的主要职能是代表不同的地方和集团利益,而不是成为一个独立的决策机构。"③尽管如此,议会在维护阿萨德政权合法性、扩大政治参与方面发挥的政治功能依然难以替代。因为首先,人民议会是政权合法性的一种标志。尽管其权力弱小,甚至形同虚设,

---

① 王彤主编:《当代中东政治制度》,中国社会科学出版社,2005 年,第 342 页。

② 王新刚:《中东国家通史——叙利亚和黎巴嫩卷》,商务印书馆,2003 年,第 251 页。

③ Volker Perthes, Syria's Parliamentary Elections: Remodeling Asad's Political Base, *Middle East Report*, Vol.322, No.174, 1992.

但它毕竟是当权者所宣扬的民主共和政体在形式上的象征，因此具有一定程度的舆论宣传功能。而且议会通过法律机制和正规程序进行活动，其本身也说明政权具有一定程度的法理性基础。其次，人民议会起到了社会控制和政治诉求的表达功能。尽管议会并不能代表所有公民的利益，对那些作为政权社会基础的群体和组织来说，它仍不失为一种重要的政治或利益诉求渠道。军队、工会、商会、农会、妇联、不同教派、地方部落等群体均在议会拥有代表，不管他们是由选举还是任命产生，都在一定程度上代表着社会基层和地方集团，反映了他们的要求和呼声。议员们纵然不能直接影响国家的政策，但他们的利益表达会潜移默化和间接地影响上层集团的决策。而上层集团也可以通过这种途径体察民情、了解民意、把握各方势力动向，制定相应的应对策略。事实上，随着叙利亚社会及其结构的发展变化，人民议会所起到的利益表达功能在不断扩大，这为公民社会和公民意识的萌生提供了些许助力。

全国进步阵线的辅助效用。这是阿萨德威权笼络、控制、协调、吸纳其他政党现代化政治力量的重要手段。在纠正运动后，阿萨德对复兴党外其他政党势力进行了处理，对于与复兴党党纲、立场较为相似的党派，如民主社会主义联盟、阿拉伯社会主义联盟、社会主义统一运动、叙利亚共产党、阿拉伯社会党等，保留其政治地位、承认其合法性；对于与复兴党分歧巨大、立场对立的党派，如穆斯林兄弟会等，不承认其合法性，并逐渐予以禁止。1972年，叙利亚成立了复兴党领导下的统战性质组织"全国进步阵线"，以吸纳、联系和拉拢各合法党派。全国进步阵线名义上是为了增强进步力量之间最大限度的团结，以共同对抗犹太复国主义的侵略，但实际上它的建立旨在扩大统治基础，孤立反对派。在复兴党的压力下，全国进步阵线内各党派同意复兴党占据多数席位，并接受其领导，将其政策和决议作为整个阵线的基本路线和纲领，同时限制它们自己在军队、学校以及其他社会群体中的政治活动。作为回报，复兴党将内阁、议会，以及各级国家机构中的一些次要职位给予它们，并允许它们有最低程度的政治自由。通过这种手段，阿萨德政权成功将这些政治力量整合进了政权体系，并将其群众基础转变为自己的社会基础，或至少将它们所代表的社会利益集团掌握在政权有效的统治范围之内。

同时,最大限度地孤立并分化了复兴党潜在的政治反对力量,促使它们之中的温和势力效仿进步阵线内部各政党,主动加入政权体系。阿萨德曾这样论述:"我们强大的原因在于内部的一致和国家的团结,在于统一的全国进步阵线和英勇的武装部队。"①作为政治协商机构,全国进步阵线在团结各方爱国进步力量、扩大复兴党的民众基础、稳定国内政局等方面发挥了显著作用。各党派通过进步阵线实现了参政议政的目的,消除了叙利亚建国以来党派战争绵延不断的混乱局面,使叙利亚国家政治进一步趋于稳定。②

社会团体与群众组织的辅助效用。在阿萨德政权治下,各社会团体的政治参与是在政府控制下实现的。当时,叙利亚社会团体和群众组织数量众多,均在执政党控制之下,成为半官方或半政府机构。这些组织和工会有:工人总联合会、全国妇女联合会、革命青年联合会、复兴党童子军、叙利亚学生全国联合会、农民总联合会及各种职业联合会。③"除了工会,这些组织没有任何社会基础,它们的设立是为了确保政权从上到下对社会的控制。"④它们实际上代表了形形色色的利益集团。在阿萨德体制下,绝大多数公民,不管愿意与否,至少形式上都被吸纳到特定的社会团体和群众组织中,成为其中一员并受其制约,但权力集中在少数人的手里,领导人通常由复兴党成员担任,并由政府任命或授意。一方面,这些社会团体和组织通过向统治者传达它们的意图和诉求,以实现自身的利益;另一方面,它们又在统治者的授意下实现特定的政治功能,即实现社会控制和政治动员。此外,阿萨德政权在进行政策实施、意识形态宣传及开展重大活动时,还通过社会团体和群众组织进行政治动员,以便获得民众的支持。在发生社会、政治动荡之时,政府又能通过武装那些亲政权的社会团体,进一步孤立和镇压反对派。

① 严庭国:《当代叙利亚社会与文化》,上海外语教育出版社,2006 年,第 85 页。

② 王新刚:《20 世纪叙利亚:政治经济对外关系嬗变》,西北大学出版社,2003 年,第 118 页。

③ 高光福、马学清编著:《叙利亚》,社会科学文献出版社,2008 年,第 86~92 页。

④ John Galvani, Syria and the Baath Party, *MERIP Reports*, No.25, 1974.

四、阿菲兹·阿萨德威权体制的主要政治特征

阿菲兹·阿萨德威权体制是叙利亚现代政治发展过程中出现的重要过渡性政体。其与叙利亚独立初期的议会民主制发展道路和 1963 年形成的复兴党军政一体一党专政体制存在明显差异,并主要表现出政治领袖英雄化、新威权主义、有限军人政治及世俗化四大特征。

(一)政治领袖英雄化

1970 年,阿菲兹·阿萨德威权体制逐步后,叙利亚民族国家进入了独立建国以来最为稳定的一段现代化历史发展时期。这一时期,作为叙利亚新政治体制运作核心,阿菲兹本人获得了凌驾于整个复兴党、国家、民族、社会、派系之上的绝对威望,并日益成为国家权威的最高代表和叙利亚政治体系运作的合法性来源。整个叙利亚举国上下视最高领袖阿菲兹·阿萨德为英雄甚至神明的化身,并在很长一段时期内对其顶礼膜拜。这一情况成了阿菲兹·阿萨德威权体制第一个突出特征。

那么,叙利亚作为一个正处于现代化转型之中的新兴国家,为什么会形成这种带有浓厚人治色彩的政治发展特征呢? 马克斯·韦伯提出的政治权威建立的三种基础说无疑是一个很好的观测视角。韦伯认为政治权威一般会建立在"传统主义、奇理斯玛领袖及理性法律三种合法性基础之上"。其中,传统主义是前现代国家政治合法性确立的基础, 奇理斯玛领袖是处于现代化进程中的国家政治合法性确立的基础, 理性法律则是现代性国家政治合法性确立的基础。从叙利亚的政治发展进程来看,从 1947 年独立到 1963 年三·八革命前,叙利亚基本上属于一个前现代国家,虽然它建立了形式上现代的议会民主制和共和制政体。但长期把持叙利亚政局的却是以封建地主、部落首领、宗教长老、世家为代表的传统势力,而国家经济则大体上刚刚步入现代化的初始阶段,因此可以说,这一时期叙利亚政治体制的合法性基础仍是传统的。1963 年中产阶级出身的复兴党夺取国家权力后,叙利亚政治合

法性的传统基础第一次被彻底否定，而新生政治体制迫切需要寻找新的政治合法性基础。此时，在叙利亚国内一连串政治变革中表现突出的阿菲兹·阿萨德脱颖而出，并最终构建起以其为核心的个人威权，而当这种个人威权逐渐巩固并最终填充了新生政体政治合法性基础的空白后，掌握威权的个人领袖就很容易被新政治体制伞遮下的大多数社会成员奇理斯玛化和英雄化。①并且当国家的政治经济发展离结束现代化并最后取得完全现代性的距离仍然比较遥远时，以至于过渡性的威权政治体制并未完成其过渡职能时，奇理斯玛领袖合法性基础的存在就会变得十分巩固，表现就会越发突出。因为在现代化进程引发的一系列剧烈社会化学反应中，威权领袖及其威望可以轻易地充当成本最低、收效较高的稳压容器。

（二）新威权主义

新威权主义是阿萨德威权体制内含第二个显著特征。一般而言，威权政体是一种介于极权政体与民主政体之间的中间过渡政体，多为建制型稳定公民政体的一种建构形式，其内涵是通过民主躯壳下的威权手段进行强制性的权力控制与政治整合，以求达到维持政治稳定、促进经济社会发展的目的。然而根据威权政体合法性基础存在的性质差异，威权政体本身又可以划分为传统威权型与新威权型两个类别，与传统威权政体主要依靠传统社会的规则和规范（如血统、神性、宗教法则）来获取自身合法性和政治权力垄断不同，新威权主义政体主要依靠现代民族主义、现代政治秩序架构，以及超凡领袖魅力来获取自身合法性和政治权力垄断。也就是说，新威权政体在对政治权力进行强力控制和干预的同时，也强调法律支撑、体制制度化及行政效率等问题。当然，新威权政体作为一种过渡性的半成熟政体，也会对政治现代化造成一系列消极影响。其中最主要的消极影响便是对政治参与的压

---

① 比如在叙利亚学校里，接受基础教育的孩子们被大量教授歌颂阿萨德的礼赞曲目，教师们则从"我们的永恒领袖阿菲兹·阿萨德"这首歌开始每一课的教学。而在叙利亚大街小巷建筑物和各类工艺品上，人们随处可见阿萨德的画像，这些画像经常把他描绘成伊斯兰先知穆罕默德的样子。See Pipes Daniel, *Syria Beyond the Peace Process*, The Washington Institute for Near East Policy, 1995, pp.15–16.

抑和破坏。

阿萨德威权体制总体上属于新威权主义政体，其政治体系的运作具有鲜明的新威权主义特点：一方面阿萨德威权实行强人政治和集权政治，将叙利亚所有政治权力都集中于一党、一派、一人之手；另一方面其大力借助于宪法、议会及统战组织等现代化机构而非部族、教派等传统要素强化自身合法性。除此之外，阿萨德威权体制还通过一个构造复杂、精密和现代化的庞大国家机器保留公民社会的形式化内涵，并在此基础上，将宪法赋予公民乃至政治反对派的政治权利和自由限制在可控范围之内。

（三）有限军人政治

从议会民主时期开始，军人干政便一直是叙利亚政治现代化历程中的一个突出加权要素，其对叙利亚政治现代化本身产生了极为深刻的影响。阿萨德威权体制作为叙利亚政治现代化历程中的一个重要环节，仍然受到军人政治的显著影响，并表现出一定的军政权色彩。阿菲兹·阿萨德出身军旅，曾是复兴党军事组织——复兴党军事委员会核心成员之一，担任军职期间，阿菲兹参与过党内外多次军事政变，并最终以军事政变的方式登上叙利亚权力舞台的中心。因此，阿菲兹深知军队力量在叙利亚国家政治议程中的重要地位。故而在构建和巩固自身威权政治体制架构的过程中，阿菲兹一直努力最大限度地将军队与现有政治机制进行融合，以使军队能够成为其支撑其体制运作的有机组成部分和建设性力量，而非外来的干扰和破坏性力量。

为此，阿菲兹在其政权内部打造了一套内分为三个递进层次的军事安全体系。在这一体系中，与阿菲兹具有密切地域和血缘关系的阿拉维亲信军官集团居于核心，以非阿拉维派军官出身的阿菲兹心腹为主要构成的复兴党军事安全机构布于中间，军队中职业化的广大逊尼派军官集团则处于外围。并且在内中外三个层次之间还存在一系列管理和奖惩机制，这些机制使三个层次环环相扣、利益相连，构成了牵一发而动全身的紧密系统。不过值得注意的是，虽然阿萨德威权体制带有典型的军政权特征，但其并不是真正意义上的军政权，因为军队被纳入政治体系后受到严格限制，其干政能力大幅度下降,并且基本失去了建立专政体制的条件。

(四)世俗化

世俗化特别是激进的世俗化是阿萨德威权体制运作的第四个重要政治特征。所谓世俗化即指政治现代化过程中出现的政教逐步分离现象,表现为国家政治生活逐渐不受宗教控制,政权的合法性也不再借助宗教神授的情况。有学者认为,世俗化的标志一般可以归纳为宗教与国家、宗教与司法及宗教同教育之间出现的三种分离。[①]世俗化是中东地区国家现代化发展的总趋势,这一趋势在阿菲兹·阿萨德威权治下的叙利亚表现得尤为突出。

早在议会民主时期,叙利亚就已经出现政教分离痕迹,秉承法国资产阶级代议制经验的叙利亚宪法和法律均对宗教事务有所限制,不过当时的传统宗教势力仍然十分强大,他们在很长一段时期内维持着对叙利亚国家政治生活的重要影响。然而十分讽刺的是,叙利亚现代化的发展在增强资产阶级等新兴政治势力参政力量的同时也在一定程度上增强了宗教社团的自我认同和内聚力,使他们成为议会民主制下争夺叙利亚国家权力的竞争性力量。1963 年“三·八革命”后,中产阶级左派出身的复兴党一党政权逐渐开始在叙利亚推行强力的世俗化统治,宗教势力逐步被限制在传统宗教集聚的地区之内,宗教法律和习惯也不再在日常生活中发挥重要作用,但宗教与政治之间的联系并没有彻底中断。1970 年阿菲兹·阿萨德威权体制确立后,叙利亚民族国家的世俗主义性质获得进一步强化,复兴党和现代化的政府机构完全垄断了国家权力的运作,世俗化的阿拉伯民族主义与社会主义思想基本完全取代了传统的宗教思想,成为叙利亚社会各阶层的主流意识形态,传统宗教则被置于世俗政权的严密控制之下,其事务则全部由政府下设的宗教基金部统一掌管。而传统宗教与政治之间的关系也从宗教参与政治秩序、争夺政治权力转变为宗教附庸于政治秩序、服务于政治权力。并且在阿

---

① 杨灏城、朱克柔主编:《当代中东热点问题的历史探索——宗教与世俗》,人民出版社,2000年,第 4 页。

菲兹·阿萨德威权治下,叙利亚首次出现了宣传国家世俗化主流意识形态的官学宗教。

在对待宗教激进势力进攻的问题上,阿菲兹·阿萨德奉行以牙还牙、以暴制暴的激进方针。其一上台便将穆斯林兄弟会等大型宗教激进势力列为非法组织,并动用复兴党军事安全机构对其加以严密监控。20世纪七八十年代穆兄会与阿萨德政权因黎巴嫩内战问题矛盾激化。随后,穆兄会在叙利亚全国范围内掀起多场暴乱。对此,阿菲兹·阿萨德均采取军事镇压的严厉姿态应对。尤其是在镇压1982年穆兄会哈马暴乱时,阿菲兹曾纠集装备坦克、火炮和直升机等重型武器的一万余精锐部队进行了长达两周时间的军事行动,几乎将哈马尽数夷为平地。

第五节　叙利亚现代政治发展道路的新转折

——巴沙尔开明威权体制改革与叙利亚国家危机

2000年,阿菲兹·阿萨德病逝,年仅34岁的次子巴沙尔·阿萨德接替因车祸突然离世的哥哥巴希尔,在其父生前的精心安排下,放弃在伦敦的求医生涯,接过叙利亚政权的重责大任,继任为总统。是时,叙利亚社会已经发生了深刻变化,阿萨德威权虽然在短期内依靠强力,成功推动叙利亚民族国家急速凝聚和现代化发展,但其负面效应,如体制腐朽、社会失衡、利益分配不公、经济外交僵化等问题也日渐突出。同时,不断生长的现代化新要素如公民社会意识的萌芽等,正持续酝酿着新的社会历史冲动。在外部世界,后民族国家构建的西方民主化叙事已汇聚成潮,涌向叙利亚,冲击和拷问着叙利亚威权模式的合法性,并且逐渐引起叙利亚民众对复兴党"民族主义"理论的大面积怀疑。面对威权体制的现实困境,年轻的巴沙尔游离在改革与固守的抉择中,举棋不定。其执政伊始曾力推改革,但在叙利亚社会爆发出猛烈反应后,又迅疾折回传统威权主义的架构之内,维持着一个远不及其父的脆弱威权体制至今。

一、开明威权体制改革

世纪之交继任叙利亚总统的巴沙尔一上台，便针对叙利亚国内的种种积弊，充分表现出新世纪领导人的开放气魄。他认为，化解社会矛盾、赢得国家长治久安的一个基本前提便是与时俱进的进行政治体制改革，这种改革应当使"叙利亚在一个正常地区，过上一种正常生活"。为此，巴沙尔曾在多个场合公开表示将调整叙利亚国家的政治运行机制、"革新决策机构""提高政治公开性""探讨民主问题"①，以推动国家治理向新时代迈进。不久，巴沙尔将相关主张付诸实践，采取了一系列"开明"的改革措施，其主要内容如下：

其一，弱化个人权威，强化民众政治参与，密切决策集团与民众的政治联系。就任总统后，巴沙尔着力塑造"亲民领袖"而非"威权领袖"的形象，不断尝试拉近与普通民众的政治距离。其多次明令禁止神化政治人物，反对各种类型的个人崇拜，陆续撤除了叙利亚各地的威权意识形态招贴和领导人画像。同时，巴沙尔严格自我约束，行为节俭收敛，坚持朴素作风，经常轻装驾车考察大马士革街头，参加清真寺聚礼，融入民众活动，探问民众寒暖，并且允许人们有限度的畅所欲言。这与其父当政时期，叙利亚威权领袖不可侵犯的神圣色彩形成了鲜明对比，整个社会一贯紧张的政治氛围随之出现明显缓和的迹象。在政治参与方面，巴沙尔主动响应民众与其他政治势力的参与诉求，不断拓宽叙利亚社会的政治参与渠道，公开宣布实行多党制和自由选举，重组人民议会并扩大其权力，增加决策当局对议会建议的接受程度和频度。此外，为了进一步密切执政当局与普通民众之间的联系，巴沙尔还要求政府官员主动加强与基层群众对话。2000 年 8 月，他安排 3 位部长在电视台公开讨论现政府的财政运行状况，并回答了基层群众提出的有关工作条件和劳动报酬改善等问题，这一举措在此前的叙利亚政治生活中是极为罕见的。

其二，放松舆论管制，默许公民社会崛起。阿萨德时期，为了有效维系威权政治体系的法统及合理性，叙利亚政府对舆论的管制极为严厉，因言获罪

---

① 王新刚：《后冷战时代叙利亚复兴党民族主义的特点》，《西亚非洲》，2010 年第 5 期。

的事例屡见不鲜,政治话题成为社会讨论的禁忌。20 世纪 90 年代,随着叙利亚社会现代化的持续发展,同时受苏联解体的外部刺激,阿萨德政权对舆论的管制有所放宽,一些政治讽刺笑话开始在社交圈流传,但公开的政治批评和讨论仍然是不被允许的。2000 年巴沙尔上台后,叙利亚政府对舆论界的管制进一步放松,公开性的政治批评和讨论得到准许,甚至他本人也经常反思和抨击叙利亚政治机制中存在的种种问题, 其曾坦言:"部分政府官员的做法并未考虑国家经济利益和人民福祉。"同时,对于现政权的反对派,巴沙尔也宽容以对,大量政治犯得到特赦,部分政治流亡者也被陆续允许回国。

对于巴沙尔政府的宽容态度,叙利亚社会反响热烈,各种带有强烈公民社会意识的政治论坛、集会和组织如雨后春笋般迅速兴起,其中著名的有埃布·扎拉姆现代研究论坛、旧秩序破除者论坛、大马士革对话贾马尔·阿塔西论坛、人权文化论坛、公民社会友协会、公民社会复兴建设委员会等。他们公开研讨政治禁忌,批判性地看待和反思 1963 年复兴党执政以来叙利亚的国家治理与社会政治生活,其中有激进者直接指出"民主共有的公民社会才是为所有人建立一个真正国家的唯一途径"①。

2000 年 9 月 27 日,一大批知识分子在叙利亚社会各界的声援下,发表了一份被后世称为《99 个智者公报》的联合宣言,极力主张并呼吁现政府放弃"1963 年开始实行的《国家紧急状态法》","给予政治犯普遍大赦、允许所有流亡者归国,承认知识分子团体合法性并准允全体公民普遍地享有结社、出版以及言论自由"②。这份宣言一经公布,就在叙利亚国内外引起了极大反响,被许多人视为叙利亚知识分子阶层乃至全社会公民意识觉醒的标志。同时,更为引人注目的是,巴沙尔政府对此次异见者联合发声并未进行任何弹压,反而予以积极回应,当局十分罕见地主动反思往日的执政过失并首次承认叙利亚一直存在的政治犯问题。2000 年 10 月,作为对联合宣言所涉问题

---

① Radwan Ziadeh, *Power and Policy in Syria: Intelligence Services, Foreign Relations and Democracy in the Modern Middle East*, L. B. Tauris & Co. Ltd., 2013, p.63.

② Radwan Ziadeh, *Power and Policy in Syria: Intelligence Services, Foreign Relations and Democracy in the Modern Middle East*, L. B. Tauris & Co. Ltd., 2013, p.63.

的具体反馈,政府一次性释放了600位在押政治犯①,并在国家级媒体上向全社会公开了这一信息。

巴沙尔政府不断展现出的谦虚开明态度,进一步刺激了叙利亚全社会尤其是中产阶级群体公民意识的觉醒,越来越多的社会精英开始号召政府接受叙利亚的政治多元化。2001年1月31日,在"全国进步阵线"之外,首次出现了一个名为"社会和平运动"的民族主义新政党,其创始人利亚德·赛义夫甚至倡议叙利亚直接实现政党活动的多元化。一直受到压抑的库尔德民族主义者也在宽松的政治环境酝酿建立自己的民族主义政党"耶基提党"。

总体而言,巴沙尔时期叙利亚公民社会意识的觉醒是民族国家治理历程中的一件大事,它是叙利亚现代政治秩序由"法统"力治向"道统"理治转型的重要信号。而这一被西方国家称为"大马士革之春"的政治革新气息之所以能够出现,显然得益于巴沙尔政府包容默许的开明态度。当然,这也是强健有力的阿萨德威权体制为叙利亚社会现代化平稳发展长期保驾护航的结果,因为公民社会的概念在此前是不可想象的。

其三,重新修正复兴党民族主义。巴沙尔执政后,对复兴党一贯的民族主义理念做出修正,极力简化阿拉伯民族主义内涵,重新聚焦阿拉伯—叙利亚既定领土范围内民族国家认同的再构建。对于经常引起争端又解决无望的亚历山大勒塔归属问题,巴沙尔选择放弃,作为叙利亚最高领导人,其首次表态承认法国委任时期,土法协商处理该地区归属的事实性与合理性。2002年后,巴沙尔开始重新调整叙利亚与黎巴嫩的关系,逐渐中止叙利亚对黎巴嫩事务的一贯干涉,主动撤出叙驻黎部队,并与黎巴嫩建立平等双边关系,同时缓和与宿敌以色列在巴勒斯坦问题上的对峙。类似调整之后,叙利亚部分摆脱了外部因素的不确定影响。

其四,推动复兴党党内民主化,分离党政权力。2000年6月,复兴党召开全国代表大会,巴沙尔在大会上表态称"党的发展必须适应叙利亚当前政治

① Najib Ghadbian,The New Asad:Danamics of Continiuity and Change in Sryria,*The Middle East Journal*,Vol.58 No.4,Autumn 2001.

形势的需要"①。会后,巴沙尔开始对复兴党组织系统进行调整,党内自上而下任命官员的传统做法被终止,取而代之的是基层组织和分支机构的普遍选举制。相关资料统计,巴沙尔当政后,复兴党领导成员出现洗牌,地区领导机构 21 个席位中有 12 个席位为选举所更替,中央委员会 90 名成员中,有 62% 的成员都是通过选举产生的新面孔。②这样一来,自阿萨德时期开始,少部分人长期把持党内权力和议事日程的局面被打破,复兴党党内的民主氛围随之增强。

2003 年,复兴党地区委员会出台决议,决定对复兴党与政府机构的权力进行分离,决议强调党的关键责任在于监督政府而非代行政府权力,党的组织和成员必须避免干涉政府机构的正常运转。同年 7 月,巴沙尔以响应复兴党地区领导机构决议为名,签署党政分离的总统法令,强调叙利亚政府官员的所有任命要基于其实际贡献而非其党内关系和地位。叙利亚社会舆论对此反应迅速,主要媒体均不再用表明复兴党身份的"同志"一词称呼政府官员和国家领导人。③

其五,对决策层进行更新换代,打造新的权力运行中枢。巴沙尔掌握政权不久,便着手对叙利亚政治决策框架内的传统保守势力进行渐进式的更新换代。其大力扶持和提拔与自身看法相近、忠诚务实的年轻一代面孔,用来慢慢替换和驱散那些思维陷入僵化的政治老人,④以求打造出围绕其本人运转的新决策核心圈。为了达到这一目的,巴沙尔首先在政权体系之外招引了包括经济学家纳比勒·素卡尔、利雅得·阿布拉什,以及高级工程师阿卜杜·努尔在内的一批学术界和商界精英,组成专门为其提供咨政议政服务但又不直接参与政治的顾问和支持者集团。在这个集团之外,巴沙尔还在叙利

① Eyal Zisser, *Commanding Syria:Bashar-Asad and the First Years in Power*, I.B., Tauris, 2007, p. 71.

② Rabil R.G, *Embattled neighbors:Syria Israel and Lebanon*, LR Publishers, 2003, p.273.

③ Carsten Wieland, *Syria at Bay:Secularism, Islamism and Pax Americana*, Hurst Company, 2006, p.94.

④ RobertG.Rabil, Syria, *The United States, and the War on Teror in the Middle East*, Praeger Secu-rityInternational, 2006, p.191.

亚军队和情报等要害部门大量安插亲信以确保新政权运转根基安全。比如与巴沙尔关系亲密的姐夫阿希夫·舒卡特被任命为叙利亚五大情报机构之首的军事安全局局长,巴沙尔心腹卡兹·凯南则先后担任政治安全理事会主席和叙利亚内政部部长,专门负责监控国内明面和暗面的反政府活动。

二、改革逐步停滞与国家政治危机

叙利亚威权体制在进入巴沙尔时代后,自上而下地开展了一系列颇具进步意义且符合现代化叙事逻辑的变革与转型,但所有变革转型都有一个确定无疑的根本目的,那就是维系、巩固以及进一步延续阿萨德威权政治的"法统",昭显巴沙尔接替其父继承叙利亚国家权力的正当性和合理性。在此基础上,巴沙尔当局的一切政治开明和宽容均存在着明显的底线,即任何变革都不能以威胁和动摇现政权的统治根基为前提。然而迅速展开的叙利亚政治现代化进程以及日趋活跃的中产阶级公民社会意识却大为超过政府预期,从 2000 年底开始,在公众涉及叙利亚前途的政治讨论中,现政权及其运行机制越来越成为众矢之的,这一情况是巴沙尔绝对不能容忍的。

2001 年 2 月 8 日,巴沙尔接受媒体采访首次公开抨击叙利亚的"改良主义者",随后,叙利亚政府宣称要掌控局势,当局开始压制公民社会意识发展,许多民间政治论坛和组织被要求提供成员名单[1],一些知名政治异见人士和知识分子因被诉违宪、逃税、仇视政府和里通外国而遭逮捕,其中包括社会和平运动党创始人利亚德·赛义夫以及共产党总书记利亚德·图尔克。与此同时,复兴党系甚至宗教界人士也开始发动舆论向民众灌输"改良主义"的"危害"。面对政府如此高压,各类民间政治论坛和组织纷纷自行解散,公民社会的讨论逐渐归于静寂。此后,巴沙尔政府的政治忍耐力开始持续下降,社会管制力度日益增强,实际上又折回到了威权主义的传统框架之内,政治领域刚刚起步的改革和转型尝试大部分陷入停滞。2001 年开始,巴沙尔

---

[1] Radwan Ziadeh, *Power and Policy in Syria: Intelligence Services, Foreign Relations and Democracy in the Modern Middle East*, I. B. Tauris & Co. Ltd., 2013, p.65.

当局将改革的重心由政治领域转向经济领域,出台一系列带有市场化烙印的改革措施,用以刺激经济活力,希图用面包的充实来弥合社会对政治自由的不满。但是由于政治改革的滞后,经济改革的效率在很大程度上受到制约,民生问题并没有得到很好的解决,同时经济的些许发展,反过来又加剧了政治变革的压力,并且使得本已开始衰退的叙利亚威权架构进一步面临日益严重的解构危机,叙利亚国内矛盾也随之日积月累,暗流汹涌。

　　终于,在 2011 年阿拉伯政治地震的外部刺激下,叙利亚国内危机爆发,叙利亚民众与巴沙尔政府之间出现严重的政治对立局面,并迅速演化为大规模的暴力冲突。此时,本来受到强力抑制的叙国内政治反对力量和碎片化的地方主义势力纷纷抬头,乘机揭竿而起。2011 年 7 月 29 日,一部分逊尼派军人集团变节,成立叙利亚自由军,成为叙利亚最主要的反对派武装力量[1]。2011 年 8 月在穆斯林兄弟会主导下,叙利亚一部分宗教势力、非复兴党政治精英、知识分子联合组建"叙利亚全国委员会",该组织逐渐成为最具海外影响力的反对派组织。与此同时,库尔德人、地方部族、宗教极端势力、没落地主等现政府反对力量陆续拿起武器,或组织武装、或走上街头、或大搞袭击、或占地为王,叙利亚先后出现 1000 多个互不统属的反对派组织,国内政治秩序有向碎片化方向崩解的趋势。2012 年 7 月,叙反对派武装协调立场,大举进攻首都大马士革,与政府军展开激战,叙利亚内战宣告全面爆发,同年 8 月,联合国秘书长潘基文在联大表示,"叙利亚人拒绝外界斡旋,表现出了以武力解决问题的决心"[2]。此后,叙利亚内战愈演愈烈,然而由于反对派内部四分五裂,复兴党政权威权架构尚有生机且其根基过于雄厚,叙利亚内战陷入胶着状态。2017 年,叙利亚内战出现转机,内战中崛起的极端恐怖组织伊斯兰国在国际反恐联盟的联合打击下,接近覆灭;一部分温和反政府武装和部落武装与政府之间达成妥协。然而叙利亚未来的政治发展前景仍然不甚明朗,库尔德自治问题、政治改革问题、战后重建问题、民族国家秩序重构问题、中和外部干涉问题仍然置于叙利亚国家和人民面前,探索道路在何方仍

---

① Joshua Landis, The Syrian Uprising of 2011: Why the Asad Regime Is Likely to Survive to 2013, *Middle East Policy*, Vol.XIX, No.1, 2012.

② 参见中国新闻网:http://www.chinanews.com/gj/2012/08-04/4082707.shtml。

是叙利亚国家、党、政府和人民今后需要长期直面的重大课题。

三、政治危机爆发的多重诱因

2011 年爆发并延续至今的叙利亚国家危机，虽然没有彻底摧毁巴沙尔威权体制，但严重动摇了巴沙尔威权体制乃至整个叙利亚现代政治体制的运作根基。这一危机的爆发虽然与阿拉伯世界的国际环境具有一定关联，看似带有一定的偶然性，但从本质上讲，它的出现实际上仍是叙利亚现代国家治理体系长期发展特别是巴沙尔威权政治架构内在积弊不断积累的必然结果。其主要诱因为内因并大体表现如下：

首先，少与多的结构性统治矛盾的长期无解是叙利亚国家危机爆发的第一重诱因。笔者这里提出的少与多矛盾具有两个层次的内涵，第一层次内涵即阿拉维少数派统治架构与叙利亚主体民族之间存在的民族结构性矛盾；第二层次内涵即少数剥削者与叙利亚劳动人民之间的阶级结构性矛盾。就第一层次内涵来讲，如前所述，叙利亚是一个缺乏历史共同体意识、多族群、多教派的多元交汇性和分裂性社会，其民族国家认同起点非常低，国内各族群派系之间的矛盾流传久远、错综复杂。巴沙尔主政后，为了解决这一问题，曾尝试通过强调现代叙利亚的阿拉伯民族性以及叙利亚人与历史上阿拉伯帝国倭马亚王朝，抗击十字军的民族英雄萨拉丁以及抗击蒙古的民族英雄拜耳波斯之间的历史继承关系，来塑造、强化民众对叙利亚国家民族主义和民族国家共同体的同一感、认同感和归属感。但这些举措收效甚微，因为巴沙尔威权实体本身是一个不代表叙利亚人口大多数的政治封闭实体，它是一个由少数族裔阿拉维人（仅占叙利亚总人口比例的 6% 至 12%[①]）完全掌控的现代政治治理架构，其核心权力更是收束在阿萨德家族所在的阿拉维卡拉比亚（al—Kalabiyya）部落极少数人手中。在巴沙尔尝试推行的一系列政治体制改革中，开放政治权利、扩大非阿拉维人参政渠道从来都不在

[①] *Syria: Next on the list? A wave of unrest has finally reached one of the region's most repressive regimes.* The Economist. 2011-03-24；The 'secretive sect' in charge of Syria. BBC News. 2012-05-17. （They account for 12% of Syria's population）.

其考虑范围之内。可以说,在巴沙尔威权体系治理之下,叙利亚其他族群尤其是逊尼派阿拉伯穆斯林主体民族几乎被剥夺了参与叙利亚国家政治议程的基本权利和途径,只能被动地接受政府的政治施舍,这使得他们长期视巴沙尔政权为异民族、异教徒的邪恶压迫统治,因而无法形成有效的国家民族主义认同感与归属感。

就第二层次内涵来讲,20 世纪 80 年代,阿菲兹·阿萨德政府为扭转叙利亚经济发展急速下行的严峻局面,启动自由市场经济政策,开始逐渐放开外汇管制、鼓励私有资本发展、积极刺激出口并大力招引外资,叙利亚经济局面随之好转。但由于叙利亚经济政策的调整缺乏过渡且未能充分统筹全局,叙国内经济的不平衡性骤然加剧。以往的社会主义"均贫富"理念逐渐被打破。2000 年,巴沙尔·阿萨德上台后,叙利亚又再次面临新一轮的经济发展停滞,针对这一问题,巴沙尔继承其父的经济政策,继续在叙利亚推行了一系列更为深入的社会市场经济体制改革。这些改革虽然在客观上推动叙利亚经济克服停滞状态,取得新的发展,但依然没有改善叙利亚经济发展的不平衡问题。广大民众长期无法充分享受叙利亚经济发展带来的有益成果,"患不均"日益成为社会的主要负面情绪。并且令人震惊的是,就在国家经济恢复高速增长的同时,叙利亚依然维持着极高的青年失业率,[1]包括德拉、霍姆斯在内的一些城市和地区则日渐陷入贫困。与之形成鲜明对比,同巴沙尔威权架构联系紧密的一些社会群体,如阿拉维权贵阶层及大商人阶层的财富则获得了急速增长,据有关资料统计,叙利亚 5%的人口占有国家 50%以上的财富。[2]比如巴沙尔表兄拉米·马克鲁夫一人便控制了包括通信、石化、金融、商品零售和航空在内的叙利亚近六成经济部门。[3]与此形成鲜明对比的是,叙全国半数人口居住在贫民窟。[4]这一情况严重削弱了巴沙尔威权统治的民

---

① *Youth Exclusion in Syria:Social,Economic,and Institutional Dimensions*,Journalist's Resource. 11 August 2012.

② Omar Dahi. Revolts in Syria:Tracking the Converence Between Authoritarianism and Neoliberalism,*Journal of Asian and African Studies*,Vo.47,No.4,2011.

③ Michael Peel,Assad's Family Picked up by the Weat's Radar,*Financia Times*,2011.

④ Robert Goulden,Housing,Inequality,and Economic Change in Syria,*British Journal of Middle Eastern Studies*,2011(2).

意基础与合法性,并成为促使其政权根基动摇的重要消极因素。

其次,变与不变的政治体制运作矛盾是叙利亚国家危机爆发的第二重诱因。这重诱因同样具有两个层次的内涵。第一层次内涵是由变产生的矛盾,即巴沙尔威权架构对阿菲兹·阿萨德威权架构权力中枢的变更调整所引发的一系列问题。第二层次内涵是由不变产生的矛盾,即巴沙尔政治改革的骤然停滞与叙利亚社会对政治变革和现代化日益强烈的诉求之间产生的矛盾。

就第一层次内涵而言,巴沙尔上台后,曾着手对叙利亚党、政、军、情报安全机构等要害部门进行大规模人员调整和换血,各部门尤其是复兴党系统内有超过 60% 的骨干官员被强制退休,[1]一大批长期负责协调基层社会关系的复兴党中层干部也被辞退。[2]取而代之的是一些与叙利亚社会缺乏联系的年轻知识分子和阿拉维少壮派成员。这些措施的实行,一方面巩固了巴沙尔的个人权威,一定程度上革新了叙利亚数十年来的政治气象,短暂冲刷了原有政治机体暴露出来的腐败和僵化等问题。但从另一方面讲,其实际上也严重削弱了巴沙尔政权的统治基础和对社会全局的掌控能力,使原本成熟稳健的威权政治架构在相当一段时期内变得不那么成熟、不那么稳定。这些问题为巴沙尔威权架构的长久运作埋下了重大隐患。

就第二层次内涵而言,如前文所述,巴沙尔执政之初曾按照工具理性原则在叙利亚推行过大规模的政治自由化改革,这些改革在一定程度上唤醒了叙利亚社会各进步力量的公民意识,并使他们对现政权产生了较为客观和清晰的认知。然而,在察觉到叙利亚政治局面逐渐出现失控危险后,巴沙尔又出尔反尔,迅疾终止了绝大部分的政治体制改革和政治自由化实践。这种冰火两重天的政治姿态,直接导致已经初步觉醒的叙利亚社会基本面对巴沙尔政权之信任度与忠诚度的急速下降,并引发了人们对现行威权体制合法性的普遍质疑。随着叙利亚经济现代化的不断发展及市场化的深入转

---

① Shmuel Bar, Basher's Syria: The Regime and Its Strategic Worldview, *Comparative Stratrgy*, 2006(5), p.371.

② Dawn Chatty, The Bedouin in Contermporary Syria: The Persistence of Tribal Authority and Control, *The Middle East Journal*, 2010(1).

型,这种质疑之声越来越强烈,并最终引爆了彻底变革上层建筑的强大民意实践。

最后, 环境和气候变化也对叙利亚国家危机的爆发产生了推波助澜的作用。从2006年到2011年6年间,叙利亚发生了有史以来最为严重的全国性旱灾,旱灾导致作为叙利亚国民经济基础的农业经济遭受重创,农作物大面积歉收,粮食价格飞速上涨并且只能依靠进口,叙利亚普通家庭平均48%的经济收入都被用于购买粮食。①同时,巴沙尔此间推行的市场经济改革尝试引发了大量投机行为, 这些行为进一步加剧了业已十分严重的农粮危机问题。在这样的大背景下,叙利亚城市特别是乡村地区的生存条件开始急速恶化。为了躲避自然灾害的破坏性影响,叙利亚农村贫困人口逐渐大量向城镇迁移②,以致城镇原有的基础设施运作不堪重负,许多城镇陷入困境,叙利亚社会的城乡和族群矛盾多次激化。与此同时, 叙利亚东部边界涌入了近150万伊拉克难民,大量难民人口鱼贯而入,又严重加剧了叙利亚面临的经济社会困难,使得国内日渐虚弱的政治社会和经济秩序雪上加霜。

---

① James Gelvin,*The Arab Uprisiings*:*What Everyone Need to Know*,Oxford University Press, 2012,p.108.

② Fountain,Henry,*Researchers Link Syrian Conflict to a Drought Made Worse by Climate Change*, The New York Times press,2017.

第四章 从传统君主制度到现代混合政治制度的演进
——伊朗政治发展道路中的教俗权力博弈

　　亨廷顿的政治发展理论认为,政治一体化、政治制度化和政治民主化是国家政治发展的三大标准。其中政治权威需要从传统的、宗教的、家庭和种族的传统范围演进到单一的、世俗的和全国的现代政治权威。[①]从恺加王朝末期到伊朗伊斯兰共和国,伊朗的政治发展道路既是发展中国家政治现代化的典型模式,即君主制向共和制、传统政体向现代政体、落后政治组织层级向先进组织层级过渡;也是具有独特性质的伊斯兰政治发展模式。许多学者认为,宗教政治不能代表现代的政治发展路径,这样的观点颇有道理,但也简化了伊朗的政治内涵,且并不能说明伊朗的政治权威没有脱离传统和宗教的窠臼。回看近代以来伊朗的政治发展历程,从传统君主政体到现代世俗威权政体,再到政教合一的伊斯兰政体,教俗之间的治国方略并非全部以伊斯兰教分野。相反,在建立中央集权、构筑一体化政治通路,理顺制度化政治准则方面,伊朗的政治发展之路是渐进而顺畅的。如果用阿尔蒙德的政治发展理论审视,以政府能力和公民参与两项指标衡量,伊朗的政治发展同样是一直向前的。因此,本章对伊朗近代以来政治发展的理顺,将要从核心权力构建的角度阐述的是,伊斯兰面纱遮盖下的教、俗两大势力围绕国家发展道路的不同理解与阐释的权力博弈。

---

　　① [美]塞缪尔·P.亨廷顿:《变化社会中的政治秩序》,王冠华、刘为等译,生活·读书·新知三联出版社,1989 年,第 30~36 页。

第一节 恺加王朝与伊朗立宪革命：
从君主专制到宪政君主制

恺加王朝末期的伊朗饱受内忧外患之苦，处于历史转折的风雨飘摇之中。以政治发展理论审视,恺加王朝末期的政治形势无疑是僵化落后、亟待变革的。但是作为国王既临朝又亲政的传统君主政治,政治发展由传统向现代的转换最应该突出的是推行现代化进程所必需的政治集权。无论集权的主体是专制的君主,还是代议制的议会。很明显,后发现代化国家的政治发展窠臼正是在于,需要集权以发起现代化努力之时,国家的政治权力恰恰是分裂和弱化的。在位君主的权力受到限制,议会的权力又未能构建起来,更重要的是社会层面整合力低导致中央权力分散之际，越发不能控制地方势力的政治权力。因此,这些国家大多经历着现代化初期的动荡波折,立宪运动多数以失败告终,君主的权力却一如既往的衰朽下去,国家无法被有力地组织起来抵御西方列强的入侵掠夺,概而言之,伊朗恺加王朝末期的政治形势是权力体系碎片化再整合的过程,虽然王权最终挫败了立宪派的革命,但立宪君主制成为此后数十年伊朗政治权力重塑的基本模式, 对后世产生了深远影响。

一、恺加王朝末期的伊朗国内形势

恺加王朝龙兴于 1785 年,至 1925 年被巴列维王朝所取代。[①]从世界历史的演进历程上看,恺加王朝 140 年的统治正处于世界近代史的范畴之内。在此期间, 世界历史的主线是资本主义的兴起和欧洲早期现代化国家在全球范围的扩张。同时,受西方资本主义与帝国主义国家崛起的锋芒所限,东

---

① Youssef M. Choueiri, *A Companion to the History of the Middle East*, Blackwell Ltd., 2005, p.516.

方的清帝国、奥斯曼帝国、恺加王朝等由盛转衰,内政外交困顿不前。民众对本国统治者及政府不满情绪愈烈,反帝、反封建及民族主义浪潮风靡。①在这样的历史背景之下,恺加王朝末期的国内形势可谓是"山雨欲来风满楼"。

在对外交往方面,英国与俄国对伊朗的入侵与控制,使恺加王朝陷入了一个半殖民地半封建的颓败形势之中。就英国而言,印欧电报局、波斯帝国银行与英波石油公司成为盘剥伊朗经济、控制伊朗社会的主要工具。在伊朗,印欧电报局享有治外法权,在伊朗法律无从管辖的情况下,成为英国所构建间谍网络的重要组成部分。伊朗的金融业则受到波斯帝国银行的冲击和影响。波斯帝国银行的管理人为英国人,银行董事会设于伦敦,但其掌控了伊朗中央银行的职能,独占货币发行权和采矿权,并拥有造币和外汇定价的权力。波斯帝国银行不仅使英国攫取了94%的银行纯利,还用金钱培植伊朗国内亲英代办,操纵伊朗政治。②英波石油公司成立于立宪革命期间,1909年4月在伦敦注册登记,英国政府成为该公司的最大股东,从而使英国垄断了伊朗全境的石油开采和经营业务。

就俄国而言,经济、军事和金融是俄国盘剥伊朗的主要手段。1813年和1828年,俄国凭借强大的武装力量击败恺加王朝军队,强迫伊朗签订了《古里斯坦条约》和《土库曼查伊条约》,条约规定恺加王朝放弃对格鲁吉亚、达吉斯坦、明格里、埃里温、纳希切万等汗国的主权要求。③俄国势力从此侵入伊朗北部地区。此外,俄国还在伊朗国内培植哥萨克军团势力,既用其镇压伊朗民众的反抗,又起到控制恺加王朝政府的作用。在不平等条约签订后,俄国开始在经济方面入侵伊朗,获得了架设电报线、修筑公路、里海捕鱼等权力,甚至伊朗北部的运输和保险等行业也被俄国所掌控。④在金融方面,1890年,俄国资本家波连考夫于伊朗开办波斯信贷银行,1899年俄国政府

---

① Sandra Mackey,*The Iranians:Persia,Islam and the Soul of a Nation*,Dutton,1996,p.154.

② 王新中、冀开运:《中东国家通史:伊朗卷》,商务印书馆,2002年,第252页。

③ Elena Andreeva,*Russia and Iran in the Great Game:Travelogues and Orientalism*,Taylor & Francis,2010,p.6.

④ Mehran Kamrava,*The Political History of Modern Iran:From Tribalism to Theocracy*,Praeger Publishers,1992,p.26.

将波斯信贷银行纳入俄国国家银行体系之中，专门负责从事伊朗政府房贷的业务,伊朗还将海关税收和北部公路税收逐渐抵押给俄国。

在国内经济发展方面，西方殖民主义者的攫取与本国经济生产方式的落后导致伊朗国内经济形势严峻。世界体系理论认为，在 18 世纪 30 年代至 19 世纪初的经济扩张中，欧洲国家突破了其在 16 世纪创造的经济边界，将印度次大陆、奥斯曼帝国等地区融入它的劳动分工体系之中。在这一过程中,这些国家或地区经历了前后相继的三个阶段——处于外部领域、被融入、最后被边缘化;没有一个阶段是静止的,所有阶段都包含着一系列过程。①总体而言,恺加王朝末期的伊朗经济处于被融入并最后被边缘化的转变过程中。

从商品贸易和生产方式角度看，西方廉价工业品的大量涌入冲击了伊朗传统手工业的市场份额,导致伊朗传统手工业的普遍衰落。19 世纪中期,伊朗的各种手工业针织商品占出口商品总额的 27%;至 20 世纪初期,各种纺织品已不足出口货物的 1%,作为工业原材料的棉花、羊毛和生丝的出口量则占到伊朗出口货物总量的 26%。②以往分布于乡村地区采用家庭生产方式的地毯编织业被大型的手工工场所取代。伊朗乡村的传统经济模式几近崩溃。

从人口经济结构的角度看,恺加王朝后期,西方资本主义的冲击与城市人口增长、国内经济被迫转型具有密切的联系。资本化商人的逐渐增多,大量传统手工业者丧失独立的经济地位从而沦为雇佣工人,是伊朗城市人口增长的主要原因。1870 年至 1900 年,伊朗首都德黑兰的人口由 8.5 万人增至 20.4 万人,伊斯法罕的人口由 6 万人增至 8.6 万人,马什哈德的人口由 7 万人增至 7.5 万人,设拉子的人口由 2.5 万人增至 3.1 万人。③但是,城市人口的急速增长有如国家经济的定时炸弹，农村的衰落与居无定所的城市游民成为恺加王朝政治发展中无序参与的症结所在。此外,在列强欺凌和封建统

---

① ［美］伊曼纽尔·沃勒斯坦:《现代世界体系》,庞卓恒等译,高等教育出版社,2000 年,第 181~182 页。

② 哈全安:《中东国家史 610~2000:伊朗史》,天津人民出版社,2016 年,第 47~48 页。

③ ［英］B.R.米切尔:《帕尔格雷夫世界历史统计·亚洲、非洲和大洋洲卷(1750—1993)》,贺力平译,经济科学出版社,2002 年,第 42~46 页。

治的大背景下,无论何种商人,都对伊朗当时的体制及政策不甚满意。大商人虽然是伊朗城市中最具势力的社会阶层,却不能在传统君主体制下获得政治话语权。中小商人抱怨外国商人所享有的种种特权,使伊朗商人得不到必要的保护。

在国内政治体制与政治生态方面,恺加王朝僵化保守的政治体制与无能国王使伊朗无法摆脱内外交困的局面,而是越发沉沦腐朽。面对西方列强军事入侵与经济冲击,恺加王朝的有识之士寻求变法图存,开始了转变僵化保守政治体制的现代化初探的征程。其中最具代表性的就是阿米尔·卡比尔改革。阿米尔·卡比尔改革在政治层面建设现代化国家行政机构,向国外派驻公使,削减国家财政开支,抑制政府官员贪污受贿,取消乌莱玛和王室成员的津贴俸禄;在教育文化层面创立西学教育,聘请外国教师,创办报纸刊物并翻译外文书籍;[1]在经济领域支持本国商人的贸易活动;在军事领域建立现代化军队,制造枪支弹药并培养现代化军官。[2]然而恺加王朝的历史包袱过于沉重,数量庞大的统治阶层有如寄生虫侵蚀着国政根基,卡比尔的改革触动了伊朗势力强大的保守派利益,仅有少数的伊斯兰改革主义及西化的知识分子对其予以微弱支持。最终卡比尔的改革失败,恺加王朝政治体制的保守与僵化性并没有得到扭转,相反愈加陷入政治危机之中。

与政治体制保守僵化相对应的,是国王的无能与奢靡。恺加王朝末期,国王热衷于出游欧洲以自享其乐。纳赛尔丁国王喜欢到欧洲温泉疗养地和赌场等地,长期不理朝政,导致国库空虚,最终以国家利益换取外国的游玩资助。此外,纳赛尔丁治国无术,保守专制,不允许本国民众与西方现代社会及思想产生接触。1896 年,纳赛尔丁被刺杀后,莫扎法尔丁·米尔扎继任国王。然而莫扎法尔丁·米尔扎徒具改良主义国王的虚名,且好大喜功,依然向外国列强借款以便游历欧洲各地,其在位时共计出访欧洲 3 次。[3]虽然在第二次出访时,莫扎法尔丁国王聘请了比利时顾问咨议财政部、外交部等部

---

① Ira M. Lapidus, *A History of Islamic Societies*, Cambridge University Press, 1988, p.574.

② 王铁铮、黄民兴等:《中东史》,人民出版社,2010 年,第 203 页。

③ Philip Magnus, *King Edward the Seventh*, John Murray, 1964, p.303.

门,但这些顾问很快成为俄国控制恺加王朝政务的手足。总体而言,恺加王朝末期的政治体制已不能适应时局的发展, 甚至无法有效维护国家主权和民族独立,加之国王的昏庸懒政、荒淫享乐,民众对国家政权的不满情绪与日俱增。

二、恺加王朝末期伊朗与西方政治文明的交往与碰撞

随着资本主义与欧洲国家的兴起强盛,在军事入侵和政治压迫之外,政治文明作为东西方之间文明交往的重要组成部分, 在恺加王朝末期的政治发展中起到了关键的作用。西方政治文明浸入恺加王朝所发挥的作用大致可以分为两点。一是以压迫、殖民、攫取恺加王朝为目的,以现代政治文明的形式统筹集合欧洲的各个部门,发挥殖民主义侵略功效的最大化。从整个近代以来的人类政治文明发展历程来看, 亦可认为是以欧洲为代表的西方政治文明,对保守落后的东方政治文明的一次大范围的压迫式交往过程。二是就文明交往的客体而言,包括恺加王朝在内的东方政治文明,不光受到了西方政治文明的持续冲击,还辩证性地吸收了诸如现代行政体系、现代法权制度、民权主义思想、政党政治思想等符合时代发展潮流的现代化政治理念; 特别是西方政治文明的交往与传入, 使恺加王朝等东方国家催生了第一批具有现代政治意识的知识分子及爱国人士, 这些人如同在蒙蒙昏沉的东方传统政治薄雾中点燃了星星烛光,为民族觉醒照耀前进之方向。

在东西方政治文明交往碰撞的大势下, 面对外国殖民主义者的侵略压迫与恺加王朝危亡时局,伊朗富有眼界的人物担起民族振兴的使命,这些人的主要政治诉求有三,即反抗外国殖民主义、限制无能专制的王权、重树伊斯兰文明的崇高地位。总体而言,恺加王朝末期的伊朗民族主义者及其思想仍处于刚刚觉醒的阶段,斗争手段单一且不彻底。更为重要的是,这些民族主义者之间的政治诉求不同,甚至彼此之间存在根本性的矛盾。在特定历史条件之下,伊朗的民族主义者们可以组成政治同盟并发起政治运动;但取得一定的政治成果后,互相之间的矛盾便显现,被恺加王朝的统治者及外国殖民者抓住漏洞,予以击破,最终功亏一篑。因此,恺加王朝末期伊朗民族主义

者不能取得根本性胜利的原因,是无法形成持久有力的联盟以推动恺加王朝政治变革与发展。概括起来,恺加王朝末期伊朗的民族主义者大体可分为三类:

第一,以马尔科姆汗为代表的具有资产阶级背景的改良主义者,他们政治思想先进但人数有限,无法动员广大民众加入国家政治现代化进程中来。马尔科姆汗曾留学法国,并担任过伊朗驻英国的公使,对英国的君主立宪制度及欧洲国家的现代政治体制有过深入了解,因此反对恺加王朝的国王独裁及首相专政。1890 年,他在伦敦创办了一份波斯语报纸《法言报》,在 1890 年至 1898 年共出版 40 期,此后又在加尔各答创办了《紧密团结报》。[①]这些报纸猛烈地抨击了国王专制、独裁与丧权辱国的行为,传播自由民权思想,主张建立君主立宪制度和法治政府。这些言论在伊朗的知识分子中引起广泛认同,并形成了以小资产阶级和西化知识分子为主体的受众人群。为了促进恺加王朝的现代化发展,马尔科姆汗在大不里士、德黑兰等地先后创办了新式世俗学校、开设"民族图书馆"[②],还制定了一套社会经济改革计划,涉及君主立宪、保障人权、普及科学文化、发展伊朗经济等内容。1905 年伊朗立宪革命爆发后,革命者重印了马尔科姆汗的著作,使之成为政治变革思想宣传的有力武器,进一步促进了伊朗先进知识分子意识的觉醒。

第二,以哲马鲁丁·阿富汗尼为代表的具有现代眼光的伊斯兰主义者[③],他们受到知识分子及民众的爱戴,有一定的政治动员能力,但过于依靠恺加王朝政权以施行自上而下的改革,因为不掌握实权,往往无法发挥太大的作用。哲马鲁丁·阿富汗尼作为一名现代伊斯兰主义思想家和泛伊斯兰主义者,认为伊斯兰世界的分裂与因循守旧,丧失了创教初期的锐意进取精神,进而受到西方列强的入侵与压迫。[④]阿富汗尼主张伊斯兰教应当进行改革,

---

① 王铁铮主编:《世界现代化历程:中东卷》,江苏人民出版社,2010 年,第 151 页。

② 王铁铮、黄民兴等:《中东史》,人民出版社,2010 年,第 252 页。

③ Vali Nasr, *The Sunni Revival: How Conflics within Islam Will Shape the Future*, Norton, 2006, p.103.

④ Ludwig W. Adamec, *Historical Dictionary of Islam*, Scarecrow Press, 2001, p.32.

辩证地吸取西方科学理念以强化伊斯兰教[1]，有效动员民众抵御西方殖民主义的侵略。[2]他曾在伦敦创办过报纸，抨击伊朗国王的暴政。1886年，阿富汗尼应邀来到伊朗，劝说国王进行社会、政治和宗教改革，建立议会体制。由于阿富汗尼的著作通俗易懂，寓意深刻，在知识分子，甚至在普通民众中拥有很多支持者。但是他的改革思想不得国王欢心认同，1891年，阿富汗尼被国王驱逐到奥斯曼帝国。

第三，以广大乌莱玛及巴扎商人为代表的恺加王朝内部传统势力的集合体。他们受迫于外国殖民者和本国统治者的压迫，期待政治变革。伊朗的传统势力虽然有极强的政治动员能力，但没有现代性的远见，并且与统治阶层和旧的政治体制有着千丝万缕的联系，无法成为将恺加王朝政治体制从传统转入现代形态的根本领导者。不仅是伊朗，整个中东都是伊斯兰教文明的中心地区，而伊斯兰文明的特点是它强烈的政治性和伊斯兰精神深入到社会体制和社会之中。改革运动都要环绕着伊斯兰教而显示出它的政治分野。[3]就恺加王朝的伊朗社会及政治文化属性而言，巴扎商人与什叶派乌莱玛之间具有密切的经济和政治联系，共同代表着传统势力。此外，伊朗什叶派乌莱玛从宗教角度论证恺加王朝的合法性，并在地方行政、经济、教育、文化等领域发挥着巨大作用，且具有强大的政治动员能力。在1890年至1892年的伊朗烟草抗议活动中，在烟草商利益被攫取的情况下，乌莱玛第一次走上反对外国特权的民族主义运动前台，呼吁抵制国王丧权辱国的行为。1891年10月，伊朗效法源泉设拉兹发布教令，禁止穆斯林抽烟，并且宣称以任何形式使用烟草都是向十二伊玛目宣战。最终，国王撤销了烟草专卖的决定。

---

① Martin S. Kramer, *Arab Awakening and Islamic Revival: The Politics of Ideas in the Middle East*, Transaction Publisher, 1996, p.143.

② Ervand Abrahamian, *Iran Between Two Revolutions*, Princeton University Press, 1982, pp.62–63.

③ 彭树智：《文明交往论》，陕西人民出版社，2002年，第305页。

三、伊朗立宪革命的政治发展使命与具体过程

在内忧外患的国内形势之下,恺加王朝的政治体制却仍僵化保守,统治者也缺乏改革的锐气与国家治理的智慧, 彼此相连的突发事件便可掀起风起云涌的革命浪潮。1903 年至 1904 年,伊朗时逢大旱,沃野粮荒。德黑兰、大不里士、伊斯法罕、麦什德等地因饥馑而发生民众动乱。愤怒的民众指责首相阿塔贝克·阿扎姆贪污受贿,成为外国控制伊朗的手足,要求国王立即将其罢免。恰逢其时,日俄战争爆发且作为亚洲国家的日本打败了欧洲强国俄国, 使伊朗的现代知识分子和改革派人士发现宪政的亚洲国家能够战胜专制的欧洲国家,纷纷寻求在伊朗国内立宪。此外,1905 年俄国爆发的革命为伊朗民众展现了与专制政府斗争的手段。至此,伊朗的立宪运动已然势不可当。

从政治发展背景上看,立宪革命是对内忧外患的伊朗形势和传统专制王权的一种批判性思考的实践过程。立宪革命中的仁人志士,抛头颅洒热血,肩负着伊朗跨越性政治发展的历史使命。概而言之,1905 年至 1911 年的伊朗立宪革命的政治发展使命有以下四个特点:一是从政治发展阶段上看,立宪革命追求对伊朗传统君主专制制度的改良与重新构建, 力求将国家政权形式从传统向现代转变;二是从政治体制构建上看,主张国家政治权力运行机制的可操控性以及合理性, 以涵盖各行各业民众及不同政治诉求的议会组织,驱动国家政治一体化发展;三是从政治制度制定方面看,立宪革命的根本宗旨是颁布宪法,限制王权,事实上尝试建立一种制度化的权力构成体系,明晰国家政权的执行主体,以及各执行主体之间的权职范围与从属关系;四是从政治属性上看, 立宪革命寻求将国家权力从一个家族的手中逐渐转移到范围更广的政治精英手中,并兼顾民众的利益诉求,树民权抑王权,具有为政治民主化预演的性质。大体而言,伊朗立宪革命可以分为三个阶段:

第一阶段,从 1905 年 12 月至 1906 年 10 月 7 日第一届议会召开。1905 年 12 月,德黑兰地方官员严刑处理了一批糖商,罪名为囤积食糖,此举激起了民众的反抗。一些乌莱玛带领商人躲入清真寺避难,但新任首相艾恩·多

拉下令逮捕了一批商人和教士。此后,德黑兰、大不里士等城市爆发了大规模的示威游行和罢工活动,民众要求订立宪法,罢免不称职的首相。政府部门随即派军警镇压群众运动,从而使民众的抗议浪潮更大。1906年1月初,在抗议活动持续二十余天后,国王被迫让步并同意召开立宪会议。抗议者们欢呼雀跃地走出避难的清真寺庆祝这一胜利。[1]然而国王此举只是缓兵之计,首相艾恩·多拉未被免职,立宪会议也无从谈起。1906年6月21日,德黑兰再次爆发抗议浪潮,政府派军警开枪镇压抗议人群,又一次使示威游行和罢市运动席卷了德黑兰、伊斯法罕、大不里士、设拉子等主要城市。[2]迫于时局,莫扎法尔丁国王于7月30日任命自由主义人士纳斯鲁拉·汗为首相,并于9月9日颁布了议会选举法。最终,1906年10月7日,伊朗历史上第一届议会召开。

　　第二阶段,从1906年10月7日第一届议会召开至1909年11月7日第二届议会召开。伊朗第一届议会的议员群体为贵族、官员、商人、自由派地主、乌莱玛,以及少部分手工业者。此届议会最重要的成果便是以基本法的形式通过了伊朗第一部宪法,并于1906年12月30日由莫扎法尔丁国王批准执行。基本法规定国民代表大会(议会)是国家最高权力机关,国家权力属于人民,国王的权力受议会约束。议会对法律、国家预算拥有批准权和监督权。不经议会同意,政府不能把租让权让给他人,不得向外国借款,不得缔结条约和协定。但是,国王可以不执行议会所推行的决议并解散议会。如果新选出的议会确认上届议会的决议,则国王必须批准。[3]此外,宪法还规定伊斯兰教什叶派为伊朗国教;宗教领袖有权监督人民的教育、出版和集会;根据宗教领袖的提议,建立至少应由5名高级教士组成的常设委员会,审查议会所提出和通过的法律草案是否符合伊斯兰教的精神。未经委员会事先同意,国王不得批准任何一项法令。[4]

---

①　Sandra Mackey, *The Iranians : Persia, Islam and the Soul of a Nation*, Dutton, 1996, pp.150–155.

②　Ervad Abrahamian, *Iran Between Two Revolutions*, Princeton University Press, 1982, p.48.

③　王铁铮、黄民兴等:《中东史》,人民出版社,2010年,第254页。

④　冀开运、蔺焕萍:《二十世纪伊朗史》,甘肃人民出版社,2002年,第42页。

1907 年 1 月 8 日,莫扎法尔丁国王病故,穆罕默德·阿里继承王位。穆罕默德·阿里仇视群众运动,并希望利用英、俄政府的支持镇压立宪运动。然而1907 年 8 月 31 日,英国和俄国签订了划分伊朗、阿富汗和中国新疆势力范围的《英俄协定》;同年 9 月 16 日英俄政府将此协定通知伊朗后引起轩然大波。伊朗各大城市再次爆发大规模的抗议活动,直指丧权辱国、昏庸无能的国王和英俄帝国主义势力。穆罕默德·阿里深感局势紧迫,发表声明拒绝承认《英俄协定》,随后在议会所通过的基本法补充条款上签字。至此,伊朗第一部资产阶级宪法终于订立。但是国王批准补充条款后便后悔了,他调动禁卫军驻扎议会广场,并且派遣俄国军官利亚霍上校指挥的哥萨克骑兵旅占据德黑兰战略要地,妄图用武力解散议会以恢复专制统治。在与立宪派武装人员的对峙中,国王下令炮轰议会大厦和谢巴赫·萨拉尔清真寺,数百名革命人士被捕遇害。此后伊朗的革命中心转移到大不里士重新召开国民议会,其他地方武装也纷纷响应夺取当地政权。英、俄两国军队决定武装干涉并分别派军队进驻伊朗南部和北部地区。然而立宪派和巴赫蒂亚尔部族武装进展迅速,攻陷首都夺取政权。① 1909 年 7 月 16 日,立宪派召开紧急会议,宣布废黜国王穆罕默德·阿里,另立其 14 岁的儿子艾哈迈德·米尔扎为新国王。此后立宪派与巴赫蒂亚尔部落酋长组成联合政府,并声明恢复宪法,最终于 1909 年 11 月 7 日召开第二届议会。

第三阶段,从 1909 年 11 月 7 日第二届议会召开至立宪革命失败。恺加王朝第二届议会召开后,伊朗政治精英意识到英、俄对国家的压迫和对旧日统治者的扶持是立宪革命历经波折的关键原因,因此希望寻找一个中立的大国平衡英国和俄国对恺加王朝内政外交的影响。连续两任首相莫斯图菲·马马列克和谢赫达尔都坚决执行投靠美国的政策,以制衡英、俄的干涉行为。1911 年,恺加王朝邀请美国财政顾问团团长摩根·舒斯特为财政总监,总管伊朗的财政、借款、石油租借、税收及国家预算,并组建了一支宪兵队。恺加王朝与美国合作令英国和俄国如坐针毡,决定对伊朗内政进行干涉。1911年 7 月,被废国王穆罕默德·阿里被俄国护送返回伊朗,在里海南岸招募 3

---

① Sandra Mackey,*The Iranians:Persia,Islam and the Soul of a Nation*,Dutton,1996,pp.153–155.

万名土库曼部落武装进攻首都,妄图复辟王位,但是未获得成功。11 月,英、俄两国分别在伊朗南部和北部增兵,并联合向立宪政府发出最后通牒,要求在 48 小时内驱逐美国财政顾问团;不经英、俄两国政府许可,不能聘请任何第三国顾问。立宪政府对这些无理要求予以拒绝,但复辟势力趁机在德黑兰发动政变,攻占议会大厦并解散议会,大肆逮捕屠杀立宪人士。最终,伊朗立宪革命以恺加王朝复辟而遭受失败。[①]

四、伊朗立宪革命的失败原因与政治遗产

伊朗立宪革命是恺加王朝末期政治文明由传统向现代转化的一次重要尝试,对此后伊朗的政治现代化进程产生了巨大的影响。但因多种原因,立宪革命以失败告终,其中的历史教训值得深入分析,以便洞察恺加王朝末期伊朗政治变动的阻碍因素与立宪运动的缺陷。具体而言,伊朗立宪革命的失败原因有以下四点:

第一,立宪阵营的内部分裂是革命失败的首要原因。国民议会成立后,成员混杂且各自具有不同的政治立场。他们大体可以分为保皇派、温和派和自由派。保皇派是立宪会议中的少数派,主要来自王公贵族和地主阶级;温和派人数众多,成员多为大商人和进步的宗教界人士;自由派则是西化的知识分子,主张在经济、政治及社会领域实行广泛的改革。[②]然而一旦宪政运动取得初步的胜利,反对恺加王朝的政治势力便开始分裂[③],主要原因是各派阵营之间的利益冲突无法调和。议会召开期间,颁布的法令废除了包税制和封建采邑制,成立世俗法院、贸易厅、地方自治局,削减了王室开支和补助金。[④]这些法令触犯了大地主、宗教人士和王室等的利益,使他们对改革举措心存芥蒂。特别是激进的自由派人士极力倡导世俗化改革,主张教职人员应

① 王铁铮、黄民兴等:《中东史》,人民出版社,2010 年,第 257 页。

② Ervad Abrahamian, *Iran Between Two Revolutions*, Princeton University Press, 1982, p.48.

③ 哈全安:《中东国家史 610—2000:伊朗史》,天津人民出版社,2016 年,第 68 页。

④ 王新中、冀开运:《中东国家通史:伊朗卷》,商务印书馆,2002 年,第 258~259 页。

该与政治事务相分离，这与乌莱玛倡导的高级教士常设委员会审理法案的诉求产生了严重的冲突。最终议会中的政治势力重新分化组合，温和派与保皇派在某些利益上达成一致。①

第二，恺加王朝末期社会发展水平较低，部落林立、缺乏有效整合是革命失败的根本原因。恺加王朝兴起于恺加部落，执行较为松散的中央与地方混合统治模式，在国家与地方、政治与社会方面的整合能力有限。特别是恺加王朝时期伊朗各部落均有自己的武装力量，裂土封王，各自为政。中央政府的职权无法直接传达到地方，而是通过委任地方其他部落的族长以职务的方式，通过他们对国家进行较为松散的统治。立宪革命期间，伊朗较为强大的巴赫蒂亚尔部落起兵支持立宪派的改革运动，并且在第二届议会中拥有很大的权力。但是，巴赫亚蒂尔部落的得势使国内其他部落深感威胁，南方诸部落于 1910 年 4 月 17 日签署《南部约定》，采取多种方法压制巴赫蒂亚尔部落的发展。②此外，恺加王朝社会层面整合度弱为英国和俄国的干涉行动提供了分而治之的工具。伊朗南部的部落受英国的馈赠较多，在许多事务上唯英国马首是瞻；俄国护送穆罕默德·阿里返回伊朗时，正式动员土库曼 3 万部落军队组成了复辟武装力量。

第三，英国和俄国的横加干涉是革命失败的外部原因。恺加王朝末期正处于帝国主义势力大肆扩张的历史背景之下，第一次世界大战即将爆发，帝国主义的侵略势力发展到顶峰。英国与俄国在伊朗有重要的利益诉求，昏庸无能的王权则成为英俄侵吞伊朗利益的最主要代理人，不可能轻易使立宪派得势。就俄国而言，19 世纪 70 年代在伊朗的贸易迅速增长。由于俄国不是最先进的资本主义国家，又没有其他西欧国家那么多的殖民地，其商品货物与金融行业无法与西欧国家竞争，只得在邻近的伊朗打开经贸和金融市场。1890 年，俄国向伊朗出口的商品以糖、煤油、棉纺织品为主，总价值达 1000

---

① John Foran, The Strengths and Weaknesses of Iran's Populist Alliance: A Class Analysis of the Constitutional Revolution of 1905–1911, *Theory and Society*, December 1991, p.815.

② Gene R. Garthwaite, *A History of the Bakhtiyari Tribe in Iran*, Cambridge University Press, 2009, p.120.

万卢布；① 1900 年伊朗向俄国借款 2250 万卢布，1902 年又借款 1000 万库布，从而形成了很大影响力。②此外，俄国是专制君主国家，对伊朗立宪运动带有天生的痛恨之情。就英国而言，不仅在伊朗有巨大的经贸利益，更重要的是，伊朗南部是通往英国在印度殖民地的重要陆地屏障，具有重要的战略价值，不容其他人染指。③因此英国对恺加王朝的政治变动及时局发展极为关注，美国财政顾问团到达伊朗后，英国立即走上武装干涉的前台。

第四，民众的民族意识与革命精神尚处于较低的阶段是革命失败的现实原因。虽然伊朗的立宪运动激起了部分民众大规模的支援声浪，他们纷纷罢工罢市，甚至拿起武器予以直接支持。但是这些支持立宪革命的民众主要是城市居民，在伊朗整个人口数量中的比例并不大。对农村或偏远地区的民众来说，尚处于部落管辖之下，立宪革命并没能引起他们的关注。缺乏全民性的变革共鸣，是立宪运动过程中伊朗民众民族意识和革命精神尚处于较低阶段的体现之一。此外，对于参加抗议与示威的城市民众而言，他们的思想意识也停留在觉醒的初期，往往借助王权的妥协与传统政治势力的支持，革命性并不彻底，对于革命目标的预期也是众说纷纭。在缺乏现代性的坚强的革命领导集体的同时，面对外部列强干涉与国内专制王权回潮倒水的危局，很多民众并没有坚定革命立场，背离了立宪革命成功的正确道路。

尽管伊朗立宪革命最终没能成功，但在伊朗政治现代化发展历程中具有里程碑式的意义，其历史功绩不能否定。对于近代以来资产阶级革命的主要诉求而言，颁布一部宪法，成立一个议会，以及此后对王权的限制和现代行政体制的完善，是广大后发现代化国家民族主义兴起与推动政治变革和发展的基本范式。对于恺加王朝末期伊朗的立宪革命而言，所保留下的历史遗产主要体现在以下三点：其一，立宪革命从政治制度的角度规范了伊朗此后的政治发展道路，即不能脱离议会的宪政治理模式，只有议会存在，政权才在民众心中拥有合法性。无论是巴列维王朝的威权主义统治，还是伊斯兰

---

① 赵伟明：《近代伊朗》，上海外语教育出版社，2000 年，第 171 页。

② 彭树智：《论 1905—1911 年伊朗资产阶级革命》，《西南亚研究》，1987 年第 4 期。

③ Sandra Mackey, *The Iranians：Persia，Islam and the Soul of a Nation*, Dutton, 1996, p.154.

革命后所建立的法基赫制度,议会都成为政治体制构建的重要组成部分。其二,伊朗立宪革命确定了什叶派乌莱玛集团在伊朗现代政治发展中的特殊地位,为此后世俗相间的二元政治结构埋下了伏笔。什叶派乌莱玛阶层自18世纪便开始在伊朗政治中扮演重要角色[①],然而在宪法中明确乌莱玛的政治地位还是第一次。高级教士组成的常设委员会对政治议题的审定,成为法基赫制度的最初雏形。在此后的伊朗政治发展历程中,如何平衡宗教与世俗的关系,以及如何处理宗教与政治的联系都成为具有重大意义的焦点问题。其三,伊朗立宪革命在政治动员的手段上,形成了宗教势力、巴扎商人与现代知识分子之间的联合体,为以后的伊朗政治斗争提供了一种组织与动员的模式。此后的石油抗争,特别是1979年伊斯兰革命,宗教阶层凭借与巴扎商人的历史联系,借助知识分子在理论上的创新和政治主张的吸引力,实现了在全国范围的总动员,最终取得了伊斯兰革命的胜利。[②]

第二节　礼萨·汗时期与伊朗政治变革: 从传统专制到现代专制体制

礼萨·汗时期,伊朗的政治发展步入了现代专制政治时期。不仅是因为伊朗的现代化进程取得了真正的制度成果,建立了现代的官僚行政体系;还因为在权力分配方面,中央权力集中在推行现代化的君主手中,而非分散于各政治势力之间,相互掣肘。因此,此时的伊朗政治形态是现代化的,但却是专制的。此外,礼萨·汗在政治、经济、社会方面推行了一系列举措,从政治意义上考量,这些举措都起到了压制伊朗传统政治力量的作用。以君主为代表的现代化政治力量对传统政治力量的压制,以及双方在欠发达地区与传统

---

①　Roger. M. Savory,Rise of a Shi'i State in Iran and New Orientation in Islamic Thought and Culture, *History of Humanity:Volume V:From the Sixteenth to the Eighteenth Century*,in Peter Burke and Halil Inalcik eds.,Routledge,1999,p.263.

②　王铁铮主编:《世界现代化历程:中东卷》,江苏人民出版社,2010年,第156页。

经济领域的博弈也成为整个巴列维王朝政治权力博弈的主线。在现代与传统力量的博弈过程中,君主为首的现代力量对传统力量占有绝对优势,甚至自礼萨·汗时期开始便拆解了传统政治势力的根基。然而现代力量并没有建立起自己的政治文明体系,西方化的政治文明并不能对自身政治发展起到长久的助力,一旦时机成熟,传统政治势力便会卷土重来,重新获得国家政治权力。因此,1979 年伊斯兰革命与强盛的巴列维瞬间崩塌,自一开始便有先兆。

一、礼萨·汗登位与伊朗现代专制体制的建立

礼萨·汗于 1878 年出生于马赞德朗省的小地主家庭[①],据说他的母亲是格鲁吉亚穆斯林移民。[②] 1919 年,礼萨·汗被任命为陆军上校,成为哥萨克骑兵师的一名军官。同年,英国迫使伊朗签订了《英波协定》,控制了伊朗的军队、财政、铁路、关税等涉及国家主权和利益的关键部门,实际上使伊朗成为英国的保护国。但是,除英国外,苏俄、美国等大国反对伊朗将英国纳为保护国,苏俄还在追缴白卫军的名义下出兵里海南部伊朗地区,扶植"吉兰共和国"。在此历史背景下,出于维护国家主权的目的,伊朗议会否定了《英波协定》的合法性,并转而与社会主义苏俄签订了友好条约。由于英国对伊朗政府的不满情绪日益严重,1921 年初,英国秘密与礼萨·汗建立联系,扶持他领导整个哥萨克部队[③],并支持其发动政变,推翻具有反英情绪的政府。

1921 年 2 月 21 日晨,礼萨·汗与密友赛义德·泽亚丁等人率领数千名骑兵进军德黑兰,下午三时左右便控制了整个首都,傍晚反英首相及其他要员便被迫下台。[④]但是,礼萨·汗也认识到英国势力过于强大,他在夺取了德黑兰政权后,便开始剔除英国对伊朗内政的干涉与影响。礼萨·汗将哥萨克旅

---

① Gholam R. Afkhami, *The Life and Times of the Shah*, University of California Press, 2008, p.4.

② Gholamali H. Adel, M. J. Elmi and H. Taromi-Rad, *The Pahlavi Dynasty: An Entry from Encyclopaedia of the World of Islam*, MIU Press, 2012, p.3.

③ Cyrus Ghani, *Iran and the Rise of the Reza Shah: From Qajar Collapse to Pahlavi Power*, I. B. Tauris, p.147.

④ 王新中、冀开运:《中东国家通史:伊朗卷》,商务印书馆,2002 年,第 272~273 页。

中的英国军官全部免职，并解散了英国人组建的南波斯洋枪队教导团。①
1923 年，礼萨·汗出任首相，并掌握伊朗军权，实际上大权在握，推翻恺加王
朝另建新朝只是时间早晚的问题。此时土耳其凯末尔革命取得成功，废除苏
丹制建立了共和国。在建立新王朝还是改立共和国的犹豫中，礼萨·汗认为
伊朗不同于土耳其，共和制并不适合当时的伊朗政治与社会稳定。随后，礼
萨·汗前往什叶派圣城库姆，与宗教领袖深入交流后，决定争取什叶派宗教
人士对新国家政权合法性的支持，确保伊斯兰教的国教地位，同时废除恺加
王朝。1925 年 12 月 12 日，立宪会议宣布礼萨·汗为国王，新王朝以巴列维姓
氏为名，称为巴列维王朝。

礼萨·汗时期，巴列维王朝完成了从传统专制政治向现代专制政治的转
变。一般而言，传统专制政治将君主的政令作为神祇，君主血脉的延续便是
政治合法性所在。此外，在以往伊朗政治合法性构建中，什叶派乌莱玛阶层
的认同成为王朝政治合法性的重要组成部分。然而在现代专制政治中，乌莱
玛阶层的宗教授权对国家政权的政治合法性的作用与日俱降，宗教势力甚
至受到世俗君主的压制与排挤。相反，诸如议会等成为现代政治体制构建的
不可或缺的组成部分。虽然此时的议会政治并不民主，但一个美丽的花瓶在
现代专制统治中是必不可少的。②在这些因素之外，较为强大的军事力量与
对内压制性统治也是在现代政治体制中君主保持对国家绝对统治的必要手
段。就礼萨·汗时期的巴列维王朝而言，坚持议会政治制度，建设现代化军
队，加强对国内民众舆情的监控成为巴列维王朝现代专制政治的主要特征。

礼萨·汗沿袭了 1905 年至 1911 年宪政革命期间形成的政治模式，实行
议会君主制度，选举产生的议会依然存在。在很多方面都一丝不苟地遵循着
宪法的要求，尽管礼萨·汗作为临朝亲政的君主，其与议会分权大多是流于
表面，但这些事实足以说明他承认宪法的合法性。礼萨·汗希望自己被视为
一个"立宪君主"。他曾经训斥交通部长曼苏尔说："如果我不是一个立宪君

---

① 　王铁铮、黄民兴等：《中东史》，人民出版社，2010 年，第 305 页。

② 　Amin, A Rich Record: The Cultural, Political and Social Transformation of Iran Under the Pahlavis,
Tehran, 2005, p.15.

主,你现在就要被砍头处死了。"①不同于恺加王朝的历代国王一直通过"祖先的剑"征服国土并世袭权力,礼萨·汗希望通过利用或操纵法律程序的统治形式让民众承认其权力的合法性。虽然作为君主,但礼萨·汗没有试图修改宪法,或公然篡改宪法章程。②然而他实施的所有法令都获得压倒性的票数通过;议会早已习惯了"投票的倾向",会在事先征求国王的意见,根据国王的要求决定票选结果。在某些情况下,礼萨·汗会允许代表们在一个无害的议题上进行自由辩论或是修改,甚至轻度批评政府的法案,以显示其统治的民主性。礼萨·汗虽然表示需要一个全国性的政党,但却在即位后宣布实施党禁,取缔了之前支持他即位称王时的诸多政党,规定竞选的议员只能以个人形式参选。并且每一次的议员选举都被严格操控,议员竞选更是需要先由礼萨·汗亲自筛选后方可进行表决。

有专家认为,伊朗的议会政治就是军事统治的装饰物。③作为军人出身的礼萨·汗,深知自己的权威离不开军队作为后盾,而且他所受的哥萨克式教育也让其不相信党派结社。为此,礼萨·汗一手组建了伊朗的新型现代化军队,并被称为"现代军队之父"。他加冕称王后,撤销了所有旧式军队中的英国军官,并遣散了俯首为英国效力的南波斯洋枪队。同时,礼萨·汗对宪兵、哥萨克士兵、国家直属旅和其他一些零散部队进行整编,成立伊朗皇家武装部队,实现对军队的统一管制和指挥。1925 年,礼萨·汗宣布改变旧式征兵制, 实行义务兵役制, 规定年满 21 岁的波斯男性公民都有义务服现役 2 年和预备役 23 年。此外,礼萨·汗还创建了现代化的海军、空军和装甲兵等部队,至 20 世纪 40 年代初,巴列维王朝军队人数已达到 40 万人。④

除了军队,德黑兰还有着系统庞杂的警察队伍。军队在维持礼萨·汗的威权统治上主要起到镇压反对势力的武装反抗和大规模的群众抗议等作用,而警察的作用在于控制社会言论和监视官员和群众的日常生活。在政治

---

① Soleiman Behboodo, *The Memoirs of Soleiman Behboodo*, p.395.

② Amin Banani, *The modernization of Iran: State and Society Under Riza Shah, 1921–1941*, Stanford University Press, p.41.

③ Ervad Abrahamian, *Iran Between Two Revolutions*, Princeton University Press, 1982, p.138.

④ 彭树智主编:《伊斯兰教与中东现代化进程》,西北大学出版社,1997 年,第 98 页。

监视方面,普通警察和情报人员除本职以外的任务就是监控是否有威胁礼萨·汗政权的情况。在伊朗人的日常生活中,最感到惧怕的事情就是被法院或警方传唤。警署已成为一个臭名昭著的组织,对民众进行威胁、骚扰和勒索。礼萨·汗也曾说过:"我就是警察。"作为维护政权的工具,警方定期向国王汇报监察结果,这样的监察让礼萨·汗对他的权威统治感到放心。特别是从 20 世纪 30 年代初开始,礼萨·汗变得越来越与民众脱节,不能体察民情,民众屈服于他的恐怖政策下敢怒而不敢言。有关资料显示,大多数被怀疑有反抗倾向的人会遭到暗杀、监禁和流放,许多部落酋长、政治活动家和记者遭到迫害。礼萨·汗的安全及情报部门时刻监视着他的下属,因而导致其统治时期伊朗政坛乃至社会都弥漫着恐怖的气息。有英国公使指出:"礼萨·汗认为,恐怖统治要比温和统治更适合伊朗。"英国使馆的高级官员在 1933 年时说道:"这样的伊朗能存在多久没人能预言。她的历史是一个长期受到霸权掌控的历史,伊朗社会几乎遍布着厌恶和憎恨的情绪……很难相信,礼萨·汗和他的王朝能否继续存在。"①同时,礼萨·汗坚信在国家威权和对民众压迫之间没有中间地带。1935 年,他告诉一位德国部长说:"高压的专制政策是伊朗政府唯一可行的方式,否则国家将会屈从于共产主义。"②

二、整合国家政治权力体系

恺加王朝末期,国王虽有治国之名,但因大臣分权与王亲干政,无法掌握全部国家权力。在政策制定过程中造成了并非出自一门的矛盾现象。此外,伊朗的政治权力过于分散,中央政令不能顺利传达到地方层面。部落势力独大和地方行政体系不能顺应时代发展,给地方割据势力以生存空间。因此,礼萨·汗当政后,对国家权力的整合与自我权力的强化成为维护政权统治的重要措施。

---

① Fakhreddin Azimi, *The quest for democracy in Iran:a century of struggle against authoritarian rule*, United States of America, 2008, pp.85–87.

② Fakhreddin Azimi, *The quest for democracy in Iran:a century of struggle against authoritarian rule*, United States of America, 2008, p.90.

在强化中央-君主权力方面,礼萨·汗依托军事和秘密警察系统,对掌握实权的政治官员进行残酷清洗, 力求把国王宫廷变为现代政治体系的绝对中枢,从而达到大权独揽的目的。当时的伊朗政治精英,特别是高级官员们都在竭力拉拢宫廷人员,甚至是园丁和服务人员,任何与宫廷相关的事物都被赋予不同寻常的影响。[①] 1929 年 5 月下旬,为礼萨·汗威权统治保驾护航的"三驾马车"之一的菲鲁兹突然被逮捕软禁,使得其首席顾问、宫廷大臣铁木尔塔什(他和菲鲁兹、达瓦尔一起构成三驾马车)惶惶不可终日。1932 年 11 月下旬,以石油政策对伊朗不利为由,铁木尔塔什被剥夺职位,不久又被捕入狱。这些事件的根本原因在于礼萨·汗担心铁木尔塔什的影响力和关系网,在涉及权力的方面,礼萨·汗会毫不犹疑地消除任何可能挑战或危害他及其儿子世袭王位的人物。[②]此后,这种政治清洗逐渐超出"三驾马车"的范围,礼萨·汗决心不遗余力地除掉任何对其有威胁的人,他们通常都在监狱里被杀害(对外宣称神秘死亡);某些因政治原因而被逮捕的人则被指控与金融腐败有关,或者指控他们阴谋叛国,与外国人有不当联系等。

在整合中央与地方权力关系方面,礼萨·汗着重打击割据势力,改革地方治理体系。当政之后,礼萨·汗先后对阿塞拜疆、法尔斯、克尔曼沙赫、巴卢奇斯坦、卢里斯坦、马赞德朗和呼罗珊等地的割据势力用兵。在打击、削弱部落势力方面,礼萨·汗实行两手政策,一方面制定相应的政治、社会和经济政策,将部落纳入国家发展的轨道中来;另一方面对于不服管理和反抗中央政策的部落,予以坚决的军事打击。[③]首先,礼萨·汗推行强制性的定居化政策,将游牧部落迁入"示范村庄",把部落武装划归入国家军队体系,这些举措摧毁了部落势力的经济、社会和经济基础。礼萨·汗登位初期,伊朗的部落人口约占人口总数的 25%,到 1932 年便下降的 8%左右。[④]其次,为了加强对偏远

① George Lenczowski, *Iran Under the Pahlavis*, Stanford University Press, 1978, pp.99-101.

② George Lenczowski, *Iran Under the Pahlavis*, Stanford University Press, 1978, p.101.

③ Richard Tapper, *Frontier nomads of Iran: a political and social history of the Shahsevan*, Cambridge University Press, 1997, pp.283-284.

④ Said A. Arjomand, *The Turban for the Crown: The Islamic Revolution in Iran*, Oxford University Press, 1988, p.69.

地区的控制,便于调动军队以应对突发政治变局,礼萨·汗着重改善交通网络。政府不仅修建了德黑兰通往各边远城市的公路,并派驻军队守卫在公路沿线;还建造了联通伊朗主要地区的铁路线。1929 年,自里海港口城市沙阿港到马赞达兰中部城市萨里,波斯湾港口城市沙赫普尔港至胡齐斯坦北部城市迪兹富勒的两条铁路竣工。1941 年,自德黑兰经塞姆南到马什哈德的东线铁路和经赞詹至大不里士的西线铁路通车,使伊朗东西连通起来。[①]中央权力在交通往来便利的条件下更好地对边远的部落地区加以控制。

除此之外,礼萨·汗还着手对全国的行政区划进行规范化改革。1935 年,巴列维王朝的乡村设立了行政机构,兼设军事机构维持地方治安,同时以村长作为基层政府官员。1938 年,礼萨·汗撤销了伊朗的大行政区,将全国重新划分为 11 个省和 49 个州。省长、州长及其他地方政府官员均由中央政府任命。通过这套由中央到乡村的统治体系,礼萨·汗得以将政令贯通全国,削弱限制了地方长官的权力,强化了君主制下的中央集权。[②]

三、削弱宗教阶层政治力量

伊斯兰教什叶派自 16 世纪成为伊朗国教后,便与国家政治权力产生了密不可分的联系。乌莱玛的司法权力、教育体系和经济特权成为影响伊朗政治发展的主要工具。特别是,乌莱玛阶层的认同成为国家政权合法性的重要来源,沙里亚法典的解释权将王权的职能范围加以限定。然而在礼萨·汗时期,现代化之风已经传入伊朗,土耳其的凯末尔革命也已取得成功。尽管乌莱玛阶层的势力仍很强大,但在 20 世纪初期的伊朗政治与社会环境下,礼萨·汗现代专制政权的建立有能力削弱乌莱玛对于政治等方面的影响。同时,礼萨·汗也认为伊朗传统宗教势力影响着国家各个领域,制约了现代化发展。他利用宗教势力力量有所下降的契机[③],开始进行大规模的世俗化改

---

① 王铁铮主编:《世界现代化历程:中东卷》,江苏人民出版社,2010 年,第 156 页。

② 王铁铮、黄民兴等:《中东史》,人民出版社,2010 年,第 306 页。

③ Mehrzad Boroujerdi, *Triumphs and Travails of Authoritarian Modernization in Iran*, http://fis-iran. org/en/irannameh/volxx/authoritarian-modernization.

革,意图将宗教与政治、社会和经济相剥离,根本目的是维护专制统治。礼萨·汗的举措有以下三点:

第一,建立现代司法体系,削弱乌莱玛阶层的司法权力。自 1927 年起,礼萨·汗着手建立司法系统,力图通过立法来限制宗教法庭的权利。[1]司法部根据法国、意大利等西方国家的法律模式颁布了民法和刑法,抑制了宗教法律的应用范围。至 1931 年 11 月,礼萨·汗大部分剥夺了宗教法庭的全部权力,仅剩下关于结婚、离婚、管理人委托和监护人等一些案件的审理权。[2] 1936 年 12 月,政府又颁布了限制法官资格的法令,法律规定法官必须具有如德黑兰大学或者外国大学的 3 年或 3 年学制以上的学历, 没有此类学历的法官需要通过相关法律专业的考试才能继续留任。经过近 10 年的司法改革,在 1940 年以后,宗教法庭的权力几近全无。

第二,打破乌莱玛阶层对于教育领域的垄断,大力发展现代世俗教育体系。[3]为削弱宗教势力特别是伊斯兰教的传播和影响,礼萨·汗自 1928 年起开始加强对宗教学校的管制, 通过法律法规对宗教学校的老师和课程科目进行严格的规定。1934 年创办德黑兰大学,此后师范学院、农业学院以及成人教育学校等现代学校如雨后春笋般建立起来。世俗学校则呈现迅速增长的态势,1922 年伊朗约有 612 所学校,到 1940 年增至 8237 所。[4] 1923 年时,伊朗学生总数约为 6 万人,经过 10 余年的世俗化教育改革,到 1938 年,伊朗学生总数超过 40 倍。[5]与此同时,宗教学校和在校生数量则大规模减少。到 1941 年,中等以上的宗教学校仅剩下 206 所,学生人数更是降至 785 人。此外,政府还通过财政拨款送一部分伊朗学生出国留学,学习西方的现代化理念。这些措施使得伊斯兰教的影响和传播受到了严重的削弱。虽然世俗学

---

[1] Cyrus Ghani, *Iran and the rise of Reza Shah:from Qajar collapse to Pahlavi rule*, I.B.Tauris & Co Ltd.,2000,p.251.

[2] Davar Ardalan, *My Name Is Iran:A Memoir.* Henry Holt and Co.,2007. http://en.wikipedia.org/wik-i/Judicial_system_of_Iran.

[3] Iran:The era of Reza Shah,1921-1941. http://www.country-data.com/cgi-bin/query/r-6384.html.

[4] 彭树智主编:《伊斯兰教与中东现代化进程》,西北大学出版社,1997 年,第 98 页。

[5] 1923 年,伊朗在校生为 5.5 万人,到 1938 年增加到 233.7 万人。

校占据了城市的主体,但是由于城市和农村居民在传统观念认识上的差异以及客观生活条件的不同,在农村和一些边远的地区,宗教学校依然占据着主导地位。

第三,破坏乌莱玛阶层的经济基础,剥夺教职人员的经济特权。伊朗的乌莱玛阶层之所以对政治、社会拥有极大的影响力,不只是宗教光环所至,最终要的原因是乌莱玛阶层掌管着宗教捐赠和大量地产,拥有雄厚的经济基础。1939 年,政府颁布法令,国家接管宗教基金和地产,并对乌莱玛的财产进行监督。但是政府并未全部接管这些财产,而是给乌莱玛阶层留有一部分财产的支配权力。①

礼萨·汗这一系列旨在削弱伊斯兰宗教势力的世俗化改革,遭到了宗教人士的强烈不满,有传言说当时的一些高级神职人员因愤怒而集体移民伊拉克,使得伊拉克政府出台了签证限制。②这些世俗化改革在打击了伊斯兰势力的同时,也在一定程度上带动了伊朗政治现代化的步伐、民族的振兴和人民的富足。如果说伊朗宪政时期使伊朗政治现代化得以起步,那么礼·萨汗时期的威权主义统治,客观上加强了伊朗民族国家的整体构成,将国家王权与宗教并立的二元政治体制加以改造,以世俗化、威权化过滤了伊朗旧有政治体制的一些弊端,具有较为积极的作用。

四、改造经济、社会与文化基础

国家的政治制度的构建与发展,需要经济、社会及文化等作为承载基础。礼萨·汗时期所实行的现代专制统治,具有专制-技术型政治发展模式的雏形。③表现为,强调经济现代化、社会开放化、文化民族化的发展目标。因此,对于经济、社会与文化的改革,是礼萨·汗时期伊朗现代专制政治构建的重要

---

① 王铁铮、黄民兴等:《中东史》,人民出版社,2010 年,第 307 页。

② Fakhreddin Azimi,*The quest for democracy in Iran:a century of struggle against authoritarian rule*,United States of America,2008,p.71.

③ [美]加布里埃尔·A.阿尔蒙德、小 G.宾厄姆·鲍威尔:《比较政治学:体系、过程和政策》,曹沛霖等译,上海译文出版社,1987 年,第 434 页。

组成部分。概括起来,主要措施有以下四点:

第一,进行现代化工业改革,发展民族经济,强调政权治理绩效。正如前文所述,现代专制统治的政权合法性的一个重要标准就是优良的治理绩效,经济发展则是第一要务。20世纪30年代开始,礼萨·汗发起了伊朗现代化民族工业建设浪潮。1931年,政府通过对外贸易垄断法,宣布提高关税。与此同时,政府扶持并直接投资了一批轻工业企业,涵盖纺织、食品、烟草、制革等行业。至1940年,伊朗已开办了25家棉纺织厂和8家丝织厂,还有数十家大型面粉厂,8家糖厂等。此外,在建筑及重工业领域,政府开办了水泥厂、化工厂、机器制造厂及修理厂等。1925年,伊朗全国工厂数量不足20家,至1941年已增加到346家。①

第二,变革社会性别观念,提高妇女地位。礼萨·汗作为推进现代化的君主制度,为调动一切可以为国家服务的智力和资源,他效仿西方发达国家,开始把妇女纳入国家生活的主流,伊朗妇女就此开始进入公共生活当中。礼萨·汗时期对妇女地位的提高主要表现在教育和衣着方面:妇女被允许进入大学接受高等教育;1936年取消妇女佩戴面纱,佩戴面纱者将被视为是违法行为。同时,"妇女的活动范围由室内搬到了室外"②,可以进入学校、医院和工厂等机构工作,甚至可以成为国家机关公务员。

第三,革新社会风貌,引入西方服饰装扮。凯末尔的世俗化社会改革深深地影响了礼萨·汗。因此,礼萨·汗效仿土耳其,采用欧洲的服装形式,改革伊朗的传统服饰。从1928年起,礼萨·汗先后颁布法令改革伊朗传统服饰。先是严令取消波斯传统帽饰"缠头头巾",统一着配"巴列维式头巾",后又宣布男子要佩戴西式圆顶帽子(欧式帽子),并根据工作性质对于有无帽檐进行了区分。礼萨·汗甚至模仿西方采用欧洲化的姓氏。

第四,增强政治认同,弘扬民族传统文化。礼萨·汗通过弘扬波斯的历史文化,旨在淡化伊斯兰教在民众心中的影响,以及降低它们在伊朗社会中的地位。礼萨·汗通过成立专门委员会对伊朗文字进行创新和改革,对于伊朗

---

① 张铁伟编著:《伊朗》,社会科学文献出版社,2005年,第71页。

② Parvin Paidar,*Women and the political process in twentieth-century Iran*,Cambridge University Press,1995,p.103.

语言中的土耳其、阿拉伯和欧洲的词汇以老波斯语言予以替代。为了给他自己的世俗化改革寻找理论依据，设立了弘扬和波斯帝国有关的历史博物馆及纪念馆，倡导民众从波斯帝国的伟大和荣耀中寻找民族自豪感，并且勿忘被曾经阿拉伯人侵占的国耻之痛，以此抵制和蔑视由阿拉伯人传带到伊朗的伊斯兰教。

五、礼萨·汗时期伊朗政治变革的特征、意义及缺陷

礼萨·汗时期的伊朗政治变革，是在纷繁复杂的内政外交情况下，寻求治国强邦，稳固统治，追求政治、经济及社会发展的重要举措。总体而言，礼萨·汗时期伊朗政治变革具有三方面特征：

第一，礼萨·汗所主导的政治变革具有民族化的特点，目的是抵御列强的殖民统治，强化具有民族特性的政治统治。在具体政策执行层面，礼萨·汗没有盲目地照搬西方的政治制度，也没有盲从于西方的指挥，而是在当时伊朗具体国情的基础上制定相应政策，没有过激地采用土耳其凯末尔革命的共和制模式，在一定程度上保证了伊朗政治的平稳发展。此外，在维护民族主权、反对列强干涉方面，礼萨·汗尽力保持伊朗政治的独立自主，国家权力归于伊朗民族所有。在政治文化认同方面，面对激进知识分子的西学之风和保守乌莱玛阶层的传统伊斯兰思想，礼萨·汗制定了加强民族传统文化认同，进而增强民族自豪感的政策。[1]既维护了民族尊严，又将政治文化整合为一种国家规范，达到了巩固政治统治的目的。

第二，礼萨·汗推行的政治体制构建具有集权性的西方化特点，目的是汲取西方现代政治制度所长，变革原恺加王朝保守僵化的政治体制。恺加王朝末期，伊朗受西方兴起的先进国家的攫取和入侵，沦为半殖民地半封建社会。此外，伊朗现代化的历史进程证明，仅仅是器物层面的改革无法根本扭转国家被殖民入侵的局面，必须将现代化扩展到制度层面，引入西方化的行政体制。在建立议会、理顺军事体系、构建现代司法体制等方面，礼萨·汗大

---

[1] Ehsan Yarshater, Persia or Iran, Persian or Farsi, *Iranian Studies*, Vol.XXII, No.1, 1989, p.34.

多以西方模式为蓝本,加以改造利用。①西方化的政治体制构建,成为礼萨·汗时期巴列维王朝政治发展的动力之一。礼萨·汗大体上解决了恺加王朝末期西方化即分权化的问题,政治制度的科学设置不代表中央权力的分散行使,从而保证了伊朗国家政权的平稳施政,现代化举措落实有力。

第三,礼萨·汗抑制什叶派乌莱玛阶层在政治中的影响,具有世俗化的特点。巴列维王朝时期的伊朗政治发展,属于外源后发型政治现代化,很大程度上受传统保守势力的影响与阻碍。特别是伊朗具有根深蒂固的教俗政治分权传统,乌莱玛阶层对政治的干涉不利于伊朗政治现代化的发展。因此,礼萨·汗政治变革的重要措施便是最大限度地清除教派势力影响。在法律、教育、服饰、妇女问题等方面与传统伊朗的宗教势力做具体职责划分,剥夺了乌莱玛阶层在以上领域中的权力,在政治和社会层面注入理性的世俗化风潮。②同时,对于恺加王朝末期宪法制定的高级教士组成常设委员会以制约政治议题的推行,礼萨·汗当政时期并没有执行,将乌莱玛阶层在政治领域的作用限制在极小的范围之内。

礼萨·汗时期所推行的伊朗政治变革,尽管根本目的是巩固王权统治,在实施过程中也出现很多纰漏,但其作为开明君主的民族主义改革的历史意义不应被否定,主要体现在以下三点:其一,礼萨·汗的政治变革虽然伴有残酷的军事专制统治色彩,但彻底冲击了如部落势力、乌莱玛阶层等保守传统的政治力量,在一定程度上为以后的伊朗政治发展开拓了道路。其二,礼萨·汗实行的现代化改革是一种以民族主义为指导的全方位的系统改革,尽管政治变革是其中一个重要组成部分,但大力发展现代化经济、创立民族教育、兴办现代通信和交通网络、改革法律体制等一系列举措从多方面为政治现代化的制度建设提供给养,成为推动伊朗政治发展的原动力。其三,礼萨·汗构建的现代专制政治体制具有一定的时代适应性,有效地统一了恺加王朝末期四分五裂的国内形势,达到了政治权力整合的目的,为第二次世界大战的爆发与伊朗面临更严峻的历史抉择打下了较为稳固的制度基础。

---

① Cyrus Ghani, *Iran and the Rise of Reza Shah*, I.B. Tauris, 2000, p.403.

② Ervand Abrahamian, *A History of Modern Iran*, Cambridge University, 2008, pp.93–94.

然而,礼萨·汗的政治变革从一开始便带有很多缺陷,不能将伊朗政治带入更高的层级,甚至为此后政治发展中的困局埋下了一定的伏笔。概括起来,礼萨·汗政治变革的缺陷有以下三点:一是礼萨·汗本身代表了大地主资产阶级,在土地改革的名义下,国王成为伊朗最大的地主,他通过各种手段获得了上千座村庄的所有权,并把它们视为私产,这引起民众的不满,并侵蚀着巴列维王朝的政治合法性。二是从一定角度上看,伊朗教俗并立的二元政治结构被礼萨·汗的政治变革所固定下来。在改革中,礼萨·汗的重点放在城市工业化方面,对乡村和边远地区的统治力有大幅度提升,但在政策上实行只统不治或多统少治的方略,形成了城乡二元发展失调的局面,导致城乡之间文化差异拉大,什叶派乌莱玛阶层及巴扎商人在乡村地区形成新的更稳固的根据地。三是礼萨·汗的政治变革过程中没有建立起与资产阶级民族主义改革相配套的理论体系,或者没能上升成一种具有理论模式的国家意志。在乌莱玛阶层的宗教影响削弱之后,除了西化思想和军队强权外,没有更符合伊朗的本土化现代化理论作为补充。到头来只能由于西化思想的入侵导致乌莱玛阶层的反扑,或是民众对军事统治的厌恶和不满。[①]

第三节　巴列维时期与伊朗政治突进:
从白色革命到政治剧变

巴列维执政时期,是伊朗政治、经济、文化等方面发展最快的时期,也是各个领域动荡不安、变局暗藏的时期。巴列维将国家权力有力地集中在自身手中,可以说是恺加王朝以来最有权势的君主之一,也是中央权力最集中的政治首脑。在这一时期,乌莱玛阶层等传统保守势力被世俗的君主权力彻底压制,但是世俗专制势力的统治虽然强大却漏洞百出,传统保守势力虽然蛰伏但旧有的动员体系并没有遭到破坏。在国内经济发展受挫以及政治动荡

---

① 王铁铮主编:《世界现代化历程:中东卷》,江苏人民出版社,2010 年,第 158~159 页。

的背景下,为伊斯兰革命埋下了伏笔。

一、巴列维时期伊朗国内外形势

巴列维执政时期,特别是第二次世界大战之后,伊朗的国内外环境得到改善。石油经济的迅猛发展为巴列维的现代君主专制统治和现代化改革奠定了较好的经济基础,推行了一系列改革举措。同时,围绕石油财富的利益维护,伊朗政坛出现了大规模的分化重组,民族资产阶级成为重要的政治力量。概而言之,巴列维时期伊朗国内外形势表现为以下四点:

第一,从国际层面上看,历经第二次世界大战及战后初期的国际风云变幻,伊朗成为亲美国家。1939 年 9 月 1 日,第二次世界大战全面爆发。礼萨·汗国王虽然宣布严守中立,但具有明显的亲德倾向。1941 年 6 月 22 日,苏德战争爆发,此时德国已经控制了欧洲大部分地区,并侵入中东地区。伊朗的战略位置变得至关重要,如果伊朗倒向轴心国,德国就能从南部直接威胁苏联腹地,也可切断英国至印度地区的通路;如果伊朗加入同盟国阵营则可经由伊朗向苏联输送急需的战略物资,扼守沿高加索山脉一线的盟国战略后方。1941 年 7 月 18 日,英国和苏联照会伊朗政府,要求驱逐在伊朗的德国人;8 月 16 日两国再次要求伊朗断绝与德国的一切关系,但礼萨·汗国王均予以拒绝。1941 年 8 月 25 日凌晨,英国和苏联两国军队进入伊朗,并向德黑兰施压,至 9 月中下旬礼萨·汗宣布退位,年仅 21 岁的穆罕默德·礼萨·巴列维继位。[①]

巴列维国王登基后,面对时局,转向与同盟国合作的立场,于 1942 年 1 月 29 日在德黑兰签署了英国、苏联与伊朗之间的同盟条约。盟军战略不仅对伊朗的主权事实上构成了侵犯,而且伊朗承担了通货膨胀、物资匮乏等经济和社会困境。但是伊朗优越的地理位置,最终成为苏联击溃德国的"胜利之桥"[②]。战争结束后,美国取代了英国在伊朗的势力,与此同时,苏联在伊朗

---

① Abbas Milani, *The Shah*, Macmillan, 2011, pp.77-79.

② [伊朗]阿布杜尔礼萨·胡尚格·马赫德维:《伊朗外交四百五十年》,元文琪译,商务印书馆,1982 年,第 346 页。

的势力并没有收缩,不仅延缓撤兵,而且扶持建立阿塞拜疆和库尔德自治政府。面对苏联的势力扩张,伊朗只能寻求美国的帮助,美国也意识到了伊朗的重要价值,对伊朗给予军事、经济等援助,并成功解决了苏联撤军问题。1947年10月6日,伊朗同美国签订军事条约,美国将增派军事顾问前往伊朗,同时伊朗不再雇佣其他国家的军事顾问。①伊朗彻底投入美国的怀抱。

第二,巴列维王朝的现代专制统治越发稳固。当第二次世界大战结束,外国军队撤出伊朗后,巴列维国王的威信开始空前提高。他把国家破镜重圆的功绩视为自己伟大的胜利,一改从前胆小怕事的畏缩作风,摇身一变成了一个受万众爱戴的国家英雄。1949年,巴列维国王借其权力地位上升之势,要求对1906年通过的伊朗宪法进行修改。其一,要求限制新闻、出版和言论自由,任何对国王和王室的不利言论都将被视为叛国罪,以此来维护国王的权威和君主专制制度;其二要求参议院与众议院拥有同样的地位,以此来增强国王控制议会的权力;其三要求国王有权单独或同时解散众议和参议两院。这一要求革除了议会的权力,使议会对国王的制约成为一纸空谈。自此以后,议会变成了支持国王一切决策合法化的装饰。

巴列维国王依靠巨额的石油收益,在美国的支持下通过装备精良的军队和无处不在的警察,再次强化了王权。如果说先前巴列维所主导的宪法修正案还存有一定的议会程序,那么此后王权则完全凌驾于宪法之上。由宫廷控制政府,支配"选举"的方式和程度。一是首相不再由议会推选,而是改由国王直接任命;二是国王可以不经过首相而直接任命和委派部长级官员;三是国王有权否定各项议案,而国王的提案需要通过的赞同票数则被减少。此时伊朗的一切政治流程都由巴列维国王和他的亲信付诸实施,宪政已变得毫无实质内容可言。就像一位美国外交官所言:"伊朗政府的实质是巴列维国王通过他的'仆人'在进行统治。当然他的仆人彼此之间是相互联合、相互制约的。不管这些人是否暂时得到国王的青睐,巴列维国王都要确保有与之抗衡的对手存在,以达到政治抗衡的目的。不管谁是首相,政府的过错和功绩都属于巴列维国王。如果这些人不再是忠诚的仆人,他们将被

① 王新中、冀开运:《中东国家通史:伊朗卷》,商务印书馆,2002年,第296页。

迫离开政府。"①

第三,自由民主派政治势力成为伊朗政坛的重要力量。第二次世界大战后,中东地区兴起了民族解放运动,伊朗是该运动的发源地之一。总的来讲,伊朗的民族解放运动肩负两方面任务,一是反对外国强权政治对本国的控制和经济资源攫取,二是反抗巴列维王朝的现代专制统治。在民族解放运动过程中,以"民族阵线"为代表的伊朗自由民主派政治势力崛起,进而成为20世纪50年代伊朗政坛的重要力量,石油国有化运动则成为伊朗自由民主派发动的代表性事件。

"民族阵线"是1949年10月伊朗第16届国会选举过程中成立的,包括伊朗党、劳动党、伊朗民族党和穆斯林勇士协会。该政治组织代表了小商人、宗教人士、行会长老级现代知识分子的利益。民族阵线各团体之间的利益诉求和观念各不相同,但都反对王室和军人的独裁专制,主张从英国人手中收回石油主权。②穆罕默德·摩萨台是"民族阵线"的领袖。1951年4月29日,摩萨台成为伊朗首相,一上任便成立专门委员会负责实施石油国有化。③此后,伊朗颁布了关于石油国有化的决议及石油法,成立伊朗国家石油公司,中断同西方石油公司的谈判。但是,摩萨台采取的激进措施没能取到预期效果,在西方石油公司的联合抵制下,伊朗石油工业损失惨重,国内经济低迷。

1952年,摩萨台辞职后又再度执政,兼任国防大臣并被授予全权。此后,摩萨台推行自由民主派政策,采取激进的改革方案。在军事方面,清洗军队中政见不同的军官,代之以自由民主派人士担任高级将领。在政治方面,摩萨台从国会获得颁布任意法令的紧急权力,解散参议院和最高法院,限制王权,禁止国王与外界直接联系,将内政、司法和教育等政府机构交由世俗的自由民主派人士掌管。在经济方面,他继续推行石油国有化运动,并将电话公司等收归国有,提高农民的农产品交易利润份额等。在社会方面,摩萨台

---

① Philip Clock, *American Embassy*, *Tehran*, *to Department of State*, July 3, 1956.

② 王铁铮、黄民兴等:《中东史》,人民出版社,2010年,第359页。

③ William Cleveland, *A History of the Modern Middle East*, Boulder, Westview Press, 2016, p.212.

积极赋予妇女选举权等。①摩萨台的一系列举动导致自由民主派与温和改革势力之间的矛盾显露,"民族阵线"进而分裂。1953 年 8 月,在英国和美国的策划下,支持国王的军方和政治势力发动政变,逮捕摩萨台和其他自由民主派人士。尽管自由民主派遭受挫败,但他们的政治思想得以在民众之间传播,并产生重要影响。

第四,伊朗经济在动荡波折之后有了一定提升,但经济发展质量不高,存在着结构性经济矛盾。第二次世界大战结束初期,伊朗民生困苦,经济困难重重。1949 年初,伊朗国会通过七年发展计划,计划预算每年需要向国内各行业投资 5800 万美元,然而这些钱却无从筹措。随着经济形势的持续恶化,仅 1950 年第一季度,位于德黑兰的 35 家大公司便接连破产。②石油国有化运动结束后,伊朗于 1954 年同西方石油公司组成的财团恢复谈判,双方最终达成协议。西方石油公司组成的联合石油财团(英伊石油公司获得 40%股份,美国 5 家石油公司获得 40%股份)为伊朗国家石油公司开采、提炼和出售石油,双方对半分配石油收益。虽然受到石油国有化运动的影响,伊朗没能完成七年计划的各项任务指标,但随着石油收益的增加,伊朗经济有了一定程度的提升,每年石油收入增长到近 3 亿美元。同时,伊朗获得了数亿美元的外国借款,1955 年至 1962 年伊朗开始第二个七年发展计划,投资十余亿美元,主要集中于纺织业、制糖业、水泥业及水利设施建设等。

但是,伊朗经济的发展质量仍然较低,并且存在着结构性问题。主要表现在土地所有权问题。"白色革命"之前,伊朗的土地所有权大致 50%属于大地主、20%属于乌莱玛阶层、10%属于国家(包括王室)、20%属于中小地主和自耕农。③更重要的是伊朗的遥领地主控制的土地过多,约 1%的在外地主拥有超过 55%的耕地,这些耕地上依附着超过 65%的乡村人口。④落后的农村生产关系拖累了伊朗农业现代化的发展,无法为伊朗工业现代化的发展提

---

① Ervand Abrahamian, *A History of Modern Iran*, Cambridge University Press, 2008, p.273.

② 王铁铮、黄民兴等:《中东史》,人民出版社,2010 年,第 358 页。

③ 王新中、冀开运:《中东国家通史·伊朗卷》,商务印书馆,2002 年,第 308 页。

④ Massoud Karshenas, *Oil, State and Industrialization in Iran*, Cambridge University Press, 1990, p.141.

供必要的劳动力,特别是造成了伊朗城乡二元发展的错位,使城市受制于农产品生产质量不高的限制, 乡村则由于经济落后无法带动城市工业产品的消费水平。此外,伊朗的遥领地主常年不在自己的土地上,不关注土地开发和农业技术进步,长期租佃农户依附于实物地租和劳役形式,无长期租佃的农民更是处于乡村社会底层,成为伊朗政治、经济发展的不稳定力量。

二、白色革命中的国家经济、社会和政治突进

巴列维是一名具有现代化治国抱负的君主,他在《走向伟大的文明》一书中写道:"我的最终目的是让我的国家和人民进入伟大的繁荣昌盛的文明时期。"[①]因此,巴列维想借助伊朗较为有利的外部环境和逐渐增长的石油收入,梳理国内经济关系,整合政治体制,将伊朗从落后的农业国变为现代化的工业国家,从而巩固现代专制统治,达到青史留名的目的。在发展政治学中,一般称之为"发展的独裁模式"或"专制-技术型"统治路径。[②]1963年1月,巴列维在全国农业合作社大会上宣布了"白色革命"六点计划,包括土地改革、出售国有工厂股份、提升妇女地位、森林及牧场国有化、建立扫盲大军、工人参加企业分红等。[③]1967年到1975年,巴列维又增加了十余项改革内容,包括改善农村卫生情况、水源国有化、改组政府机关、规划全国城乡建设、扩大工人的企业股份所有权、实行免费教育、推行社会保险等。事实上,巴列维所推行的"白色革命"也具有现实考量,即避免由左翼力量领导的"红色革命"以及由宗教势力领导的"黑色革命"。具体而言,"白色革命"的主要内容包括以下几点:

第一,以土地改革为主的农业现代化。正如前文所述,第二次世界大战后,巴列维王朝的经济波折发展,但农村地区的生产关系落后,导致乡村的

---

① 转引自彭树智主编,王铁铮、黄民兴等:《中东史》,人民出版社,2010年,第406页。

② [美]加布里埃尔·A.阿尔蒙德、小G.宾厄姆·鲍威尔:《比较政治学:体系、过程和政策》,曹沛霖等译,上海译文出版社,1987年,第434页。

③ Said Amir Arjomand, *The Turban for the Crown: The Islamic Revolution in Iran*, Oxford University Press, pp.72–73.

政治、经济与国家发展脱节。巴列维发起"白色革命"的主要初衷便是摆脱地主对国家的影响，使农民和工人阶级成为政权新的合法性基础。[1]因此，土地改革成为"白色革命"的重要内容之一，概括起来分为两个实施阶段：

第一阶段为 1963 年 1 月至 1965 年底，土地改革由试点向全国推广实行，其间土地改革法案附加条款和森林国有化法案批准实施。土地改革法案附加条款规定，地主所属土地的最高限额不得超过 200 公顷，超过最高限额的部分可以：①出租给他人（不得少于 30 年，租佃人缴纳货币地租，租额 5 年一调整）；②出售土地（国家向购地者提供低息贷款，10 年内还清）；③与农户按照土地、水源、种子、耕畜和人力平分土地收成；④地主与农户组成农业联合体。如地主土地数量少于 200 公顷者，可以购买农民土地并雇佣他们耕作。[2]国家森林国有化法案则规定，国家森林、牧场、天然灌木林及林田等，不论在此前是否有人拥有合法的占有手续，它们全部作为全民财产的一部分，归政府所有，由伊朗林务机构负责保护、恢复及利用这些国家资源。此外，对于拥有森林所有证，或经最高司法机构、财产审核机构批准的林业所有者，他们的财产按照法律规定的价格由国家赎买。[3]

第二阶段为 1966 年 1 月至 1971 年 9 月，在生产关系调整的基础上，全方面推行农业现代化举措。政府制定了"二十点计划"，包括：推广水利化的正确原则，发展和普及使用化肥，推行农业机械化，防治自然灾害和农业病虫害，培养农业技术专家，加强农业产品的运输体系，强化发展合作公司、耕作单位及其他类似组织，增加贷款和援助措施鼓励私人向农牧业投资，将农业发展计划与工业发展计划相结合，发展农业合作公司等。[4]1967 年 12 月，伊朗政府颁布了《农场企业建立与管理法》，由农业部选派人员担任农产经理，农民以自己的土地向农产企业兑换土地时价的股份额。[5]此外，在土地改

① Sussan Siavoshi, *Liberal, Nationalism in Iran: The Failure of a Movement*, Westview Press, 1990, p.23.

② Eric J. Hooglund, *Land and Revolution in Iran 1960–1980*, University of Texas Press, 1982, p.61.

③ 王铁铮主编：《世界现代化历程：中东卷》，江苏人民出版社，2010 年，第 161 页。

④ ［法］热拉德·德·维里埃：《巴列维传》，张许苹、潘庆舲译，商务印书馆，2002 年，第 395、409 页。

⑤ 王新中、冀开运：《中东国家通史：伊朗卷》，商务印书馆，2002 年，第 311 页。

革的整体配套措施上,巴列维政府向农村及边远地区派驻 5 支工作队:知识大军进行扫盲运动,卫生大军以改善农民的医疗及卫生生活水平,开发大军调查农村经济、社会文化及农业情况并实施农牧业教育计划,公正之家以建立农村地区公正的司法机构。

第二,加大投资促进工业现代化。巴列维国王理顺农业生产关系既是为了巩固王权统治,也是为了更好地促进伊朗的工业现代化发展。在土地改革取得初步成效的同时,伊朗的石油美元收入日益增长,为巴列维政府加大投资力度提供了资金条件。1963 年,巴列维政府制定了第一个五年发展计划,预计投资金额为 19 亿美元, 国内生产总值年增长率预计达到 8.8%。1968年,伊朗又制定了第二个五年发展计划,预计投资金额和国内生产总值年增长率上升为 107 亿美元和 9%。在 1973 年伊朗的第三个五年发展计划中,预计投资 365 亿美元,此后由于国际石油价格的暴涨,将投资金额上调至 700亿美元,主要投资领域集中于机械、运输、电力、化工、冶金等,年增长率达到25.9%。[①]据统计,1963 年至 1977 年,伊朗国民生产总值由 3400 亿里亚尔增至 56820 亿里亚尔,15 年之内增加了 15 倍以上,经济年增长率为 13.5%。但是工业现代化后期,巴列维被巨额的石油收入冲昏了头脑,对工业投资和生产目标大幅度加码,没有顾及伊朗实际国情,被学界称为“疯狂的现代化”。[②]

作为工业现代化的配套措施,巴列维政府制定了企业改革的相关政策。其一,鼓励私人资本投资,并给予投资者如财政补贴、税收减免等各种优惠。至 1977 年,伊朗工业企业中除 400 多家为政府投资外,其余数千家均为私人投资建立。[③]其二,工人参加企业股份分红。具体政府政策为:①企业家必须与工人签订协议,根据工人的生产绩效予以分红;②不同意相关协议的企业家则向工人分给 20% 的纯利,分配办法可按工龄、技术、原有工资等因素考量。1973 年,巴列维政府又出台政策,规定雇佣 20 人以下的小企业也需要给工人分红, 除南方石油企业外, 对其他不执行国家法令的企业家予以严

---

① 哈全安:《中东国家的现代化历程》,人民出版社,2006 年,第 300 页。

② 王铁铮、黄民兴等:《中东史》,人民出版社,2010 年,第 406 页。

③ John Foran, *Fragile Resistance:Social Transformation in Iran from 1500 to the Revolution*, Westview Press, 1993, p.329.

惩。其三,向民众出售工业企业股份。1972 年 5 月,伊朗政府制定政策,规定除国有石油、冶金、烟草企业外,其他国有企业的 99% 和私有企业的 33.3%~49% 的股份需要向民众出售,该企业的职工具有优先购买权,并给予一定程度的优惠,款项在每月工资或年终分红时扣除。①

第三,加强世俗教育和提升妇女地位。巴列维所推行的"白色革命"具有全盘西化的现代化改革特征,在教育和性别权益问题上,巴列维国王坚持走西方的路线。20 世纪 60 年代开始,伊朗的教育获得快速发展,政府实施八年免费义务教育,并为学生提供免费医疗和就餐服务。政府向乡村派驻的知识大军发挥了重要的作用,伊朗国内识字率大幅度提高。作为西化世俗教育的重要手段,政府每年派遣大量学生到欧洲和美国留学,学习西方的科学技术并感受其民主政治。世俗化教育的开展和留学西方学生的增多,逐步扩大了伊朗现代知识分子群体,潜移默化地改变了伊朗的政治参与结构,对此后的政治发展带来了一定的影响。

在提升妇女地位方面,巴列维国王更是与伊朗的乌莱玛阶层公开对抗。1963 年,巴列维国王没有经过议会途径,对选举法进行修改,伊朗女性被赋予选举权和被选举权,并参加了 1963 年的全民投票。1967 年,伊朗议会通过了家庭保护法,旨在限制一夫多妻制,保护妇女的婚姻权力和家庭地位。法律规定,夫妻离婚需经法院审理判决后方能生效,男子不可以绕过法律而休妻;伊朗男性最多可以娶两名妻子,但娶第二房妻子时必须经第一房妻子的同意。1968 年,巴列维政府还颁布了《妇女社会服务法》,为妇女就业提供政策保障。②

第四,加强现代专制统治。巴列维国王时期,伊朗的现代专制统治得以强化,主要表现在军队和特务组织的建设。巴列维威权统治时期,军队是巴列维国王最为信赖的独立机构,伊朗的军事事务划分为国王的独家世袭范畴。忠诚、听话和和政治上不思进取的人员被允许上升到高级指挥岗位,可以聚敛财富、享有特权和发展关系网。巴列维国王一直致力于扩充军队人

---

① 王新中、冀开运:《中东国家通史:伊朗卷》,商务印书馆,2002 年,第 317~318 页。

② 王铁铮主编:《世界现代化历程:中东卷》,江苏人民出版社,2010 年,第 163~164 页。

员和现代化装备,特别是在 1953 年的军事政变以后,更是专注于军事力量的发展。其君主政体日益壮大的一个重要原因,就是对于建设一支强大的军队的痴迷,而稳步上升的石油收入促进了这一目标的实现,使伊朗有强大的经济实力购买世界上任何国家的大量现代化武器。军方一直占据着国家预算较大的比重。即使这样,伊朗往往还要通过增加国外贷款来进一步购买武器。"在 1973 年,军事开支占国家预算的 23%(占国民生产总值的 12%),而到 1977 年,伊朗的军事和安全机构却吸收了超过 40% 的国家预算"①。伊朗军队总人数也从 26 万人增加到 40 万人。这期间的伊朗国防预算增加了 680%,其军事投资相当于土耳其的两倍,甚至超过了地区军事强国伊拉克。

伊朗军方之所以长期坚持不懈地支持巴列维国王的威权统治,原因就在于巴列维国王对于军队和军官要求均给予满足。在礼萨·汗国王时期,军队的主要职能是镇压内乱,而在巴列维国王时期,军事力量已经发展成为具有区域意义的防御力量。此时占据军事力量中许多关键职位的已不再是有军事起源历史的传统势力,巴列维国王开始招募那些对他马首是瞻、没有真正军事实力的新兴军事群体,以确保他们不会对他的地位造成威胁。到 20世纪 60 年代后期,军队的政治影响力或者正式的政治存在明显减弱,已不再是政治特权的主要聚集地,指挥军官的素质也明显下降。巴列维国王坚决保持着军事体系与政治的脱离,太受下属欢迎或太有能力、威胁政权的军官将被监视和清除,对巴列维国王的忠诚早已成为保存自己和升官的主要保障。巴列维国王把所有军事决策权都掌握在自己的手中,他是伊朗武装部队的最高统帅,可以直接指挥各个独立的军种和兵种。"最高国防委员会、总司令部和国防部都直接听命于巴列维国王。"②

巴列维时期对内高压统治的支柱还有特务组织。1956 年,巴列维国王在美国中央情报局、英国和以色列特务情报组织的帮助下,组建了伊朗国家安全与情报组织——萨瓦克。萨瓦克的主要任务就是打击和摧毁以任何形式

---

① 　Ali Gheissari,Vali Nasr,*Democracy in Iran:history and the quest for liberty*,Oxford University Press,2006,p.233.

② 　冀开运、蔺焕萍:《二十世纪伊朗史:现代伊朗研究》,甘肃人民出版社,2002 年,第 150 页。

反对巴列维国王的组织及个人，监视每一位高官以及有影响力的政治和宗教人物。至 1978 年底，萨瓦克雇员高达 2 万人，每一位高官都受到萨瓦克的监视，他们的日常活动都被监测并记录在案。在国家机构的每一个部门都有着萨瓦克的监察人员。他们可以随时逮捕与巴列维国王政见不同的人，通过严刑拷打使他们屈服，更有甚之，让持不同政见者悄无声息的"消失"。但是，巴列维国王对萨瓦克组织也感到不放心。1959 年，巴列维国王亲自组织皇家调查团。皇家调查团直接向巴列维国王负责，他们没有真正的职位，但有权调查任何国家机构和国家企业，包括萨瓦克在内的情报组织也不能逃脱。1976 年，皇家调查团改名为皇家调查委员会，改名后的皇家调查团组织更为严密，他们以巴列维国王的名义对国家政治行为进行整治，强化专制统治。

三、政治突进中的伊朗民众利益分配危机

政治发展理论认为，发展中国家的政治发展存在六大危机，其中之一便是政府在商品、服务等方面向社会配给是否有效以及合理的分配危机。[1]伴随全球化经济和政治形势的发展，二战后独立的发展中国家被迫加速走上西方发达国家近五百年才渐进走过的政治发展之路，其间出现了很多问题。阿尔蒙德便认为，许多新兴国家在政治体系尚未建立完善、经济能力和发展水平较低之时，便面临着民众要求政治参与、广开言路、分配物质福利的压力。[2]巴列维时期的伊朗也收到了分配危机的困扰。正如上文所言，虽然伊朗的经济迅猛发展，但结构性问题仍然存在。此外，作为"专制–技术型"的政治发展模式，巴列维国王不能依靠开放言论以缓和政治纷争，只能凭借优越的治理绩效赢得民众的认同与拥护。但是在经济形势受挫、治理模式失效的情况下，民众的利益分配得不到保障；特别是王权贵族与民众生活的质量天壤之别，在动荡时期更易引发政治混乱。对于巴列维王朝的民众利益分配而

---

① ［美］鲁恂·W.派伊:《政治发展面面观》,任晓、王元译,天津人民出版社,2009 年,第 85 页。

② ［美］加布里埃尔·A.阿尔蒙德、小 G.宾厄姆·鲍威尔:《比较政治学:体系、过程和政策》,曹沛霖等译,上海译文出版社,1987 年,第 422~423 页。

言,主要问题有以下四点:

第一,巴列维推行的土地改革政策本身存在缺陷,农民没有真正获得改革实惠。巴列维国王虽然有治国抱负和现代化改革的决心,但说到底作为封建统治者是大地主阶级的代表。因此,"白色革命"时期的伊朗土地改革的前提是不触及大地主的经济利益,对农民只做出部分让步,土改并没有真正地公平分配土地。[①]其一,土地改革政策中明确照顾了某些大地主阶级。1962年土地改革法中规定,伊朗一半以上的村庄不进行土地改革,这些农民根本无法分配到土地。土改法还对机耕地、果园及公共宗教地产采取豁免举措。其二,土地改革政策为地主留有逃避土改的"后门"。如只规定地主所拥有的最高土地份额,对超出份额需要交出的土地质量不做明确规定,使大地产主们留下收益最高的地产,而把相对贫瘠的土地分给农民。其三,土地改革中有一些没能考虑妥当的政策缺陷。如没有规定土地灌溉用水问题,从而引起了众多纠纷。此外,原本连在一起的土地四散到农户手中不能集中在一起,根本不利用大规模机械化农业耕作,而将这些土地连在一起或置换到一起又引起了很多地方行政负担。为了加速农业机械化步伐,伊朗采取了建立国营农场企业的措施,并且强迫自耕农加入。农民刚刚获得的土地使用权又被迫转移给国营农场,再次成为农业劳动者而非实际土地所有者,这实际上是对土地改革的否定,打击了农民的改革积极性。[②]

第二,国内经济发展畸形,导致民众生活水平相对降低。"白色革命"中对经济的疯狂刺激,短期内急速带动了伊朗经济走强,却使得经济畸形发展,引发了严重的社会问题。经济刺激、投资增多引起劳动力向城市拥聚,导致了土地价格飞涨和企业间劳动力流动性加强。[③]以伊朗东南城市克尔曼为例,1959年市中心每平方米价格为2000里亚尔,到1974年飞涨到15000里亚尔。地价上涨导致了房价上涨,房租上涨到占工人生活支出的60%。大规模经济刺激,地价、房价、工资等收入的增长,特别是外籍专家远高于平均伊朗民众的高额收入,直接物价上涨,引发了严重的通货膨胀。1975年至1977

① Ervand Abrahamian, *A History of Modern Iran*, Cambridge University, 2008, pp.141-142.

② 王铁铮主编:《世界现代化历程·中东卷》,江苏人民出版社,2010年,第166~167页。

③ Ervand Abrahamian, *A History of Modern Iran*, Cambridge University, 2008, pp.137-139.

年伊朗的通货膨胀率为 50%。

第三,王室及上层人士奢靡成风,攫取了经济发展成果。在伊朗经济实现高速增长以后,贪污和腐败现象便随之而来。巴列维国王及其家族是这一现象的最大受益者。巴列维国王利用其权力的绝对优势,大肆聚敛财富,他的家人也利用身份之便大发横财。对于非常容易到手的财富,巴列维国王及其家人根本没有任何节约的概念,他们穷奢极欲、挥金如土,日常生活甚至"从荷兰买花,从法国买矿泉水,从东地中海购买野味,从非洲购买水果"①。这样的现象从王室扩展到达官显贵,他们利用职位之便抽佣金、收回扣,各个想方设法地为自己捞钱。伊朗前情报总管侯赛因·法尔都斯特说过:"巴列维国王和其家族以及达官显贵们滥用职权侵吞财产的情况从来就没有断过,贪污就好似一个无底洞,永远也得不到满足。"②而本应该制止腐败和贪污国家财产的政府首脑却害怕调查牵扯到巴列维国王而选择漠视,甚至同其他贪污腐败者一样中饱私囊。

第四,社会民众无法获得公平公正的利益分配,导致贫富差距拉大。处于下层社会的农民和工人阶级对以国王为首的官僚腐败和贫富差距极为不满。虽然伊朗的经济现代化改革促进了社会的进步和人民生活水平的有限提高,但其体制下的政治缺陷却导致了严重的两极分化。巴列维国王及达官显贵的穷奢极侈与伊朗下层民众的食不果腹形成了鲜明的对比。在城市郊区的空闲地上,到处都是涌入城市的农民自己建筑的小土屋和窝棚,那里充斥着贫穷、困苦和绝望。而在城市的中心却又是另一番景象,那里高楼迭起、大厦林立,人们衣着鲜丽、生活富足。经济上的突飞猛进与政治上的停滞不前是巴列维国王统治的根本性危机。众所周知,经济和政治的关系是相辅相成的,然而巴列维国王不相信两者互为依存的关系,他以为只要满足了人们在经济上的需求,就可以万无一失。殊不知这种政治和经济上的不协调造成了金钱对官员们的腐蚀,贫富悬殊日益扩大,贪污腐败成风,民众的不满情绪日盛一日,直至演变为愤怒的革命。也许巴列维国王根本就不知道或者说

---

① 缚来宾:《伊朗"白色革命"的启示》,http://www.shwd.net/shownews.aspnewsid=39。

② 伊朗外交研究所编:《巴列维王朝的兴衰——伊朗前情报总管的揭秘》,李玉琦译,新华出版社,2009 年,第 132 页。

不愿知道,群众的怒火可以烧毁这个所谓的"开明的王朝"。

四、政治发展中的政权合法性危机

对于现代专制政权而言,政权合法性仅依靠民众是政治基础乏弱的根本症结。除此之外,国外势力的支持与国内政治派系的妥协合作,加之经济绩效表现优良,是编织政权合法网络的重要途径。对于巴列维执政末期的伊朗而言,多种政治矛盾交织显现,预示着政权合法性在民众心中已经跌入低谷。

在外交政策上,巴列维政府过于依靠美国,引起了国内民众,特别是宗教人士的强烈不满。巴列维国王在对待西方的问题上,一直持亲近讨好的态度,这种置民族气节于不顾的卑微嘴脸成了以霍梅尼为首的宗教人士强烈攻击的最好口实。尤其是在1964年议会通过的扩大美国在伊朗的法律审判豁免权上,激起了民众和神职人员的强烈不满。霍梅尼公开谴责了国王的独裁专制和出卖国家利益的行径。他痛骂巴列维国王使伊朗丧失国家独立、主权和尊严,谴责来自美国和以色列对伊朗日益增长的影响。因巴列维国王要求向美国贷款200万用于购买武器的法案又获得支持通过,霍梅尼决心继续扩大教士的影响,从而结束"美国的傀儡国王"无人敢反对的独裁政策,其警告说,"巴列维国王要么改变自己的行为,要么等待一个可怕的命运结局"[1]。

在政治参与方面,在巴列维严格的舆论控制之下,人们已经没有任何世俗场合可以发表言论、宣泄不满,这使得环境还算宽松的清真寺开始成了舆论爆发的聚集地。霍梅尼在国外对巴列维国王的指控更为积怨已久的人民表达了心声,人们开始奔走相告,各种隐性的力量逐渐向宗教界靠拢。从社会中产阶级角度讲,巴列维国王发动的白色革命带动了伊朗现代化的迅速发展,这就为伊朗中产阶级的壮大提供了发展条件。这些壮大了的中产阶级不仅满足于经济上的富足,还要求政治上的参与。巴列维国王虽然积极支持

---

① Hamid Algar, *Islam and Revolution: Writings and Declarations of Imam Khomeini*, Berkeley, 1981, p.181.

现代化的发展，但却仅限于经济上的改革，政治上的民主参与只是一纸空文。为了严格控制社会舆论，巴列维国王以国家的名义制定了一系列苛刻的惩罚条令，由无处不在的警察和萨瓦克监控执行。

巴列维国王对于王权统治的绝对控制使他根本听不得任何质疑的声音，就连其最为依赖的美国朋友也不能让他有所改变。反观占伊朗社会阶层绝大多数的下层民众，更无政治参与的渠道可言。穷苦的农村人憎恨城市的灯火阑珊，朴实的穆斯林憎恨西化带来的声色犬马，新兴的具有民主意识的知识分子憎恨暴虐的威权统治。这一切导致公众舆论对巴列维国王极其不利，法赛勒斯·弗洛达告诉美国大使馆参赞说："没有人打算告诉国王，他最大的弱点是公众舆论的不支持。"①同时，巴列维国王以及达官显贵对于西方物质世界的无尽向往也与下层穆斯林的伊斯兰教价值观背道而驰，他们对于西方世界精神文明的追求与穆斯林认同的道德观形成了鲜明的反差。现实生活中的巨大反差与不公使思想闭塞的普通下层民众无法理解也不能接受，在现实中被压迫而无处宣泄的他们只能通过宗教向真主安拉寻求答案。而穆斯林民众政治生活归属感的转移为以霍梅尼为首的宗教势力改革提供了坚实的社会基础。

从比较政治学的角度讲，政治运动的模式被特定的政治制度所决定。因此，巴列维国王的独裁统治形式也决定了伊朗民众的反抗形式。现代世俗化的政治模式是政党政治，然而巴列维国王在带来这种现代的、世俗的经济模式的同时，却忽略了政治上的民主。他长期操控议会的选举，排斥其他政党的政治参与，直到成立一党制并禁止民众的自由结社。这种世俗下的政治斗争存在的空间被巴列维国王无情地封杀，世俗的反对党派已经无立足之处，民众唯有寻求宗教的反抗空间，宗教反对派由此应运而生。政治斗争也由世俗的议会政治转化成神权模式的宗教运动。宗教情感开始成为民众寄托希望和表达不满的扭曲反映和首要形式，清真寺也取代了议会成为反抗巴列维国王专制统治的宣泄据点。

---

① Charles Stelle, *American Embassy*, *Tehran*, *to Department of State*, March 5, 1958.

五、乌莱玛集团的抗争危机

对于伊朗政治而言，乌莱玛集团及该集团所代表的传统保守势力与君主政权长期以来或分或合。双方之间和则政权稳定，分则动乱渐起，乌莱玛集团的政治抗争成为伊朗政治发展中最不稳定的因素。巴列维时期，政府所宣布的土地改革和相关世俗化政策，在乌莱玛阶层看来侵犯了他们神圣的宗教观念和自身利益，意味着伊斯兰传统社会的统一性将被破坏，伊斯兰的基本精神原则也将被玷污。[1]在土地改革向全国全面推广期间，巴列维政府规定宗教地产管理人必须与佃农签订为期99年的租佃协议，且提高了这些农民得到土地收成的份额，乌莱玛阶层的实际收入下降，进而削弱了他们在社会服务中的能力，降低了其政治影响力。在思想意识领域，巴列维发起的"白色革命"力求以西化的价值观代替伊朗社会传统的价值观，特别是以工业化的形式打击传统价值观的经济基础。这一系列举措都是对以什叶派乌莱玛为代表的，包括巴扎商人等在内的伊朗社会传统力量的挑战与对抗。

1963年3月，什叶派乌莱玛和神学院学生在宗教圣城库姆展开了对巴列维国王土地改革和妇女选举政策的抗议活动，警察对示威游行者进行了暴力镇压。6月4日，霍梅尼借此向巴列维国王公开宣战，指责他的独裁专制和卖国求荣，号召什叶派穆斯林联合起来推翻巴列维王朝，霍梅尼发表言论的第二天便被政府逮捕。霍梅尼的被捕引发了声势浩大的全国性示威活动，这是宗教界第一次正式卷入国家政治，展示了伊斯兰强大的政治能量。[2]在随后的数年里，被先后驱逐到土耳其、安卡拉、布尔萨和纳贾夫的霍梅尼一直致力于反对和推翻巴列维王朝的政治活动，以宗教形式进行民主斗争，在伊朗民众中的政治影响逐步扩大，获得了反对巴列维国王独裁专制广泛的群众基础。推翻巴列维王朝的革命蓄势待发。

从伊朗本身的政治结构属性来看，巴列维国王的"白色革命"彻底打破

---

[1]　Baqer Moin, *Khomeini : Life of the Augatollah*, Thomas Dunne Books, p.104.

[2]　Ruhollah Khomeini, *Islam and Revolution : Writing and Declarations of Imam Khomeini*, Hamid Algar in eds., Mizan Press, p.17.

了原有的伊朗世俗政治与宗教政治平衡，使巴列维王朝的政治结构发生塌陷。正如我国中东研究领域著名学者王铁铮教授所指出的，伊斯兰教的独特属性使信仰伊斯兰教的中东国家在着手现代化时不能不首先理顺宗教与世俗、传统与现代化、古老东方文明与现代西方文明之间的关系，从而获得宗教上的"合法性"。①从历史沿革分析，伊朗政治和社会领域的特定现象和突出特征主要体现在世俗与宗教的关系上，一是世俗与宗教构成了二元体系并且长期并存，二是世俗与宗教互相影响互相制约。"1905年，萨法维王朝建立，什叶派从此开始取代了传统的逊尼派，成了伊斯兰官方宗教信仰，并助推了什叶派在伊朗等地的广泛传播"②。同时，什叶派的宗教政治和巴列维王朝的世俗政治也长期以求同存异的方式和平共处着。作为伊朗的传统保守势力的代表，什叶派乌莱玛通过宗教理论支撑着巴列维王朝的官方信仰，他们支持君主制，反对西方的民主政治，为捍卫他们的既得利益长期与巴列维王朝合作。

然而，从20世纪60年代初开始，巴列维国王从白色革命到一系列的世俗化改革明显损害了什叶派乌莱玛的既得利益，引起了宗教领域和神职人员的强烈不满。对于西方化的制度变革，乌莱玛阶层有着本能的抵抗性，之所以能成为击毁巴列维王朝的领导力量，是因为此时的乌莱玛阶层代表了大部分伊朗民众的政治抗争诉求。巴扎商人与小手工业者被现代化的工业产业兴起所边缘化，农民没有从土地改革中获得期望的经济利益，现代西化知识分子又以理论的眼光痛恨巴列维政权的专制和腐败。这些诉求全部被乌莱玛阶层纳入抗争之中，并加以表达出来。宗教反对派的应运而生，使政治斗争随之由世俗领域的议会政治逐渐转化为神权形式的宗教运动，宗教的情感成为政治情感的扭曲反映，宗教的狂热成为民众发泄不满和寄托希望的首要形式，清真寺则取代议会而成为反抗巴列维王朝独裁专制的主要据点。③适逢主张清净、不赞成卷入政治的什叶派最高领袖阿亚图拉博鲁杰尔迪去世，鲁霍拉·霍梅尼开始登上政治舞台，进而向巴列维国王发难，成为

---

① 王铁铮：《试论中东国家的现代化》，《西北大学学报》（哲学社会科学版），1996年第2期。

② 哈全安：《中东国家的现代化历程》，人民出版社，2006年，第321页。

③ 哈全安：《中东国家的现代化历程》，人民出版社，2006年，第316页。

带领伊朗人民反对巴列维国王的革命领袖。①

第四节　霍梅尼政治理论与伊朗伊斯兰共和国初创：
从世俗威权到政教合一

　　霍梅尼所领导的伊斯兰革命成功埋葬了巴列维王朝，并且依照霍梅尼的政治思想建立了伊朗伊斯兰共和国和法基赫政治制度。如果说巴列维王朝的政治发展主线是世俗君主势力压倒传统保守的宗教势力，那么霍梅尼所建立的伊斯兰共和国自政治框架设计之初便强调了宗教人士在国家政治发展中的决定性地位，成功夺取了世俗派的政治权力。霍梅尼时期伊朗的政治重构进程按照其所制定的路线，彻底压制了各个世俗派政治势力，构建了紧密联系的伊斯兰政治体制，将国家权力集中在具有奇理斯玛性质的霍梅尼手中，保证了伊斯兰政治革命进程的推进。如同巴列维王朝执政之初，伊朗的政治若想巩固、发展，必须集中一切权力推进改革。但与巴列维王朝两代君主不同的是，现代化思想太过西化离经，不能充当民众政治文化的支柱作用；霍梅尼政治思想却给伊朗新政权以政治理念，成为动员民众政治参与的号角。

一、霍梅尼的伊斯兰思想与政治发展观

　　霍梅尼的伊斯兰政治思想经历了一个逐渐形成的过程，并最终有别于伊朗什叶派的原始伊斯兰思想，开始涉足政治领域并强调一种世界性的普世伊斯兰革命论。②就霍梅尼思想的政治发展观而言，他对宗教与政治的关

---

　　① Joanna de Groot, *Religion, culture and politics in Iran: from the Qajars to Khomeini*, I.B. Tauris, 2007, p.158.

　　② Abulaziz Sachedina, The Rule of the Religious Jurist in Iran, in *Iran at the Crossroads*, in John Esposito and R. K. Ramazani eds., Palgrave, 2001, p.133.

系、伊斯兰政治形态、法基赫体制，以及伊斯兰政治输出理论加以阐述，建构了独特的伊斯兰政治发展理论。概括起来，有以下四点：

第一，在宗教与政治的关系方面，强调伊斯兰教与政治的紧密关系。霍梅尼认为伊斯兰教本身就是完美的政治学说，先知穆罕默德及什叶派伊玛目阿里等人的活动，都是以伊斯兰教的形式对政治加以指导规范。而那些只顾礼拜及传经布道的乌莱玛，不关心社会及政治发展问题是不称职的，没有担负起伊斯兰教职人员在政治方面的责任。霍梅尼对伊斯兰教与政治统属关系的理念，揭示了伊斯兰教与其他宗教不同的本质特征，即在精神和物质、灵魂和世俗、天国和尘世、来世和今世、出世和入世方面等重大问题的思考中，伊斯兰教不仅是"两世并重、两世吉庆"，而且是更重视后者。[①]此外，霍梅尼认为资本主义及马克思主义等政治理论形态具有实利主义的特征，但伊斯兰教作为一种政治理念还要满足人们的物质和精神需求。霍梅尼要求乌莱玛们从清真寺走向社会，不仅从事宗教、司法、教育等领域的工作，更要能够治世理国，与那些非伊斯兰的"压迫者"政权斗争。

第二，在宗教与政治的结合方面，强调"以教治国"并建立法基赫政府。霍梅尼在《伊斯兰政府》一书中指出，伊斯兰教是完美的、神圣的，在时间和地点上是无限的、永恒的。但是如果不建立政府机构以保证伊斯兰教法的实施，那么混乱与无政府状态就会盛行，社会上、理智上及道德上的败坏就会产生。此外，霍梅尼还认为，伊斯兰和伊斯兰政府是神圣的统一体，它们的实现保证了今世的昌盛和后世的幸福。[②]为此，伊斯兰政府必须是全面的和彻底的伊斯兰化政府，而不仅是伊斯兰掌权。就宗教与政治相结合的最高原则而言，法基赫制度要做到确立真主主权，即立法权专属真主；政府合法性的来源既非人民，也非君主，而是安拉。在伊斯兰教与政治相结合的设定方面，霍梅尼认为：其一，伊斯兰政府既非独裁，也非专制，而是立宪的政府。所谓立宪，不是指通常意义上的法律须经多数人民的表决才能得以批准，而是指

①　王新中、冀开运：《中东国家通史：伊朗卷》，商务印书馆，2002年，第339页。

②　Imam Khomeini, *Islam and Revolution:Writings and Declarations of Imam Khomeini*, translator by *Hamid Algar*, Mizan Press, 1981, p.54.

统治者在管理和执法中受《古兰经》、沙里亚法等宗教准则的约束。①霍梅尼曾指出,在伊斯兰政府中没有一个构成三权分立的立法机构,因为只有真主有权立法。其二,伊斯兰法律,即真主的训诫充分指导着每个人和伊斯兰政府。其三,伊斯兰政府绝不实行君主制。

第三,在政治发展的模式方面,强调反对君主制政权,反对西方化和世俗化政权,反对共产主义化政权。霍梅尼在1971年发表的一篇关于伊斯兰政府的文章中写道:"君主制是伊斯兰一开始就反对的制度。伊斯兰军队推翻了伊朗、东罗马、埃及和也门的君主制,这便是事实的证明。"②对于西方化和世俗化政权而言,霍梅尼抨击巴列维政权丧失了政治合法性,偏离了伊斯兰教社会与国家构建之路,沦为了西方的走狗和列强的傀儡政权。对于共产主义而言,霍梅尼认为以苏联为代表的共产主义政权具有独裁和对外侵略的特征,在苏联侵略阿富汗、在中东扩张势力范围等问题上,实际上是将苏联的共产主义模式作为了帝国主义的表现形式。此外,在宗教信仰方面,马克思主义的无神论与伊朗的伊斯兰什叶派之间产生了本质矛盾。霍梅尼认为,共产主义的无神论会让伊朗信众偏离真主设定和指引的道路,而共产主义所宣扬的生产材料公有和消灭剥削也与霍梅尼所认为的保护私人财产与生产关系等级制度存在矛盾。

第四,在政治构建与理念传播方面,强调政治构建与外部传播相结合,主张输出革命。霍梅尼具有典型的泛什叶派思想,使之成为一切被压迫者的革命意识形态,为输出革命做准备。③霍梅尼认为,伊斯兰不仅是革命的手段,也是革命的目的;伊斯兰教不仅仅指导伊朗的革命事业,伊朗也应该为伊斯兰教服务。伊斯兰革命成功之后,伊朗的法基赫制度所表现出的政治发展生命力应在全世界范围内推广,伊斯兰世界的人民则拥有共同的目的、共同的命运、共同的宗教法典,整个伊斯兰世界的主权属于至高无上的真主。1980年3月21日,霍梅尼发表演说:"我们必须努力输出我们的革命,我们

---

① Imam Khomeini, *Islam and Revolution: Writings and Declarations of Imam Khomeini*, Mizan Press, 1981, p.59.

② 王新中、冀开运:《中东国家通史·伊朗卷》,商务印书馆,2002年,第340页。

③ 王宇洁:《伊朗伊斯兰教史》,宁夏人民出版社,2006年,第127~129页。

应该放弃不输出革命的想法,所有的超级大国和列强们妄想我们毁灭,如果我们停留在禁闭的环境之中,我们必然将面临失败。"

二、伊斯兰革命与伊朗政治发展的伊斯兰化

20 世纪 70 年代后期,巴列维王朝的已是危机重重。1973 年石油价格暴涨之后的大规模刺激计划与经济治理失调,导致 1977 年开始出现急剧的经济萎缩;[①]同时专制的政治体制和亲西方的外交政策也引起民众的不满。巴列维王朝在伊朗民众眼中,成为压迫、残暴、贪腐和奢靡的代名词。[②]从 1977 年开始,伊朗与巴列维政见不同的政治家、作家、艺术家、律师、法官等知名人士纷纷发表公开性言论,指责巴列维治国不利,压制自由,违背宪法原则。霍梅尼也时常发表言论,抨击政府的所作所为,逐渐在民众中树立了威望,并得到了各派政治人物的广泛支持。

伊斯兰革命浪潮起于 1978 年初。1978 年 1 月 7 日,伊朗官方控制的《消息报》刊登匿名文章,污蔑霍梅尼是红色殖民主义者(苏联)与黑色殖民者(英国)借以利用推翻政权统治的工具。库姆神学院 4000 余名学生举行抗议示威游行,军警开枪镇压并造成 70 余人死亡,400 余人受伤。这一举动在民众中激起轩然大波。根据伊斯兰教传统,人去世后 40 天要举行悼念活动,2 月 28 日,伊朗 12 个城市爆发了反对巴列维专制统治的抗议活动。[③]活动中,大不里士的抗议民众再次遭到血腥镇压,100 余人死亡,600 余人受伤。[④] 3 月 20 日的悼念及示威活动中民众再次被军警打死打伤。几次镇压和 40 天悼念活动后,民众的义愤之情彻底被点燃,至 5 月 11 日,伊朗 35 个城市爆发骚乱,巴列维政府逐渐失去对国家的控制,撤换首相、改组政府部门等举

① Fischer Michael, *Iran: From Religious Dispute to Revolution*, Harvard University Press, 1980, p.189.

② Desmond Harney, *The Priest and the King: An Eyewitness Account of the Islamic Revolution*, I. B. Tauris, p.37.

③ Michael Axworthy, *Revolutionary Iran: A History of the Islamic Republic*, Oxford University Press, 2013, pp.145–147.

④ P. Clawson and Michael Rubin, *Eternal Iran: Continuity and Chaos*, Palgrave, 2005, p.90.

动为时已晚。

1978 年 9 月 7 日，在霍梅尼的号召下，50 万德黑兰民众发起抗议示威活动，抗议者高喊口号"处死国王""霍梅尼是我们的领袖"。此后，巴列维国王再次残酷镇压抗议民众，多次制造流血事件。11 月，伊朗资产阶级自由民主派代表人物巴扎尔甘，温和的宗教领袖沙里亚特·马里达与霍梅尼结成推翻巴列维政权的政治联盟；巴扎商人、工人、城市流民、学生等也加入抗议活动中，进而形成了基本包含全部政治势力与社会阶层的广泛的伊斯兰革命运动同盟。12 月 10 日至 11 日，100 多万人走上德黑兰街头抗议，示威者的政治诉求是：拥护霍梅尼为国家领袖，推翻君主制，建立伊斯兰政府。至此，在军队保持中立的情况下，巴列维王朝的寿数基本耗尽。1979 年 1 月 16 日，巴列维国王登上专机流亡国外；2 月 1 日，霍梅尼结束流亡生涯返回德黑兰，数万伊朗民众前往迎接。伊斯兰革命最终以巴列维王朝倒台的形式取得胜利。革命胜利后，霍梅尼以绝对的政治优势推行了一系列伊斯兰化政策，伊朗的世俗政治发展全面停滞，取而代之的是政治、经济、文化、社会等领域的全面伊斯兰化。霍梅尼政府的主要伊斯兰化政策有以下四点：

第一，在政治方面，以伊斯兰政治势力取代世俗的和前朝政治势力。伊斯兰革命胜利后初期，伊朗政坛自由民主派政治势力较为活跃，巴扎尔甘和1980 年当选为总统的萨德尔都接受过西方教育，主张民主政治，限制宗教势力的政治权力。霍梅尼则利用民众对宗教阶层的好感与支持，建立了双重权力机构，将国家主要权力牢牢掌控在伊斯兰政治势力手中。1979 年伊朗宪法经全民投票后颁布，确定了教法学家治国的政治原则。为维护伊斯兰革命成果以及政权的伊斯兰属性，霍梅尼在军队、司法和行政体系中建立了一系列伊斯兰机构，构成了掌控实权的伊斯兰政治网络。[1]在行政体系中，政府官员需要参加伊斯兰方面的考试，以测试他们是否赞同革命并忠于伊斯兰化的国家建设。在司法方面，1982 年 8 月，伊朗最高司法委员会宣布废除 1907 年以来"非伊斯兰"的法律条款，伊斯兰教法及乌莱玛的释义成为唯一的法律

---

[1] Nikki Keddie, *Modern Iran: Roots and Results of Revolution*, Yale University Press, 2003, pp. 241-242.

准则。此外,为整饬政治体系,压制世俗政治势力,伊朗还专门成立了伊斯兰革命法庭。在军队方面,伊朗建立了伊斯兰革命卫队,这支卫队拥有陆海空三军和最先进的武器,与正规军的地位相等,只由最高精神领袖掌控。[①]在部队基层建设中,伊朗还专门设立了宗教意识形态教育机构,向士兵灌输伊斯兰革命思想。

第二,在经济方面,践行霍梅尼的伊斯兰经济思想,夯实政治伊斯兰的经济基础。霍梅尼认为,伊斯兰经济既不同于社会主义经济,也不同于资本主义经济,而属于承认并尊重伊斯兰制度之内的合法私有制和私人资本的"健康经济"。从宗教方面看,真主是万物的所有者,拥有对世间财产和财富绝对的所有权,因此对它们的占有、出售及转让都必须受到伊斯兰教规的限制。此外,霍梅尼还认为,伊斯兰经济中劳动和资本的关系建立在合作的基础上,伊斯兰政府有权干预私有经济。伊斯兰革命胜利后,伊斯兰革命委员会立即把 42 家私人银行收归国有,其中包括 13 家与外国合资的银行;到 1979 年中,36 家国有银行和国有化后的银行重新组成 10 家银行。[②]根据伊朗宪法,国有、合作和私有三个部门构成伊斯兰共和国经济,其中国有部门包括与国家利益有关的所有行业及大企业。此外,霍梅尼领导下的政府还成立了伊玛目救济委员会,负责修筑农村地区的公路、桥梁及灌溉设施,为农民提供医疗、教育等方面的帮助。在经济流通领域,伊朗禁止在消费、投资、生产、分配和社会服务领域的消费,禁止进口奢侈品,崇尚节俭的伊斯兰消费文化。此外,还成立了伊斯兰基金会,负责管理巴列维王朝及与外国关联企业、逃亡者和大企业主的财产。

第三,在文化方面,清除西方声色文化,代之以伊斯兰意识形态。1979 年 7 月 23 日,霍梅尼发表演讲表示:"毒害我们青年的东西之一就是音乐,只需片刻,音乐就会让听者懒散迟钝……音乐和鸦片之间没有区别……如果我们希望有一个独立的国家,我们的电台、电视台就应具有教育性,音乐就必

---

① Sandra Mackey, *The Iranians:Persia,Islam and the Soul of a Nation*, Plume, 1996, p.371.

② Ali Rahnema and Farhad Normani, *The Secular Miracle:Religion,Politics,and Economic Policy in Iran*, Zed Books, 1990, p.241.

须被排除。演奏音乐就是对国家和青年的背叛行为。"①此后,伊朗的广播电台只播放伊斯兰音乐以及革命军乐;政府还关闭了 180 家电影院,播放的电影内容也多为揭露巴列维王朝时期的道德败坏、经济依附、从属西方和政治压迫,宣传自我牺牲、殉道和对革命的忠心。此外,霍梅尼要求伊朗大学全面伊斯兰化,他讲道:"伊朗所有大学应服从于高尚的革命,所有与西方有联系的教授都应肃清,大学应成为学习伊斯兰科学的中心","我们的大学目前处于依赖他人的从属地位,它们是帝国主义的大学,它们所教育和训练的迷恋西方。"② 1980 年 5 月,霍梅尼下令成立"文化革命委员会",负责在高校大规模清洗"非伊斯兰分子"。

第四,在外交方面,彻底推翻巴列维王朝的外交政策,以泛伊斯兰主义为外交实践准则。霍梅尼在外交上提出了"不要东方,不要西方,只要伊斯兰"的主张,梦想建立"世界伊斯兰政府"。③ 1979 年伊斯兰革命成功后,随法基赫政治制度的稳固,霍梅尼和其追随者将"重建乌玛"的国际政治观点应用于外交实践之中,否定现实国际和地区秩序的合法性。霍梅尼宣称:"所有穆斯林都属于一个社团,伊朗伊斯兰共和国有责任把伊朗的总政策置于各伊斯兰民族的联合和团结的基础上,致力于实现世界政治、经济和文化的统一。"④以"输出革命"为指导思想,期许伊斯兰神权政治体制传播到其他伊斯兰国家,甚至是非伊斯兰国家。在世界范围内形成具有"伊斯兰秩序"的"现代乌莱玛体系",成为霍梅尼外交思想的重要特征。然而现代民族国家是世界历史近代以来最高政治权利所有形式,让渡主权并不意味着否定民族国家的自身价值,文明之间的交往也必须建立在独立自主的民族国家形式之上。因此,革命后霍梅尼等革命者所定义的地理意象突出乌莱玛的作用,在现实的国际政治交往中陷入了宗教理想主义的价值窠臼之中。

---

① 冀开运:《试论伊朗现代化过程的特点》,《西南师范大学学报》(人文社会科学版),2002 年第 1 期。

② 王铁铮主编:《世界现代化历程:中东卷》,江苏人民出版社,2010 年,第 172 页。

③ Olivier Roy, *The Failure of Political Islam*, Harvard University Press, 1994, p.175.

④ 唐宝才:《冷战后大国与海湾》,当代世界出版社,2002 年,第 218 页。

三、伊斯兰革命后法基赫政治体制的构建

1979 年 2 月,伊朗民众推翻了巴列维王朝的封建统治,伊朗近现代历史上独一无二的时期随之而来。伊斯兰革命为伊朗带来了广泛的社会和政治变革,但至少在最初时期伊斯兰革命带来的是"国家碎片化"而不是国家构建。1979 年至 1989 年 11 年中,霍梅尼所领导的革命者试图弱化甚至于摧毁与旧政权有关的一切国家体系。[①]此外,伊斯兰革命并没有巩固民主或民众的个人权力,抑或是强化法治原则,而体现出了一种极权主义的特点:霍梅尼作为一名权力神授的领导人,同时享有最高宗教和政治领域权威;一个被霍梅尼建立发展的以法基赫统治体系为核心的意识形态观念;一个为霍梅尼服务的政党——伊斯兰共和党。

然而,从国家政治精英的意识构成看,伊斯兰革命后的伊朗客观上构筑起了多元主义因素。因此,霍梅尼的伊斯兰主义独尊思想与伊朗社会中广泛的社会主义、自由主义及旧政权政治思想之间产生了激烈的冲突,在霍梅尼时期伊朗国内政治形势急剧动荡,政治暗杀事件不断。1980 年 1 月,霍梅尼的支持者与温和派宗教人士领袖沙利亚特·马达里的支持者在库姆发生冲突,马达里的寓所遭到攻击,他的保镖被击中身亡。此后,马达里的支持者占领了电台和一些政府部门,冲突中数百人死亡。激进的人民圣战组织作为反对派对伊斯兰共和党频频进行抨击。在抗议被镇压后,人民圣战组织开始使用暗杀手段攻击伊斯兰共和党。伊朗伊斯兰共和国总统、总理、最高法院院长、总检察长、共和党总书记、武装部队总司令等一批霍梅尼亲信全部丧命于人民圣战组织的暗杀之中。而在政府的清剿行动中,"至 1982 年年底,先后有 1 万多名人民圣战者成员被抓,500 余人被处死"[②]。亲苏的世俗派人民党也遭到政府的清洗,"1983 年,共和国政府以充当苏联间谍、阴谋推翻政府为由,突然逮捕了 1000 余名人民党成员,其中包括 14 名中央委员,多人被

---

① Ali Gheissari and Vali Nasr,*Democracy in Iran History and the Quest for Liberty*,Oxford University Press,2006,p.52.

② 王宇洁:《宗教与国家——当代伊斯兰教什叶派研究》,社会科学文献出版社,2012 年。

处决"①。但是伊斯兰革命的狂热性与伊斯兰主义的本土性还是使伊朗成功地建立起了独特的国家政治体制。

伊朗的最高精神领袖权力基础为法基赫统治体制。最高精神领袖对伊朗伊斯兰共和国的一切事物拥有最高决策权。1979 年伊朗伊斯兰共和国的宪法草案确立了最高精神领袖的位置。最高精神领袖具有宣布战争、动员军队，以及解除国家高级领导人的权力。其中高级领导人包括：司法系统领导人、国家广播及电视行业领导人、伊朗伊斯兰革命卫队最高指挥官、伊朗军队及安全部门最高指挥官，以及监护人委员会中的教法学家。最高精神领袖还能认命或免除宗教监督机构的首脑。

"宗教监督机构由：监护人委员会、专家委员会、应急委员会、最高精神领袖代表办公室、星期五祷告领导人协会，以及宗教特别法庭组成。它们被认为是最高精神领袖权力的延伸。"②监护人委员会由 12 名法学家组成，包括 6 名教士和 6 名非教士。6 名教士成员由精英教士阶层挑选出来并由最高精神领袖任命。6 名非教士成员由司法系统首脑推荐并由议会认命。监护人委员会依据与沙里亚法的兼容性，决定议会提交的法案是否通过。它也负责监督总统和议会是否有资格行使权力。监护人委员会是议会、专家委员会及总统选举的最高监督机构。它将决定谁可以成为议会或总统选举的候选人。专家委员会由 86 名教士组成，并由伊朗人民每 8 年选举一次。然而专家委员会要首先确认候选人的身份。专家委员会从教士阶层中选举最高精神领袖，如果最高精神领袖不能履行其责任，专家委员会有权将其罢免，但罢免的情况并没有发生过。

应急委员会成立于 1988 年，扮演议会和监护人委员会二者之间调停者的角色，并负责劝告最高精神领袖。应急委员会由 31 名成员组成，他们来自伊朗政治精英群体，由最高精神领袖任命。最高精神领袖的代表人可以在国家、民间和军队体系中找到。在军队中，代表人拥有其独立的办公机构，即思

① 王宇洁：《宗教与国家——当代伊斯兰教什叶派研究》，社会科学文献出版社，2012 年。

② Ali Gheissari and Vali Nasr, *Democracy in Iran History and the Quest for Liberty*, Oxford University Press, 2006, p.52.

想意识与政治处。在大学中,最高精神领袖的代表人也可以干涉教授课程的内容并且控制入学学生的构成情况。具有同样重要地位的还有星期五祷告领导人,他们由最高精神领袖认命。政府提供给他们所需的预算,并且不涉及星期五祷告的内容。星期五祷告为伊朗保守派精英提供强大的宣传讲坛。星期五祷告中对重大政治问题尤其是对外交政策问题所设置的语境具有极大影响力。宗教特别法庭是与法律系统具有平行功能的另一个体系,其创立于两伊战争期间。宗教特别法庭负责起诉持不同政见的教士,这些教士所阐释的伊斯兰教理念破坏了国家官方的思想意识形态。宗教特别法庭是政权的重要权力体系之一,它负责保卫使教士团结一致的思想意识形态。宗教基金会控制大部分经济领域,并且受委托保卫伊朗伊斯兰共和国的伊斯兰和革命原则。同时,宗教基金会要求慈善机构为低收入群体、家庭、殉道者、从前的战争犯、农村居民、缺乏保护的家庭,以及残疾人提供金融援助。

四、霍梅尼时期伊朗政治流变的意义及影响

伊朗伊斯兰共和国的混合政体是伊斯兰政治思想与宪政制度相结合的政权形式,应该说是当代伊斯兰政治与资本主义民主政治相结合的一种尝试。这种神权政体模式已经建立30余年,其间虽有变化,但仍是一种独具特色的政体模式。

从伊朗整体政治进程考量,伊斯兰革命所建立的伊朗伊斯兰共和国具有历史上的进步性,其摧毁了专制君主制的巴列维王朝,根除了伊朗高原上由来已久的君主制政体,将伊朗人民带入共和时代。此外,伊朗伊斯兰共和国建立后所执行的外交政策驱除了美国及其他西方势力对伊朗政治发展的影响,开始踏上独立自主的政治实践之路,有助于本土政治文化的激发及民众政治参与性的加强,为伊朗政治的自主变革打下较为坚实的基础。这也是为什么伊朗多年受西方制裁,经济绩效弱于其他中东共和及君主制国家,但在中东剧变中政治体制保持稳定的原因。因此,从伊朗本身的政治发展阶段历程分析,伊朗伊斯兰共和国的建立推动了伊朗政治发展的历史潮流。

从伊朗政治实践方式考察,伊朗伊斯兰共和国的混合威权政体是一种

伊斯兰复兴主义与现代伊斯兰主义结合的实践方式，在现阶段基本完成了伊朗政治发展的阶段性目标。伊朗伊斯兰共和国政教合一的神权政体伴随伊朗现代化社会一同发展。在世界政治现代化大潮中，伊朗宗教领导人建立的这种法基赫制的政教合一的神权政体模式，是一种尝试性的实验，是伊朗宗教领导人进行的政治现代化改革。在伊朗，宗教不仅是社会的精神力量，而且是社会的革命力量。正是由于宗教的号召力，才使伊朗人民在宗教领袖的领导下，推翻封建王朝，建立了共和国。正是宗教领袖在不摈弃现代化的同时，强调伊斯兰主义，才建立了一种新型的"法基赫"政治体制，这是伊朗宗教领袖在政治现代化改革中的一个突破。

从伊朗现有政治体制及结构要素考察，伊朗的法基赫体制仍存在根本的结构矛盾。在国家政治意识形态上执行伊斯兰主义，但在政治行为结构上采取三权分立的政治原则，从本质上讲就是宗教主义与现代政治体制间的内在冲突构成了伊朗伊斯兰共和国政治的结构性矛盾，并可能在未来阶段性政治转型升级中产生深刻的影响。在西方经典政治学理论中，世俗化是政治现代化的先决条件，即社会之政治、经济、法律道德不断彼此脱离，宗教与国家政治不断二元分离的过程。[①]伊斯兰政府以7世纪末的原旨精神来治理迅猛发展的信息时代的国家和社会，是一种有相当局限性的战略目标和任务。正因如此，伊斯兰共和国建立至今，伊朗统治集团仍在不断地进行着调整和改革。由于伊朗宗教领袖哈梅内伊坚持伊斯兰化，并以神权统治为基础，束缚一些新的社会变革趋势，反对实行西方式的民主和自由政治，对政治改革持十分谨慎的态度，所以伊朗宗教集团内部的保守派、务实派、改革派等政治势力持续较量，执政联盟中改革派和保守派之间的互动与博弈决定伊朗政治现代化的发展进程。

总而言之，伊朗伊斯兰共和国政教合一的神权政体是在世界现代化发展中建立的一种独特的政治体制。在国际社会发展到冷战之后，政治现代化已成为不可逆转的潮流，伊朗坚持政教合一的神权政体，是保持本国特色、进行自己独特的政治现代化的一种作法。但由于世界格局正向多极化发展，国

---

① 刘靖华、东方晓：《现代政治与伊斯兰教》，社会科学文献出版社，2000年，第89页。

际社会经济一体化和多元化趋势明显,民主化浪潮波涛拍岸,自身政治经济形势的窘境迫使伊朗开始改变其政策,努力将自己的经济体系置于世界经济体系之中,伊朗政教合一的神权政体将随现代化世界而调整变化和适应完善。

第五节　后霍梅尼时期与伊朗政治变迁: 从全面伊斯兰化到政治一元开放

霍梅尼离世后的伊朗政治告别了奇理斯玛威权统治时代,迈向政治一元多向的发展轨道。与此前宗教势力掌权不同,更与阿拉伯剧变后穆兄会执政相异的是,霍梅尼离世后的伊朗法基赫政治制度体现了国家治理的适应性与发展性,没有陷于伊斯兰治国的保守落后的窠臼之中。事实上,政治发展的核心议题应该是坚持权力集中和治理主体多元的思想。后霍梅尼时代恰恰是最高精神领袖及保守派政治势力坚持国家的政治发展原则,在这一原则框架下,伊朗其他政治势力的分化重组速度与力度不逊于西方国家。以总统为首的行政人员经民众选举,在政治参与和动员方面将社会各种政治倾向汇聚到一起,保证了伊斯兰共和国政权合法性的基础较为坚实。此外,随时间的发展,伊朗的温和务实派政治势力成为重要的力量,他们的政治思想也成为国家的政治发展方向。政治一元开放的政治发展路径才能保证伊朗政治较为平稳的发展,才能融聚政治发展包容性的原生力量。

一、霍梅尼离世与宪法修订对伊朗政治发展的影响

霍梅尼时期,伊朗在内政方面全面建立了伊斯兰政治制度;在外交方面则高举伊斯兰主义大旗,对外输出革命,饱受国际社会的孤立之苦。重精神而轻物质国家政治生活,没能理顺经济发展走向,而是使经济结构毁坏殆尽。加之连续 8 年的两伊战争与国际社会的制裁,伊朗经济已近崩溃的边缘。至 1988 年,伊朗工业经历了连续六年的负增长;1990 年实际出口与人均消费

总量甚至低于 1977 年的水平。此外,战争使得伊朗人口向东北部大城市迁移,城市化进程的加快不得不面临经济持续跌落的窘境。"迅速的人口增长和城市化产生了高失业率,在 1988 年失业率达到 30%。"[1]相当疲软的私营部门无力提供更多的工作岗位以吸引剩余的劳动力。政府在整个 20 世纪80 年代都在解决为公共部门提供就业的问题,到 1988 年只解决了三分之一的工作。

"与此同时,石油收入急剧下降,石油收入从 20 世纪 70 年代占整个国内生产总值的 30%~40%下降到 80 年代只占 9%~17%;在石油价格急剧衰退之时,伊朗的石油产量也从每天 560 万桶下降到 220 万桶。"[2]至 1989 年,由于战争的影响、国际社会地位的孤立、经济制裁、人口的增长,以及石油减产,伊朗国家经济遭遇了 23%的高通货膨胀率。[3]另外,公共部门数量与职能的增长并没能根除贫困,虽然对私营部门的抑制使不平等收入减少,但是从生活标准上来看,尤其是城市中贫困人群的生活标准并没有实质上的改善。通货膨胀与失业持续地破坏着伊斯兰共和国的政治根基,民众及国内政治派别极为需要统治者做出改变。

伊朗 1989 年宪法修订虽然在霍梅尼离世之后完成,但事实上霍梅尼生前一直指导着宪法修订工作,没有霍梅尼的支持修宪工作不可能启动。[4]1988 年 12 月至 1989 年 4 月,先后有总统哈梅内伊等政治宗教人士,以及170 名议员向霍梅尼提议修改宪法。[5]1989 年 4 月 24 日,霍梅尼授意总统哈梅内伊成立宪法修订委员会,对 1979 年宪法中的缺陷加以弥补。此后,霍梅

---

[1] Jahangir Amuzegar, *Iran's Economy under the Islamic Republic*, *Foreign Affairs*, August 1994, pp. 64–65.

[2] Eva Patricia rakel, *The Iranian Political elite, state and society relations, and foreign relations since the Islamic revolution*, p.132.

[3] Eva Patricia rakel, *The Iranian Political elite, state and society relations, and foreign relations since the Islamic revolution*, p.132.

[4] Daniel Brumberg, *Reinventing Khomeini: The Struggle for Reform in Iran*, University of Chicago Press 2001, p.146.

[5] Henner Furting, *Iran: The 'Second Islamic Republic'?*, *Journal of South Asian and Middle Eastern Studies*, Vol.XX, No.3, Spring 1997.

尼虽然离世,但宪法修订委员会一直按照他的指导原则予以实行。总体而言,1989 年宪法是对 1979 年伊斯兰宪法的必要修补,基本解决了 1979 年宪法随时代发展所暴露出的问题,并对缺漏之处予以完善。主要体现在以下三点:

第一,1989 年的宪法修订再次重申了伊朗的伊斯兰主义政治发展原则,遵循了霍梅尼政治发展理念,肯定了伊斯兰革命的成果。1979 年伊斯兰革命后,最能体现伊朗政治伊斯兰性质的便是教法学家治国和最高精神领袖的设立。1989 年宪法中,再次对以上原则加以重申,并进行略微调整。1989 年宪法第五条规定,"在伊玛目马赫迪隐遁时期,伊朗伊斯兰共和国国家的最高领导权由公正的、虔诚敬主的、通达世事的、勇敢的和具有真知灼见的教法学家权威,根据宪法第 107 条担任这一职务"。此外,伊朗最高精神领袖的职权也得以增强,包括确定伊朗伊斯兰共和国的总方针、监督国家总政策的良好执行、下达全民公决的命令、担任武装部队统帅、任免伊朗伊斯兰共和国广播电视局局长、任免保安部队最高指挥官、解决三军之间的分歧等。[①]

第二,1989 年的宪法修订对伊朗的政治结构加以整合,明确了政治运行流程,增强了政府的国家治理效能。首先,1989 年宪法对权力制衡加以明确,第五十七条规定,"统管伊朗伊斯兰共和国的最主要权力机构包括立法、行政和司法三权机构,它们之间相互独立。立法机关的工作主要由伊斯兰议会进行,议会所通过的议案在执行之间需交由行政和司法机关执行"。其次,新宪法取消了总理职务,提升了共和国总统的权力,对行政机构的领导权加以整合,避免了令出多门的行政掣肘。宪法第一百二十四条规定,"总统可以任命几名副总统,第一副总统在总统的同意下可以处理部长会议的事务和协调其他副总统的工作"。第一百三十四条则规定,"部长会议主席由总统担任,总统负责监督各部长的工作,可以采取必要措施协调各部长或帮助部长会议做出决策,在部长们的配合下确定政府的规划和路线。如遇发生分歧的情况,总统所提议的决策部长会议必须执行"。

第三,1989 年的宪法修订对 1979 年宪法中没能设计的政治继承制度化的重大缺陷加以弥补,为伊朗政治发展的代系轮转确定了明确的流程。新宪

---

① 蒋真:《后霍梅尼时代伊朗政治发展研究》,人民出版社,2014 年,第 116 页。

法第一百一十一条规定，"在最高精神领袖没有能力履行自己的职责，或缺少宪法第五章第一百零九条所规定的某一条件，或一开始便缺少某些条件，在这种情况下将被罢免。对于是否罢免领袖，由选举领袖委员会加以甄别考量。在领袖逝世、辞职或被罢免的情况下，专家委员会负责在最短的时间内确定和推荐新的领袖，在此之前，最高精神领袖的职权暂由共和国总统、司法院院长，以及一名由确定国家利益委员会选出的宪法监护委员会成员组成的委员会承担。在此期间，如以上三人中有一人以任何理由不能履行自己的职责的话，确定国家利益委员会将会选举一人，此人在宪法监护委员会中大多数教法学家投票赞同的情况下，将接任空缺职务"。此外，对于总统的更迭问题，1989 年宪法第一百三十一条规定，"在总统逝世、辞职或生病超过两个月的情况下，或总统任期已结束但新一任总统因各种原因而没有选出的情况下，第一副总统经最高精神领袖同意可以行使总统职权。由议长、司法院院长和第一副总统组成的委员会须在五十天内选举出新一任总统。在第一副总统逝世，或第一副总统空缺，或其他情况而无法履职时，最高精神领袖可以任命另一个人代理总统职务"[①]。

二、拉夫桑贾尼时期的政治权力整合与派系重组

霍梅尼离世后，哈梅内伊当选为伊朗最高精神领袖。随后，哈梅内伊任命时任伊斯兰议会议长的拉夫桑贾尼为共和国总统。事实上，哈梅内伊和拉夫桑贾尼均没有特别显赫的宗教身份，但是在 1979 年到 1989 年期间获得了丰富的管理政府事务的经验。这一情况为伊朗政治由偏重伊斯兰宗教意识形态向解决实际问题的务实原则转变。正如有专家表示，后霍梅尼时代的伊朗政坛上，什叶派宗教领袖已不再是执牛耳者，宗教权威人士也将统治权力让位于戴着头巾的政治活动家。[②]此外，霍梅尼离世后哈梅内伊–拉夫桑贾

---

①　蒋真：《后霍梅尼时代伊朗政治发展研究》，人民出版社，2014 年，第 112~113 页。

②　Ali Gheissari and Vali Nasr, *Democracy in Iran History and the Quest for Liberty*, Oxford University Press, 2006, p.108.

尼的权力组成是映射伊朗伊斯兰政治发展道路的重要时期，奇理斯玛式光环不在的最高精神领袖还能否发挥决定性的政治作用，领袖与总统之间的权力整合能否完成，成了拉夫桑贾尼时期伊朗政治发展的重大命题。

拉夫桑贾尼上任之初的首要任务，便是国家经济重建，推行经济改革政策。经济基础的改变也使阶级之间的力量对比发生了变化，反向促进了国内政治的发展。拉夫桑贾尼时期中产阶级完成了经济复兴，这对政治、社会和文化造成了极大的影响。私营部门的发展，加强了教育，强化了管理人员的能力与技能水平，并且在社会基础设施上的投资拓宽了中产阶级的规模与职能。同时，政府放松了对社会的紧紧束缚，文化领域获得了较大开放，放松审查制度并且执行着装和个人行为的要求在一定程度上松懈了。自 1989 年以后伊斯兰共和国所增加的中产阶级的政治力量，使伊朗政治与社会出现了两极分化。20 世纪 80 年代，伊朗的乌莱玛们依靠清真寺网络和他们的祈祷引领并控制人们进行政治领域的探讨。然而这些举措不能涵纳到中产阶级的政治领域，中产阶级地位的上升使他们追求国家新的文化和政治需求，不能融入革命体系之中。保守的教士精英们则在政治、社会及文化领域抗拒这些改变。"保守派的报纸如《世界报》经常攻击中产阶级所领导的文化变革为'入侵'与'帝国主义密谋'反对伊斯兰共和国的标志。"[①]在保守派与中产阶级的争论中，人民更多地站到了中产阶级一边，因为意识形态的陈词滥调抵不过中产阶级私营企业所带来的就业机会。

同时，中产阶级的政治参与产生了较大的公民社会活力，使得拉夫桑贾尼执政后期伊斯兰共和国变得更加开放。国家政治像监控公共活动一样监控私人行为的手段给中产阶级带来了极大地困扰，这使中产阶级的反抗意识更加明显。伊朗伊斯兰共和国的成立没有战胜也没有消除世俗的社会阶层，只是暂时剥夺了中产阶级的力量，压制他们的声音，并在政治上将其边缘化。在霍梅尼时期，经济危机和孤立问题束缚着这个国家。霍梅尼之后，依附于实用主义的政治决策逐渐取代思想意识形态的政策，世俗化的中产阶级

---

① Ali Gheissari and Vali Nasr, *Democracy in Iran History and the Quest for Liberty*, Oxford University Press, 2006, pp.123–125.

及他们支持的价值观念已经走向了政治异议的前台。"经济增长需要,并且授权世俗化的伊朗中产阶级成为彻底突破过去国家观念的先锋力量。"[①]这种力量使伊朗人民逐渐摒弃了孤立的外交政策与宗教的国内体系,力保哈塔米成功当选总统。

总体而言,哈梅内伊与拉夫桑贾尼上任之初的合作较为顺畅,被誉为"骑着双人自行车"的政治模式。拉夫桑贾尼负责经济重建和外交事务,哈梅内伊则对道义和精神问题、伊朗与伊斯兰运动的关系等进行指导。[②]然而哈梅内伊与拉夫桑贾尼之间在后期产生了诸多矛盾,最根本的原因是伊朗政治体制造成的。在法基赫体制下,最高精神领袖是当之无愧的国家最高领导人,且具有毋庸置疑的伊斯兰政治属性,与保守派力量之间存在着千丝万缕的联系。拉夫桑贾尼时期一系列经济改革不可避免地触碰了保守派的利益,甚至与伊斯兰意识形态及霍梅尼思想相抵触,自然引发了政治博弈。在这一过程中,哈梅内伊以胜利告终,巩固了自身的政治地位,将伊朗政治权力重新整合为最高精神领袖–总统的顺序模式。

政治思想的争论是产生政治博弈的主要原因,而多元政治思想与政治博弈愈演愈烈必然催发政治派别的分化重组。对于伊朗而言,霍梅尼离世时政坛大致分为保守派和激进派两股政治势力,前者主张持保守和务实的国家发展道路,反对输出革命,认为私有财产神圣不可侵犯,反对政府向私有部门征税等;后者则主张输出革命,支持由国家公平地进行财富分配。[③]哈梅内伊与拉夫桑贾尼均可视为保守派阵营的成员。随着霍梅尼离世后伊朗政治路线的尖锐斗争,保守派对激进派频频打压,激进派中分裂出了新激进派,该派主张政治多元化、提倡共和政治,反对政治集权。拉夫桑贾尼的改革计划推行后,对巴扎商人进行打击,并且执行开明的社会文化政策,都使得保守派的政治利益受到损失,从而触动了倚靠保守派支持的哈梅内伊的政治权威。最终,在1996年的第五届议会选举中,拉夫桑贾尼与新激进派结

①　Ali Gheissari and Vali Nasr, *Democracy in Iran History and the Quest for Liberty*, Oxford University Press, 2006, pp.123–125.

②　王铁铮主编:《世界现代化历程·中东卷》,江苏人民出版社,2010年,第189页。

③　蒋真:《后霍梅尼时代伊朗政治发展研究》,人民出版社,2014年,第157~159页。

盟,传统保守派分裂出了新保守派阵营。

三、哈塔米时期伊斯兰式民主政治的实践

拉夫桑贾尼之后,哈塔米开启了开明改革。1997 年 5 月 23 日,务实派候选人、开明宗教人士哈塔米当选伊朗总统,被称为伊朗的"第二次革命"。哈塔米当选总统后,为伊朗确定了改革的新方向,采取更加灵活的态度,调整和放宽既定的方针政策,修改现行的法律章程,制定新的方针政策。[1]哈塔米作为伊朗什叶派政治思维的现代主义代表,主张在对伊斯兰文明充分理解的基础之上,寻求伊斯兰文明下的政治发展道路,并相信伊朗完全可以建立具有自身特色的伊斯兰民主政治。[2]

首先,哈塔米坚持神权统治,并组成具有务实精神的内阁。哈塔米主张神权统治,但人民对神权统治可以自由发表看法,使之更加完善。其建立一个以专家为主的内阁,任命了伊朗历史上第一位女副总统;妇女既可以投票,也可以竞选公职。妇女的服饰也发生变化;伊朗妇女地位较霍梅尼时期有所上升,有了更多参加社会活动的自由。[3]哈塔米要求政府官员勤政廉洁,树立新政府官员的公仆形象,其威信大大提高。实行法治,维护宪法赋予人民的权利,进一步放松对政治和社会生活的限制,伊朗人民的生活环境有了明显改善。哈塔米以宪法为依据,反对武装力量干预政治和参加派系斗争。1988 年 12 月,伊朗国内政治开放党禁,实行伊斯兰多党制,伊朗政治气氛空前活跃。

其次,哈塔米开始了步履维艰的经济改革。伊朗经济发展坎坷,虽经多年整顿和重建有所恢复和发展,但前政府在经济建设中贪多图快的做法,在加强伊朗经济基础的同时,也造成了资金和原材料缺乏,国家的资金周转困

---

① 陈德成主编:《中东政治现代化——理论与历史经验的探索》,社会科学文献出版社,2000 年,第 395~397 页。

② 王铁铮主编:《全球化与当代中东社会思潮》,人民出版社,2013 年,第 178 页。

③ Mahjoob Zweiri and Anoushiravan Enteshami, *Iran and the Rise of Neoconsevation: The Politics of Tehran's Silent Revolution*, I. B. Tauris, 2007, p.17.

难,减缓了国家的经济发展速度。在哈塔米执政的前两年,"经济增长率实际上已下降到 1%;工业投资减少 40%;失业率可能接近 20%;在经济好转之前,里亚尔曾经贬值到 8000 里亚尔兑 1 美元;伊朗已经没有能力偿还外债"[①]。哈塔米面对巨大阻力和压力,开始进行经济改革,提倡厉行增产节约。根据石油收入锐减的实际情况,修改政府年度预算,争取财政收支平衡。加速私有化进程,调整外汇和汇率政策,以吸引外资和鼓励出口。重视发展农业,争取主要农产品的自给。1998 年 8 月,哈塔米提出了"经济复兴计划",呼吁关注当前的法律规定,改善经济条件,注意经济领域的透明度,建立公民社会的有效制度。

最后,哈塔米努力改变伊朗的国际处境,充分发挥伊朗作为地区大国在国际社会中的作用,并提出了"文明对话"的外交理念。哈塔米当选后,不断地调整它对东方和西方的政策,积极改善与波斯湾国家的关系,推进与伊斯兰世界的合作,打破外交孤立的局面,使伊朗重返国际舞台,有了一个良好的周边环境。伊朗同西方大国的关系有所改善,结束与欧盟的外交危机,着手尝试与美国重新接近。总体而言,哈塔米的外交理念包括务实主义的内容,却未能摆脱革命色彩。其提出,伊朗既不会干涉他国内政,也不希望任何国家干涉伊朗内部事务,但保卫世界上的"受压迫者"和"寻求自由的国家"是伊朗伊斯兰革命的义务,尤其是巴勒斯坦。[②]

然而哈塔米虽然努力进行各项改革,但其权力有限。伊朗的最高领导人是宗教领袖,议会、司法、武装力量、保安和情报部门等都掌握在保守派手中、保守派为巩固自己的统治地位和限制温和派力量的增长,同哈塔米及其温和派之间的斗争越来越激烈,致使改革步伐缓慢,社会矛盾日益激化,民众要求改革的呼声高涨。伊斯兰革命 20 年后,由于人口结构发生重大变化(2/3 人口在 25 岁以下),年轻人成为社会中一股不容忽视的力量,他们强烈要求实行改革。1999 年 7 月 7 日,伊朗议会通过一项新的新闻法案,限制新闻,同时查封了温和派报纸,由此引发自 1979 年伊斯兰革命以来最大的学

---

① [美]埃尔顿·丹尼尔:《伊朗史》,李铁匠译,中国出版集团东方出版中心,2010 年,第 247 页。

② 王铁铮主编:《全球化与当代中东社会思潮》,人民出版社,2013 年,第 199 页。

生运动。7 月 8 日德黑兰大学学生举行抗议集会,学生的示威活动迅速波及其他大城市。学生们提出包括新闻自由等 14 项要求,遭到警察的暴力袭击。此次学生运动给伊朗社会增加新的不稳定因素,使伊朗政治斗争形势日趋复杂化,但它说明伊朗的变革之势不可逆转,也在深层次的社会基础上凝聚了推动伊朗历史向前发展的重要力量。

四、内贾德时期平民政治实践与领导权之争

2005 年开始,内贾德开启了平民政治进程。2005 年,在伊朗第九届总统选举中,内贾德以 61.7%的得票率胜出,成为伊朗总统。内贾德的成功当选得益于其亲民、惠民的执政方针,同时其本人具有保守主义立场,得到了最高精神领袖哈梅内伊的鼎力支持。对于内贾德的上台,许多政治观察家认为,这是因为在拉夫桑加尼和哈塔米时期,政府改革的受益者大多是中产阶级,不管是伊斯兰民主政治的实践,还是私有化改革,都与底层人民关系不大。在伊斯兰政府的多年改革中,底层人民意志是被忽视的群体,而内贾德的亲民形象以及"将石油收益摆在老百姓的饭桌上"[1]的竞选口号,反映了伊朗底层人民的呼声。此外,拉夫桑贾尼和哈塔米的改革在扩大社会动员上取得的成功,在一定程度上为伊朗人民的民主选择创造了环境。[2]内贾德执政时期的伊朗政治较为保守,在社会领域推行伊斯兰化政策,要求政府公务人员蓄须着长服,男女之间完全划清界限。在利益分配领域,内贾德开展了以"公平"为主线的平民政治,在利益分配方面,进行社会财政的补贴改革以求实现社会公正,同时深化了伊朗的私有化改革并分发公正股份。

在社会利益分配上,内贾德推行社会补贴改革。内贾德认为,前几任政府对基础设施投入过多,利益分配倾向于中产阶级,因而这是不公平的。其主张关心欠发达地区和贫民的利益,认为人们应当在伊朗高额的石油收入

---

[1] Sami Moubaed, Iran and the Art of Crisis Management, Asia Times, January 19, 2006, http://www.atimes.com/atimes/Middle_East/HA19Ak03.html.

[2] 蒋真:《后霍梅尼时代伊朗政治发展研究》,人民出版社,2014 年,第 224 页。

中获益,而且是在短期内就应当获益。①补贴政策长期以来被认为是一项惠民政策,政府通过对产品进行价格补贴,人为地压低价格。2005 年,政府预算中人民生活补贴总额为 189 亿美元,其中面粉补贴为 21.6 亿美元,药品与奶粉补贴为 8.75 亿美元,大学补贴为 25 亿美元。据国际货币基金组织统计,2008 年至 2009 年,伊朗各项补贴占政府开支的 28%。②然而随着世界油价的波动及对社会补贴政策的反思, 内贾德逐渐认识到高额的补贴政策一方面浪费了国家资源,影响到国家的经济现代化,另一方面能源补贴只能让有钱人受益,穷人不能从中受益。此后,为实现社会公正,内贾德政府提出有目标地实行政府补贴改革计划,并于 2010 年 1 月 5 日伊朗议会通过了"针对性补贴改革"议案,对社会补贴政策做出重大修改。然而如补贴的数量如何计算和支付、多长时间支付一次等有关改革的详细问题在改革文件中并没有规定。最终,社会补贴改革的结果不仅是补贴的成本超过了预期,没有实现给政府减负的目标,反而在国内引起价格上涨和通货膨胀,国内底层民众的生活没有获得根本性好转。

内贾德还实行了进一步的私有化改革。正如国外学者所言:"政府干预有两种形式:一是政府扮演最大的雇主,二是管控私营部门就业。在伊朗,两种形式的干预都存在。"③为提高国家竞争力,吸引国内外投资,建立一个健康、高效和透明的金融机制,内贾德延续了拉夫桑贾尼和哈塔米时期的私有化政策,并做出了一系列改革。为实现社会公正,内贾德政府主张进一步推进私有化改革,并将私有化后收益的 40%股份以极大的折扣分配给穷人,这些股份被称为"公正股份",城市低收入者和农村地区及游牧民在领取公正股份时将具有优先权。据称,有约 2000 个国有企业将被私有化,基金达到1000 亿美元至 4000 亿美元,在第一阶段,公正股份分给了 460 万符合条件

---

① 蒋真:《后霍梅尼时代伊朗政治发展研究》,人民出版社,2014 年,第 237 页。

② 田文林:《内贾德"撒钱"式的惠民有弊端》,《世界知识》,2009 年第 17 期。

③ [英]霍马·卡图简、[美]侯赛因·沙西迪编著:《21 世纪的伊朗——政治、经济与冲突》,李凤、袁敬娜、何克勇译,江苏人民出版社,2014 年,第 332 页。

的人,价值达 23 亿美元。①从 2005 年到 2010 年,伊朗共实现私有化的国有企业达到 604 个。2005 年 3 月到 2006 年 3 月,伊朗私有化的收益为 7.6 亿美元,2006 年 3 月到 2007 年 3 月私有化收益为 25.39 亿美元,2007 年到 2008 年私有化收益达 249.94 亿美元,从 2005 年 3 月到 2011 年 3 月,伊朗私有化总收益为 827.7 亿美元。

虽然内贾德在任期内始终打着亲民、勤政和节俭的标签,但在伊朗政坛中的地位却与日俱降,最终在任期末尾面临着议会选举失利的"瘸腿政治"局面。主要原因有以下几点:其一,内贾德时期伊朗的经济受制裁和国内政策不利的影响,出现了较为严重的困境。内贾德的民众补贴政策将"暗补"改为"明补",违背了经济运行规律,导致国内通货膨胀严重,引起民众强烈不满,逐渐失去民心。其二,内贾德没有处理好与最高精神领袖哈梅内伊的关系。事实上,自 2005 年内贾德上台以来,他与哈梅内伊的关系便一直在走下坡路,原因是虽然内贾德属于保守派阵营,但他权力根基浅薄,一直想借哈梅内伊的信任安插党羽,扩充自己的政治影响,对哈梅内伊的权力形成了挑战。此外,伊朗的政治派系盘根错节,内贾德的改革触及了多方利益,成为原本较为平衡的伊朗政坛的动荡因素,招致各方不满。2009 年在内贾德第二任期的总统选举中,哈梅内伊虽然力排众议支持内贾德荣膺总统,但归根结底是以内贾德为棋子抵制改革派势力的上台。②内贾德没有认清事实,而是继续我行我素。在任免伊朗情报部长穆斯利希提的问题时与哈梅内伊产生直接冲突,并且以在家"罢工"11 天的方式向哈梅内伊抗议。最终结果是内贾德在保守派所掌控的议会中备受压力,在 2012 年 3 月 14 日,伊斯兰议会就经济治理不善及抵制哈梅内伊等问题对内贾德提出质疑,这也是 1979 年伊斯兰革命以来议会首次要求国家元首接受质疑。其三,内贾德在政治问题上有任人唯亲、裙带任命的软肋。2005 年至 2008 年,内贾德的长兄被任命为总统

① Nader Habibi,The Economic Legacy of Mahmoud Ahmadinejad,Middle East Brief,No.74,June 2013,p.3——转引自蒋真:《后霍梅尼时代伊朗政治发展研究》,人民出版社,2014 年,第 241 页。

② A. Savyon and Yossi Mansharof,Renewed Power Struggle in Iran as the Presidential Elections Approach:Ahmadinejad's Revolutionary-Messianic Faction VS. Rafsanjani-Reformist Alliance,*The Middle East Media Research Institute Inquiry and Analysis Series*,No.488,February 25,2009.

的首席巡视员①；他的姐姐供职于总统办公室的妇女中心，他的侄子则担任矿产和工业部部长，他的姐夫被任命为内阁成员②，甚至内贾德的岳父也差点被任命为第一副总统，但由于哈梅内伊的反对而没能如愿。对于没有什么政治根基的内贾德而言，无疑引得其他政治势力警惕而对其进行打压。总而言之，在伊朗的政治体制之下，最高精神领袖哈梅内伊的权威不可侵犯更无法动摇，内贾德与哈梅内伊的权力之争最终以领袖的完胜而收尾。

五、鲁哈尼时期温和保守成为伊朗政治发展方向

鲁哈尼上台以来，调整执政政策，进行温和改革。2013 年 6 月 15 日，哈桑·鲁哈尼在总统大选中获得 50.7%的选票，以压倒性优势当选第 11 届伊朗总统，并于 8 月 4 日正式就职。内贾德执政的第二任期中，伊朗政治派系斗争加剧，一方面是改革派被边缘化，另一方面是保守派自身内讧不断，严重损害了统治集团内部团结。加之伊朗受到美国制裁，国际环境恶化，伊朗需要一位能弥合分歧、突破外交困境的新领导人。鲁哈尼的当选顺应了伊朗社会民意，带来了一阵温和、变革之风，显示出伊朗统治集团内部调整内政外交的前景。③

在伊朗国内政治方面，鲁哈尼主张弥合分歧，兼容并蓄，尊重人权、女权及族权。他反对审查制度，曾在采访中表示，一个强大的政府并不意味着政府必须干涉人们的私生活，也曾在推特上发布消息称，网络审查不能掩盖真实情况，像国家广播公司这样的机构没有报道一些重要问题。④此外，鲁哈尼在接受采访时还表示，要尽最大努力改善 2009 年大选骚乱后被软禁的改革

① Marya Hannun, Wait, Mahmoud Ahmadinejad's Brother is Running for President of Iran?, *Foreign Policy*, May 14, 2013.

② Michael Rubin, Ali Alfoneh, Iran Presidential Election Round Up, *National Review*, May 10, 2009, http://www.nationalreview.com/corner/181567/iran-presidential-election-round/michael-rubin.

③ 秦天：《伊朗新任总统哈桑·鲁哈尼》，《国际研究参考》，2013 年第 9 期。

④ Iran's New President: Smoother Operator, *The Economist*, August 3, 2013, http://www.economist.com/news/middle-east-and-africa/21582567-hassan-rohani-strikes-liberal-tone-he-ascends-presidency-smoother.

派领袖穆萨维、卡鲁比等人的生活状况。在妇女及民族问题上,鲁哈尼认同男女平等,反对以伊斯兰名义压迫妇女,并称俾路支、阿拉伯等少数民族应享受与主体民族同等待遇,应由人民决定使用方言的合法性。

在经济方面,鲁哈尼呼吁伊朗进一步推进经济改革和开放,同时表示伊朗无法在孤立中获得可持续发展。他主张提高生产力、扩大就业、降低通胀及改革补贴政策;营造良好的经济环境以吸引中长期投资,改革银行体系,使补贴更有针对性地促进生产,改善民生;减少政府干预,发展私营部门,给予企业团体更多自主性。2015年1月4日,鲁哈尼在伊朗首都德黑兰举行的经济会议开幕式上致辞说,外国投资人的进入不是对国家的威胁,也不会损害国家的独立性。他表示,强硬保守派持有的看法已经过时。开放并不意味着放弃国家的信念和原则。同时,鲁哈尼表示,伊朗将鼓励民间参与经济建设,"国有经济不是经济复苏的良方"①。鲁哈尼上台以来,伊朗的经济得到较为明显的好转。2014年9月,鲁哈尼在伊朗东北部城市马什哈德考察时宣布,伊朗已经成功抑制经济衰退,2014年,鲁哈尼政府已经将通货膨胀率控制在25%以内,比前一年同期降低了20个百分点。②

在外交方面,鲁哈尼主张缓和同外部世界的关系,减轻伊朗自身压力。自上台伊始,鲁哈尼便打算缓和西方制裁对伊朗的打击,并致力于使伊朗远离伊斯兰极端主义。曾于2003年至2005年担任伊朗核谈判代表的鲁哈尼采取实用主义立场,以积极的态度推动伊朗核问题谈判。鲁哈尼执政后,首先缓解同美国的关系,并开启多轮伊朗核问题六方会谈。2013年10月份伊始,伊核问题相关国家在日内瓦连续进行3轮正式会晤,最终于11月25日达成"日内瓦临时协议"。自2014年2月,相关国家继续在维也纳进行旨在磋商全面协议的6轮正式会晤,最终于7月8日达成了将"日内瓦临时协议"延期4个月的共识。可以说,一系列的外交努力与突破改善了伊朗的国际环境,主导制裁国美国允许伊朗在现有的基础上出口石油,欧盟解除对伊

---

① 新华网:"伊朗总统鲁哈尼呼吁推动伊朗经济改革开放", http://news.xinhuanet.com/2015-01/05/c_1113871256.htm。

② 东方财富网:"鲁哈尼宣布成功控制经济衰退", http://finance.eastmoney.com/news/1351,20140907421233084.html。

朗原油运输的禁令,伊朗经济随之获益。

2017 年 5 月 20 日,鲁哈尼以接近 58%的得票率击败最大竞争对手莱希,成功连任伊朗总统,这被认为是温和保守派的又一次胜利。有专家认为,鲁哈尼的胜选并非由于 4 年任期内治理绩效多么优良,伊朗同样存在着严重的经济问题。但是相比于强硬保守派的莱希而言,伊朗民众更加在乎温和的政治发展道路,从而摒弃浓厚的伊斯兰色彩。①此外,后霍梅尼时代,伊朗政治发展处于动态平衡之中,哪一派政治势力都无法一家独大。鲁哈尼所属的温和保守派政治势力与强硬保守派之间的分野并无天壤之别,与其他政治势力之间的合作较为融洽。更重要的是,具有重要政治影响力的务实改革者拉夫桑贾尼的辞世,削弱了温和保守派的政治力量,减轻了其他政治势力的危机感。因此,鲁哈尼第二任期内能否实现改革计划,关键在于改革派与保守派之间的政治利益平衡,尽力争取最高精神领袖哈梅内伊的支持。总之,在当前伊朗政坛,务实的温和保守派受到民众的青睐,也是连接平衡其他政治势力的重要力量,对破解教俗争斗起到重要作用,为伊朗此后的政治发展指明了方向。

---

① 《鲁哈尼第二任期需内外政策"把脉开方"》,《南方日报》,2017 年 5 月 29 日。

第五章 从酋长国到议会共和制

——黎巴嫩政治发展道路的演进

　　政治发展是研究国家构建的一个重要视角，有着丰富的内涵。广义来说，政治发展指的是政治变迁中的积极变化。然而政治发展理论也包含一个最小涉指——发展中国家的政治发展，即第三世界国家怎样实现政治民主、社会稳定、消除各种政治危机，等等。①

　　黎巴嫩的政治发展道路是曲折蜿蜒的。以 1840 年为分界线，黎巴嫩甩开了中古时期的枷锁，大踏步地迈上了政治现代化的道路。教派众多、显贵家族关系盘根错节及外部势力频频干预等因素决定了黎巴嫩从中世纪的封建包税制酋长国演进成现代以教派主义、协和主义与家族政治为三大特征的议会共和制政体。第二次土埃战争开启了黎巴嫩教派主义的新时代，而1861 年建立的黎巴嫩自治省则奠定了现代黎巴嫩教派协和政治的雏形。法国委任统治将完整的现代政治制度引入黎巴嫩，而独立之初的"商人共和国"是黎巴嫩家族政治的巅峰。然而 15 年的内战开启了现代黎巴嫩民族国家的解构过程，政治发展与政治衰朽并存。叙利亚解除对黎巴嫩的干预后，黎巴嫩曾浮现出一丝恢复和平稳定的教派协和政治的影子。然而 2011 年开始的"阿拉伯之春"又使刚获得脆弱平衡的国家变得碎片化。黎巴嫩民族国家的重建与政治发展依然任重而道远。

---

　　①　杨仁厚：《政治发展概念的指涉与表述——发展政治学的视角》，《贵州大学学报》(社会科学版)，2011 年第 3 期。

第一节 "自治"酋长国的瓦解与封建制度的终结

一、黎巴嫩酋长国与封建包税制度

被称为黎巴嫩山的地理实体,西起地中海东岸,东部、北部与叙利亚毗邻,南方同以色列接壤,总面积 10452 平方公里,海岸线长 225 公里。[①]在1943 年以前,从未在不变的边界内,构成过具有持久、正式政治制度的独立政治实体。《圣经》和希腊、罗马等地的材料显示,最早的黎巴嫩居民为腓尼基人。在三千余年的历史长河中,黎巴嫩先后被埃及人、亚述人、迦勒底人、波斯人、希腊人、罗马人、阿拉伯人与奥斯曼人占领与征服。[②] 1517 年,奥斯曼帝国征服整个叙利亚地区,将叙利亚分为三个省——阿勒颇、的黎波里与大马士革,黎巴嫩地跨的黎波里与大马士革两省。[③]

黎巴嫩山在当地显贵的统治下,享有事实上有限的自治,这个体制被黎巴嫩历史学家称为"黎巴嫩酋长国"。酋长国起源于黎巴嫩山南部地区——贝鲁特-大马士革公路南部,当地的德鲁兹酋长,担任外部政权的保税人,最先建立了一个由当地领袖领导的事实社会政治自治组织。谢里姆一世进入黎巴嫩山区后,得到了法赫尔·丁一世率领的代表团的亲切接见。于是,来自苏夫的曼家族,来自赫哈布的塔努赫家族以及来自吉色拉旺的土库曼人阿萨夫家族被授予了埃米尔头衔。[④]到了 19 世纪,三个埃米尔家族变成了谢哈

---

① 徐心辉编著:《黎巴嫩》,社会科学文献出版社,2007 年,第 1 页。

② 高文洋:《黎巴嫩马龙派认同起源探析》,《陇东学院学报》,2016 年第 2 期。

③ 奥斯曼帝国对叙利亚的行政区划与马穆鲁克时期基本一致。

④ Antonie Abraham, *Maronite –Druze Relationw in Lebanon——1840–1860:A Prelude to Arab Nationalism*, New York University, 1975, p.3.

卜家族,阿尔斯兰家族和阿比·拉马家族。[①]

酋长国时期的黎巴嫩实行着以经济上的伊克塔制度为导向的封建等级制度:

一是奥斯曼帝国的国民依据米列特制度,按宗教划分。米列特制度确立了社会等级,相对高的群体是穆斯林,而低等的"迪米"群体,由"有经的人"——基督徒和犹太人构成。低等级的人享有一定程度的宗教信仰自由,以及执行他们宗教仪式的权利,这只作为对他们支付保护税——人头税的回报。这种区别反映出两个群体在社会劳动分工方面的切实区别。基督徒和犹太人不被允许有军事与行政职能,他们专门从事商业、金融和手工业。在黎巴嫩山区,这种不均等的社会地位表现为:部落武士职能在德鲁兹派社团中占据主要地位,而基督徒社团中主要是平民,拥有巨大的农民基数。这种不均等的地位在很大程度上要为社会和政治冲突转化为教派冲突负责。

二是山区存在显贵与平民的区分。德鲁兹首领,担任奥斯曼政府税款包收人,被称为"大埃米尔"。黎巴嫩酋长国的基本经济体制为伊克塔制度,或称为包税制。在这个体制下,大埃米尔向各个地区的酋长与埃米尔分配土地、税款以及部分行政权与司法权,再将土耳其政府应得的税款奉上。随后,埃米尔将部分权力下放给当地的封建主(穆卡塔吉,一片区域内有财政大权的官员称号)。每个财政区都由一个家族世袭,家族成员再将这片区域细分成数份。值得注意的是,埃米尔的任期并不固定,也没有绝对领导权,封建主才是土地和人民实际的统治者。在包税制的大体框架下,黎巴嫩的各级首领享有极大的权威。教派与血缘组成了黎巴嫩社会政治结构的基本,也是最根本要素。[②]奥斯曼帝国承认显贵们在地方群众中间的权威,他们依靠这样的家族征税并且维护秩序和安全,而山区的相对隔绝有利于这样的体系代替奥斯曼帝国的直接统治。平民是对所有没有头衔民众的一般称呼,他们中的大多数是农民,这一等级包括富农、商人、工匠和制造者。两个等级的冲突根源主要在于课税和政治参与,因此频繁地爆发平民的反抗。

---

① William Harris, Lebanon, *A History*: *600–2011*, Oxford University Press, 2012, p.115.

② Carol Hakim, *The Origins of the Lebanese National Ideal*: *1820–1920*, University of California Press, 2013, p.16.

三是地方瓦里(省长)、酋长国领袖与中央政府的权力斗争是奥斯曼帝国政治永恒的方向。当地方统治者的权势达到一定程度,就会试图撼动伊斯坦布尔的权威,停止支付税款。而这些叛乱和自治运动频繁地受到欧洲列强或其他势力的鼓动和支持。

四是穆卡塔吉家族之间以及每个穆卡塔吉家族内部为角逐权力或保税许可凭证①而频繁发生冲突。这些冲突总会以凯斯派–也门派的斗争(后来演变成德鲁兹社团内部的詹布拉特–阿尔斯兰集团斗争)形式发生,各方背后都有伊斯坦布尔权贵们或地方瓦里们的支持。

二、酋长国的覆灭与巴希尔二世的遗产

1840年5月,代尔·卡马尔爆发了反对巴希尔二世与穆罕默德·阿里在黎巴嫩的统治的起义。不久,事端弥漫至吉色拉旺与马腾。②起义爆发的缘由是在易卜拉欣帕夏解除德鲁兹派武装后,马龙派又惊恐地听闻埃及的马龙派学生已被征召入伍。起义民众的核心诉求是减少税收,废除徭役(在铁矿),归还火器,在贝特·丁(巴希尔二世政权的常驻地)建立议会制度,并在议会中设置教派代表。③当年9月,奥斯曼帝国、英国与奥地利军队登陆朱尼耶港,10月,埃及军队撤到阿克,巴希尔被逮捕,流放至马耳他。继任的巴希尔三世很快被免职,黎巴嫩酋长国就此灭亡。

作为在位时间最长的埃米尔,巴希尔二世的统治留下了许多遗产。

1.巴希尔二世最重要的遗产是最终确立了马龙派由边缘到中心的地位

天主教马龙派源于古代基督教安提阿教会西支的一性论雅各派,相传为公元4世纪的著名修士圣·马龙的追随者。最初定居于奥伦特河谷地带,约公元8世纪迁往黎巴嫩的的黎波里地区。19世纪40年代,黎巴嫩马龙派发展出独特的,以正统基督徒与本土腓尼基人后裔为核心的教派民族主义

---

① https://en.wikipedia.org/wiki/Iltizam(访问时间:2017年3月29日)。

② Carol Hakim,*The Origins of the Lebanese National Idea:1840–1920*,University of California Press,2013,p.25.

③ Fawwaz Traboulsi,*A History of Modern Lebanon*,Pluto Press,2007,p.13.

认同。①在巴希尔二世时代,马龙派取代了千百年来居于黎巴嫩政治舞台中心的德鲁兹派,从幕后走向了台前。主要原因有如下四点。

第一,马龙派的"发迹"首先源于其经济地位。黎巴嫩丝织业的发展可以追溯至法赫尔·丁二世时期。1613—1618 年,法赫尔·丁二世流亡至意大利,对意大利的社会生活极其向往。回国以后,法赫尔·丁将控制地盘扩大,版图相当于现代的黎巴嫩。他动员民众在的黎波里大量种植桑树,养蚕缫丝,将蚕丝生产引入黎巴嫩山区,作为向意大利出口的商品。②由于大多数德鲁兹人轻视养蚕缫丝的价值,为了实现商业目标,他鼓励基督徒(主要是马龙派)从北部地区迁到德鲁兹派控制的地区,使之从事丝绸生产及其他农业或手工业活动。因为基督徒可以带来更可观的税收,德鲁兹派领主将什叶派驱逐到贝卡以西,为基督徒农民腾出地方。因此,一个对黎巴嫩山区历史产生深远影响,逐渐将南部社会从德鲁兹派控制区变成基督徒-德鲁兹派"混合区"(最终基督徒成为多数)的进程开始了。在这一时期,贝鲁特成为这一地区主要的对外贸易城市。③

黎巴嫩丝织业的第二个高峰是巴希尔二世统治时期。世界市场对叙利亚地区的纺织品生产销售造成强烈的冲击。由于西方技术的进步,生产的产品物美价廉,"中东的纺织品先是被挤出国外市场,紧接着被价格低廉的西方货挤出本国市场"④。然而在世界市场的冲击下,黎巴嫩的丝织业没有像叙利亚其他地区那样凋敝,反而在巴希尔二世统治时期大放异彩。由于巴希尔二世同埃及穆罕默德·阿里的密切合作,黎巴嫩丝织业没有彻底失去外部市场,而是由欧洲变成了埃及。在这样的情况下,巴希尔二世进一步动员北方的马龙派南迁,他鼓励种植桑树,发展丝织业。⑤在埃米尔与欧洲人的生丝贸

① 这里的正统的基督徒指的是教义符合尼西亚会议、以弗所公会议、迦西顿公会议与君士坦丁堡第六次大公会议等决议的教派。

② William Harris, *Lebanon, A History: 600–2011*, Oxford University Press, 2012, p.100.

③ [美]菲利普·克·希蒂:《黎巴嫩简史》,北京师范学院《黎巴嫩简史》翻译小组译,北京人民出版社,1974 年,第 222 页。

④ 王三义:《工业文明的挑战与中东近代经济的转型》,中国社会科学出版社,2006 年,第 34 页。

⑤ 王新刚:《中东国家通史·叙利亚和黎巴嫩卷》,商务印书馆,2007 年,第 135 页。

易中,马龙派常被当作掮客与中间人,进一步奠定了马龙派在黎巴嫩经济生活中不可或缺的地位。

第二,马龙派与西方的联系。马龙派对西方有天然的好感。公元7世纪,拜占庭利用阿拉伯人在安纳托利亚战败之机,派出马尔代特人时,黎巴嫩山区的土著聚集起来加入这支队伍,许多土著都是马龙修道会一志论修士的追随者。[1]公元12世纪,马龙派开始与普世教会恢复联系。1182年,马龙派被置于罗马的管辖之下,并于1203年宣布正式与罗马建立臣属关系。1584年,马龙派学院在罗马建立,为马龙派培养了大批圣职者。

黎巴嫩山区通过蚕丝出口与世界市场建立联系,马龙派在黎巴嫩山区的逐渐崛起就得益于此。1600年,法赫尔·丁二世与托斯卡纳大公斐迪南二世以及教皇克莱门特八世建立合作关系,马龙派成为他们的中间人与向导。[2]马龙派的卡金家族在法赫尔·丁二世时期被委以重任,成为埃米尔的高级顾问。卡金家族因此被法国朝廷和梵蒂冈赞美为伊斯兰教"荆棘"中天主信仰的守护者。马龙派最主要的外部盟友是法国,路易十四曾承认马龙派是与法国一体的民族。[3]由于长久以来与西方的联系及外向型认同,许多马龙派都会法语,他们将学习法语作为习得西方文明精髓的手段。马龙派或是直接与法国建立贸易联系,或是在山区与法国贸易中充当中间人与顾问,使得世俗人与教会都受益于此。1655—1858年间,卡金家族被任命为法国驻贝鲁特副领事。马龙派与法国的关系一直不曾断绝,直至20世纪中叶,法国都是参与并支配黎巴嫩事务最主要的外部势力。

第三,马龙派的教诲改革与南迁。传统的马龙派教会长期依附于以卡金家族为首的马龙派世俗显贵。松散的组织结构,匮乏的资源,以及对马龙派世俗权威的依赖限制了教会在社团内外的作用。在梵蒂冈的影响及马龙派教会内部分化的双重作用下,马龙派开始了一系列改革,促成马龙派认同的形成。18世纪以后,由于封建领主阶层经济实力的衰落,梵蒂冈对黎巴嫩马

---

① Matti Moosa,The Relation of the Maronites of Lebanon to the Mardaites and Al-Jarājima, *Speculum*,1969,44(4).

② William Harris,*Lebanon,A History:600-2011*,Oxford University Press,2012,p.98.

③ 姚惠娜:《黎巴嫩教派结构及其内战》,《内蒙古民族大学学报》,2003年第1期。

龙派控制的加强,黎巴嫩修道会的建立及其衍生的教会内部倾轧,使得传统秩序摇摇欲坠。1736 年 9 月 30 日至 10 月 2 日,马龙派在卢瓦扎修道院召开会议,史称"卢瓦扎会议"。这次会议正式确立了梵蒂冈至高无上的权威,并且变革了某些妨碍教会独立的马龙派传统。会议法令削弱了世俗人对主教任命的影响,让教权阶级在经济上独立于显贵家族,同时限制了宗主教的权力,提高了主教的独立性。

卢瓦扎会议是黎巴嫩马龙派教会史上的里程碑,也是一个历史性的开端。在此之后,教会又进行了多次改革,重整教会的组织结构,提高教会的执行力并且阻止圣职权威中心与世俗权威中心的重合。新的规定包括建立完善的教会财产管理制度,设立更加独立、严密的组织结构。[1]马龙派教会的改革提高了教会在社团内的地位和影响力,并且增强了社团成员之间的集体意识,促进马龙派认同形成。

此外,19 世纪 40 年代,宗主教驻地从卜舍里地区北部较高的坎努宾山谷迁往吉色拉旺的心脏地带布克尔克,将教会的影响扩大到南部,进一步加强了教会的宗教、经济与政治职能。[2]

第四,马龙派史学家的民族主义叙事构建。现代民族概念来自西方,民族主义者们为了证明认同与诉求的合法性,不得不主动创造所谓共有的起源传说与历史记忆。他们要将自己与他人相区分,突出自己专有的文化独特性,强调社团内的历史亲缘。

马龙派最初是一性论者,在接受赫拉克利乌斯的折中教义后,变成了二性一志论者。基督教第六次大公会议使马龙派再度沦为异端,他们自此与普世教会中断联系。然而历史上各个时期马龙派史学家的历史加工,使得马龙派认同有了正统基督徒与本土腓尼基人后裔的内核。

许多马龙派历史著作都将教会与 4 世纪的修士圣马龙以及 7 世纪宗主教约翰·马龙联系在一起。这种叙事出自 15 世纪伊本·齐拉与 17 世纪宗主

---

① Carol Hakim, *The Origins of the Lebanese National Idea: 1840–1920*, University of California Press, 2013, p.20.

② Fawwaz Traboulsi, *A History of Modern Lebanon*, Pluto Press, 2007, pp.23–24.

教杜维希之手,在他们的语境下,马龙派一直保持着正统的信仰,从未动摇过。伊本·齐拉认为,马龙派是上帝在基督徒与东方人中的特选子民,在固若金汤的黎巴嫩山区中保持着真正的基督教信仰。宗主教杜维希也强调所有马龙派应该团结于统一旗帜之下,以御穆斯林与雅各派之外侮。马龙派存在的真髓是将圣马龙、天主教与罗马教会的全部信仰集中在一起。①马龙派正统的基督徒认同将自己与一性论及一志论严格区别开。杜维希记载了有人在山区进行"一志论"布道,是为了强调马龙派不接受这一观点。事实上直到1182年,马龙派与罗马教会才有了教义上的趋同。提尔的威廉姆记载,"这些人(马龙派)跟随了某位马龙的异端邪说……现在他们放弃了这种错误观点"②。事实证明,通过重构历史来构建认同的举措收到了良好的效果。1789年建立的国家神学院标志着黎巴嫩境内马龙派信仰的力量,当时许多外国旅行家都对黎巴嫩山区教会的虔敬有深刻的印象。③1845年劳迪西亚主教尼古拉斯·穆拉德出版的法文小册子对马龙派信仰的正统性做了详细的介绍,以此证明马龙派与法国在信仰上的共通性,在法国产生了热烈反响。而1840年以后黎巴嫩民族主义的提出与发展受到了法国天主教与自由主义者的支持,这样的结果得益于数世纪以来马龙派史家们对社团认同(尤其是正统基督教认同)的构建。

马龙派知识精英对腓尼基历史的追忆,以及对马龙派与腓尼基人亲缘关系的附会,也是构建出来的。以马龙派为首的基督徒作家关于腓尼基叙事的基本框架为:公元前2000年,属于印欧语系的迦南部落(不同于闪语族)从波斯湾来到大叙利亚地区。北部沿海地区的居民建立了城邦,并发展海上贸易,建立了许多殖民地,其中最著名的当数迦太基。古代腓尼基人甚至踏上过美洲海滨,远远早于欧洲人。腓尼基这一名称来源于希腊语,因为他们将绛紫色染料带到希腊。他们留给世界的遗产是字母文字、航海技术和手工

---

① Hilal Khashan, The Political Values of Lebanese Maronite College Students, *The Journal of Conflict Resolution*, 1990, 34(4).

② William Harris, *Lebanon, A History: 600–2011*, Oxford University Press, 2012, p.56.

③ Mordechai Nisan, *Minorities in the Middle East: a history of struggle and self-expression*, Mcfar-land & Company, 2002, p.197.

艺品。腓尼基是东西方的桥梁,文化与贸易的十字路口。阿拉伯人的占领标志着腓尼基遗产的衰落,想要保持独特性的海岸居民被迫退守到黎巴嫩山区,远离侵略者的压迫。在山区中,他们保持着从祖先那里继承下来的民族遗产与美德,包括地中海文化,对大海的热爱,丝绸工艺及对和平的追寻。基督徒与马龙派教会将这些美德发扬光大,黎巴嫩山区的地形结构保全了这些品质并将其赋予每个人。随着黎巴嫩国家在其地理与历史边界的建立以及民族的复兴,黎巴嫩人会凭借其历史遗产及对人类的贡献再度屹立于世界民族之林。①

然而这种叙事是构建的,与事实并不一致。在 19 世纪 60 年代之前,有关腓尼基的历史只散见于圣经及希腊人的作品中。近代以来对腓尼基历史的追述源于欧洲人对古代东方历史的热衷,第一部著作为 1864 年厄内斯特·勒南的《腓尼基的使命》。由于浪漫主义的影响,18 世纪 80 年代开始,欧洲各国都兴起了一场文化复兴运动,旨在探寻不同人群特有的民俗传统。②1860 年黎巴嫩教派屠杀事件发生之后,拿破仑三世借此契机派遣厄内斯特·勒南去黎巴嫩调查腓尼基人的历史,并派遣远征队。勒南的成果及法国远征队绘制的黎巴嫩地图成为以马龙派为首的黎巴嫩基督徒知识分子发展腓尼基历史叙事并构建腓尼基认同的模板。

2.巴希尔二世为黎巴嫩埋下了教派冲突的火种

在阿拔斯时期,基督徒和穆斯林的冲突是伊斯兰和拜占庭对抗的表现。在十字军时期,每个山区社团都与拉丁人和穆斯林统治者互相影响。在马穆鲁克和奥斯曼帝国时期,阿拉维派、十二伊玛目派,以及德鲁兹派都被视为对皇室逊尼派的挑战。在曼家族与谢哈卜家族下的酋长国,人们非常清楚他们属于各自的社团,有着各自的传统,但是农民和地方首领之间的社会联系是跨越社团的。即使从 18 世纪末马龙派与德鲁兹派发生了人口与社会变化,但是零星的武装冲突也不是明确的教派事件。1838 年,在伊玛德家族和

---

① Asher Kaufman,Phoenicianism:The Formation of an Identity in Lebanon in 1920,*Middle Eastern Studies*,2001,37(1).

② [英]埃里克·霍布斯鲍姆:《民族与民族主义》,李金梅译,上海人民出版社,2006 年,第 101 页。

詹布拉特家族的支持下,贝卡和瓦迪·塔姆的德鲁兹派发动起义。巴希尔二世派出4000名基督徒战士镇压起义,开了黎巴嫩居民首次以教派划分立场相互对抗的先例。虽然这次战斗的初衷与教派无关,却将社团摩擦推到了顶点。

3.1840年起义中包含了政治协和主义的萌芽

起义的诉求包括了建立议会制度,并按教派设置代表席位。1841年5月,经过奥斯曼帝国的批准,黎巴嫩山区建立了首个多社团的咨询议会。在议会中,德鲁兹派要求与马龙派拥有同样的代表席位,遭到马龙派的拒绝。而穆卡塔吉们都担心权力被议会取代,也予以反对。①虽然这一方案最终没能成形,但是奠定了以后议会组织形式的基础。

三、1860年教派冲突与封建制度的终结

1.分治决议的产生与危害

谢哈卜家族的行将就木使得黎巴嫩山区的局势发生了显著变化。1825年遭受巴希尔二世迫害而四处逃亡的德鲁兹派显贵纷纷回到山区,为土地和权力与马龙派不断发生冲突。短暂存在的中央特派帕夏不仅没有缓和双方剑拔弩张的紧张氛围,反而将拉一打一的权术运用到了极致。经过多方的博弈,1842年,在奥地利首相克莱门斯·冯·梅特涅的建议下,奥斯曼帝国将黎巴嫩山区一分为二。北方为基督徒卡伊马卡米亚(自治区),由基督徒卡伊马卡(自治区行政长官)管理,南方为德鲁兹派卡伊马卡米亚,由德鲁兹派卡伊马卡管理,南北两边的卡伊马卡同时对西顿瓦里负责。②

分治方案的产生是多方妥协的结果,基于以下因素。

第一,马龙派的自治计划是分治方案的根源。黎巴嫩马龙派在巴希尔二世时期获得了空前的政治地位,于是在酋长国瓦解后,非常积极地想填补这一权力真空。1840年10月,马龙派宗主教向奥斯曼帝国递交了一份带有黎

---

① William Harris, *Lebanon, A History:600–2011*, Oxford University Press, 2012, p.140.

② Despatch No.127 from Canning to Aberdeen(Constantinople, November 17th, 1842), FO881/181, B. Destani(ed.)*Maronite Communities in the Levant 1841–1958, and Coptic Christian Communities in the Levant and Egypy, 1917–1967*, Archive Edition, 2007, pp.41–43.

巴嫩民族主义色彩的请愿书,提出了建立马龙派公国的诉求。另外,宗主教延续了 1840 年起义的主张,要求建立由 12 位来自各教派代表的议会。事实上,这一计划是奥斯曼帝国中央集权和现代化改革——著名的坦齐马特改革的翻版。①宗主教本人以基督徒多数观念为基础,论述其诉求的合理性。随后又有马龙派劳迪西亚主教尼古拉斯·穆拉德在巴黎的积极宣传,极大地撼动了千百年来黎巴嫩山区的统治秩序,也招致了德鲁兹派的敌意,成为 1840 年以后双方武装冲突不断的引子。②

第二,大国的博弈决定了事情的走向,使得分治终成定局。法国对黎巴嫩一直持有一种热切但暧昧的态度。在第二次土埃战争期间,法国为了支持穆罕默德·阿里和巴希尔二世,不惜与欧洲众列强翻脸。然而埃方战败无疑是给法国政府一记响亮的耳光。在此之后,弗朗索瓦·基佐接替梯也尔为法国外交大臣,奉行一种左右逢源又暧昧不清的中东政策,既强力支持马龙派的政治诉求,又强调奥斯曼帝国的完整性并尊重其他欧洲国家的态度。③究其原因,是不愿意在黎巴嫩问题上贸然行事,担心让法国失去颜面。与法国不同的是,1840 年的《伦敦公约》无损于英国的利益。在黎巴嫩问题上,英国的站位是机敏的,首先支持奥斯曼帝国的主权,其次以德鲁兹派为代理人与法国展开角逐。巴希尔二世战败后,英国与奥斯曼帝国共同做出在恢复奥斯曼统治的前提下保留"山区人古已有之的权利"④的承诺。尽管马龙派试图利用这一保证,但事实上,承诺对于已经失去了主导地位的德鲁兹派更有利。

巴希尔三世被免职后,奥斯曼帝国派欧默尔帕夏直接统治黎巴嫩山区。但是由于此人对马龙派的严重弹压,其统治期间屡生事端。在对于黎巴嫩前途未来的探讨中,奥地利首先敦促土耳其政府尽快恢复谢哈卜家族在黎巴

---

① 黄维民:《奥斯曼帝国》,三秦出版社,2000 年,第 311 页。

② Fawwaz Traboulsia,*A History of Modern Lebanon*,Pluto Press,p.14.

③ Guizot to Bourqueney(Paris,March 19,1842),转引自 Carol Hakim,*The Origins of the Lebanese National Ideal:1840–1920*,University of California Press,2013,p.44.

④ Carol Hakim,*The Origins of the Lebanese National Ideal:1840–1920*,University of California Press,2013,p.45.

嫩的统治,以此平息事态。①法国最开始对支持谢哈卜家族复辟持坚定态度,普鲁士与法国保持一致。②然而奥斯曼帝国一连串动作的目的就是加强对黎巴嫩的直接控制,自然对法方的提议嗤之以鼻。③多方僵持谈判之后,分治决议应运而生。而对英国来说,从已经没有实际权力的德鲁兹派到拥有一个具有合法性的德鲁兹人卡伊马卡米亚,已经是最好的结果。④

然而事实证明,列强互相妥协产生的分治方案是一个再荒谬不过的决定。这个决议没有解决任何问题,反而带来更多冲突。冲突点主要集中在两方面:

第一,由谁来担任卡伊马卡。黎巴嫩社会是一个由显贵家族组成的盘根错节的关系网,分治决议一经颁发,一石激起千层浪。在南部德鲁兹卡伊马卡米亚范围内, 本来呼声最高的是出身于当时最强大的德鲁兹派家族詹布拉特家族的萨义德·詹布拉特。⑤但是奥斯曼帝国政府忌惮他与英国人的密切关系,要求领主们重新提名,于是万般无奈之下,领主们只好选择了有埃米尔头衔的阿尔斯兰家族的艾哈迈德·阿尔斯兰。北部基督徒卡伊马卡米亚情况更糟。从出身来说,有埃米尔头衔的阿比·拉马家族的海达尔·阿比·拉马理应是首选。但是阿比·拉马家族最初是德鲁兹派,于18世纪末才改宗马龙派,⑥并不是"铁杆儿"基督徒,也并不是最有实力的基督徒家族,于是遭到

---

① Despatch No.124 from Canning to Aberdeen(Constantinople, June 9th, 1842), FO406/7, B. Destani (ed.)*Maronite Communities in the Levant 1841–1958, and Coptic Christian Communities in the Levant and Egypy, 1917–1967*, Archive Edition, 2007, p.21.

② Despatch No.122 from Canning to Aberdeen(Constantinople, June 9th, 1842), FO406/7, B. Destani (ed.)*Maronite Communities in the Levant 1841–1958, and Coptic Christian Communities in the Levant and Egypy, 1917–1967*, Archive Edition, 2007, p.11.

③ Despatch No.127 from Canning to Aberdeen(Constantinople, June 9th, 1842), FO406/7, B. Destani (ed.)*Maronite Communities in the Levant 1841–1958, and Coptic Christian Communities in the Levant and Egypy, 1917–1967*, Archive Edition, 2007, p.23.

④ Despatch No.127 from Canning to Aberdeen(Constantinople, June 9th, 1842), FO406/7, B. Destani (ed.)*Maronite Communities in the Levant 1841–1958, and Coptic Christian Communities in the Levant and Egypy, 1917–1967*, Archive Edition, 2007, p.22.

⑤ Kamal S. Salibi, *The Modern History of Lebanon*, Caravan Books, 1977, p.64.

⑥ William Harris, *Lebanon, A History: 600–2011*, Oxford University Press, 2012, p.125.

卡金家族与其他谢赫的反对。此外,作为马龙派基督徒,海达尔也不受正教徒等其他基督徒的认可。

第二,分治决议进一步加剧了教派冲突。马龙派与德鲁兹派都对这个分治决议心存不满,德鲁兹派认为依据"古代权利"的承诺,应该恢复其社团对整个山区的控制。而马龙派则认为这一决议过于简单粗暴,原因是基督徒人口占南部总人口60%,应该将他们划归北方卡伊马卡米亚。于是在此基础上的冲突仍在不断发酵。

2.平贵斗争及其扩大化

19世纪20年代,黎巴嫩山区爆发了声势浩大的平民抗税运动,其出现有着深刻的社会与政治背景:

第一,社会阶级的变化。自法赫尔·丁二世时期,黎巴嫩埃米尔们就大力发展山区的丝织业,并与欧洲、埃及积极展开贸易。黎巴嫩的养蚕缫丝生产与销售网络整合入世界市场后,产生的最显著结果即中产阶层的诞生。黎巴嫩中产阶层主要由地主、富农与商人构成。[①]这些地主并不是出身自显贵家庭,有埃米尔或谢赫头衔的封建地主,而是在商业化生产扩大和金融、手工业发展的前提下,由农民阶层分化出来的。他们逐渐主导着山区的经济命脉,得到统治者的加持。比如巴希尔二世清洗了德鲁兹派显贵后,就是依靠这个新兴的阶层来维持山区正常的统治秩序。[②]

第二,统治者的压制政策是平贵斗争爆发的直接原因。如1820年平民抗税运动的爆发,就是因为巴希尔二世将瓦里们分摊他的财政压力转嫁给了马龙派农民。

始于19世纪20年代的黎巴嫩平贵斗争标志着平民首次提出政治参与的诉求(每村选出两名代表平民的瓦基里),是迈向现代黎巴嫩的第一步。1845年4月,德鲁兹武装摧毁了许多基督徒村庄。为了镇压这一恶性事件,奥斯曼帝国中央政府对之前的分治方案作出修订,试图重建黎巴嫩山区的秩序。新出台的管理条例规定:每个卡伊马卡米亚都有一个委员会帮助征收

---

① Fuad I. Khuri, The Changing Class Structure in Lebanon, *Middle East Journal*, 1969, 23(1).

② William Harris, *Lebanon, A History: 600–2011*, Oxford University Press, 2012, p.126.

税款并管理司法行政。每个委员会都由卡伊马卡主持,由 12 人组成:六个宗教社团(马龙派、德鲁兹派、希腊正教、希腊礼天主教、逊尼派与什叶派)各选出一名议员(顾问)和法官代表。由于什叶派没有权利派出法官代表,因为所有的穆斯林都要服从逊尼派司法权威,因此议会的第十二名成员是副卡伊马卡,北部由马龙派担任,南部由德鲁兹派担任。两位卡伊马卡都被认为是奥斯曼政府官员,服从于西顿瓦里的权威,而朱拜勒、扎赫勒与代尔·卡马尔被授予自治城镇地位,置于奥斯曼的长官之下。这个条例是黎巴嫩历史上第一次将教派主义和政治协和主义制度化。1858 年,由于吉色拉旺卡金家族等封建领主对平民的压制,马掌铁匠塔努斯·沙欣率众起事,将平贵斗争推向了高潮。沙欣起义将矛头瞄准了黎巴嫩的封建等级制度,提出了诸如废除等级特权、不平等的经济剥削政策与陋习,设立平民代表及民众直选权等诉求。[①]虽然最终失败了,但是沙欣起义是黎巴嫩政治现代化进程的重要环节。

除过时间上的延续外,平贵斗争还呈现跨地域、跨教派、跨阶层的扩大化趋势,原因如下:

第一,与阶级变化相伴随的是教派失衡的过程。山区历代埃米尔为了发展经济,促进生丝的生产与贸易,采取了诸多措施,其中包括鼓励以马龙派为首的基督徒向南方迁徙。在米列特制度下,德鲁兹派等穆斯林部落成员多占据行政职务和武职,没有发展出适应近代资本主义市场的经济职能。而基督徒经济作物农民与手工业者一时风光无两。在马龙派向南迁徙的过程中,教派人口比例逐步发生变化。马龙派的人口比例逐渐上升,德鲁兹派的人口比例逐渐下降。同时,由于部落成员大多不事生产,难以提供可与马龙派媲美的税收,因此在马龙派南迁的最初岁月里,德鲁兹派大小领主竟然争相招募马龙派佃户。而德鲁兹领主们长年累月的派系斗争也消耗了自身实力,使其在南部的主导权难以为继。

第二,南北社会政治地位的差异。分治决议将黎巴嫩山区一刀切开,使得教派与地域间的矛盾复杂化。在世界市场的冲击下,中产阶层逐渐壮大,

---

① Fawwaz Traboulsi, *A History of Modern Lebanon*, Pluto Press, 2007, p.31.

撼动了北方基督徒显贵的地位。然而这种社会分化存在教派差异,中产阶级主要产生于以马龙派为代表的基督徒中,德鲁兹社会依然是穆卡塔吉与平民的二元划分——穆卡塔吉与平民。①这样,南北方领导层之间也存在区别。马龙派穆卡塔吉是包税人,是社团内的封建领主;而德鲁兹派首领既是包税人,又是他们控制下的德鲁兹派与基督徒臣民的封建领主。②此外,德鲁兹派领主们享有的政治与社会地位意味着他们可以有许多特权,尤其是免税权。基督徒们对社团之间社会分工,以及税收的不平等极其不满:基督徒农民生产者们要交税,并且处于较低的社会等级,而德鲁兹派中的大多数主要是部落战士,不事生产,却获益于许多特权。

第三,修订过后的分治决议加剧了政治制度的错位。议会与瓦基里构成代替穆卡塔吉权力的机构,但是他们没有能力与权力越过穆卡塔吉。尽管德鲁兹派穆卡塔吉受到了沉重打击,理论上他们的财政与司法职能被剥夺了,但是他们受到了补偿——五个主要德鲁兹派穆卡塔吉家族被任命管理南部卡伊马卡米亚的五个地区。南部地区瓦基里在地方长官、圣职者与显贵的权威下行使职能。而北方的议会与瓦基里体系根本没有施行,穆卡塔吉体制也没有被重组为行政单元:奥斯曼帝国承认教派的分化与冲突,却不承认社会的分化与冲突。因此,尽管南部的基督徒平民在议会中已有代表,并占据了瓦基里职位,北部的基督徒却没有任何形式的政治代表,受到马龙派卡金与胡贝什家族的支配,他们虽然失去了特权以及对平民的压榨,但是保留了所有的政治与司法职能。

3.1860 年教派冲突

1859 年 8 月,为了先发制人地试图避免吉色拉旺的起义可能带来的反响,并且战胜南部基督徒平民的社会与政治煽动,黎巴嫩山区南部的鲁兹派领袖们在马腾地区发起一系列的刺杀和械斗。这一事件给了马龙派教会中的强硬派——贝鲁特主教图比亚·奥恩进行广泛动员的口实,教派仇恨再度

① Fawwaz Traboulsi, *A History of Modern Lebanon*, Pluto Press, 2007, p.17.

② Fawwaz Traboulsi, *A History of Modern Lebanon*, Pluto Press, 2007, p.15.

被点燃。[1]最初,德鲁兹派担忧势力基督徒,表现得比较克制。[2]在有关方面的调解下,1859 年冬天,双方将冲突暂缓。

1860 年 5 月,马腾地区的德鲁兹派又发动了袭击。这一阶段,双方的实力对比发生变化。在如同一盘散沙的马龙派面前,德鲁兹派武装势如破竹。同年 6 月,吉色拉旺以南被德鲁兹派全部占领。[3]1860 年 6 月 10 日,德鲁兹派进攻哈斯拜亚与拉恰亚,死亡人数超过 1800 人。[4]6 月 17 日,扎赫勒也被德鲁兹派攻陷。在 6 月 19—20 日针对代尔·卡马尔的行动中,1200 名马龙派与希腊天主徒被杀。[5]暴乱导致贝鲁特附近 60 多个村社被夷为平地。7 月,暴乱蔓延到大马士革,约有 2 万名基督徒被杀,300 多座基督徒村庄,560 间教堂,40 所修道院被毁。[6]

4.列强的干预和自治的确立

1860 年 7 月初,黎巴嫩山区和大马士革的教派冲突事件传到欧洲,引起西方舆论界一片哗然。弗朗索瓦·基佐呼吁成立欧洲调查委员会,并且修正1845 年重新确定的黎巴嫩建制。此外,法国还强烈倡议欧洲国家派出军队,保护叙利亚与黎巴嫩的基督徒。[7]法国、英国、沙俄、普鲁士与奥地利达成一致,成立欧洲调查委员会,负责调查事件发生的原因并寻找解决的途径。在其他四国的同意下, 拿破仑三世指派蒲福将军带领六千人的远征队前往黎巴嫩。7 月 18—28 日,奥斯曼帝国外长傅阿德帕夏前往贝鲁特和大马士革,

① William Harris, *Lebanon, A History:600—2011*, Oxford University Press, 2012, p.157.

② Charles Churchill, *The Druzes and the Maronites under Turkish Rule from 1840 to 1860*, Bernard Quaritch, 1862, p.148.

③ Kamal S. Salibi, *The Modern History of Lebanon*, Caravan Books, 1977, p.101.

④ Leila Fawaz, *An Occasion for War:Civil Conflict in Lebanon and Damascus in 1860*, I. B. Tauris, 1994, p.64.

⑤ Leila Fawaz, *An Occasion for War:Civil Conflict in Lebanon and Damascus in 1860*, I. B. Tauris, 1994, p.72.

⑥ 王新刚:《中东国家通史·叙利亚和黎巴嫩卷》,商务印书馆,2007 年,第 141 页。

⑦ Thouvenel to Persigny(Paris, July, 23 1860),转引自 Carol Hakim, *The Origins of the Lebanese National Idea:1840—1920*, University of California Press, 2013, p.70.

逮捕并处置了一干祸首。[①]

　　1860 年 10 月 5 日,欧洲调查委员会在贝鲁特开展工作。委员们与当地民众广泛交流,畅想了各式各样的改组方案。欧洲委员会工作的价值并不在于所递交的那份最终报告, 而在于后世黎巴嫩的各种民族主义计划都从这里汲取灵感。[②]这时的各种提议包括:重建并改革奥斯曼帝国,建立半自治的大叙利亚,建立半自治的大黎巴嫩,甚至是在海岸上建立一个欧洲王公统治的基督教王国,等等。

　　在调查初期,英国、法国与奥斯曼帝国之间存在着重大分歧,导致产生了两份黎巴嫩行政框架改组方案:英国委员达弗林勋爵提出,在 1842 年、1845 年分治方案的基础上, 分别建立马龙派、德鲁兹派与正教徒社团自治区;法国委员列昂·贝克拉尔德则提出取消黎巴嫩山区南北分治,由基督徒长官统一管理。[③]但需要指出的是,随着调查的深入,委员们及其背后的欧洲国家态度都发生了变化。较成熟的政治改革方案包括如下:

　　第一,叙利亚自治。这一方案是达弗林勋爵提出的,他认为 1860 年事件爆发的原因有三点, 即马龙派垄断山区政治权力的野心招致其他教派的敌意;奥斯曼帝国对整个叙利亚地区的管理都疲敝且有缺陷,为了加强对山区的控制,中央政府不断刺激诱导马龙派与德鲁兹派之间的仇恨;而马龙派与德鲁兹派都不具备自治的素质,1840 年维持"山区人古已有之的权利"的承诺对趋于稳定起了相反的作用。因此,他认为,在欧洲国家监管之下,建立一个自治的(事实上独立的)强大的中央集权的叙利亚政府,最有利于事态的解决。除此以外,自治的叙利亚总督由最高波尔特和欧洲国家共同委派。[④]

　　第二,叙利亚大自治,马龙派小自治。在与其他委员进行争论后,达弗林

---

①　Fawwaz Traboulsi,*A History of Modern Lebanon*,Pluto Press,2007,p.37.

②　Carol Hakim,*The Origins of the Lebanese National Idea:1840-1920*,University of California Press,2013,p.75.

③　Carol Hakim,*The Origins of the Lebanese National Idea:1840-1920*,University of California Press,2013,p.73.

④　FO 78/1627,Dufferin to Bulwer(Beirut,December 31,1860),转引自 Carol Hakim,*The Origins of the Lebanese National Idea:1840-1920*,University of California Press,2013,pp.75-76.

也认识到自己的叙利亚计划不可能不通过,于是在其基础上,又做了进一步设想:北部的马龙派卡伊马卡米亚继续保有自治地位,卡伊马卡为非本土出身的基督徒,由叙利亚总督委任,山区其他地方由叙利亚总督直接管理。这一提议得到了以布特鲁斯·布斯塔尼为代表的黎巴嫩知识界,以及包括列昂·贝克拉尔德的所有委员积极响应。①

第三,自治的大黎巴嫩。这一方案是法国远征队的总指挥官蒲福将军提出,得到了多数公法学家与马龙派圣职者支持。欧洲主流舆论界对1860年事件的看法激进且武断——1860年事件是穆斯林有意为之,是奥斯曼帝国-德鲁兹派共同的阴谋。因此,欧洲人应该主动干预,保护受到穆斯林迫害的基督徒,拿破仑三世甚至将远征队与十字军相提并论。②具体来说,蒲福构想的黎巴嫩政治改组方式为,建立一个统一且扩大版图的黎巴嫩,承认土耳其政府的宗主地位,但享有自治地位,由谢哈卜家族的埃米尔马吉德担任长官。蒲福的手下还绘制了一幅地图,与法国委任统治下的大黎巴嫩版图基本相同。③

但是,尽管达弗林的叙利亚改组方案具有合理性,欧洲国家还是把眼光只放在黎巴嫩。这是因为,从过去的历史和对当前形势的研判出发,欧洲列强意识到奥斯曼帝国的叙利亚问题牵一发而动全身。稍稍行差踏错就会有引发整个东方问题的风险,这个结果是所有欧洲势力都避之不及的。坚持奥斯曼帝国的完整是欧洲国家的基本原则,也是避免因为瓜分奥斯曼帝国而导致欧洲战争的唯一出路,因此他们回避了最初重建整个叙利亚行省的提

---

① Carol Hakim,*The Origins of the Lebanese National Idea:1840–1920*,University of California Press,2013,p.77.

② 公法学家 Baptistin Poujoulat 对派遣远征队和十字军东征的类比一目了然:"我们的十字军想在东方做的恰恰就是 1860 年远征军所要做的——同穆斯林的残暴作战。我们明确地说:法国士兵⋯⋯也就是十字军⋯⋯"拿破仑三世在将士们临行前也说:"他们(指奥斯曼帝国的穆斯林)被宗教狂热蒙蔽了双眼。你们将在那片遥远却饱含回忆的土地上履行你们的职责,你们将向那些光荣地将基督的旗帜带往那片土地的英雄的后代们展示你们自己。"

③ Carol Hakim,*The Origins of the Lebanese National Idea:1840–1920*,University of California Press,2013,p.86.

议,并且一致同意将重建的目标选为一个更有限、更具安抚性的客体——黎巴嫩山区。奥地利、普鲁士和俄国政府接受在整个山区建立单一基督徒政府的原则,英国委员寡不敌众,勉强同意建立基督徒长官控制下的半自治黎巴嫩。因此,1861 年的黎巴嫩山区自治条例是妥协的产物。[①]

1861 年 6 月 9 日,最高波尔特与英国、法国、普鲁士、沙俄、奥地利在君士坦丁堡签署《黎巴嫩山区管理基本组织条例》,过去一干封建特权皆被废除,确立着黎巴嫩进入自治省时代。[②]

第二节　自治省时代
——教派协和主义政治的雏形

一、《黎巴嫩山区管理基本组织条例》

1861 年签署,1864 年修订的《黎巴嫩山区管理基本组织条例》是黎巴嫩自治省最基本的政治组织管理文件。有限自治与代议制机构的经历为黎巴嫩赋予现代政体基本的准则。《条例》共有 17 项条款,大体包括如下部分:

1.版图:自治的黎巴嫩削去了的黎波里、贝鲁特、西顿与提尔等沿海城市,也不包括安提黎巴嫩山,以及两山之间包括贝卡、巴勒贝克在内的山间平原。

2.行政地位:黎巴嫩山区为奥斯曼帝国的单独自治区域,属于一般行省的次级行政单位。

3.最高长官:黎巴嫩自治省的行政长官由奥斯曼帝国政府直接任命,享

---

① Carol Hakim, *The Origins of the Lebanese National Idea: 1840 –1920*, University of California Press, 2013, p.70.

② 姚惠娜:《黎巴嫩政治制度的建立及早期发展》,西北大学硕士学位论文,2003 年。

有行政、管理与司法权。[①]

4.议会:设立行政议会,主要行使咨议职能并监督税款收支。议员还负责民事案件与较轻的刑事案件的裁决。[②]议会设有 12 个席位,由村官或谢赫选举产生,按社团分配席位。12 个议员中包括 4 个马龙派,3 个德鲁兹派,2 个正教徒,1 个希腊天主教徒,1 个逊尼派,1 个什叶派。除过议会以外,所有机构工作人员都因循此例,严格遵守教派平衡原则。

5.行政区划:自治省之下又细分为 7 个卡伊马卡米亚,由出身占优势地位社团的卡伊马卡领导。

6.司法:两个高级中央法院与地方法院,以及基层村落里的谢赫共同执掌司法权,法官由自治省的最高长官任命。

7.安全保障:设立地方宪兵队,由 1400 人组成,负责维持秩序和公共治安。[③]

8.财政:一般情况下,自治省税额上限为 3500 人,由地方政府直接收缴;如自治省发生财政赤字,则由最高波尔特拨款解决。

这份自治管理条例有着划时代的意义:

首先,议会采取各教派代表间实行政治妥协和平衡的原则进行世俗的集体政治领导,成为黎巴嫩政治的主要特征。[④]

其次,就社会层面来说,自治管理条例最重要的意义在于废除了包税制,有利于直接税的征收以及社会平等。穆卡塔吉们可以保留财产与社会荣誉,但是不再享有经济、司法与行政特权。许多昔日显贵获得了地方领导职务或新行政体制的高级职位,但是他们在与富农、商人等竞争时,并没有绝对优势。[①]穆塔萨里菲亚下的社会各阶级成员在法律上的平等,使得大批世俗社会精英产生,由此催生出 20 世纪初的民族主义浪潮。

---

① Kamal S. Salibi, *The Modern History of Lebanon*, Caravan Books, 1977, pp.110–111.

② Carol Hakim, *The Origins of the Lebanese National Idea*, University of California Press, 2013, p.97.

③ Fawwaz Traboulsi, *A History of Modern Lebanon*, Pluto Press, 2007, p.44.

④ 姚惠娜:《黎巴嫩政治制度的建立及早期发展》,西北大学硕士学位论文,2003 年。

二、自治省时期的政治与社会演变

1.新兴政治力量的崛起

新兴政治力量的崛起是自治省时期政治发展最重要的特征。伴随着黎巴嫩丝织业卷入世界市场,黎巴嫩逐渐诞生了中产阶层。而 1861 年《黎巴嫩山区管理基本组织条例》的出台,废除了在山区延续了数世纪的包税制,打碎了传统黎巴嫩社会显贵地主–农民的二元等级划分。社会的急剧变革导致诸如商人、买办、掮客、银行家、医生、教师、律师与公务员等新兴世俗社会力量的崛起。1861 年的《组织条例》是压死传统穆卡塔吉阶层的最后一根稻草,在自治省之内,封建包税地主的权势与社会影响力大打折扣,被新兴的政治力量取代。②无论从社会阶层还是政治倾向上看,自治省新兴的社会政治力量表现出来是"中间自治省长官的"——首先,在社会阶层上,新兴力量处于传统显贵与平民之间;其次,在政治上,他们既远离教会,又不依附于自治省长官。

新崛起的中间阶层具有明确而坚定的改革倾向, 他们集中在行政议会里,提出了针对山区主要力量的各种诉求:

第一,中间阶层首先反对自治省长官的政治权力,认为《黎巴嫩山区管理基本组织条例》没有对长官行使的权力进行有效的约束和限制。

第二,从 18 世纪晚期以来一直处于马龙派社团政治中心且在整个山区都有无与伦比的政治影响的马龙派教会, 也是他们反对的中心。议员们认为,马龙派教会是黎巴嫩山区最大的大地产者,同时可以操纵行政议会及其他公共职务的选举,却"为富不仁"。"宗主教、主教和修士们只会敛财,却无慈悲之心。当圣·文森特·德·保罗修会的修女,耶稣会修士以及遣使会修士不眠不休地照顾贫病时,马龙派高级圣职者却在疯狂敛财,并把钱用于支持

---

①　Engin Akarli,*The Long Peace:Ottoman Lebanon*,*1861–1920*,I.B.Tauris,1993,pp.154–157.

②　Carol Hakim,*The Origins of the Lebanese National Idea:1840–1920*,University of California Press,2013,p.140.

各自的门客进行政治斗争。"①在中产阶级改革者看来,马龙派教会尸位素餐,对社会经济与文化的进步毫无贡献,已经丧失了19世纪初期以来在变革中的先锋地位。

第三,行将就木的穆卡塔吉阶层仍是中产阶级议员们打击的主要目标。包税制的灰飞烟灭没能迅速斩断马龙派教会与传统显贵之间盘根错节的关系,在一段时间内,教会仍然扶持穆卡塔吉们攫取职位。因此,行政议会中吉色拉旺选举出来的议员们都反对以卡金家族为首的传统显贵。②

1907年,乔治斯·祖安在吉色拉旺的马龙派议员选举中以绝大多数票数胜出。这一事件标志着有广泛民意基础且不依靠教会的新兴世俗政治-知识精英进入黎巴嫩的政治舞台。在后来一系列重大事件中,如青年土耳其革命、第一次世界大战、奥斯曼帝国解体,以及大黎巴嫩的建立,教会都落后于世俗精英。而自治省时代的中产世俗精英们后来则演化为对现代黎巴嫩政治有着重要影响的权力家族。

2.马龙派教会失去了黎巴嫩政治变革的先导地位

1861年确立的自治省体制,既是大国博弈的产物,也是马龙派教会主导的分离主义愿望和奥斯曼帝国加强中央控制的统一蓝图互相妥协的结果。对马龙派教会来说,这个结果与他们1840年就开始精心筹划的自治计划相去甚远。然而在自治省之下,马龙派教会没能继续扛起民族主义政治改革的大旗,反而使得马龙派认同重新被整合进奥斯曼帝国,表现在以下方面:

第一,1861—1864年,马龙派教会激烈反对新政体。这一时期马龙派所恼恨的焦点有两个:外来基督徒长官的统治和六个教派均分行政议会的席位。③因此,马龙派宗主教支持并资助优素福·卡拉姆发动叛乱,并且强烈抗议新体制对马龙派有失公允。

第二,1864年后,马龙派教会接受了自治省体制。优素福·卡拉姆叛乱失

---

① Campana to Pichon(Beirut,March 21,1907),转引自 Carol Hakim,*The Origins of the Lebanese National Idea:1840-1920*,University of California Press,2013,p.162.

② Fawwaz Traboulsi,*A History of Modern Lebanon*,Pluto Press,2007,p.48.

③ 1861年的《黎巴嫩山区管理基本组织条例》规定6个主要教派均分12个行政议会议员席位。

败以及法国模棱两可的态度让宗主教意识到实现自治是无望的,且 1864 年修订后的《条例》对马龙派做出了诸多倾斜。除行政议会中马龙派议员席位翻倍以外,自治省中央共设 86 个官职,其中 47 个被分配给马龙派,而地方选区共设 140 个职位,马龙派就占 75 个。[1]因此,马龙派教会接受了能保证马龙派社团政治优势的新体制。

第三,19 世纪末,在伊斯坦布尔的马龙派高官的牵线搭桥下,马龙派教会与最高波尔特握手言和。他们暂时搁置了分离主义立场,并开始接受坦齐马特改革所带来的"奥斯曼主义"。这种温和的"奥斯曼主义"逐渐渗透到马龙派主义当中,与马龙派认同互为表里。

三、几种民族主义认同的出现

1."大叙利亚认同"

19 世纪上半叶,叙利亚的基督徒以贝鲁特为中心,发起了一场以古典语言文学研究、印刷出版业、教育事业和翻译运动为内容的文化复兴运动。1860 年的教派冲突事件使得知识精英们开始反思,他们力图通过唤醒包括穆斯林在内的阿拉伯人的民族意识,来弥合宗教分歧,实现阿拉伯人在帝国内的自治。[2]在自治省时代,一部分黎巴嫩人把整个叙利亚视为祖国,发展出超越宗教和教派认同的"大叙利亚认同"。这种世俗的民族主义认同以所有叙利亚社团都分享的阿拉伯语言和文化遗产为基础,使有共同语言和文化类型的叙利亚–阿拉伯民族主义成为可能。[3]

布特鲁斯·布斯塔尼与其子塞利姆是同代思想家的代表,奠定了"大叙利亚认同"的基础,"叙利亚[4]是我们的祖国⋯⋯叙利亚的居民,不论教义、社

---

① FO 195/2075. Drummond Hay to O'Connor(Beirut, April 17, 1900),转引自 Carol Hakim, *The O-rigins of the Lebanese National Idea:1840–1920*, University of California Press, 2013, p.123.

② 黄民兴:《中东民族主义的源流和类型探析》,肖宪主编:《世纪之交看中东》,1998 年,第 137~173 页。

③ 姚惠娜:《黎巴嫩政治制度的建立及早期发展》,西北大学硕士学位论文,2003 年。

④ 被称为沙姆地区(Barr al-Sham)。

团或族体都是我们祖国的子孙。他们应该和谐共处,团结一致,关心祖国的安宁。他们都应热爱祖国,忠于祖国。"[1]

"大叙利亚认同"的特点有三个:

第一,阿拉伯语言与阿拉伯文化才是整合叙利亚民族最重要的基础。布斯塔尼的"大叙利亚认同"带有强烈的阿拉伯特征,在他的思想中二者紧密结合,应该更精确地被称为"阿拉伯-叙利亚主义"[2]。

第二,在布斯塔尼及其同代人思想中,"奥斯曼主义"与"大叙利亚认同"不相矛盾,反而可以互相补充。他们想要一个历经改革后变得强大的帝国,因此"奥斯曼主义"对他们来说很有吸引力。同时,1860年事件让他们积极寻找更具体的政治方案和更切实的认同。叙利亚是他们地方认同的支柱,是他们最想进行改革的地理范围。但是归根结底,叙利亚诸省的特殊政治环境和1860年以后的政治危机需要让发展与进步在帝国的框架内进行。[3]

第三,1918年奥斯曼帝国解体,大叙利亚民族主义基本诉求变成在整个沙姆地区建立有主权的叙利亚政治实体。同时,这种民族主义分为两种,一个将阿拉伯认同赋予大叙利亚民族主义思想,将叙利亚实体与阿拉伯世界的其他部分紧密结合在一起,而另一个宣称的是独特的大叙利亚认同,与阿拉伯世界相分离。

2."奥斯曼主义"

19世纪中期,在内忧外患之下,"奥斯曼主义"得以产生。简单来说,"奥斯曼主义"是为了维护多民族多元文化的奥斯曼帝国的统治而被创造出来的一种民族主义意识形态。对许多黎巴嫩的政治-知识精英来说,"奥斯曼主义"是改革与发展的外部结构,其重要性依据奥斯曼政府的政策而波动。布斯塔尼和他的同代人依旧希望奥斯曼帝国能够朝着世俗与自由方向发展。

---

[1] Carol Hakim, *The Origins of the Lebanese National Idea: 1840-1920*, University of California Press, 2013, p.149.

[2] 黄民兴教授在《中东民族主义的源流和类型探析》一文中也说:"一些学者认为早期的阿拉伯主义实为大叙利亚主义。"

[3] Carol Hakim, *The Origins of the Lebanese National Idea: 1840-1920*, University of California Press, 2013, p.150.

然而由于哈米德二世的保守专制倾向,"奥斯曼主义"在一部分精英中间失去了向心力。他们对奥斯曼帝国的改革方向抱有不满,对"奥斯曼帝国"选择的适当性表现出怀疑。

然而"奥斯曼主义"没有完全被精英抛弃。1908 年青年土耳其革命之后,"奥斯曼主义"有过短暂复兴。然而等到青年土耳其党人中的民族派掌权后,"他们实际上是把'奥斯曼主义'理解为使所有其他民族土耳其化,目的是使帝国的各族人民丧失他们的民族权利"①。于是"奥斯曼主义"迅速被相当一部分非土耳其民众厌弃,多数黎巴嫩人害怕丧失自治地位,因而进行了一系列巩固并扩大自治的政治活动。但是在这种环境下,因为奥斯曼帝国是仅存的穆斯林帝国,"奥斯曼主义"对许多穆斯林来说仍然是一种源于宗教的必然选择。②

3.黎巴嫩民族主义

19 世纪 40 年代的马龙派自治计划中就初见黎巴嫩民族主义的端倪,然而黎巴嫩民族主义在自治省时代的发展却非常缓慢,扛起民族主义大旗的任务落到了海外移民的头上,原因如下:

第一,作为 19 世纪以来黎巴嫩社会中流砥柱的马龙派教会,在自治省时代失去了社会变革和民族主义中的先锋地位。他们将注意力放在如何在自治体制下让马龙派社团获得更大的政治优势,而向自治政权和奥斯曼帝国妥协,甚至有将马龙派社团认同整合进"奥斯曼主义"的倾向。

第二,中产阶级世俗政治-知识精英虽然以行政议会为中心,有着非常强烈的改革意图。但是由于手无实权,且利益分散,因此无甚大作为。而在很长时间之内,他们也没有形成一个专一的民族主义意识,拿不出具体且可行性强的民族主义纲领。

此外,自治省时代黎巴嫩民族主义诉求经历了两个阶段:

第一,19 世纪中后期——巩固自治地位。尽管在一定程度上,黎巴嫩人

① 苏闻宇:《浅谈"奥斯曼主义"思潮变异及衰亡的原因》,《世界民族》,2011 年第 1 期。
② Carol Hakim,*The Origins of the Lebanese National Idea:1840-1920*,University of California Press,2013,p.155.

接受"奥斯曼主义"的整合,但还是竭力强调巩固自治地位,这样做的原因有二:哈米德二世统治后期,其专制政策走向反动,①原本寄希望于帝国经历过改革之后变得强大的黎巴嫩精英变得无比失望,无奈之下只能自寻出路;自治省的版图削去了沿海诸港与贝卡谷地,大大限制了黎巴嫩的经济能力,暴露出经济上依赖外部的缺陷。

1902 年,自治省长官穆扎法尔帕夏试图推行改革,改革重点是开放朱尼耶为国际港口,将贝卡谷地并入黎巴嫩自治省。这场改革虽然无果而终,但却启发了黎巴嫩的知识精英们。其中最重要的就是耶稣会神父亨利·拉芒的提议:将的黎波里、贝鲁特、西顿等港口以及贝卡地区和阿卡地区全部并入黎巴嫩自治省;或者"让蒸汽船驶进美丽的朱尼耶海港"②。

第二,20 世纪初——带有分离主义倾向的民族主义改革主张。20 世纪初,政治-知识精英不满足于对黎巴嫩山区自治地位的巩固,萌生出带有分离主义倾向的民族主义改革愿望。这是因为:

首先,19 世纪前半叶产生的马龙派黎巴嫩民族主义经典叙事文献为黎巴嫩精英提供了丰富的遗产。根据劳迪西亚主教尼古拉斯·穆拉德和阿扎尔神父的观点,由于黎巴嫩山区绝大多数是基督徒,因此应该脱离腐朽专制的奥斯曼帝国,并且与西方基督教世界有更紧密的联系。他们的思想继承了教会的传统观念,也受到法国天主教徒的鼓励,拥护建立半独立的黎巴嫩实体以满足基督徒的需求,保护他们不受敌对的穆斯林政府侵扰。③ 1905 年,马龙派教徒费迪南·泰安曾写道:如果马龙派最终从奥斯曼人的统治中解放出来, 那么仅将马龙派界定为一个居住在穆斯林环境中的基督教社团是不够的;马龙派必须知道自己是一个有着自决权利的族体。④

---

① 黄维民:《奥斯曼帝国》,三秦出版社,2000 年,第 370 页。

② Quarante ans d'autonomie au Liban, 转引自 Carol Hakim, *The Origins of the Lebanese National Idea:1840–1920*,University of California Press,2013,p.174.

③ Carol Hakim,*The Origins of the Lebanese National Idea:1840–1920*,University of California Press,2013,p.181.

④ Carol Hakim,*The Origins of the Lebanese National Idea:1840–1920*,University of California Press,2013,p.181.

其次，巴尔干半岛诸国的相继独立刺激了黎巴嫩人分离主义倾向的产生。1829 年的《亚得里亚那堡条约》使得希腊取得独立；1878 年《柏林条约》承认塞尔维亚、罗马尼亚与门特尼格尔独立；1886 年，保加利亚宣布与东鲁姆利合并，1908 年宣布独立。这些国家与地区的独立抗争让黎巴嫩人看到了民族主义运动的成功实践，对他们构成了极大的精神鼓舞。

最后，青年土耳其党人的中央集权和狭隘"奥斯曼主义"倾向使得中央与地方关系紧张，黎巴嫩精英开始与帝国离心离德。1908 年 7 月，奥斯曼帝国发生青年土耳其革命。1909 年，青年土耳其党人中的"民族派"获得权力。他们聚集在"团结与进步委员会"周围，公开主张中央集权并鼓吹全面奥斯曼化。[①]"团结与进步委员会"的政策让黎巴嫩的政治–知识精英发生分化，分裂为政治上亲"团结与进步委员会"，主张黎巴嫩山区立即放弃自治地位的激进派与坚持自治地位的温和派。青年土耳其党人的专制统治使得黎巴嫩的温和派改革者不得不再次召唤出民族主义大旗，萌生出了带有分离主义色彩的改革愿望。

布鲁斯·努杰姆是自治省时代最杰出的黎巴嫩民族主义思想家。他对前代与黎巴嫩的历史与现实问题有关的文献进行了全面的梳理和扬弃，明确而系统地阐释黎巴嫩民族主义的实质，提出了以下观点：

第一，重建大叙利亚。不同于费迪南·泰安，努杰姆认为仅依靠马龙派社团和弹丸大小的黎巴嫩山区就能扭转奥斯曼帝国腐朽没落的颓势，创造美好而符合普世价值观的明天。[②]能接替奥斯曼帝国衣钵，为整个东方带来繁荣复兴的只有重建后的大叙利亚。

第二，强化黎巴嫩山区的自治地位。努杰姆认为黎巴嫩的自然与历史决定了其在叙利亚的中心地位，而黎巴嫩山区的政治与经济改革是重建叙利亚的先导。政治的不清明，耕地的匮乏和人口的流失，使得自治省体制无益于黎巴嫩的稳定与繁荣。于是，努杰姆提出，应该限制自治省长官的权力，扩大平民的政治参与。另外，出于历史、地理与经济考量，他延续了亨利·拉芒

---

① 黄维民：《奥斯曼帝国》，三秦出版社，2000 年，第 391~392 页。

② 卓普林在他的著作中界定了所谓的"普世价值"与原则，即自由、民主与进步。

的观点,重申黎巴嫩应有的边界——"西到地中海,北到纳赫尔·卡比尔,东到奥伦特与利塔尼河,南到利塔尼河"[①]。

同时需要指出,以布鲁斯·努杰姆为代表的同时期黎巴嫩知识精英的民族主义思想具有两面性和模糊性:一方面,由于黎巴嫩山区在历史上从没有以一个独立政治实体的形式而出现过,并且马龙派教会作为社团的灵魂,却在自治省时代表现为专横跋扈、唯利是图且保守退缩。深感无望之下,他们很容易被"奥斯曼主义"和"大叙利亚认同"整合。另一方面,哈米德二世的奥斯曼主义政策又缺乏真正的整合能力,无法促成进一步的同化,而真正的叙利亚民族并未存在过,所谓的"大叙利亚认同"不过是知识分子在象牙塔中的想象,更加不可能整合域内的宗教、民族与地区。因此,黎巴嫩民族主义思想家们还是固守黎巴嫩自治不动摇。在此背景下,同代的大多数黎巴嫩精英既没有明确的分离主义诉求——黎巴嫩脱离奥斯曼帝国独立,也没有正式选择"大叙利亚认同"或是"奥斯曼主义"。

1908年,黎巴嫩世俗中产阶级政治-知识精英向当时的自治省长官优素福帕夏发难。优素福帕夏做出了一定退让,宣布行宪。然而改革者们竭力争取兼并的黎波里、贝鲁特和西顿三个港口以及贝卡谷地并未取得成效。1909年,退而求其次的改革者们出租了朱尼耶的两艘汽船以供货运,旋即就遭到贝鲁特利益集团的打压,不得不终止贸易活动。[②] 1910年,优素福帕夏勒令行政议会发放特殊身份登记牌,并向基督徒征兵,山区的民族主义活动陷入低潮。

海外的黎巴嫩精英是自治省时代民族主义活动的中流砥柱。为了宣扬黎巴嫩民族主义,他们成立了诸多会社,如1909年在埃及成立的"黎巴嫩人联盟",以及在纽约、巴黎和贝鲁特分别设坛的"黎巴嫩人委员会"。[③]这些会

---

① Quarante ans d'autonomie au Liban,转引自 Carol Hakim,*The Origins of the Lebanese National Idea:1840-1920*,University of California Press,2013,p.174.

② Carol Hakim,*The Origins of the Lebanese National Idea:1840-1920*,University of California Press,2013,p.206.

③ 黎巴嫩人委员会的建立者是优素福·索达、安东尼·朱美尔和伊斯坎达尔·阿蒙。Fawwaz Traboulsi,*A History of Modern Lebanon*,Pluto Press,2007,p.50.

社一不动员民众,二不组建政党,但其对于黎巴嫩民族主义事业的贡献却不可低估。他们网罗了一批知识分子,以笔为刀,以文章、宣传册、请愿书的形式提出巩固黎巴嫩自治地位的主张,并且宣传黎巴嫩民族主义的核心诉求。

1912 年 4 月,"黎巴嫩人联盟"向法国外交大臣请愿,要求严格按照《黎巴嫩山区管理基本组织条例》为总督的权力设定边界,改变行政议会和地方议会选举方式,扩大议会的权力,重新开放国际港口。[1] 1912 年 6 月,会址选于巴黎的"黎巴嫩人委员会"提出了进一步的诉求。除过"黎巴嫩人联盟"之前提出的之外,他们还要求将行政议会议员的选举方式变为普选制,议会席位增至 18 个,设立享有独立行政权的行政议会主席。由于 1880 年以后,最高波尔特不再遵守 1861 年的《黎巴嫩山区管理基本组织条例》,为黎巴嫩自治省提供财政赤字补贴。对此,"黎巴嫩人委员会"沿用了 1840 年以来马龙派对黎巴嫩边界的话语,要求帝国政府在如下三种方式之内任选其一,进行补偿:将贝鲁特、西顿与的黎波里港归还黎巴嫩;将贝卡与巴勒贝克平原划给黎巴嫩;由土耳其政府担保贷款促进黎巴嫩经济发展。[2]

海外黎巴嫩人会社的努力取得了一定成果。1912 年 12 月,奥斯曼帝国中央重设了《黎巴嫩山区管理基本组织条例》。新《条例》规定,代尔·卡马尔再增设一个马龙派议员席位,并且开放朱尼耶为国际贸易港口。[3]黎巴嫩人海外会社的领袖们都是布鲁斯·努杰姆的忠实信徒,他们都拥护建立大叙利亚,或者至少巩固并强化黎巴嫩人的自治。1913 年,领袖们向法国领事提出改变自治省长官的产生方式,要求民选产生本土总督,或者是欧洲大国提名,最高波尔特授权的欧洲总督代表奥斯曼帝国统治黎巴嫩。[4]

截至一战爆发前,"黎巴嫩人联盟"和"黎巴嫩人委员会"的诉求成了黎

① Carol Hakim,*The Origins of the Lebanese National Idea:1840-1920*,University of California Press,2013,p.208.

② Comite Libanais de Paris,Mémoire sur la question du Liban,转引自 Carol Hakim,*The Origins of the Lebanese National Idea:1840-1920*,University of California Press,2013,p.209.

③ Fawwaz Traboulsi,*A History of Modern Lebanon*,Pluto Press,2007,p.51.

④ Iskandar Ammun,President of the Alliance Libanaise and K. T. Khairallah,Secretary of the Comite Libanais de Paris to Couget(s.d),转引自 Carol Hakim,*The Origins of the Lebanese National Idea:1840-1920*,University of California Press,2013,p.210.

巴嫩人民族主义主张的标准版本。但是这一时期的黎巴嫩主义诉求都只限于扩大边界，并不涉及大黎巴嫩的诉求，也没有明确的分离主义倾向。[①]

第三节 一战的阴影
——从军事管制到法国委任统治下的大黎巴嫩

一、第一次世界大战对黎巴嫩的政治颠覆与社会冲击

1.政治上的军事管制

受德式军事训练成才的青年土耳其党人，天然地对德国抱有好感，因而在一战中加入了同盟国阵营。黎巴嫩作为通往英国控制下的苏伊士运河的桥头堡，因而受到奥斯曼帝国的恐怖统治。[②]

由于黎巴嫩、叙利亚的重要地理位置，战争刚一打响，原奥斯曼帝国海军大臣，青年土耳其党三巨头之一艾哈迈德·詹马尔帕夏就被最高波尔特派往叙利亚，就任军事长官兼第四军总司令。[③] 1915 年，延续了 54 年的黎巴嫩自治省体制被废除，代之以军事管制。在奥斯曼帝国政府眼中，压制并铲除叙、黎地区盛行的激进倾向，对于赢得战争至关重要。因此，詹马尔抓捕了一批阿拉伯民族主义领袖，其中包括利达·苏勒赫与其子利雅得·苏勒赫。同时，他建立的军事法庭以叛国罪处决了叙利亚与黎巴嫩 33 名主要政治人物，流放了 200 多名显贵，以恐怖统治进行震慑。1916 年 5 月 6 日，14 位民

---

① 1860 年法国远征队就绘制了大黎巴嫩的地图，这在后来启发了黎巴嫩活动家们的大黎巴嫩诉求。1914 年，一位居住在埃及的法国人，乔治·瓦西提到了这幅地图，认为解决黎巴嫩困境的唯一方法就是大黎巴嫩。虽然都包括贝鲁特、的黎波里、西顿三个港口，以及贝卡，但是大黎巴嫩还包括南部的比拉德·比沙拉与北部的阿卡地区。

② 王新刚：《中东国家通史·叙利亚和黎巴嫩卷》，商务印书馆，2007 年，第 153~154 页。

③ ［美］菲利普·克·希蒂：《黎巴嫩简史》，北京师范学院《黎巴嫩简史》翻译小组译，北京人民出版社，1974 年，第 299 页。

族主义活动家在贝鲁特被判处绞刑,其中包括著名的黎巴嫩人会社"雪松"的创建者法里德·卡金,①使贝鲁特变成了一座"坟场"。

2.两种民族主义认同的竞争

第一次世界大战深刻地影响着黎巴嫩精英的政治倾向。面对即将倒塌的帝国大厦,有识之士们不禁开始思索黎巴嫩的未来。1918 年 1 月 8 日,美国总统伍德罗·威尔逊在国会发表演说时提出"十四点和平原则",其中包括奥斯曼帝国的民族自决。在新的视野下,黎巴嫩精英也认真考量民族自决和政治独立的可能性。这一时期黎巴嫩较有影响力的民族主义主张有三种②:

第一,建立独立的大叙利亚,由费萨尔领导。大叙利亚为阿拉伯属国,与谢里夫·侯赛因的阿拉伯王国一脉相承;

第二,建立独立的大叙利亚,受西方国家保护,但在意识形态上和政治认同上与阿拉伯世界划清界限;

第三,建立独立的大黎巴嫩,受法国保护。

但是海外的黎巴嫩精英多数为基督徒,因此对阿拉伯民族主义主张没有天然的亲近之心,因此他们探讨的主题是集中在大叙利亚和大黎巴嫩,精英们的民族主义主张也从有限的自治框架改革变为建立大叙利亚或大黎巴嫩。

大叙利亚主张:流亡海外的政治–知识精英团结在各类会社周围,首先发起对民族未来问题的探讨。他们中的大多数人支持大叙利亚观念,认为奥斯曼帝国破灭后,建立统一的联邦制叙利亚国家是最优的选择,同时黎巴嫩应该在叙利亚实体之内建立地方自治。③大叙利亚计划在黎巴嫩与叙利亚海外精英中盛行的原因是:叙利亚政治、经济与社会的发展,尤其是无数公路与铁路的修建,将整个地区主要城镇联系在一起,促进了整个地区经济的一体化,民众也在地区内自由迁徙,进行贸易活动。

---

① William Harris, *Lebanon, A History:600–2011*, Oxford University Press, 2012, p.173.

② Carol Hakim, *The Origins of the Lebanese National Idea:1840–1920*, University of California Press, 2013, p.215.

③ FO 882/24, Party of Syrian Union, The Fundamental Statutes,转引自 Carol Hakim, *The Origins of the Lebanese National Idea:1840–1920*, University of California Press, 2013, p.224.

一战后期,战争的形式明显利于协约国部队,彻底决定从破败的帝国中分离出来的海外黎巴嫩移民又成立了一系列会社。1917年6月16日,叙利亚中央委员会在巴黎成立。同年,叙利亚与黎巴嫩解放委员会在纽约成立。其主要诉求的核心即为大叙利亚认同,主张建立独立的大叙利亚,使之处于法国的保护之下,将黎巴嫩整合进这一实体,并且呼吁世界各地的叙利亚人与黎巴嫩人为这一目标共同奋斗。同时,谢里夫·侯赛因领导的阿拉伯大起义也鞭策着生活在埃及的叙利亚人和黎巴嫩人建立社团。他们中的大多数都支持大叙利亚主张,其中最著名的是由许多小型社团改组合并而来的"埃及黎巴嫩-叙利亚委员会"[①]。

大黎巴嫩主张:虽然最初大叙利亚主张占据优势,但是整个叙利亚各地的不均衡发展导致以地区、宗教、教派与社会文化为核心的多重认同同时存在于这一地区。历史上的叙利亚从来不是一个独立的政治实体,不存在国家传统,不存在"历史与地理"边界,不存在定义明确的族体。当时国际各界对叙利亚的归属也有颇多争议,如部分黎巴嫩精英的大黎巴嫩主张,阿拉伯人想将叙利亚并入阿拉伯王国,而英法也在筹划对这一地区进行瓜分,分而治之。于是,大叙利亚认同无法说服大黎巴嫩主张,而1918—1920年发生的一系列事件更是促使精英们纷纷倒向大黎巴嫩主张。

黎巴嫩民族主义者所谓的"大黎巴嫩"版图基本复制了蒲福将军绘制的大黎巴嫩地图,涵盖了包括贝鲁特、西顿等城市在内的沿海平原、传统黎巴嫩山、贝卡谷地,以及安提黎巴嫩山。[②]根据"大黎巴嫩"观念,历史上的黎巴嫩长期就是一个自治的实体,法赫尔·丁二世与巴希尔二世代表着地方王朝的高峰。因此,黎巴嫩对这些领土拥有不可剥夺的历史权利及不容拒绝的生存权。事实上,大黎巴嫩支持者反对大叙利亚认同的最根本原因无关于理论层面的现代与普世的思想和历史、文化与社会经济等方面的论据,而在于整合进叙利亚之后,黎巴嫩的基督徒就再也不是优势民族了。大黎巴嫩主张最

---

① Carol Hakim, *The Origins of the Lebanese National Idea:1840-1920*, University of California Press, 2013, p.214.

② William Harris, *Lebanon, A History:600-2011*, Oxford University Press, 2012, p.176.

主要的推广者和践行者是埃及的"黎巴嫩人联盟",他们为建立有着"自然与历史边界",处于西方国家保护之下的大黎巴嫩而积极奔走。

3.经济上的困顿

在政治上的发展之外,第一次世界大战毁灭了黎巴嫩的经济体系,给黎巴嫩社会造成了惨重的打击。1915—1918 年间严峻的经济形势、长期的食物短缺,以及饥荒是绝大多数存活下来的黎巴嫩人一生都挥之不去的噩梦。[1]

詹马尔帕夏的军事管制还包括了强行征兵、征粮与征畜。据统计,1915 年间土耳其人从叙利亚和黎巴嫩所征收的军粮,占该地区全年粮食收成的60%。由于 1861 年《条例》将贝卡谷地和沿海城镇分割出去,黎巴嫩的经济能力大打折扣。粮食极度依赖进口,而海外汇款也成了山区民众最重要的进项之一。战争后期,协约国部队封锁了地中海沿岸的港口,对于黎巴嫩民众简直是晴天霹雳。粮食与侨汇都被阻隔在封锁线以外,而生丝无法进行正常贸易是压垮黎巴嫩经济的最后一根稻草。

1915 年,黎巴嫩爆发了瘟疫与蝗灾,山区及周边地区粮食严重歉收。而行政体系内部的贪腐行为也阻碍了粮食的运输和调配。随之而来的饥荒,对山区造成了灭顶之灾。由于饥馑与贫病交加,许多村子死亡率达到50%以上。根据相关数据统计,第一次世界大战期间,黎巴嫩人口下降了三分之一。[2]

二、英国和法国对中东的瓜分

1.英、法与费萨尔的博弈

自 19 世纪中期以来,英国与法国一直在中东进行拉锯战。法国希望得到包括巴勒斯坦在内的叙利亚、黎巴嫩等广大地区,英国也竭力谋求从巴勒斯坦到伊拉克这一范围。[3] 1916 年 5 月,法国代表乔治·皮科与英国代表马

---

① 王新刚:《中东国家通史·叙利亚和黎巴嫩卷》,商务印书馆,2007 年,第 154 页。

② Carol Hakim,*The Origins of the Lebanese National Idea:1840–1920*,University of California Press,2013,p.223.

③ 王新刚:《中东国家通史·叙利亚和黎巴嫩卷》,商务印书馆,2007 年,第 159 页。

克·赛克斯签订了《赛克斯—皮科协定》。该协定规定法国占有西叙利亚、黎巴嫩，以及安纳托利亚，英国占有包括巴格达和巴士拉在内的中、南伊拉克和巴勒斯坦的海法及阿卡。协定同时规定，东叙利亚和伊拉克摩苏尔地区将成为法国的势力范围，从基尔库克至亚喀巴和从地中海到波斯湾的区域则为英国的势力范围。巴勒斯坦其余部分实行国际共管。[①]

　　然而这一结果对英法双方来说都不理想。英国的目标不仅是全面控制伊拉克和巴勒斯坦，并将摩苏尔并入伊拉克，还力图打消法国对叙利亚的觊觎，或至少遏制法国在这一地区的影响力。于是，英国以民族自决为口实，[②]唆使费萨尔在叙利亚内陆建立阿拉伯政府。同时又向法国吐口，允许法国在严格的限制下，扩大对叙利亚沿海地区的控制。英国以此挑动法国与费萨尔之间进行争夺，自己坐收渔翁之利。1918 年 9 月 30 日，阿拉伯起义军占领大马士革。同日，英国与法国在伦敦签订协议，规定被占领地区的最高控制权归英国的艾伦比将军，具体管理由盟军分担：法国管理西叙利亚与黎巴嫩，包括大马士革在内的东叙利亚和外约旦由费萨尔控制；英国控制巴勒斯坦。[③]

　　而不甘心失去对叙利亚控制的法国，由于在大战中消耗了元气，于是只能眼睁睁看着英国人与费萨尔先行一步。1918 年 10 月，费萨尔先于法国遣使前往贝鲁特，争取到了名流政要们的支持。两日后，使节又赶到黎巴嫩山区，任命了黎巴嫩总督。10 月 8 日，当法军登陆贝鲁特时，就遭遇了费萨尔政府的抵制。除此之外，在英国指挥官艾伦比将军手中，讨不到一点便宜。艾伦比竭力限制法国在叙利亚沿海和黎巴嫩的军事力量，并将贝卡谷地分给了费萨尔。无奈之下，法国只能做出妥协。1918 年 12 月 1 日，法国总理乔治·克莱蒙梭与英国首相劳合·乔治口头约定，英国会在巴黎和会上支持法国对叙利亚和西里西亚的主张，同时，法国要放弃对摩苏尔和巴勒斯坦的诉求。[④]

---

① 王新刚：《中东国家通史·叙利亚和黎巴嫩卷》，商务印书馆，2007 年，第 160 页。

② FO608/105, Sir E. Richards, Secret Peace Conference, "Syria" (January 1919), 转引自 Carol Hakim, *The Origins of the Lebanese National Idea: 1840–1920*, University of California Press, 2013, p.227.

③ 彭树智主编：《中东史》，人民出版社，2010 年，第 271 页。

④ Carol Hakim, *The Origins of the Lebanese National Idea: 1840–1920*, University of California Press, 2013, p.238.

1919 年 9 月 13 日,英国做出决定,在 1919 年 11 月 1 日前,将所有英国军队撤出叙利亚。[1]但是劳合·乔治的让步仍有其险恶居心。他决定将英国在海岸的地位让渡给法国,而把内陆地区给了费萨尔的阿拉伯政府,使得叙利亚处于法国和费萨尔对峙的状态。

法国与费萨尔都不愿意正面冲突,于是坐下来谈判。1920 年 1 月 6 日,两方达成一致,法国名义上支持费萨尔统治下的叙利亚独立,费萨尔接受法国的委任统治;黎巴嫩由法国进行委任统治;在整个叙利亚、黎巴嫩地区进行民意公投。[2]亨利·古罗将军被任命为叙利亚、黎巴嫩和西里西亚的高级专员,罗伯特·德·凯克斯为古罗的秘书长。[3]

对法国政府来说,叙、黎两地人民的意愿必然比不上国家利益重要。[4]为了利益,法国愿意对大黎巴嫩的边界问题进行妥协——同意将贝卡谷地让渡给费萨尔的阿拉伯政府。然而古罗是一个狂热的天主教徒,不愿意"辜负"黎巴嫩的基督徒,对克莱蒙梭做出的让渡贝卡谷地的决定极为不满,因而对贝卡地区采取占领行动,引发了贝卡的什叶派与德鲁兹派武装团伙对基督徒的攻击。

1920 年 1 月,米勒兰继任为法国总理,对克莱蒙梭与费萨尔之间的协定阳奉阴违,处处针对费萨尔政权。1920 年 3 月 8 日,费萨尔宣布叙利亚独立并加冕为王,英法两国均不予以认可。1920 年 4 月召开的圣雷莫会议决定,叙利亚和黎巴嫩由法国进行委任统治,而巴勒斯坦和伊拉克由英国进行委任统治。消息传开之后,同年 5 月,黎巴嫩南部的提尔又发生了什叶派暴力事件,法国进行了强势镇压。1920 年 7 月,法国占领大马士革,驱逐了费萨尔。[5] 1920 年 9 月 1 日,"大黎巴嫩"正式建立。

[1]　Zeine N. Zeine, *The Struggle for Arab Independence: Western Diplomacy and the Rise and Fall of Faisal's Kingdom in Syria*, Khayat, 1960, p.118.

[2]　FO 371/5033, Summary of negotiations between the Emir and the French government,转引自 Carol Hakim, *The Origins of the Lebanese National Idea: 1840-1920*, University of California Press, 2013, p.250.

[3]　姚惠娜:《黎巴嫩政治制度的建立及早期发展》,西北大学硕士学位论文,2003 年。

[4]　Meir Zamir, *The Formation of Modern Lebanon*, Cornell University Press, 1988, p.72.

[5]　王新刚:《中东国家通史·叙利亚和黎巴嫩卷》,商务印书馆,2007 年,第 170 页。

2.黎巴嫩精英的建国计划

黎巴嫩精英对战争形式的认识与山区未来的思索没有海外知识分子们那么深刻,面对帝国灭亡的历史性转折,他们的民族主义计划经历了如下阶段:

第一,巩固自治,并要求扩大边界。黎巴嫩精英最初的谨慎源于一战后期的惨痛经历与战争结束后的复杂局面。自治省体制使得山区结束了1840—1860年之间的不断冲突,但是却断送了繁荣的经济发展。一战后期,由于协约国将沿海港口封死,黎巴嫩的食物进口、侨汇与生死出口都成了问题,酿成了耸人听闻的饥荒。

法国军队登陆贝鲁特后,虽然驱逐了费萨尔派来的特使,[1]但是却没有及时与黎巴嫩的精英圈子沟通交流。这时,摆在忐忑不安的黎巴嫩人面前的选择只有两个:一个是放弃自治地位,将黎巴嫩整合进在奥斯曼帝国大厦废墟上重建的实体。但是由于将要取代奥斯曼帝国的实体的性质与身份认同都还不清楚,多数精英明显不愿意接受这样的方案。因此,多数精英选择了第二个方案——扩大黎巴嫩的边界。

1918年10月23日,法国官员皮埃佩普上校与黎巴嫩马龙派宗主教会谈,同意恢复山区之前的自治状态,以法国总督代替奥斯曼帝国总督。[2]同时,费萨尔也对黎巴嫩进行积极渗透。在已经于贝卡建立了阿拉伯政府的前提下,费萨尔又访问巴勒贝克和扎赫勒,称黎巴嫩是"叙利亚的珍珠"[3]。

1918年12月9日,黎巴嫩行政议会通过了一战后的首项决议,包括以下内容:再次宣告黎巴嫩行政与司法的自治地位;以"历史与地理边界"划定黎巴嫩的疆土,以保证山区全部的经济能力;争取法国的支持与合作,以此实现这些诉求;派出代表团参加巴黎和会。[4]但是碍于法国暧昧不清的态度,

① 姚惠娜:《黎巴嫩政治制度的建立及早期发展》,西北大学硕士学位论文,2003年。

② AE Levant SL 3,Coulondre to AE(Cairo,October 18,24,and 26,1918),转引自 Carol Hakim,*The Origins of the Lebanese National Idea:1840–1920*,University of California Press,2013,p.239.

③ 姚惠娜:《黎巴嫩政治制度的建立及早期发展》,西北大学硕士学位论文,2003年。

④ AE Levant SL 6,Picot to Gout(Beirut,December 19,1918),转引自 Carol Hakim,*The Origins of the Lebanese National Idea:1840–1920*,University of California Press,2013,p.239.

这项决议并没有明确规定黎巴嫩的边界范围。[①]

尽管代表团没能让主张实现，但是却收获良多。代表们在巴黎聆听了海外黎巴嫩社团关于大黎巴嫩与大叙利亚的辩论，开阔了视野，也修正了过去的看法和主张。

第二，建立"大黎巴嫩"。代表团接受了巴黎的黎巴嫩民族主义者最含糊边界的批评，向十人会议[②]提交了一份备忘录。受到海外精英的启发，他们以1861年蒲福将军着手下绘制的大黎巴嫩地图作为论据，论证所谓的"历史的与自然的"边界的合法性。[③]此外，他们也认可叙利亚中央委员会的主张，表示愿意让自治的大黎巴嫩整合进受法国委任统治的大叙利亚实体中。

出乎意料的是，巴黎和会让叙、黎局势更加复杂，法国处处被掣肘，谈判桌变成了克莱蒙梭和劳合·乔治之间的角斗场。美国也试图把水搅浑，伍德罗·威尔逊提出向中东派出考察团实地调研。深感恐慌的英国和法国为了避免被动局面，企图让费萨尔与法国媾和。[④]法国的心理预期是说服费萨尔接受法国对叙、黎两地的委任统治，同时，法国承认叙利亚"独立"。

巴黎和会的谈判让叙、黎局势更加复杂，整个谈判过程变成了克莱蒙梭和劳合·乔治之间的争执。美国总统伍德罗·威尔逊提出派调查团实地考察，让英、法感到担忧。调查可能导致问题进一步拖延，并且会暴露英、法对叙利亚、巴勒斯坦与伊拉克的企图，于是英、法试图安排法国与费萨尔进行直接协定，作为避免派出委员会的对策。法国的目的是要费萨尔默许法国对叙利亚的委任统治，而作为回报，法国会承认叙利亚的独立。法国以为很容易就能和费萨尔达成默契，不料费萨尔的态度非常躲闪。事实上，此时费萨尔指

① Meir Zamir, *The Formation of Modern Lebanon*, Cornell University Press, 1988, p.52.

② 巴黎和会期间，一切重大问题均先由五大国会议讨论决定。最开始的五大国会议即"十人会议"，由美国威尔逊和兰辛、英国劳合·乔治和贝尔福、法国克莱蒙梭和毕盛、意大利奥兰多和桑尼诺、日本西园寺公望和牧野伸显组成。

③ AE Levant SL 7, Letter from President of the Alliance Libanaise to Clemeneau (Cairo, January 5, 1919), 转引自 Carol Hakim, *The Origins of the Lebanese National Idea: 1840–1920*, University of California Press, 2013, p.242.

④ Zeine N. Zeine, *The Struggle for Arab Independence: Western Diplomacy and the Rise and Fall of Faisal's Kingdom in Syria*, Khayat, 1960, p.80.

望调查委员会及英美的支持,以此来遏制法国在叙利亚的影响。然而费萨尔却有自己的打算,并不与法国直接接触。

第三,黎巴嫩独立。费萨尔回到大马士革后,他与法国人做了秘密交易的传言不胫而走。他在欧洲的外交活动,使得西方国家都默许了叙利亚的独立。这在黎巴嫩山区的精英看来,等同于坐实了传言。他们因此而惶惶不可终日,觉得法国人背信弃义,为了扩大在叙利亚全境的控制,与费萨尔联手牺牲了黎巴嫩的自治。

1919 年 5 月 20 日,决定不再坐以待毙的黎巴嫩行政议会通过了一项决议,中心内容是呼吁"黎巴嫩在其地理与历史边界内政治独立"。同时,马龙派教会再一次扛起领导黎巴嫩民族主义运动的大旗,开始策动一系列游行示威。当第一个由世俗领导者组成的代表团没有达成所愿时,马龙派社团与山区其他支持大黎巴嫩的政治力量自然地转而将教会视为唯一具有足够的道德和政治权威的领导。[1]

几天后,皮科试图游说马龙派宗主教,提出了新的建议——黎巴嫩并入法国保护下的大叙利亚。宗主教对法国人朝令夕改,反复无常的态度非常反感,并认为法国的言而无信已经削弱了法国在叙利亚的影响力,法国因此无力主导局面,无法再与英国抗衡。因此,黎巴嫩独立是宗主教心中不可替代的选择。[2]宗主教亲率代表团参加和会,向大会呈递了一份备忘录,要求建立符合 1861 年法国人绘制地图的历史边界的大黎巴嫩;并使之独立于"任何在叙利亚建立的国家"[3]。

会议中间,克莱蒙梭会见了胡维克一行,但没有对黎巴嫩的地位做出任何承诺。[4] 1919 年 11 月 1 日,英军撤出了叙利亚。然而为了与法国人博弈,费萨尔四处散播法国要抛弃基督徒,逃离叙利亚的传言。因此,1920 年 2 月,宗主教决定再次派出代表团出访巴黎,探明法国的真实意图并商讨边

---

① 姚惠娜:《黎巴嫩政治制度的建立及早期发展》,西北大学硕士学位论文,2003 年。

② Carol Hakim, *The Origins of the Lebanese National Idea: 1840–1920*, University of California Press, 2013, p.245.

③ William Harris, *Lebanon, A History: 600–2011*, Oxford University Press, 2012, p.175.

④ 姚惠娜:《黎巴嫩政治制度的建立及早期发展》,西北大学硕士学位论文,2003 年。

界问题。第三次使团尽管得到了法国议会以及法国殖民主义者的支持,但是同样遭遇了法国政府的拖延战术。[1]在给法政府的备忘录中,他们提出支持把贝卡谷地并入黎巴嫩的新论据:《塞克斯—皮科协定》把贝卡划归法国直接控制。[2]

　　巴黎和会对叙利亚及黎巴嫩问题解决的拖延,以及法国政府顾左右而言他的态度,让黎巴嫩的精英们有许多揣测。[3]此时的他们并不知道已经失去耐性的米勒兰准备对费萨尔动手,因此不得不重新考虑政治走向和民族主义选择。1920 年 7 月 10 日,黎巴嫩行政议会通过了一项对黎巴嫩局面造成震荡的决议。代表们通过利雅得·苏赫勒与阿敏·阿尔斯兰等中间人与费萨尔取得了一致,确保黎巴嫩独立以及扩大边界,将的黎波里、贝鲁特和西顿三个港口并入黎巴嫩,同时,黎巴嫩要脱离法国的委任统治。[4]在行政议会上,议员们提倡"黎巴嫩完全绝对独立"以及根据与大马士革政府的协议扩大边界,并准备把这项决议呈递给巴黎和会。然而法国人最终察觉了他们的意图,掐灭了黎巴嫩独立的星星之火。这次独立尝试虽然没有取得成功,但却绕开法国与阿拉伯民族主义者寻求妥协的勇敢尝试。这次事件并不是孤立的,它反映出黎巴嫩政治精英对法国统治的不满。当法国委任统治下的大黎巴嫩建立后,精英们的独立倾向继续发酵,推动着黎巴嫩从委任统治走向真正的独立。

---

① Carol Hakim, *The Origins of the Lebanese National Idea:1840−1920*, University of California Press, 2013, p.253.

② 姚惠娜:《黎巴嫩政治制度的建立及早期发展》,西北大学硕士学位论文,2003 年。

③ AE Levant SL19, Gouraud to AE(December 8, 1919),转引自 Carol Hakim, *The Origins of the Lebanese National Idea:1840−1920*, University of California Press, 2013, p.255.

④ FO 371/5037, Wratislaw to Secretary of State for Foreign Affairs(July 2, 1920),转引自 Carol Hakim, *The Origins of the Lebanese National Idea:1840−1920*, University of California Press, 2013, p.256.

三、法国委任统治下的黎巴嫩共和制

1.大黎巴嫩的边界

1920 年 4 月的圣雷莫会议确立了英、法两国在叙利亚地区(包括现在的叙利亚、黎巴嫩、巴勒斯坦和约旦等地)实行委任统治。1920 年 9 月 1 日,法国宣布法国委任统治下的大黎巴嫩建立,并确定了边界。[①]其边界包括的黎波里、贝鲁特、西顿和提尔等沿海城市,黎巴嫩山、安提黎巴嫩山,以及两山之间的贝卡谷地(包括贝卡、巴勒贝克、拉恰亚和哈斯拜亚)。大黎巴嫩的边界是殖民主义分而治之的产物,并不遵循真正的自然历史地理形成的边界,如历史上黎巴嫩范围从未到达过南边的阿米勒山与安提黎巴嫩山脉。而并入这些地区也会带来一些问题:其一,会破坏山区的社会、人口与权力平衡;其二,扩大边界实施起来有难度,被并入地区的人们态度比较消极。因此,即使是在大黎巴嫩建立以后,有关依附与分离的讨论仍然在继续。依附与分离的问题存在于两个维度:一是大黎巴嫩对叙利亚的依附或分离;二是并入地区对大黎巴嫩的依附或分离。

东部地区的并入(包括贝卡谷地与安提黎巴嫩山):

一战期间发生的大饥荒让马龙派宗主教意识到绝对不能放弃贝卡谷地这个主要的粮食产区。[②]即使有什叶派的武装袭击,马龙派与法国也没有放弃贝卡谷地,反而坚持将边界延伸到安提黎巴嫩山。

南部地区的并入:

法国与英国的互动是划定南方边界的核心因素。事实上,黎巴嫩人都不支持兼并阿米勒山,而马龙派教会与卡金谢赫明确表示反对。然而对这一地区的兼并符合法国人的利益。1917 年 11 月,英国在《贝尔福宣言》中承诺会给巴勒斯坦的犹太人一个"民族家园"[③]。1921 年 6 月至 1922 年 2 月,英法军事委员会就黎巴嫩南部边界进行商谈。英国人要求将巴勒斯坦的北部边界

---

① 南至拉斯·纳库拉,北到的黎波里北部的纳赫尔·卡比尔,西濒地中海东岸,东达安提黎巴嫩山。

② William Harris, *Lebanon , A History : 600–2011* , Oxford University Press , 2012 , p.176.

③ 王三义:《英国在中东的委任统治研究》,世界知识出版社,2008 年,第 86 页。

定在利塔尼河,实现对巴勒斯坦犹太人"民族家园"的承诺。法国自然不愿意把黎巴嫩的提尔与阿米勒山,还有叙利亚的戈兰高地、谢赫峰与豪兰拱手让人。1923年3月7日,两国达成一致。将边界划定于利塔尼河流域的南部,留出一段缓冲距离,约旦划归法国委任区,胡拉湖(Hula Lake)划归巴勒斯坦,并且将西部边界划定在地中海的拉斯·纳库拉。[1]阿米勒山的什叶派社团在扎萨尔时期以后就非常边缘化,内部没有凝聚力。他们中间的小知识分子追随逊尼派的苏勒赫家族及大马士革的活动家们,对阿拉伯民族主义非常热衷。而阿萨德家族与其他什叶派主要家族在法国与费萨尔之间犹疑不定。[2]法国镇压了南部什叶派武装袭击后,费萨尔舍弃了阿米勒山。

北部地区的并入:

的黎波里是被并入的北方地区中争议最大的一个。法国政府想要一个基督徒人口占多数的大黎巴嫩,反对将有大量逊尼派人口的黎波里并入。[3]1921年,时任法国总理阿里斯蒂德·布莱恩特建议将的黎波里分离出去,以保证黎巴嫩基督徒人口的优势。1926年,德·凯克斯(受到亨利·德·茹文尼尔的支持),建议将的黎波里、阿卡和贝卡的穆斯林区域整合进叙利亚,以此减少大黎巴嫩逊尼派人口数量。德·凯克斯认为经过了六年的委任统治,逊尼派还是没有将自己当作黎巴嫩人。但是法国与贝鲁特资本家都不同意将的黎波里港还给叙利亚,因为如果在贝鲁特并入大黎巴嫩的前提下,的黎波里被纳入叙利亚,就会越过贝鲁特成为叙利亚的主要港口,对贝鲁特的经济利益构成威胁。[4]悬而未决的边界争议对黎巴嫩内部不同的民族主义诉求推波助澜。1928年7月,阿拉伯民族主义者利雅得·苏勒赫宣称法国向他承诺会再次将整个黎巴嫩并入叙利亚。而艾米勒·艾迪指出,大黎巴嫩有405000名穆斯林与425000名基督徒,没有占绝对优势的群体,这样是极其危险的。因此他提出将的黎波里变成一个法国管理下的"自由城市"——那里的基督徒拥有黎巴嫩族体而穆斯林拥有叙利亚族体,给予南方类似于阿拉维派的自

① Fawwaz Traboulsi, A History of Modern Lebanon, Pluto Press, 2007, pp.86–87.

② William Harris, Lebanon, A History: 600–2011, Oxford University Press, 2012, p.176.

③ Meir Zamir, The Formation of Modern Lebanon, Cornell University Press, 1988, p.92.

④ Fawwaz Traboulsi, A History of Modern Lebanon, Pluto Press, 2007, p.86.

治地位。国家的其他地区,则可以构成一个缩小的,但是足够安全的黎巴嫩——基督徒人口占 80%,并且加上贝卡的土地,可以避免饥荒。[1]但是最终法国没有同意,理由是黎巴嫩不仅是基督徒的家园,更应该是所有宗教少数派的乐土。

西部地区的并入:

贝鲁特、西顿、提尔与巴勒贝克的人们反对并入大黎巴嫩的理由主要是经济、行政以及财政上的不公正。并入地区的人口多于山区(山区 33 万,并入地区 38 万),而且它们的财政资源更为丰富。大黎巴嫩 83%的财政税收来自并入地区,而 80%的税收却花费在山区。在行政岗位方面,大黎巴嫩大多数行政岗位被自治省时代留下的官员把持。而如果与资源丰富的叙利亚腹地相分离,那么沿海城市(的黎波里、西顿、贝鲁特和提尔)将会遭受惨重的经济损失。因此,沿海地区的非马龙派基督徒与穆斯林为了维护贝鲁特与叙利亚全境的商业利益,要求立即恢复叙利亚的统一。[2]

2.1926 年宪法

法国委任政府延续了自治省时期确立的教派政治,承认教派认同的至高无上地位。[3] 1921 年,法国在黎巴嫩实施了一次人口普查。1911 年奥斯曼帝国黎巴嫩自治省的数据显示,马龙派人口为 242308 人,而在 1921 年人口普查中,马龙派人口降至 199181 人。与之相比,并入地区的人口中 65%都是非穆斯林。因此,基督徒比例大大缩水。在黎巴嫩山区,基督徒占 80%,而在新黎巴嫩中,基督徒只占了 55%。马龙派仍然是最大的社团,但是比例几乎减半,从 58%降至 33%。由于大黎巴嫩的建立,逊尼派从 3.5%增至 20.5%。什叶派从 5.6%增至 17.2%。[4]

根据 1921 年人口普查结果, 基督徒将在代议制机构里拥有多数席位,

① Fawwaz Traboulsi, *A History of Modern Lebanon*, Pluto Press, 2007, pp.90–91.

② Mémorandum de protestation des populations des territoires annexés(1921),转引自 Fawwaz Traboulsi, *A History of Modern Lebanon*, Pluto Press, 2007, p.81.

③ Kais Firro, *Inventing Lebanon: Nationalism and the State under the Mandate*, I. B. Tauris, 2003, p.77.

④ William Harris, *Lebanon, A History: 600–2011*, Oxford University Press, 2012, p.178.

而马龙派居于主要地位。古罗任命特拉巴乌德市长为黎巴嫩总督,建立一个由 7 个总干事组成的行政机构(只有 2 个穆斯林),但是实权掌握在法国"顾问"手中。古罗还任命了有 15 位代表的行政议会(只有 5 个穆斯林)。在穆斯林的抵制下,高级专员将议会扩大到 17 个席位(6 个马龙派,3 个正教徒,1 个希腊天主徒,1 个德鲁兹派,4 个逊尼派及 2 个什叶派),其中的多数是地主与商业显贵。①这个议会像自治省时期的行政议会一样,主要掌握咨询权。1922 年 3 月 9 日,高级专员任命的行政议会由选举产生的代表会议取代。代表会议由 30 名代表组成,根据 1921 年人口普查结果,各教派按比例分配代表名额:其中马龙派 10 名,希腊东正教 4 名,希腊天主教 2 名,逊尼派 6 名,什叶派 5 名,德鲁兹派 2 名,少数派 1 名。②

　　1925 年 7 月,"德鲁兹山国"爆发反法起义。随后起义扩大,成千上万的叙利亚人参与进来。1927 年,法国占领军彻底镇压了叙利亚起义,但是无法迫使叙利亚人民放弃独立愿望。为了防止类似事件再次发生,法国让黎巴嫩与叙利亚制定宪法。德·茹文尼尔出任高级专员后,任命了一个议会制度起草委员会。1926 年 5 月 23 日采纳的宪法文本确定了共和体制,将大黎巴嫩更名为"黎巴嫩共和国",规定国旗模仿法国三色旗,其中白色带中绘有雪松,指定法语为官方语言,辅之以阿拉伯语。③代表会议更名为众议院,参议院由各教派与地方代表组成。1926 年宪法是一个混合物:既强调个人权利与政治、司法平等,但是又带有教派社团色彩。第 95 条规定政府与行政岗位在各教派间公平分配(但不包括议会席位)。第 9 条规定,国家以宗教信仰自由之名,将个人地位(结婚、离婚、监护、收养、继承等)的立法与管理权让与宗教社团。第 10 条规定,保护私人宗教教育,只要其不与公共教育冲突。但是宪法赋予法国委任统治合法地位,法国人控制了国家的外交与军事事务及公共安全。共和国总统享有广泛的行政权,受到内阁协助,总统可以解散阁僚;除法国高级专员以外,总统不对任何人与任何机构负责。④

---

① Fawwaz Traboulsi, *A History of Modern Lebanon*, Pluto Press, 2007, p.88.

② 姚惠娜:《黎巴嫩政治制度的建立及早期发展》,西北大学硕士学位论文,2003 年。

③ Kamal S. Salibi, *The Modern History of Lebanon*, Caravan Books, 1977, pp.167–168.

④ Fawwaz Traboulsi, *A History of Modern Lebanon*, Pluto Press, 2007, p.90.

3.1932 年人口普查

1932 年人口普查是黎巴嫩国家构建进程的里程碑，保证了基督徒的政治优势。1921 年高级专员宣布进行人口普查，宣称只是为了方便行政管理。然而在随后的政治组织过程中，却参照了 1921 年的统计结果，进行教派政治分配。因此，在 1921 年许多穆斯林人口少算的前提下，在 1932 年的人口普查中，穆斯林尽一切可能想增加人口比重。[1]事实上所有逊尼派领导层（包括阿拉伯民族主义者与亲大黎巴嫩的穆罕默德·基瑟尔）都在 1932 年团结一致，力图在 1932 年的人口普查中做到逊尼派与穆斯林人口的最大化，并反对二代基督徒移民计入人口。[2]法国委任政权与马龙派担心基督徒的优势被颠覆，极力争取。基督徒登记者中有许多是 1924 年 8 月 30 日之前迁出黎巴嫩的移民与移民后代，以及刚刚定居于黎巴嫩的迁入移民，这些人都被统计进人口中。8837 号法令中的第 13 条规定，从土耳其人领土上迁来的难民，如亚美尼亚人、迦勒底人，以及希腊天主徒和正教徒都可算作黎巴嫩人。同时，与亚美尼亚人一起迁来的库尔德人与贝都因人却没有被计入，边界上居住的穆斯林也没有登记资格。第 13 条规定，在黎巴嫩领土上正式居住过 6 个月以上的贝都因人才能算作黎巴嫩人，然而很多贝都因人无法证明自己在黎巴嫩的居住时长，因此，有相当一部分逊尼派穆斯林被排除出去。[3]在最终结果中，基督徒仍占优势，这得益于移民与入籍的亚美尼亚人等。马龙派仍然是最大的社团，但是其比例从三分之一降至 29%。穆斯林的比例在十年间上升了 5%，逊尼派占 23%，什叶派占 20%，各自上升了 2%。德鲁兹派人口下降，不到 7%。[4] 1943 年黎巴嫩《民族宪章》以 1932 年人口普查为依据，严格以教派人口比例划分政治席位，这使得马龙派的政治优势持续到 1975 年

① Rania Maktabi, The Lebanese Census of 1932 Revisited. Who Are the Lebanese?, British Journal of Middle Eastern Studies, 1999, 26(2).

② Kais Firro, Inventing Lebanon: Nationalism and the State under the Mandate, I. B. Tauris, 2003, pp.117-118.

③ Rania Maktabi, The Lebanese Census of 1932 Revisited. Who Are the Lebanese?, British Journal of Middle Eastern Studies, 1999, 26(2).

④ Kais Firro, Inventing Lebanon: Nationalism and the State under the Mandate, I. B. Tauris, 2003, p.116.

内战以前。在这次人口普查中,各教派社团为保证人口比例与政治优势想尽办法,标志着黎巴嫩国家认同的正式形成。

4.主要教派的涌动

第一,逊尼派:随着大黎巴嫩对贝鲁特、的黎波里与西顿的兼并,逊尼派迅速取代德鲁兹派,一跃成为第二大社团。逊尼派是黎巴嫩民族主义最坚定的反对者,他们反对委任政权,尽一切可能破坏合并。[1]逊尼派显贵家族中的代表人物都是阿拉伯民族主义者,定期组织请愿和抗议,与德鲁兹派及贝卡的什叶派有频繁地联系。法国试图诱使逊尼派归顺,比如在代表会议中为他们保留副主席一职。这种做法有一定的成效,如的黎波里的穆罕默德·基瑟尔从早期就开始与法国和马龙派合作,一些重要的逊尼派也参与了宪法的起草。

第二,什叶派:什叶派对逊尼派控制的叙利亚内陆不太感兴趣。虽然法国摧毁了什叶派武装团伙,但是成功笼络了阿萨德家族,使得阿米勒山安定下来。起初,贝卡的哈马德家族和海达尔家族不肯合作,他们倾向于大叙利亚民族主义,并在起义期间与大马士革有来往。1926年1月,法国正式承认贾法里教法学派,以此安抚什叶派。[2]这一事件的意义非凡,奥斯曼帝国时期,什叶派社团没有自己经营教法学校的权力,也没有司法权。20世纪20年代末以来,贝鲁特、西顿、纳巴提亚、提尔、巴勒贝克等地的贾法里法院帮助什叶派解决家族事务,并保护什叶派的财产不受逊尼派和基督徒侵占。这些法院的建立赋予了什叶派教派意识,并将他们的教派意识与法国的大黎巴嫩捆绑在一起。

第三,德鲁兹派:面对法国人的统治,德鲁兹派发生了分化。在苏夫地区,詹布拉特家族接受大黎巴嫩。英国人告诉詹布拉特家族的掌门——傅阿德·詹布拉特的遗孀,权力将被交到法国人手中,因此要做好与他们合作的打算。但是阿尔斯兰家族的一些主要成员是阿拉伯民族主义者,但相对较温

---

① 姚惠娜:《黎巴嫩政治制度的建立及早期发展》,西北大学硕士学位论文,2003年。

② William Harris, *Lebanon, A History: 600–2011*, Oxford University Press, 2012, p.179.

和,该家族中还有大黎巴嫩下的议会议员。[1]1925 年 11 月,叙利亚南部的起义军越过边界到达瓦迪·塔姆,与当地德鲁兹派汇合,杀死了 30 名基督徒。詹布拉特家族与阿尔斯兰家族的多数成员清楚激怒法国人与马龙派的后果,因此,黎巴嫩山区的德鲁兹派没有参与暴动。[2]

第四,马龙派:在委任统治时期,最复杂的当数马龙派。从穆塔萨里菲亚到大黎巴嫩的转变,使得把持政治生活的由马龙派教会变成了贝鲁特的基督徒商人精英家族。当然圣职者依然手握重权,但是从 20 世纪 20 年代开始,世俗财团的权势超过了教会。当世俗化与现代化逐渐深入展开时,宗教领袖在政治生活中的地位会相应下降。[3]贝鲁特的基督徒大商贾家族与前台的政客互通资源,帮助他们赢得竞选。大商人的利益非常明确:只有他们向政权施加影响,贝鲁特的未来才有保证,进而阻止的黎波里或西顿成为内陆的出口,对贝鲁特构成竞争。马龙派认为,总统职位是他们的权利,这不光因为他们是最大的社团,更因为他们自己觉得如果没有马龙派,这个国家就不会存在。正因为如此,1926 年宪法颁布之后,法国人不希望马龙派政治优势太过膨胀,选择了一个正教徒做总统。

在正教徒查尔斯·达巴斯作为总统的较长任期中,马龙派政治家为总理职位相互竞争,分裂出了两个最重要的政治集团,有时甚至发展为跨社团的派系斗争。

一是立宪主义集团:1932 年宪法被暂停,胡里创立了立宪主义集团,呼吁立即恢复宪法并与法国签订新协议。胡里的人围绕在米歇尔·希哈 1934 年创办的《一天(Le Jour)》日报周围。胡里的民族主义思想带有多元文化倾向,认为黎巴嫩是一个基督徒与穆斯林合力建造的独立国家,应该与叙利亚和其他阿拉伯国家维持良好紧密的关系。基督徒的权利,与其被外国军队保护,不如内接于宪法,这才能保证马龙派的政治优势。

---

① Meir Zamir, *The Formation of Modern Lebanon*, Cornell University Press, 1988, p.174.

② William Harris, *Lebanon, A History: 600-2011*, Oxford University Press, 2012, p.180.

③ Fiona McCallum, *Christian Religious Leadership in the Middle East*, The Edwin Mellen Press, 2010, pp.231-232.

二是民族集团:民族集团为艾迪所创建,以加布里埃尔·卡巴兹与乔治斯·纳卡奇主编的《东方(L'Orient)》杂志为喉舌。[①]他们认为黎巴嫩首先应该是基督徒的家园,坚持地中海(腓尼基)认同,在族裔上区别于叙利亚和阿拉伯人,并将穆斯林视作威胁,因此提出领土分割与缩减穆斯林人口。艾迪劝告不愿意生活在黎巴嫩的穆斯林迁往麦加。另外,他强烈支持私人宗教教育,对基督教传教士有很强的偏见。1930年他担任总理期间,废除了111所公立学校,大部分在穆斯林控制的地区。

此外,这一时期,马龙派内部还分裂出来四个民族主义阵营:

其一是阿拉伯联邦主义者:支持者为同情逊尼派的精英,主张独立与统一的阿拉伯国家,与黎巴嫩人联盟为伍。他们中有贝鲁特的商业贵族家族及黎巴嫩山区主要马龙派显贵家族成员,其中包括黎巴嫩人联盟的主席伊斯坎达尔·阿蒙。

其二是叙利亚联邦主义者:主张"自然叙利亚"联邦统一,包括大批希腊礼天主教徒与希腊正教徒。他们立足于巴黎,在开罗与伦敦有分支机构,在纽约有一个委员会,他们认为纪伯伦是他们的成员。他们中的一些人倡议在联邦内建立"基督徒的家园"。但是叙利亚联邦主义者在对委任统治的立场上有分歧,一部分人支持法国委任统治,另一部分人坚持要求统一独立的叙利亚。

其三是贸易保护主义者:他们的形式较为极端,要求将基督徒的黎巴嫩并入法国。费迪南·泰安将马龙派描述为"远古以来的法国人"及历史上法国与伊斯兰教斗争时的盟友,呼吁以阿尔及利亚殖民模式,回归依附于法国的基督徒酋长国。官方语言应该是法语,而德鲁兹派有两个选择,要么接受少数民族地位(并且要学习法语),要么离开这个国家。这一倾向将黎巴嫩设想为"基督徒的避难所",其法国性将其区别于阿拉伯认同和伊斯兰教,这两者都是"野蛮的亚洲人"。另一种更温和的观点是,法国的保护是对基督徒不会湮没于周边的阿拉伯/伊斯兰世界的保证。艾迪是贸易保护主义最重要的代表。

---

① William Harris, *Lebanon, A History: 600–2011*, Oxford University Press, 2012, p.181.

其四是黎巴嫩分离主义者(独立主义):大大利用民族主义者与行政委员会改革家的传统。他们的领袖机构是在开罗建立黎巴嫩人联盟。这一群体将大黎巴嫩设想为独立、民主的多教派共和国,基督徒与穆斯林能在黎巴嫩内外共存。黎巴嫩主义者的大黎巴嫩论据主要是经济方面的:黎巴嫩山区对食物以及出口的需要。黎巴嫩人联盟的主席将兼并贝卡看作殖民事业——贝卡人口稀少,土地荒废,居民无力开发,如果掌握在黎巴嫩人手里,贝卡谷地会极度繁荣。他们强调"黎巴嫩在其自然与历史边界内完全独立",坚持认为法国在黎巴嫩的殖民化只会让少数垄断资本家获利,还呼吁应该在相互尊重与独立的基础上,让黎巴嫩与叙利亚的关系更紧密。布鲁斯·努杰姆是黎巴嫩主义的先锋,在奥斯曼帝国战败以前是贸易保护主义者,后来反对委任统治,呼吁"民主的、经济上可行的、多教派的黎巴嫩"[1]。

5.走向独立

法国统治下的大黎巴嫩并没有使黎巴嫩变得繁荣,反而加剧了各种社会经济的不平衡,进一步催生出黎巴嫩精英们的独立信念,以下因素对这个进程意义重大:

第一,严峻的经济形势:法国对黎巴嫩进行"竭泽而渔"的经济掠夺,更加剧了一战末期以来黎巴嫩经济的困顿局面。法国人控制了黎巴嫩的金融体系、海关、邮政、通信、交通、专卖公司,以及社会福利部门等。[2]由于本土经济的低迷及大萧条导致的世界市场的萎缩,黎巴嫩的丝织业陷于停滞。山区居民生活极其困苦,马龙派依靠海外侨汇度日,生活大抵有所保障,但是以惊人的人口流失为代价。1924—1932年离开山区的马龙派人数占1932年人口普查马龙派总数的三分之二。[3] 1933—1934年,海外汇款下滑,贸易与旅游业减少,官僚机构也收缩。

此外,法郎在国际金融市场表现得不够坚挺,黎巴嫩与叙利亚在世界贸易中处于不利地位。而巴勒斯坦海法港的崛起,重创了贝鲁特的经济。贝鲁

---

① Fawwaz Traboulsi, *A History of Modern Lebanon*, Pluto Press, 2007, pp.82–83.

② 王新刚:《中东国家通史·叙利亚和黎巴嫩卷》,商务印书馆,2007年,第177页。

③ Kais Firro, *Inventing Lebanon: Nationalism and the State under the Mandate*, I. B. Tauris, 2003, p.121.

特的许多中产阶级和工人阶级失去了工作(贝鲁特人口从 1921 年的约 8 万
人变为 1932 年的约 16 万人)。工会运动经过 20 世纪 20 年代,转向抗议和
罢工,而学生、知识分子,以及失业者对激进政治更感兴趣。

第二,马龙派教会开始与法国委任政府交锋:1934 年,法国委任政府宣
布垄断黎巴嫩烟草的种植与贸易。由于烟草是黎巴嫩第二大税收来源,这一
消息激起了主要烟草产区朱拜勒、巴特伦与阿米勒山抗议罢工活动。这一系
列抗议活动背后有马龙派宗主教的支持,原因是他对社团与教会的财政感
到担忧。

1936 年 2 月,宗主教提出明确支持黎巴嫩独立与主权的宣言,呼吁加强
黎巴嫩与"叙利亚姊妹"在经济与社会领域的联系。在这一时期,他向法国政
府呈递了许多信件,列举法国人滥用托管权力的行为:黎巴嫩安全部队服从
于法国高级专员,所谓的法国顾问对行政管理的控制,托管政府总是介入混
合法院的工作,违反公共自由,增加税收,以及经济垄断。①

1936 年叙利亚迫使法国签订条约, 将阿拉维派与德鲁兹地区划入大马
士革,为叙利亚独立铺平道路。3 月 2 日,黎巴嫩立宪主义集团写信给高级专
员德·马泰尔,要求黎巴嫩与叙利亚享有同等待遇,实行宪法,也加入国联。
一周以后,法国外交部同意了他们的要求。但是黎巴嫩只得到"友谊联盟"与
"内部独立":国防与外交还掌握在法国人手中。②

第三,马龙派教会与阿拉伯民族主义者和解:阿拉伯民族主义者利雅
得·苏勒赫对马龙派教会与法国委任政府之间的交锋乐见其成,表示通过基
督徒与穆斯林的合作优先实现大黎巴嫩独立是首要目标,而将黎巴嫩并入
叙利亚的事宜可以暂缓。因此与其他仍旧强烈主张将合并地区转让给叙利
亚的阿拉伯民族主义者产生了分歧。然而在苏勒赫看来,阿拉伯民族主义者
的激进做法会迫使基督徒在地中海海岸建立一个与阿拉伯世界离心离德的
基督教国家。

1935 年底,宗主教与叙利亚民族主义者的民族集团进行谈判。比沙拉·

① Fawwaz Traboulsi,*A History of Modern Lebanon*,Pluto Press,2007,p.97.

② Fawwaz Traboulsi,*A History of Modern Lebanon*,Pluto Press,2007,p.98.

胡里在烟草问题上紧随宗主教,也与苏勒赫和叙利亚人合作。1936年黎巴嫩总统大选,开启了总统、总理分别由马龙派基督徒和逊尼派穆斯林担任的先例,并一直沿袭下来。①

法国与叙利亚条约给黎巴嫩带来了影响:基督徒贸易保护主义者担心黎巴嫩独立于法国后,会很快并入叙利亚,而阿拉伯民族主义者担心国家的独立会让1920年9月1日划定的黎巴嫩边界合法化,毁掉黎巴嫩并入叙利亚的可能。1936年3月,"海岸与四卡扎代表大会"②再次召开,重申将黎巴嫩并入叙利亚的诉求。但是利雅得·苏勒赫及其侄子卡奇姆与塔奇·丁没有参加。

尽管苏勒赫是叙利亚与黎巴嫩委任统治的坚定反对者,但自从与基督徒敞开对话后,他就与阿拉伯民族主义者保持距离,主张建立反对委任统治的教派间联盟。1931—1933年,他与马龙派贝鲁特主教在组织运输与电力罢工上合作;1934年他公开支持的黎波里保留在黎巴嫩边界以内;1935年,苏勒赫充当了马龙派宗主教阿里达与叙利亚民族运动的中间人。他与两个侄子创立了独立共和党,由一位朱拜勒高地来的马龙派显贵领导。这个党派代表职业中产阶级,鼓动叙利亚和黎巴嫩的政治独立与经济统一。

第四,教派青年准军事组织:20世纪30年代出现了教派青年准军事组织,标志着黎巴嫩进入了另一个阶段——霍布斯鲍姆所谓的民族纲领拥有广大人民支持的阶段。③1932年,叙利亚民族主义者社会党(SNSP)建立,主张包括黎巴嫩、外约旦、巴勒斯坦、塞浦路斯与伊拉克北部的叙利亚完整。SNSP具有反共、反犹、社团与世俗倾向。紧随其后的是黎巴嫩统一党,受宗主教阿里达赞助,作为对1936年海岸代表大会分离主义决议的回击。1936年11月,长枪党建立,其领导人为皮埃尔·杰马耶勒。长枪党的核心思想是黎巴嫩民族主义,认为黎巴嫩是一个完整的地理历史实体,黎巴嫩人构成了

① 王新刚:《中东国家通史·叙利亚和黎巴嫩卷》,商务印书馆,2007年,第191页。

② 四卡扎(caza)指的是并入黎巴嫩的四个内陆地区——贝卡、拉恰亚、哈斯拜亚与巴勒贝克。

③ [英]埃里克·霍布斯鲍姆:《民族与民族主义》,李金梅译,上海人民出版社,2006年,第11页。

一个民族:选择国家统一的多元文化类型,①主张建立一个包含多个教派社会的黎巴嫩国家。②长枪党与利雅得·苏勒赫联系较多,促成了胡里与苏勒赫的最终合作。同月纳贾达建立,这个党派是穆斯林分离主义者,他们主张阿拉伯的完整统一,但并不坚持叙利亚–黎巴嫩的统一。1937年,什叶派准军事组织先锋建立。③

这些组织的出现意味着关于认同的争论有了新的形式,并且扩展到新的社会力量中,主要是城市大众。它与简单的基督徒贸易保护与穆斯林统一倾向的争论相比更具意识形态性。两种国家认同观点相互碰撞:黎巴嫩民族主义与阿拉伯民族主义。两者之间还有第三个变体——SNSP的叙利亚民族主义,代表非马龙派基督徒及外围的穆斯林。最重要的是,认同的争论不再以与外界关系——即依附或分离来定义,其核心变成了权力与国家的关系。

第五,第二次世界大战的影响:二战爆发后,立宪主义集团、苏勒赫的支持者以及马龙派教会都反对法国的委任统治,要求将权力还给黎巴嫩人。金融与商业寡头们的立场也发生了变化,这是因为他们想要私有化并控制法国的"共同利益"公司及法兰西控股公司并且希望从衰弱而封闭的法国货币区中解放出来。他们在战争期间积累了大量财富,与英美市场以及阿拉伯产油国建立了多方面的联系。

在这样的情况下,黎巴嫩独立协议在埃及商谈。1942年6月,在埃及总理穆斯塔法·纳哈斯的庇护下,比沙拉·胡里与叙利亚民族主义者领袖雅米尔·马德姆同意恢复宪法及两国的完整与统一,拒绝独立后给予法国特权。两位领袖还决定接管"共同利益"公司。因此,叙利亚民族主义者承认胡里是黎巴嫩基督徒与穆斯林多数派的代表。④在这次访问期间,比沙拉·胡里与利亚德·苏勒赫就合作达成了初步共识,为民族宪章的签订奠定了基础。胡里放弃法国保护,换取宪法对基督徒政治优势的保证,而苏勒赫放弃穆斯林地区并入叙利亚的想法,换取穆斯林对国家事务管理的分享。1943年9月21

---

① 多元文化是麦克·希哈首先提出的。

② 姚惠娜:《黎巴嫩政治制度的建立及早期发展》,西北大学硕士学位论文,2003年。

③ Fawwaz Traboulsi, *A History of Modern Lebanon*, Pluto Press, 2007, p.102.

④ Fawwaz Traboulsi, *A History of Modern Lebanon*, Pluto Press, 2007, p.105.

日,胡里当选共和国总统,立即邀请利雅德·苏勒赫组成政府,二人达成了《民族宪章》。[1]

随后,黎巴嫩要求自由法国民族委员会[2]将权力与共同利益公司移交黎巴嫩政府。法国的回应很消极,宣称只要这个国家还在托管之下,就不可能不通过新条约结束委任。1943 年 11 月 8 日,众议院通过了一系列宪法修正案,废除了法国委任政府是政治权力与司法权的唯一来源的条款,恢复阿拉伯语作为国家的唯一官方语言,并重新设计了黎巴嫩国旗。

法国宣布宪法修正案无效并于 1943 年 11 月 11 日拂晓逮捕了黎巴嫩主要领导人,任命在宪法修正案中放弃表决的艾米勒·艾迪为国家元首与总理。逮捕消息一经传出,引发了民众的暴动,所有政治阶级都起来抗议,全国范围的大罢工再次兴起。还在狱中的官员们设法组织了临时政府,呼吁发起民族抵抗。贝鲁特的长枪党和纳贾达组成了统一的指挥部准备开战,示威者接管了议会大厦,要求释放被捕的领导人。

在埃及、沙特与伊拉克等国施压下,英国首相温斯顿·丘吉尔进行干涉。11 月 22 日早晨,胡里等领导人被释放,宣告法国对黎巴嫩的委任统治结束。1946 年 12 月 31 日,法国和英国军队全部撤出,至此,黎巴嫩正式独立。

第四节　独立后的黎巴嫩共和国(1943—1975)

一、真正的独立

1.1943 年《民族宪章》与宪法

黎巴嫩独立与两个"立国文件"息息相关:一部正式的宪法及比沙拉·胡

---

① 《民族宪章》是胡里与苏勒赫之间的口头协定,只在 1943 年 10 月 7 日的部长宣言中以书面形式出现过。

② The National Committee of Free France(CNFL),1941 年成立的法国最高领导机构。

里与利雅得·苏勒赫之间的口头协定(《民族宪章》),后者只在 1943 年 10 月
7 日的部长宣言中以书面形式出现过。

1943 年夏天,黎巴嫩颁布了选举法,建立 55 个席位的议会(基督徒 30
名,穆斯林 25 名)。6∶5 的教派配额一直持续到 1990 年,之后根据塔伊夫协
定变成了相等的比例。夏季通过的选举法是立宪主义者的胜利。1943 年 9 月
21 日,胡里当选为共和国总统,立即邀请利雅德·苏勒赫组成政府,二人达成
了《民族宪章》。

《民族宪章》是现代黎巴嫩国家构建的标志性文件,在国家认同,对外关
系以及穆斯林社团并入统治集团等方面做出重要规定。为了解决长期以来
黎巴嫩认同的僵局,两种民族主义互相妥协,因此,《民族宪章》规定黎巴嫩
是拥有"阿拉伯轮廓"的国家,同时,可以同化西方文明的有益有用方面。[1]黎
巴嫩的"阿拉伯轮廓"可以取代(穆斯林)与叙利亚统一的要求,而文化上与
西方的联系取代了(基督徒)的法国军事存在或西方保护的要求。另外,《民
族宪章》确认宪法第 95 条的教派间权力共享原则:政治与行政代表 6∶5 的
比例以及政府三个最重要的岗位的分配,即马龙派总统,什叶派议长与逊尼
派总理。《民族宪章》可以被视为基督徒与穆斯林之间的政治与社会文化的
承诺。

在对外关系方面,《民族宪章》承诺"黎巴嫩不会是殖民主义的根据地或
走廊"。这是为了安抚叙利亚人的恐惧,因为 1920 年古罗将军试图从黎巴嫩
领土上颠覆大马士革的阿拉伯政府。[2]因此,1943 年 10 月,由叙利亚总理雅
米尔·马德姆率领的代表团来到黎巴嫩,与黎巴嫩总理达成三点共识:第一,
叙利亚承认并维护两国的独立与主权;第二,黎巴嫩承诺其领土不会作为任
何外国势力危害叙利亚独立与安全的根据地与走廊;第三,两国在经济与社

---

① Walid Phares, *Lebanese Christian Nationalism:The Rise and Fall of an Ethnic Resistance*, Lynne
Rienner Publishers, 1995, p.88.

② Walid Phares, *Lebanese Christian Nationalism:The Rise and Fall of an Ethnic Resistance*, Lynne
Rienner Publishers, 1995, p.89.

会领域开展密切合作。①

随后,黎巴嫩要求自由法国民族委员会②将权力与共同利益公司移交黎巴嫩政府。法国的回应很消极,宣称只要这个国家还在托管之下,就不可能不通过新条约结束委任。1943 年 11 月 8 日,众议院通过了一系列宪法修正案,废除了法国委任政府是政治权力与司法权的唯一来源的条款,恢复阿拉伯语作为国家的唯一官方语言,并重新设计了黎巴嫩国旗。第二天,总统就批准了这个修正案。宪法将马龙派的绝对政治优势固化,它虽然规定所有黎巴嫩公民在司法、公民权与政治上平等, 却将司法与政治的不平等制度化——属于不同教派社团的国民参与政治的权利并不平等。在这一点上,1943 年宪法与 1926 年宪法没有区别。另外,教派多元主义很难隐藏马龙派的政治优势——最明显的一点就是宪法规定共和国的总统是马龙派。作为国家元首,总统可以任命部长并在其中选择一名总理,并有权解散内阁。他不仅能发起立法提议,而且有权否决议会的提案。尽管总统是由议会选举的,但是总统可以解散立法机构,并要求开展新的选举。更重要的是,总统可以不为任期内的任何行为负责,除非违宪或叛国。

2.独立之初的黎巴嫩与阿拉伯世界的关系

黎巴嫩独立的最初几年充满着问题和挑战。两项哈希姆家族的统一计划笼罩在新建立的独立的黎巴嫩认同之上, 它们分别是约旦的埃米尔阿卜杜拉的大叙利亚计划和伊拉克总理努里·萨义德的肥沃新月计划。为了吸引黎巴嫩的基督徒,阿卜杜拉国王提出在统一的大叙利亚之下,黎巴嫩山区自治。胡里对黎巴嫩外交政策的贡献就体现在他在两个矛盾的阿拉伯阵营中游刃有余的能力上。哈希姆家族的计划旨在吞并叙利亚,这就削弱了叙利亚政治家们对黎巴嫩的野心。黎巴嫩官方选择了阿拉伯联盟计划,以此作为拒绝两个哈希姆家族方案的借口,并且依靠了由埃及和沙特主导的反哈希姆家族阵营的保护。然而在阿拉伯联盟中,这两个国家都有自己的统一计划。在阿拉伯联盟的文件中,黎巴嫩对"阿拉伯约定"的忠诚很快成为黎巴嫩阿

---

① Fawwaz Traboulsi, *A History of Modern Lebanon*, Pluto Press, 2007, p.106.

② The National Committee of Free France(CNFL),1941 年成立的法国最高领导机构。

拉伯政策的准则。

1945 年 1 月,阿卜德·哈米德·卡拉米受邀领导新一届政府。任命他的一个理由是他对将的黎波里整合进国际政治生活有重要的贡献。然而不止如此。在苏勒赫的领导下,黎巴嫩于 1944 年 9 月 25 日成为阿拉伯联盟的创始国,并且参与起草联盟的宪章,即众所周知的亚历山大协议。①这次会议中,在叙利亚代表团的发起下,协议加入了一项特别条款。该条款呼吁所有阿拉伯国家,尊重黎巴嫩在现有边界内的独立和主权。1945 年,亚历山大协议最终签订,埃及提出了联邦计划。胡里和其智囊担忧苏勒赫会屈就于这个提议。作为一个本土的叙利亚联合主义者,卡拉米缺乏苏勒赫那样的视野及在阿拉伯世界的人脉,因此将外交政策放权于外交部部长亨利·法鲁恩。法鲁恩致力于转变阿拉伯联盟的角色,试图将其从一个联邦式架构转变为现存阿拉伯实体的守护者。法鲁恩反对对成员国之间的冲突实行强制仲裁,且拒绝少数服从多数原则:联盟委员会的任何行政决策都要无异议地执行。

3.外国驻军的撤出

尽管形式上独立了,然而叙利亚、黎巴嫩与法国的问题并没有结束。黎巴嫩一经解放,法国立即提出双边协定,旨在维护法国的特权地位(古罗将军一直如此要求)。当时,英国支持法国的要求,建议叙利亚和黎巴嫩签署协议。然而黎巴嫩意外地得到了美国的支持。1945 年 9 月 19 日,美国认定黎为完全独立国家,拒绝了法国关于将认定延迟至条约签署后的请求。次日,苏联也有样学样。

在与欧洲军事敌对的最后,法国向叙利亚、黎巴嫩派出了由塞内加尔军队组成的军事增援。反对这次行动的游行立即在大马士革和贝鲁特爆发。叙利亚城镇的大罢工演变成与法国武装力量的暴力冲突。法国为了报复,于5月 29 和 30 日空袭大马士革。英国对此无法忍受,次日,叙利亚的英国军队命令法国军队退回到基地,并负责治安。1945 年 4 月 25 日,黎巴嫩出席了"旧金山会议",随后正式成为联合国成员。美国在联合国充当中间人,1945年 12 月 13 日,双方达成妥协,法国(与英国)军队撤出叙利亚和黎巴嫩。

---

① Fawwaz Traboulsi,*A History of Modern Lebanon*,Pluto Press,2007,p.112.

截至 1946 年 12 月,根据《法国–黎巴嫩条约》,所有外国军队都撤离出黎巴嫩。[①]

二、巴勒斯坦人的涌入

黎巴嫩参加了 1948 的阿以战争,承担的任务是从沿海公路直接前往阿克和海法。受邀在黎巴嫩前线增援的叙利亚军队,负责从宾特·朱拜勒前往萨法德。联合推进的目的是在去海法的沿途,会师于加利利中心的马利基亚村。阿拉伯解放军[②]的志愿者们积极参与此次战役,也达到了马利基亚。但是 1948 年 10 月,犹太复国主义武装的反攻夺回了马利基亚村,并且占领了黎巴嫩境内的 14 个村庄。

黎巴嫩很谨慎地不愿成为第一个签署休战协定的阿拉伯国家。以色列与埃及在罗德岛签订休战协定时,黎巴嫩耐心等待,直至 1949 年 3 月 1 日,黎巴嫩在纳库拉与以色列进行谈判。3 月 29 日,休战协定最终签署,以色列承诺撤出在黎巴嫩南部的占领区。

1948 年巴勒斯坦人的大离散与以色列国家的建立,给黎巴嫩带来与其他阿拉伯国家全然不同的结果。经济上,黎巴嫩的服务经济是阿拉伯国家对以色列经济封锁的主要受益者。贝鲁特取代了海法成为阿拉伯内陆的主要港口,并且成为欧洲、亚洲与非洲部分地区之间的国际通讯中心。[③]约 1.5 亿巴勒斯坦磅的巴勒斯坦资本流入了黎巴嫩,随后一大批巴勒斯坦富人和中产阶级迁往黎巴嫩。由于对巴勒斯坦的出口值大于对法国、英国和美国出口值的总和,黎巴嫩的工业遭到重创。然而毗邻巴勒斯坦地区的经济(其产品指定运往巴勒斯坦市场,如马什哈拉的制革业、拉恰亚的制陶业和宾特·朱拜勒的制鞋业)实际上已经崩溃,并且构成了许多南方人和北卡人迁往贝鲁特和海外(特别是非洲和美国)的主要因素。约 12 万从加利利来的巴勒斯坦

---

① 徐心辉编著:《黎巴嫩》,社会科学文献出版社,2007 年,第 58 页。

② Arab Liberation Army,阿语名称读作 Jaysh al–Inqadh,亦称拯救之师(the Army of Salvation)。

③ 1946 年贝鲁特港口的商品流动量为 30.15 万吨,1950 年为 105.14 万吨,1955 年为 188.7 万吨。1955 年,经由贝鲁特港的转口贸易量比 1948 年增长了 27 倍(1947 年为 2.1 万吨,1955 年为 57.41 万吨)。

人向黎巴嫩寻求庇护。黎巴嫩政府声称这些难民对国家造成了无法应对的经济负担,试图把他们拦截在边界外。叙利亚政府对此断然拒绝,在商业利益的急迫要求下,巴勒斯坦难民最终定居在临近沿海平原柑橘种植园和贝鲁特工业区的难民营中。

政治上,以色列国家的建立及其领土扩张计划急剧地为黎巴嫩安全与保护问题增加了新的维度:这是一个会带来许多后果的挑战。

三、"商人共和国"
——家族政治的黄金年代

黎巴嫩总统的特殊行政立法权力使他成为国家经济利益的主导者。独立政权下的这个传统,构成了黎巴嫩政治经济的主要维度。拥有独立权力的商业、金融、政治寡头包括三十个家族,他们围绕由"财团"构成的硬核,分别为总统的两个兄弟,总统的儿子以及十几个相关的家族。这些家族对国家经济命脉的垄断控制程度非常令人瞩目,特别是与"商人共和国"的自由贸易主张相比。在教派组成方面,这些寡头家族主要是基督徒:24 个基督徒家族(9 个马龙派、7 个希腊天主教、1 个拉丁、1 个新教、4 个希腊正教、1 个亚美尼亚),6 个穆斯林家族(4 个逊尼派、1 个什叶派、1 个德鲁兹派)。基督徒家族实施扩大了内婚制,以此保护并增加家族的财富并发展生意伙伴。

这些显贵家族角逐于黎巴嫩社会、政治、经济等各个舞台,主要起源于:

(1)部分家族在 1861 年之前拥有埃米尔或谢赫头衔,是世袭的封建勋贵,如德鲁兹派的詹布拉特家族;

(2)部分家族的崛起主要得益于近代黎巴嫩以丝织业为旗舰的工商业的发展,产生于从封建包税制下的平民阶层分化出来的中间阶层。以希哈家族为首的大商贾都属于这一类;

(3)部分显贵家族的发迹依赖二战时期与同盟国部队军需部门签订的物资供给合同。

在同一代人中,至少 10 个寡头家族(法鲁恩家族、希哈家族、胡里家族、哈达德家族、弗雷赫家族、凯坦家族、阿里达家族、布特鲁斯家族、阿萨里家族和多米特家族)有姻亲关系。他们的资本来源主要有三个:黎巴嫩自治省时期的丝绸经济和进口贸易;战争收益(1940—1944年间,同盟国部队在叙利亚与黎巴嫩花费7600万英镑);①以及从非洲、美国和阿拉伯产油国(尤其是伊拉克和沙特)的移民汇款。

财团成员在国家经济的各个部门都居于控制地位。在金融方面,他们拥有十几家本土或混业银行(以叙利亚和黎巴嫩银行为首)。叙利亚与黎巴嫩银行发行货币的银行,管理国家财政,控制信贷和与法国进行的商业交易。这些银行中有埃及—叙利亚—黎巴嫩银行、阿拉伯银行、特拉德里昂信贷银行、萨巴格印度支那银行、法鲁恩·希哈意大利商业银行和阿赫利银行(为萨利姆家族、萨赫纳维家族、多米特家族、卡拉姆家族、萨尔哈家族、法塔尔家族和凯坦家族所有)。最大的保险公司国民联盟为财团成员和法国资本合营。上述利益集团主要是西方工业产品的进口商,并且在食品、武器弹药、工农业设备、饮料、医药品、建筑材料、电子设备和电信、文具、羊毛、五金、咖啡、汽车、配件等市场占有最大的份额。在50家美国公司的代理商中,半数都归凯坦家族所有,其余被法塔尔家族、萨赫纳维家族和法鲁恩家族包揽。财团家族还是旅游业的先锋:他们拥有贝鲁特最大最奢华的酒店(圣·乔治酒店和布里斯托酒店),巴木顿和萨法尔的避暑中心,以及法拉亚和西顿的滑雪中心。

15个家族财富的估值大约有2.45亿黎巴嫩磅,相当于1944年国家预算的9倍,1948年国民收入的40%。但是相当一部分都投资海外。

其中13个寡头成员都被选举为代表,5个占据了内阁席位,1个被提名为首相。这些家族担任议会议员,都是通过空降的方式,被安排到边缘地带,尤其是贝卡和南部。在那里,他们出资支持一系列的"政治封建主义者"。代尔·卡马尔的富商伊利亚斯·特布拉西,资助并控制着艾哈迈德·阿萨德在南部的关系网。皮埃尔·法鲁恩和尼古拉斯·萨利姆当选为杰津的议员。亨利·法鲁恩一度曾是扎赫勒和贝卡部分地区的政治赞助人,他的亲属穆萨·德·弗雷赫拥有一家机械化农场,并在议会中享有席位。在胡里政权下,有36名议会代表都是这个国家最大的230家公司的所有者或股东。

---

① Michael Johnson, *Class and Client in Beirut: The Sunni Muslim Community and the Lebanese State, 1840–1985*, Ithaca Press, 1986, p.4.

米歇尔·希哈为经济权力和政治权力一分为二树立了榜样。经济权力主要由经理人执行。共和国总统是商业、金融寡头的集合点和商业伙伴,他代表服务并维护其经济利益。同样,行政的主要任务是促进商业活动。因此,为了提高效率,希哈反对按教派进行行政配额。另一方面,被定义为"显贵集会"的议会同样也为代表各个教派的土地贵族①保留席位。其首要的职责是建立"教派和平"。尽管如此,冲突解决功能归功于间接服务于自由贸易的法律,它们将税费和关税最小化。但是希哈的模式并不是完全通行。寡头们的利益优势会屈服于党魁的行政措施,而公共职能变成了吸收服务业经济消化不了的剩余劳动途径。

第五节　现代黎巴嫩民族国家解构
——1975 年以后

一、内战的根源

1.成年累月的教派矛盾

黎巴嫩的教派矛盾由来已久,在 1840 年以后从未断绝过。1840 年,黎巴嫩埃米尔巴希尔·谢哈卜为了平息反对穆罕默德·阿里对黎巴嫩统治的德鲁兹派起义,调派一支马龙派军队与之镇压,这掀开了黎巴嫩教派之间流血冲突的第一页。巴希尔二世倒台后,随着西方大国与奥斯曼帝国相互妥协的分治决议的颁行,南部德鲁兹区的教派矛盾就愈演愈烈,最终酿成了 1860 年惨绝人寰的屠杀事件。1861 年黎巴嫩自治省的确立,通过缩小黎巴嫩版图,将多数穆斯林聚居区隔绝在外,暂时保证了山区内部的平静稳定。然而一战结束后,随着奥斯曼帝国的解体,英法对帝国废墟的肢解,再度点燃了教派矛

---

① 领袖,zaᶜims。

盾。在法国委任政府与费萨尔就边界问题进行拉锯战的同时,贝卡地区和的黎波里等地的教派矛盾时有发生。尽管 1943 年民族宪章按照社团人口比例,将教派政治制度化,然而黎巴嫩的教派冲突与矛盾积重难返。

2.大量巴勒斯坦难民的涌入和巴解组织的影响

历次阿以冲突使得大批巴勒斯坦难民进入黎巴嫩,而 1970 年约旦"黑九月事件"使得巴勒斯坦解放组织的总部搬到黎巴嫩。此外,巴勒斯坦难民在黎巴嫩获得的"治外法权",给黎巴嫩带来了社会、经济与安全等各方面的问题。①

黎巴嫩并不是单一的伊斯兰国家,有近一半的基督徒人口。难民带来的社会抵抗情绪非常严重,指向了黎巴嫩国家凝聚力的缺失(即使没有巴勒斯坦难民也依旧如此),但是意识形态幻象结构将消除"他者"构建为解决途径。社会症候理论认为,症候是一种分裂,是某种病态的失衡,可以用于"缝合我们自己意识形态体系的不一致"②。以纳粹德国反犹主义社会症候为例,反犹主义的基本机巧就是将社会对抗替换为一个整体而有凝聚力的社会实体"与作为腐蚀力量与堕落力量的犹太人"之间的对抗。在这种话语体系下,社会抵抗情绪的根源不是社会本身——堕落的根源是一个特殊的实体,犹太人。在反犹主义意识形态中,犹太人是要为经济剥削、道德败坏与政治腐败负责的秘密阴谋家、幕后主使,是性堕落与性诱惑的源头。

黎巴嫩人同样如此,他们认为巴勒斯坦人夺走了他们的工作并带来了社会动荡。这种难民形象的构建——构建一个需要从"我"中消除的"他者",符合本地人的心理需求。然而这一过程加剧了抵抗情绪,尤其是非穆斯林群体对巴勒斯坦人的敌视,成为新的社会不安定因素。

3.两份立国文件的分歧埋下隐患

现代独立黎巴嫩国家的立国文件有两份——1943 年的《民族宪章》与1943 年宪法。在黎巴嫩公民参政权力的规定方面,两份文件有不同的解读,带来了非常消极的影响,后来黎巴嫩历史上的大部分冲突都与对这两份文件的不同解读有关。

---

① 潘光:《浅析黎巴嫩内乱的历史根源》,《阿拉伯世界研究》,2007 年第 3 期。

② Maliha Safri,The Transformation of the Afghan Refugee:1979–2009,*Middle East Journal*,Vol.65,No.4,2011.

1943 年宪法规定,所有黎巴嫩公民司法、公民,以及政治权力平等。但是这种政治平等却没有体现在议会席位的分配上。而民族宪章却规定基督徒与穆斯林在议会席位的分配根据人口比例,以 6∶5 的定制来进行。民族宪章可以被视为基督徒与穆斯林之间的政治保证与政治与社会文化承诺的交换的确认。这些规定没有并入 1943 年修订的宪法,无疑不具备宪法效力,进一步表明两个社团代表之间的关系不均等。

除此以外,黎巴嫩的基督徒与穆斯林人口比例一直在发生变化。基督徒不断向外移民,人口比例越来越低。而且作为民族宪章教派政治依据的 1932 年人口普查,结果大有水分。法国委任政府为了控制基督徒人口的优势地位,在普查时采取了非常"灵活机动"的策略,并不能真正反映黎巴嫩的教派人口比例。

4.域外势力的推动

近现代中东历史是一部血泪史,黎巴嫩也不能例外。从 1845 年的分治决议,到 1861 年的黎巴嫩自治省,再到 1920 年的大黎巴嫩,最后到独立的黎巴嫩共和国,其边界均不是自然形成的历史与地理界限,而是帝国主义居心叵测的"分而治之"的结果。

1920 年大黎巴嫩边界的划定和法国委任政府的"分而治之"政策就决定了黎巴嫩会沦为各教派竞相角逐的"斗兽场"。进入冷战时代以后,中东地区再次成为美国与苏联两个超级大国争夺的焦点。①另外,由于地缘位置与教派众多,以色列、叙利亚、伊朗和伊拉克等中东国家也相继在黎巴嫩扶植代理人,将势力伸向黎巴嫩,使得黎巴嫩的局势更加复杂。其中,巴勒斯坦解放组织、以色列与叙利亚就是黎巴嫩内战的直接参与力量。

---

① 徐心辉编著:《黎巴嫩》,社会科学文献出版社,2007 年,第 68 页。

二、内战中的主要事件

1."黑九月事件"

1975 年 4 月 13 日，由疑似为巴勒斯坦人的刺客杀死了 4 名长枪党成员，点燃了冲突的火药。在此之后，为了复仇，长枪党领袖皮埃尔·杰马耶勒带领手下袭击了一辆载满巴勒斯坦妇女、儿童的大巴，造成数十人死亡。卡迈勒·詹布拉特建立的全国运动、总理拉希德·苏勒赫与巴勒斯坦领导人联合斥责长枪党将冲突升级。但是苏勒赫等人忽视了长枪党与马龙派的关系，无法促成和解，只能于 5 月中旬辞职。①

1975 年 12 月，阿萨德邀请长枪党领袖皮埃尔·杰马耶勒前往大马士革会谈。这使得巴勒斯坦人和黎巴嫩左派极为不安。一支暗杀小队杀死了 4 个长枪党民兵成员，原因似乎是阻止长枪党与叙利亚人接头。狂怒的长枪党领袖依据身份证件，屠杀了将近 200 个穆斯林。这一事件即臭名昭著的"黑色星期六"。法塔赫赞助的逊尼派民兵组织穆拉比图恩与左派们击退了长枪党，而长枪党袭击了贝鲁特东部和扎赫勒附近的穆斯林。

1976 年 1 月初，长枪党和卡密勒·夏蒙的自由国民党袭击了贝鲁特东部的巴勒斯坦与左派组织分支。1 月 19 日，马龙派民兵组织占领了卡兰提纳和德巴亚的巴勒斯坦人飞地，清洗了贝鲁特至基督徒港口城市朱尼耶的海岸。他们驱逐了卡兰提纳和马斯拉赫的巴勒斯坦人、库尔德人、叙利亚人和什叶派居民，杀了超过 1 千居民。②法塔赫加入了左派与巴勒斯坦激进派的活动，让詹布拉特的全国运动与巴解组织联合发动针对基督徒的袭击，希望将基督徒从位于贝鲁特机场南部的、夏蒙严密控制的达穆尔退出去。为了复仇，左派和巴勒斯坦人屠杀了 700 人。

1976 年 2 月，各方都开始了力量合并。弗朗吉亚、皮埃尔·杰马耶勒、卡密勒·夏蒙，以及马龙派修道会的首领沙尔贝勒·卡西斯，建立了黎巴嫩阵

①　Wade Goria, *Sovereignty and Leadership in Lebanon, 1943–1976*, Ithaca, 1985, p.227.

②　Wade Goria, *Sovereignty and Leadership in Lebanon, 1943–1976*, Ithaca, 1985, p.216.

线。1976 年初,长枪党、自由国民党和小一些的基督徒团体召集了 12000 名战士。左派与逊尼派穆拉比图恩的人数与基督徒相当,但背后有 3 万巴解组织游击队员的支持。

2.1976 年"宪法文件"

1976 年 2 月初,阿萨德邀请黎巴嫩总统弗朗吉亚和总理卡拉米前往大马士革。此行的结果是弗朗吉亚出台"宪法文件",对民族宪章进行了微调,对穆斯林做出倾斜。弗朗吉亚接受了议会教派席位由 6∶5 变为基督徒与穆斯林相当。同时,议会选举逊尼派总理,总理与总统都有签署法令的权力。另外,马龙派仍然担任军队指挥。而阿萨德希望说服基督徒信任叙利亚,并因此避免出现倒向以色列的"小黎巴嫩"①。

3.叙利亚军队进入黎巴嫩

卡迈勒·詹布拉特和左派因为阿萨德与弗朗吉亚的交易而与叙利亚产生分歧。德鲁兹派仍然被排斥在高层之外,而马龙派的特权仍然存在。这个条约只是让逊尼派政客们获利,逊尼派特权的升高与德鲁兹领导人没有任何关系。因此,詹布拉特与巴解组织站在了一起,不顾叙利亚的立场,赞成"军事解决"。

1976 年 4 月中旬,在总统弗朗吉亚的正式邀请下,阿萨德派遣了叙利亚军队去贝卡。这一行动得到了美国的首肯,美国认为叙利亚是稳定的力量。叙利亚对贝卡的占领,以及与贝鲁特巴勒斯坦人联盟的加强,压制住了詹布拉特,帮助伊利亚斯·萨尔基斯赢得了 1976 年 5 月的大选。6 月,叙利亚军队侵略沿海地区,但在西顿遭遇巴解组织的抵抗。7 月 20 日,在 3 个小时的演讲中,叙利亚总统谴责巴解组织介入黎巴嫩事务:"在黎巴嫩战斗的巴勒斯坦人绝对不能为巴勒斯坦而战。"②

4.利雅得会议

1976 年 10 月 15 日,一个特殊的阿拉伯峰会在利雅得举行。在会议上,阿萨德收回了泛阿拉伯主义主张。他同意在贝鲁特设立一支阿拉伯遏制力

---

① William Harris,*Lebanon*,*A History*:*600-2011*,Oxford University Press,2012,p.237.

② Itamar Rabinovich,*The War for Lebanon*,*1970-1983*,Cornell University Press,1984,pp.183-218.

量,让几千阿拉伯士兵加入在黎巴嫩的叙利亚大军,极大地取悦了沙特。叙利亚军队部署在贝鲁特,包括基督徒聚居的郊区。阿拉法特与巴解组织也做出让步;他们保留了在贝鲁特西部的机构和武器,而以色列的"红线"也划到了黎巴嫩南部。

5.卡迈勒·詹布拉特遇刺与马龙派与德鲁兹派的武装冲突

萨尔基斯总统在叙利亚的控制下,顺从地与温和派穆斯林合作。他指派了一位银行家朋友——萨利姆·胡斯为总理。1976 年 12 月,这对搭档建立了一个由技术官僚组成的政府。1977 年 3 月 16 日,卡迈勒·詹布拉特在乘轿车出行时遇袭身亡。有些人认为是叙利亚人指使的,而多数德鲁兹派在马龙派村民身上发泄愤怒,170 多个无辜马龙派人因此遇难。这一事件让很多人联想到 1860 年的教派冲突。

6.以色列入侵黎巴嫩

1978 年 3 月 11 日,法塔赫试图从黎巴嫩向以色列中央发动海上袭击,扰乱以色列与埃及之间的和平谈判。这一事件对黎巴嫩产生了非常严重的后果。游击队员绑架了海法到特拉维夫高速公路上的一辆大巴,并在以色列突击队发起攻击时发动了屠杀。作为回应,以色列的利库德集团政府入侵黎巴嫩,进军至利塔尼河,将巴解组织打得落花流水。大约 2000 个平民因此丧生。联合国安理会第 425 号决议要求以色列撤兵,并组织巴勒斯坦人继续挑衅。联合国成立了黎巴嫩临时部队,以此监督实施。为了限制黎巴嫩临时部队的部署,以色列政府资助了萨阿德·哈达德领导的在边境上的民兵组织。1982 年 6 月,以色列再次入侵黎巴嫩。

7.马龙派内部的冲突

对大多数马龙派来说,以色列在利塔尼河的部署彰显了以色列的实力;对巴希尔·杰马耶勒和卡密勒·夏蒙来说,此时正是脱离叙利亚控制的好时机。然而前任总统苏莱曼·弗朗吉亚却认为黎巴嫩面临的巴勒斯坦人负担正是源于以色列,因此对巴希尔"向复国主义敞开大门"非常的愤恨。这种紧张导致了长枪党与弗朗吉亚在北方的民兵组织马拉达的冲突。1978 年 6 月 13 日,一支长枪党小分队潜入扎哈尔塔的夏宫伊赫丁,杀死了弗朗吉亚的儿子托尼以及其他家族成员。①

皮埃尔死后,巴希尔·杰马耶勒接过了社团领袖的衣钵,然而夏蒙的儿子达尼拒绝将自由国民党的"虎师"并入黎巴嫩力量。1980年7月7日,巴希尔指使长枪党袭击了自由国民党,几百名平民与战士因此丧生。此后,巴希尔的黎巴嫩力量成为最具实力的黎巴嫩民兵组织。长枪党仍然没有断绝基督徒分离主义的念头,但是巴希尔清楚地知道,马龙派已经没有1920年的盛况了;国际社会不可能接受一个马龙派社团国家。巴希尔的目标是控制大黎巴嫩,并以以色列为工具,驱逐巴解组织与叙利亚人。1981年初,巴希尔开始重视与叙利亚在贝卡军事部署相邻的主要基督徒城镇——扎赫勒。同时,叙利业也想吞并扎赫勒。1981年4月,叙利亚人封锁了扎赫勒,并且用直升机向桑宁山脉运送部队。以色列以叙利亚利用空军违反1976年"红线"为名,击落了2架直升机。因此,阿萨德将防空导弹引入贝卡,以色列与叙利亚的对峙一触即发,但被美国和苏联以外交手段平息。

8.贝鲁特难民营事件

1982年9月14日,黎巴嫩力量领袖巴希尔·杰马耶勒被炸身亡。16日,黎巴嫩力量民兵在以色列总理沙龙的默许下,大肆屠杀巴解战士与平民,造成上千人死亡。②

9.两政府对峙

1988年,黎巴嫩总统阿明·杰马耶勒卸任,国家政治再度陷入混乱。基督徒们不接受由叙利亚支持的弗朗吉亚担任下一任总统,穆斯林不接受米歇尔·奥恩将军任总理的过渡政府,拥立逊尼派总理萨利姆·胡斯组建政府。一时间,两个政府并存。次年,奥恩为了打击各派各自为政,出兵封锁7个港口,引发冲突是为"港口之战"。而黎巴嫩力量也公然与政府军对阵,于1990年1月底发生冲突,对基督徒的实力造成了极大地削弱。

10.内战的终结

1989年5月,阿拉伯首脑会议在卡萨布兰卡举行。针对黎巴嫩的混乱局

---

① William Harris, *Lebanon, A History: 600−2011*, Oxford University Press, 2012, p.238.

② 徐心辉编著:《黎巴嫩》,社会科学文献出版社,2007年,第73页。

势,会议提出由摩洛哥、沙特与阿尔及利亚组成三方委员会。随后,三方委员会提出了《民族和解文件》。9 月 30 日,黎巴嫩各方参加塔伊夫会议,通过了《民族和解文件》的修正稿,即塔伊夫协定。1990 年 10 月,黎巴嫩两政府对峙局面结束,内战结束。

三、内战中主要的民兵组织

1.黎巴嫩民兵组织成熟并泛滥的原因

1984 年以后,黎巴嫩货币贬值,贫穷泛滥,移民潮一浪高过一浪。在此情况下,政府的国家职能退化,使得民兵组织真正走上前台。而苏联解体让美国加快了维持在中东主导地位的步伐,因此与叙利亚政府就黎巴嫩 1988 年总统大选而讨价还价。1975 年至 1985 年,民兵组织得以巩固强化,从政治投机的自卫团体变成了地方的政治机器。他们代替国家征收关税与税赋,通过国家机关转移税收,并且在走私与贩毒等违法行为中获利。

2.黎巴嫩力量

1976 年,巴希尔·杰马耶勒组建黎巴嫩力量。黎巴嫩力量是内战中最强大的一支民兵组织,有着复杂的机构设置。截至 20 世纪 80 年代,黎巴嫩阵线约有 1 万人的准军事部队,年预算达到 3 亿美元。[1]由以色列和萨达姆提供资金支持。但是也存在局限性,黎巴嫩阵线必须与总统阿明·杰马耶勒和奥恩将军的 15000 人军队共处。东贝鲁特的多领导中枢注定了其政治脆弱:奥恩、皮埃尔·杰马耶勒和贾加之间明争暗斗。1984 年和 1987 年,皮埃尔·杰马耶勒与卡密勒·夏蒙相继离世,东贝鲁特的稳定因素彻底不复存在。

3.社会进步党

德鲁兹派的社会进步党以苏夫为基地,十分稳固。党魁是瓦利德·詹布拉特。社会进步党的规模大致等于黎巴嫩阵线的三分之二,在卡德建立了一个港口,并且控制了吉耶的发电站和一个水泥厂。在大批基督徒相继离去后,苏夫地区再一次变成了历史上的"德鲁兹封地"。只有夏蒙总统的家乡代

---

[1] Steven Heydemann, *War, Institutions, and Social Change in the Middle East*, University of California Press, 2000, p.312.

尔·卡马尔仍然是基督徒的前哨。社会进步党建立了一种"山区行政",吸纳了吃公粮的政府公务员。苏夫是最纯粹的民兵组织控制的地区,因为社会进步党在当地没有对手。

4.阿迈勒运动和真主党

贝鲁特的南部郊区、黎巴嫩南部的阿米尔山和贝卡北部地区被阿迈勒运动和后来的真主党把持。1985 年,阿迈勒运动的人力规模几乎相当于黎巴嫩阵线,通过在政府中的代表控制着政府机关,尤其是南方的议会。它受到西非与美国的什叶派新贵的支持, 如其领袖纳比·贝里就是出生于塞拉利昂。阿迈勒运动的弱点是缺乏有凝聚力的组织。利用宗教的真主党更有纪律性,夺走了阿迈勒运动的民意基础。当阿迈勒运动代表叙利亚政权与巴解组织作战时,真主党在伊朗的支持下抗击以色列的占领。相较之下,真主党自然更有优势。伊朗向真主党输送武器,以及提供每年超过 1 亿美元的资金支持,使其有能力向贫穷的什叶派黎巴嫩人提供医疗、教育和社会福利。真主党甚至通过与巴勒斯坦人合作,来打击其他什叶派对手。[①]

四、内战的影响

自 1975 年之后,黎巴嫩走向了民族国家解构的过程,至今仍然没有恢复完整的独立性和凝聚力。教派协和主义政治的失败,巴勒斯坦人、以色列人、叙利亚人的进入及其他的因素都对此负有责任。内战在国家认同与社会方面产生了巨大的影响:

1.对国家认同的影响

15 年的内战使得普通民众对土地、家园和国家有种绝望的依附。政权的四分五裂和国家遭受侵略的耻辱又使得人们退回到社团认同中。社团主义的一个重要来源是 20 世纪 60 年代黎巴嫩最大的社团——十二伊玛目派(什叶派)的主张。在基督徒和逊尼派资本家们的国家构建过程中,什叶派往往被抛之脑后。20 世纪 70 年代,在穆萨·萨德尔的领导下,什叶派的政治倾

---

① William Harris, *Lebanon, A History: 600–2011*, Oxford University Press, 2012, p.251.

由从支持社会主义左翼与巴勒斯坦人，变为拥抱以什叶派为中心的黎巴嫩多元主义。这对马龙派领导的社团共存和马龙派和逊尼派的合作关系形成了巨大的挑战。[①]

20世纪80年代，充满竞争力的什叶派纲领带领什叶派成为黎巴嫩多社团主义的最重要先锋。阿迈勒运动投射出什叶派的骄傲及穆萨·萨德尔以黎巴嫩为中心的阿拉伯主义。源自伊朗伊斯兰革命的真主党，以积极抗击以色列和西方的入侵为对国家忠诚的准则，并渴望建立伊朗式的国家。年迈的什叶派宗教学者穆罕默德·侯赛因·法德拉拉主张要建立一个什叶派主导的，穆斯林和基督徒共存的虔敬的黎巴嫩。[②]法德拉拉及其追随者强调投身于现代性；法德拉拉本人拥护女性的权利以及"科学的"伊斯兰教。然而他们的多元主义仍以宗教为中心。

1975—1990年之间，在与日俱增的混乱和暴力中，其他社团也发生了变化。由于马龙派失去了对黎巴嫩的控制，黎巴嫩的基督徒们就以马龙派政治家和宗主教为灵魂人物，并退回于他们的庇护之下。20世纪90年代，基督徒们有了关于挫折与去权的集体共识。同时，逊尼派发现了多社团黎巴嫩国家的优点。到了20世纪80年代中期，面对巴勒斯坦游击队员、山区社团的军阀们与进入黎巴嫩的叙利亚军队时的无可奈何，使得他们主张逊尼派主导的黎巴嫩共和国，大多数逊尼派前所未有地成为坚定的黎巴嫩人。对于德鲁兹派来说，在一定程度上，战争年代恢复了自19世纪以来失去的地位。同时，先是面对马龙派的优势，后来是面对什叶派的崛起，德鲁兹派仍有一种不安全的感觉。在20世纪90年代，德鲁兹派大多数人都支持总理拉里奇·哈里里任期内的逊尼派主导权。然而德鲁兹派做出如斯选择，并不是出于对战前的阿拉伯民族主义的拥抱，而仅仅是为了生存。

随着哈里里的遇刺和2005年初叙利亚被迫从黎巴嫩撤军，什叶派和逊尼派穆斯林领袖面临着新的鸿沟。在这个阶段，真主党凭借抗击以色列的资

---

① Roschanack Shaery-Eisenlohr, *Shi'ite Lebanon: Transnational Religion and the Making of National Identities*, Columbia University Press, 2008, pp.22–23.

② Roschanack Shaery-Eisenlohr, *Shi'ite Lebanon: Transnational Religion and the Making of National Identities*, Columbia University Press, 2008, pp.148–150.

历,其超过黎巴嫩军队的武备及其与伊朗和叙利亚政权的结盟,统治了什叶派社团。大多数逊尼派对此感到深受威胁,并认为什叶派卷入了对哈利利的谋杀。基督徒分为了两派,部分倾向于战前黎巴嫩的马龙派/逊尼派伙伴关系,另一部分在哈利利与叙利亚人合作时被作为打击目标。后者转而理解真主党。相比之下,尽管瓦利德·詹布拉特在2008年之后倒向了真主党和叙利亚政权,多数德鲁兹人还是愿意与逊尼派共处。

国家认同陷入僵局。一个由什叶派领导的虔诚的黎巴嫩永远不会与逊尼派和德鲁兹派和谐相处,虽然他们在人口上与什叶派相当。最后,大多数马龙派和其他基督教徒都不会对什叶派或逊尼派领导的认同感到满意。

2.对社会的影响

从1975年4月起,15年的暴力与内乱造成至少超过10万人死亡,迫使80多万人出于无奈而离开黎巴嫩。另有统计显示,因战争而伤残者也达到10万,而25万人则沦为难民,被迫四处流浪。[1]社会学研究成果指出,1975年大约有260万人口,而1990年只有270万人。从20世纪50年代到70年代,社团发展最快的什叶派,生育率也明显下降。可以反映出,内战对黎巴嫩的社会经济造成巨大冲击,给人民带来了深重的灾难。

五、《塔伊夫协定》

1989年10月22日通过的《塔伊夫协定》是黎巴嫩历史上继1943年《民族宪章》之后,最重要的文件。《协定》包括四节,分别为总则与改革、在黎巴嫩国土全境行使黎巴嫩国家主权、从以色列占领下解放黎巴嫩和黎巴嫩与叙利亚的关系。

《协定》做出如下重要规定:

(1)总则第2条规定了黎巴嫩的阿拉伯身份和属性,抹去了《民族宪章》西方智力成果对国家认同的贡献;第5条规定,以分权、平衡和合作的原则建立政治制度。

---

① 徐心辉编著:《黎巴嫩》,社会科学文献出版社,2007年,第81页。

（2）议会改革第5条规定打破了过去基督徒与穆斯林对议会席位6：5的分配原则,提出基督徒与穆斯林均分议会席位,两大宗教内各教派按人口比例分配,各地区按人口比例分配;第6条规定将议会席位扩大至108个;共和国总统部分限制并约束了总统的权力,总理部分扩大总理的权限。

（3）《协定》要求取消教派体制,具体包括:第一类与类第一类职务由穆斯林与基督徒均分, 但取消将教派与职务对应的做法;上述职务以外的职务,不限教派,选贤举能;取消身份证的教派与信仰信息。

（4）第二节第1条要求解散一切民兵组织,规定宪法通过6个月以后,依律上缴所有武器。

（5）第四节承认黎巴嫩与叙利亚之间有着特殊关系。

《塔伊夫协定》秉承着民族和解的精神,试图冲破教派主义对黎巴嫩的桎梏,在一定程度上取得了积极成效。如1990年通过的宪法修正案几乎以《塔伊夫协定》为蓝本,对结束内战有着重要的推动作用。然而《协定》的约束作用比较有限。虽然号召取消教派体制,然而在实际操作中,教派与职务相对应的惯例仍在一定程度上保留着。而要求取消一切民兵组织以保证黎巴嫩的安全稳定, 但是考虑到以色列的南黎巴嫩军没有撤出黎巴嫩,1991年黎巴嫩国民大会在取缔民兵组织的决议中,允许什叶派真主党保留武装力量。[1]

六、内战以后的黎巴嫩政治发展

1."雪松革命"

延续了15年的内战结束并没有解决黎巴嫩的政治、经济、社会与军事困境。《塔伊夫协定》规定黎、叙两国存在"特殊关系",为叙利亚政府提供了继续在黎巴嫩保持军事存在的口实,全方位地把持着黎巴嫩的内政与外交。1996年,叙利亚与黎巴嫩签署了一系列经济条约,涉及经济一体化、取消双重税、推进和保证投资、建立联合边界哨所和社会领域合作等方面。这些条

---

[1] http://www.bbc.com/news/world-middle-east-14649284(访问时间:2017年9月11日)。

约利于叙利亚,对黎巴嫩产生了非常消极的影响。大量叙利亚产品和劳工流入黎巴嫩,对黎巴嫩的社会经济造成了重创。[①]

因此,以马龙派宗主教、德鲁兹派领袖瓦利德·詹布拉特和总理拉菲克·哈利利为首的黎巴嫩精英对叙利亚在黎巴嫩驻军提出抗议,要求叙利亚的军事部署撤出黎巴嫩。尽管叙利亚在黎巴嫩政府中的代理人——黎巴嫩总统埃米尔·拉胡德为叙利亚辩解,称叙利亚在黎巴嫩驻军符合国家的"战略利益"。但是在各方压力之下,叙政府还是将战略部署进行了收缩。2001年,叙军调离贝鲁特,次年,驻黎巴嫩叙军缩减至3万人。[②]

逊尼派领袖、白手起家的亿万富豪拉菲克·哈利利是反对叙利亚干预黎巴嫩事务的最坚定者。2005年2月14日,哈利利在贝鲁特的一起汽车炸弹爆炸袭击事件中丧生。哈利利去世引发了黎巴嫩的反叙利亚集会,民众都将暗杀哈利利的矛头指向叙利亚,而对此非常愤怒的欧麦尔·卡拉米内阁集体引咎辞职。3月14日,数百万黎巴嫩民众走上街头,高举"自由,主权,独立"的口号,强烈谴责叙利亚对黎巴嫩的干预,并要求组成国际调查委员会,调查拉菲克·哈利利遇刺真相。这一活动被西方媒体誉为"雪松革命"。6月,4位亲叙利亚的将军被指控谋杀拉菲克·哈利利。2006年11月,出身于真主党和阿迈勒运动的部长们集体辞职,抵制议会对联合国就哈利利遇刺一案的决议的支持。2009年3月,拉菲克·哈利利遇刺一案在海牙国际法庭开庭。叙利亚前情报官员因涉嫌谋杀被逮捕,而被指控杀人的4名黎巴嫩将军因证据不足无罪释放。

2005年4月,叙利亚将驻黎叙军全部撤出,黎巴嫩反叙运动取得了积极的成果。叙利亚撤军有其深刻原因:

第一,自一战结束以来,阿拉伯民族主义认同一直是叙利亚与黎巴嫩紧密关系的纽带。1943年黎巴嫩民族宪章更是将二者的纽带制度化。《塔伊夫协定》虽然重申了叙、黎之间的特殊关系,但是实质上,阿拉伯民族主义已经不具备整合性。

---

① 徐心辉编著:《黎巴嫩》,社会科学文献出版社,2007年,第94页。
② 徐心辉编著:《黎巴嫩》,社会科学文献出版社,2007年,第95页。

第二，叙利亚领导人懂得顺应国际潮流，在国际各界的压力下，做出较为明智的选择。[①]

2008年10月，黎巴嫩与叙利亚正式建立了外交关系。

2.真主党与以色列持续冲突

与叙利亚一样，1990年停战后，以色列军队也没有从黎巴嫩南部撤出，因此与黎巴嫩的真主党武装力量冲突不断。1996年4月，以色列向黎巴嫩发动军事打击，称之为"愤怒的葡萄"。以色列轰炸了真主党位于黎巴嫩南部、南贝鲁特，以及贝卡谷地的军事基地。联合国在加纳的基地也受到袭击，一百多名无家可归的平民被杀。美国、法国、以色列、黎巴嫩与叙利亚五国组成以色列-黎巴嫩督导小组，意图能够促成并监督休战。

2000年1月，以色列"南黎巴嫩军"对巴勒贝克等地的黎巴嫩基础社会进行毁灭式打击。4月，随着南黎巴嫩军的崩溃和真主党急剧向前推进，以色列撤出了在南黎巴嫩的所有驻军。比当年3月内阁通过的决议所规定的7月前撤出，还早了一个半月。[②]然而由于黎巴嫩政府军没有实现在边境地区的战略部署，真主党一直在边境徘徊，与以色列方面的冲突不断。

2006年7月，继真主党绑架了2名以色列士兵后，以色列再次对南黎巴嫩与巴勒贝克的什叶派基地发动军事袭击。这次袭击持续34天，导致了大量的平民伤亡，对黎巴嫩的基础设施造成了毁灭性的打击。联合国维和部队因此在黎巴嫩南部边界部署，而黎巴嫩政府军也史无前例地开赴这一地区。

3."府阁之争"

1943年《民族宪章》与宪法下的黎巴嫩实际是"总统制"国家，总统享有至高无上的权力。1989年的《塔伊夫协定》与1990年宪法修正案对黎巴嫩的"总统制"做了大刀阔斧地改革。总统虽然有权主持内阁会议，但是不享有表决权。即便兼任国家武装力量的最高统帅，然而总统做出的所有国防决策，必须交由内阁讨论。

修订过的宪法削弱了总统的权力，使得黎巴嫩政治制度带有"总理制"

---

① 韩志斌：《叙利亚从黎巴嫩撤军及其影响评估》，《西亚非洲》，2005年第4期。

② http://www.bbc.com/news/world-middle-east-14649284（访问时间：2017年9月11日）。

的色彩。总理虽由总统任命,然而必须与议会进行协商。因此,内战结束后的黎巴嫩政治特征从教派之争,变成了总统与总理之间的"府阁之争"。前总理哈利利遇害的重要诱因就是他反对叙利亚支持的马龙派总统埃米尔·拉胡德延长任期。本质上,这一时期的教派争端并没有消失,而是与外部干预、显贵家族之间的角逐混合在一起,以"府阁之争"的形式表现出来。

4.阿拉伯之春对黎巴嫩政治发展的影响

2005年,黎巴嫩举行议会选举。这次议会选举是在叙利亚撤军后召开,没有外部力量的干预。从教派来看,四大主要教派马龙派、逊尼派、什叶派与希腊正教派分到的议会席位分别为34,27,27,14。从派别联盟来看,3月14日联盟占据72个议会席位,以真主党为首的抵抗和发展集团占据35个席位,而奥恩联盟占据21个席位。①议会重新洗牌后,各派别也表示愿意进行和平对话。

然而2011年开始席卷整个西亚、北非的阿拉伯之春运动,也对黎巴嫩造成了巨大的影响:

第一,阿拉伯之春使得2005年黎巴嫩各派别之间重新达成的政治协和主义变得岌岌可危。由拉菲克·哈利利烈士名单成员组成的3月14日联盟以逊尼派力量为主导,支持全球范围内的"阿拉伯大起义"②。而与叙利亚阿萨德政权有着密切联系的黎巴嫩真主党的抵抗和发展集团自然与叙利亚政府站在一起,对叙利亚的逊尼派反对派持否定态度。2012年夏天,叙利亚的暴力冲突蔓延至黎巴嫩,的黎波里与贝鲁特的逊尼派与什叶派发生流血冲突。10月,国家安全部队长官维萨姆·哈桑在汽车爆炸事件中丧生,多数人都认为是什叶派所为。12月,巴沙尔政权的支持者与反对者在的黎波里发生武装冲突。

真主党对叙利亚的坚定支持使得冲突不断升级。2013年5月,的黎波里再次发生因叙利亚内战而引发的教派冲突,造成至少10人死亡。6月,真主党与黎巴嫩境内的叙利亚反对派发生冲突。7月,欧盟宣布真主党的武装团

---

① 徐心辉编著:《黎巴嫩》,社会科学文献出版社,2007年,第108~109页。
② 胡耀辉:《黎巴嫩政治发展研究》,西北大学博士论文,2016年。

体为恐怖组织。8月,黎巴嫩发生了自内战结束以来最严重的袭击事件。的黎波里两座清真寺被炸,数十人死亡。

同时,原本3月14日联盟内部团结了大量的基督徒成员,包括基督徒主要党派长枪党与黎巴嫩力量。然而后来事情的反转使得"阿拉伯之春"变成了"伊斯兰之春",基督徒们为伊斯兰国对少数族裔的态度所惧。哈利利烈士名单内部因而发生了分化,基督徒与逊尼派的联盟破裂。

第二,叙利亚内战不断发酵,使得黎巴嫩也面临严重的难民问题。2014年4月,联合国难民署报告称,在黎巴嫩的叙利亚难民至少有100万。数量如此庞大的难民给黎巴嫩的社会、经济与安全带来严峻挑战。

第六章　从君主专制到现代政治民主化的探索之路

——埃及政治发展道路的变迁

1798 年,拿破仑率军对埃及的入侵打开了现代埃及的大门,自此埃及被纳入英、法等西方大国的视野。英、法对埃及 160 余年的殖民统治摧毁了埃及传统的政治制度、社会结构,以及经济基础,开启了埃及人民以实现民族独立为目标的现代化进程。19 世纪穆罕默德·阿里的现代化改革帮助埃及成了一个政治相对集权和全国经济体系较完整的国家, 埃及脱离了奥斯曼帝国的统治。这就意味着埃及民族独立国家的创建,不需要像其他阿拉伯国家那样,需以宗教号召民众的"民族""国家"意识,在此基础上摆脱奥斯曼帝国的统治,然后完成反殖民求独立的任务。埃及已经通过现代化工具脱离了奥斯曼帝国的统治,民族主义者们只需要完成建立民族国家的任务。故而世俗化成为埃及现代大众政治的主导特征。

埃及的君主专制与殖民主义、民族主义这对双生子造就了 20 世纪上半期的君主立宪时代。埃及人民民族独立的要求与反殖民、反封建的意识和行动形成了 1952 年后威权体制下的共和国时代。埃及人民政治参与扩大化的诉求与反威权、求民主的呼声开启了 2010 年后埃及政治向民主化的探索之路。故此现代埃及政治发展的变迁轨迹是外部与内部、历史与现实交往互动的结果。

第一节 1798—1952 殖民时期：
从君主专制到君主宪政制

　　1517 年奥斯曼土耳其帝国建立之后，埃及以行省的角色存在于帝国版图之内,帝国除了派帕夏征收赋税外,并未改变埃及传统的社会制度和行政管理模式。埃及传统势力马木路克之间的权力争夺本就激烈,帕夏的加入使局面更加混乱,这种混乱一直持续到 1798 年拿破仑的到来。1798—1801 年拿破仑对埃及短暂的占领是"第一次世界现代化大潮对埃及传统社会结构的一次震荡性冲击"[①],由此开启了埃及现代化之路。19 世纪上半期穆罕默德·阿里王朝能摆脱奥斯曼土耳其帝国的控制,其家族在埃及长期统治的合法化正得益于现代化改革;19 世纪下半期埃及主权丧失沦为英、法殖民地也源于埃及现代化的改革, 埃及现代化过程中大量外国资本渗入造成财政破产、外债高筑成为英法在埃及建立"双重监督""欧洲内阁"的重要基础;殖民主义、民族主义、专制统治三者相互对抗与妥协在第一次世界大战后终于有了结果:1922 年,埃及"独立"是殖民主义与民族主义的妥协,1923 年宪法通过埃及实行君主立宪制是王权与民族主义、殖民主义的妥协。

一、殖民主义与穆罕默德阿里家族的现代化改革

　　1798 年 5 月 10 日,拿破仑打着"拯救埃及"的旗号率法军入侵埃及。为实现对埃及的殖民统治拿破仑迅速展开行动。在政治上,一方面以穆斯林自居,弱化埃及民众的敌视情绪;另一方面设立国务会议和行政会议,以法国模式管理埃及事务,控制埃及的行政权力。在军事上,与英国、土耳其及本地的马木路克作战,后三者对法国占领埃及都有不满情绪。拿破仑在埃及的军

　　[①] 王泰:《埃及的政治发展与民主化进程研究(1952—2014)》,人民出版社,2014 年,第 37 页。

事行动初期势如破竹，然而在 1799 年 3 月 19 日占领阿克里城的战斗中却遭遇失败，大批的法军还在战役中染上瘟疫，损失惨重。8 月 22 日，因国内事务，拿破仑留下克莱伯将军作为法国代理人处理埃及事务后离开埃及。1800 年 6 月，克莱伯遇刺，梅农将军继任埃及事务官，然而英军、土军，以及当地马木路克的联合对抗使得法军在埃及统治困难加剧。1801 年 6 月 18 日，梅农将军在开罗宣布投降，9 月 3 日，亚历山大城的法军投降，法国军队退出埃及。

1789—1801 年法国对埃及的短期侵占改变了埃及旧有的社会形态，削弱了埃及的马木路克势力，破坏了埃及传统的政治经济基础；拿破仑带来的大批学者对埃及的研究丰富了埃及文化历史与自然科学各领域的研究成果；拿破仑的入侵还将埃及带入了英、法的外交视野，英国随后加入殖民埃及的行列之中。法国入侵造成马木路克势力集团的弱化，降低了穆罕默德·阿里在群雄逐鹿过程中脱颖而出的难度。1805 年 7 月穆罕默德·阿里终于逐个击破了埃及的马木路克势力集团，统一埃及，成为埃及最高统治者。为了实现富国强兵的目的，统一埃及之后，穆罕默德·阿里速着手开始现代化改革。他主要引用西方先进思想、利用西方先进技术在埃及的军事、工业，以及教育方面发动改革，力图把埃及转变成一个现代工业化的军事强国。

穆罕默德·阿里在军事上，革新征兵制度拓展征兵渠道，创办军官学校培养军事人才，设立军工厂为埃及军队提供军需补给，例如开罗兵工厂每月可生产 600~700 支法国步枪。[1] 经济上，引进欧洲先进的技术，大批购置西式机器设备，聘请大量欧洲人参与其中，创立包括制糖、纺织、造纸，以及染料等工厂。在政治上，穆罕默德·阿里以法国为目标，希望建立一套集权、有效地政治体制。在中央设立国务议会、咨询会，建立军事、财政、经济、教育、外交、内政部。在地方建立省、县、乡、村逐级行政机构。在推动军事、经济与政治的现代化过程中，穆罕默德·阿里还在教育、文化，以及社会等领域一起推进现代化。世俗化的中小学被建立起来，许多专科类院校如工业、农业、医学、外语、军事也被创办，这期间据估计在政府创办学校的学生大约有一万

---

① 宋则行、樊亢主编：《世界经济史》（第一卷），经济科学出版社，1989 年，第 168 页。

到两万人之间。①阿里政府不仅招聘大量外国老师与技师,还派遣大量的留学生奔赴欧洲尤其是法国和德国学习军事、政治、教育、医学、生物、化学等专业。穆罕默德·阿里改革期间,大批的欧洲人进入埃及,他们效力于工厂管理、市政工程、军事训练,以及医学之中。为获得改革资金,穆罕默德·阿里还在埃及进行了土地改革,马木路克的地产以及宗教基金会的许多财务被收归国家。就改革成果来看是十分显著的,穆罕默德·阿里创建了地中海地区最强大的陆军,经济上,埃及工业品不仅能够自给自足,还向邻国供给,埃及一跃成为地中海的强国。

穆罕默德·阿里为实现埃及的完全自治与奥斯曼土耳其苏丹的斗争从未中断,现代化改革的成果为穆罕默德·阿里在战争中取得胜利打下基础。英、法的强势介入,使埃及军队最终失败。1841年穆罕默德·阿里接到苏丹的敕令:苏丹授予穆罕默德·阿里及其家族统治埃及的世袭权力。自此,埃及已经完全实现了自治,埃及的控制权开始掌握在穆罕默德·阿里家族中。

1849年穆罕默德·阿里去世,其孙阿巴斯继位,阿巴斯相对保守,不主张进行现代化改革,阿里时期的大部分西化改革被取消。1854年阿巴斯被谋杀后,阿里之子赛义德继承王位,重新展开了西化改革,除了继承阿里的政治、军事、经济、文化教育等方面的改革之外,赛义德还开始修建铁路,许多大型的公共工程也同时展开。埃及财政开始出现困难,1853—1856年的克里米亚战争进一步加重了埃及的财政困难,迫使埃及走上举借外债的道路。为了缓解债务问题,赛义德决定修建苏伊士运河。1859年,苏伊士运河开始修建,英、法利用埃及资金缺乏介入其中。1869年11月17日,苏伊士运河竣工,10年间埃及政府欠下大量外债,虽然运河在1875年就开始盈利,但运河收益远不足以负担埃及所欠借贷,反而因为运河表现出的战略经济价值加深了欧洲国家对埃及的觊觎。自幼受到西方教育的伊斯梅尔在继任后,继续标榜"全盘西化"。埃及在全盘西化的过程中对西方的借贷进一步加深,为负担开支,伊斯梅尔将自己在运河的股份以400万英镑卖给英国,至此,埃及经济

---

① George E. Kirk, *A Short History of the Middle East: From the Rise of Islam to Modern Times*, Methuen, 1959, p.100.

已走向破产,埃及所欠外债已无力偿还。

债务的不断增多导致埃及主权逐步丧失。19 世纪 70 年代,埃及财政已出现严重困境,几乎要用三分之一的收入来偿还债务;[①]1876 年,埃及外债已达到 6849 多万英镑,仅要付的利息就占国家收入的一半以上,[②]1876 年"债务清偿委员会"建立"双重监督"。1878 年"二元控制委员会""欧洲内阁"确立,这两个机构的建立使法国和英国成为埃及财政的合法支配者,埃及财政收入一半用于政府开支,另一半用于偿还债务。英、法对埃及的殖民程度越来越深化,埃及民族主义的觉醒也随之出现。

1871—1879 年,阿拉伯世界著名的民族主义者阿富汗尼来到埃及,他利用爱资哈尔大学作为平台宣传民族主义、爱国主义等思想。阿富汗尼以新颖的方式教育学生,用犀利的语言抨击"欧洲内阁"[③],他以学校为中心的宣传使民族主义受到了大批有民族忧患意识的青年知识分子的支持,这其中包括著名的阿拉比、穆罕默德·阿卜杜勒。民族主义思潮以爱资哈尔大学为中心开始在埃及扩展。《埃及报》《商业报》为阿富汗尼民族主义思想的传播提供了载体。阿富汗尼还创建民族党,将有志之士团结在组织周围,以政党作为活动据点,展开民族主义运动。埃及民族主义运动在此影响下初露端倪,1881 年,埃及自由军官组成的秘密团体在农民、学生的支持下开始了民族主义运动,他们的口号是"埃及是埃及人的埃及",民族主义军官阿拉比在军队的支持下向埃及政府提交请愿书,主要内容有"改编政府部门,召集代表委员会会议,扩大军队规模"[④],感受到威胁的英国殖民者开始诉诸武力镇压阿拉比起义,阿拉比被处以死刑,英国开始占领埃及。初生的民族主义运动虽然遭到了英政府无情的打击,但民族主义者在这场运动中对政治权力的追求并未停止。伴随埃及民族主义萌芽的是埃及现代政治诉求的出现。1879

---

① Thompson,Jason,*A History of Egypt:From Earliest Times to the Present*,The American University in Cairo Press,2008,p.248.

② 郭应德:《阿拉伯史纲》,经济日报出版社,1997 年,第 299 页。

③ 杨灏城:《埃及近代史》,中国社会科学出版社,1985 年,第 178 页。

④ Thompson,Jason,*A History of Egypt:From Earliest Times to the Present*,The American University in Cairo Press,2008,p.253.

年 6 月 25 日,因反对英法对埃及政治权力控制,伊斯梅尔被废黜流放,其子泰乌菲克继任,埃及进入英国委任统治阶段。

二、英国委任统治期间宪政想法的萌芽

19 世纪末 20 世纪初的英国已从自由资本主义过渡到国家垄断资本主义阶段,英国迫切要求殖民地为其提供市场与原料。对英国来说,埃及具有特殊的战略意义,占领埃及不仅意味着殖民地的扩展,还能使其掌握通往东方殖民世界的咽喉——苏伊士运河。1882 年英国政府以镇压阿拉比起义为契机宣布在埃及实施委任统治。软弱的泰乌菲克成为英国控制埃及的傀儡,埃及事务多由英国驻埃及事务官克罗默主持。1882 年英国成功托管埃及之后,克罗默迅速展开行动:削弱埃及军事力量、派遣总督管理埃及事务、在埃及政府之内安插高级专员、解散议会、以顾问的形式控制埃及财政、缩减教育开支等。通过这些方式,埃及政治权力被英国统治者完全掌握在手中。

1892 年泰乌菲克之子阿巴斯二世继位,阿巴斯二世上台后对夺去其权力的英国统治集团极为不满。故而早期的阿巴斯二世往往表现出民族主义的立场。阿巴斯二世的反英情绪遭到了克罗默的严苛回应,在其统治期间,对埃及行政控制进一步强化,不仅埃及总督丧失权力,成为傀儡,"每位政府大臣都配有一位英国顾问,英国顾问的建议具有命令力量"[1]。英国的殖民统治、克罗默的强势打压不仅引起阿巴斯二世与埃及政府官员的不满,而且激发了埃及有志之士的民族主义情绪,为后来埃及民族主义者展开民族主义运动埋下了伏笔。

经济上,委任统治期间,埃及不断沦为英国殖民主义国家的经济附庸。19 世纪末 20 世纪初的英国已成为世界工厂,工业发展迅速,尤其是棉纺织业,"纺织机由 1878 年的六万零八百四十台增加到 1903 年的八万一千四百五十台,增加了两万多台,从而使棉花的需求量逐年上升"[2]。埃及作为英国

---

[1] Thompson, Jason, *A History of Egypt: From Earliest Times to the Present*, Cairo: The American University in Cairo Press, 2008, p.256.

[2] 杨灏城:《埃及近代史》,中国社会科学出版社,1985 年,第 241 页。

的殖民地自然成为英国实现利益的垫脚石，英国政府强行扩大埃及棉花的种植面积,随后再以"低于世界市场的价格"①对埃及棉花大量收购。单一作物的种植,粮食产量的锐减,加上重税的负担,埃及农民的生活急剧恶化,到战争前夕"90%的小农户平均每户只有 1 费丹的土地,他们终年劳作,不能一饱"②,英埃矛盾在农村产生并激化。这一时期,民族工业崩溃是殖民时期埃及经济坎坷的又一表现。虽然英国为保证埃及有能力偿还债务,注重发展埃及的经济事务,但出于自身利益的考虑,更多的经济政策是将埃及作为自己的殖民市场和原料产地加以利用,埃及的本地经济反而因英国商品的大量涌入导致崩溃。全国制糖厂、纺织厂的生产量在 19 世纪末 20 世纪初的表现大不如 19 世纪中期。埃及的民族企业因此受到了殖民政策的极大冲击,对此,作为直接社会利益受害者的埃及民族资产阶级首先表现出对英国殖民统治的不满,他们成为早期埃及民族主义重要的倡导力量。随着西方力量的介入,资本主义生产方式在埃及的出现,埃及工人阶级也开始出现,1873 年,埃及已有 2 万多工人③,外国投资者出于降低成本的考虑,常常以降低对工人的支出为手段来实现利润最大化,埃及工人经常处于低工资、低保障的状态之下,恶劣的生活环境、微薄的工资待遇使新生的埃及工人阶级对英国的殖民统治亦萌生不满。英国在埃及经济上的贪婪掠夺使潜伏的民族矛盾逐渐显现,埃及民族主义社会基础初步形成,在各方面条件成熟的情况下,他们终将成为埃及民族主义运动的中坚力量。

委任统治时期,克罗默还在埃及实行差别对待政策。殖民政策的差别对待进一步激化着英埃矛盾。殖民者们相对于改善埃及民众的生活水平,更愿意花钱为在埃及的欧洲人建造一个环境优越的郊区;当电这一新能源传到开罗的时候,也仅供欧洲上层享受;城市的公务员,大商人皆由欧洲人担任。④这些以英国利益为中心的统治政策所造成的社会不平等状态成为埃及民族

---

① Ellis Goldberg,*Peasants in Revolt-Egypt 1919*,Int. J. Middle East Stud. 24(1992),p.264.

② 郭应德:《阿拉伯史纲》,经济日报出版社,1997 年,第 311 页。

③ 郭应德:《阿拉伯史纲》,经济日报出版社,1997 年,第 296 页。

④ "colonisation of Egypt",http://library.thinkquest.org/04oct/01218/nationalism/preww1.html(访问时间:2013 年 11 月 26 日)。

主义运动初露端倪的重要背景,加上阿富汗尼思想的影响,民族主义思潮逐渐成为埃及民众排斥殖民统治的重要思想武器。

1906年的丹沙微事件激化了埃及各界的反英情绪,成为埃及民族主义意识确立、埃及民族主义政党展开运动的转折点——这一事件使埃及人意识到不能再将希望寄托于外国的统治,埃及独立才是实现发展的前提。[①]自1882年英国占领埃及后,埃及民众的民族主义热情随着在政治、经济等方面对英殖民者的不满逐渐高涨,民族主义运动在沉寂之后终于有了新发展,埃及民族主义者们继承阿富汗尼的衣钵以政党的形式争取民族独立是19世纪末20世纪初埃及民族主义运动的主要表现。这期间最为著名的政党代表是由穆斯塔法·卡米勒建立的新祖国党和由马哈茂德·苏莱曼建立的乌玛党。卡米勒创办《旗帜》作为宣传自己"民族主义"思想的阵地,主张以舆论的影响作为筹码,通过谈判来实现自己的政治诉求,他认为埃及不需要由英国来处理事务,不需要改革。新祖国党以伊斯兰价值观为核心团结埃及民众,呼吁英国立即结束对埃及的殖民统治。同样是民族主义倡导者的马哈茂德·苏莱曼所建立的乌玛党不主张使用暴力手段反抗殖民者,他认为埃及的独立可以通过法律及对话的政治手段实现,君主立宪制可作为埃及与英国谈判实现政治独立的筹码。尽管两党思想和实践主张上有细微的不同,但两党都是埃及民族主义的卫士,都主张通过报刊方式宣扬埃及的民族主义,通过对话参与政治的形式实现民族解放,与阿富汗尼的主张一脉相承。虽然这些政党"他们没有,也不可能充分发动群众与英帝国主义斗争,而是尽力避免阿拉比式的革命行动,把斗争局限在合理的范围之内"[②]。但埃及政治也随着他们的出现开始了现代议会政治的实践。

1910年基钦尔出任埃及总领事,他对埃及民族主义者的态度更加严苛,但这并未能压制住埃及强烈的民族主义热情,他们在埃及继续展开要求独立的示威游行。为了缓和局势,新的具有更广泛权力的立法委员会被建立,

①　Thompson,Jason,*A History of Egypt:From Earliest Times to the Present*,The American University in Cairo Press,2008,p.267.

②　郭应德:《阿拉伯史纲》,经济日报出版社,1997年,第317页。

立法委员会吸收了部分埃及人。并在埃及推行了有利于农业的改革:强化农业方面的措施,解除农民债务。新的以扎哥鲁勒为核心的乌玛党也在随后的立法委员会中占据大量席位,这期间,扎哥鲁勒还有了组建内阁的尝试。虽然立法委员会直到 1914 年才开始工作,也仅召开了几个月的会议。但正是在这短暂的时期内,在扎哥鲁勒的领导下,立法委员会在朝着对内阁及政府管理的控制方面做出了真正的进步。然而一战的爆发中断了有限议会民主制的尝试。

三、保护国制度与宪政的蓄力

1914 年,第一次世界大战的爆发,土耳其与英国之间成为敌人的态势逐步明朗,在此情况之下,英国希望能让埃及从土耳其手中彻底独立,并交由自己控制。对埃及的控制能使英国在打击土耳其的同时又可以拥有物资供给地与军事基地,因此英国迫切希望完全控制埃及。1914 年 11 月 2 日,英国正式宣布对埃及实行军事监管,1914 年 11 月 3 日英国宣布埃及与土耳其的关系终结,并任命卡米尔·侯赛因替代阿巴斯成为埃及新的统治者,侯赛因不再以土耳其总督的身份而是以埃及苏丹的身份出现。1917 年侯赛因死后,在英国人的挑选下亲英且易于控制的福阿德继承王位。[1]12 月 18 日英国以埃及保护国的角色出现在世界政治舞台上。[2]至此英国完成了对埃及的完全控制。埃及沦为英国保护国期间,在政治、经济上都沦为英国的附庸,完全受英国支配。

英国对埃及政治上的严格控制除了表现在对埃及王位继承的问题的话语权外,还表现在对埃及行政权控制的进一步强化。1914 年第一次世界大战开始后,大量的英国士兵和文官涌入埃及,直接掌控埃及政治。1916 年,英国在埃及实施《戒严法》限制埃及人参与聚会的人数,埃及民众被禁止跟英国的敌对国往来,严禁五人以上的聚会。不久还在埃及实行军事管制政策,军

---

① Thompson,Jason,*A History of Egypt:From Earliest Times to the Present*,The American University in Cairo Press,2008,p.272.

② Thompson,Jason,*A History of Egypt:From Earliest Times to the Present*,The American University in Cairo Press,2008,p.271.

事管制政策使英国当局可以随意地逮捕、审讯、监禁、流放、处死任何人。立法议会处于暂停状态,民事法庭由英国人接手,持不同政见的埃及人常遭到监禁。[1]英国对埃及政治上的严密控制中断了埃及萌芽的宪政尝试,激化了英、埃的民族矛盾。

第一次世界大战期间,埃及充分发挥了其作为"宗主国人力资源和物资资源基地的作用"[2],被卷入战事中的埃及民众必须负担英国在战争中的粮食供给、土地供给和军费供给,必须忍受繁重的赋税和不断上涨的物价,埃及民众生活苦不堪言,城市居民因粮食缺乏、物价上涨,生活状态急剧下降;农村的情况更加糟糕,"三分之二的耕畜被征集"[3],大部分的土地和水力资源被外国资本垄断,被迫发展单一的作物,英国军事当局还强行廉价收购农民的粮食、牲口和饲料供驻军使用,农民纳完规定的粮食后所剩无几,不足糊口。[4]此外,英国还在埃及大量的征召劳工队和骆驼兵作为前方战线的补给军,大量埃及劳动力在战争中死亡,对埃及社会发展造成的损失不可估量。据统计,到1917年,约有21000名埃及人被调集担任战争中的牲畜运输队,其中有220人在运输过程中死亡,4000多人死在了医院之中,截至停战协议签订时,已有29000名埃及人被强制征至牲畜运输队中。[5]埃及民众为战争付出了沉重的代价,妻离子散、劳动力缺乏、战火蔓延,这些引起了埃及民众对英国统治者的诸多不满。英国对埃及极端严格的殖民政策为埃及民族主义思想意识的滋长提供了温床。

与政治、社会上遭遇的挫折不同,第一次世界大战为埃及的民族工业提供了有利的发展时机。大战期间,英国军队涌入埃及并将2亿英镑注入埃及经济,成为埃及工业发展的一项重大推动力。[6]英国需要一个能够提供劳动

---

①　"colonisation of Egypt",http://library.thinkquest.org/04oct/01218/nationalism/preww1.html(访问时间:2013年11月26日)。

②　高岱、郑家馨:《殖民主义史》,北京大学出版社,2003年,第73页。

③　郭应德:《阿拉伯史纲》,经济日报出版社,1997年,第419页。

④　杨灏城:《埃及近代史》,中国社会科学出版社,1985年,第290页。

⑤　Marguerite Skilling,Egypt and World war I,Historian,Vol.11,No.2,1949.

⑥　[加纳]A.A.博亨:《非洲通史——1880至1935年殖民统治下的非洲》,中国对外翻译出版有限公司,2013年,第274页。

力、交通运输、食物、饲料的稳定的卖方市场来保证战争日用品的供给,[1]这就迫使英国政府允许埃及一些日用品生产企业发展,埃及民族工业在此基础上取得显著进步。埃及日用品的出口数额在战争期间增加了近两千多万英镑[2],1916 年至 1918 年间的埃及越来越富有,对外贸易逆差额高达 21.34 亿英镑。[3]此外,战争对英国的牵制使英国无暇东顾,向埃及输出的商品数量不断减少,这对埃及的民族工业起到了近似于关税保护的作用,埃及民族工业迅速发展,其中棉纺织业的发展最为显著,一战期间,棉纺织产量不断上涨、规模逐渐扩大,甚至建立了"全国纺织公司",棉纺织量相对战前增长了 15%至 20%。[4]埃及民族资本主义工业在一战期间整体上处于繁荣状态。一战期间埃及民族资本主义的繁荣发展,壮大了埃及资产阶级和无产阶级的队伍。

埃及自西化改革以来,就有无产阶级和资产阶级,但是由于各种限制因素,战前资产阶级和无产阶级的力量都十分弱小,不足以成为埃及"民族主义"运动的中流砥柱。随着第一次世界大战的爆发,埃及民族工业的发展,埃及的资产阶级和无产阶级队伍也迅速壮大,1907 年埃及工人人数为457451 人。埃及为保护工人阶级的利益,成立了许多工会组织,工会的出现,显示出埃及的无产阶级已经呈现为有组织的发展状态,他们将成为埃及民族主义运动最有效的潜在力量,为埃及民族主义运动的发展提供了坚实的社会基础。

第一次世界大战期间,英国的保护国制度中断了埃及的政治宪政尝试:立法议会被关闭,外交部被撤除,英国代表以及总领事成为处理埃及政治事务的高级顾问。这些举措使埃及民众民族主义情绪不断高涨,埃及资产阶级、无产阶级队伍的壮大扩充了民族反抗的潜在队伍,虽然埃及的民族主义

---

① Marguerite Skilling, Egypt and World war I, *Historian*, Vol.11, No.2, 1949.

② 彭树智:《阿拉伯国家史》,高等教育出版社,2002 年,第 279 页。

③ Marguerite Skilling, Egypt and World war I, *Historian*, Vol.11, No.2, 1949.

④ Keither Robbins, *The Eclipse of a power*(1870—1975), Longman, 1983, p.142.

运动在一战期间"几乎没有发生过抗议"①。但埃及民族主义却因战争经验变得更为强大,为战后要求民族独立,推行宪政提供了重要的基础。

四、埃及的"独立"与君主立宪制的确立

战后第二天,原议会副议长民族主义者扎格鲁勒带头向英国驻埃及高级专员提交了一份请愿书:要求英国废除保护国制度和军事管制政策,并提出埃及作为第一次世界大战的战胜国要参加巴黎和会。英国人表示"这封请愿书不是有组织的政党提出,不能代表埃及政府的立场"予以回绝。埃及的民族主义者很快找到对策,1918 年 11 月 23 日,在扎哥鲁勒的努力下,"华夫脱党"成立,党纲规定华夫脱党将以合法手段通过与英国谈判实现埃及独立。

1919 年 1 月巴黎和会召开,"华夫脱党"很快提出参会诉求。1919 年 3 月 8 日,英国当局逮捕扎格鲁勒及其同伴。英国当局的逮捕行为引起了埃及民众的强烈不满,几天后支持扎格鲁勒的民族主义运动在埃及国内迅速展开:学生罢课,法官律师罢工,工人阶级、农民阶级游行支持。埃及国内形成了声势浩大的民族主义运动,埃及人民与英国殖民者发生暴力冲突,1000 多名埃及人在冲突中死亡、36 名英国军人和 4 名英国公民也死于暴力事件。②迫于压力,1919 年 4 月 7 日,扎格鲁勒等民族主义者被释放。1921 年 12 月首相阿德利辞职,代理首相哈力克宣称组阁前提是英国承认埃及独立。在全国上下的努力之下,1922 年 2 月 28 日,英国当局迫于压力下做出让步提出埃及有条件的独立。

1922 年 3 月 15 日,埃及不再是英国的保护国,它成为一个议会制君主国,埃及正式宣布独立。1923 年 4 月 19 日,参照西方的模式制定了第一部

---

① Thompson,Jason,*A History of Egypt:From Earliest Times to the Present*,The American University in Cairo Press,2008,p.272.

② Thompson,Jason,*A History of Egypt:From Earliest Times to the Present*,The American University in Cairo Press,2008,p.274.

《宪法》,该《宪法》明确规定埃及的一切权力来自人民,①这部宪法确立了埃及的"制宪君主制"。埃及的立法权力归属于上议院与下议院构成的议会,政府官员对议会负责。但宪法赋予国王极大的权力:组建内阁权、否决立法权、解散议会权。宪法赋予国王的过大权力为日后国王解散议会、破坏宪政埋下伏笔。1924年,扎哥鲁勒返回埃及参加议会选举,其所在政党"华夫脱党"成为当时议会大党,获得下议院214个席位之中的190个,占总数的90%。扎哥鲁勒被任命为埃及首相。埃及进入宪政时代。

1922年的埃及独立并不是完整意义上的独立,埃及政府必须同意英国具有对苏伊士运河的控制权,具有出面保护埃及免受外来干涉的权利,埃及的外国人以及少数人群体的利益须得到保护。埃及领土上仍驻扎着英国军队,埃及司法体制内仍存在着英国的咨询顾问。组阁的扎哥鲁勒仍未放弃华夫脱党的理想,多次与英国交涉要求英国放弃在埃及的一切特权。1924年11月19日,苏丹发生刺杀英国军官事件,英国人以此为借口对福阿德国王提出要求。11月23日,扎哥鲁勒被迫辞职。1924年12月,华夫脱党领导的议会遭到解散,福阿德支持的统一党、自由党以及许多无党派人士联合赢得议会选举。1925年华夫脱党在议会选举中再次取胜,扎哥鲁勒再次当选议长。国王福阿德本就对议会与宪法不满,迅速解散议会,拖延选举。1929年12月,在新的议会选举中华夫脱党再次胜利,但华夫脱党领袖纳哈斯组阁仅6个月就被福阿德赶出了权力中心,议会再次解散。

1930年,一部新的宪法被制定,国王权力进一步加强。埃及宪政进入宫廷统治时期(1930—1935年)。直到1935年,意大利入侵埃塞俄比亚,英国在中东地区面临巨大压力,大批英国军队再次驻扎在埃及领土之上,这引起了以纳哈斯为代表的埃及民族主义者对国王软弱的强烈不满。为了获得支持,英国决定支持华夫脱党执政,并向福阿德施压。1936年福阿德国王去世,法鲁克继承王位。议会重新召开,华夫脱党获胜,纳哈斯以华夫脱党党魁身份出任首相,为进一步摆脱英国的控制,纳哈斯亲率代表团与英国展开谈

---

① 上海社会科学院法学研究所编译:《各国宪政制度和民商法要览——非洲分册》,法律出版社,1986年,第19页。

判。1936 年 8 月 26 日,《英埃条约》签订,条约规定英国在埃及占据的市场为 20 年;英国在埃及的驻军减少至一万人,行动被限制在运河区内。英国在埃及的高级官员咨询制度被废除。

1939 年 9 月 1 日,第二次世界大战爆发,埃及作为重要的战场得到英国的重视,战争期间,英国支持纳哈斯首相打压法鲁克国王。与此同时,埃及的政治环境却开始恶化,腐败与裙带关系充斥在官场之中。华夫脱党早已失去了民族主义政党的特点,党内腐败混乱,派系斗争激烈。埃及宪政制度的腐化催生了大批全新的政党。1949 年,埃及共产党成立,1928 年,有哈桑艾尔巴纳建立的穆斯林兄弟会更是发展迅速, 至第二次世界大战开始时,成员已发展至 100 万人。[1]战争带来的政治真空为埃及国内政治的自我发展提供了空间。

1950 年 1 月,议会选举后,纳哈斯仍出任首相,但其腐败行为已遭到了人们的反感,为转移民众注意力,纳哈斯开始利用民众民族主义情绪发表反英言论。英国军队迅速采取行动,50 余名埃及人被杀害。1952 年 1 月 26 日,埃及爆发大规模的示威游行。[2]暴乱之后,纳哈斯被开除,埃及政治不再稳定。由贾马尔·阿卜杜勒·纳赛尔为主席的自由军官组织成立,7 月 22 日,自由军官组织发动政变,并成功掌握埃及政局。法鲁克国王被驱逐出国。埃及威权主义体制下的宪政模式即将展开, 伴随着民族主义运动而发展的君主宪政制度也随着纳赛尔的上台而终结。

整体而言,1923—1952 年,自由主义时期埃及政治的宪政之路正式开启:立法、行政及司法三权分立概念初见端倪;早期多党制在议会中也开始发挥作用,共产党、穆斯林兄弟会以及埃及自由军官组织的产生显示了这一时期埃及政治空间的弹性。宪政之路为埃及未来现代政治的发展奠定了基础。

---

[1]　Thompson, Jason, *A History of Egypt: From Earliest Times to the Present*, The American University in Cairo Press, 2008, p.287.

[2]　Thompson, Jason, *A History of Egypt: From Earliest Times to the Present*, The American University in Cairo Press, 2008, p.290.

第二节 1952—1981 共和国时代：从总统独大到一党独大

第二次世界大战之后，英国军队仍然占据着埃及的苏伊士运河，埃及人民要求完全独立的任务仍未完成。埃及在法鲁克国王统治时期：议会政治腐败、社会秩序混乱，埃及民众急切渴望实现民族独立与政治民主，反殖反封的斗争日趋高涨。民族主义的志士已从腐败的华夫脱党转变为由贾迈勒·阿卜杜勒·纳赛尔为领袖的自由军官组织。1949 年底，自由军官组织成立。1952 年初，自由军官组织决定利用埃及国内民众反英情绪的高涨加快结束腐败的君主制统治。1952 年 7 月 23 日，自由军官组织在法鲁克国王即将发动镇压行动前发动革命取得胜利，自此纳赛尔开始带领埃及人民走上民族独立与威权宪政之路。

一、纳赛尔时期：总统独大

革命成功后，法鲁克国王被流放国外，前首相马赫尔被邀请组建文官内阁。纳赛尔及自由军官组织组建革命指导委员会监督文官政府。1952 年 9 月，马赫尔被迫辞去首相职位，纳吉布将军接任首相。1952 年 10 月，"革命指导委员会"宣布废除 1923 年宪法。次年 2 月，《临时宪法》颁布，《临时宪法》规定埃及进入 3 年的过渡政府阶段，从那时起，革命指导委员会就掌握了国家政权。革命指导委员会并非一个有着明确章程与目标的组织，它的成员虽以民族主义者自居，却并不希望推行民主政治。

纳赛尔认为埃及革命成果将会受到各种腐败的政党领导人及穆斯林兄弟会的威胁，所以并不主张组建政党，他曾宣称："政党是分裂因素，是外国的移植和帝国主义的工具"，帝国主义企图"分裂我们并在我们中间制造分歧。"①1953 年 1 月,埃及所有政党被取缔,1954 年 10 月纳赛尔在亚历山大城演讲的时候遭到了穆斯林兄弟会的暗杀。这次暗杀进一步强化了纳赛尔取缔政党,强化自身权力的想法。同年 6 月 18 日,埃及宣布成立共和国,纳吉布担任总统兼总理,纳赛尔出任副总理兼内政部长。自此,纳赛尔与纳吉布开始了最高权力的争夺。在斗争过程中,纳赛尔逐渐掌握了政府部门、军队,以及安全局的控制权。1954 年 4 月,纳赛尔成为总理,同年 11 月纳吉布被解除总统职务并遭到软禁。

1956 年 1 月 6 日,埃及通过了新宪法。新宪法规定埃及是一个民主的阿拉伯国家,国家采取总统制民主共和政体。共和国总统由人民选举产生,总统兼任议会主席。新宪法一方面强化总统的权力,却在其他方面维护着议会的基本权力,如政府官员应对国民议会负责。最后,新宪法还采用了现代国家的宪法规则,比如:宣布公民的权利与义务。不久,纳赛尔以高票当选总统,总统享有行政、立法、司法等权力,政党制度遭到取缔。与此同时,纳赛尔要求英国依据 1936 年《英埃协议》从埃及撤军,遭到英国反对。7 月,纳赛尔对外宣布将苏伊士运河收归国有,不久爆发苏伊士运河战争。埃及在各方支持下取得了战争的胜利。这次胜利使纳赛尔的领袖魅力达到顶峰,埃及人民对纳赛尔的所有决定充满支持,苏伊士运河战争的胜利为纳赛尔威权政治的推行提供了更为重要的条件。埃及开始进入总统独大的共和国时期。

这一时期,埃及政治上表现为总统独大的宪政体制。"埃及具有根深蒂固的威权主义的政治传统"②,虽然埃及长期受外族统治,但埃及都具有一定的独立性,不同阶段受到法老与帕夏的专制统治。这种专制文化使埃及民众在一定程度上能够接受集权统治。埃及共和国建立后,政治、经济、社会等方面都处于极不稳定的阶段,人们需要一个强有力的政府,对社会秩序进行重建,对经济进行复苏,这成为威权政治的现实因素。这种政治威权表现为:反对阶级斗争、主张阶级合作、全民作主、建立包括各阶级利益的唯一的政党取缔一切政党。1958 年,埃及共和国再次通过了新宪法,总统的权力进一步

---

① 　[美]塞缪尔·P. 亨廷顿:《变化社会中的政治秩序》,上海人民出版社,王冠华、刘为等译,2008 年,第 53 页。

② 　王泰:《埃及的政治发展与民主化进程研究(1952—2014)》,人民出版社,2014 年,第 64 页。

扩大,比如:总统在议会休会期间具有立法权。1962 年埃及类似执政党的组织社会主义联盟时颁布的《民族宪章》清楚地描述了阿拉伯社会主义联盟包括工人、农民、士兵、知识分子和民族资本家五种成分,基本目标是推动政治民主化进程,实现社会主义革命即劳动人民的革命。[①]1964 年宪法规定阿拉伯社会主义联盟是唯一的人民政治组织。纳赛尔上台后取消了自由主义时期埃及活跃的政党政治,取而代之的是人民解放大会,后发展为民族联盟,6年后被阿拉伯社会主义联盟取代。它们是纳赛尔设计的"垄断合法政治活动的大众组织"[②],纳赛尔宣称:"民族联盟是埃及全体人民的联盟和民族阵线,包括埃及人民在内的所有成员,只有反动派、机会主义者和帝国主义的代理人除外。"[③]纳赛尔将这些组织作为代表埃及全民的机构,纳赛尔作为总统仍是权力的核心。

这一时期纳赛尔在经济上主要推行以国有化为基础的社会主义经济。主要推行土地改革、经济国有化、计划经济的政策。土地改革是纳赛尔执政后在经济领域的首要举措,1952 年 9 月开始首次土地革命,1961 年进行第二次土地改革。改革主要限制大土地所有者的土地数额,并使无地或少地的农民拥有土地。1961 年以后,土地的最高限额降为 100 费丹。[④]1959 年纳赛尔政府宣布实行首个五年计划,由政府强势干预经济,促进经济快速实现发展。与此同时埃及经济国有化也相继在各个行业展开:工厂、银行、保险公司、交通运输工具、出入口公司、大旅馆、印刷和广播媒体和许多其他经济领域已展开国有化行动。1961 年,国家总共掌握了三百多家商行。1963 年,新一轮国有化收进了另外三百家商行。[⑤]这期间,纳赛尔并未全盘否定私有制经济,仍提倡公私并存国有经济与私人经济合作的模式。纳赛尔的经济改革使埃及经济快速好转,经济改革强化了纳赛尔威权政治的合法性。

---

① 〔美〕凯马尔·H.卡尔帕特:《当代中东的政治和社会思想》,陈和丰等译,中国社会科学出版社,1992 年,第 222 页。

② Maye Kassen, *Egyptian politics: The Dynamics of Authoritarian Rule*, Lynne Rienner Publishers, p.82.

③ Wheelock, Keith, *Nasser's new Egypt: a critical analysis*, Praeger, 1960, p.54.

④ 王泰:《埃及政治发展与民主化进程研究(1952—2014)》,人民出版社,2014 年,第 93 页。

⑤ 〔美〕詹森·汤普森:《埃及史:从原初时代到当下》,郭子林译,商务印书馆,2012 年,第 309 页。

纳赛尔时期,在外交上埃及始终奉行不结盟以及泛阿拉伯主义政策。不结盟政策使埃及能够处于中立状态,排除了再被美国、英国和法国殖民的可能。此外,纳赛尔希望以泛阿拉伯政策为基石,助力自己成为整个阿拉伯世界的领袖。1956年苏伊士运河战争的胜利,不仅神话了纳赛尔在埃及民众心目中的地位,而且提升了纳赛尔在整个阿拉伯世界的影响力。1958年2月1日埃及宣布与叙利亚合并,成立阿拉伯联合共和国,虽然该合并尝试在1961年宣布失败,但泛阿拉伯主义仍是纳赛尔在阿拉伯世界的外交基础,阿拉伯联盟的成立就是纳赛尔泛阿拉伯主义的重要成果。

1958年,纳赛尔宣布埃及与叙利亚合并后,大量的问题出现,政府的急剧膨胀加重了埃及的经济负担。纳赛尔统治后期与苏联关系的密切,遭到了以美国为首的西方国家在经济上的联合抵制,埃及经济困境进一步加深。1967年六五战争失败后,苏伊士运河遭到关闭,埃及经济几近破产。六五战争的失败后,1969年3月,纳赛尔发动了对以色列的消耗战,持续的战争状态使埃及形势更加糟糕。在严重的压力之下,1970年9月28日,纳赛尔因心脏病去世。副总统萨达特接任总统职位。

二、萨达特时期:一党制向多党制的转变

1970年继任总统的萨达特面临的是一个充满挑战的埃及。政治上,纳赛尔的去世使领导集团内部分裂,派别林立,在分歧斗争不断的政治上层里,来自萨布里集团的挑战成为萨达特新生政权最直接的内部威胁;民众对民生的诉求成为萨达特实现政治合法性亟须解决的另一难题;外交困境也是新生萨达特政府不得不考虑的重要环节。纳赛尔时期埃及的外交在泛阿拉伯主义的主导下长期与以色列以及西方各国形成对峙的局面,甚至在宪法中都有所规定:埃及人民是伟大的阿拉伯民族大家庭的组成部分,在阿拉伯民族解放斗争中负有不可推卸的责任。[①]因此政府的军费投入逐年增加,1967年,埃及军费开支为7.2亿美元,到1974年,这一数字已达23亿美元。[②]庞

---

① Beattie K. J.,*Egypt during the Nasser Year*,Westview Press,p.117.

② Mbro,R.,*The Industrialization of Egypt 1939–1973*,Corendon Press,p.38.

大的军费开支加上经济国有化后期埃及出现了粮食危机和人口的不断膨胀，埃及民众怨声载道。此外，六五战争的失败所造成的国土丧失及苏伊士运河关闭造成的外汇收入锐减加深了民众对政府的不满，埃及百废待兴。外交困境也是萨达特政府不得不考虑的重要问题。纳赛尔时期埃及外交在阿拉伯主义的主导下长期与以色列以及西方国家形成僵持局面，使得埃及的外交政策缺乏灵活性且不利于国家的利益。

塞缪尔·P.亨廷顿在《变化社会中的政治秩序》中针对这一时期写道："整个亚洲、非洲和拉丁美洲，到处可以看到政治秩序的下降，政府的权威性、有效性和合法性在遭到破坏"[1]，萨达特接管的埃及正处于这样的状态。政府有效性、合法性立足政府权威性之上，而威权政府的建立要求萨达特必须先清除政治体制内可能出现的政治暴乱因素，因此应对萨布里集团的挑战是其政治权威确立的首要条件。

阿里·萨布里集团与萨达特集团的本质分歧主要表现在三个方面。第一，执政理念不同。萨布里集团以纳赛尔主义继承者标榜，而萨达特的执政理念更倾向于"民主和社会公平"以获取政治合法性。曾有学者指出纳赛尔的改革仅是实现政治稳定的阶段性胜利，这场胜利给那些希望埃及拥有更为彻底的民主和公平的竞争对手提出了严峻的挑战。[2]第二，外交上萨布里集团提倡以阿拉伯民族主义为外交基础，萨达特则更重视埃及自身的国家利益，在埃以问题和埃美关系上与前者表现出截然不同的立场。第三，对统治权的争夺是双方分歧的最根本原因。萨达特继任总统后，具有统治优势的萨布里集团表现出诸多不满。萨布里集团提出，在埃及实行1956年前阿拉伯社会主义联盟革命指导委员会集体统治的形式，借此牵制萨达特。

萨达特上任后则利用政治改革对萨布里集团进行瓦解、清除。首先，在政治集团内部创建忠于自己的势力集团。1970年10月20日萨达特任命马

---

① ［美］塞缪尔·P.亨廷顿：《变化社会中的政治秩序》，王冠华、刘为等译，上海人民出版社，2008年，第3页。

② Ahmad Shokr, Middle East Research and Information Project, *Reflections on Two Revolution*, Winter 2012, No.265, Vol.42, No.4.

赫茂德·法齐为副总统。[①]接着停止了萨布里集团核心力量"社会主义先锋队"[②]的活动。1971 年 5 月,"当萨达特感到时机已经成熟时,开始实施他的'矫正革命'。其解除了萨布里的职务,并以叛国罪逮捕了他。在次年 12 月,萨布里和包括高级大臣、前武装部,以及安全部的头目在内的 90 余人,被审判并定罪为颠覆国家未遂罪"[③]。此外,为解决萨布里集团成员在阿拉伯社会主义联盟占有多数的挑战,萨达特宣布议会变得更自由和开放,议会议员不再局限于阿拉伯社会主义联盟成员。在 1971 年 6 月的选举中,有利于萨达特集团的议会选举结果已成效显著,萨达特的支持者由 10 个月之前的 562 人上升至 1237 人,萨达特已然成功地建立了其自己的势力集团。[④]

如先前所言,政府有效性、合法性立足于政府权威性之上。萨布里集团的瓦解为萨达特提供了重要的政治权威性基础,实现政府的有效性与合法性则是其又一目标。萨达特的改革举措主要表现为:萨达特时期埃及一党制向多党制的转变耗时 4 年完成。1974 年 4 月,萨达特颁布《十月文件》,声称"撤销所有的非常措施,确保法律、制度的稳定"[⑤]。《十月文件》的颁布开启了萨达特多党制的尝试。在这个文件中,萨达特虽然仍旧强调阿拉伯社会主义联盟是埃及唯一合法的政治组织,但文件中批评纳赛尔时期党内缺乏民主声音,并允许在阿拉伯社会主义联盟内发表不同的政治见解。随后,1974 年 8 月,纳赛尔颁布《发展联盟方案》规定只要尊重纠偏革命的基本原则就可以加入联盟,还规定联盟只是表达民意的机构不再享有政治权力。然而这一时期,淡化一党制,发展多党制的举措多数为政治讨论,政治行动几乎没有。阿拉伯社会主义联盟仍然是埃及的权力中心,纳赛尔主义的拥护者仍旧存在着广泛的影

---

① Beattie Kirk. J, Egypt during the Nasser Years: Ideology, Politics, and Civil Society, *The Middle East Journal*, Vol.49, No.3, Summer 1995, p.10.

② 雷钰、苏瑞林:《中东国家通史(埃及卷)》,商务印书馆,2003 年,第 308 页。

③ Thompson, Jason, *A History of Egypt: From Earliest Times to the Present*, The American University in Cairo Press, 2008, p.319.

④ Thompson, Jason, *A History of Egypt: From Earliest Times to the Present*, The American University in Cairo Press, 2008, p.319.

⑤ Baker. R.W, *Egypt's Uncertain Revolution Under Nasser and Sadat*, Harvard University Press, 1978, p.150.

响力。[1]即使在9月萨达特公开指责阿拉伯社会主义联盟内部缺乏政治民主后，议会发言人马赫格布所做的最终报告也未解散阿拉伯社会主义联盟。[2]

1976年1月，萨达特在党内再次发起关于一党制的讨论，不同派别意识形态间的分歧日渐明显。6月，在萨达特的建议下阿拉伯社会主义联盟内部分裂为三大派别并得到议会和中央委员会的承认。其中左派为纳赛尔主义派别，是萨达特政策的主要反对者；阿拉伯社会主义为中间派别，是为萨达特政权的忠实支持者；右翼派别为自由社会主义倾向于支持萨达特政权。这次分裂是萨达特时代政治多党化的起点，这三个派别已经具备独立政党的特点。[3]1976年11月，萨达特宣布这三个组织为正式的政党：左派民族进步联盟党（下文简称为联盟党）、中间派阿拉伯社会主义党、右派自由社会主义党（下文简称自由党），阿拉伯社会主义联盟仍旧存在，其职责仅限于监督党派活动和政党收支。随后，联盟的形式也被取消，多党制出现。[4]1978年7月，萨达特终止了阿拉伯社会主义联盟的作用，正式的多党民主制确立。

然而多党制的确立以及阿拉伯社会主义政党成为萨达特的支持势力并不能满足萨达特的政治期望，创建一个完全忠诚于自己的新政党是萨达特巩固政治统治的新举措，萨达特之所以放弃阿拉伯社会主义党，一方面因为其作为阿拉伯社会主义联盟的遗留产物不可能完全满足萨达特在国会中抵抗反对党的目的；另一方面，萨达特外交上的和平计划需要一个强有力且支持自己的政党，民族民主党应运而生。1978年，萨达特建立了自己的政党：民族民主党。同年11月2日，民族民主党被赋予合法地位，其建党宗旨为"向基于科学和信仰的现代化国家的迈进"，目标是"埃及人民的幸福生活"[5]。

---

① Alaa Al-Din Arafat, *The Mubarak Leadership and Future of Democracy in Egypt*, Palgrave Macmillan, 2009, p.13.

② Alaa Al-Din Arafat, *The Mubarak Leadership and Future of Democracy in Egypt*, Palgrave Macmillan, 2009, p.13.

③ 哈全安：《中东史610—2000》，天津人民出版社，2002年，第565页。

④ Bahgat Korany, Rax Brynen, and Paul Noble, *Political Liberalization and Democratization in the Arab World: Comparative Experiences*, Volume2, p.46.

⑤ Jankowski, James, Egypt During the Sadat years, *The Middle East Journal*, Vol.55, No.3, Summer 2001.

三、"多党制"下的一党独大

多党制的出现自然包含着反对党的产生，萨达特认为任何民主制度都应该有它自己的反对党[1]，人为地创造忠诚于政权的反对党是民族民主党在多党制体制下合法性免受挑战的重要举措。首批反对党由萨达特一手创立，如萨达特人为地建立了一个反对党——劳动党。[2]此外，较为典型的是衍生于1976年阿拉伯社会主义联盟分裂的联盟党与自由党。这两个党派在1976年成为独立政党，尽管它们在理论上代表社会主义与自由主义，但就其自身而言，政党内部并未形成有效的力量，其重要成员也在萨达特的授意下担任着各自党内重要职位，例如来自自由党的核心人物阿布·沃费就是萨达特的妹夫。[3]

当萨达特意识到某些反对党不再"忠诚"时，他常常利用政治权力解散或暴力打击对政权产生威胁的政党。1977年8月，萨达特政府批准新华夫托党成立，随后新华夫托党、联盟党、自由党同时批评政府腐败，气势咄咄逼人。在萨达特的授权下，1978年6月1日，议会通过了《保护国内安全和社会安宁法》[4]，新华夫托党被正式解散。1978年萨达特要求民族进步联盟党解散遭拒后，政府关闭了民族进步联盟党主办的报纸，限制民族进步联盟党的政治活动[5]，同时政府逼迫自由党解散。萨达特还授意时任农业部部长的易卜拉欣建立社会劳动党作为新的在野党来扩充多党制。1981年劳动党因不受控制，党魁被逮捕，社会劳动党也不再为合法政党。[6]穆斯林兄弟会也遇到了同样的处境，为了体现自己所建立的是一个"宽松自由的政治社会"，萨达特

① 王泰：《埃及的政治发展与民主化进程研究（1952—2014）》，人民出版社，2014年，第167页。

② 王泰：《埃及的政治发展与民主化进程研究（1952—2014）》，人民出版社，2014年，第167页。

③ Alaa Al-Din Arafat, *The Mubarak Leadership and Future of Democracy in Egypt*, Palgrave Macmillan, 2009, p.13.

④ 雷钰、苏瑞林：《中东国家通史（埃及卷）》，商务印书馆，2003年，第350页。

⑤ Fahmy, N.S, *The Politics of Egypt: Sadat Society Relation*, Taylor and Francis, 2012, p.74.

⑥ Alaa Al-Din Arafat, *The Mubarak Leadership and Future of Democracy in Egypt*, Palgrave Macmillan, 2009, p.15.

希望出现一个既可以平衡社会其他力量又可以接受控制的政党,穆斯林兄弟会在此情况下成为合法政党。然而与前者无异,在萨达特感觉其不再受控之后,穆斯林兄弟会遭到了无情地打击。萨达特时期埃及在多党制体系下存在"反对党",但这些反对党多为"忠诚的党",并不会对民族民主党构成多大的阻碍。因此,"忠诚的反对党"仅是萨达特的政治工具,并无实质内容。一党独大成了民族民主党的重要特点。

萨达特上台后的政权稳定有三个重要的支柱:首先是新的政党制度——多党制;其次是忠诚于自己的"反对党";最后建立各种有利于自己的政治制度和规则。这样的政治策略有利于萨达特利用多党制的外衣粉饰自己的权力基础。多党制为民族民主党的出现建立了制度基础,而反对党的弱小加上政权的保护使民族民主党在合法的情况下免受政治挑战,确保了其作为执政党的长期性。

四、"民族民主党"的运作方式

埃及民族民主党衍生于阿拉伯社会主义联盟,出于政治目的考虑,萨达特对党内组织的运行模式并未做过多的更改。整体来看,其所做的只是在多党制的外衣下解散并重组它。所以阿拉伯社会主义联盟众多的运作方式被民族民主党继承下来。

阿拉伯社会主义联盟和民族民主党都是为确保总统的合法性而成立的,它们有着相似的政治组织和选拔程序,对它们来说组织结构并不重要,如何保障总统的合法性、组织的合法性才是最重要的。埃及民族民主党的地方组织由省、区、县、乡四级组成。民族民主党在全国 26 个省级机构有 1500 名成员;以及由近 1 万人组成的 175 个选区机构;近 8 万个成员组成的约 4000 个底层民族民主党的机构。[1]埃及民族民主党的最高权力机关是全国代表大会以及由代表大会选出的政治局。政治局下设书记处、常设委员会

---

① Alaa Al-Din Arafat, *The Mubarak Leadership and Future of Democracy in Egypt*, Palgrave Macmillan, 2009, p.15.

和专门委员会。全国代表大会由包括政治局、书记处、国家代表以及其他机构在内的总计4000名成员组成。民族民主党的总书记必须是政治局成员，其他政治局成员起着辅助总书记的作用。总书记管理党内的日常事务并向党内13个专门委员会提出议题供他们研究，这些专门委员会再通过在政府或者议会工作的民族民主党成员将相关提议落地。政党的组织结构与政府的机构一般相平衡，例如交通和通信委员会存在10个部门与政府的通信部门的各个分支相匹配。①

民族民主党的权力核心是政治局。一般而言，民族民主党政治局成员们在政府担任要职，如：内阁部长、总理，以及议会上院委员的民族民主党成员有优先进入政治局的权力。例如1979年的政治局成员包括总理马斯塔法·卡里尔和其他9位部长，政治局的其他3位成员分别为胡斯尼·穆巴拉克、民族民主党发言人索菲·阿布·塔利布及民族民主党总书记菲里克·玛克拉姆·艾伯。②政治局制定和审议党的所有决策；管理高级事务；实施对全国代表大会的建议；对外交政策和国内事务发表声明；解释党的章程；起草每年的预算计划等。

关于党内精英选拔，民族民主党并没有一个完善的程序，大多采用"任命制"。任命的权力一般集中于包括总统在内的政治局手中，政治局管理党内各种各样的人员选拔。进入议会的议员候选人名单也由政治局成员在党内挑选。党内选出的议会的议员候选人都受到政权的支持以确保其当选。之所以由政治局来谨慎地在党内挑选议员是因为人民议会的议员和总统是相互依赖的关系，政党中的成员要想成为国会议员必须要经过政治局的选拔和总书记的批准。此外，依据宪法第76条规定（2005、2007年进行修正）只有人民议会有任命总统的权利。因此总统总是在挑选议员候选人时小心谨慎地选择自己信任的人员。这些成员必须知晓并执行总统的意愿也因此享受总统给予他们的特权。

---

① Alaa Al-Din Arafat, *The Mubarak Leadership and Future of Democracy in Egypt*, Pal grave Macmillan, 2009, pp.22-23.

② Wahid Abdel Maggid, *Egyptian Political Parties from Inside*(*in Arabic*), Al-Mahrousa for Publishing and Documentation, 1993, p.23.

当遇上重大问题的时候,政党会在党内用选举的方式进行决议。然而民族民主党党内缺乏民主的因素,选举的过程和结果往往都是事先安排好的。在地方上,省级书记处的书记由党主席直接任命,他们通常由中央民族民主党的成员轮流担任。按照程序党主席应由全国代表大会选出,但整体而言不会有什么大的改变,萨达特和穆巴拉克就是通过这样所谓的选举成为党主席。事实上,民族民主党的组织机构是从下至上,村落、乡、县、区、省、政治局和中央书记处组成的严格的体系。这个体系能使党内的各种政策上通下达,形成民族民主党对全国的控制。这一时期无论是民族民主党还是整个埃及的政治制度,其转变的动力均来自政治权力顶层的萨达特。①

从建立之初民族民主党就不是一个真正完备的政党。它没有清晰的意识形态,成员只是那些想和国家政权产生联系的人们,在此方面民族民主党和阿拉伯社会主义联盟有显著的相同之处。时任阿拉伯社会主义联盟和民族民主党党内的一名高层说过“我们利用阿拉伯社会主义联盟和民族民主党作为我们成功实现自己在政治领域中地位的手段”②。国家和政党并未分离,民族民主党在选举过程中并未致力建立一个强有力的组织来保证选举胜利,它更多的是依靠政府管制、监视、镇压的手段。因此,就内在而言,埃及自1970年以来并未有多少实质意义的民主化发展。这种特殊的背景决定了民族民主党很难像一般的执政党一样由总统代表政党的利益。相反,它更多地扮演着“总统党”的角色,政党为总统利益服务。

整体而言,萨达特时期的政治经济改革尤其是多党制出现对埃及来说的确是政治的一种进步。然而埃及社会由专制向民主的转变仍然困难重重。相对于促进埃及民主化,萨达特建立多党制的目的是为了稳定自己的统治,所以无论政治改革还是经济改革都以服务统治为目的。萨达特在政治改革中并未改变统治组织,他做的只是解散并重组它。多党制也成为萨达特消灭异己的有效帮手,民族民主党则是萨达特实现“威权统治”的重要工具。正如

① Bahgat Korany,Rex Brynen,and Paul Noble,*Political Liberalization and Democratization in the Arab World:Comparative Experiences*,Volume 2.

② Thompson,Jason,*A History of Egypt:From Earliest Times to the Present*,The American University in Cairo Press,2008,p.17.

国内学者所言:"与纳赛尔时代相比,萨达特政权并没有什么本质区别,都是个人专制。"①

第三节 1981—2010 穆巴拉克时期:
民主化的推进

1967 年,穆巴拉克被任命为空军军官学校司令,1969 年,41 岁的穆巴拉克成为最年轻的空军司令,1973 年,因在十月战争中的出色表现晋升为空军元帅,1975 年,穆巴拉克被萨达特任命为副总统。②在副总统职位上穆巴拉克以谦虚、低调的处事方式很好地完成了诸多工作,其中包括监督总统和内阁的日常事务,担任民族民主党最高安全委员会的领袖等。这些工作经验也是穆巴拉克成为统治埃及时间最长的总统的重要原因。萨达特的遇刺事件为穆巴拉克成功登顶埃及权力之巅提供了机会。1981 年 10 月 6 日,埃及总统萨达特在一次阅兵典礼上遇刺身亡,为副总统的穆巴拉克继任埃及总统提供了条件。上台之后,穆巴拉克曾表示无意垄断国家权力和延长总统任期,并宣称民主制度是埃及国家政治稳定的保证,权力属于全体公民。③穆巴拉克以推动民主进程自居,得到了多数民众的拥护。

一、穆巴拉克统治初期:宪政制度下的权力巩固

1980 年,埃及议会通过了新的宪法,宪法规定了埃及的国家政体及相关的国家权力,"奠定了民主议会政体的基础,强调以法律至上、司法独立原则

---

① 杨灏城、江淳:《纳赛尔与萨达特时期的埃及》,商务印书馆,1997 年,第 402 页。

② 雷钰、苏瑞林:《中东国家通史(埃及卷)》,商务印书馆,2003 年,第 340 页。

③ Kassem Maye,*Egyptian politics:The Dynamics of Authoritarian Rule*,Lynne Rienner Publishers,2004,p.26.

作为施政的基础"①。按照《宪法》规定,当代埃及政治体制的基本权力架构主要有立法机构、行政机构、司法机构组成,此外还涉及新闻、政党、地方政府和民间社会机构,其中前三者为政治制度的核心支柱。②埃及的立法机构包括人民议会与协商议会。人民议会行使立法权,决定国家总政策,批准国家的总体经济社会发展规划和国家的总体预算,负责监督执法权的实施。协商议会是1980年5月全民公决后由人民议会批准成立的机构,是咨询建议类型的机构,为埃及政策提出建议;行政机构则由总统与政府构成;埃及实行司法独立,司法机构依据法律形式监督的工作。

如何在宪政制度下强化穆巴拉克统治的合法性成为穆巴拉克考虑的重点。1981年,继任总统的穆巴拉克必须先解决来自不同方面的政治挑战。萨达特主义拥护者在政党、政府、议会中都担任要职,他们是穆巴拉克实现政治抱负最大的阻碍力量。穆巴拉克在25年的空军生涯中,其很少涉及政治,直至1975年在萨达特的授意下才开始以副总统的身份进行政治活动。其低调的处事风格使其并不被埃及政坛所重视。加上穆巴拉克并未以民选身份出任总统,这就使穆巴拉克在执政之初不能在民众心目中建立个人权威,领袖魅力的不足成为穆巴拉克实现政治抱负的又一阻力。因此,在埃及政坛内部建立自己的权力集团,清除在埃及政坛仍存在影响的萨达特遗留势力,继而在民众之中获得支持是穆巴拉克实现自己政治理想的前提。与萨达特所处环境不同,执政党民族民主党是萨达特为实现政治权力合法化人为建立起来的政党,政党的权力核心牢牢掌握在萨达特手中。穆巴拉克并非民族民主党的创制者,而是继承者,在民族民主党内掌握绝对权力才能在埃及的议会体制下实现政治权力的合法化。

为实现政治权力的巩固,穆巴拉克利用总统的权力在政党、政府、议会等权力机构对包括瑞沙德·奥斯曼、马斯塔法·哈里、马哈茂德·索里曼在内的萨达特主义者进行一一清除③,并安插忠诚于自己的人员担任要职,从而

---

① 埃及新闻部国家新闻总署:《阿拉伯埃及共和国年鉴2006年》,第40页。

② *Economist Interlligence Unit*,Egypt country Profile,2005,pp.8-9.

③ Alaa Al-Din Arafat,*The Mubalake Leadership and Future of Democracy in Egypt*,Palgrave Macmillan,2009,p.24.

实现其对政党、政府、议会等权力机构的控制。穆巴拉克给予新总理福阿德·摩尼·艾丁绝对的权力来清除萨达特主义者。他还任命瓦里为农业部长，以吸收中产阶级和土地贵族加入民族民主党。同时，穆巴拉克帮助马赫布成为人民议会的发言人，并任命索伯赫·艾伯德·哈基姆为政治协商议会的议长。①在 1986 年、1987 年的人民议会及协商议会上埃及政治机构内部都出现了较大的人事变动。

穆巴拉克对政党民族民主党的内部改革则是他能在议会中实现权力的基础。穆巴拉克对民族民主党的改革分为中央和地方两个层面。政治局作为民族民主党权力机构的核心，拥有处理党内事务及人员任命的绝对权力，对政治局的掌控就意味着对民族民主党的掌控。民族民主党党内并没有一个严格的选拔政治局人员的程序，政治局的人选在很大程度上依赖于总统的个人意愿。1984 年，穆巴拉克开始调整政治局人员，其中一半人员遭到撤换。同年，政治局成员是由党主席和 12 个来自官僚体系，以及专业技术领域的民族民主党成员组成，在 13 个政治局成员中 8 个没有参与过政治或者在党内担任高级职务的经验，他们多数为对穆巴拉克表现出忠诚的大学教授，这些人缺乏可靠的政治能力与官僚的素质。②在 1985 年，民族民主党全国代表大会上一批老党员从重要职位上辞退，一些更为年轻的成员替代他们充当政党的领袖。

穆巴拉克政党改革的主要成果是党内四大派的建立，党内人员的撤换是四大派登上政治上层的重要前提。四大派是由沙夫沃特、沙瑞夫、瓦里、沙兹利四人组成的忠诚于穆巴拉克的党内核心势力集团，他们在政党、议会以及政府中担任要职。穆巴拉克在 1984 年授意瓦里和沙夫沃特、沙瑞夫进入政治局。1986 年穆巴拉克任命沙兹利进入书记处担任重要角色。四大派别正式成为总统在党内的保护势力。穆巴拉克还给予瓦里清洗党内中层和下

---

① Alaa Al-Din Arafat, *The Mubalake Leadership and Future of Democracy in Egypt*, Palgrave Macmillan, 2009, p.24.

② Alaa Al-Din Arafat, *The Mubarak Leadership and Future of Democracy in Egypt*, Palgrave Macmillan, 2009, p.25.

层中萨达特支持者的任务,1985 年 9 月,瓦里成为民族民主党主席兼任农业部长。[1]"按照埃及权力架构,总统掌控决策制定、政府施政、议会立法监督等大权。执政党的主要任务是在议会及地方选举中确保党以绝对多数控制议会和地方政权,为总统和政府顺利施政提供立法支持。"[2]

埃及宪法规定总统的任期为 6 年,且可以连选连任。1987 年的总统大选中穆巴拉克以绝对的优势蝉联总统之位, 选举的胜利是穆巴拉克政治合法性得到民众真正确认的象征。同时,四大派作为穆巴拉克忠实的拥护者,在党内势力也进一步扩大。总体而言,埃及民族民主党 1981 年至 1987 年的改革是在穆巴拉克的授意下完成的,主要的目的是清除萨达特政权的影响,建立自己的政治合法性。就像穆巴拉克所言:他利用民族民主党作为自己从议会选举中取得权力的工具,而不是为了培养人才。[3]但是穆巴拉克的改革也在客观上促进了埃及政治民主大发展。在此期间,反对党拥有了在议会中表达自己意见的机会。

二、政治继承构建中的党内民主化

面对叙利亚等周边国家"子承父业"的例子,穆巴拉克也做好了将统治权交予其子贾迈勒的准备。穆巴拉克分两步为贾迈勒的顺利继承做筹划。先在民族民主党党内通过"民主化"的改革实现党内向贾迈勒权力的转让。然后再过渡到国家实际权力的继承。

贾迈勒像许多阿拉伯世界的新生代青年一样, 接受过西方教育,"曾在美国大学主修经济学,并获得工商管理硕士学位"[4]。毕业后曾在美国工作过

---

① Alaa Al-Din Arafat,*The Mubarak Leadership and Future of Democracy in Egypt*,Palgrave Macmillan,2009,p.25.

② 前卫:《求新改革的埃及民族民主党》,《当代世界》,2007 年第 3 期。

③ Alaa Al-Din Arafat,*The Mubarak Leadership and Future of Democracy in Egypt*,Palgrave Macmillan,2009,p.26.

④ Alaa Al-Din Arafat,*The Mubarak Leadership and Future of Democracy in Egypt*,Palgrave Macmillan,2009,p.26.

6年,所以对西方政治、文化有一定的了解。贾迈勒回国后一直以谦虚、果断、严谨的处事风格在埃及社会活动。创办公司、社会公益成为其回国初期的主要活动轨迹。知识面宽、思想开明及在西方国家工作的经历使年轻的贾迈勒深受埃及人民喜爱。不仅是在党内,埃及国内的一些反对派人士也对贾迈勒赞赏有加。华夫脱党主席的兄弟亚辛·阿拉丁曾公开表示:"我个人非常钦佩贾迈勒。我希望他能成为总统,因为他坚信民主和政治改革,这是我们大家所渴望的。"该党另一位领导成员也认为,"不应该因为他是总统的儿子就剥夺他担任总统的权利"[①]。另一方面,埃及民众已经对埃及多年来始终如一的执政面孔产生厌倦,他们认为有着西方经历的贾迈勒能为这个国家输入新的血液。此外,他经常随父亲出访,多次向媒体公开表明自己对国际重大事件的立场和观点,加上青年时西方留学和工作的经验使其对西方政治、文化有一定程度的了解,这就得到了来自国外舆论的支持。他们视其为"有思想、很现代、很果断,是个能打交道的人",这些舆论为他成功进入政坛铺平了道路。

2000 年, 民族民主党议会选举的失利为贾迈勒顺利进入埃及政权核心地位提供了现实机会。在 2000 年议会选举中,民族民主党的席位占有率下降至 80%。[②]地区民族民主党议员获选的情况也大大下降,如在苏伊士运河地区的四个议员名额中民族民主党官方所派的候选人竟无一人当选;在另一省内的 22 个议员名额中民族民主党候选人仅占 8 个。总之,在 2000 年的议会选举中民族民主党经历着它的低潮,444 个议会席位, 民族民主党官方确定的候选人仅成功当选了 172 个议会席位。[③]虽然在最后,四大党派的积极活动使一些以独立身份成功进入议会的人士很快被民族民主党吸纳为成员, 民族民主党的在议会中的席位从 172 个议会席位迅速地扩充至 388 个席

---

① "埃及总统贾迈勒·穆巴拉克:接班要分两步走"http://news.163.com/40729/7/0SFMOG0L0001121S. html(访问时间:2014 年 12 月 4 日)。

② Bahgat Korany, Rax Brynen, and Paul Noble, *Political Liberalization and Democratization in the Arab World*, Volume 2, Comparative Experiences, 1998.

③ Bahgat Korany, Rax Brynen, and Paul Noble, *Political Liberalization and Democratization in the Arab World*, Volume 2, Comparative Experiences, 1998.

位,保证了总统在议会中的绝对权力。①然而这次选举中,民族民主党党内任选机制的弊端的显现也引起了穆巴拉克的恐慌。这次失利不仅使埃及民族民主党进入了改革的新阶段,更为重要的是选举的失败为贾迈勒以提倡改革的青年政治家的形象成功进入政坛并进入统治阶层提供了机会。

1.议会候选人选举制度的确立

2000年议会选举失利使民族民主党建立了以贾迈勒为核心的全面改革委员会。全面改革委员会首先着手调查各省书记处,希望通过党内改革,重建民族民主党的政治可信度。此外,贾迈勒还对英国工党、美国民主党等党派经验进行认真的分析学习,目的是为了从中借鉴经验从而复兴民族民主党。

针对民族民主党党内高层任命议会候选人的行为,全面改革委员会创建了"选举"体系,具体表现为:民族民主党党内的议会官方候选人名单不再由某个政党领导决定,而是通过选举产生。选票被投掷于一个放置在公共场合的透明箱子中以保证投票过程的公正性,通过选举的候选人在得到包括贾迈勒在内的党内"指导办公室"6个成员的认可后,便成为民族民主党官方的议会候选人参与议会席位竞争。民族民主党为宣扬选举方式举行了大型发布会,并提到这次改革所具有的革命性,是党内民主的重大进步。民族民主党党内选举制度的出现,打破了原先上层"委托人—支持者"体制,削弱了党内旧的势力集团。在2001年的政治协商会议上,民族民主党内候选人"选举"体制得以初步实验。

虽然改革的官方目的是推进党内民主改革进程,复兴民族民主党。然而民族民主党并不是一个完善的、真正意义上的政党。它的党员并非是为了一个确定的意识形态或者稳定的发展政策而聚集起来,他们的聚合更多的是为了进入了领导层或者为领导阶级服务。民族民主党要确保自己在议会席位竞选中获得多数,不得不在选举之后再次吸收独立候选人加入民族民主党,这就造成民族民主党改革后的"选举"制度没有多大的实质意义,民族民

---

① Bahgat Korany,Rax Brynen,and Paul Noble,*Political Liberalization and Democratization in the Arab World*,Volume 2,Comparative Experiences,1998.

主党的不可信度仍然存在。此外,党内的民主化推进只是贾迈勒旨在清除民族民主党党内旧的势力派别,建立自己在党内新的势力集团的衍生行为。贾迈勒希望依靠"选举体制"使新选拔出的人才效忠自己,并在党内安插自己的忠心追随者取代四大派别的核心人物。贾迈勒的行动并未完全清除盘根错节的四大派体系。以瓦里为例,其将大量商人地主吸收进民族民主党党内,保障了民族民主党的经济根基。因此,四大派仍然是穆巴拉克总统巩固权力不可或缺的保障。这次改革使得民族民主党党内的分裂形势再次加大。

2.贾迈勒党内地位的确立

内部选举程序的改革虽然在一定程度上削弱了保守势力在党内势力集团的基础,但政党上层的核心职位多数仍被四大派势力占据。通过对政党进一步的改革实现政治权力的完全转移,从而掌握政党领导权是贾迈勒实现政治目标的关键。

2002年9月,党内内部选举结束之后,民族民主党召开了为期3天的第八次全国代表大会,议题主要为民族民主党上层书记处、政治局的成员更新。[1]这次会议上决定每年9月份召开一个年会用以审视民族民主党的发展,并于每5年召开一次全国代表大会。这次会议给政党内部带来了转变,政治局成员由原来的12人上升至14人。[2]选举后,担任政党总书记17年的瓦里被沙瑞夫所代替,瓦里被任命为国务事务副主席,该职位仅是一个荣誉职位,在决策制定和挑选议会候选人方面没有实权。瓦里政治权力的丧失显示了四大派别的衰落以及以贾迈勒为核心的新政党领袖的产生。[3]同时,在民族民主党第八次全国代表大会上,设置了一个由5人组成的书记处和政策委员会。[4]其中新的书记处用以处理如成员资格、政党政策、行政事务、财政

① Alaa Al-Din Arafat, *The Mubarak Leadership and Future of Democracy in Egypt*, Palgrave Macmillan, 2009, p.32.

② Alaa Al-Din Arafat, *The Mubarak Leadership and Future of Democracy in Egypt*, Palgrave Macmillan, 2009, p.33.

③ Alaa Al-Din Arafat, *The Mubarak Leadership and Future of Democracy in Egypt*, Palgrave Macmillan, 2009, p.33.

④ "贾迈勒·穆巴拉克" http://tc.wangchao.net.cn/baike/detail_2508010.html(访问时间:2014年12月4日)。

事务等党内各种事务,这就意味着四大派的权力悉数丧失。

贾迈勒还被穆巴拉克任命为书记处书记,并担任政策委员会主席,成为党内的第三号人物,分管党的政治事务。该委员会由 200 名成员组成,这些成员均是来自教育、卫生、经济和外交等各方面的精英。[1]政策委员会的成员有着显赫的行政职位,被选中的原因多半因为对贾迈勒的忠诚。政策委员会成为党内各种决策的制定机构,他们处理来自年代会、委员会,以及其他委员会提出的各种问题,同时也作为协调政府和民族民主党的机构。政策委员会在民族民主党内部权力仅次于总统。曾有当选议员的民族民主党成员提到"政策委员会是民族民主党内部最具影响的核心",但他认为这种发展将损害党员在政党政策决定过程中的作用。此外,他们还抱怨政策委员会扩大了商人在党内的影响,该委员会三个领导都是商人,而这些商人同样也担任着议会议员的身份。[2]

为期 3 天的第八次代表大会达到了贾迈勒从根本上改变民族民主党的目的,通过对民族民主党上层成员的更新,以及对核心机构的掌控实现了其对政党领导权的控制。这次会议之后,除把瓦里排出政治中心之外,民族民主党还解除了沙瑞夫的信息部长职务。2005 年 12 月,沙兹利还被解除了内阁部长职位,并于 2006 年 2 月被书记处除名。贾迈勒成功获得党内权力。

三、穆巴拉克统治后期:宪政制度的民主化

2005 年对穆巴拉克的统治来说是特殊的一年,宪政制度在这年向民主化迈进。穆巴拉克统治时期埃及的政治结构问题仍存在,民主、自由等意识已然随着现代化、信息化浪潮拍击着埃及社会。21 世纪,网络成为埃及民众接受新事物的重要手段,随着电子邮件、推特等网络媒介在埃及社会的扩展,民主和自由等思潮已潜移默化地推动着埃及的民主化进程,埃及民众的民

① Alaa Al-Din Arafat,*The Mubarak Leadership and Future of Democracy in Egypt*,Palgrave Macmillan,2009,p.34.

② Alaa Al-Din Arafat,*The Mubarak Leadership and Future of Democracy in Egypt*,Palgrave Macmillan,2009,p.34.

主意识逐渐增强。"9·11"事件之后美国希望改造中东的民主态势从而消除中东恐怖主义[1]，阿拉伯世界认为要想和美国建立良好的关系就必须对美国的中东政策做出回应。2003 年开始，阿拉伯国家相继发起了"自主改革"的浪潮。2004 年 3 月，埃及政府在穆巴拉克访美前两个月也在亚历山大图书馆举行了改革会议[2]，这场会议名义上宣扬国家民主，实质上却只是为了在穆巴拉克访美做的表演。

2005 年民族民主党在议会选举中不再占有绝对的优势，来自其他政党的反对活动也屡见不鲜，他们开始正面地反对民族民主党一党专政，要求尽快地进行政治宪法改革。面对贾迈勒在政坛上的平步青云和已执政 24 年之久的穆巴拉克，新的总统候选人成为人们争论的焦点，公众对贾迈勒世袭的可能性表现出担忧。经济上的困境也挑战着穆巴拉克政府的政治合法性。与 20 世纪 60 年代相比，90 年代初埃及物价上涨了 300%[3]，相对于 1999 年，2004 年的物价已上涨 32.8%，这对于占埃及 42%生活在贫困线以下的人民来说是场灾难[4]，财政的赤字及经济的低迷加重了百姓对政府的不满。民族民主党在议会中席位逐年下降。

---

① Alaa Al-Din Arafat, *The Mubarak Leadership and Future of Democracy in Egypt*, Palgrave Macmillan, 2009, p.87.

② Alaa Al-Din Arafat, *The Mubarak Leadership and Future of Democracy in Egypt*, Palgrave Macmillan, 2009, p.93.

③ Ismeal, T.Y, *Middle East Politics Today: government and Civil Society*, University Press of Florida, 2001, p.448.

④ IBM 预测 2013 财年埃及经济仅增长 2%, http://news.xinhuanet.com/fortune/2013-05/22/c_115862610.htm(访问时间：2013 年 10 月 7 日)。

表 1　埃及议会选举政党所占的席位①

选举年份	民族民主党	穆斯林兄弟会	华夫托党	劳动党	民族进步统一党	自由党
1984	390	8	50	—	—	—
1987	346	37	35	27	—	3
1990	358	抵制	抵制	抵制	5	抵制
1995	417	1	6	—	5	1
2000	353(388)②	17	7	—	6	1
2005	311	88	6		2	

随着国内外批评的压力不断增大，穆巴拉克和民族民主党只能在2005年宣传将进行宪政改革。

1.宪法修正案的首次改革

国内国际各种压力使得穆巴拉克政权面临着严峻的挑战。在国内反对党阵营的不断扩大、公众要求改革的呼声不断增强,这些是穆巴拉克不得不做出一些改革,在国际上,自美国"大中东"政策提出以后,埃及作为中东伊斯兰世界的重要国家,美国自然十分重视,然而埃及民主进程的缓慢以及穆巴拉克政府对政治改革的推脱引起了美国的不满。2005年2月2日的国会发言中,布什公开表示"埃及该走向民主了"。一天之后,美国再次表明了希望穆巴拉克政府可以进行政治改革的要求。③美国对埃及释放的信号使穆巴拉克政府面临着重要的压力,做出改革的姿态赢得美方的好感是穆巴拉克进行宪法修正改革的一个重要原因。

2005年2月26日,总统穆巴拉克向议会提议对宪法第76条有关总统选举的条款进行修订,④主要增补内容为实行"差额选举"的总统候选人制度建立"总统委员会"。埃及官方对于这次宪法修订给予了充分的肯定:"这一事件的意义已经超出了对宪法中一个条款本身的修改,而是标志着政治制

---

① 王泰:《埃及的政治发展与民主化进程研究(1952—2014)》,人民出版社,2014年,第87页。

② 另外书中记载为388席。See Fahmy, N.S, *The politics of Egypt:Sadat-Society Relation*, p.87.

③ Yousari Amin, An Electoral Program for a Presidential Election Candidate, *Al-Arabi*, March 13,2005.

④ 顾寅跃:《埃及宪法的发展及其修正案评述》,《和田师范专科学校学报》,2011年第2期。

度的全面转变，一种延续了半个世纪的政治制度从此被另一种政治制度取代，这将影响到埃及的方方面面。"①媒体普遍认为这是埃及政治改革迈出的实质步伐，埃及将从此"进入一个全新的时代"②。事实上，在美国插手中东事务之后，国内反对派暂时放弃了对执政的民族民主党的不满，并在外交事务上达成一致，对宪法修正的事情并没有激烈的要求。③穆巴拉克颁布修正案只是转移各方压力的战略手段。早在1986年，他就说过"我将会利用宪法修正案来吸引人民注意力一至两年"④。

　　人民议会于2005年5月10日通过了第76条宪法修正案，根据宪法修正案每个注册的政党都可以选出一个总统候选人参与2005年的选举，"差额候选人"的推行看似为各政党提供了公平参与埃及政治的权力，实则不然。比如：宪法修正案规定总统候选人所在的政党必须在议会的上下议院至少五年占有5%的席位，也就意味着五年中必须拥有不少于有23个人民议会的席位（下议院）和9个协商议会的席位（上议院）。⑤显然，这种高标准限制了许多穆巴拉克的竞争者参与到总统选举中。这次修正案还提出建立总统选举委员会，该委员会类似于加拿大和美国的联邦选举委员会，由5个法官和5个公众人物组成。就功能而言，总统选举委员会有监督选举、审查候选人、挑选选举日期、监督竞选花费、媒体通信、监督投票、宣布结果等职权。然而总统选举委员会于正式成立后，由最高法院院长主持，法院院长职位由穆巴拉克任命的，其他的成员也大多为民族民主党成员，剩余的一些席位由一些退休法官担任，他们没有什么影响力。所以总统选举委员会缺乏足够的权力和独立性来实现总统选举的公正和透明。

---

① 孔令涛：《埃及宪法的创设、沿革及修订》，《阿拉伯世界研究》，2009年第5期。

② "埃及总统穆巴拉克建议直选总统"http://news.163.com/05/0228/06/1DLJ503D0001121Q.html（访问时间：2014年12月4日）。

③ Al-Ghad, June 29, 2005. Alaa Al-Din Arafat, *The Mubarak Leadership and Future of Democracy in Egypt*, Palgrave Macmillan, 2009, pp.107-108.

④ Al-Ghad, June 29, 2005. Alaa Al-Din Arafat, *The Mubarak Leadership and Future of Democracy in Egypt*, Palgrave Macmillan, 2009, pp.107-108.

⑤ Al-Ghad, June 29, 2005. Alaa Al-Din Arafat, *The Mubarak Leadership and Future of Democracy in Egypt*, Palgrave Macmillan, 2009, pp.108-109.

2.宪法修正案的第二次改革

穆巴拉克在 2005 年颁布宪法修正案后并未取得原有的效果。尽管政府高呼这次修正案是"具有历史意义"[1]的举措,但修正案的制定为反对派攻击穆巴拉克政府提供了理由,反对派认为这并不是真正的改革。随着诸多限制条款的出现以及总统选举委员会明显的偏向性使他们开始谴责"修正案只是一场骗局,只是穆巴拉克要求人们支持其子贾迈勒继承其总统之位"[2]。以穆斯林兄弟会为首的反对派展开了各种形式的反对活动。

例如"肯飞亚",2005 年 5 月 25 日,民族民主党势力对"肯飞亚"[3]和平示威者进行暴力攻击。暴力事件表面上是民族民主党内的代表个人的激进者所为,实际上,暴力胁迫和攻击来自政府,警察允许民族民主党的暴力活动,抗议者被大批的暴力警察所扣押或殴打。有目击者声称这些暴徒的目标多为女性抗议者,这些女性的衣服被撕破,财务被抢劫。[4]对于这些暴力事件,官方并未做出回应。安全局的官员说这仅是穆巴拉克的部分支持者所为,并非有组织有目的。其他丑闻也时有发生,如选举期间,缺乏选举监督,只有 329 个投票站有公正的监督。在这种氛围之下,政权的任何反对者都有可能成为被抓捕的对象,在每次重大政治事件前夕,他们的抓捕便达到顶峰。[5] 2005 年 6 月 20 日,美方代表尖锐地批评了埃及在民主改革上的做法增加了对中东专制同盟的重新挑战,并要求中东这一地区的政府要提高公民的权利,说道:"美方再也不能容忍埃及以维稳之名的暴力活动。"[6]

---

① Alaa Al-Din Arafat, *The Mubarak Leadership and Future of Democracy in Egypt*, Palgrave Macmillan, 2009, p.110.

② Alaa Al-Din Arafat, *The Mubarak Leadership and Future of Democracy in Egypt*, Palgrave Macmillan, 2009, p.110.

③ 王泰:《2011,埃及的政治继承与民主之变——从宪政改革到政治革命》,《国际政治研究》, 2011 年第 1 期。

④ Alaa Al-Din Arafat, *The Mubarak Leadership and Future of Democracy in Egypt*, Palgrave Macmillan, 2009, p.115.

⑤ Larry P. Goodson and Soha Radwan, Democratization in Egypt in the 1990s: Stagnant, or merely Stalled?, *Arab Studies Quarterly*, volume 19, Number 1, Winter 1997.

⑥ Kessler, Glenn, Rice Criticizes Allies in Call for Democracy: Egypt, Saudi Arabia Challenged to Embrace Rights, *Washington Post*, June 21, 2005.

在国内和国外的质疑声中，穆巴拉克政府不得不深化改革，7月4日提出了新的宪法修正案，对政党委员会以及相关制度的改革，宪政改革进一步民主化。改革的主要内容为：政党委员会从7人扩至9人，此外还放宽了对一些政党的审核程序，政党所提交的申请书在90天之内未被拒绝他们则自动成为合法政党。[①]这是在宪法修正案之后的第二次改革。这次改革相对宪政民主化来说是一次进步，但仍存在着明显的不足，例如：改革中对一些定义模糊的解释仍然阻碍着埃及民主化进程。新法案要求新政党必须收集到全国26个省中至少10个省的1000个支持者签名才可成立[②]；如果新政党或者新政党领袖背离了政党最初设下的原则或者违背了国家利益，政党委员会可以冻结政党的活动，而这两个规定是十分模糊和抽象的，这就使政党委员会可以自己判断政党是否在从事"民主实践"还是"危害国家利益"，且委员会中成员多数为民族民主党党员，政党委员会被掌控在民族民主党之下，这是其保守性的突出体现。因此，改革并未使人们对公正选举产生信心。穆巴拉克宪政民主化改革是在内外压力下被迫推进的，穆巴拉克的宪政民主化改革实际上是为了拯救每况愈下的政权合法性，改革因此进展缓慢。

第四节　埃及"1·25革命"之后：
埃及威权政治的转型

2011年1月4日，突尼斯国内大规模反对总统本·阿里政权的革命使执政突尼斯23年之久的本·阿里下台。这场革命的多米诺效应迅速波及埃及，积不相能的国内矛盾一经点燃就以迅雷不及掩耳之势在埃及国内展开，2011年1月25日，埃及爆发大规模的游行示威活动，示威者要求穆巴拉克

---

① Kessler,Glenn,Rice Criticizes Allies in Call for Democracy:Egypt,Saudi Arabia Challenged to Embrace Rights,*Washington Post*,June 21,2005.

② Alaa Al-Din Arafat,*The Mubalake Leadership and Future of Democracy in Egypt*,Palgrave Macmillan,2009,pp.112-113.

下台、政府进行有效的改革、解决经济困境。2011 年 2 月 11 日，统治埃及 30 余年的政治强人穆巴拉克下台，4 月 16 日，埃及最高行政法院做出裁决，解散埃及民族民主党，没收其所有资产，至此，曾拥有 225 万党员、统治埃及长达 30 多年之久的民族民主党黯然退出了埃及的历史舞台。

一、埃及"1·25 革命"爆发的原因

穆巴拉克政府后期的政治、经济、外交困境，以及埃及民族民主党作为执政党本身的不足使穆巴拉克政府的政治合法性摇摇欲坠，在 2010 年"突尼斯"革命的影响下，穆巴拉克政府彻底垮台。

就政治而言，埃及民众对政治民主化的诉求越来越强烈。萨达特时期确立多党制是埃及政治民主化发展的重要里程碑，然而这种自上而下所创制的体制既是埃及民主政治进步的标志，也是埃及民主政治发展受阻的原因。有学者认为"从一开始该政策就是为了控制政治发展内部的矛盾而不是要带来民主"[1]，"萨达特是政治制度自由化的动机首先是受到经济和政治的影响，而不是希望实现真正的民主化"[2]。民族民主党在这种体制的保护下一党独大的优势越来越明显。早期的埃及反对党势力弱小，在强压之下无力与执政党竞争，也无力对执政党产生影响。进入 21 世纪之后，政治民主意识随着民主大潮涌入埃及，民众民主意识的觉醒、埃及威权政体的弱化为埃及社会的反对党提供了意识形态及客观环境的支持。"肯飞亚""非政府组织"等反对政府组织的出现及穆巴拉克政府不断的让步表明埃及民族民主党及政府的绝对控制力已开始削弱。2005 年，在反对者的强力谴责下，穆巴拉克进行了三次宪法修正。随后在 2007 年不得已再次进行修正，内容涵盖政治制度、议会制度、经济生活社会事务等各个方面。[3]这些政治自由化的举措除了显示穆巴拉克的政治控制力削弱之外，也为反对党派参与政治提供了条件。反对

---

[1]　International IDEA and ANND, *Building Democracy in Egypt*, p.50.

[2]　Maye Kassem, *Egyptian Politics The Dynamics of Authoritarian Rule*, Lynne Rienner Publishers, 2004, p.53.

[3]　顾寅跃：《埃及宪法的发展及其修正案评述》，《和田师范专科学校学报》，2011 年第 2 期。

派多采取游行示威以及在议会中参与竞争的途径实现自己的政治意图,在2005年议会第一阶段的选举中穆斯林兄弟会赢得了34个席位,改革统一阵线联盟(反对派联合形成的一个组织)赢得了6个席位。[①]这些方式的逐步合法化进一步激励了反对党派向政府要求更多的政治权力,这种循环对埃及政治民主化来说似乎是曙光,然而对于希望处于威权体制下的民族民主党来说则是噩梦。

其次,21世纪开始的社会动荡与经济低迷的恶性循环是埃及民众对穆巴拉克政府不满的现实原因。人口的压力、经济的低迷、政府经济赤字严重、货币贬值的危机、失业率不断上升造成埃及民众生活困难重重。穆巴拉克时期,据埃及2013年IMF(国际货币基金组织)报告称:"埃及经济仅增长2%,通货膨胀率10.9%[②],绝大多数人贫困化,40%的人生活在贫困线之下。"[③]这些数据清楚地显示出了埃及面对的经济困境。民众对政府不能行之有效地保障自己的生活感到十分不满,这种不满的情绪则很容易被引燃。

再者,外交困境是穆巴拉克以及民族民主党丧失合法性的潜在原因。埃及深陷"巴以冲突"泥潭,因海湾战争与伊朗关系的弱化,过分依赖美国的军事、经济资源难以独立都成为穆巴拉克及民族民主党政府外交受到牵制的主要因素。尤其是埃及与美国微妙的外交关系迫使穆巴拉克政府不得不讨好美国。穆巴拉克为迎合美国只能显示出一些民主化的态度,然而作为一个威权政府的本质又很难切实地保证埃及的政治民主,两者本质相悖意味着埃及很难实现政治民主的有效突破,穆巴拉克的改革举措只是以打太极的方式来应对美国给予的压力,这就使得埃及并不能有效地得到美国的庇护和支持。

从党内因素分析:首先,党内意识形态混乱、矛盾重重是其政治合法性削弱的根源。民族民主党党内包含着各种意识形态的成员,他们并不具有相同的政治抱负、政治观念与政治文化。党内多种意识形态主要表现为以下三

---

①　Shehab Shaden, Mixed messages, *Al-Ahram Weekly*, November 17-23, 2005.

②　马耀邦:《中东变局与美国、新自由主义》,《国外理论动态》,2011年第6期。

③　IMF预测2013财年埃及经济仅增长2%,http://news.xinhuanet.com/fortune/2013-05/22/c_115862610.htm,上网时间2013年10月7日。

种:第一种是以政党上层高管和一些专业人士为代表的"保守权威主义",他们本身就是权威主义的特权层。第二种是"自由保守主义",贾迈勒以及他的新保守派是主要代表,之所以称之为"自由保守主义"是因为他们主张经济自由化和政治的有限自由。第三种是"平民权威主义",或者称为纳赛尔主义者,他们并不能成为民族民主党的核心阶层,其希望可以通过改革实现自己的政治抱负。多种意识形态使得民族民主党内部的成员在政治自由化、经济市场开放、埃及与西方和英美关系之间产生了不同的冲突。穆巴拉克时期民族民主党的成员在意识形态领域的独立性更加弱化。这种模糊不清的意识形态除了有利于民族民主党吸收一些他们认为有用的人员和阶层达到自己巩固政权的目的之外,更多的是降低了民族民主党作为执政党以及独立政党的政治威信的不利后果。此外,总统为了自己的利益吸引各种各样的群体加入其中是民族民主党意识形态混乱的推手。穆巴拉克为了制衡萨达特遗留势力,吸收了很多纳赛尔主义者加入民族民主党,为了获得经济上的支持,大批的商人也被引入政党之内。不同的出身、阶级对政治的要求也不尽相同,这是民族民主党内部产生分歧的主要原因。

其次,党员成分复杂,自身存在着诸多问题。他们加入民族民主党并不是因为与民族民主党有着相同的意识形态,而是将民族民主党的成员资格作为其步入政治的有效途径。其认为成为民族民主党成员是担任政府职能的必备条件。因此,民族民主党意识形态和公共服务的缺乏使选举之时只能通过物质利诱选民,从而实现选举胜利,达到统治目的,商人阶层成为民族民主党成员的必要性也就体现于此。这种模式的弊端除了政党威信的丧失、政治合法性的脆弱之外,大批商人占据着民族民主党要职也就意味着民族民主党很容易成为商人的代理机构,商人集团借此来操控经济走向以及紧急政策的制定,从而造成了民族民主党更深层次的信任危机。总体而言,民族民主党是一个混合各种利益的团体,民族民主党的成员希望通过政治地位获得自己个人私利,而政权的拥有者则希望通过与其支持者对国家的资源共享实现他们对自己政治和经济上的支持。这种互惠关系使民族民主党很难作为独立的政党。因为这样的发展是建立在政府资源的缺失上,民众的不满必然造成政权合法性的丧失。

最后,暴力手段的过分使用、猖獗的贪污现象也是政治合法性丧失的重要党内原因。穆巴拉克的政权是以国家安全力量和军队的支持为基础的,这也就意味着穆巴拉克政治合法性在很大程度上是以暴力手段实现的,这种政权缺乏大众的支持、政权建立的合法依据相对脆弱,加上组织有效的警察和情报机关,紧急状态法、紧急状态法庭的设立都约束着埃及民主的进程。有学者描述埃及为"一个经常使用便衣警察的国家"[1]。安全力量的使用造成了严重的问题,因为安全势力渗透在民众每天的生活和政治活动之中,安全势力恐吓并威胁政治囚犯,这些政治囚犯在拘留中有遭受绞死、殴打、电击、性侵的可能。人权团队声称至少有 16000 人的政治囚犯在狱中,他们中很多人甚至没有被审讯、控告、释放的可能。[2]作为最高警察委员会主席的穆巴拉克可以很轻松地使用个人权利来拷问需要拷问的人。然而一旦国家安全力量在国内外的压力之下弃其不顾,穆巴拉克的政治合法性必然丧失。猖獗的贪污在穆巴拉克统治时期十分严重,人民对这种行为的不满成为穆巴拉克政府政治合法性的另一种威胁。根据国际透明度检查所示:埃及政治集团的贪污现象使埃及成为世界上贪污最严重的国家之一。贪污在埃及呈现制度化、根基深,以及复杂性强的特点。大多数处于统治集团的贪污者为穆巴拉克的好友,并且都与贾迈勒有着亲密的关系,这就使得贪污现象难以杜绝。穆巴拉克的亲信四大派之一的瓦里就有着贪污的劣迹。有控告指出:他利用职权之便同意进口不合格的种子和食品、滥用权力招待私人投资者、同意进口法国致癌杀虫剂,但穆巴拉克从未调查过他。

穆巴拉克政府与执政党埃及民族民主党的倒台是多种矛盾激化的结果。埃及威权政治的终结值得我们思考。首先,政党必须以清晰、明确的意识形态为基础。"政党是遵奉某种意识形态或围绕某种特定利益而建构的并以获得政府权力为目标的组织"[3],一个政党是以共同的意识形态作为连接点

---

[1]　Alaa Al-Din Arafat, *The Mubarak Leadership and Future of Democracy in Egypt*, Palgrave Macmillan, 2009, p.139.

[2]　Stack, Megan K., Life Without Mubarak? Unimaginable, *Los Angeles Times*, September 6, 2005.

[3]　《国际社会科学百科全书》(第 2 版)(第 6 卷), 麦克木兰出版公司, 2007 年, 第 306 页。

而存在的,只有拥有共同的意识形态才能加强党内团结,使政党能够应对来自各方的挑战。民族民主党正是因为缺乏共同的意识形态,在触及各方利益时很快形成分崩离析的局面,意识形态的混乱是其在遭受外界挑战很难团结应对的重要根源。此外,不同的利益诉求使他们很难以团队为重,个人利益仍是民族民主党各成员的主要考量因素。政党要具有完善的党内任选体制。党内精英的选拔是政党繁荣与稳定的保障。任选体制的完善与公正是挑选政党精英的重要途径。民族民主党党内任选机制的不完善表现在,大多数精英的选拔多由政党上层成员内部认定,这就造成大量人才得不到重用,政党内部不但很难实现人才的优化配置,而且易造成党内成员的悲观失望情绪,政党的整体威信将大大降低。与时俱进的时代精神是一个政党不可或缺的重要品质。当今世界是一个全球化、信息化的世界,资源与信息的共享极为迅速。政党不仅要应对来自国内的压力,还必须应对不断变化的外部世界所带来的挑战。只有不断的改革顺应时代大潮才能确保自己的政治合法性。民族民主党进一步退十步的改革只是为了获得暂时的政治权力,面对内外压力时,表面的改革只是暂时推诿的手段,国内国外带给埃及的挑战并未解决,它们必然要面对政权的倒台和政党的解体。

综上,2011年穆巴拉克与其执政党民族民主党在多米诺骨牌效应中的倒台,是有迹可寻的,除了政党内部的诸多原因以外,民生问题、经济滞后、政治民主化的缺乏则构成民族民主党退出历史舞台的重要党外因素。民族民主党的执政历程的结束是埃及政治发展的重要表现,是世界历史发展的客观结果。一个政党如果不能顺历史潮流为之,以民为本,其合法性、稳定性必然会丧失。"长期执政的政党有必要未雨绸缪,主动制定政党转型的长远规划,以应对经济市场化、社会变迁多元化、国际环境开放和民众政治参与诉求增长的现实挑战。"①以维护自身利益的"改良"并不能解决国内的民众诉求,并不能绕过根本的变革,也终究不能避免疾风骤雨的革命。埃及民族民主党的执政实践是我们研究埃及政治民主化、阿拉伯世界政治民主化不

---

① 陈文、胡胜全:《从金字塔顶溃落:埃及民族民主党垮台的系统因素分析》,《国外理论动态》,2013年第11期。

可或缺的环节，对其的研究将有助于我们更进一步地了解中东剧变的历史溯源，对分析埃及乃至中东地区国家政治发展提供借鉴意义。

二、埃及"1·25 革命"后:穆斯林兄弟会的民主化转型

2012 年 6 月 30 日，穆尔西宣布就任埃及共和国总统。埃及政治进入民主巩固阶段。亨廷顿认为:在民主巩固阶段，新生的民主政权将会面对转型问题、背景性问题和体制性问题。其中转型问题包括对前威权体制的象征、原则、法律、文官巧领袖的处理，和对军方统治集团政治权力的控制——军队职业化问题。背景性问题则是民主巩固更为持久的挑战，它包括叛乱、族群或宗教冲突、社会经济严重不平等、极端贫困等租会问题。新生民主政权如果在解决这些背景性问题上遭遇失败，则会使人们倍感挫折、心灰意冷、进而产生幻灭感。体制性问题关乎民主制度的运行，在某种意义上是民主巩固完成后的情景。①穆尔西当选总统后的埃及，也面临该些问题。

首先是来自政局稳定的威胁。2011 年初，随着穆巴拉克政权的瓦解，权力的真空由军方填补。控制埃及政治、经济、外交等权力的军方在大选前利用宪法做出了对总统的诸多限制，并解散了下议院，使埃及未来的"总统"被视为没有实权在握仅是国家象征的傀儡②，军方的举措是为自己在新形势下可以获得更多权力而做的努力。来自反对派的威胁更多地表现为群众的游行示威及由反对派控制的司法界对政府的诸多限制。满足民众对民主民生的要求是从民众手中获得合法权力的前提。

其次是经济复苏的艰难。示威游行的频繁发生使埃及国内经济遭受极大摧毁，经济活动陷入崩溃边缘，因动乱造成的旅游业停滞、外来投资的大量减少使埃及外汇急剧锐减。人口的压力、经济的低迷促使埃及产生经济赤字严重、货币贬值的危机，加之穆巴拉克时期就存在的"绝大多数人贫困化，

---

① ［美］塞缪尔·P.亨廷顿:《第三波:20 世纪后期的民主化浪潮》，欧阳景根译，中国人民大学出版社，2013 年。

② Mohamed Morsi Declared President Of Egypt, http://www.ibtimes.com/mohamed-morsi-declared-president-egypt-704102.

40%的人生活在贫困线之下,失业率不断上升"①的情况,埃及民众生活困境重重。埃及 2013 年 IMF 报告中埃及经济仅增长 2.0%,通货膨胀率 10.9%②的数据清楚地显示出了穆尔西面对的经济困境。

最后是穆斯林兄弟会为新政府的外交局势增加难度。过渡政府控制埃及时对原有的埃及外交政策进行了调整:巴以问题上不在强调自己的"亲以"性;与伊朗缓和;与其他国家建交摆脱对美等大国的过分依赖。过渡政府的外交政策符合当前埃及的总体需求。但对于有着穆斯林兄弟会背景的穆尔西如何在外交上获得各方的信任、获得国际社会的认可并从这些国家获得政治经济援助也将成为穆尔西上台后不得不应对的外交挑战。

从以上三个方面来看,上台后的穆尔西面对的是一个政局不稳、经济低迷、外交形式不明朗的埃及。成功应对来自政治、经济、外交上的各种挑战是穆尔西实现政治合法性、稳固统治的第一步。

1.改革政局发展民权——扫除政治稳定障碍

在处理和军方关系上,穆尔西围绕"解除军方威胁、转变军方反对派联合为军方政府的联合"与军方展开的博弈。2012 年 7 月 8 日穆尔西发表总统令:宣布恢复议会权力,借此收回立法权。因世俗派掌控的最高法院判决无效,穆尔西期望借宪法扩大权力的想法落空。

2012 年 8 月初西奈半岛发生基地分子事件,16 名战士在此次事件中丧生,穆尔西政府借助群众不满的情绪,于 12 日宣布解除国防部长坦塔维和武装参谋长阿南的职位并任命阿卜杜勒·塞西和西德基·苏卜希出任为军方高层,随即又宣布 70 名现役军人提早退休。③穆尔西军方大换血为何未引起轩然大波,一是穆尔西利用了西奈半岛事件中民众对军方的反感,为自己的决定找到了联合力量;二是因为穆尔西巧妙地利用了军队中年轻派与年老派之间的矛盾,这样就缓解了军方对政府决策可能出现的激烈反应。至此,与军方的博弈暂时的解除了军方对穆尔西政权的威胁,使军方和世

---

① 马耀邦:《中东变局与美国、新自由主义》,《国外理论动态》,2011 年第 6 期。

② IMF 预测 2013 财年埃及经济仅增长 2%,http://news.xinhuanet.com/fortune/2013-05/22/c_115862610.htm。

③ 唐继尧:《穆尔西复兴埃及的举措及其面临的挑战》,《当代世界》,2012 年第 10 期。

俗派的联合转变为军方与穆尔西政府的暂时联合。暂时达到了穆尔西政府的最初构想。

"一个国家能否在政治发展中建立现代民主政治制度,很大程度上取决于该国的经济发展能否为其提供相应的物质条件和手段。"[①]要想获得政治稳定,维护革命成果,发展经济是必经之路。针对经济低迷情况穆尔西政府在国内以"复兴计划"为口号实施了一系列恢复经济发展的措施;在国外通过寻求外援获得经济支持。在一定程度上使埃及走出了经济低迷的困境。

2.复兴经济、寻求外援——走出经济低迷困境

第一,恢复旅游业。埃及动乱使作为国民支柱的旅游业大受打击,上任后的穆尔西对旅游业的恢复十分重视。首先任命接受过哈佛及西方专业机构培训的希沙姆·扎祖为新的旅游部长。在就任的第二天,顶着烈日亲赴旅游胜地卢克索现场接待游客。穆尔西政府明确表示将按照国际通行标准发展旅游业,目前埃及旅游部明确表示埃及将按照国际通行标准持续保留所有的传统旅游项目,另外埃及政府努力开辟新客源加快旅游业的发展。埃及目前的游客主要是欧洲游客,埃及政府将吸引包括中国游客在内的更多游客,埃及政府表示埃及旅游业已恢复到原先水平,据统计 2013 年上半年埃及共计增长游客 560 多万人,同比增长 27%,这还不包括 150 万回国探亲旅游的境外埃及人。穆尔西在旅游业的举措有很大的作用。

第二,增加运河过境费。苏伊士运河自建成以来就一直成为埃及经济收入的主要来源。动荡之后,埃及政府面对资金短缺的困境,增加运河过境费成为快速并且颇为见效的手段。2013 年 5 月 1 日,苏伊士运河管理局就宣布全面上调运河过境费。这一举措将给埃及政府带来更多的资金用来应对埃及经济发展所面临的困境。

第三,埃及政府面对困境的新方法是出售伊斯兰债券。[②]埃及协商会议 2013 年 3 月 19 日通过的这项提议如果获得总统穆尔西的批准,将会成为历

---

① 王京烈:《解读中东:理论构建与实证研究》,世界图书出版公司北京公司,2011 年,第 100 页。

② 伊斯兰债券能否挽救埃及经济,http://finance.sina.com.cn/world/20130321/123314908837.shtml(访问时间:2013 年 6 月 16 日)。

史上首个出售伊斯兰债券的国家。希望通过兜售伊斯兰债券的方法获得资金这一做法虽十分冒险,但对于埃及的经济困境来说也算被迫而为之举。

第四,针对埃及经济发展的困境,穆尔西还力图借助外部的援助缓和国内经济困境。首先,伊斯兰国家向埃及伸出援助之手。因与阿拉伯国家宗教、地理位置的纽带联系,寻求阿拉伯兄弟国的援助就成为穆尔西政府的重要经济举措。沙特、卡塔尔、科威特在穆尔西的外交努力下都向埃及提供了援助。当然各阿拉伯国家对埃及的援助也有其自身的目的。例如沙特希望通过对埃及的援助,展现沙特在阿拉伯事务中的影响力。沙特批准总额为 4.3 亿美元的经济援助计划,并计划提供给埃及 7.5 亿美元的贷款用以解决埃及石油燃料短缺困境,在穆尔西出访沙特时,沙特已同意向埃及中央银行提供 10 亿美元资金和 5 亿美元经济援助。卡塔尔至 2013 年初,已向埃及政府提供 20 亿美元贷款和 5 亿美元直接援助,用来应对埃及货币贬值等问题。卡塔尔首相哈马德在会见穆尔西以后又达成了新的援助计划。我们讨论再将一笔存款转为拨款,拨款总额将达 10 亿美元,并把存款的数额翻倍,达到 40 亿美元左右。与此同时海湾科威特也承诺向埃及提供了 50 亿美元的援助。穆尔西也在 2013 年 2 月 5 日与内贾德见面后获得了伊朗的经济支持。2013 年 4 月伊朗表示将提供 10 亿美元信贷,并合作建设电站。对伊朗来说这一举措是有打破西方孤立政策的原因,但对埃及来说经济合作的需求更为重要。伊斯兰国家对埃及的经济援助减轻了穆尔西政府在经济上的压力,这些也成为穆尔西在国内与各派斗争的筹码。

其次,寻求国际组织援助。穆尔西上台后面对经济危机,还积极展开谋求国家组织援助计划。与国际货币基金组织洽谈,希望在此组织中获得贷款,缓解国内经济危机。 2012 年 11 月穆尔西就曾同国际货币基金组织相关人员进行交涉,争取 48 亿美元的支援。至 2013 年 3 月埃及已与国际货币基金组织达成了价值为 120 亿美元的援助协议。[①]此外还向欧盟申请援助,2012 年 11 月 14 日埃及总统府发表的一份声明说,欧盟已经批准一项向埃

---

① 埃及经济危机持续 http://www.chinadaily.com.cn/micro-reading/fortune/2013-03-04/content_8404568.html(访问时间:2013 年 6 月 13 日)。

及提供 50 亿欧元，约合 63.5 亿美元的财政援助计划，以支持埃及经济复苏。穆尔西将埃及作为非洲的重要部分亦曾寻求非洲帮助，例如在非洲开发银行获取 5 亿美元贷款。

最后，谋求非伊斯兰国家对埃及的援助。这些国家除埃及传统的支持国外，新的发展中国家也成为埃及寻求援助的对象。美国（据中东社报道）曾承诺向新政府提供 4.5 亿美元的援助，原国务卿希拉里访问埃及时也承诺免去埃及 10 亿美元的债务，2013 年 3 月时任美国国务卿克里访问埃及期间，批出 1.9 亿美元的经济援助，其余 3.6 亿美元将随着埃及的经济发展逐渐发放。此外中国也于 2012 年 4 月份向埃及提供 9000 万人民币的无偿援助[1]，印度、巴西、俄罗斯等发展中国家也和埃及达成了多项经济协定。总之，穆尔西通过外交手段获得多国的经济援助暂时缓解了埃及的经济压力，穆尔西经济上的举措的确使埃及经济显示出一些积极的信号。

3.重返中东"第一集团"、提高埃及国际影响

穆尔西的外交政策是围绕"重返中东第一集团、提高埃及国际影响"目标制定的。外交上，继续实行过渡政府的外交理念，加强同传统阿拉伯国家联系的同时，也开始与其他伊斯兰国家建交（同伊朗的"和解"）。此外，作为地区大国的埃及并未放弃从对其影响深远的"三圆外交"[2]的外交资源中获取政治经济诉求。积极发展与发展中国家的外交关系，开拓"第四个圈子"则是穆尔西外交上的新特点。利用"第四个圈子"可以借新的外交资源提高埃及的国际影响力，并通过与发展中国家的积极交往减弱对发达国家的外交依赖，形成"平衡外交""多元外交"的外交形势。

埃及在历史上就扮演着阿拉伯世界守护者的角色。剧变后的埃及虽然在经济实力上大为削弱，但凭借自身是阿拉伯世界人口最多的国家、巴以问题解决的传统影响，埃及仍未放弃跻身"中东第一集团"的想法。获得各国政府对穆尔西政府的肯定是穆尔西的外交的另一诉求。上台后的穆尔西首先

---

① 中国政府将向埃及提供 9000 万人民币无偿援助，http://world.people.com.cn/GB/17652365.html（访问时间：2013 年 6 月 13 日）。

② 王泰、王恋恋：《埃及过渡政府的外交政策之调整》，《阿拉伯世界研究》，2012 年第 2 期。

访问阿拉伯世界,希望从"兄弟国家"获得经济援助外通过与各国探讨中东热点问题达成共识、获得各国对新政府的支持也是其主要目的。2012 年 7 月 11 日穆尔西首访沙特,关于沙特对拥有穆斯林背景的穆尔西政府的不信任,穆尔西给予了让沙特满意的答复。通过政治互信建立"获得各阿拉伯国家的肯定,确立埃及在阿拉伯国家的地位"这一出访目的通过穆尔西的外交已初见成效。

在阿拉伯世界除了增强各方信任外,在阿拉伯热点问题上穆尔西政府多次发声来提高埃及在地区的影响力。例如巴以问题埃及就被各方寄予厚望。2013 年 4 月 30 日,巴勒斯坦民族权力机构主席阿巴斯在维也纳说,他愿意在埃及政府的协调下组建新的巴勒斯坦"民族团结政府"。2013 年 5 月 16 日穆尔西于开罗会见到访的阿巴斯,并呼吁以色列立即停止在巴被占领土地修建定居点的事宜。针对叙利亚事件,埃及不放弃自己的影响力。2012 年 8 月 30 日,在德黑兰不结盟峰会上抨击阿萨德"专制政府",呼吁应将权力交予反对派;2012 年 9 月 5 日,在开罗举行阿盟外长理事会 138 次例会上,穆尔西就叙利亚问题提出自己看法,呼吁国际社会维护叙利亚稳定以及领土完整。另外 2013 年 5 月 5 日,埃及谴责以色列对叙利亚的轰炸。[①]在热点问题上的积极发声使埃及重新树立了中东责任大国的地位,提高了其在阿拉伯世界的影响力。

"与尼罗河国家重归于好"[②]是过渡政府时期就已形成的外交方案,穆尔西政府利用埃及身处非洲的有效位置,延续了这一外交环节。2013 年 7 月 15 日,穆尔西参加第十九届非洲联盟首脑会议,并发表重要讲话。通过出席会议,发表讲话来确立自己"合法政府"的立场,加强在非洲事务上的影响力、话语权。2013 年 3 月,穆尔西受到邀请出席南非召开的金砖峰会,这些都显示出埃及与非洲国家合作的形象。但面对分歧,本国利益则是穆尔西政府的外交出发点,2013 年 3 月 30 日,埃塞俄比亚宣布,在青尼罗河上修建复兴大坝一事。引起埃及强烈反对,埃及认为埃塞俄比亚大坝的修建将会影响阿

---

① Egypt condemns Israeli attack on Syria,http://www.reuters.com/article/2013/05/05/us-syria-crisis-egypt-idUSBRE94407N20130505.

② 王泰、王恋恋:《埃及过渡政府的外交政策之调整》,《阿拉伯世界研究》,2012 年第 2 期。

斯旺大坝。双方就水资源的问题展开争夺。

　　穆尔西还积极展开同除阿拉伯世界外的其他伊斯兰国家的合作，主要是以宗教作为获得伊斯兰世界外交资源的纽带，获得伊斯兰国家的政治经济支援。与伊朗的外交是打破中东原有外交格局的重要一步。2012 年 8 月 30 日，穆尔西出访伊朗并参加"第十六届不结盟运动峰会"，既为穆尔西经济政治寻求援助，又为伊朗打破西方封锁打开缺口，双方各取所需。2013 年 3 月 18 日，穆尔西对巴基斯坦进行半个世纪以来首次国事访问。两国领导人同意在两国进行双边峰会确定会谈和合作的机制。对巴基斯坦的访问是埃及利用一切可利用外交资源获得政治经济诉求的外交手段的重要表现。政治经济上的利益是处于经济低迷、政治动荡的埃及在外交方面的首要考虑因素。利用地理、宗教等因素，发展一切可以发展的外部力量是穆尔西政府的外交出发点。三个圈子以内主要是与阿拉伯国家加强联系、针对巴以问题、叙利亚问题积极发声；与非洲国家合作；与伊朗和解、对巴基斯坦国事访问等。充分利用"三个圈子"的外交资源实现埃及的经济、政治利益。

　　同发展中国家建立多方联系形成"第四个圈子"是这一时期穆尔西外交的新特点。穆尔西政府的国际外交更多倾向于平衡和多元，不仅积极展开同发达国家的交往以谋求政治经济上的支持(如美国)，也积极展开同发展中国家的交流与合作来获得最大收益。平衡外交成为埃及政府在世界舞台上的主要外交立场，是穆尔西政府力图借助一切可以借助的力量在政治和经济上实现突破的主要决定。加强同发展中国家的外交，原因有三：首先，发展中国家近年来举办的金砖峰会国际影响力越来越强，金砖各国的国力也越来越强，埃及如若成为其中一员，可加强其与金砖国家经济政治合作并提高其政治影响力；其次，埃及作为发展中国家中的大国，将自己置身于第四个圈子中[1]有利于埃及利用更多的外交资源增强埃及自身国力；最后，与发展中国家的积极交往摆脱埃及对美国的过分依附进而实现多元外交的局面。穆尔西上台之初出访中国、印度、巴西、俄罗斯等国，参加南非金砖峰会是其与发展中国家建立联系的重要表现。2012 年穆尔西在访问沙特、非洲之后于

---

①　王京烈：《解读中东：理论构建与实证研究》，世界图书出版公司北京公司，2011 年，第 345 页。

8 月 28 日访问中国,2013 年 3 月 19 日访问印度,2013 年 3 月在南非召开的金砖峰会上,穆尔西提出以 EBRICS 一词来取代 BRICS,表达了加入金砖国家的愿望。[①] 2013 年 4 月 19 日,穆尔西访俄,2013 年 5 月 8 日,穆尔西对巴西进行国事访问,穆尔西政府上台后对发展中国家的出访,展现了其特有的外交形象,在为埃及社会经济发展赢得利益的同时,也扩大了埃及在国际舞台上的政治影响力。

此外,穆尔西政府并未放弃与美国等发达国家的交往。美国作为近些年埃及主要的外交伙伴国,在经济政治上埃及都与美国密不可分。所以在访华期间为不触怒美国等发达国家,穆尔西宣布 2012 年 9 月 23 日访问美国和欧洲国家。9 月份的美国访问虽然破产,但这并不意味着埃及和美国外交的断裂,美国随后在向埃及提供经济政治支援的同时还向埃及进行武器等的军事援助就证明了美国仍将埃及作为其中东的战略要点进行经营。例如:2013 年 4 月 11 日美媒称,美国将再向埃及政府赠送 4 架 F-16 战斗机,至此共计捐赠 F-16 达 12 架。同时,还将赠送 200 辆坦克,提供总计 10 亿美元的军事援助。[②]这些举措都显示了埃及在世界舞台上的"平衡外交"政策的成功,为埃及赢得经济利益的同时也扩大了埃及的政治影响力。

无论发展中国家还是发达国家,穆尔西政府以获得经济和政治援助为目的,以"三圆外交"和"平衡外交"为手段积极与第三世界发展中国家合作。利用一切可利用的外交资源帮助埃及实现政治经济上的收益是穆尔西政府一年后在外交上展现出来的重要成果,对穆尔西的执政之路产生了重要的积极作用。

三、从穆尔西到塞西:民主化与传统威权的合作

穆尔西政府重建埃及是在政局动荡、经济低迷的基础之上,解决原初挑

---

① 金砖峰会拟敲定联合融资协议,http://news.hexun.com/2013-03-27/152526088.html(访问时间:2013 年 6 月 16 日)。

② 美国再将向埃及赠送 4 架 F-16 战斗机,赠送总量达 12 架,http://www.junmiba.com/xinwen/gj/20130415/23810.html(访问时间:2013 年 6 月 16 日)。

战的过程中新旧因素的碰撞衍生的各种矛盾给穆尔西政府带来诸多新的挑战。正是这些原因促使穆尔西民主化努力失败最终下台。

穆尔西与军方的博弈虽然有积极的作用，但也存在着潜在的威胁。事实证明军方并非打算退出埃及政治舞台。一旦军方有机会在穆尔西与反对派的斗争中获得权力，军方仍会重新成为穆尔西的敌人。在一些事件中，军方表现出模棱两可的态度早已说明军方仍是革命成果的潜在威胁。2012 年 11月反对派"救国阵线联盟"呼吁民众 11 日举行游行示威活动，以反对穆尔西将于 15 日举行宪法公投时，穆尔西授权军方维护治安。但军方 8 日表明自己的立场：呼吁各方以谈话的方式解决，而没有选择站在穆尔西一方。反对派与穆尔西政府的对抗自穆尔西上台之初就未停止过，2013 年 6 月，反对派聚集签名打算再次进行关于反对政府的游行示威，也正是这次示威给予军方机会，在塞西带领的军方反对下穆尔西政府终结。作为一个国家的执政党，在解决诸多社会矛盾的同时很容易忽视自身存在的问题。穆斯林兄弟会虽是一个柔和的伊斯兰政党，但就穆尔西执政一年来埃及现状来看，埃及伊斯兰化特征仍然突出，加之，埃及穆斯林兄弟会政党一党独大越来越明显，穆尔西的执政与反对派的矛盾也随之激化。穆尔西本人并不具备一位优秀政治家的素质，穆尔西和穆斯林兄弟会缺乏治国理政的经验与能力，因而遇到执政困难很难及时处理，穆尔西和穆斯林兄弟会热衷于追逐权力，从而引发了军方和自由派的仇视，并引发民众对于其关于"穆尔西想当新法老"的想法。

穆尔西执政一年来，面对遗留的诸多问题，穆尔西政府一一解决，为其他方面的举措提供了稳定的基础，在经济上、外交上的种种举措维护了埃及的革命成果并为动荡之后的埃及重启了"富国、强国"之门。但取得成绩的同时衍生出的新问题并未有效解决成为断送穆尔西政治之路的关键所在。正如开篇所提，穆尔西政府如果能成功应对来自各方各阶段的种种挑战，穆尔西的政治合法性就能发展并成长起来；反之，就会走向衰落和解体。2013 年6 月 30 日，埃及再次爆发大规模的游行示威。反对者以穆尔西未能实现其"百日计划"的改革承诺为由要求穆尔西下台，这次示威产生的冲突造成 20

余人死亡,1200多人受伤。①埃及军方7月1日要求穆尔西满足示威者的要求,否则将介入当局。2013年7月3日,塞西发动军事政变建立军政府。2013年10月9日,穆斯林兄弟会被埃及当局正式解散,以穆尔西为核心的穆斯林兄弟会所做的民主化转型宣告失败。2013年9月1日,临时总统曼苏尔宣布建立"50人委员会"制定宪法,11月30日,修宪委员会将成型草案提交给曼苏尔,并宣布将在2014年1月14日对宪法进行公投,随后宪法通过。2014年5月,埃及进行总统大选,军方领导人塞西以高票当选,埃及进入塞西时代。

2014年6月8日,塞西宣布就任埃及总统。塞西掌握政权后的执政特点表现为:传统威权主义与现代民主化相结合。埃及政治的这种表现是历史政治遗产与现实政治发展相结合的产物。塞西上台后,埃及国家机器重新运转,国内派别势力斗争更加复杂化,新掌权派与旧势力之间斗争重重。针对不同派别斗争,需要强有力的中央政府进行强力约束,面对困境,塞西的强硬作风表现为:2013年11月通过《抗议法》,该法律赋予内政和警察机构较大的权力,如"10人以上的公共集会需要报警方审批",警方有权以"危害公共安全"为由中止集会;2014年6月颁布《选举法》,该法规定埃及国会由567个议席组成,其中420个议席由独立候选人选举产生,120个议席由党派参选产生,而剩余的27个议席则由总统直接指派,此举大大遏制了未来"穆兄会"或者其他伊斯兰政党通过政党选举控制议会的可能性;2015年2月颁布《反恐法》,此法授权埃及政府可以对"恐怖组织"采取一系列行动。由于新法案对于"恐怖组织"的定义较为宽泛,将其定义为"在埃及国内外通过各种方式破坏法律,影响政府机构和公共机构运行,攻击公民人身自由或者其他受埃及法律保护的公民自由权利,或者妨碍国家统一和社会和谐"的行为,因此《反恐法》被认为是埃及政府恢复国内政治秩序,打击"穆兄会"和其他政治反对派的重要利器。大批穆斯林兄弟会成员不是被逮捕就是被迫流亡海外。

但同时,塞西还表现出民主的执政态度。埃及民众经历了2010年革命之后,民主化意识与政治参与扩大化诉求不断提高。塞西政权的合法化也必

---

① 王泰:《埃及的政治发展与民主化进程研究(1952—2014)》,人民出版社,2014年,第287页。

须以推进埃及政治民主化进程获得。革命之后埃及民众对议会民主制的要求成为塞西不可忽视的方面,以独立候选人身份当选埃及总统的塞西越来越意识到,得到政党支持通过议会获得权力对其政治合法化确立的重要性。因此塞西与能够团结的世俗党派都保持着亲切的联系,常常通过政治对话等和平方式来团结温和的反对派。这些做法使塞西政府得到了民族进步团结党、华夫脱党等世俗党派的支持。此外塞西与穆巴拉克政治力量缓和,通过吸收前穆巴拉克政治力量来扩大自己的支持圈子。如对前民族民主党的态度友好。作为政坛新人,塞西并没有政党背景,穆巴拉克时期的执政党埃及民族民主党是埃及历史上最全面也最具执政经验的政党得到了塞西的积极对待,塞西希望可以利用民族民主党重组政党和政党联盟,为自己的政治权力合法化服务。

经济上,频繁的政权更替使埃及陷入政治动荡、社会混乱、经济低迷的恶性循环中:2011 年 2 月至 2012 年 6 月埃及最高军事委员会执掌埃及事务;2012 年 7 月至 2013 年 6 月短暂的穆尔西执政;2013 年 7 月埃及武装部队最高委员会主席塞西将军掌握埃及政权,2014 年 6 月 8 日塞西宣誓就职。频繁的政治更替带来的是埃及经济复苏困难。据 2013 年 IMF 报告称埃及经济仅增长 2%,通货膨胀率 10.9%。现在"埃及国内的通货膨胀率也达到了14% 左右"。"在去年(2015 年)6 月,埃及的财政赤字达 2733 埃镑,占国内生产总值的 12%。"2016 年"根据《经济学人》杂志的统计数据,埃及青年的失业率已经达到 40%"。贫困率方面"塞西时代的贫困率则达到了 27.8%"。①埃及社会动荡、经济低迷,加之近年来不断上升的人口压力,促使埃及经济赤字严重,天然气燃料的缺乏、失业率的上升,以及政府发放津贴的减少使得埃及民众生活更加困难,经济困境重重。

为解决危机,塞西首先向海湾国家寻求外援,海湾国家已向埃及提供近200 亿美元的援助,②除此之外,塞西还借助外交手段积极引入外资以打破埃

---

① 瓦斯帕夏.埃及穆尔西和塞西时代的外汇数据对比[EB/OL].中东研究通讯,2016-08-24[2016-08-31].http://chuansong.me/n/563080851951(访问时间:2017 年 8 月 21 日)。

② 《国际观察:埃及当选总统面临三大挑战》,http://news.163.com/14/0530/13/9TGCFN1N00014JB5.html(访问时间:2017 年 9 月 21 日)。

及经济困局：塞西总统从 2014 年下半年开始，先后出访了中国、意大利、法国、科威特、俄罗斯等国，并且在 2015 年的达沃斯论坛、2016 年中国的 G20 峰会上向世界宣传埃及，并对他国抛出橄榄枝，力图塑造有利于埃及发展的政治形象。与此同时，埃及的外交政策已从意识形态导向转向实用主义导向，埃及积极地同阿尔及利亚、塞浦路斯，以及以色列沟通石油等相关领域的合作问题，尤其希望能够同这些国家展开合作共同开发地中海及红海的油田。在对内方面：塞西则大力削减政府机构人员以减少财政支出，适当地降低了民众的福利与补助，并进一步恢复发展旅游业，大兴基础设施建设增加埃及的就业岗位。塞西执政后，埃及先后出台了许多重大的基础设施建设计划，例如国家公路、高铁、新苏伊士运河区计划等都得到了埃及民众的欢迎，[①]在沙姆沙伊赫经济会议上，还提出将建立耗资 450 亿的新首都修建计划。

自 2014 年塞西在埃及执政以来，埃及社会秩序得以重建，埃及的经济也有所好转。然而塞西政府仍面临着许多挑战，就安全而言，来自极端组织、恐怖组织的威胁成为塞西政府必须考虑的问题，尤其是西奈半岛的极端势力成为埃及社会稳定的重要威胁。经济上虽然有所好转，但埃及经济仍没明显的发展，民众对民生的追求仍考验着塞西政府。

塞西政权在取得成就的同时需要应对新的挑战，面对执政过程中衍生的新问题，塞西政府能否应对，能否帮助埃及向现代民主国家进一步靠拢，则成为未来塞西面临的主要任务。面对衍生的新挑战，塞西政府需要在政治、经济、外交、社会各方面加强举措进一步解决埃及向现代化民主国家迈进的阻碍，否则随着这些矛盾的不断激化，塞西政府将会陷入更为严重的执政危机中。

政治上首先要与军方、反对派增加互信，通过谈判的方式来解决各方的政治诉求，其次提高民众和各党派的民主素养，以便更好地发挥民主制度的优越性，这些都将促进埃及政治民主化的进程。经济的发展是解决民生问题的重要手段。长期以来埃及的国民收入仅依靠旅游、运河、外汇、农业这四大

---

①　Mohamed Elmenshawy, The Scope of the Egypt-US Rift, https://www.middleeastmonitor.com/20161220-retired-saudi-general-denies-gcc-egypt-rift/（访问时间：2017 年 8 月 20 日）。

支柱。面对经济上的困难不仅要发展传统的支柱产业,更应该改革经济体制,发展多元化经济。否则过分的外向依赖、单一的发展模式并不能使埃及在全球化、信息化的浪潮中取得优异的成绩。外交方面穆尔西政府在延续过渡政府的外交政策的同时,加强"三圆外交"和"平衡外交"的联合,实现埃及自身的国家利益和外交政治目标。再者,树立一个良好的民主的国家形象,加强各国对埃及新政府的信任,获得各国在政治经济上的支持也十分必要。社会生活方面,应更加重视提高教育水平、解决城乡差异、贫富差异等举措,使埃及在现代化发展的过程中实现经济、政治、社会各方的平衡,加快埃及现代化的步伐。在执政过程中要将宗教与世俗分离是未来埃及发展的必要步骤。做到这些才能使塞西在统治埃及的道路上走得更远。

塞西上台之后,埃及社会秩序得以建立,政局基本稳定,经济得到增长,埃及再度成为地区支柱国家,而且进一步缓和、改善了与世界各国的外交关系。为维护统治,积极打击穆斯林兄弟会的同时还注意强化自己与其他政党、军方,以及穆巴拉克政治集团的关系从而扩大自己的政治基础。塞西的军方优势使其具有在政治秩序失控时使用威权手段镇压的势力,而其民主执政手段又使其得到民众与反对派的尊敬,目前来看塞西的政治道路是埃及现代政治探索之路上的必经阶段,埃及政治的未来发展仍值得观望。

第七章　从部落社会到哈希姆王权国家

——约旦政治发展道路的演变

约旦哈希姆王国的政治发展之路极具独特性，可谓中东君主制国家的模范代表。一战后，在部落与英国殖民者的共同扶植下，外约旦首次以国家的形式登上历史舞台，随后其领土边界、国家名称发生数次变化。第一次中东战争后，对约旦河西岸的兼并导致约旦本国人口构成复杂化，直接造成约旦民族认同缺失，但这并未能影响约旦哈希姆王权的执政根基。究其原因，在于约旦的政治发展之路始终与本土部落紧密相连，部落与哈希姆王权在长期互动中达成了和谐共生的关系。

第一节　部落主导下的政治探索:1921—1946 年

外约旦起源于西方殖民势力与本土阿拉伯部落社会的结合，因而它通常被认为是"人造国家"。这样的组合往往意味着国家构建的失败，但外约旦却在政治实践中，逐步摆脱了殖民主义的控制，实现了国家独立。在这个过程中，中央政府在巩固自身权力的同时，允许部落在其内部事务中保留相当程度的自治权。在政府的鼓励下，部落谢赫直接参与国家政治决策，进入政府系统就职。通过这种方式，部落和谢赫在外约旦政治舞台上掌握着强大的话语权，并且能够对政府施加相当大的影响力，在外约旦时期的政治发展中处于主导地位。

一、部落扶助下的外约旦建国

外约旦建国前，该地区的人口大多以部落为基本组成单位进行生产生活，遵循部落的价值观和习俗。部落通过建立政治联盟、控制土地和水源等方式影响着民众生活的方方面面，并以部落习惯法为参照，对季节性迁徙、个人婚姻、矛盾冲突及集体安全防卫进行调度。[①]当时，约旦地区由几个相互独立的部落联盟主导。一支是胡维塔特部落联盟，这个部落有两个主要分支，分别由部落内最为著名的两名武士领导，共同统治着南部约旦地区。[②]大部分胡维塔特人是游牧民，饲养骆驼和马，有时也会掠夺其他部落和定居村镇。沿胡维塔特控制地区向北，以哈萨和穆吉布河为界的卡拉克地区则属于马贾利部落联盟，该联盟由一些半定居的高原部落组成。他们与地区内的游牧部落结盟，由此获得了强大的军事力量，继而控制了死海周边的小部落。约旦地区中部驻扎着本尼·萨克尔部落联盟。他们冬季居住在沙漠地带，远至今天沙特阿拉伯的索罕盆地，夏天则迁居到今天约旦的巴尔卡东部及阿杰隆地区。他们是沙漠中最富庶、最强大的部落联盟之一，拥有数千战士。[③]本尼·萨克尔的部落谢赫米斯卡尔·法耶兹拥有大片耕地，在安曼也极富影响力。约旦河西岸土地肥沃，长期居住着以阿德旺部落为首的半定居部落联盟。

由于奥斯曼帝国和费萨尔政府监管不力，强大的部落早已成为约旦地区实际的主人。英国曾试图建立地方政府，但部落之间的矛盾和不合作使得地方政府难以有效运作，更无法控制地区局势，这种复杂的局面对建立新的集权国家构成了巨大的挑战。最终英国选择通过阿卜杜拉以一种间接统治

①　Linda L.Layne,*Home And Homeland : The Dialogics Of Tribal And National Identities In Jordan*,Princeton University Press,1994,p.23.

②　Linda L.Layne,*Home And Homeland : The Dialogics Of Tribal And National Identities In Jordan*,Princeton University Press,1994,p.24.

③　Norman Lewis,*Nomads and Settlers in Syria and Jordan,1800–1980*,Cambridge University Press,1987,p.124.

的形式换取对外约旦的控制。开罗会议后,英国殖民大臣丘吉尔与阿卜杜拉在耶路撒冷会面。阿卜杜拉提出,希望将巴勒斯坦和外约旦合并,置于同一位阿拉伯国王的领导下;或者将伊拉克和外约旦进行合并。这两个提议均被丘吉尔回绝。①丘吉尔允诺英国不在外约旦驻军,将外约旦交由阿卜杜拉统治,英国每年向阿卜杜拉提供津贴。阿卜杜拉则需要承认英国在外约旦的权力,并接受英国的援助。自此英国确立了对外约旦的委任统治。

在阿卜杜拉回到安曼后,他解散了由英国人组成的地方政府,并于1921年4月11日,组建了第一届政府。阿卜杜拉作为局外人,看似并不偏帮任何一方势力;加之其家族属圣裔血统,曾领导阿拉伯大起义,这样的身份迅速得到了约旦部落的广泛支持。通过双方的交流,阿卜杜拉认识到:此前外约旦部落对各方势力示好只是希望借助其权威,确保自己在部落竞争中脱颖而出,并非真心接受管辖,为此阿卜杜拉开始积极向部落寻求合作,双方明确达成了合作伙伴关系。

就阿卜杜拉而言,他对政府的日常管理不感兴趣,让官员们自行决定。相反,他沉浸在部落政治中,通过建立与部落谢赫的个人关系,达成政府与部落统治的合作。阿卜杜拉特别注意与强大的游牧部落建立并保持联盟关系。为此他将部落事务从中央政府的管理下独立出来,由他本人或由他的表兄沙克尔·本·扎伊德所领导的部落事务部进行管理。其结果是在外约旦出现了两种几乎完全不同的政府模式。游牧或半游牧部落处于阿卜杜拉的个人统治之下,享受着谢赫统治模式,成为阿卜杜拉政府的合作伙伴。定居的人口则按现代方式由中央政府控制。②这种割裂很快在新政权和人民之间造成紧张,阿卜杜拉的部落政策也成了不同派别之间争论的焦点,特别是导致了阿卜杜拉和英方的冲突。

阿卜杜拉与部落的联盟是以典型的阿拉伯部落首领为原型的。英国的

---

① Aaron S. Klieman, *Foundations of British Policy in the Arab World:The Cairo Conference of 1921*, The Johns Hopkins Press, 1970, p.45.

② [约旦]阿萨姆·穆罕默德:《约旦爱国主义运动,1921—1946》,危机出版社,2011年,第47页。(阿拉伯文版)

财政援助,以及从富裕的外约旦商人那里借来的钱,使他得以巩固与各个部落的关系。几个世纪以来,阿拉伯的历任统治者都采用定期向谢赫进行经济补贴的方式,以确保其效忠。然而由于阿卜杜拉的资源有限,他无法定期向谢赫支付补贴,相反,阿卜杜拉将这种补贴给予了部落谢赫个人。他提供的礼物从头饰到汽车,将国家土地转让给私人,同时免除或减轻某些部落的税收负担。[①]此外,阿卜杜拉对支持自己的部落谢赫给予了最高规格的认可和尊重。他授予谢赫们荣誉封号,邀请他们参加公开仪式,并允许他们陪同自己出访别国。他经常慷慨地在自己的营地招待他们,有时还会通过拜访这些谢赫的部落以示自己对他们的尊敬。除了通过各种补贴政策,阿卜杜拉还鼓励部落谢赫参与国家政治,谢赫们可以自由接近阿卜杜拉,并透过阿卜杜拉参与处理政府事务。

事实证明,阿卜杜拉建立的这种与部落谢赫的合作关系在外约旦这样的政体中是十分有效的。[②]外约旦主要以部落为组织单位,还没有经历快速的城市化和工业化进程,通过获得知名人士的支持和合作,阿卜杜拉在一定程度上控制了整个国家的人口。在这方面,部落事务部于1922年编制的人口普查最能说明问题。该文件被分解成地区或部落。在每一个村庄、城镇或部落的文案旁边,都有谢赫的名字。[③]阿卜杜拉实行这样的部落战略还有一个原因是,他所掌握的军事力量不足,这迫使他不得不依靠部落的军事力量。[④]为了维护他对国家的控制,也为了保护国家不受外部威胁,这种对部落的依靠十分必要。

部落社会是按照实际的亲属关系和这些亲属关系所能产生的联盟来组织的, 其本身的领导人能够在必要时动员部落同胞组成强大的战斗力

① Mary Christina Wilson,*King Abdullah*,*Britain and the Making of Jordan*,Cambridge University Press,1990,p.77.

② Michael R. Fischbach,*State*,*Society*,*and Land in Jordan*,Brill,2000,p.56.

③ [约旦]阿巴迪·艾哈迈德·阿维德:《约旦部族》,资历出版社,2005年,第56页。(阿拉伯文版)

④ [约旦]阿卜杜·马吉德·宰德:《约旦历史与文化》,文化部与皇家出版社,2012年,第137页。(阿拉伯文版)

量。①在外约旦中部和南部的半定居地区尤其如此,即使在北方的村庄和各地的城镇居民中,部落团结仍然发挥着重要作用。阿卜杜拉政府能够成功控制局势,其关键因素就是它有能力操纵这种部落社会规范以巩固自身权力,使这些部落力量为己所用。

阿卜杜拉政府成功把握了部落社会的三个特点:凝聚性、基础性、核心性。②部落或部落联盟被政府视为基本行政单位,包括分配、征收或减免税款、控制疾病扩散或筹办选举等。在组织行政时,政府充分考虑部落生活的特点,以便人们能够明确社会结构和行政部门之间的密切对应关系。③例如在马达巴地区,政府在迪班设立了阿拉伯军团哨所和二级行政分区,因为该地区是许多不同部落的中心,因此容易发生争端和冲突。政府意识到它可以将卡拉克省的伊尔克和哈瓦这两个分开的二级分区合并成一个,这样省长就可以根据部落的季节性运动在高原上度过夏季,在死海南部的哈瓦洼地度过冬季。而在马安省则采取了相反的措施,政府把沙巴克和瓦迪穆萨分开。由于瓦迪穆萨的定居性质,沙巴克和瓦迪穆萨的部落风俗、居民性质不同,故而政府将两者划为不同的行政区。④

此外,阿卜杜拉支持部落冲突的解决,以实现更好的公共安全。在这方面,阿卜杜拉的个人作用至关重要,在阿卜杜拉的积极斡旋下,宿敌本尼·萨克尔和胡维塔特之间达成了和平协议。为了鼓励部落民众的争斗顺利解决,交恶的两个家庭或部落之间若能早日和解往往会使犯人尽快获释。但当1924年部落事务部被废止后,这些部落纠纷被引入部落法庭解决。这一机制的主要支柱是执行部落集体责任。⑤政府和英国人意识到他们对每个人建立

---

① Yoav Alon, *The Making of Jordan: Tribes, Colonialism and the Modern State*, I. B. Tauris, 2006, p.30.

② [约旦]穆哈发扎·阿里:《阿拉伯大起义至外约旦时期的约旦政治思想,1916—1946》,约旦皇家出版社,2011年,第82页。(阿拉伯文版)

③ [约旦]阿卜杜·马吉德·宰德:《约旦历史与文化》,文化部与皇家出版社,2012年,第139页。(阿拉伯文版)

④ Ma'an Abu Nowar, *The History of the Hashemite Kingdom of Jordan.Vol.1.the Creation and Development of Transjordan: 1920–1929*, Ithaca Press, 1989, p.55.

⑤ [约旦]艾布·沙阿尔:《约旦村镇历史研究,1890—1946》,沃德出版社,2013年,第135页。(阿拉伯文版)

直接统治的能力有限,当犯罪发生且罪犯不明时,他们认为整个部落或村庄都有责任,谢赫也需承担监管不力的罪责。

集体责任的政策反映在一些法律条款及其执行中。例如,《耕地保护法》的目的是保护农民不受部落放牧的侵害。法律允许政府任意没收入侵部落的财产,甚至拘留其成员,以迫使该部落缴纳罚款。[1]同样,《电报线路保护法》规定谢赫有责任保护其附近的线路。如果他们未能履行职责,将征收部落 50—100 英镑的罚款。为了保证这笔款项的缴纳,地方长官有权没收该部落的任何财产。[2]政府偶尔会逮捕谢赫,等待部落缴纳罚款。一旦被释放,他们可以回到部落,恢复他们的谢赫职责。政府采取这种措施在一定程度上维持了地区内的法制和安定,但这种法律的执行会引起谢赫的不满。因此,政府依然会通过在财政和政治权力分配上对谢赫进行拉拢,安抚谢赫继续配合国家建设。[3]

政府向谢赫提供佣金,以换取他们在向部落居民征税时与政府达成合作。但利率的频繁变动反映出,财政部增加收入的需求和谢赫的意愿之间很难找到合适的平衡。1926 年实行的财政条文规定,谢赫享有 1%的回报。1927年,每头骆驼的佣金增加到 25%,一年后又减少到 4%,1929 年又下降到1%,在 1932 年政府将谢赫的佣金提高到 15%。[4]丰厚的薪金和作为立法会成员的特殊地位促使谢赫们能够与政权长期合作。

建国之初的十年,中央政府仍然软弱,行政能力有限。它的政策只是在经过谈判和给予各部落让步之后才得以部分执行。尽管它具有弱点,但不可否认它仍然成功地控制了人口。国家稳定了下来,在定居地区的袭击停止了,农业社区享有一定程度的安全,财政部也开始收税。在某种程度上,政府

① Yoav Alon, *The Making of Jordan: Tribes, Colonialism and the Modern State*, I. B. Tauris, 2006, p.70.

② Yoav Alon, *The Making of Jordan: Tribes, Colonialism and the Modern State*, I. B. Tauris, 2006, p.70.

③ [约旦]艾布·费里达、法伊兹·艾哈迈德:《约旦与巴勒斯坦的部落历史》,友谊出版社,2005年,第 167 页。(阿拉伯文版)

④ Michael R. Fischbach, *State, Society, and Land in Jordan*, Brill, 2000, p.90.

掌握了前所未有的控制权。它借鉴了奥斯曼帝国统治部落社会的方法,并进一步发展了这些方法。随着国家的发展,这些规则得到了完善。①因此,20世纪20年代为其后约旦政治发展之路奠定了基础。阿卜杜拉成功建立了与各部落的关系,试图获得各主要部落的忠诚和支持,同时允许他们保留许多方面的自治权。部落谢赫被允许在新的国家框架内参与政治活动。同时保存和利用部落结构和社会的风气,不断扩大中央权力。渐渐地,政府和部落的利益融合在一起,使得更好的合作成为可能。

但部落与阿卜杜拉对合作并非总是积极有效的,强大的部落势力始终渴望得到更广泛的自治权,这样的诉求与集权国家的政治目标背道而驰。尽管建国初期阿卜杜拉成功使部落谢赫们宣誓效忠,但国家对部落的控制仍然极为有限。1921年新建立的外约旦埃米尔国完全以部落作为社会基础。部落渗透在日常生活的方方面面,对于大多数人来说,埃米尔阿卜杜拉所表现出的集权倾向是向现代化迈出的关键一步,最终将挑战他们的整个生活方式。②

一战后,汽车的出现使得畅通无阻地穿行沙漠成为可能,这在以前是不可想象的。部落强大的机动性一直是其得以长期自治的保障,而现代交通方式的出现使现代武装部队的灵活性远胜于部落武装,它们可以在几小时内追踪部落连续奔袭数百英里,并且能轻松地化整为零。这使得部落在国家面前不再具有绝对优势。但即使这样,外约旦想要实现对部落的控制也花费了至少十年。

阿卜杜拉对一些游牧部落的严重依赖,尤其是本尼·萨克尔部落,导致他与其他相对弱势的部落关系进一步恶化。阿卜杜拉从强大的部落联盟中选拔官员,帮助维持这些部落的优势地位,从而获得大部落稳定的支持,维持部落和中央的权力平衡。③但这样的做法仍然会引起其他部落的不满,因

---

① [约旦]艾布·费里达、法伊兹·艾哈迈德:《约旦与巴勒斯坦的部落历史》,友谊出版社,2005年,第170页。(阿拉伯文版)

② [约旦]阿卜杜·拉赫曼·阿瓦德·福瓦兹:《约旦社会》,哈米德出版社,2012年,第14页。(阿拉伯文版)

③ Richard F.Nyrop(ed.), *Jordan: a country study*, Washington, The American University, 1980, p.40.

此为推翻阿卜杜拉的部落反叛在建国初期时有发生，这些反叛所发生的部落并非阿卜杜拉所重点扶植的大部落，面对大部落所掌握的特权越来越多，他们倍感威胁，因而选择举兵反叛。例如，1921 年发生在阿杰隆地区的库拉反叛[1]，就是由于当地舒赖迪家族所领导的部落拒绝被划归入伊尔比德省，拒绝向伊尔比德省的税收官员缴纳税款。在武力镇压失败后，阿卜杜拉借助个人威望，通过与舒赖迪家族谈判，最终化解了危机，平息了叛乱。这次反叛本质上正是出于舒赖迪家族对阿卜杜拉执政的不满。[2]

阿卜杜拉大力扶植当地大部落的政策，不仅加剧了部落间不平衡的现状，还导致他与政府之间出现了矛盾。安曼政府一直在武装力量和官员任免两方面希望得到部落的臣服。而且政府的运转需要内部的财政支持，因而政府希望向贝都因部落收取税款。[3]政府试图以法律为依据，向部落征税，特别是那些大部落，他们占有更多资源，但是阿卜杜拉在给予他们更多政府官职的同时，还减免他们的许多税款，这样的做法有失公允，更招来了英国殖民者的反对。[4]

阿卜杜拉未能妥善处理中央与部落关系的后果直接导致了 1923 年的阿德旺起义。这次起义由部落谢赫艾布·阿德旺领导，该部落居住在首都安曼附近，他们时常与本尼·萨克尔部落发生冲突。[5]但阿卜杜拉屡次站在本尼·萨克尔一方，因为二者相比，本尼·萨克尔部落更加强大，加之本尼·萨克尔部落捍卫着外约旦免受沙特的伊赫万运动影响，故而本尼·萨克尔在阿卜杜拉的扶持下得到了更广阔的土地，缴纳的税款更少，这使阿德旺部落倍感

---

① Richard F. Nyrop（ed.），*Jordan：a country study*，Washington，The American University，1980，p. 40.

② Mary Christina Wilson，*King Abdullah*，*Britain and the Making of Jordan*，Cambridge University Press，1990，p.55.

③ ［约旦］艾布·沙阿尔：《约旦村镇历史研究，1890—1946》，沃德出版社，2013 年，第 98 页。（阿拉伯文版）

④ ［约旦］阿萨姆·穆罕默德：《约旦爱国主义运动，1921—1946》，危机出版社，2011 年，第 61 页。（阿拉伯文版）

⑤ ［约旦］阿巴迪·艾哈迈德·阿维德：《约旦部族》，资历出版社，2005 年，第 72 页。（阿拉伯文版）

威胁。因而阿德旺部落揭竿而起,他们要求减轻赋税、税收平等,否则将推翻阿卜杜拉的埃米尔之位。阿德旺部落的错误在于将自己的不满诉诸武力并直接影响了国家稳定[1],最终这场起义在英国的协助下遭到了镇压。

二、外约旦与英国势力的政治角力

英国看到阿卜杜拉对外约旦统治的过度放纵,决定改变对外约旦的管控。在新的体系下,英方控制所有政府开支并重组了行政系统,取消了部落事务部。[2]这样一来,阿卜杜拉无法通过减税或增加财政补助的方式拉拢部落。英国不希望阿卜杜拉与部落的关系过分紧密,但也不希望部落威胁阿卜杜拉在外约旦的地位,甚至有时英国认为部落是未来国家稳定的直接威胁。英国试图将自己对中央集权的现代化国家的构想强加给外约旦。换言之,他们希望外约旦成为像西方那样的立法系统完善、行政高效的国家。[3]

当时的阿拉伯军团长官皮克也是持这种观点的,皮克主张外约旦的未来应该开展农耕作业,而非继续推崇游牧部落。皮克的政策聚焦于外约旦与巴勒斯坦临近的农耕区。这一地区承担着国家最沉重的赋税任务,而与其毗邻的东部靠近汉志铁路的部落则被允许自治。这一政策本身就不合理,人口基数较小的少数群体承担了国家的税收基础,他们无法上缴能够满足财政需求的巨大数额,人口更多的部落却可以获得税赋减免,长此以往自然引起了多方的矛盾。

皮克想要建立一支主要由农耕人口组成的军队,这支军队将能够应对部落对国家政权的武装反抗,并且皮克在外约旦与叙利亚和沙特边境建立

---

① [约旦]阿巴迪·艾哈迈德·阿维德:《约旦部族》,资历出版社,2005 年,第 72 页。(阿拉伯文版)

② Yoav Alon, *The Making of Jordan: Tribes, Colonialism and the Modern State*, I. B. Tauris, 2006, p.6.

③ Paul A. Jureidini and R.D. Mclaurin, *Jordan—The impact of social change on the role of the tribe*, Praeger, 1984, p.16.

了一支外约旦边防武装,这支部队负责保卫约旦边境的安全。①皮克的行为使边境地区的部落感到自己逐渐被架空,不再受信任,因而他们开始想要改投沙特阵营。然而如果这种情况出现,外约旦的存在就会受到威胁。事实证明,皮克建立的两支武装都未能收到理想的效果,更无法有效管控边境,最终还是需要依靠部落的力量。②

1930 年,英国政府把约翰·格拉布从伊拉克调至外约旦。格拉布的到来,引起了皮克的不快,因为他改变了皮克的许多部落政策。③他将皮克组建的外约旦边防武装调离沙漠,使当地的部落不再受到监管,通过这样的手段,他初步取得了当地部落的信任。紧接着他结束了皮克将部落人口排除在武装部队之外的做法,着手建立一个由部落人口组成的武装力量,这就是著名的阿拉伯军团。④而建立这支武装的目的是与部落合作,让他们感到自己被政府所信任。

格拉布精通阿拉伯语,对游牧生活有丰富的知识。在部落物资紧缺的冬天,他甚至常居胡维塔特部落,并且将自己的财物分给部落居民,以缓解他们的物资短缺。在与胡维塔特合作后,格拉布开始招募部落成员加入他的新部队——阿拉伯军团的沙漠巡逻队。⑤这支部队成立于 1931 年 2 月,当时有 20 人报名参加,并由伊拉克警察训练。格拉布随后搬到本尼·萨克尔的领地,几个月后他成功地招募了 90 名士兵。不久,要求加入的人数就超过了所需人数。

沙漠巡逻队对部落成员很有吸引力,部落所推崇的战士精神在军队中得到了体现。部落士兵一直被训练进行突袭行动,因此纪律性较强,积极性

① [约旦]萨阿德·艾布·迪亚:《外约旦时期阿拉伯军团的历史,1921—1937》,阿米德·阿卜杜·马吉德出版社,1989 年,第 45 页。(阿拉伯文版)

② Paul A. Jureidini and R.D. Mclaurin, *Jordan –The impact of social change on the role of the tribe*, Praeger, 1984, p.17.

③ Paul A. Jureidini and R.D. Mclaurin, *Jordan –The impact of social change on the role of the tribe*, Praeger, 1984, p.19.

④ [约旦]萨阿德·艾布·迪亚:《外约旦时期阿拉伯军团的历史,1921—1937》,阿米德·阿卜杜·马吉德出版社,1989 年,第 78 页。(阿拉伯文版)

⑤ [约旦]萨阿德·艾布·迪亚:《外约旦时期阿拉伯军团的历史,1921—1937》,阿米德·阿卜杜·马吉德出版社,1989 年,第 80 页。(阿拉伯文版)

很高,勇于作战。①经济上的考虑也有助于成功地征招部落士兵。一个士兵的月薪近5英镑,这足以支持几个家庭度过当时的部落饥荒。格拉布成功的一个重要因素是他了解该地区的地形。格拉布利用对地形的了解,遏制了边境的突袭。到了1931年中,格拉布的部队已成为一支不可小觑的力量。沙漠巡逻队拥有汽车、骆驼,士兵使用现代武器,具有极强的机动性。

在格拉布抵达外约旦的两年间,他成功取代了皮克,控制了内乱和边境的不稳定。格拉布直接从部落人口中征兵,使得部落人口一定程度上实现了有偿就业,能够进一步参与国家的运作,帮助部落融入政治结构。②同时,格拉布自己也成了国家与部落之间的中间人,得到了部落的肯定。③随着格拉布与各个部落建立联系,埃米尔阿卜杜拉不再是部落获得经济援助、就业支持和教育资源的唯一保障,从而削弱了阿卜杜拉在部落事务中的权力。④阿拉伯军团对约旦政治进程发挥了重要作用,它吸纳了大量部落人口,并向他们灌输服从国家指挥的精神。这支武装成为维护约旦政局稳定、不受外侮的核心力量,推动了部落被逐步纳入中央行政控制的进程。

国家如何保证地方的忠诚是其发展的核心。欧洲的模式明确指出,在实现民族国家的发展过程中需要社会同质化。外约旦部落结构的处理是国家政治发展道路的核心,皮克不顾一切地将贝都因部落成员排除在国家发展之外,从而使得政权失去了一大部分人口的支持。⑤这种政策阻碍了人口占多数的部落对国家事务进行有效参与。而格拉布通过创建一个基于部落的武装部队,向普通的部落民众提供了参与国家建设的机会,使中央政府可以

---

① Ma'an Abu Nowar, *The Development of Trans-Jordan*, *1929–1939*: *A History of the Hashemite Kingdom of Jordan*, Ithaca Press, 2006, p.145.

② [约旦]萨阿德·艾布·迪亚:《外约旦时期阿拉伯军团的历史,1921—1937》,阿米德·阿卜杜·马吉德出版社,1989年,第86页。(阿拉伯文版)

③ Mary Christina Wilson, *King Abdullah*, *Britain and the Making of Jordan*, Cambridge University Press, p.103.

④ Yoav Alon, *The Making of Jordan*: *Tribes*, *Colonialism and the Modern State*, I. B. Tauris, 2006, p.89.

⑤ [约旦]穆哈发扎·阿里:《阿拉伯大起义至外约旦时期的约旦政治思想,1916—1946》,约旦皇家出版社,2011年,第97页。(阿拉伯文版)

接触更广泛的部落成员。同样也给部落提供了一个渠道,通过这个渠道,部落可以与国家进行积极对话,获得生存资源,更好地实现双向发展,而不是单纯认为在约旦建立集权国家将威胁部落的生计。①

特别是在这一时期,游牧民族经历了极度的贫困。在这种情况下,游牧民族几乎无法进行公开抵抗。被削弱的部落对援助的需要改变了他们对中央政府的态度。通过支付补贴、防止越境袭击及提供就业以换取工资、衣物和食物,格拉布的政策帮助部落成员度过了这段艰难时期。②通过他的工作,政府建立了对沙漠的控制,并成功地征服了游牧部落,游牧部落被迫停止掠夺,逐渐向国家聚拢。格拉布的政策是部落社会成功融入国家的支柱之一。在极少的暴力使用下,实现沙漠部落对中央政府统治的服从,这种过程在中东是独特的。通过经济和军事手段削弱部落,格拉布温和地推进"去贝都因化",他竭力缓和游牧民族向现代化的过渡。③事实上,格拉布和阿卜杜拉在确保游牧部落仍然是约旦社会的特权阶层方面发挥了重要作用,这与部落在周边国家被边缘化形成鲜明对比。

三、部落支持下的政治构建

在20世纪三四十年代,外约旦政府的行政机构不断扩大。与第一个十年相比,大多数政府职位是由约旦本土部落人口任职,而非外部引进的人员。④政府就业成为部落民众重要的收入来源,特别是在经济危机严重的背景下。更重要的是,它第一次使部落人口直接参与国家事务,通过在政府挂职进一步将他们编入国家的框架。

---

① [约旦]萨阿德·艾布·迪亚:《外约旦时期阿拉伯军团的历史,1921—1937》,阿米德·阿卜杜·马吉德出版社,1989年,第89页。(阿拉伯文版)

② [约旦]萨阿德·艾布·迪亚:《外约旦时期阿拉伯军团的历史,1921—1937》,阿米德·阿卜杜·马吉德出版社,1989年,第89页。(阿拉伯文版)

③ Yoav Alon, *The Making of Jordan: Tribes, Colonialism and the Modern State*, I.B.Tauris, 2006, p.92.

④ [约旦]艾布·费里达,法伊兹·艾哈迈德:《约旦与巴勒斯坦的部落历史》,友谊出版社,2005年,第205页。(阿拉伯文版)

这一过程始于 1929 年 10 月,当时三名外约旦知名人士被纳入内阁。在此之前,只有两名外约旦人象征性地担任过部长。自外约旦成立以来,非当地人在政府的就业一直是政府与部落精英之间争论的焦点。新兴民族运动的主要诉求之一就是将政府职位移交给本国人。1929 年,哈桑·哈立德·阿布·胡达总理提名三名本国人担任部长,这一行动成为"让人民代表参与国家管理的第一步"[①]。起初,政府迫于公众压力,决定撤换外国官员,为本国人让路,但这一决定只得到部分实施。渐渐地,越来越多的外约旦人在政府谋职。

此外,从 20 世纪 30 年代末,特别是在 40 年代初,阿拉伯军团急剧扩张,成为政府最重要的就业缺口。[②]在 20 世纪 30 年代初,征召游牧民族参加小型沙漠巡逻队已经对沙漠经济产生了积极影响。然而扩大后的阿拉伯军团为成千上万的人提供了稳定舒适的收入和其他福利,其中招募的大多数人来自游牧部落。武装部队的扩大及车辆和武器的改进使政府的地位更加稳固,并加强了对人口的控制。阿拉伯军团也承担了新的责任,例如解决争端、分配土地、防治蝗虫,甚至在偏远村庄协助铺设通往主要市场的道路。军团的军事优势及提供这些新服务的能力加深了部落对政权的支持,促进了他们的融合。[③]

毫无疑问,在国家发展形势一片大好的前提下,部落与政府的紧密联系可以使部落获得更多的利益,[④]主要包括:获得财政支持,武器装备,开展土地、道路、学校、医院等基础设施建设。政府通常将这些建设资金直接交付给部落谢赫。此外,军队也会向部落提供奖金,奖励部落为军队提供兵源保证,奖励部落成员在军中的优异表现。为确保部落的支持,阿卜杜拉依然会经常访问部落,加强与部落的联系,同时,在政府的关键位置为部落成员安排职

---

① Ma'an Abu Nowar, *The Development of Trans-Jordan, 1929-1939: A History of the Hashemite Kingdom of Jordan*, Ithaca Press, 2006, p.10.

② [约旦]萨阿德·艾布·迪亚:《外约旦时期阿拉伯军团的历史,1921—1937》,阿米德·阿卜杜·马吉德出版社,1989 年,第 125 页。(阿拉伯文版)

③ [约旦]阿萨姆·穆罕默德:《约旦爱国主义运动,1921—1946》,危机出版社,2011 年,第 149 页。(阿拉伯文版)

④ Ma'an Abu Nowar, *The Development of Trans-Jordan, 1929-1939: A History of the Hashemite Kingdom of Jordan*, Ithaca Press, 2006, p.60.

务,就共同利益与部落进行沟通。①通过这种方式,中央政府将一部分部落精英收拢起来,利用部落社会自身的影响力,带动部落人口参与国家建设。②

到1946年外约旦独立时,部落已成功进行社会整合,并在国家政治发展中发挥了不可缺少的作用。其维护了约旦政局的长期稳定,大量部落成员在阿拉伯军团服役,而其他部落人口大多耕种土地,并在政府的帮助下享受医疗保健和兽医服务,他们的儿女还可以在公立学校接受教育。部落谢赫则成为富有影响力的政府官员,能够为家族进行斡旋,并且仍然是政府和部落人口之间的对接渠道。在部落势力的充分参与下,外约旦埃米尔国成功建立,并初步组成了政府体系,尽管该体系尚未完善,仍然可谓是约旦政治发展的初始财富。部落与中央政府达成的合作伙伴关系更是未来约旦政治发展赖以维系的基础。

第二节 部落整合后的政治尝试:1946—2011 年

现代约旦王国在中东政治地图上处于极其敏感的位置,其人口构成又以丧失家园的巴勒斯坦人为主体。所有这些复杂的因素注定了现代约旦王国不断在夹缝中寻求生存与发展。③在现代约旦王国建立后,部落继续支持哈希姆家族在约旦的统治,但历任国王不断整合部落力量,试图降低部落对约旦政治生活的影响,逐步探索出了部落与王室和谐共存的发展之路。

一、现代约旦王国的建立

在阿卜杜拉治理下的外约旦初步形成了现代国家的雏形,但其政治运

---

① [约旦]阿巴迪·艾哈迈德·阿维德:《约旦部族》,资历出版社,2005 年,第 113 页。(阿拉伯文版)

② [约旦]穆哈发扎·阿里:《阿拉伯大起义至外约旦时期的约旦政治思想,1916—1946》,约旦皇家出版社,2011 年,第 158 页。(阿拉伯文版)

③ [约旦]泰里·赛义德:《阿拉伯人视角下的约旦与巴勒斯坦》,沃拉古出版发行社,2010 年,第 26 页。(阿拉伯文版)

行与实际统治均受英国操控,具有鲜明的殖民主义特征。同时,阿卜杜拉本身就是封建君主统治者,具有阶级局限性,他不断向英国妥协,其目的正是为了稳固自身统治、延续个人权力。二战期间,外约旦政府在物力、人力和军事上主动配合英国。随着战事吃紧,阿拉伯军团为保障英国在中东的战略利益发挥了巨大作用。1940 年 6 月后,随着法国战败和意大利的参战,战火蔓延到近东国家。英国加强同阿卜杜拉的联系,阿拉伯军团承担了许多英国在近东重要军事设施的防务工作,保障了二战期间英国军事行动的顺利开展。英方以外约旦为军事基地,并把阿拉伯军团视为其"安保工具"的做法,也受到了外约旦民众的强烈抗议,甚至外约旦军队也屡次出现违抗上级指令的情况。比如,在 1941 年伊拉克大起义时外约旦边防军的一个连队通过武力威胁的方法,拒绝执行英国军官向该地进攻的命令,公然反抗英国。[①]

由于这一时期世界范围内民族主义运动开展得如火如荼,阿拉伯民族主义浪潮风起云涌,外约旦民众要求国家独立的呼声越来越强烈。阿卜杜拉虽然对英国政府言听计从,但他曾随父兄一同发起阿拉伯大起义,渴望领导阿拉伯民族获得独立的愿望从未消减。早在二战还未结束前,阿卜杜拉就已向英国政府提交了恳请,争取外约旦主权独立。此外,由于英国殖民地相继独立,其殖民制度也逐渐解体,国内的财政负荷过重,因此英国政府也开始放松对殖民地的控制,客观上也为外约旦的独立创造了机会。在多重因素的共同驱使下,英国为了维护自身在近东的利益,决定主动改变同外约旦的关系,最终同意解除对外约旦的委任统治。英国政府并非无条件接受外约旦独立,阿卜杜拉接受英方保留部分军事特权,作为回报,英国将继续向阿拉伯军团提供资金支持,并由英国出资为约旦培训高素质军事人员。1946 年 1月,英国外交大臣欧内斯特·贝文在联合国大会上声明,同意外约旦独立。终于在 1946 年 5 月 25 日,外约旦正式宣告独立,并更名为外约旦哈希姆王国,阿卜杜拉的头衔由埃米尔变为国王。

刚刚独立的外约旦王国十分脆弱,外部环境的和谐与国内局势的平衡

---

① [约旦]阿萨姆·穆罕默德:《约旦爱国主义运动,1921—1946》,危机出版社,2011 年,第 89页。(阿拉伯文版)

很快被巴勒斯坦的事态发展打破。①一直以来,阿卜杜拉国王都有意将巴勒斯坦的部分领土纳入自己的王国,特别是以色列建国后的第一次中东战争期间,他试图借出兵的机会,完成自己的设想。②战后,外约旦成功兼并了约旦河西岸地区,并控制了耶路撒冷老城,在一定程度上成为战争的受益者。③在阿拉伯国家的反对声中,1950 年 4 月,外约旦正式宣布兼并约旦河西岸地区,合并后更改国名为"约旦哈希姆王国"。以色列在战后进一步蚕食巴勒斯坦阿拉伯人的领土,约旦河西岸地区被约旦兼并意味着巴勒斯坦人不得不向约旦进行转移。巴勒斯坦人的大量涌入和与西岸的政治合并都对约旦国内政治动态产生了深刻影响。④

人口因素是约旦国内政治中最敏感和最具争议的因素之一,它几乎成为每一项政策制定的基石,并为许多政治运动提供了集结点。实际上,自外约旦建立以来,这个国家一直在吸引移民人口。政治上的相对稳定,有待开发的经济环境和丰富的职业机会,吸引了大量新移民。他们中有一些人是来自别国的政治流亡者,来到这里寻求政治庇护;还有一些人教育背景良好,移民后构成了外约旦社会中的"外来精英"⑤。

1948 年巴勒斯坦人的大规模涌入,使得移民的性质不同于早期的移民浪潮。就绝对数量而言,1948 年约旦河东岸的本土人口约为 45 万,据估计西岸大约有 90 万巴勒斯坦人移民,因此几乎在一夜之间约旦人口增加了两倍。⑥比数字更重要的是巴勒斯坦人口的性质,他们突然发现自己成了约旦哈希

---

① [约旦]泰里·赛义德:《阿拉伯人视角下的约旦与巴勒斯坦》,沃拉古出版发行社,2010 年,第 26 页。(阿拉伯文版)

② Schirin H. Fathi, *Jordan-An Invented Nation? Tribe-State Dynamics and the Formation of National Identity*, Deutsches Orient-Institut, 1994, p.113.

③ 唐志超编著:《约旦》,社会科学文献出版社,2006 年,第 55 页。

④ [约旦]泰里·赛义德:《阿拉伯人视角下的约旦与巴勒斯坦》,沃拉古出版发行社,2010 年,第 27 页。(阿拉伯文版)

⑤ [约旦]阿卜杜·拉赫曼·阿瓦德·福瓦兹:《约旦社会》,哈米德出版社,2012 年,第 86 页。(阿拉伯文版)

⑥ Schirin H. Fathi, *Jordan-An Invented Nation? Tribe-State Dynamics and the Formation of National Identity*, Deutsches Orient-Institut, 1994, p.115.

姆王国的公民。与早期的移民相反,这些人来到约旦并不是出于他们的自由
意志。早期移民中大部分人拥有一定的物质基础,能够很好地与东岸居民建
立家庭和商业联系,还有一些则转移到邻国,如海湾地区的阿拉伯国家,或
者欧洲和美国,[1]而如今涌入的人口大多数是真正意义上的难民。在缺乏物
质财富的情况下,面对国家剧变他们倍感无措,在意识形态上难以融入新的
国家,他们为约旦国内注入一种潜在的不稳定因素。[2]这样的问题最终导致
了 1951 年阿卜杜拉国王遇刺身亡。如果不是部落力量的忠诚和坚定支持,
阿卜杜拉国王的去世可能会直接威胁约旦国家的存在。自此约旦进入了王
权的更迭时期,国内局势在部落力量的维护下平稳过渡。

二、约旦君主权威的强化

随着约旦政治局势日趋平稳,哈希姆政权将关注点放在加强君主权威
上,主要通过以下三种路径完成。

1.部落自觉维护王权过渡,国王进一步加强双方合作关系,以确保统治
稳固

1951 年阿卜杜拉去世后,其子塔拉勒顺利继位。但塔拉勒身体状况一直
不佳,治理国家的工作繁重不已,自即位后塔拉勒的健康状况每况愈下,最
终他选择让位于儿子侯赛因。[3] 1953 年 5 月 2 日,侯赛因加冕,自此现代约
旦开始了真正的全速发展。为了追求国家统一的目标,侯赛因试图在"大约
旦"的国家规划内,通过控制和拉拢措施,将巴勒斯坦人纳入约旦的国家框
架。[4]但是建立民族认同十分困难,许多巴勒斯坦人拒绝成为忠诚的约旦公

---

① Sami AL-Khazendar, *Jordan and The Palestine Question: The Role of Islamic and Left Forces in Foreign Policy-Making*, Ithaca Press, 1997, p.55.

② [约旦]白萨姆·阿卜杜·萨利姆:《约旦、巴勒斯坦:共同的历史追溯》,科学知识财富出版社,
2011 年,第 19 页。(阿拉伯文版)

③ [约旦]阿卜杜·马吉德·宰德:《约旦历史与文化》,文化部与皇家出版社,2012 年,第 173 页。
(阿拉伯文版)

④ [约旦]泰里·赛义德:《阿拉伯人视角下的约旦与巴勒斯坦》,沃拉古出版发行社,2010 年,第
27 页。(阿拉伯文版)

民。实际上,巴勒斯坦人占约旦人口中的大多数,但他们并未能真正撼动约旦国家的根本走向。①这是因为在约旦的政治发展中,部落逐步被纳入国家系统,始终是支持王权、维护政局稳定的骨干力量,与政权形成了和谐共生的依存关系。其中最突出的是侯赛因国王积极利用"皇家法庭"②,使其作为联系王权和贝都因部落的政治纽带,确保部落的忠诚。

作为一个宪法中没有规定也无须对议会负责的机构,没有官方的行政权,皇家法庭只受国王的权力支配,它在国王与内阁之间起着调节作用,有时会扮演影子内阁的角色。作为一个以顾问身份存在的执行委员会,皇家法庭由国王最信任的政治人物组成,这些人往往身居高位。因此,这些"宫廷精英"被赋予一种特殊的地位,区别于约旦其他政治精英。这些人大多来自著名部落家族,他们代表了部落力量对君主的忠诚,同时也尽可能为部落扩展影响力。皇家法庭的另一个特点是设置了名为部落委员会的部门,其任务是联系君主和贝都因人。③委员会提供了君主和部落之间的直接联系,并鼓励他们对国家建设建言献策。因此,在使部落人口依赖于国家机构的同时,侯赛因国王能够在精心安排的双向合作进程中确保自己处于优势地位。④

当侯赛因国王与部落民众打交道时,他的个人魅力尤其有效。然而在所有的因素中,最吸引部落民众的是国王的平易近人,这符合部落谢赫的传统。这种平易近人是侯赛因国王执政初期就强调的一个特点。⑤在侯赛因国王登基后,他的第一个国家活动就是和家族的其他重要成员一起周游全国,

①　[约旦]艾布·费里达、法伊兹·艾哈迈德:《约旦与巴勒斯坦的部落历史》,友谊出版社,2005年,第149页。(阿拉伯文版)

②　Joseph Nevo and Ilan Pappe(ed.), *Jordan in the Middle East: the making of a pivotal state*, *1948–1988*, Frank Cass, 1994, p.98.

③　[约旦]泰里·赛义德:《阿拉伯人视角下的约旦与巴勒斯坦》,沃拉古出版发行社,2010年,第30页。(阿拉伯文版)

④　[约旦]艾布·费里达、法伊兹·艾哈迈德:《约旦与巴勒斯坦的部落历史》,友谊出版社,2005年,第153页。(阿拉伯文版)

⑤　[约旦]阿卜杜·拉赫曼·阿瓦德·福瓦兹:《约旦社会》,哈米德出版社,2012年,第241页。(阿拉伯文版)

以贝都因人特有的方式升起国旗,象征着对当地部落谢赫的正式召唤。[①]在他统治期间,部落谢赫和他们的请愿书都可以通过皇家法庭的部落委员会直接上呈给国王。侯赛因国王还经常访问约旦的偏远地区。他在自传中这样描述对部落的访问:"我热切地盼望着定期到沙漠去访问我的部落。那是多么不同的生活啊!我是他们的国王,但和他们在一起我并不感到孤独,觉得自己是他们中的一员。对他们来说,我就是'侯赛因'。唯一需要履行的礼仪是贝都因人的礼仪,他们的生活基于三个概念——荣誉、勇气和好客。我想我会特别留意贝都因人需的任何东西,贝都因人认为我是他们部落的首领。"[②]

但侯赛因国王与部落的亲密关系也使得国王和政府在大多数约旦部落人口的心中逐渐分割开来。[③]尽管国王拥有更大的权力,政府由他任命,但民众大多认为这两者之间是独立的。政府很多时候可能会受到批评,当国家出现问题,政府被认为应当对管理不善负责,民众会对政府的执政能力提出抗议,然而国王站在这个框架之外。因此,部落力量在国家与国王之间起到了安全阀的作用,这有助于君主政体的存续。

在侯赛因国王执政的晚期,他正式解除了约旦与西岸地区的政治法律联系,为国家的进一步发展提供了更加稳定的内部环境。[④]相比侯赛因国王继位时的混乱局势,阿卜杜拉二世从父亲手中顺利接过王权,并继承了可观的政治遗产。与他的父亲不同,阿卜杜拉二世从执政之初就开始更换官员,并从他这一代人中组建管理团队。

阿卜杜拉二世开始执政时,身边有六名高级官员,他们通常被认为是侯赛因国王的亲信,尽管其中两名是阿卜杜拉二世本人任命的总理和皇家法院院长。在阿卜杜拉二世登基后的两年内,这些人中没有一个在关键位置继

① Paul A. Jureidini and R.D. Mclaurin, *Jordan—The impact of social change on the role of the tribe*, Praeger, 1984, p.50.

② [约旦]侯赛因:《我的职务是国王——约旦哈希姆王国国王侯赛因》,孟早译,外语教学与研究出版社,1980年,第79页。

③ [约旦]艾布·费里达、法伊兹·艾哈迈德:《约旦与巴勒斯坦的部落历史》,友谊出版社,2005年,第243页。(阿拉伯文版)

④ [约旦]阿卜杜·马吉德·宰德:《约旦历史与文化》,文化部与皇家出版社,2012年,第185页。(阿拉伯文版)

续留任,这个六人小组实际上已经不再是国王高级顾问委员会。[1]阿卜杜拉二世在随后的几年内陆续解职了父亲遗留在政府中的手下,他们不再是侯赛因国王安插的"王权监督者",政府的关键岗位都由阿卜杜拉二世重新任命。

阿卜杜拉二世任命自己这一代的人加入他建立的新政府,为精英阶层注入年轻的血液。例如,他把包括巴勒斯坦人在内的相当多的私营部门的年轻人纳入他于1999年成立的经济咨询委员会。[2]值得注意的是,阿卜杜拉二世执政至今,包括巴勒斯坦人在内的许多议会议员都是知名政治人物的儿子。这种连续性清楚地证明,部落家族的影响是在约旦统治精英的家族框架内代代相传的。

尽管阿卜杜拉二世正在让年轻人融入政治体系,但他并没有放弃保守的态度。在阿卜杜拉二世的亲信中部落力量依然是核心骨干。例如,来自本尼·萨克尔部落的费萨尔·法伊兹,来自马贾利部落的阿布达·马贾利等,[3]他们的父辈就是哈希姆家族的坚定支持者,他们从老一辈手中接过权力,继续成为阿卜杜拉二世的盟友和辅助者。

2.通过整合部落以削弱其对王权的不利影响

约旦独立后,传统的政府形式与日益现代化的社会之间产生了许多分歧。统治精英群体在人员构成和政治技能方面没有随着社会的进步而产生相应的变化。[4]约旦的政治结构和政府形式仍然是传统的,只是有几次试图将较年轻的、以技术官僚为导向的部长纳入内阁。[5]然而约旦的社会结构发生了巨大的变化。新的生产方式和生产关系产生了新的群体和阶级。传统上

---

① Yoav Alon,*The Shaykh of Shaykhs:Mithqal al-Fayiz and Tribal Leadership in Modern Jordan*, Stanford University Press,2016,p.142.

② [约旦]泰里·赛义德:《阿拉伯人视角下的约旦与巴勒斯坦》,沃拉古出版发行社,2010年,第126页。(阿拉伯文版)

③ Sean L. Yom,Tribal Politics in Contemporary Jordan:The Case of the Hirak Movement,*Middle East Journal*,Vol.68,No.2,2014.

④ [约旦]阿卜杜·拉赫曼·阿瓦德·福瓦兹:《约旦社会》,哈米德出版社,2012年,第243页。(阿拉伯文版)

⑤ Uriel Dann,*King Hussein and the Challenge of Arab Radicalism*,Jordan,1955-1967,Oxford University Press,1989,p.80.

拥有大量土地的部落名流们的影响力相对来说有所下降。石油繁荣及其带来的金融交易机会催生了新的财富来源,造就了新的富人。

与此同时,约旦出现了独立的中产阶级,他们主要由技术型人才、非部落官僚等城镇居民组成。①②这个阶层对约旦的传统部落制度构成最大的威胁。他们中的许多人谴责部落人口基于血缘关系所取得的发展,部落掌握了更多的发展资源,扼杀了他们基于技术技能和专业价值的发展机会,阻碍了他们的阶级提升。因此,他们要求根据不同的标准进行政治和社会结构改革。

此外,随着部落结构不断被纳入国家,中央政府的权力增长与部落领袖的权力衰落成反比。随着中央行政权力的扩大,对中间人的需要也增加了。部落谢赫作为部落公认的领袖和发言人,他们逐渐成为国家公务员,部落谢赫成为一项副业。③他们被纳入国家行政层级,中央政府慢慢地将部落的领导阶层转变为一种部落与中央的调节工具。随着行政程序变得更加复杂,教育背景成为个人政治发展的重要考量因素,一些个人能力突出的非部落人口也可以直接进入中央权力机构,从而进一步削弱了部落在传统社会结构中的作用。④

此外,政府充分认识到过分突出地方部落团结往往是发展民族精神、增加民族认同的障碍。约旦政治发展的困境,需要打破对家庭、村庄、部落的原始情感的有限延伸。因此,国家鼓励进行社会融合,支持部落人口离开部落就业。现代经济的发展给更多个人带来发展机会,也给部落价值观带来冲击,人们不再将自身发展与部落发展进行捆绑,部落以外的个人发展空间不断扩大。④在部落外就业使得人际关系超出了部落范围,慢慢弥合了约旦脆

---

① Linda L. Layne, The Dialogics of Tribal Self-Representation in Jordan, *American Ethnologist*, Vol.16, No.1, 1989.

② Schirin H. Fathi, *Jordan-An Invented Nation? Tribe-State Dynamics and the Formation of National Identity*, Deutsches Orient-Institut, 1994, p.125.

③ [约旦]阿卜杜·拉赫曼·阿瓦德·福瓦兹:《约旦社会》,哈米德出版社,2012 年,第 247 页。(阿拉伯文版)

④ Richard F. Nyrop, *Jordan:a country study*, Washington, The American University, 1980, p.90.

弱的民族认同,人们日益将约旦视为一个统一的家庭,拥有共同的语言、文化和未来。

约旦政府并未像多数中东国家一样采取强制措施,但通过温和的方式鼓励部落人口外出定居就业,收效良好。1967 年时国家人口有近六成属于游牧民。到 20 世纪 70 年代末,游牧民在国内人口占比则不足三成,部落人口大大减少。到 20 世纪 80 年代,半数以上的部落人口都在部落以外工作定居。[1]

以往部落是个人和国家之间的联系,但随着社会发展,国家通过提供更多的服务、颁布法律、提供教育等方式对个人产生直接影响。[2]在现代约旦发展阶段,整个社会都发生了变化,个人与国家的关系变得更加紧密,人们不再单纯依靠部落来获得个人发展、享受自身权益。当代约旦的部落成员可以选择不再通过谢赫向国家表达诉求,相反,他们倾向于求助那些在中央政府行政部门工作的部落成员,从而能够更直接地获得帮助。[3]这种转变表明了部落权力结构的弱化和扩散。随着社会现代化的发展,政权开始相信和依赖阶级基础,而不是部落基础。

3.通过国王登基日、生日等节日符号,增强国王权威

约旦作为一个一战后新成立的"人造国家",其政治结构主要以其殖民国英国为模板。为了成为一个合法的民族国家,约旦必须创造自己的历史叙事、民族神话和节日。然而与其他中东国家每一个新政权都试图改变前任统治者所创设的国家节日,试图抹杀前任统治的合法性有所不同,约旦历经四任国王统治,每一任国王拟定的节日历法都尽可能完整地被保留下来。这种连续性旨在加强哈希姆王权的合法性与权威性,从而确保统治稳固,实现社会团结,维护公民与国家之间的联系。

约旦的创始人阿卜杜拉一世国王明确规定了国庆日的时间,并为此出

---

① Philip Robins, *A History of Jordan*, Cambridge University Press, 2004, p.160.

② [约旦]阿卜杜·拉赫曼·阿瓦德·福瓦兹:《约旦社会》,哈米德出版社,2012 年,第 245 页。(阿拉伯文版)

③ [约旦]阿巴迪·艾哈迈德·阿维德:《约旦部族》,资历出版社,2005 年,第 183 页。(阿拉伯文版)

台了国庆日历,内容涉及国庆典礼的形式、国庆日的标志等。在大多数君主政体中,国王的生日和登基日被视为该政权的主要节日。但阿卜杜拉一世并没有像欧美王室那样,把登基日和生日变成正式的法定节日,这样的传统一直保持到侯赛因国王即位,哈希姆王室试图通过这种方式,避免国王获得过度个人崇拜。侯赛因国王即位之初,他本人同样反对在登基日和生日举行大规模的庆祝活动。通常侯赛因国王都选择与家人或密友一道私下庆祝,或去国外度假庆祝。[1]然而20世纪五十年代至七十年代,约旦相继发生了几次威胁王权的内乱。侯赛因国王意识到加强君主权威势在必行,此举并不能仅仅通过整合部落来实现,为此国王以登基日和生日为符号,在全国范围内开展庆祝活动,增强民众对约旦王室的认同感,进一步巩固王权。

1977年是侯赛因国王登基25周年,他仿照英国王室传统,将这一年定为"银禧年"[2]。约旦政府提前半年便开始准备国王登基日这天的庆典活动。时任总理穆达尔·巴德兰牵头组建了特别庆典委员会,专门负责制定章程,统筹1977年全年在全国范围内开展的各项庆祝活动。委员会为国王登基25周年设计了特殊的徽章标志,并撰写了称颂侯赛因国王的诗歌。[3]毫无疑问,这些活动有力加强了君主权威,极大地宣扬了国王的个人成就。尽管这些庆祝活动以皇家庆典为主,但其目的是让群众参与。年初,在哈希姆王室所建造的第一座宫殿拉格哈丹宫前,总理巴德兰作为人民的代表,向国王递交了一面银禧年旗,开启了为期一年的庆祝活动。在这一年间,银禧年旗将与约旦国旗一道在宫殿顶部升起。庆典委员会还提出了一项提议,银禧年应当增加公民节假日,使民众能够参与丰富多彩的王室活动。为响应号召,约旦各省每月多增加一天休息日,称为"为国王奉献的一天",这一天将举办独具特

---

① Queen Noor, *Leap of Faith: Memoirs of an Unexpected Life*, Miramax Books, 2003, p.147.

② Jubilee(禧年)一词源于希伯来语"yobhel",字面意思是"山羊、羊角",原本是指犹太教的五十年节。后来从表示"羊角"的 yobhel 演变出 jubilee,用来指重要事件(尤其是君主登基)的"周年纪念,纪念大庆"。25周年,即"Silver Jubilee Year",译为"银禧年"。

③ Elie Podeh, *The Politics of National Celebrations in the Arab Middle East*, Cambridge University Press, 2011, p.179.

色的庆祝仪式。①作为回报，侯赛因国王也在各省启动了多个重大项目，提供资金支持，以确保正常的经济运转。5 月 2 日，即侯赛因的登基日，庆祝活动达到了最高潮，约旦王室政要在安曼国际体育场举行了大型的公开庆祝晚会，国王在此发表了银禧年讲话，总结了自己执政 25 年来所取得的成就。他在讲话中说道："在过去 25 年中约旦所取得的发展成就足以让所有约旦人自豪，因为它证明了，头脑清晰的领导者与勤劳的民众共同合作可以将国家建设得多么美好……如果一个人在过去 25 年里努力克服重重困难，那么今天就应该休息一天，为自己的成就欢呼。"②这一天各地都进行了隆重的火炬游行和焰火表演。除了这些活动外，庆祝委员会还制作了以侯赛因国王为首的哈希姆王室的电视纪录片，交由各电视台循环播放；同时出版了宣传侯赛因国王生平经历及个人成就的书籍，敦促各地举办多场文化表演，以及发行特别纪念币和邮票。③

通过银禧年的庆祝宣传，侯赛因国王的民众支持度急剧攀升，举国上下对哈希姆王室的统治充满信心。如此热烈的反响增强了侯赛因国王的信心，使他对生日的重视也逐步提高。以往国王的生日都以私人形式庆祝，在银禧年庆典后，国王的生日也成为国家法定假日，这一天约旦的大型公共建筑、清真寺等均以国旗、国王肖像进行装饰，大街小巷张灯结彩，报纸上刊登着各地政府机关、大小企业乃至普通民众对国王生日的祝福。④最为盛大的庆祝活动当属 1995 年国王 60 大寿时，各地均举行了为国王庆生的游行狂欢，超过十万的约旦人参与其中。在首都安曼，狂欢人群从议会大楼行至哈希姆广场，由手持象征着"阿拉伯起义"的火炬的退伍军人率领，追随者们举着国王的肖像，挥舞着赞美侯赛因的旗帜和横幅。伴随着狂欢队伍的行进，约旦皇家空军的飞机悬挂着约旦、阿拉伯起义和军队的旗帜，在空中进行精彩的

---

①　Philip Robins, *A History of Jordan*, Cambridge University Press, 2004, p.163.

②　*Jordan Times*, 25 May 1977.

③　Philip Robins, *A History of Jordan*, Cambridge University Press, 2004, p.164.

④　Elie Podeh, *The Politics of National Celebrations in the Arab Middle East*, Cambridge University Press, 2011, p.182.

飞行表演。[1]这一天侯赛因国王则选择与部落首领们一同庆祝。这种紧密联系部落的行为同样收效良好，国王的形象被各大媒体塑造为伟大的部落谢赫，[2]约旦则是由国王领导的大型部落联盟，民众乐于接受哈希姆家族对这一部落联盟的统治，国王的威信再次提升。

重视国王登基日和生日的习惯被阿卜杜拉二世继承，在此基础上，阿卜杜拉二世将自己的登基日同阿拉伯大起义纪念日融为一体。这一天阿拉伯大起义的旗帜将在约旦各地升起，安曼将举行盛大的花车游行，同时阿卜杜拉二世会在王宫着全套军装，向当年的杰出军官授勋颁奖。2006年6月8日是阿卜杜拉二世登基7周年，也是阿拉伯大起义90周年纪念日。阿卜杜拉二世作为三军最高统帅，在安曼对约旦军队进行检阅。这场阅兵可谓是约旦最为盛大的阅兵式，国家现代化武装力量的展示充分唤起了约旦民众的国家自豪感，阿卜杜拉二世也收获了前所未有的民众支持。

通过上述措施，约旦民众对哈希姆王室的认同显著提升，国王逐步削弱了部落对国家政治发展的制约作用，部落与王室构成了和谐共生的关系，部落再无力与王室、政府直接竞逐。君主权威的增强，使得国王成为全民认同的国家象征，增强了民族凝聚力，但也在客观上造成君主权力难以受限的弊端，成为未来"阿拉伯之春"后约旦民众抗议的关键议题。

三、约旦政治自由化的探索

自外约旦建国后，约旦的政治发展始终向加强王权靠拢，但20世纪80年代末至90年代初约旦的政治改革向自由化靠拢，究其原因，是由于这一时期约旦的经济基础濒临崩溃，引发了前所未有的抗议浪潮。为缓和国内局势，侯赛因国王开始尝试政治自由化改革。

20世纪70年代中期的石油繁荣使中东国家出现了大规模的经济增长，

---

[1]　Philip Robins, *A History of Jordan*, Cambridge University Press, 2004, p.166.

[2]　Andrew Shryock, Dynastic Modernism and Its Contradictions: Testing the Limits of Pluralism, Tribalism, and King Hussein's Example in Hashemite Jordan, *Arab Studies Quarterly*, Vol.22, 2000.

约旦也得以享受红利,1973 年至 1983 年,约旦的经济总量增长了六倍,这主要是由于海湾国家的援助增加和在海湾务工的约旦劳工侨汇。[①]但伊朗伊斯兰革命的成功打断了油价持续飙升,产油国石油收入下降,两伊战争等地区性冲突直接阻断了中东国家一片向好的经济发展局势。1980 年两伊战争爆发时,伊拉克可谓是约旦亲密的盟友。约旦最初从双方的密切联系中获益颇多,然而这场战争很快对伊拉克的经济构成致命打击。到 1982 年,巴格达被迫实施紧缩措施,约旦因此不得不分担伊拉克的部分经济压力,向伊拉克提供信贷,使其能够继续购买约旦货物并偿还债务。到 1989 年,伊拉克拖欠约旦的债务不低于 8.35 亿美元。[②]由于地区局势突变,约旦所能获得的外部援助也随之减少,因此从 1983 年后,约旦开始实行紧缩的经济政策,但即使财政艰难,政府为确保传统部落势力的支持,仍不愿意降低部落把持的公共服务部门的薪金福利,更不愿意裁撤冗员。经济的持续衰退直接造成人均收入大幅降低,青年面临结构性失业,甚至医生、工程师等声望较高的职业也出现了失业问题。1985 年后,约旦的部分金融机构面临倒闭,并威胁到商业银行的存亡。但如此严重的经济问题未能引起侯赛因国王足够的重视,客观来说有以下两方面原因:第一,约旦政界误判了地区经济形势,认为石油价格迟早会恢复,地区经济总量会再度走高。当时不仅在约旦政界奉行这样的观点,大部分阿拉伯石油生产国和相关企业均持此看法,即使 1986 年油价暴跌也未能使他们的观点发生改变。[③]第二,由于公共财政的不透明性,约旦民众并不了解真实的财政状况有多么糟糕。许多公共部门,例如国家航空公司,其债务数额巨大,均由政府担保,未列入预算。在 20 世纪 80 年代后期约旦的决策分工中,侯赛因国王专注于外交事务,越来越排斥其他事务的管理。因此侯赛因国王将经济事务交托给总理扎伊德·里法伊(Zaid al-Rifa'i),但当里法伊发现经济的颓势已无力逆转时,便只能徒劳地争取时间,避免崩

---

① Kathrine Rath,The Process of Democratization in Jordan,*Middle Eastern Studies*,Vol.30,No. 3,1994.

② Amatzia Baram,Baathi Iraq and Hashimite Jordan:From Hostility to Alignment,*Middle East Journal*,Vol.45,No.1,Winter 1991.

③ Philip Robins,*A History of Jordan*,Cambridge University Press,2004,p.179.

溃。1988 年，约旦货币第纳尔大幅贬值，从 4 月至 10 月即贬值 23%。[1]至 1989 年初，约旦已无力偿还巨额外债。为缓解外部经济压力，里法伊政府与国际货币基金组织达成协议，在未来五年内改革税收制度，减少预算赤字。因此政府推出了更加紧缩的经济方案，削减公共支出，国内商品大规模涨价。这样的方案直接招来声人民群众势浩大的抗议。

起初是南部城市马安的出租车司机因油价大幅上涨而示威游行，随后马安民众纷纷加入其中，抗议浪潮蔓延至南部的其他城镇，如卡拉克、塔菲拉，并逐步向安曼逼近。民众抗议商品价格的上涨，控诉生活水平的下降，要求国王罢免里法伊政府，取消现行的紧缩政策，惩治腐败分子。[2]随着骚乱升级，侯赛因国王尚在判断政治形势，未能及时响应民众的诉求，民众更明确地提出了政治自由化改革，要求国王同意修改《选举法》，取消党禁，等等。尽管各大部落出面约束民众，及时掌控住局面，民众抗议的矛头也未指向哈希姆政权的统治，但改革的呼声愈发强烈，侯赛因国王必须有所回应。

为了缓和局势，侯赛因国王宣布推行适度的自由化改革。首先，在里法伊政府下台后，国王罢免了一批被指控腐败的高级官员，如公安总局局长、国家航空公司董事长等，以此平息民怨。[3]其次，国王颁布《国家宪章》。1989 年 4 月，抗议活动爆发 6 个月后，约旦举行了 20 多年来首次全面议会选举，此次议会的主流为改革派人士。1990 年，国王组建了一支 60 人的宪章起草委员会[4]，通过多轮探讨博弈，最终提出了一份《国家宪章》(al Mithaq al-Watani)，该宪章于 1991 年获得议会批准。制定宪章最初的目的是提供一个政治框架，以规范国家向更自由的政治形式过渡。许多人担心，宪章最终流于形式，成为国王拖延时间的手段，从而阻碍更大程度的开放和参与。尽管宪章有局限性，但它承诺当前的政治改革将成为未来约旦政治生活的基础，国王将引入更为有效的监督问责机制以约束王权，这些承诺为政党合法化

①　Philip Robins, A History of Jordan, Cambridge University Press, 2004, p.176.

②　Philip Robins, A History of Jordan, Cambridge University Press, 2004, p.180.

③　Philip Robins, A History of Jordan, Cambridge University Press, 2004, p.181.

④　Ezra Karmel, We Are All Jordan: The Dynamic Definition of "We" In The Hashemite Kingdom, BA, University of Victoria, 2009, p.96.

铺平了道路。1992年,约旦解除了此前长时间执行的《政党戒严法》的最后条款,颁布了新的《政党法》,①开放政党活动,允许政治多元化。这样的进步使约旦民众感到振奋,对约旦的政治自由化改革充满信心。

然而改革的浪潮并未能延续长久,传统政治势力依然强大,1993年颁布的新《选举法》及随后的议会选举再度将权力交还给保守派。解除党禁后,各个政党都跃跃欲试,希望在新的议会选举中能争取更多的席位。此前实行的1986年《选举法》允许向多人投票并鼓励候选人组建联盟,这样的规定有利于穆斯林兄弟会等较大政党。但新出台的《选举法》被单一的不可转让投票制度所取代,即我们通常所说的"一人一票制"②。在此之前,大部分约旦人将有一票优先投给所在部落的候选人,随后用剩余的选票支持自己信任的参选者。然而新的投票制度要求民众只投票给单一候选人,完全不顾及选区内的非部落候选人。在部落联系仍然至关重要的约旦社会中,这样的选举改革将选民限制在一张选票上,无疑确保了选票将由部落归属决定,不会给政党参选人留下过多的额外选票。③因此议会改选后,忠于部落的候选人的地位得到加强,反对派的地位被进一步削弱,议会的政治潜力再一次被限制。1993年《选举法》也成为约旦反对派的抗议焦点。

20世纪90年代初的政治自由化改革是侯赛因国王的一次意义重大的探索,《国家宪章》和《政党法》的颁布的确为禁锢许久的约旦政坛带来一缕自由的新风。但即使王权不断加强,以部落谢赫代表的保守派势力仍是哈希姆家族不可撼动的统治基础,为确保保守派的支持,政治自由化的改革只能昙花一现,湮没于历史洪流。

---

① Philip Robins,*A History of Jordan*,Cambridge University Press,2004,p.182.

② Marwan Muasher,A Decade of Struggling Reform Efforts in Jordan:The Resilience of the Rentier System,*Carnegie Endowment for International Peace*,May 11,2011.

③ Ezra Karmel,*We Are All Jordan:The Dynamic Definition of "We" In The Hashemite Kingdom*,BA,University of Victoria,2009,p.108.

四、巴勒斯坦问题对约旦政治的影响

长期以来,巴勒斯坦问题都是影响约旦国内政局的关键。地理位置、外部势力干预、军事战略都将约旦与巴勒斯坦紧密相连,因此巴勒斯坦问题对约旦政治的影响是多重的,利弊交织。

首先,巴勒斯坦问题为约旦吸引了大量的外部援助,成为国家赖以生存的命脉。在外约旦时期,阿卜杜拉一世自诩是泛阿拉伯事业的合法领导者。面对犹太人向巴勒斯坦移居浪潮的不断扩大,阿犹矛盾持续升级,阿卜杜拉一世曾提出:如果犹太人愿意接受他统治巴勒斯坦,那么犹太人将享有"自治权",成为合法公民,他还提出,犹太人也可以在外约旦定居并获得土地。[①]阿卜杜拉一世认为这是双赢的做法,并且能够借助犹太人的力量来发展外约旦的经济,进一步扩大自身的影响。但这一设想遭到了英方、犹太人和外约旦阿拉伯人的共同反对。英方反对阿卜杜拉继续扩张,不允许他同犹太人私下交易,过多介入巴勒斯坦事务;犹太人则始终希望建立完全独立的"犹太国",而非自治;外约旦的阿拉伯人面对犹太移民,出于民族尊严和宗教,不可能进行让步。因此阿卜杜拉一世的设想并未得到实施,他对这一问题的暧昧态度,使得各方都只是选择在必要时刻拉拢他,从未被真正视作巴勒斯坦事务的核心领导者,[②]阿卜杜拉一世也乐于从中谋得实际的经济利益。无论外约旦时期还是现代约旦王国建立后,约旦的经济高度依赖国际支持,因此阿卜杜拉一世逐步认识到,只要运用好巴勒斯坦问题,外约旦能够获得更丰厚的国际援助,这一思路被诸位约旦国王在日后长期贯彻。

1948 年 5 月,以色列国成立,随后爆发的第一次中东战争为约旦占领西岸地区提供了有利契机。此后,约旦接纳了大量巴勒斯坦难民。为协助约旦安置难民,联合国近东救济和工程处于 1949 年成立。近东救济工程处维系

---

① Ma'an Abu Nowar, The History of the Hashemite Kingdom of Jordan. Vol.1. *the Creation and Development of Transjordan:1920—1929*, Ithaca Press, 1989, p.20.

② [约旦]阿萨姆·穆罕默德:《约旦爱国主义运动,1921—1946》,危机出版社,2011 年,第 46 页。(阿拉伯文版)

着约旦境内巴勒斯坦人的福利,正如劳里·布兰德所说,它代表着"约旦的生命线",为国内三分之一的人口提供支持。①随着针对难民的援助引入约旦,约旦所获得的外援资金大幅增加,其中大部分来自美国。冷战开始后,约旦在巴勒斯坦问题中的核心作用使其成为英国和美国地区和国际战略的核心组成部分,因此约旦从这两个域外大国获得了越来越多的援助。

其次,巴勒斯坦人的流入也为约旦本国带来了新的发展机遇。随着政治意识更强、受教育程度更高的巴勒斯坦人口融入,约旦国内出现了一批此前从未存在的组织机构。例如,以前在外约旦地区不存在,但在巴勒斯坦普遍存在的工会。巴勒斯坦人将这一组织引入约旦,最终约旦政府于1953年出台了《工人工会法》,允许七名或七名以上工人组成工会,前提是他们所从事的工作不违反约旦的经济利益。②此外,巴勒斯坦还存在许多西式教育机构,约旦在吞并西岸后,将巴勒斯坦教育体系引入约旦。以巴勒斯坦初等教育为模板,约旦开始推广义务初等教育,并将此写入1952年的宪法中。

尽管约旦享受到了巴勒斯坦人口所带来的发展红利,但它也必须承受大规模外来人口所带来的族裔割裂。为了强调约旦是不可分割的整体,1950年阿卜杜拉一世颁布了一项皇家法令,禁止在官方文件中使用"巴勒斯坦"一词,为满足行政需要,以"西岸"取代了"巴勒斯坦"。③阿卜杜拉一世也并未刻意塑造约旦民族认同,反而着力强调哈希姆家族的圣裔属性,强调哈希姆家族在阿拉伯大起义中发挥的关键领导作用。通过这种方式,阿卜杜拉一世试图将约旦打造成所有阿拉伯人共同的家园,突出巴勒斯坦人的阿拉伯民族属性,弱化巴勒斯坦人与约旦人的差别。同时,为鼓励双方融合,约旦有选择地吸纳了一批巴勒斯坦政治精英。国王从著名的巴勒斯坦家族中挑选了一批骨干,在议会中营造平等的氛围,但这些巴勒斯坦精英从未能涉足约旦实权部门。

---

① Laurie A. Brand, *Palestinians in the Arab World:Institution Building and the Search for State*, Columbia University Press, 1988, p.163.

② Aqil H. H. Abidi, *Jordan:A Political Study, 1948–1957*, Asia Publishing House, 1965, p.172.

③ Laurie A. Brand, *Palestinians in the Arab World:Institution Building and the Search for State*, Columbia University Press, 1988, p.162.

约旦官方政策始终鼓励巴勒斯坦人完全融入王国，给予他们充分的公民和政治权利，以期望他们逐步"约旦化"。然而出于巩固执政基础的需要，历任约旦国王始终维护着东岸拥有部落血统的约旦人拥有多于巴勒斯坦裔人口的特权。吞并西岸后，巴勒斯坦裔人口的数量急剧膨胀，超越了约旦裔人口。为防止巴勒斯坦人利用其人口优势，挑战哈希姆政权，颠覆约旦现行政治局势，历任约旦国王始终采取"有干预地融合"政策，在一定程度上限制巴勒斯坦人参政议政的权利，此举虽稳定了政局，但巴勒斯坦裔人口的抗议从未断绝。1950年约旦进行议会选举，从东岸和西岸选区选举众议员，每个选区分配20个席位。看似公平分配，但当时西岸的人口几乎是东岸人口的两倍，可见巴勒斯坦裔议员的席位被大幅压缩。[1]政府内阁的组成也明显存在这种差异。1967年之前，约旦历任政府中大约有一半的内阁成员是巴勒斯坦人，但他们通常不担任总理或内政部长等关键职位。

这种差异同样存在于军队中。约旦军队在募兵时优先招募本土部落青年，之后才会有选择地征募巴勒斯坦青年。这种差别对待直接造成巴勒斯坦人口在军中的比例远低于其在总人口中的比例，被征募的巴勒斯坦裔军人大多被分配至技术部队，而非作战部队。[2]巴勒斯坦政治家经常要求军队面向所有公民征兵，取消差别待遇，但一再遭到拒绝。此外约旦军中的高阶军官大部分都有部落背景，身后有部落作为支持。例如，装甲部队主要由贝都因人掌控。这种情况实际反映出了部落对军队的一种垄断。尽管军队中还有一部分巴勒斯坦裔军官，但这些巴勒斯坦人不允许在营级以上的核心岗位担任指挥员。那些高阶的重要官位始终由特定部落的成员把持；按照传统，许多有技术需求的基层岗位都由更富经验的巴勒斯坦人或教育背景良好的城市军官留任。[3]而那些拥有贝都因部落血统的军官们则轻而易举就可获得军衔提升，不会在基层逗留过久。

约旦本土部落人口对公共部门的把持迫使巴勒斯坦人将目光投向私营

---

① Joseph Nevo,Changing Identities in Jordan,*Israel Affairs*,Vol.9,No.3,2003.

② Joseph Nevo,Changing Identities in Jordan,*Israel Affairs*,Vol.9,No.3,2003.

③ ［约旦］白萨姆·阿卜杜·萨利姆：《约旦、巴勒斯坦：共同的历史追溯》，科学知识财富出版社，2011年，第23页。（阿拉伯文版）

部门。约旦吞并西岸后,东西两岸的经济差距持续存在,西岸地区相对发达,人口受教育程度更高。因此这些受过教育的巴勒斯坦人被纳入约旦后,很快发展成为城市中产阶级的中坚力量,他们大多从事医生、律师、工程师、会计师、记者、教师等职业。

公私部门的人口对比持续拉大约旦人口和巴勒斯坦人口的种族分裂,巴勒斯坦政治精英们呼吁进行法律改革,以寻求更大的政治竞争空间,但屡屡碰壁。以色列学者约瑟夫·内沃直言:"如果允许真正的一体化,就无法保持东岸人口在约旦国内的主导地位。"[1]客观上,1967年阿拉伯军队在战争中的失败助长了这种日益扩大的分歧。随着以色列在冲突期间占领约旦河西岸,巴勒斯坦约旦人普遍感到他们被阿拉伯国家辜负了。战后,巴勒斯坦人开始希冀于自己结束困境,越来越多的人转而支持巴勒斯坦领导的抵抗运动,如巴解组织。战争还导致西岸巴勒斯坦人再次外流,约20万巴勒斯坦人向东岸迁移,巴解组织领导人也在其中。[2]起初侯赛因国王并未采取措施来阻止巴解组织的活动,但巴解组织在约旦境内人数不断增加,与其相关的武装冲突持续升级,引发侯赛因国王的担忧。最终双方摩擦转为内战,1970—1971年约旦军队与巴解组织在安曼及北部地区发生大规模军事冲突,以约旦军方获胜告终。这次冲突使巴解组织元气大伤,其一半以上成员被清剿,残部由黎巴嫩接收。这场战争的严重性使约旦政界及民众将巴勒斯坦人口视为威胁,而非阿拉伯兄弟。此后,巴勒斯坦人对国家的忠诚一直受到持续的深入审查,再度加大了双方的社会分歧。

持续的撕扯不断增加着约旦的政治负荷,1988年7月,侯赛因国王宣布中断同约旦河西岸地区的法律和行政联系,为约旦轻装减行,此举成为约旦历史的重要转折点。在此之前,约旦对巴勒斯坦人所宣传的"约旦"身份认同根植于哈希姆家族的阿拉伯民族主义目标。然而一旦与巴勒斯坦土地解绑,约旦便不再将以色列视为其生存的威胁,开始更加积极地与以色列进行谈判,侯赛因国王提出了"约旦就是约旦"的说辞,以此取代此前鼓吹的"约旦

---

① Joseph Nevo, Changing Identities in Jordan, *Israel Affairs*, Vol.9, No.3, 2003.

② Laurie A. Brand, *Palestinians in the Arab World: Institution Building and the Search for State*, Columbia University Press, 1988, p.162.

就是巴勒斯坦"的说法。①因此,约旦与以色列签署和平条约是基于对约旦本国的利益考量。第一,海湾战争后约旦必须做出自己的战略选择。约以双方都面临着一个共同的敌人,那就是激进的巴勒斯坦民族主义②,并且冷战期间双方在政治上均与西方结盟。侯赛因相信以色列对美国的中东政策具有重大的影响,改善与以色列的关系将有助于约旦巩固与美国的密切关系。第二,双方和平建交的局面将使约旦能够满足其基本需求,如水资源、领土和国家安全。发展与以色列的关系将有助于改善约旦脆弱的经济。第三,和平条约将哈希姆家族视为耶路撒冷穆斯林和基督教圣地的监护人,约旦历任国王都非常重视这一角色。第四,侯赛因国王认为,约以关系正常化将进一步加强阿以争端其他各方之间的和平谈判,例如埃及、巴勒斯坦和以色列。

外交上的政策转向带来国内更大规模的去巴勒斯坦化浪潮,阿卜杜拉二世国王即位后,迅速发起了一场以"约旦优先"为中心的政治运动。阿卜杜拉二世国王直言:"约旦的立场已经非常明确,我们不接受巴勒斯坦人从西岸流进约旦。首先,这对巴勒斯坦事业有害。如果西岸没有巴勒斯坦人,他们怎么能确保未来的家园他们自己……因此,任何从西岸到约旦的人口外流都是我国不应触碰的红线。"③围绕这项运动,约旦的一些学者开始追溯外约旦时期的历史,他们赞美外约旦的部落社会,理想化这一时期的社会生活,以此提出:吞并西岸后,巴勒斯坦人的涌入破坏了约旦本土人口的和谐生活。④一些原本清晰的历史事件也被隐去巴勒斯坦人的身影,例如卡拉梅战役。1968年3月2日,以色列军队袭击了约旦河谷的法塔赫据点。在约旦军队的参与下,巴勒斯坦游击队成功抵御了袭击,给撤离的以色列军队造成了重大损失。就阿以冲突而言,卡拉梅战役并不是一个重大事件,但它成了一个神话故事,被视为阿拉伯对所向披靡的以色列军队的第一次胜利。每一年的3

①　Nur Koöpruüluü,25 years of Jordan-Israel peace-making:from"warm peace"to"cold peace"?,*Middle Eastern Studies*,Vol.57,No.3,2021.

②　Nur Koöpruüluü,25 years of Jordan-Israel peace-making:from"warm peace"to"cold peace"?,*Middle Eastern Studies*,Vol.57,No.3,2021.

③　Paul L. Scham and Russel E. Lucas,Normalization and Anti-Normalization in Jordan:The Public Debate,*Israel Affairs*,Vol.9,No.3,2003.

④　Joseph Nevo,Changing Identities in Jordan,*Israel Affairs*,Vol.9,No.3,2003.

月2日,都是约旦的"卡拉梅日",阿卜杜拉二世上台后约旦媒体将这场战役描述为"约旦的胜利",认为这场以少胜多的战役是约旦的"敦刻尔克战役",正是约旦军队出兵营救巴勒斯坦人才取得了战斗的胜利。[①]这样的宣传引起巴勒斯坦民族主义者的强烈不满。近年来,美国与以色列就巴勒斯坦问题颁布"世纪协议",约旦的政治处境愈发尴尬,可以说巴勒斯坦问题始终是妨碍约旦政治稳定的隐患,约旦本土人口与巴勒斯坦人口的割裂造成国内生产力无法实现真正有效的统筹部署,也成为制约约旦进行现代化建设的发展瓶颈。

回顾这一时期的约旦政治发展之路,不难看出,现代约旦王国建立后,部落已经逐步被整合进国家发展的体系之中,部落首领已经完成了向政治精英的转型。新时代的部落首领相较于父辈,对本部落的影响力有所缩减。他们积极引导部落融入现代国家结构,不再表现出反政府的倾向,在约旦国内王权交替之时,他们坚定地维护王权平稳过渡,同时利用与国王的合作关系,确保了部落影响力得以维持。但我们也要看到,随着政治局势日趋稳定,侯赛因国王开始加强王权,推行有限的政治改革以确保哈希姆家族的统治稳固,同时应对巴勒斯坦问题对约旦国内的持续冲击。可以说,这一时期约旦的政治发展已完成部落主导向部落与政权和谐共生的关键转变。

第三节 "阿拉伯之春"后的政治治理:2011年至今

肇始于2010年末的"阿拉伯之春"使得中东地区政治局势进一步恶化,剧变的发生带来一批政权更迭,政治治理失效,多数国家急需实现政治治理转型。约旦深处动荡漩涡,面对持续恶化的国内外政治生态环境,以国王阿卜杜拉二世为首的当政者积极应对,调整政治治理政策,维护了政权的相对

[①] Elie Podeh, *The Politics of National Celebrations in the Arab Middle East*, Cambridge University Press, 2011, p.179.

稳定,这反映出约旦前期政治发展已取得成效,足以应对危局。①

一、"阿拉伯之春"后的约旦政治治理路径

一些外国学者将"阿拉伯之春"的政治学研究着眼于政权颠覆,将各国政治形势变化简单以二元论划分:革命或反革命,稳定或不稳定,民主或专制。②然而大部分中东国家并不能一概而论,约旦即是如此。由"阿拉伯之春"生发的抗议运动席卷地区,约旦各地也频频爆发大规模游行示威。示威者涉及社会各阶层,其中不乏部落领袖和退伍军官这样的传统精英阶层,他们走上街头,要求政府回应民众改革诉求,提振经济,打击腐败,突破发展困境。③值得思考的是约旦的示威者们屡屡走上街头,但始终只是在呼吁改革,极少有人以推翻君主制或实现革命为口号,这说明现政权为应对变局所提出的政治治理举措在一定程度上符合民众心理预期,取得了一些成果。"阿拉伯之春"以来约旦政治治理实践主要围绕两大路径:一是法制治理,弥补政治治理中的法律缺陷;二是难民治理,弥合政治治理中的身份认同问题,确保社会稳定。

(一)法制治理

关于法制治理,主要举措有:提出宪法修正案,改革《选举法》,颁布新的《政党法》。

1.提出宪法修正案,夯实法治基础

约旦宪法规定,约旦是一个世袭的二元制君主立宪制国家,立法权属国王和议会。国王是国家元首,有权审批和颁布法律、任命首相、批准和解

---

① Oded Eran,Jordan Choose Stability,*Institute for National Security Studies*,No.859,September 27,2016.

② Andrea Teti and Pamela Abbott and Francesco Cavatorta,*The Arab Uprisings in Egypt,Jordan and Tunisia*,Palgrave Macmillan,2018,p.28.

③ Jordan Reform Observatory,*Reform Report in Jordan*,Identity Center,2012,p.24.

散议会,统率军队。在抗议运动中,民众要求进一步强化"三权分立",要求对政权的政治结构进行改革,限制国王对议会的干预,扩大议会的影响力。因此,为了应对公众对真正政治改革的要求,提出宪法修正案成为阿卜杜拉二世政治治理的头等大事,也是诚意所在。①

为此,阿卜杜拉二世首先于 2011 年 3 月成立了全国对话委员会,委员会旨在收集民众意见,以不断完善宪法修正案,提升政府服务水平;② 2011 年 4 月成立皇家宪法审查委员会,旨在提出必要的修正案,保证实现预期的政治改革目标。皇家宪法审查委员会成立后,共提交了 42 项宪法修正案,约占宪法现有条款的三分之一。③这些修正案最突出的变化是突出了国民议会和宪法法院的关键作用,同时赋予了政党推选首相的权力,限制了国王对立法权和司法权的干预。首先,在立法机构的调整上,宪法修正案规定了政府不得随意解散议会,根据宪法修正案第 74 条,解散议会的政府须在解散之日起一周内辞职,国王不得指派总统组建下一届政府。同时进一步限制了国王对议会选举的干预,撤销了原宪法第 73 条第 6 款,国王不得在紧急情况下无限期推迟选举。④这些修正在一定程度上改变了约旦议会与行政机构长期脱钩、难以制衡的权力结构。

修正案中最重要的一项是提出议会中所占席位最多的政党可推选首相,改革了原有的首相直接由国王任命,这是约旦政府民主化进程中迈出的重要一步。此外,在司法机构的调整上,新的宪法修正案进一步强调了司法独立。在宪法第 27 条中明确增加了"独立"一词,改为"司法机构是独立的,由各级法院管辖"⑤。同时提出,司法机关有权任命、晋升、调职和解雇法官,

---

① Philip Robins, *A History of Jordan*, Cambridge University Press, 2019, p.251.

② Curtis Ryan, *Jordan and the Arab Uprisings:regime survival and politics beyond the state*, Columbia University Press, 2018, p.33.

③ Mohammed Torki Bani Salameh, Political Reform in Jordan, *World Affairs*, Vol.180, No.4, Winter 2017.

④ Khalid Mohsin, The Role of Protesting Public Political Movement in Strengthening the Operation of Political Reform in Jordan(2011–2014), *International Journal of Humanities and Social Science*, Vol.5, No.2, February 2015.

⑤ Robert Satloff, *The Politics of Change in the Middle East*, Routledge, 2019, p.145.

所有与法官的人事变动相关的事项均由司法机关负责,行政机关不得干涉。2012 年,约旦根据宪法第 58、59、60 和 61 条设立宪法法院,宪法法院的主要任务是监督行政机关颁布的法律和施政条例是否符合宪法,并对宪法拥有最终解释权。[①]宪法法院的成立强调了国家根本法的威严不容侵犯,坚实了国家法治的基础,成为国家民主进程的支柱之一。

2.改革《选举法》,确保民众广泛的政治参与

《选举法》被认为是仅次于宪法的第二重要法律,是民主制度的一个基本支柱。约旦议会选举此前根据公开名单法举行,公民可以在自己选区选举固定数额的候选人。[②]这种形式明确分配了各选区的获选席位数,优势在于议会意见易于达成统一,有助于构建强大的立法机构,但忽视了公平的原则,造成了地方政治势力固化,实力悬殊,政党活动难以真正融入政治进程,民众意见难以有效表达,并催生了政坛精英的结构性腐败。因此,阿卜杜拉二世将政治治理的实践推向《选举法》改革,以期扩大民众的政治参与度,激活民众参政议政的热情。

改革主要体现在两方面:其一,扩大议会席位,并向城市选区倾斜,明确政党参与的必要性。2015 年,约旦颁布了新的《议会选举法》,投票制度从传统的一人一票制转向更符合政党需求的比例代表制度。传统约旦选举法多被诟病受部落力量把持,来自城市的参选人席位被压缩。新的《选举法》则明确了约旦大城市的代表席位,如安曼 28 席,伊尔比德 19 席,扎尔卡 12 席,[③]但它同样继承了部落参选人所占席位最多的传统。经多次调整,新《选举法》将议员总数从 120 人确定调整为 130 人,同时保留少数族裔的配额,如基督教徒 9 席,切尔克斯人和车臣人 3 席。此外为妇女代表保留 15 个席位,支持

---

① Curtis Ryan, *Jordan and the Arab Uprisings: regime survival and politics beyond the state*, Columbia University Press, 2018, p.33.

② Curtis Ryan, *Jordan and the Arab Uprisings: regime survival and politics beyond the state*, Columbia University Press, 2018, p.115.

③ Mohammed Torki Bani Salameh, Political Reform in Jordan, *World Affairs*, Vol.180, No.4, Winter 2017.

妇女代表参选。①其二,设置独立选举委员会,直接监督选举工作的运行,确保公平公开公正。依照 2011 年颁布的宪法修正案,约旦设置了独立的选举委员会,②负责组织登记选民,并监督选民投票,最终进行计票核票,宣布结果。设立一个独立的机构来监督选举至关重要,旨在保证选举流程的顺利进行,防止外力干预选举结果。

3.颁布新的《政党法》,进一步开放政治自由

政党活动是民主的支柱。在政治舞台上缺乏有影响力的政党开展活动,真正的民主就难以实现。同海湾地区石油君主国禁止政党活动不同,约旦自1991 年解除党禁后,政党可以正常参与政治生活。但在参与选举时,政党的力量总是逊色于独立参选人,未能提出行之有效的施政纲领。因此为推进政治民主化进程,2015 年约旦颁布了新的《政党法》。③新法进一步放宽了成立政党的条件,规定党员人数达到 150 人即可建党。所有党员必须为定居约旦的本国公民,不得属于其他非约旦政治组织。政党不得以教派、种族、性别或出身为组建基础,公民不得因其政党归属而受到起诉或歧视。据此,约旦政党数量增至 75 个。加之宪法修正案提出议会占多数席位的政党可推选首相,《选举法》改革也考虑了政党的参与,约旦各党派的政治活动空间得到了拓展,政治自由度有所提升。

(二)难民治理

约旦政府一方面完善政治治理中的法治内涵构建,为政治治理的开展寻求法律支撑。另一方面,面对不断涌入的难民,约旦政府也进行了一系列政治治理,消弭身份认同问题带来的国家解构风险。约旦自建国以来,经历过三次难民潮:中东战争后巴勒斯坦难民涌入,伊拉克战争后伊拉克难民涌

---

① Curtis Ryan, *Jordan and the Arab Uprisings: regime survival and politics beyond the state*, Columbia University Press, 2018, p.126.

② Mohammed Torki Bani Salameh, Political Reform in Jordan, *World Affairs*, Vol.180, No.4, Winter 2017.

③ Joas Wagmemakers, *The Muslim Brotherhood in Jordan*, Cambridge University Press, 2020, p.16.

入,叙利亚内战后叙利亚难民涌入。"阿拉伯之春"后的叙利亚难民潮暴露了约旦的政治治理缺陷,特别是那些受叙利亚难民危机影响最严重的城市,政府在提供医疗、教育和垃圾处理等基本服务方面已不堪重负。整体服务质量下降,使得约旦公民将政府服务质量的提高视为核心诉求,迫切需要政府落实政治治理措施。为此,约旦政府围绕两方面对难民问题进行治理。

1.限制公民身份的授予,维护政局稳定

约旦哈希姆家族的统治历来依靠部落家族的支持,因此部落认同深深根植于约旦民族认同之中。但外国难民大量涌入约旦,反复冲击着约旦民众的身份认同。近年来,由于去部落化的不断推进,阿卜杜拉二世国王面临着部落支持率下滑的难题。叙利亚难民危机所带来的人口变化使得边缘化群体参政议政,争取公民身份,寻求公民权利的愿望愈加强烈。[1]紧张的经济形势和对政治资源的竞争加剧,引发了对约旦边缘化公民和精英公民之间日益严重的分歧,进一步侵蚀了君主制的传统支持力量。因此,约旦政府颁布了《限制国籍法》,从法律上限制了难民获得约旦国籍的方式,以此维护传统国家认同。从法律上讲,约旦妇女无权将其国籍传给子女。因此,如果约旦妇女与没有约旦国籍的外国人结婚,她的丈夫和孩子无法直接获得约旦国籍,不能享有公民权。[2]这一法律文件的出台从根本上限制了难民获取约旦公民身份的路径,限制了难民直接干预约旦政治生活。

2.提升难民生活服务水平,保障难民生存权益

首先,约旦政府积极建造廉租房,以缓解难民带来的住房压力。80%以上的叙利亚难民生活在难民营之外,难民对约旦住房市场产生了重大影响。[3]由于低租金住房在市场中长期短缺,叙利亚难民刺激了住房需求的增加,推高了约旦北部安曼、阿杰隆、伊尔比德、杰拉什等城市的房租价格。在伊尔比德,一些地段的房租甚至上涨到危机前的六倍,而平均租金价格几乎翻了

①　Alexandra Francis, Jordan's Refugee Crisis, *Carnegie Endowment for International Peace*, September 2015, p.19.

②　André Bank, Syrian Refugees in Jordan: Between Protection and Marginalisation, *German Institute of Global and Area Studies*, No.3, August 2016.

③　Kevin Romig, Outsourcing Islamic Refugees to Jordan, *Papers in Applied Geography*, Vol.5, 2019.

三倍。①房租的上涨使约旦本国低收入群体和叙利亚难民都无法得到住房保障，住房成本过高迫使一些约旦年轻人推迟结婚，进一步加剧了青年公民的挫折感，社会获得感较低。为改变这一状况，约旦政府自 2013 年起推进廉租房建设，计划在安曼、伊尔比德等地建设一批廉租房以缓解住房压力，并进一步开放难民营和收容所，满足难民的基本住房需求。

其次，约旦政府新建学校，满足日益增长的教育需求。在约旦，半数以上的叙利亚难民年龄在 18 岁以下，对教育系统带来了巨大考验。②叙利亚难民涌入后，约旦公立学校接纳叙利亚难民子女入学，但入学人口的增加造成了教育资源的严重不足、师资力量短缺、教室过度拥挤都成为留待解决的教育难题。在安曼和伊尔比德，近一半的学校人满为患，接收学生的能力有限。为此，约旦政府又在两地开办了 98 所双班制学校③，以缓解公立学校的教学压力。同时，向难民子女提供教育服务也具有政治考量，通过教育手段，向其灌输约旦身份认同，帮助其融入约旦社会生活，是约旦政府对难民治理的深层次考量。

叙利亚难民大规模涌入约旦之初，给约旦民众造成的生存压力和心理压力巨大。民众一方面指责叙利亚难民，对其心生排斥；另一方面指责政府治理水平低下，认为难民得到了不公平的财政支持。④难民危机给政府带来了前所未有的政治挑战，限制了政府应对叙利亚难民的选择范围。但约旦政府采取了有效的治理措施，限制了公民身份的取得，同时满足难民的基本生存诉求，缓解了本国民众与难民之间的对立情绪，一定程度上消解了难民危机带来的负面冲击。同时，叙利亚难民危机也为约旦提供了与人道主义组织合作的机会。⑤国际捐助者和国际人道主义组织对约旦提供了有针对性的援助，

---

① Alexandra Francis, Jordan's Refugee Crisis, *Carnegie Endowment for International Peace*, September 2015, p.14.

② André Bank, Syrian Refugees in Jordan: Between Protection and Marginalisation, *German Institute of Global and Area Studies*, No.3, August 2016.

③ Curtis Ryan, *Jordan and the Arab Uprisings: regime survival and politics beyond the state*, Columbia University Press, 2018, p.182.

④ ［约旦］白萨姆·阿卜杜·萨利姆：《约旦、巴勒斯坦：共同的历史追溯》，科学知识财富出版社，2011 年，第 21 页。（阿拉伯文版）

⑤ Philip Robins, *A History of Jordan*, Cambridge University Press, 2019, p.254.

提升了约旦政府开展公共服务的水平,加强了地方治理体系的建设,协助约旦平稳度过难民潮。

二、"阿拉伯之春"后的约旦政治治理困境

"阿拉伯之春"后,地区内大多数国家都致力于政治治理转型,反对转型的保守派逐渐式微,但当改革转型触及其固有利益,保守派依然会动员其政治力量妨碍政权落实有效的政治治理。故而各国政治治理转型所面临的障碍和挑战是多种多样的,就约旦而言,最重要的制约因素可归纳如下:

第一,君主制政体缺乏彻底转型的政治意愿。政治治理转型意味着当权者具有强烈的政治意愿,以期达成深刻而全面的政治变革。而君主制决定了约旦政治治理的最终目标实质上是拱卫王权。动荡的地区局势催生了约旦国内的守旧思潮。叙利亚、利比亚、也门、埃及等国政权相继垮台,伊斯兰极端主义在地区的蔓延为约旦带来了不利的外部环境。[1]"阿拉伯之春"后的十年,公众对政治治理的讨论日益减少,取而代之的是求稳求存的守旧思潮。多数人认同加强王权以稳定局势的做法,认为约旦的政治治理转型应建立在内外政治稳定的基础上。

第二,约旦未能真正构建完整的民族国家,解决民族认同问题。约旦与许多阿拉伯国家一样,因为国家政权的建立先于约旦民族的构建,民族认同存在裂痕。由于建国之初,统治精英对如何建设和管理民族国家缺乏明确的设想[2],约旦民族认同不断受到部落认同、教派认同的侵蚀,导致国家无法实现社会融合,无法有效弥合不同族裔、不同部落、不同教派所带来的意识形态分歧,由此带来了社会分工割裂[3],国民难以自觉达成身份认同。民族认同

---

[1]　Joas Wagemakers, *Salafism in Jordan: Political Islam in a quietist community*, Cambridge University Press, 2016, p.14.

[2]　[约旦]阿卜杜·马吉德·宰德:《约旦历史与文化》,文化部与皇家出版社,2012年,第173页。(阿拉伯文版)

[3]　[约旦]阿卜杜·拉赫曼·阿瓦德·福瓦兹:《约旦社会》,哈米德出版社,2012年,第88页。(阿拉伯文版)

所带来的深层矛盾阻碍了政治治理的有效推进，成为约旦政治发展进程的一大顽疾。

第三，约旦民众民主意识薄弱。想要实现政治治理的有效转型，有赖于本国民众的全力推动。成熟的公民社会是实现政治治理转型，最终完成现代化进程的重要环节。如果家庭、学校、政党、议会、政府等政治单元中均缺乏民主氛围，政治治理转型就难以实现突破。[1]民主社会的公民文化包括多元主义、尊重法治、反对专制、反对暴力和极端主义、对国家具有强烈的归属感。[2]约旦社会带有浓厚的部落色彩，民众受部落价值观影响，形成了顺从、忠诚、党同伐异的意识形态。尽管"阿拉伯之春"进一步激发了约旦民众对民主思想的讨论，但民众民主意识的缺失制约了约旦政治治理的深度，难以对政治治理转型形成良性助力。

第四，约旦经济环境堪忧。自建国以来，约旦一直是一个债务国，依赖外部援助以提供可用于国家建设的资金。[3]然而"阿拉伯之春"进一步加剧了约旦的财政困难，埃及的廉价天然气被切断，以及叙利亚内战所引发的难民潮都给约旦政府带来了更沉重的财政压力，外债空前高涨。[4]埃及长期以来是约旦廉价天然气的来源地。但埃及爆发革命后，国家安全形势陡然恶化，通往约旦的天然气管道屡屡受到恐怖袭击，这迫使约旦必须以高昂的价格寻找替代埃及的能源供应商。为此，2012 年约旦需承担超过 10 亿美元的未编入预算的开支。[5]在美国的推动下，约旦政府不顾国内反对，与以色列达成天

①　Ellen Lust-Okar, *Structuring Conflict in the Arab World：Incumbents，Opponents，and Institutions*，Cambridge University Press，2005，p.56.

②　Ellen Lust-Okar, *Structuring Conflict in the Arab World：Incumbents，Opponents，and Institutions*，Cambridge University Press，2005，p.57.

③　［约旦］阿卜杜·拉赫曼·阿瓦德·福瓦兹：《约旦社会》，哈米德出版社，2012 年，第 15 页。（阿拉伯文版）

④　Mohammed Bani Salameh and Azzam Ananzeh and Mohammed Daradkah, The Impact of Economic Reform on Political Reform：Jordan as a Model，*American Journal of Industrial and Business Management*，Vol.8，2018.

⑤　Curtis Ryan, *Jordan and the Arab Uprisings：regime survival and politics beyond the state*，Columbia University Press，2018，p.218.

然气合作协议,以缓和国内的资源短缺,但这种合作伤害了阿拉伯人的民族感情,进一步加剧了国内政治形势的分裂。由于缺乏足够的资金,约旦政府对叙利亚难民的援助也在逐年缩减。约旦常年免费为叙利亚难民儿童提供白喉、破伤风、麻疹、结核病等多种疫苗,[1]但这一开支超出了国家医疗卫生系统的预算,约旦政府已开始考虑取消这一服务。近年来难民持续的涌入与本国人口在生活资源上形成竞争之势,国家经济的持续走低造成失业率、贫困率逐年攀升,民众获得感较差。2016年,国际货币基金组织向约旦提供了三年期的贷款,贷款条件之一是要求修改所得税法。[2]人口增多和税收上涨也带来了约旦物价飞升,糟糕的经济状况使得政府不得不实施紧缩计划,削减食品和能源补贴,更激化了民众的愤怒。因此,自2018年税法修正案提交后,国内抗议浪潮不断。为了防止国内不稳定因素的上升,约旦迫切需要更多的财政支持。经济基础决定上层建筑,约旦经济疲敝制约了政治治理的顺利开展。

第五,腐败之风盛行。腐败始终是阿拉伯国家难以实现"良治"的一大阻碍,约旦不外如是。约旦的政治体系以各个部落家族的共生关系为基础,这些部落效忠哈希姆家族,但相互间在权力、影响力和物质资源方面展开竞争。且约旦的政治系统具有明显的循环性,各个家族在权力结构中实行轮转。一方面,它可以防止一个家族或部落过分壮大,威胁到哈希姆家族的统治。[3]另一方面,可使各个家族都能参与国家政治进程,但这种部落间的权力循环使得约旦的政治资源、经济资源常年为部落精英所掌握。这种模式无疑造成了资源分配严重不均,加深了阶级固化,滋生了结构性、循环性腐败。"阿拉伯之春"后,在民众的不断抗议下,政府提出一系列反腐举措,但收效甚微。反

---

① Alexandra Francis, Jordan's Refugee Crisis, *Carnegie Endowment for International Peace*, September 2015, p.16.

② Mohammed Bani Salameh and Azzam Ananzeh and Mohammed Daradkah, The Impact of Economic Reform on Political Reform: Jordan as a Model, *American Journal of Industrial and Business Management*, Vol.8, 2018.

③ Yoav Alon, *The Shaykh of Shaykhs: Mithqal al-Fayiz and Tribal Leadership in Modern Jordan*, Stanford University Press, 2016, p.198.

腐仅局限在对一些敏感、高调的贪腐案件进行了调查，[①]但每每触碰到传统部落精英的根本利益，政府为巩固统治基础均采取了高举轻放的政策。这样的做法使得民众对政府开展政治治理的决心产生了怀疑，而保守派势力的"集团化"走势也制约了政府政治治理向更深层次推进。

第六，政党力量薄弱，政坛新鲜血液难以流入。早年的党禁制度阻碍了约旦政党的发展，但在任何国家，政治治理的合理运行离不开各党派的自由活动、建言献策。尽管约旦新颁布了《政党法》以期鼓励政党活动，但约旦政党依然难以组成有效的政治力量，落实政治主张。在以往的约旦选举中，大多数候选人都是手握雄厚资本的富裕男性，他们以独立人士的身份参选，[②]其政治主张有保守派、中间派、改革派，政治活动往往与部落有广泛的联系，与政党无关。由于大多数议员没有党派，也没有真正的施政纲领，即使是选举后在议会中形成政治集团，也往往是基于个人关系的临时联盟。[③]因此，选举结果公示后，在没有政党获得多数席位的情况下，宪法修正案提出的：议会中所占席位最多的政党可推选首相，[④]便沦为一纸空谈。政党作为政治民主化构建的有机组成，其重要性不言而喻，约旦政党活动难以有效开展势必使得约旦政治治理缺乏监督，政见不能互通，政治环境封闭。

三、对未来约旦政治发展的思考

"阿拉伯之春"至今已延宕了十多年，在这场追求民主的旋风搅动之下，中东地区各国都在寻求政治治理的转型。[⑤]自约旦建国以来，哈希姆政权长

---

①　Curtis Ryan, *Jordan and the Arab Uprisings : regime survival and politics beyond the state*, Columbia University Press, 2018, p.215.

②　Joas Wagmemakers, *The Muslim Brotherhood in Jordan*, Cambridge University Press, 2020, p.34.

③　Lamis El Muhtaseb, Preaching and ruling : The Jordanian muslim brotherhood post Arab uprisings, *Mediterranean Politics*, Vol.3, 2020.

④　Curtis Ryan, *Jordan and the Arab Uprisings : regime survival and politics beyond the state*, Columbia University Press, 2018, p.47.

⑤　Andrea Teti and Pamela Abbott and Francesco Cavatorta, *The Arab Uprisings in Egypt, Jordan and Tunisia*, Palgrave Macmillan, 2018, p.26.

期维持了政治稳定,尽管外部环境动荡频生,但约旦始终表现出了较强的冲突应对能力。究其根本,无外乎以下因素:①哈希姆圣裔家族的统治合法性;②王室依靠部落家族支持,统治结构稳定;③政权适应性强,始终在推进政治改革;④国家军事和安全机构与王室凝聚力较强,关系密切,确保王权威严不受侵犯。这四点优势在约旦应对"阿拉伯之春"时尽数体现,尽管抗议活动风起云涌,但多为深化改革,鲜有质疑君主制统治合法性的声音,说明约旦政府具有一定的政治治理能力,民众基础稳固。

变局之初,受地区局势影响,约旦民众将自身原本模糊的经济诉求迅速转化为清晰的政治目标,[1]包括:要求公民真正参与政治决策;通过宪法修正案对政权的统治结构进行彻底改革,以适应国家的现代化进程;强调国家在经济发展中的引导作用,反对私有化经济过分主导;加大反腐力度,重塑政治生态;扩大立法机构、司法机构的影响力,加强民众对国家治理体系的认同感;强调反对派政党作为民主要素而存在的必要性与正当性;当权者有责任维护国家乃至地区安全、稳定,增强社会凝聚力,巩固约旦民族团结。面对国内抗议浪潮,以国王阿卜杜拉二世为首的约旦统治者顺势而为,迅速稳定了国内的局势,避免了政局崩盘,其政治治理符合民众需求,取得了显著成果。

展望未来,约旦的政治治理之路依然任重道远,想要求得进一步突破,实现治理转型,可从以下五方面入手。

第一,深化法制改革。首先,可提出第二轮宪法修正案。宪法改革是国家顺利推行政治治理、经济治理、社会治理的前提。[2]因此,宪政改革必须以公民为国家权力的来源,巩固三权分立的基本原则。赋予执政者过度泛滥的权力,不可能实现真正有效的政治治理。新一轮的宪法修正应当进一步对国王的行政权加以限制,逐步完成"二元制君主立宪制"向"议会制君主立宪制"的过渡。同时,强调宪法作为国家根本法的权威性,强调宪法是尊重个人权

---

[1] Joas Wagmemakers, *The Muslim Brotherhood in Jordan*, Cambridge University Press, 2020, p. 188.

[2] Curtis Ryan, *Jordan and the Arab Uprisings: regime survival and politics beyond the state*, Columbia University Press, 2018, p.53.

利和自由的根本保障,提高宪法在公民和施政者心目中的地位。其次,保证司法机构的独立性和公正性。发展执法机制,改革司法系统,以确保司法机构的统一管理,恢复司法机构的威望,使其成为保障法治的基石。再次,激活立法机构在宪法改革中的作用,使议会在约旦宪法的修正中发挥更大的作用,扩大议会的政治影响力,发挥其政治动员力,推动约旦政治治理中法治内涵的完善,真正实现"善治"。①最后,继续审查有关政治生活的法律,特别是《选举法》《政党法》《媒体自由法》等。与政治生活紧密相关的法律必须保证公民合法权益的实现,以确保民众参政议政的自由,维护民主法治的价值观。

第二,进一步放宽政党活动的限制。约旦是全体公民的家园,政党活动是一种合法合理的政治现象,是民主的需要,是政治制度的"安全阀"。②因此,继续放宽对政党活动的限制是约旦政治治理中必须落实的举措。实质上,约旦政权向政党适度开放公共参政空间,给予其政治自由,不仅有助于回应社会民主改革的诉求,改善王室形象,更重要的是可将伊斯兰主义政治力量真正纳入约旦政治治理体系之中,使其调整原有政治运作模式,让王室更易于掌控监管各党派的思想活动,助力其统治,避免极端化或全盘西化。

第三,落实教育改革,使现代教育成为政治治理的助力和保障。③首先,通过教育为媒介,弥合共有身份认同的缺失,塑造约旦民族认同,加强民族归属感,避免身份分化问题的代际传递。其次,发展符合市场要求的教育体系,为学生提供专业的知识技能,以应对劳动力市场日趋激烈的竞争,缓解学生的就业压力。最后,教授学生科学文化知识,传播民主化的政治思想,使

---

① Mohammed Torki Bani Salameh, Political Reform in Jordan, *World Affairs*, Vol.180, No.4, Winter 2017.

② Lamis El Muhtaseb, Preaching and ruling: The Jordanian muslim brotherhood post Arab uprisings, *Mediterranean Politics*, Vol.3, 2020.

③ Curtis Ryan, *Jordan and the Arab Uprisings: regime survival and politics beyond the state*, Columbia University Press, 2018, p.210.

年轻一代成为约旦政治治理的可用之才。[①]

第四,面对国内时有发生的抗议运动,当权者应深化转型决心,加速改革进程。应对危机不能依赖于武力镇压等暴力手段维护国家安全,而应采取政治解决等理性手段,杜绝大规模抗议带来的国家内耗。同时,进一步明确国家安全机构的职责所在,使其充分履行维护国土安全和公民生活安全的职能,弱化其对普通民众社会生活的监管,[②]允许持不同政见者各抒己见,提升民众的政治自由度。

第五,为约旦年轻人提供更多机会,改变年轻一代在政坛中的边缘化地位。扶植新生力量,将年轻人的政治实践纳入政治治理之中,一方面为政坛输送新鲜血液;另一方面也撬动了年长一代统治精英缔造的长期僵化的政治格局,以符合政治治理转型的内在要求。

"阿拉伯之春"为阿拉伯民众生活带来了巨大变化,但并未实现地区政治生态的根本性改变,其原因在于未能实现真正意义上的社会革命,多数国家深陷治理能力低下、亟需改革的治理困境。[③]综合来看,"阿拉伯之春"以来的约旦政治发展形势较好,其治理措施有先进之处,但也暴露出明显的弊端。一方面避免了国家的大规模动荡、政权面临倾覆的风险;另一方面以发展和治理为突破,乱中求治,国家政治治理能力得到提升,政治发展水平有所进步,其成果值得肯定。

结语

自从 1921 年外约旦建国以来,约旦的政治体系就将哈希姆家族和部落

---

① Khalid Mohsin, The Role of Protesting Public Political Movement in Strengthening the Operation of Political Reform in Jordan(2011–2014), *International Journal of Humanities and Social Science*, Vol.5, No.2, February 2015.

② Mohammed Torki Bani Salameh, Political Reform in Jordan, *World Affairs*, Vol.180, No.4, Winter 2017.

③ Andrea Teti and Pamela Abbott and Francesco Cavatorta, *The Arab Uprisings in Egypt, Jordan and Tunisia*, Palgrave Macmillan, 2018, p.13.

紧密相连。这种共生关系为约旦的政治发展提供了广泛的社会支持，并且在后殖民时代确保了约旦的稳定。①这个所谓的"人造国家"从落后的游牧社会发展成为具有现代国家性质的约旦哈希姆王国，部落始终在其中扮演着重要角色。回顾约旦的政治发展之路，可发现其政治环境复杂，地区局势动荡且国内族裔关系紧张，但在部落的鼎力支持下哈希姆政权做到了稳中有治。整体上，约旦政治发展具有以下特点：

第一，约旦现代政治发展之路始于部落力量相互竞逐，部落与哈希姆政权在发展过程中形成了明确的共生关系。由于哈希姆家族成员不多，而且很少有人担任高阶的政府或军事职务，因此约旦实际上是由哈希姆家族和部落组成的联盟共同统治。②部落作为权力的基础，地位远比政党重要。约旦的政治体系以各个部落家族的共生关系为基础，这些部落效忠哈希姆家族，但相互间在权力、影响力和物质资源方面展开竞争。作为各部落的谢赫，他们渴望在政府部门获得更高的官职，与国王建立更密切的私人关系，并由此实现社会阶层的飞跃。③他们作为政府和部落民众之间的媒介，进一步扩展了自己在部落和国家层面的影响。这些部落谢赫与哈希姆家族之间的长期联盟在很大程度上确保了约旦的相对稳定。在面对建国后的种种复杂挑战时，部落谢赫带领族人始终站在王权一侧，使约旦在不同的政治变革中平稳向前。④

第二，约旦的政治发展之路是不断前进的，虽有曲折但成果突出。历任国王励精图治，重视民情民意，尽管国内保守派势力强大，但国王从未真正拒绝改革。自20世纪80年代末，约旦的政治风向不断在寻求改革与维持政治传统之间来回摇摆，但不变的是侯赛因和阿卜杜拉二世对改革的坚持，一方面维持政权稳固，一方面力图提速改革。也许侯赛因国王最初只是为了稳

---

① [约旦]阿巴迪·艾哈迈德·阿维德：《约旦部族》，资历出版社，2005年，第311页。（阿拉伯文版）

② [约旦]穆哈发扎·阿里：《阿拉伯大起义至外约旦时期的约旦政治思想，1916—1946》，约旦皇家出版社，2011年，第12页。（阿拉伯文版）

③ Yoav Alon, *The Shaykh of Shaykhs : Mithqal al-Fayiz and Tribal Leadership in Modern Jordan*, Stanford Unviersity Press, 2016, p.152.

④ [约旦]汉娜·阿麦里：《约旦、巴勒斯坦部族词典》，资历出版发行社，2014年，第54页。（阿拉伯文版）

定1988年的大规模骚乱才开启改革，但他深知约旦的政治发展已走入瓶颈。如若约旦未能在合适的契机下实行适度的自由化改革，约旦的稳定终将遭到破坏。这样的治国思想直接传递给了阿卜杜拉二世。受早年西方教育背景的影响，国王阿卜杜拉二世不仅在外交上亲西方，在政策上也一直是坚定的改革派。①约旦资源匮乏，无法享受石油美元所带来的红利，也并非掌握巨额财富的海湾君主制国家。因此约旦的长治久安必须依赖有效且科学的政治治理，自阿卜杜拉二世上台后，即可见其改革的决心，他多次提出修改选举法，并扶持年轻改革派代表进入政坛，为约旦政坛注入新鲜血液。尽管改革依然步履维艰，进展缓慢，但不可否认其推行的政治治理成果不俗，增强了政权的应变能力。

"阿拉伯之春"后，国王的积极应对即体现了约旦政治治理是源于自身需要，而非单纯为缓和时局。对支持改革的阿卜杜拉二世而言，"阿拉伯之春"恰是推进国家政治治理转型的最佳契机，时局动荡迫使保守派向改革派妥协。在此基础上，以阿卜杜拉二世为代表的改革派完善国家法制体系建设，填补了政治治理转型中的法律漏洞。宪法修正案的颁布及新《选举法》《政党法》的出台推动了不同政治理念在约旦政坛的沟通交流，形成了良性的政治文化。

第三，不可否认，约旦作为一个君主制国家，其政治进程始终为加强王权、稳定统治而服务，故而其核心发展思路实为集权，而非分权。长久以来，约旦的去部落化政策持续推进，部落被整合进国家发展框架，正是出于权力集中的考量，最终达到维护君主制政权稳定，巩固君主政治权威的诉求。多年来，约旦政治改革波折前行，政治自由化进程确实取得了一定进展，但改革措施并未真正对王权形成约束。"阿拉伯之春"后，皇家宪法委员会所提出的宪法修正案仅在立法权和司法权上对王权小幅设限，并未实际改变宪法中关于国王权力的规定，甚至皇家宪法委员会成员也由国王直接任免。②2014年，参议院正式通过新的宪法修正案，修正案第127条赋予国王直接任

---

① Curtis Ryan, Political Opposition and Reform Coalitions in Jordan, *British Journal of Middle Eastern Studies*, Vol.38, No.3, December 2011.

② Mohammed Torki Bani Salameh, Political Reform in Jordan, *World Affairs*, Vol.180, No.4, Winter 2017.

免军队司令和国家情报总局局长的专属权力。[1]官方解读为，这些职位掌握国家命脉，不应涉及任何派别的政治竞争，国王的直接任免使军事机构和公共情报部门保持独立、公正、专业和非政治化。这种明确的君主集权倾向始终体现在约旦的政治转型中，政治自由化发展向君主制王权妥协。因此，一些学者认为"面对民众抗议，更换政府是约旦政治治理的一个成熟机制，以缓解社会紧张局势，重新确定政治方向，并使君主制依然凌驾于日常政治之上"[2]。

第四，在约旦，身份认同复杂是约旦政治生活的一大突出特点。多年的巴以冲突导致约旦接收了大量巴勒斯坦难民，巴勒斯坦裔约旦人与约旦本土部落人口的身份认同危机始终难以消解。许多保守的约旦民族主义者非常排斥巴勒斯坦裔约旦人，他们担心以色列会试图通过将约旦作为"替代家园"来解决巴勒斯坦问题。[3]这种观念也影响了约旦政界精英对巴勒斯坦裔约旦人的看法，巴勒斯坦裔约旦人长期被约旦公共部门排除在外。因此，约旦出现了极为特殊的政治分工现象：由身份认同问题带来了明确的民族分工。约旦传统本土部落精英依靠家族优势大量进入国家机关，担任军政要职，掌控公共部门的绝对话语权；而受过高等教育的巴勒斯坦裔约旦人则进入私人部门，大力推动经济建设。[4]将巴勒斯坦裔约旦人排除在公共部门之外，不仅意味着减少了他们的就业机会，而且还剥夺了他们享受福利待遇的机会，例如军人和公务员有权享受国家医疗保险和补贴商品（食品、服装和电器），这引起了巴勒斯坦裔约旦人的不满。相似的是占有更多经济财富的巴勒斯坦裔约旦人也招来了约旦人的怨恨，一些人甚至认为住在难民营里的巴勒

---

① Curtis Ryan, *Jordan and the Arab Uprisings：regime survival and politics beyond the state*, Columbia University Press, 2018, p.65.

② Oded Eran, Concerns for Jordan's Stability, *Institute for National Security Studies*, No.1169, May 21, 2019.

③ ［约旦］阿卜杜·拉赫曼·阿瓦德·福瓦兹：《约旦社会》，哈米德出版社，2012 年，第 86 页。（阿拉伯文版）

④ ［约旦］白萨姆·阿卜杜·萨利姆：《约旦、巴勒斯坦：共同的历史追溯》，科学知识财富出版社，2011 年，第 19 页。（阿拉伯文版）

斯坦人在某种程度上也囤积了约旦人的财富。[①]因此，缺乏统一的身份认同，造成了双方的认知偏差，造成原有矛盾固化，这一问题在"阿拉伯之春"后暴露得尤为明显。

"阿拉伯之春"后，每当巴勒斯坦裔约旦人在抗议中呼吁想要争取更多的政治权益，[②]进入公共部门，扩大自身政治影响力，便会引起约旦传统精英阶层的反对，使得抗议的焦点从要求政府深化改革转变为身份认同引发的族裔对立。这样的循环往复使得身份认同问题成为约旦当政者分化反对派、模糊抗议目标、转嫁政治矛盾的不二法门。尽管身份认同始终是约旦民族构建过程中难以逾越的壁垒，但约旦政治治理过程中很少探讨这一问题，保留其矛盾，并人为加以利用，最终服务于维护政权稳定。

综观全局，历任约旦国王始终引领着约旦向真正的政治现代化迈进，也取得了一定的政治治理成果，但缓慢的治理转型挑战着国民对政府的耐心和信任度。"阿拉伯之春"已过十余年，时至今日，约旦国内依然屡屡爆发反对现行政策和治理模式的示威活动，[③]须知只有在消除一切形式的暴力和经济差距的情况下，才能实现社会真正的内部稳定。约旦政府只有切实落实政治治理转型，使民众看到执政者的决心，才能增强民众对政治治理的信心，获得广泛的群众支持，真正提升政权的应变能力，最终实现政治现代化的目标。

---

① ［约旦］阿卜杜·拉赫曼·阿瓦德·福瓦兹：《约旦社会》，哈米德出版社，2012 年，第 87 页。（阿拉伯文版）

② Khalid Mohsin, The Role of Protesting Public Political Movement in Strengthening the Operation of Political Reform in Jordan (2011–2014), *International Journal of Humanities and Social Science*, Vol.5, No.2, February 2015.

③ Oded Eran, Concerns for Jordan's Stability, *Institute for National Security Studies*, No.1169, May 21, 2019.

第八章　从强化王权到宗教管控

——摩洛哥政治发展道路的演变

2011 年 2 月 20 日,摩洛哥爆发了一场震惊全国的运动,来自 50 多个城镇的 30 多万名群众走上街头抗议。他们高呼"打倒独裁""人民要求结束暴政""人民希望修改宪法""倾听人民的声音"等口号,提出了限制君主权力、改革宪法、提高人民生活质量、维护妇女权益等要求。由于此次运动于 2 月 20 日爆发,故称作"2·20 运动"。该运动在摩洛哥持续近两年,对摩洛哥的政治、经济和社会产生了重大影响。与部分同时期爆发抗议的阿拉伯国家不同,摩洛哥并未出现类似埃及、利比亚或突尼斯那样的政权更迭,摩洛哥国王穆罕默德六世通过部分权力移交、修改宪法、提高社会补贴、保障妇女权益等手段成功保住了自己的王位,化解了来势汹汹的抗议浪潮。

在此次事件中, 国内外许多学者纷纷对摩洛哥政权平安过渡提出了自己的看法,此事也引发了人们对摩洛哥政治发展路径的重新思考。摩洛哥自 1956 年独立至今将近 70 年,从独立初期加强王权、整顿国内秩序到 20 世纪 70 年代国王的专制统治再到 90 年代的政治开放,直到如今所延续的渐进式的开放发展之路,其间既有摩洛哥传统的体现,又有现代政治制度的影响。摩洛哥可以说是中东君主国发展的一个典型案例, 这也引起了国内外众多学者的关注和讨论。

在对摩洛哥政治研究方面,国内外已经有许多研究成果。首先是国内的研究,我国对摩洛哥的研究起步较晚,研究并不深入,关于摩洛哥政治的文献大多以论文为主,对摩洛哥独立后的政治研究主要集中在政治发展、政治改革、政党演变等问题上。①其次是国外的研究,国外对摩洛哥的研究相对深入,他们注重研究方法的多样性,利用多学科交叉研究法从历史学、政治学、人类学等多个角度进行研究,通过不同学科领域相互补充,有助于进一步了解摩洛哥的政治体制。国外学者的研究主要集中在摩洛哥政治发展、伊斯兰教与摩洛哥政治的关系、政党政治的发展演变、摩洛哥王权的演变等方面。②

第一节 政治流变:从专制集权到政治开放

摩洛哥自 1956 年独立至今走出了一条独特的政治发展道路,虽然它自独立起就确立了君主立宪制度,但其经历了由专制集权到政治开放的政治演变。

一、从强化王权到专制独裁(1956—1970 年)

独立之初的摩洛哥面临着国内外诸多问题,急需一个坚强的领导人带

①　参见陈晓红:《突尼斯、摩洛哥近代化改革初探》,《西亚非洲》,1992 年第 6 期。王俊容:《战后摩洛哥的宗教与政治》,《世界宗教资料》,1993 年第 4 期。王建平:《摩洛哥伊斯兰激进组织、活动及政治主张》,《西亚非洲》,2004 年第 2 期。潘蓓英:《摩洛哥的经济发展与政治改革》,《外交学院学报》,2002 年第 2 期。曾爱平:《君主制主导下的摩洛哥议会政党体制》,《当代世界》,2009 年第 7 期。

②　See Douglas E. Ashford, *Political Change in Morocco*, Princeton: Princeton University Press, 1961. John Waterbury, *The Commander of the Faithful: the Moroccan Political Elite——A Study in Segmented Politics*, Columbia University Press, 1970. Henry Munson, *Religion and Power in Morocco*, New Haven and Yale University Press, 1993. Abdellah Hammoudi, *Master and Disiple: the Cultural Foundations of Moroccan Authoritarianism*, the University of Chicago Press, 1997. Rahama Bourqia and Susan Gilson Miller, *In the Shadow of the Sutan: Culture, Power, and Politics in Morocco*, Havard University Press, 1999. Maati Monjib, *La Monarchie Marocaine et la Lutte pour le Pouvoir, Hassan II face à l'opposition nationale, Del'indépendance à l'état d'exception*, Editions L'Harmattan, Paris, 1992. PierreVermeren, *l'Histoire du Maroc depuisl' indépendance*, Editions La Découverte, Paris, 2002.

领国家走出困境。国王穆罕默德五世凭借其正统的身份和独立斗争中的威望成功成为国家的掌舵人,带领国家度过了独立初期的困难,并建立了一套较为成熟的政治体系。但到了其子哈桑二世时期,由于国内反对派的抗议和社会矛盾的激化造成的社会动荡,导致其关闭议会,实行长达 5 年的独裁统治。

　　刚刚独立的摩洛哥面临许多挑战:在政治上,摩洛哥国王和民族主义政党独立党之间为争夺政治权力而展开明争暗斗;在经济上,法国长达 44 年的殖民统治将财富集中到了少数人手中,占全国人口 70%的农民大多成为无地的佃农,面临贫困的威胁;在社会上,教育成为独立初期的痼疾,绝大多数摩洛哥人都是文盲,学龄儿童的入学率只有 15%;[①]在军事上,摩洛哥缺乏一支正规军,美国、法国和西班牙的驻军及各地的民间武装成了社会稳定的一大隐患;在外交上,摩洛哥因为边界问题与邻国阿尔及利亚发生冲突。在这种困境之下甚至有人断言:"独立的摩洛哥是活不长久的。"[②]

　　摩洛哥国王穆罕默德五世在这千钧一发之际成功稳定了局面。在政治上,他凭借自身的地位和威望在政治斗争中击败了独立党,奠定了王权的基础。国王还继承和发展了保护国政府的结构,在中央,他模仿保护国政府建立了议会、政府、法院以及各部。在地方管理上,他将国家划分为多个省份,并向各省派驻官员以实现中央的直接控制。他还借助法国的帮助建立了许多干部培训所,以此来解决行政官员不足的问题。在社会问题上,穆罕默德五世致力于恢复社会秩序。社会的稳定是国家安全的重中之重,独立初期的摩洛哥缺乏一支正规军,导致全国的治安状况堪忧。穆罕默德五世将里夫山区的摩洛哥解放军收编为皇家军队和警察部队,并以此镇压各地的匪帮,恢复了摩洛哥的秩序。在领土问题上,穆罕默德五世力图实现王国的领土统一,并要求撤除外国在摩洛哥领土上的军事基地。他与美国、法国和西班牙就撤军问题展开多次协商,最终在 20 世纪 60 年代初使其撤出。

---

① ［美］苏珊·吉尔森·米勒:《摩洛哥史》,刘云译,东方出版中心,2015 年,第 191 页。

② ［摩洛哥］哈桑二世:《挑战——哈桑二世回忆录》,季仲华译,新华出版社,1983 年,第 97 页。

虽然穆罕默德五世在独立初期稳定了社会局面、实现了平稳过渡,但在摩洛哥政治道路选择的问题上,国内各政治势力出现了分歧。以穆罕默德五世为首的国王一方提出建立一个保证君主绝对权力的君主立宪制国家,以大多数独立党成员为首的一方提出建立一个君主"统而不治"的君主立宪制国家,摩洛哥共产党和部分左派人士则提出要建立一个共和国。在这三方博弈中,国王一方最终取得了胜利,但也为摩洛哥走向专制埋下了隐患。

在摩洛哥独立之初,国王面临的最大政治竞争者就是民族主义政党独立党。首先,独立党是摩洛哥独立运动的中坚力量,在推翻法国殖民统治的过程中起了举足轻重的作用,也得到了国内民众的广泛支持,具有与国王竞争的政治资本。其次,独立党拥有一定数量的军队,甚至与当时摩洛哥国内势力较大的摩洛哥解放军有密切往来。这对国王来说是一个不小的威胁。最后,独立党与国王的政治理念不同。独立党希望将摩洛哥建成一个"君主统而不治"的君主立宪制国家,而国王则希望在君主立宪的体制下继续保留大权。基于以上几点原因,国王若想巩固自己的统治和权力,就必须削弱独立党。

穆罕默德五世的斗争策略是由外到内、层层递进的。首先是剥夺独立党的军权。独立党在独立斗争中,曾经组建了一支由政党民兵组建的非官方警察部队"秩序青年"。而且声称控制了在独立斗争中发挥重要作用的摩洛哥解放军。[1]穆罕默德五世为了与之相对抗,于1956年建立了警察部队和皇家武装部队,用官方的警察部队和军队替代了独立党的部队,以此将军权牢牢掌握在国王的手中。[2]穆罕默德五世此举严重削弱了独立党,不仅使其失去了军权,也失去了用来拨付军费的收入。

其次是建立亲国王的新政党以分独立党之权。独立党对广大乡村的柏柏尔人影响甚少,这就造成了一个政治真空,加之柏柏尔人大都忠于国王而非独立党,很容易形成亲国王的力量。在国王的支持下,阿卜杜勒卡里姆·哈

---

① Lise Storm, *Democratization in Morocco: The Political Elite and Struggles for Power in the Post-Independence State*, Routledge, 2007, p.15.

② Pennell.C.R, *Morocco Since 1830: A history*, Hurst and Company, 2000, p.300.

提卜和马赫朱比·艾赫丹成立了一个新的政党——人民运动党。它代表广大乡村柏柏尔人的利益,被认为是"农村力量和新国家许多落后地区强大部落的政治表达"[①]。以人民运动党为首的农村力量和以独立党为首的城市力量存在矛盾,前者也曾在独立斗争中做出贡献,但缺少相应的政党来代表他们的利益。人民运动党成员不但不认为独立党能够代表他们的利益,而且对独立党地方官员不尊重当地传统和习惯感到不满。国王则巧妙地利用双方的矛盾,成功利用人民运动党来削弱独立党的力量。正如长期担任人民力量全国联盟和社会主义人民力量联盟的领导人穆罕默德·雅兹吉所说:"建立人民运动党是王储计划的一部分。(他)曾谈论过一党统治的风险,该国除了独立党之外还应该有其他政党……虽然该国有四个政党,但反对一党统治的声音却很多。人民运动党并非是自然出现的,而是受王储(像哈提卜和艾赫丹)的指示而形成的。王储后来还建立了其他类似的政党。"[②]

最后是分裂独立党。尽管独立党是摩洛哥独立斗争时期最大的政党,但其内部仍存在种种分歧,这种分歧在独立斗争时期尚不明显,在独立后却开始慢慢显现。以马赫迪·本·巴尔卡为首的进步派开始与阿拉尔·法西为首的传统派展开争论。前者希望加速推进摩洛哥政治改革,为此不惜与国王对抗,后者则主张在国王的领导下循序渐进地进行政治改革。这种政治上的分歧成为穆罕默德五世分化独立党的武器,他将属于巴尔卡左翼的成员引入政府,以取代法西的成员。此举导致法西与巴尔卡决裂,独立党彻底分裂,以巴尔卡为首的进步派于1959年成立人民力量全国联盟。经过此次分裂,独立党的力量大不如前,彻底退出了与国王争夺政治权力的舞台。

当1961年穆罕默德五世之子哈桑二世继位后,也遵循其父的政策,继续巩固国王的权力。1962年,哈桑二世仿照法国1958年宪法拟定的宪法草案得到通过,建立了以自由立法选举为基础的开放民主制度的规则,但同时将广泛的权力赋予国王。根据宪法第19条,国王是国家统一的象征,也是伊

---

① Abdul-Wahab M. Kayyali, *Why Parties in Morocco: Political Party Formation and Development Under Monarchy*, Ph. D.dissertation, the George Washington University, 2018, p.53.

② Abdul-Wahab M. Kayyali, *Why Parties in Morocco: Political Party Formation and Development Under Monarchy*, Ph. D.dissertation, the George Washington University, 2018, pp.55-56.

斯兰教、宪法、公民权利和自由的保护者,具有维护国家独立和领土完整的责任。①国王还控制着行政权和立法权,根据宪法,国王有权任免首相及内阁,政府成员优先对国王负责,其次对议会负责。宪法还规定国王有解散议会之权,宣布紧急状态之权。②除此之外,国王还有权任命所有省长、各部秘书、公共机构和企业负责人、法官以及包括主席在内的宪法委员会的一半成员。国家重要部门,如司法部、国防部、外交部、宗教事务部和内政部的负责人也由国王任免。③如上所述,国王的权力远大于首相。在中央,他对行政、立法、司法三权具有较强的影响力,还有权任命各主要部门的负责人。在地方,他有权任命各地的长官。根据 1962 年宪法,虽然摩洛哥是一个君主立宪制国家,但摩洛哥国王并不是一个没有实权的"虚君",而是一个掌握大权的君主。哈桑二世将国王的权力通过宪法固定下来,成功巩固了王权,但也为后来国王的专制埋下了伏笔。

当哈桑二世成功巩固王权之后,他的下一个目标就转向了从独立党中分裂出来的人民力量全国联盟,他认为这个政党有着严重的反政府倾向,必须严厉打击。人民力量全国联盟是一个倾向社会主义的政党,其成员非常欣赏刚刚独立的阿尔及利亚和突尼斯的政体,并与许多第三世界社会主义国家的领导人有密切接触。其政治理念与王室格格不入,因此屡屡遭到打击。早在 1959 年 12 月,政府就因为该党的报纸上宣传"政府应该对人民负责"而查封该报,并指控该党的两名领导人穆罕默德·巴斯里和阿卜杜勒拉赫曼·优素福密谋反政府。1960 年 2 月,王室宣布破坏了一起暗杀王储的阴谋,并逮捕了人民力量全国联盟的几位成员。虽然在该党的据理力争之下,王室以缺乏相关证据为由在几周后释放了所有囚犯,但仍然对该党心存戒备。④哈桑二世上台之后,王室与人民力量全国联盟之间的矛盾更加激化。当 1962

---

① Abdeslam Maghraoui, Monarchy and Political Reform in Morocco, *Journal of Democracy*, Vol.12, No.1, 2001, p.79.

② Maroc Constitution du 7 décembre 1962, https://mjp.univ-perp.fr/constit/ma1962.htm.

③ Maroc Constitution du 7 décembre 1962, https://mjp.univ-perp.fr/constit/ma1962.htm.

④ Marvine Howe, *Morocco: The Islamist Awakening and Other Challenges*, Oxford University Press, 2005, p.101.

年制定新宪法的计划颁布之后,人民力量全国联盟的领袖本·巴尔卡立即在全国呼吁抵制宪法,并宣称:"摩洛哥人民的首要任务,是与这个完全封建的政府作斗争。"[1]此事引起了王室的警觉,并决定要彻底铲除该党。在1963年的议会选举之后,王室突然指责人民力量全国联盟计划暗杀国王哈桑二世,并将当时身在国外的本·巴尔卡列为主要嫌疑人。警方突袭了该党在卡萨布兰卡的总部,逮捕了该党数百名成员和多名领导人,甚至连阿布德拉希姆·布阿比德和阿卜杜勒拉赫曼·优素福也未能幸免。[2]次年冬天,法院对约200名人民力量全国联盟的成员进行审判,判处11人死刑,包括已经流亡在外的本·巴尔卡。虽然最终没有一个人被执行死刑,但此次镇压是对人民力量全国联盟的一次重大打击,在一定程度上也消除了对王权的威胁。

但反抗不只集中在上层,下层的部分民众和学生们也同样成为政府的反对者,最后甚至掀起了一场抗议运动。这次抗议的领导者是摩洛哥全国学生联合会(以下简称"摩学联"),它是人民力量全国联盟在大学生中设立的组织,该组织的宗旨是实行民主化、消除殖民主义残余、限制国王的权力。当1963年警方突袭人民力量全国联盟时,摩学联的许多干部也被牵连其中,于是其成员奋起抗议,并呼吁"取消政府"。但此举遭到了政府的无情打击,许多成员被逮捕,部分基层组织被捣毁。[3]虽然这次抗议以失败而告终,但它为1965年的大抗议埋下了伏笔。1965年,拉巴特、卡萨布兰卡等地的高中生响应摩学联社会变革的号召,再次发起了反政府抗议活动,此次抗议还得到了工人和城市贫民的支持。1965年3月21日,游行示威达到高潮,摩洛哥许多大城市都爆发了抗议,成千上万的人焚毁车辆、抢劫商铺,这场抗议开始迅速演变成骚乱,城市宛如战场。哈桑二世公开谴责这次抗议事件,并在不久后动用安全部队将之镇压,此事最终导致数以百计的人死亡。

在1965年骚乱之后,哈桑二世解散议会并暂停宪法,宣布国家进入紧急状态,开始了长达5年的君主独裁时期。哈桑二世几乎掌握了所有政治权

① Zakya Daoud, Maati Monjib, *Ben Barka*, Michalon, 1996, p.299.

② Belkassem Belouchi, *Portraits d'hommes Politiques du Maroc*, Afrique Orient, 2002, p.65.

③ John Waterbury, *The Commander of the Faithful: The Moroccan Political Elite—A Study in Segmented Politics*, Columbia University Press, 1970, pp.214-215.

力,并依靠政府、军队和情报机构实施对社会的控制。他将自己信任的官员安插在国家各个重要部门中,并极力拉拢城市和乡村名流,把政府机关当作国王的手脚,以实现对各地的控制;他利用情报部门编织了一张巨大的情报网,用来监督各级官员的行为及各地区的状况,将其视为国王的耳目;他加强对军队的控制,笼络军队上层官员,利用军队来威慑和打击转入地下的反对派,将其视为国王的利剑。与此同时,虽然政府大肆搜捕反对派,但并没有彻底根除他们。反对派大都转入地下,学校、工会、沙龙等非正式场合成为他们新的活动地点。部分组织在镇压下甚至变得更加激进和活跃,例如1970年成立的伊拉阿玛姆(意为前沿)组织就是反对派中最活跃的组织之一,他们强烈反对国王,认为自己是人民革命的"先锋"①。这个组织很快就遭到了摩洛哥政府的镇压,其组织的领导人和大量成员被捕,许多人甚至被判处终身监禁。由此可见,虽然哈桑二世通过强有力的国家机器来巩固他的君主独裁,但潜藏在民间的反对派仍然在坚持斗争,独裁统治不能给摩洛哥带来稳定,该国的政治体制仍需向前发展。

二、从专制独裁到有限的政治开放(1970—1999年)

在哈桑二世长达5年的独裁统治之后,由于国内的政治动荡和社会问题频繁出现,致使国王不得不重新向反对派伸出橄榄枝,试图将其重新纳入政治轨道。20世纪90年代初,随着国内外局势的进一步变化,哈桑二世在执政末期实行了有限的政治开放。此次政治开放是一个包括立法、行政和社会的全方位改革,是摩洛哥政治史上的一次重大转折。

在哈桑二世"铁拳"重压下的摩洛哥社会潜藏着诸多政治和社会问题:反对派仍在秘密活动;逐渐加深的贫富差距正在撕裂整个社会;军队内部也开始出现不稳定因素。在经过了数年的压抑后,这些问题终于以一种极端的方式展现出来:哈桑二世曾经最信任的军队却在1971年和1972年接连发

---

① Pierre Vermeren, *Histoire du Maroc Depuis L'indépendance*, Découverte, 2006, pp.52–53.

生了两次政变。[①]据称这两次政变是部分军官对上层人士的腐败和社会贫富差距不断扩大的不满所导致的,这给哈桑二世敲响了警钟:如果不改变现状以缓解公众的不满,类似的事件可能还会出现。因此哈桑二世一方面开始整顿军队,另一方面则试图将反对派纳入政治体系中。

在经历了多年无议会的紧急状态之后,哈桑二世开始利用西撒哈拉问题拉拢反对派。1974 年,西班牙开始撤出其殖民地西撒哈拉,哈桑二世和民族主义政党都认为西撒哈拉是摩洛哥不可分割的一部分,在这一点上双方达成了共识。哈桑二世成为西撒哈拉问题的首席代表,在他身边聚集了一大批原属反对派的民族主义政党,除了人民力量全国联盟之外,独立党、由人民力量全国联盟分裂出来的社会主义人民力量联盟和进步与社会主义党都与国王站在了一起,哈桑二世利用争取领土完整所带来的民族主义情绪成功团结了部分反对派政党,并将反对派与分裂国家者联系在一起,以此孤立反对派。在西撒哈拉问题之后,哈桑二世逐渐在政治准入门槛上设置了三条红线:国王、伊斯兰教及领土完整,任何质疑这三者之一的个人或团体都不能参与政治。

自此,哈桑二世开始有意接纳反对派,反对派也开始参与政治。在 1976 年的市政选举和 1977 年的全国选举中,出现了许多反对派政党的身影,甚至连缺席 15 年的独立党也参加了选举。但此时反对派已经无法像独立初期那样成为政府中举足轻重的力量,取而代之的是忠于国王的政党联盟。在 1977 年的议会选举中,忠于国王的"独立派"候选人占据了议会 52.5% 的席位,独立党只占据 19% 的席位,社会主义人民力量联盟占据 5.7% 的席位,进

---

① 第一次政变发生于 1971 年 7 月 10 日,当时 1200 名荷枪实弹的军事学院学员冲进了哈桑二世在斯希拉特(Skhirat)宫殿的生日会场,并对在场的人员开枪射击,哈桑二世侥幸逃脱。See Ernest Gellner, Charles Micaud, *Arabs and Berbers: From Tribe to Nation in North Africa*, Lexington, DC Heath, 1972, pp.406-413. 第二次政变发生于 1972 年 8 月 16 日,当哈桑二世结束对法国的访问回国时,他所乘坐的飞机遭到了 4 架摩洛哥战机的袭击。虽然国王的飞机受损严重,但它仍然平安降落在拉巴特的塞拉机场,机内的皇室人员毫发无损。参见[美]苏珊·吉尔森·米勒:《摩洛哥史》,刘云译,东方出版中心,2015 年,第 220 页。

步与社会主义党占据 0.4% 的席位。^①由于遭到反对派政党的抗议,在 1984 年
的议会选举中,虽然国王禁止"独立派"候选人参选,每位候选人必须归属政
党,但选举结果仍与 1977 年类似,忠于国王的宪政联盟、全国独立人士联盟
党、人民运动党占据了议会 62.4% 的席位,而独立党、社会主义人民力量联盟
和进步与社会主义党只占据 25.9% 的席位。^②由此可见,哈桑二世虽然将反对
派政党纳入议会,但限制了它的席位,而让忠于国王的政党联盟掌控议会。
此举既分化了自 20 世纪 70 年代以来建立的反对派联盟,削弱了反对派的
力量,也扩大了政府的统治基础,平息了人民的不满,还成功束缚了参与政
府的反对派的手脚,可谓一举多得。在失去话语权的情况下,独立党和社会
主义人民力量联盟退出了政府,计划重组反对派联盟。虽然哈桑二世此次拉
拢反对派的行动以失败告终,但为 90 年代双方的和解打下了基础。

20 世纪 90 年代初,摩洛哥国内外出现的一系列事件迫使哈桑二世进行
政治开放。首先是国内政治伊斯兰崛起的暴力威胁。随着邻国阿尔及利亚政
治伊斯兰主义者与军方内战的不断恶化,摩洛哥境内的政治伊斯兰愈发令人
担忧。^③许多民众由于对现有的政治参与不满,纷纷加入了政治伊斯兰组织。
其次是海湾战争引发的大规模抗议。当战争爆发时,许多民众对政府支持美
国感到不满,纷纷上街游行。这两件事情令国王感到有必要进行政治开放以
避免危机。于是他开始向反对派伸出橄榄枝,邀请他们加入政府。90 年代初
哈桑二世多次发表讲话,邀请反对派联盟民主集团(Koutla al-Demouqratiyya)加
入政府。^④而反对派联盟此时也面临着压力:一方面是国内政治伊斯兰组织
不断发展壮大,逐渐成为他们强劲的竞争对手。另一方面,摩洛哥不断恶化
的经济问题导致社会动荡,这也同样影响到了反对派联盟的利益。因此反对

---

① Lise Storm, *Democratization in Morocco: The Political Elite and Struggles for Power in the Post-Independence State*, Routledge, 2007, p.41.

② Lise Storm, *Democratization in Morocco: The Political Elite and Struggles for Power in the Post-Independence State*, Routledge, 2007, p.49.

③ Catherine Sweet, Democratization without Democracy: Political Openings and Closures in Modern Morocco, *Middle East Report*, No.218, 2001.

④ Sami Zemni and Koenraad Bogaert, Morocco and the Mirages of Democracy and Good Governance, *UNISCI Discussion Papers*, No.12, 2006.

派联盟同意与哈桑国王和解,再次进入政府。

1998 年 2 月 4 日,哈桑二世任命社会主义人民力量联盟的领袖阿卜杜勒拉赫曼·优素福为首相,并组建"交替政府",实现了国王与反对派的再次和解。对国王来说,这个举措不仅将反对派拉入政府,有效削弱了对王室不满的声音,而且还扩大了政府执政的基础。但对于社会主义人民力量联盟来说,在国王和亲国王政党的掣肘之下,优素福政府的效率低下和软弱的问题很快就暴露了出来。在执政后,优素福政府制订了许多雄心勃勃的改革计划,如关注经济的一项小额信贷法律,关注劳工权利的劳工法,以及改善妇女和失业者状况的政策。但它们并没有取得预期的成果,摩洛哥学术界和评论人士一直认为优素福政府的表现非常糟糕。造成这一情况的原因有:其一是国王的权力较之前并未减少,国王仍然能够直接任命如内务部、外交部和司法部的部长。并且国王对于国家重大事务仍有最终决定权,如西撒哈拉事务和经济改革事务。这种二元性的政治必然会对优素福政府的某些政策造成不利影响。其二是优素福政府内部斗争影响了政策的连续性和有效性。优素福政府由 7 个来自不同政党的成员组成,他们之间政见不同,很难达成一致,这就造成优素福政府的效率低下。加之行政官员大多由国王任命,政策实践的连续性和有效性难以得到保证,这就体现出优素福政府的软弱。哈桑二世的政治开放并不彻底,虽然给了反对派政党执政的机会,但精心设计了一个政治系统,而国王才是它真正的掌舵人,执政的政党和首相总会受到国王的掣肘。但哈桑二世打开了摩洛哥政治开放的大门,为摩洛哥未来的政治发展指明了方向。

三、渐进的改革之路(1999—2020 年)

1999 年穆罕默德六世即位后继承了其父哈桑二世的政治开放政策,并引导摩洛哥走上了一条渐进的改革之路。在执政之初他着重社会改革,特别是在女权、人权等问题上。他的改革在一定程度上满足了弱势群体的要求,成功实现了王位交替的过渡。在 2011 年"阿拉伯之春"席卷摩洛哥之时,国王提出以宪法改革为主的政治改革计划,成功使国家免遭动乱之苦。之后在国王与上台执政的正义与发展党的合作下,又接连实行了司法改革、打击贪污腐败和经济结构性调整等政策。虽然摩洛哥改革的脚步略显缓慢,但格外谨慎而坚实。

当穆罕默德六世继位之初,他就向公众展现出了一个拥抱民主和现代化的君主形象。在他的第一次全国讲话中,曾毫不避讳地表达了他对君主立宪制、经济自由化、依法治国、捍卫人权与自由、国家安全与稳定的热情。[1]而他的做法也证明了这一点。他解雇了内政部长德里斯·巴斯里,因为这个人曾经多次镇压反对派运动,也曾过多干预政党活动和选举。[2]国王的这一行为被认为是对反对派的支持,特别是对"交替政府"的支持。

除此之外,国王还进行了一系列社会改革。首先是加强女性权利。在摩洛哥独立之初国家曾编纂过一部《个人身份法典》,其中对婚姻有以下规定:丈夫为一家之主,妻子必须服从丈夫;一夫多妻制合法;女子在结婚前由父亲监护,结婚后由丈夫监护;丈夫有权单方面要求与妻子离婚。[3] 20 世纪 90 年代许多民间团体开始批评这部法典,指责它无视妇女的正当权利,并多次提出修改意见。2001 年,国王召集诸多专家学者开始着手进行法典的修改工作;2004 年,国王向公众公布了修改后的内容。法典中明确涉及妇女权利的内容包括:夫妻双方在婚姻中权利与责任的平等;女子一旦成年就不再受到男子的监护;离婚是夫妻双方共有的权利;一夫多妻制仍然存在,但丈夫再娶妻需经过严格的法律审查和法官的批准。[4]国王的这一政策得到了民众的称赞,民间一句流传甚广的话就反映了这一点:"穆罕默德五世解放了摩洛哥,哈桑二世解放了摩洛哥西撒哈拉,穆罕默德六世解放了你的母亲。"[5]

---

① Anouar Boukhars, *Politics in Morocco: Executive Monarchy and Enlightened Authoritarianism*, Routledge, 2011, p.48.

② Bruce Maddy-Weitzman, Daniel Zisenwine, *Contemporary Morocco: State, Politics and Society under Mohammed VI*, Routledge, 2013, p.14.

③ Oriana Wuerth, The Reform of the Moudawana: The Role of Women's Civil Society Organizations in Changing the Personal Status Code in Morocco, *Hawwa*, Vol.3, 2005.

④ Vishvini A. Sakthivel, *The 2004 Moroccan Moudawana Reforms: Outcomes for Moroccan Women*, Master, dissertation, Georgetown University, 2013, p.4.

⑤ Anouar Boukhars, *Politics in Morocco: Executive Monarchy and Enlightened Authoritarianism*, Routledge, 2011, p.34.

其次是捍卫人权,进行社会和解。在哈桑二世执政时期,由于其多次对反对派进行大规模镇压,导致许多人入狱。20世纪90年代后,许多出狱者将其在狱中的经历写成书,痛陈其在监狱中所受到的百般折磨。这引起了摩洛哥国内媒体的广泛关注,国内舆论纷纷要求政府为此负责,甚至许多国际组织也向摩洛哥政府施压,要求其保护人权。在这种背景下,穆罕默德六世于1999年成立了独立仲裁委员会,该委员会负责处理失踪及非法拘禁受害者的赔偿问题。在2003年独立仲裁委员会终止之后,国王于次年建立了平等与和解委员会,该委员会集调查、赔偿、和解、善后为一体,是摩洛哥目前较为完善的官方人权机构。①此政策虽然因未对当年施暴者深究而遭人诟病,但其对受害者的物质补偿和精神抚慰,以及其以史为鉴,避免重蹈覆辙的态度仍然令人称道。

2011年,由"阿拉伯之春"所引发的抗议浪潮席卷摩洛哥,该国也爆发了名为"2·20运动"的大规模抗议活动。该运动在摩洛哥持续近两年,对摩洛哥的政治、经济和社会产生了重大影响,也进一步推动了摩洛哥的政治改革。国王穆罕默德六世为平息抗议,在3月9日的公开演讲中宣布将对宪法进行深入和全面的审查,以便在本质上加速该国政治的宪政化和制度化。②7月通过的新宪法基本满足了抗议者的要求,得到了民众的支持。该宪法主要在三个方面进行了改革:①权力分配方面,新宪法重申了三权分立的重要性,加强了首相和议会的权力,限制了国王的行政权力。与之前国王可以任意任命首相不同,新宪法规定国王只能在议会选举中赢得最多席位的政党中任命首相;以前由国王任命高级官员的权力现在需要国王和首相协商决定;议会则获得了原属国王的特赦权。②公民权利方面,公民权利在原有的言论自由、流通自由和结社自由的基础上增加了思想、艺术表达和创作自由。③语言文化方面,宪法规定柏柏尔人使用的阿马齐格语成为官方语言,并将摩洛哥文化中所有语言成分视为国家的遗产。此次宪法改革是穆罕默德六世继

① Luke Wilcox, Reshaping Civil Society through a Truth Commission: Human Rights in Morocco's Process of Political Reform, *The International Journal of Transitional Justice*, Vol.3, 2009.

② Mohamad al-Akhssassi, Reforms in Morocco: Monitoring the Orbit and Reading the Trajectory, *Contemporary Arab Affairs*, Vol.10, No.4, 2017.

位初期改革的延续。在政治上,它将国王的权力逐渐向议会和首相倾斜,给予了首相更多的政治空间,也提升了议会的影响力,这是政治开放的延续。在社会上,它既保证了公民的思想和创作自由,又肯定了柏柏尔文化的地位,这是社会改革的延续。

在 2011 年"2·20 运动"平息之后,国王穆罕默德六世和新上台的正义与发展党(PJD)合作推进了一系列改革计划,这既是对"2·20 运动"抗议者的许诺,也是摩洛哥改革计划的延续。首先是打击腐败。在"2·20 运动"中,清除腐败是抗议者们的诉求之一,他们控诉社会中存在的腐败现象,甚至将矛头指向了政府和皇家企业。在国王的支持下,2014 年底司法部部长穆斯塔法·拉米德宣布了政府解决腐败问题的计划,其中包括加强金融监督、提高信息透明度、完善相关法律法规、扩大舆论宣传等。[1]同年,政府宣布将中央防贪总局改为国家廉洁、预防和反腐总局。此举加强了它的独立性,使其能在调查腐败案件中起到更为积极的作用。[2]其次是司法改革。司法改革的目的是在保证国王对司法控制的同时,提高其独立性和效率。2013 年 9 月司法部部长拉米德曾公布了一份司法改革的具体草案,其中包括颁布新法律、调整预算、清除腐败等一系列措施。经过数年的努力,2016 年拉米德宣称已经实现了草案中规定的 78%,具体包括通过提高法官工资来避免贪污,并加强对其财产的监督;减少酷刑数量,并加强对与酷刑相关案件的问责;重审部分有关贪污的大案要案。[3]

---

① L'ambassade de France et l'ICPC Distribuent des Bandes Dessinées Contre la Corruption, Huffpost Maroc, March 3, 2015, http://www.huffpostmaghreb.com/2015/03/03/story_n_6792916.html.

② Lutte Contre la Corruption: Le Maroc Fait du Surplace, Le Matin, January 6, 2017, https://lematin. ma/journal/2017/luttel-contre-la-corruption-le-fait-du-surplace/264713.html.

③ Intissar Fakir, Morocco's Islamist Party: Redefining Politics Under Pressure, *Carnegie Endowment for International Peace*, 2018, p.17.

第二节 宗教政策:加强宗教监管,防范极端思想

一、加强对官方宗教话语的控制

与许多采用共和制的阿拉伯国家不同,摩洛哥独立后并未实行政教分离政策,而是利用伊斯兰教来维护国王的合法性。国王需要通过其"圣裔"身份来证明自己是摩洛哥穆斯林的精神领袖,拥有对后者的精神权力。因此掌握宗教话语权对国王是至关重要的,甚至关乎他的宗教权力和合法性。国王在独立之后格外重视对官方宗教话语的控制,特别是对乌莱玛阶层,并严格限制后者在宗教领域的活动,逐渐将其转变为为君主提供宗教合法性的工具。

在前保护国时期,摩洛哥国王的权力主要来自两个方面:第一是以世俗君主身份获得的政治权力,这一权力主要由马赫赞体现,它是由国王、政府官僚、军队及地方部落首领组成的政治集团,它代表了国王和执政政府、亲政府的部落首领、高级官僚和安全系统以及军队和警察之间的非正式联盟。[1]它是国王权力的延伸,也是国王权力的基础。第二是从"圣裔"的家族血统和"信士的长官"的称号获得的宗教地位。阿拉维王朝的国王将自己的家谱一直上溯到先知穆罕默德,以此证明自身血脉的高贵、纯洁。[2]"信士的长官"则代表国王是摩洛哥穆斯林的精神领袖,拥有对后者的精神权力。所以,当国王穆罕默德五世在独立后欲加强王权之时,就必然需要控制官方宗教话语。

想要掌控官方宗教话语就必须得到乌莱玛的支持。在摩洛哥传统中,乌

---

[1] Nur Koprulu, Are Monarchies Exceptional to the Arab Uprisings? The Resilience of Moroccan Monarchy Revisited, *Digest of Middle East Studies*, Vol.28, No.1, 2018.

[2] 曾爱平:《摩洛哥阿拉维君主制统治合法性分析》,《阿拉伯世界研究》,2009 年第 4 期。

莱玛是伊斯兰教的发言人。他们在宗教方面有极高的威望,理论上每一任摩洛哥苏丹都必须得到乌莱玛们的同意才能即位。政治上他们还是苏丹的顾问和助手,经常向苏丹提出宗教意见,有时甚至会批评他的某些做法。但由于法国殖民时期对伊斯兰教现代化改造之故,乌莱玛在摩洛哥独立后的影响力大不如前,乌莱玛因此屈服于王权,承认国王的宗教合法性,听从国王的调遣。紧接着,国王穆罕默德五世立刻开始了一系列控制宗教的行动。1956 年 10 月 28 日,国王将原属政府控制的宗教事务部划归王室直接管辖,王室还获得了公共宗教捐助的管理权和扎维亚①捐助的监督权。②另外,国王还建立现代化大学以削弱乌莱玛培训中心卡拉维因大学的影响。坐落于非斯的卡拉维因大学是摩洛哥最早成立的大学之一,也是乌莱玛的培训中心。国王于 1957 年开始兴建现代化的拉巴特大学,既是他推崇现代化教育的体现,也是分流卡拉维因大学生源,削弱其影响力的计策。1960 年,在继位的哈桑国王的授意下,卡拉维因大学失去了数百年的独立地位,受到王室的直接控制。③至此,国王不仅控制了乌莱玛的经济,还掌控了乌莱玛的教育系统,可以说基本驯服了乌莱玛。

在哈桑二世国王当政时期,着重于在政治上控制乌莱玛。1961 年,在宗教事务部的支持下,负责解释和推广伊斯兰价值观的摩洛哥乌莱玛联盟成立,该机构认同国王的宗教权威,将其称为"乌莱玛的领袖",以政治上的服从换来了相应的宗教地位。④不仅如此,国王还采用分化和拉拢的手段削弱乌莱玛的力量。有时国王会邀请某些德高望重的乌莱玛加入政府或成为他本人的顾问,这些人虽然得以在政坛上施展才能,却难免会遭到其他乌莱玛的嫉妒,他的宗教权威性也会因此而削弱。另外,国王还格外注重与乌莱玛

---

① 扎维亚:主要指苏非派修道者进行办功修道的处所,亦称静室、静房,在中国称为"道堂"。

② Malika Zeghal,*Islamism in Morocco:Religion,Authoritarianism,and Electoral Politics*,Markus Wiener Publishers,2008,p.34.

③ Mary Jane C. Parmentier,*Secularization and Islamization:The Political-religious Competition in Morocco and Algeria*,PhD.,dissertation,University of Denver,1999,p.125.

④ Mary Jane C. Parmentier,*Secularization and Islamization:The Political-religious Competition in Morocco and Algeria*,PhD.,dissertation,University of Denver,1999,p.126.

的思想联系。自 1968 年 12 月开始,哈桑国王在每年的斋月都会将乌莱玛召入皇宫,向他们强调王室"圣裔"血脉的神圣性,并和他们探讨《古兰经》的某些内容。国王与乌莱玛一年一度的会面被人们称为"哈桑二世的课堂",从这个称呼不难看出,这次会面与其说是一场宗教交流会,不如说是哈桑国王对乌莱玛宗教思想的考察与纠正。它既拉近了国王与乌莱玛之间的思想联系,也是乌莱玛忠诚的体现。20 世纪 80 年代,面对具有反政府倾向的政治伊斯兰组织的不断扩张,国王再次加强了对乌莱玛的控制,并利用后者抵制政治伊斯兰组织。1981 年,政府宣布成立高级乌莱玛委员会,并在国内的每个地区设置地区乌莱玛委员会。该机构的职能是加强国家传播"正确的"伊斯兰价值观的能力。1984 年,政府又规定新建清真寺必须得到地区乌莱玛委员会的许可,其人员必须向后者报备。

2003 年 5 月 16 日,摩洛哥发生了骇人听闻的卡萨布兰卡爆炸案,共造成 45 人死亡,这是该国历史上影响较大的恐怖袭击。据被捕的袭击者交代,此次袭击是由一群宗教极端主义者发起的,他们计划利用暴力手段推翻政权,以实现在生活各个领域实施伊斯兰教的目标。这次恐怖袭击既是对新继位的穆罕默德六世国王的一次考验,也促成了接下来的一系列宗教改革。

在 2003 年之后,摩洛哥政府开展了一系列宗教改革措施,其目的是加速国家对宗教的控制,并促进摩洛哥宗教的温和化。[1]首先是实现全面的宗教控制。根据 2003 年 12 月 4 日第 1-03-193 号决议,主管宗教的伊斯兰事务与宗教基金部的职责得以细化,主要包括以下四点:①传播及维护伊斯兰教宽容和真正的价值观;②监督捐赠基金;③管理王国境内的清真寺,并有权监督后者的维护和建设;④制定和实施国家宗教教育政策。[2]由此可见,伊斯兰事务与宗教基金部在宗教传播、宗教基金管理、清真寺管理和制定宗教教育政策方面有决定权,此机构也是宗教管理的指挥中心。其次是对宗教事务的监督。国家在 2004 年设立了乌莱玛最高委员会,其职责在于监督该国

① Malika Zeghal, *Les Islamistes Marocains, le défi à la Monarchie*, La Découverte, 2005, p.297.

② Ann Wainscott, *Bureaucratizing Islam : Morocco and the War on Terror*, Cambridge University Press, 2017, p.100.

的宗教事务,并密切关注一切有损官方伊斯兰教的宗教表达和教义。在最高委员会之下还附属有区域委员会和地方委员会,以实现更为细致的监督。再次是对官方伊斯兰教的宣传。2005 年,伊斯兰事务与宗教基金部开始与国营媒体合作,着力打造一个宣传官方伊斯兰教的平台,阿萨蒂萨电视台就是此次合作的产物。此电视台致力于宣传以摩洛哥三大支柱——逊尼派马立克学派、阿什尔里学说和苏非派为主的官方伊斯兰教,并抵制宗教极端主义。它在摩洛哥很受欢迎,据 2015 年美国海外媒体的一份报告发现,阿萨蒂萨电视台成功吸引了 85%的摩洛哥观众。[1]最后是关注个人的宗教教育。伊斯兰事务与宗教基金部开始着力培训一批"宗教向导"(男子称穆尔奇丁;女子称穆尔奇达),他们的职责是深入基层向民众宣传官方伊斯兰教,并抵制宗教极端思想。由此可见,摩洛哥的国家宗教战略是非常全面且细致的,既从宏观层面上保证了国家对宗教的全面控制,也在微观层面上关注每个人的宗教倾向,由上至下地构建具有摩洛哥特色的温和伊斯兰教。

二、打击宗教极端主义

宗教极端主义是打着宗教旗号的极端主义,根据金宜久先生的定义,宗教极端主义就是"与宗教有关的、具有偏激而至极的主张要求,或以偏激的手段实现其主张要求的行为活动"[2]。摩洛哥是一个广泛信奉宗教的国家,这就导致它容易被宗教极端思想所影响。摩洛哥伊斯兰战斗组织和萨拉菲叶圣战组织就是受境外极端思想影响而兴起的, 它们在摩洛哥制造了多起影响巨大的恐怖袭击事件,严重威胁了摩洛哥的社会安定。近年来,随着 ISIS 在中东的崛起,摩洛哥也成为它渗透的目标之一,许多 ISIS 人员潜入摩洛哥秘密发展成员,并伺机策划恐怖袭击事件。但是由于摩洛哥政府有力的反恐措施,宗教极端主义生存的土壤正在逐渐消失。老牌极端组织摩洛哥伊斯兰战斗组织和萨拉菲叶圣战组织已被大大削弱,ISIS 在摩洛哥的势力也在摩洛

---

① Ann Wainscott, *Bureaucratizing Islam: Morocco and the War on Terror*, Cambridge University Press, 2017, p.126.

② 金宜久主编:《当代宗教与极端主义》,中国社会科学出版社,2008 年,第 164 页。

哥政府的不断打击下举步维艰,极少出现其成功实施恐怖行动的消息。

摩洛哥伊斯兰战斗组织成立于 1998 年,是由参与阿富汗抗苏战争的摩洛哥老兵建立的一个逊尼派伊斯兰武装组织,其目标是在摩洛哥建立一个原教旨主义伊斯兰政府。它们在摩洛哥和西欧等国家建立秘密据点,从事抢劫、勒索、贩毒和军事训练等活动。[1] 2003 年,摩洛哥伊斯兰战斗组织和萨拉菲叶圣战组织联合在卡萨布兰卡发起了一次恐怖袭击。共有 12 名自杀式炸弹袭击者参与了这次行动,共造成 45 人死亡,100 人受伤。这次袭击的主要目标是居住在摩洛哥的外国人和犹太人,袭击者的目的或许是挑起摩洛哥的民族和宗教矛盾。[2] 2004 年 3 月,该组织又参与了在马德里的火车爆炸案,导致 191 人死亡,2000 多人受伤。[3]面对猖獗的宗教极端主义威胁,摩洛哥政府也展开了一系列反制行动。在 2003 年卡萨布兰卡袭击事件爆发后的第 10 天,政府通过了一个反恐法案,并对摩洛哥伊斯兰战斗组织展开打击。该组织的领导人之一努尔雷丁·纳菲亚被摩洛哥政府逮捕,并被判处 20 年监禁。另一名领导人萨阿德·胡塞尼于 2007 年被捕,被判处 15 年监禁。而他们在国内外建立的分部也陆续被取缔,2001 年, 英国分部的领导人穆罕默德·阿尔-格尔布齐被捕。2006 年,由阿卜杜卡德尔·哈基米领导的比利时分部被查封,西班牙和法国的成员也相继被捕。[4] 2008 年 5 月,摩洛哥政府在纳多尔和非斯查处了一个由 11 名成员组成的小组,并没收了大量轻武器和弹药。[5] 2010 年,摩洛哥伊斯兰战斗组织的大部分领导人已经被逮捕或击毙,摩洛哥国内的小组大多已被查获, 其残余势力据信已经加入伊斯兰马格里

---

[1]　Stanford University:Center for International Security and Cooperation,Moroccan Islamic Combatant Group,https://cisac.fsi.stanford.edu/mappingmilitants/profiles/moroccan-islamic-combatant-group.

[2]　Anneli Botha,*Terrorism in the Maghreb*:*The Transnationalisation of Domestic Terrorism*,Institute for Security Studies,2008,p.90.

[3]　Counter Extreme Project,Extremism & Counter-Extremism,https://www.counterextremism.com/countries/morocco.

[4]　Carlos Echeverría Jesús,The Current State of the Moroccan Islamic Combatant Group,https://ctc.usma.edu/the-current-state-of-the-moroccan-islamic-combatant-group/.

[5]　Carlos Echeverría Jesús,The Current State of the Moroccan Islamic Combatant Group,https://ctc.usma.edu/the-current-state-of-the-moroccan-islamic-combatant-group/.

布基地组织。

另一个摩洛哥较大的宗教极端组织是萨拉菲叶圣战组织，该组织由参加过阿富汗抗苏战争的摩洛哥战士于 1992 年建立，最初由 12 人领导，包括穆罕默德·菲扎兹、欧麦尔·哈杜赤和扎卡里亚·米卢迪等。[①]该组织的宗旨是通过暴力推翻摩洛哥政权，建立一个政教合一的哈里发国家。该组织与摩洛哥伊斯兰战斗组织有密切联系，双方曾联合策划了 2003 年卡萨布兰卡爆炸案。该组织同样遭到了摩洛哥政府的坚决打击。2003 年 7 月，摩洛哥政府在一次审判中判处该组织 10 名成员死刑，8 人终身监禁。2004 年 2 月，摩洛哥政府突袭了该组织在非斯和梅克内斯的两个据点，逮捕 37 人，并发现大量爆炸物和武器。2005 年 3 月，摩洛哥政府瓦解了数个圣战组织的据点。[②]自此之后，圣战组织开始潜伏，直到 2011 年摩洛哥爆发了要求政府改革的抗议运动后又再次走向政治舞台。他们在这次抗议中提出了自己的诉求，要求政府释放因恐怖袭击案件而被捕的人，并谴责对犯人实施酷刑。[③]他们在拉巴特以南的塔玛拉镇附近的摩洛哥情报机构的示威尤其引人注目。圣战组织声称这里有个酷刑中心，要求进入情报机构，但被摩洛哥政府拒绝。安保部队与圣战组织示威者发生冲突，数名示威者被捕。[④]虽然圣战组织这次以抗议行动代替了传统的暴力方式，但这并不能代表他们放弃了原有的路线。此次行动应该只是权宜之计，因为其力量在摩洛哥政府的不断打击之下已经削弱，他们的领导人大多都被关在监狱，所以他们以"人权"为借口，看似在支持抗议运动，其实际目的则是要求释放因恐怖袭击而入狱的领导人们，以加强自身力量。

尽管在 2010 年前后，以摩洛哥伊斯兰战斗组织和萨拉菲叶圣战组织为代表的摩洛哥本土极端组织已经极大衰弱，但以"基地"组织和"ISIS"为首的

---

① 王建平：《摩洛哥伊斯兰激进组织、活动及政治主张》，《西亚非洲》，2004 年第 2 期。

② Anneli Botha, *Terrorism in the Maghreb : The Transnationalisation of Domestic Terrorism*, Institute for Security Studies, 2008.p.93.

③ Asharq Al-Awsat, Moroccan Salafi Group Hijacks Arab Spring, https://eng-archive.aawsat.com/theaawsat/features/moroccan-salafi-group-hijacks-arab-spring.

④ Asharq Al-Awsat, Moroccan Salafi Group Hijacks Arab Spring, https://eng-archive.aawsat.com/theaawsat/features/moroccan-salafi-group-hijacks-arab-spring.

外部极端主义组织开始向摩洛哥渗透,对摩洛哥的社会安全造成了极大危害。2011 年 4 月 28 日,三名摩洛哥男子在马拉喀什的一家咖啡馆制造爆炸,导致 17 人死亡,22 人受伤。据政府官员表示,这三名男子与"基地"组织有来往,很有可能是伊斯兰马格里布基地组织的成员。① 2014 年 ISIS 在中东的崛起使其开始向摩洛哥渗透。2014 年 8 月,摩洛哥警方在北部城市得土安、非斯和菲迪克等地逮捕了 9 名 ISIS 成员,当局声称这些人在摩洛哥招募人员前往叙利亚和伊拉克。2015 年 8 月,摩洛哥与西班牙警方共同行动,在摩洛哥北部逮捕了 13 名 ISIS 嫌疑人,这些人正在招募人员,并计划在摩洛哥发动袭击。② 2017 年 3 月,摩洛哥警方在卡萨布兰卡、马拉喀什、丹吉尔和阿加迪尔等地逮捕了 15 名 ISIS 嫌疑人。据有关部门人士称,他们计划在摩洛哥境内的"敏感地带"发动袭击,并意图刺杀公众人物。③此外,截至 2017 年,前往叙利亚和伊拉克加入 ISIS 的摩洛哥人约有 2000 人,一旦这些受极端思想影响的人返回摩洛哥,势必会对摩洛哥的社会安全造成威胁。

面对摩洛哥宗教极端主义的猖獗,摩洛哥政府也强化了其反制措施,包括加强反恐立法、加强对外合作、加强反恐力度等。首先在反恐立法方面,摩洛哥政府于 2015 年 1 月通过了一项新的反恐法,旨在防止该国公民加入外国恐怖组织,该法规定任何摩洛哥居民及海外摩洛哥人,只要从事恐怖主义活动,都会被审判;任何试图加入 ISIS 的摩洛哥公民将会被判处 5~15 年监禁。其次是对外合作方面,摩洛哥注重与西方国家展开反恐方面的合作。美国派遣犯罪专家前往摩洛哥给安保部队提供关于恐怖事件调查、取证、分析等方面的培训,加强其应对恐怖事件的经验。摩洛哥还同西欧国家保持密切的情报和行动合作。法国和比利时都与摩洛哥建立了长期的情报合作关系,2015 年 11 月的巴黎恐怖袭击事件,法国政府能够迅速逮捕事件主谋,与摩

---

① Fiona Govan, Marrakesh Café Bombers linked to al-Qaeda, https://www.telegraph.co.uk/news/world-news/africaandindianocean/morocco/8498469/Marrakesh-cafe-bombers-linked-to-al-Qaeda.html.

② Counter Extreme Project, Morocco: Extremism & Counter-Extremism, https://www.counterextrem-ism.com/countries/morocco.

③ Reuters, Morocco Says Arrests 15 for ISIS links, http://www.dailystar.com.lb/News/Middle-East/2017/Mar-17/397997-morocco-says-arrests-15-for-isis-links.ashx.

洛哥的情报有直接关系。最后是加强反恐的力度,摩洛哥在近 5 年中未出现大规模的恐怖袭击事件,这与政府的严厉打击密切相关。摩洛哥政府迅速的行动使得 ISIS 并没有在摩洛哥成功立足,他们在摩洛哥的行动也多以失败告终。

三、拉拢温和宗教团体

除了打击宗教极端组织之外,摩洛哥政府还注重对温和宗教团体的拉拢,并利用它们在民间宣传温和的宗教观念,以此抵御极端思想的蔓延。其中,苏非派便是政府重点拉拢的对象之一。苏非派在摩洛哥的历史长达千年,是摩洛哥伊斯兰教中不可分割的一部分。在摩洛哥独立之初,由于苏非派在法国殖民时期存在亲法倾向及阿拉伯民族主义的影响,使其逐渐被摩洛哥社会边缘化,其规模也被大大限制。直到 20 世纪 90 年代哈桑二世国王实行政治开放政策之后,苏非派才逐渐由幕后走向前台。2003 年摩洛哥遭到恐怖袭击,发生了震惊全国的卡萨布兰卡爆炸案,此后政府开始了全国范围内的反恐行动, 苏非派则被其视为抵抗宗教极端势力的防线之一。摩洛哥政府出资赞助苏非派活动,并在电视和广播中宣讲苏非派教义,还将许多苏非教团成员纳入政府部门。显然,摩洛哥政府此举是将苏非派视为对抗政治伊斯兰和宗教极端主义的武器,苏非派也因此得以在现代摩洛哥的政治舞台上发挥作用。

苏非派自 11 世纪出现于摩洛哥,13 世纪初逐渐发展完善并开始向乡村传播,15 世纪第一个苏非教团加祖里教团建立,由此开创了摩洛哥苏非教团的历史。其后许多苏非教团开始在摩洛哥扎根,其中大多以传道为主,不关心政治,但也有部分在摩洛哥面临内忧外患之时填补了政府在边远地区的职能空缺,并从事地方管理和经济贸易等事务。在法国殖民时期,部分苏非教团投靠法国人,使其在独立初期遭到了政府的疏远。20 世纪 90 年代末,摩洛哥苏非派才得以成功适应社会, 其表现在于苏非派规模的扩大和国家支持的增加, 使 20 世纪六七十年代屡受限制的苏非派摇身一变成为文化主流,摩洛哥政府还通过媒体宣传、赞助活动等扩大苏非派的影响力。摩洛哥第二任国王哈桑二世在 20 世纪 90 年代实施了政治开放政策, 其子穆罕默德六世在 1999 年继位后也坚持其父的政策，不仅放松了对苏非派的管控，还将其宗教地位提升到了前所未有的高度。2002 年，国王宣布将苏非派与逊尼派马立克学派、阿什尔里教义并称为摩洛哥伊斯兰教的"三大支柱"，并任命苏非派布德什仕教团成员艾哈迈德·陶菲克为伊斯兰事务与宗教基金部长。① 这两件事在民间产生了重大影响，有民众甚至将穆罕默德六世称作"布德什仕国王"。与此同时，国王还经常向部分苏非派的扎维亚提供经济援助，并利用后者向贫苦民众提供救济。国王有时还组织国际苏非研讨会，2004 年在马拉喀什举行的首届西迪·希克尔苏非大会上，国王向与会者寄去了一封贺信，鼓励用苏非派信仰取代伊斯兰极端主义思想。② 2007 年，国王参加了提加尼教团在马拉喀什举办的苏非大会，并表达了对提加尼教团的支持和增进非洲伊斯兰团结的愿望。③ 在国王和政府的大力支持下，摩洛哥苏非派也迎来了快速发展的机遇。首先是教团规模的扩大。在国家的宣传和推动下，摩洛哥苏非派进军城市的步伐加快了，许多大学生、公司职员、政府官员都纷纷加入苏非派。④ 原先一个苏非教团大约只有数千成员，如今较大的教团已有上万成员。⑤ 其次是教团活动的丰富。在独立初期，苏非教团的活动大多是孤立举办，很少与国际接触。但如今教团的活动可谓多种多样，并且开放程度较高。仅布德什仕教团每年斋月盖德尔夜⑥ 的纪念活动就能吸引世界各地成千上万人参加。⑦

① Abdelilah Bouasria, *The Secret Politics of the Sufi : The Sultan and the Saint in Modern Morocco*, PhD., dissertation, American University, 2010, p.154.

② Fatima Ghoulaichi, *Of Saints and Sharifian Kings in Morocco : Three Examples of the Politics of Reimagining History through Reinventing King/Saint Relationship*, Master dissertation, University of Maryland, 2005, p.41.

③ 周燮藩等：《苏非之道：伊斯兰教神秘主义研究》，中国社会科学出版社，2012 年，第 320 页。

④ Gilles Kepel, Richard Yann, *Intellectuels et Militants de l'Islam Contemporain*, Seuil, 1990, pp. 80–97.

⑤ Lloyd Ridgeon, *Sufis and Salafis in the Contemporary Age*, Bloomsbury Academic, 2015, p.94.

⑥ 盖德尔夜：意为前定、高贵之夜，指伊斯兰教历斋月的第 27 夜。《古兰经》说该夜胜过一千个月，是极为贵重的一夜。在这一夜，清真寺会举行礼拜、诵经、赞圣等活动，穆斯林则会举行庆祝活动。

⑦ Abdelilah Bouasria, *The Secret Politics of the Sufi : The Sultan and the Saint in Modern Morocco*, PhD., dissertation, American University, 2010, p.180.

摩洛哥政府拉拢和扶持苏非派的主要目的是宣传温和宗教观,抵制极端主义。2003 年卡萨布兰卡爆炸案发生之后,摩洛哥政府开展了一系列宗教改革措施,以此来促进宗教的温和化,拉拢苏非派的目的也是如此。正如摩洛哥国王穆罕默德六世在 2014 年非斯举办的提加尼教团第三次集会上的发言:"作为信士的长官,我一直致力于监督宗教领域,倡导宽容、温和的伊斯兰价值观,打击盲目的极端主义和出于政治目的对宗教的偏见……这一政策与一项雄心勃勃的发展战略相结合,其目的是恢复苏非主义在传播精神安全、爱与和谐方面的作用,同时实现其净化灵魂、铲除狂热和仇恨的职能。"①另外,苏非派和在摩洛哥发起恐怖袭击的圣战萨拉菲派在教义上有本质的不同:首先,二者对政治的看法不同。苏非派认为"除真主外,别无他物",将世界看作虚幻无物,其信徒大多抛弃世俗财产,潜心修行,对政治没有太大兴趣。圣战萨拉菲派则与政治结合较深,他们认为应当用暴力夺权政权,建立全面实行伊斯兰教法的国家。其次,二者宗教态度不同,苏非派较为温和,其教义中不断提到慷慨、互助等字眼,极少提及暴力。圣战萨拉菲派则将暴力视作达成目的的手段,屡次在其教义中提及。最后,二者的开放程度不同,苏非派的开放程度较高,各苏非教团在不断发展中都或多或少地对传统教义进行了创新,包括与其他宗教的交流,对科学技术的开放态度等,这些都是苏非派适应现代生活的手段,反观圣战萨拉菲派的开放程度则较低,因为其教义中规定反对对其的任何创新。从以上几点来看,苏非派在教义上秉承温和开放的理念,正好与激进暴力的圣战萨拉菲派相反,可以起到遏制后者的作用,而苏非派去政治化的理念又恰好符合摩洛哥政府的利益,因为它的壮大不会对政府产生政治威胁。这正是摩洛哥政府推广苏非派的原因。

---

① Royal Message to Participants in Third Gathering of Followers of Tariqa Tijania in Fez, www.maroc.ma/en/royal-speeches/royal-message-participants-third-gathering-followers-tariqa-tijania-fez+&cd=1&hl=en&ct=clnk&gl=kr.

第三节　对摩洛哥政治发展道路的思考

一、王权的二重性：政治与宗教合法性

在摩洛哥的政治体系中，国王毫无疑问是最关键的组成部分。他是摩洛哥政治的掌控者，是政党和民间协会的调停者，是国家最高军事统帅，是这个君主立宪制国家中权力最大的人。虽然自摩洛哥独立以来，历任国王遭到了许多挑战，但王权始终屹立不倒。即使在席卷阿拉伯世界的"阿拉伯之春"的冲击下，摩洛哥国王仍然得以幸存。其原因与王权的二重性密切相关，王权的二重性指的是其政治和宗教合法性，它们构成了王权的基础。正是这两点使得摩洛哥国王能够在风云变幻的国内外局势中维持其地位，并引领国家的发展。

摩洛哥国王的合法性由两部分组成，在政治上体现为历史悠久的马赫赞，它是王朝时期国家政治秩序的集中体现。在宗教上体现为王室"圣裔"家族的血脉和国王"信士的长官"的头衔，它们是国王高贵血统和宗教地位的体现。在摩洛哥历史上的诸多王朝中，每一位统治者都会特意强调这两点以宣扬自身的合法性，即使到了今天，摩洛哥国王仍然将其作为王权的支柱。

提到摩洛哥国王的政治合法性，首先应该提到马赫赞，因为它是王朝时期国王政治权力的集中体现。在中央，它规范了君臣人伦；在地方，它维持了当地部落的秩序，并与所谓的异见地区保持着微妙的平衡。马赫赞这一词汇最早出现在 12 世纪的摩洛哥，用来指代政府收缴税收的金库，后来这一词汇经过不断的发展演变，逐渐代指一个权力系统，包括国王、行政部门、军队、乌莱玛、苏非教团等。[①]它已经从一个"金库"转变成了一个"权力库"。

---

① Mohamed Daadaoui, *Moroccan Monarchy and the Islamist Challenge: Maintaining Makhzen Power*, Palgrave Macmillan, 2011, p.42.

在中央,国王利用马赫赞及其编织的权力网络维持其地位;在地方,国王将摩洛哥的土地划分为两个部分:统治地区和异见地区。统治地区处在马赫赞的有效控制下,并向马赫赞交税;异见地区虽然名义上属于马赫赞统治,但不允许马赫赞派遣官员,也不向马赫赞交税,它们只承认摩洛哥国王的合法性。摩洛哥国王往往通过调解、庇护、征伐等手段维持其在异见地区的影响力。虽然前保护国时期摩洛哥国王的统治力没有今天那样强大,但通过国王的精神权力和马赫赞构建的权力网络,摩洛哥政局维持着一种微妙的平衡。

在1912年摩洛哥沦为法国保护国之后,虽然摩洛哥国王的权力被削弱,但法国人仍然保留了他的宗教权力和宗教地位。1912年签订的《非斯条约》曾提道:"这一制度(指保护国制度)要维护现存的宗教状况、苏丹的传统尊严和威望、穆斯林的宗教信仰及宗教组织,尤其要保护宗教基金管理机构。它将允许组织经过改革的谢里夫马赫赞(摩洛哥政府)。"[1]不仅如此,法国人还通过十几年的战争征服了异见地区的诸多部落,为独立后摩洛哥真正意义上的统一打下基础。除了战争和掠夺之外,法国人还给摩洛哥带来了现代政治制度,他们夺取了摩洛哥国王的政治权力,在摩洛哥进行了大规模的政治改革。在中央,将之前模糊不清的立法权、行政权、司法权分离,并制定内阁制度,设立官员分管农业、金融、教育等事务。在地方一级,设立民政管理局和土著事务局,以管理城市和乡村的事务。[2]可以说,虽然法国的殖民政策和对各部落的残忍镇压给摩洛哥民众带来了深重的苦难,但它也在摩洛哥播下了现代政治的种子,并将历史上长期处在马赫赞控制之外的异见地区彻底纳入其管辖范围,为独立后摩洛哥政府的形成打下了基础。

独立后的摩洛哥政府可以说是传统的马赫赞系统和现代政治相结合的产物,而国王则是这套政治体系的核心。虽然摩洛哥仿效西方实行君主立宪

---

① 潘光、朱威烈主编:《阿拉伯非洲历史文选(18世纪末—20世纪中)》,华东师范大学出版社,1992年,第150页。

② Mohamed Daadaoui,*Rituals of Power and the Islamist Challenge:Maintaining the Makhzen in Morocco*,Ph. D.dissertation,the University of Oklahoma,2008,p.99.

制度,并颁布宪法、实行三权分立政策,但为国王留下了极大的政治空间。国王的传统权力仍旧被保留,马赫赞也改头换面重新出现在政治舞台上。自摩洛哥 1961 年第一部宪法以来,对国王的权力就有明确规定。国王是国家统一的象征,有维护国家独立和领土完整的责任;国王有权任免首相,有权解散议会,有权宣布紧急状态;国王还有权任命各省省长和主要部门的负责人。虽然宪法在短短的 60 年中经过多次修改,国王的权力也不断被削弱,但这些基本权力丝毫没有遭到动摇。

当代摩洛哥国王的政治权力实际上是王朝时期马赫赞权力的延续和发展。从前国王利用马赫赞在中央控制官员、行政部门、军队、乌莱玛,现在国王利用宪法赋予的权力影响行政、立法、司法等部门。从前国王利用马赫赞在地方行使职能,并利用军队和外交维持在异见地区的影响力,如今国王通过加强地方控制、任命地方官员来维持国家统一和社会稳定。马赫赞虽然经历了法国人的改革,但在现代政治的外衣下仍然隐藏着传统马赫赞的内核。正是这一内核赋予了当今摩洛哥国王的政治权力,也为之提供了政治合法性。

摩洛哥国王的宗教合法性来源主要集中在以下两点:首先是国王"圣裔"的神圣血统。其次是民众对国王"巴拉卡"[①]的崇拜。在伊斯兰教传入摩洛哥的 100 多年后,摩洛哥第一个王朝的创始人穆莱·伊德里斯开始在此地推广伊斯兰传统,并规定只有拥有先知家族血统的人(即"谢里夫")才能统治国家。[②]现今统治摩洛哥的阿拉维家族也同样遵循这一传统,他们声称自己来自麦加附近的一个小村庄,是先知穆罕默德之女法蒂玛和阿里的后裔,当今的国王穆罕默德六世是先知的第 36 代传人。[③]为此王室还专门编纂了一份家谱来证明其血统的神圣,并在每年的登基节上大肆宣传。[④]王室想方设法论证其家族与先知之间的血统联系的目的是将其神圣的血统转化为合法

---

① 巴拉卡:在阿拉伯语的意思是"祝福",在摩洛哥被视为来自真主的祝福,在个人身上体现为一种超乎常人的特殊能力。

② Abdelilah Bouasria, *Sufism and Politics in Morocco:Activism and Dissent*, Routledge, 2015, p.44.

③ Hassan II, *Le Défi*. Albin Michel, 1976, pp.203–204.

④ Mohamed Tozy, *Monarchie et Islam Politique au Maroc*, Presse de Sciences Po, 1999, p.84.

性。在摩洛哥的宪法中将国王称为"信士的长官",这一称呼最早来自第二任哈里发欧麦尔,其意为"安拉使者继任人的继任人",此后便成为穆斯林对哈里发的尊称,也被历代伊斯兰教王朝统治者所沿袭。也就是说,"信士的长官"这一称呼是摩洛哥穆斯林对其国王政治权力和宗教地位的认同。而王室通过不断强调其家族血统与先知的联系来加强其神圣地位,使其获得"先知继任者"的头衔,这一认同将其权力的来源与先知等同,成为真主直接授予的权柄。与其周边的阿拉伯共和国领导人相比,国王的权力要远大于后者,政权的稳定性也相对较强。这一点可以在2010年席卷中东的"阿拉伯之春"中看到,如埃及、利比亚等国的政府纷纷被颠覆,而摩洛哥虽然也爆发了抗议,但只有很少的抗议者将矛头指向国王,也没有发生政权更迭。这其中国王外化的宗教权力起了很大的作用,不论是官员还是百姓都慑于国王的宗教权威。

"巴拉卡"来源于摩洛哥柏柏尔人的自然崇拜和圣人崇拜,在柏柏尔人的原始信仰中,不论日月星辰还是山川草木都有"巴拉卡",它们中许多具有特点的还会被柏柏尔人当作神灵崇拜。当伊斯兰教传入摩洛哥之后,柏柏尔人的原始信仰便开始与伊斯兰教相融合,开始崇拜圣人。柏柏尔人认为,先知穆罕默德是世上拥有最多"巴拉卡"的人,他的后裔们都或多或少地继承了他的"巴拉卡",而其中那些拥有较多"巴拉卡"的人就会被人们当作圣人来崇拜。圣人们在活着的时候享受着信徒们的供奉,他们死后的墓地则会被当作圣墓来供人参拜。[1]这种传统一直流传到今天。作为"圣裔"的摩洛哥国王同样备受人们崇拜,他被摩洛哥民众称为"真主在大地上的影子",他的"巴拉卡"由40位圣人守护,甚至可以护国安邦。摩洛哥人相信国王的"巴拉卡"与整个国家的福祉相联系,如果国王公正廉明,那么国家就会风调雨顺、繁荣昌盛;反之,如果国王昏庸无道,那么国家就会陷入灾难之中。[2]因为人们相信国王的"巴拉卡"有如此强大的力量,古代毛里塔尼亚和努米底亚的柏柏尔人甚至将国王当作神明。今天的摩洛哥仍然存在对国王的崇拜,人们

---

[1]　Edward Westermarck, *Ritual and Belief in Morocco Volume I*, Routledge, 2014, p.36.

[2]　Edward Westermarck, *Ritual and Belief in Morocco Volume I*, Routledge, 2014, p.39.

相信通过与国王的身体接触可以将后者的部分"巴拉卡"转移到自己身上，使其成为一种祝福。人们认为与国王握手或拥抱是一种赐福，甚至接受国王的赏赐也是一种恩赐。且不论国王的这种"巴拉卡"究竟是否存在，但这一点令他的统治更加神秘和威严，民众渴望得到国王的赐福，害怕遭到他的诅咒，这相当于在人们心中种下"国王神圣不可侵犯"的理念，从而巩固了国王的宗教合法性。

对国王的崇拜也存在于摩洛哥的政治生活中，摩洛哥传统中的"效忠"仪式就是最好的例子。它是摩洛哥历史上的一种仪式，其目的是构建一种君臣之间的传统"契约"，臣子以效忠国王来换取后者对其的"赐福"。此仪式可追溯至摩洛哥第一任国王穆莱·伊德里斯，之后被历代国王沿袭至今。效忠仪式往往是从一场游行开始的，它充满王朝时期摩洛哥的特点：国王骑着一匹黑色的阿拉伯马，在游行队伍的簇拥下从宫殿的大门缓缓走出，他身着白色的长袍和斗篷，他的头上撑着一把象征着统治摩洛哥 3 个世纪的阿拉维王朝的绿色遮阳伞。他的面前是来自全国各地的 5000 名达官显贵，他们在国王面前鞠躬 5 次，感谢国王的神圣恩典。国王的管家则向大家致辞，并传达国王对众人的祝福："我主祝福你们，并祈求真主赐给你们恩典。"[1]效忠仪式的目的一方面是加强国王的宗教权威，另一方面则是强化君臣人伦。国王通过仪式上种种象征性极强的事物，如黑马、白色的长袍和斗篷、代表阿拉维王朝的遮阳伞等来表达王权的独一无二和国王的神圣性，这与王朝时期的摩洛哥如出一辙，都是通过一些独特具象化的物品来表达王室的威严和王权的神圣。而国王对在场群臣的祝福一方面强调了君臣之间的尊卑，就如同管家的致辞所表达出的那样，国王的祝福来源于真主，再通过国王之手赐予大臣。这就体现了一个等级关系：国王是真主在大地上的代治者，而群臣须服从国王。另一方面则体现了君臣之间的一种契约关系：国王向群臣赐福，群臣须以忠诚回报国王，以此实现社会安定、国家繁荣。这也是效忠仪式真正的目的。

分析摩洛哥王权的二重性有利于了解其稳定性，王权的基础是由以马

---

① Jean-Pierre Tuquoi, *Le Dernier Roi：Crépuscule d'une Dynastie*, Grasset, 2001, p.213.

赫赞为内核的政治基础和通过血缘、"巴拉卡"和宗教仪式所塑造的宗教基础所构成,它既保留了国王的传统权力,又使王权凌驾于一切政治团体之上。举例来说,宪法赋予国王任免首相、统领军队、主持外交等一系列大权,国王对政府施策也有很大的影响力,但当政策不力而遭到民众批评时,民众的指责对象却往往是政府而非国王。一方面是因为摩洛哥宪法中规定禁止批评国王,另一方面则是因为民众对国王的崇拜。由于国王神圣的血脉和"巴拉卡",大多数摩洛哥人即使在国王下台时也依旧尊重和崇拜国王。在1953年国王穆罕默德五世被法国人废黜之后,许多摩洛哥人仍然冒着被法国人处罚的风险在家中藏着国王的画像,更有传言声称人们曾经看到国王和他的女儿在月亮上出现。正是因为国王手中的大权和民众对其的崇拜,使得摩洛哥王室在席卷中东的"阿拉伯之春"中得以幸存。

二、摩洛哥政府的顽疾:政党的软弱与投机

随着摩洛哥国王对政党的"驯化"和控制不断加强,各政党逐渐成为国王政治游戏中的玩家,这也给各政党带来两个严重问题:其一是政党的软弱。其原因是国王通过不断创建忠于国王的新政党以分裂旧政党,导致摩洛哥政坛碎片化,没有任何一个政党能够单独执政。它的后果是各政党陷入不断地争吵之中,体现在政治上就是效率低下。其二是政党内部投机之风日盛,许多政党成员因追求政治利益而不断改换门庭,导致政党的凝聚力下降,其力量也大不如前。

摩洛哥国王在几十年的时间内不断试图控制和削弱政党,现今已经基本达成目标,至少在政府内部的政党已经唯国王马首是瞻。根据摩洛哥左翼政党"民主之路"的创始人之一的阿里·阿夫基尔的观点,他把政府中的所有政党归为一类。他认为在政府中的左派政党、伊斯兰政党等虽然有意识形态上的种种差别,但这些差别在国王创立的政治规则中常常是微不足道的。他曾经这样评价党派之间的竞争:"发生在社会主义联盟党和正义与发展党之间的大多数敌意,就像国王后宫里的妻子之间的敌意一样,前者想要一些不会改变当前局势本质的微小改变,而正义与发展党则需要其他一些与伊斯

兰相关的微小改变。"[①]也就是说,在国王创立的政治规则下,各政党能够做出的改变是微不足道的,即使是被民众寄予厚望的正义与发展党也只能够在政治框架内做出极小的改变。那些真正想在政治上做出重大改变的团体,如正义与行善会,则根本不在国王制定的政治框架之中。国王控制的政党被政治规则所束缚,无法提出力度较大的改革意见,有改革意见的政治团体却被排除在政治框架之外,国王本人成为政治的最终制定者。除此之外,国王通过扶持和建立忠于国王的政党,以及对选举的控制以削弱政党的存在,最终使任何一个政党都不能主导政府。各政党内部成员频繁转变立场也成为政党衰弱的一个主要原因。

摩洛哥政党的形成并不像欧洲国家那样与代议制的起源有关,而是与争取独立的斗争有关,独立斗争中的各个政治派别在独立之后逐渐形成了摩洛哥的各个政党。[②]而在法国殖民摩洛哥的过程中,曾有意分化城市中的阿拉伯人和农村中的柏柏尔人,这种分化造成了独立初期农村与城市、阿拉伯人与柏柏尔人相互的不信任,这种不信任给摩洛哥国王分化政党提供了基础。

在独立之初民族主义政党独立党与国王穆罕默德五世争夺权力的斗争中,国王就利用代表农村柏柏尔人利益的人民运动党来制衡独立党。穆罕默德五世利用城市阿拉伯人和农村柏柏尔人之间的不和,成功拉拢人民运动党,并以其抵制独立党在农村的渗透,削弱了独立党在农村的势力。[③]不仅仅是扶持政党制衡政治反对派,有必要的话,国王还会创建政党,例如保卫宪法制度阵线、全国独立人士联盟和宪法联盟。[④]这些忠于国王的政党不仅起到制衡反对派的作用,也是国王政治意愿的传达者,还是对外反映摩洛哥政治

① Maaâti Monjib, Islamists versus Seculars: Confrontations and Dialogues, *Morocco*, *Centre Averroes for Studies and Communications*, 2007.

② Inmaculada Szmolka, Party System Fragmentation, *Morocco*, *The Journal of North African Studies*, Vol.15, No.1, 2010.

③ Khalil Dahbi, The Historical Emergence and Transformation of the Moroccan Political Party Field, *British Journal of Middle Eastern Studies*, Vol.44, No.2, 2017.

④ Inmaculada Szmolka, Party System Fragmentation in Morocco, *The Journal of North African Studies*, Vol.15, No.1, 2010.

民主的一面镜子。最重要的一点是,这些新增的政党与从老牌政党中分裂出来的政党一起导致了摩洛哥政坛的进一步分裂。其结果是任何一个政党都不能主导政府,以 1997 年的优素福政府为例,其政府由来自 7 个不同政党的成员组成,其中还有亲国王的政党成员与独立派人士。由于各政党政治立场不同,在许多关键问题上的态度不一,导致政府效率低下。此外,政党的分裂也催生了许多政治投机者,他们通过追求政治利益而不断转换政党,这种行为进一步加剧了政党的软弱和分裂。

所谓政治投机,就是政党成员为追求政治利益而不断转换政党的行为。这种行为在摩洛哥屡见不鲜,他们不是因为政治信仰的变化而转变政党,而是由于政治利益,或是追求晋升,或是谋求更高的职位。[1]造成这种情况的原因是,一方面,国王是政治游戏的幕后操盘手,国王控制着各政党在议会中的地位。所以在摩洛哥政坛,政党的地位是在不停变化的,某些政党得宠的速度就如同它失宠的速度一样快。在这种情况下,某些人认为长期跟随某个政党并不能保证自身的政治利益,于是就催生了政治投机。另一方面,摩洛哥的选举具有深刻的个人色彩。大多数摩洛哥选民的投票并非基于意识形态的相似性、政党的归属或选举宣言,相反,他们更喜欢能够提供服务的候选人。鉴于此,许多政党取消了传统以政党和意识形态为中心的竞选方式,转而以候选人为中心展开竞选。[2]这就提高了候选人在竞选中的地位,许多政党利用各种资源树立候选者的形象,候选者本人也充分利用个人魅力和物质财富等拉拢选民。这就使候选者与选民直接建立了一种联系,这种联系打破了传统政党与选民之间的联系,候选者本人成为政党的象征,随之而来的则是政党提供的政治资源和选民提供的民意资源,这两种资源成为候选者的政治资本。一旦民意资源超过政治资源,部分候选人就会希望得到政治地位更高的政党的青睐,以获得更多的政治资源。

政治投机进一步削弱了政党的力量,因为许多政党内部的精英成员会

---

[1] Anouar Boukhars, *Politics in Morocco:Executive Monarchy and Enlightened Authoritarianism*, Routledge,2011,p.75.

[2] Anouar Boukhars, *Politics in Morocco:Executive Monarchy and Enlightened Authoritarianism*, Routledge,2011,p.76.

因此而转向其他政党,这就造成了政党人才的流失。另外,忠于王室的政党往往会以国王巨大的政治资源为诱饵,吸引其他政党成员加入,以此削弱反对派政党的势力。2009年由穆罕默德六世的朋友福阿德·阿里·希玛所创建的真实与现代党就是最好的例子。真实与现代党中主要由三类人组成:第一类是想要追求权力的机会主义者;第二类是亲国王的政治家;第三类是对左翼政党的分裂感到不满的原左翼人士。①可以看出,追求权力的机会主义者是真实与现代党中的重要组成部分,希玛也正是利用这些机会主义者的权力欲来加强其政党的权力。他在宣传中曾不遗余力地暗示国王的支持,他曾经说过:"我与陛下的友谊是一回事,我为国家服务是另一回事。"②虽然他此话看似将他的政治理想与国王分开,但也肯定了国王与他的友谊,这就足以吸引那些渴望得到国王青睐的人群。

希玛的行为很快就遭到了其他政党的反对,他们认为,希玛此举削弱了其他政党,促进了政治投机,是对摩洛哥议会民主的践踏。社会主义人民力量联盟的成员德里斯·拉什加尔曾愤愤不平地表示:"希玛是对民主的威胁!"③与拉什加尔同党派的另一个成员也表示希玛有复制突尼斯一党独裁统治模式的企图。以社会主义人民力量联盟为首的政党之所以认为希玛的真实与现代党是对民主的威胁,一方面是由于真实与现代党在国王的支持下在政府中的势力逐渐壮大,甚至已经超过许多老牌政党。另一方面是希玛不断鼓励的政治投机损害了这些政党的利益,随着它们成员的减少,各政党在政府中的势力也在不断下降,这也导致了各政党的不断削弱。

摩洛哥政党的软弱主要体现在政党的分裂和政党成员的政治投机上。摩洛哥国王扶持和创建亲国王的政党,打击反对派政党的行为加剧了政党的分裂,其结果是摩洛哥政府的碎片化,没有一个政党能够主导政府,最终

---

① Anouar Boukhars, *Politics in Morocco: Executive Monarchy and Enlightened Authoritarianism*, Routledge, 2011, p.77.

② Anouar Boukhars, *Politics in Morocco: Executive Monarchy and Enlightened Authoritarianism*, Routledge, 2011, p.77.

③ Anouar Boukhars, *Politics in Morocco: Executive Monarchy and Enlightened Authoritarianism*, Routledge, 2011, p.76.

导致政府在处理关键问题上的效率低下和不作为,影响了政府信誉和形象。政治投机则破坏了各政党的稳定,加剧了政党的分裂。各政党的成员对政党缺乏归属感和认同度,这也影响了政党在民众心中的形象。

如上文所述,摩洛哥政治困境是国王掌握政治的最终决定权,政党选举是国王维护统治和制衡政治力量的手段,不论哪一个政党上台,最终还要遵照国王的指示,这就导致了摩洛哥政党的软弱和不作为。后者的软弱和不作为也导致了民众的不信任,这尤其反映在大选的投票率上,2007 年摩洛哥议会选举就是一个例子。在这次选举中,参加大选的登记选民比例为 37%,达到历史最低水平,约占所有合格摩洛哥公民的 25%。[①]在此次投票中的无效投票占总投票数的 19%,无效投票比例最高的地区是摩洛哥最富裕的社区之一卡萨布兰卡—安法,该地区是摩洛哥文盲率最低的地区之一。不仅仅是卡萨布兰卡,许多摩洛哥大城市也纷纷出现大量无效投票:北部城市丹吉尔有 85%,卡萨布兰卡有 81%,梅克内斯和非斯有 80%,马拉喀什和塞尔有 77%,拉巴特有 72%。[②]在以往的摩洛哥大选中,农村选民由于文化程度有限或不熟悉投票规则而产生的废票要远远多于城市选民,但这次大选中如此多的城市出现大量无效选票的原因与其说是不熟悉投票规则,不如说是有意为之,可以将其解释为部分城市选民对选举及政党的不信任。2009 年 6 月的地方选举再次重演了 2007 年的一幕:摩洛哥内政部宣布登记选民为 1330 万人,比 2007 年大选的 1550 万人减少了 220 万人,其投票率为 52%。[③]虽然 2009 年 690 万的投票人数相较 2007 年的 570 万人有所增加,但考虑到 2009 年摩洛哥 2000 万的适龄选民人数,不难看出接近三分之二的选民并未参与投票,这也反映出摩洛哥选民对政治的冷漠。

这种政治冷漠的原因是多种多样的,但政党对国家事务的无能为力和

①　Bruce Maddy-Weitzman, Daniel Zisenwine, *Contemporary Morocco: State, Politics and Society under Mohammed VI*, Routledge, 2013, p.16.

②　Anouar Boukhars, *Politics in Morocco: Executive Monarchy and Enlightened Authoritarianism*, Routledge, 2011, p.17.

③　Maâti Monjib, The "Democratization" Process in Morocco: Progress, Obstacles, and the Impact of the Islamist-Secularist Divide, *The Saban Center Working Paper*, No.5, 2011.

软弱毫无疑问是主要原因。由于政治的最终决定权掌握在国王手中,政党难以左右政局,加之政党之间的相互斗争和政党内部的分裂加剧了政党的软弱性,进而导致政党在民众心中的信誉度不断下降,民众认为政党无法为民众发声,自然就导致了政治冷漠。根据 2007 年大选之后的调查显示,大多数受访者将他们对选举的大规模抵制归咎于对政党缺乏信任。82%的人表示,政治候选人的动机是自身的利益,而不是民众的共同利益;81%的人表示投票是徒劳的,因为"什么都不会改变,同样的问题也会继续存在"。至于受访者对议会的看法,57%的人认为议会毫无用处,没有实权。当被问及在当天缺席的原因时,49%的人认为所有党派都无关紧要,而且国王拥有最终决策权。正是君主制的这种至高无上的政治统治,使 39%的受访者相信,不仅议会是无用和无助的,政府也是。①国王拥有最终决策权和政党参与不足这对矛盾最终使民众走向政治冷漠,这种政治冷漠不是民众对政治漠不关心,而是对政府和选举不信任的表现,是一种无声的抗议。这也同时是政治上的一个危险信号,通过合法的选举无法满足民众的政治诉求,民众的政治诉求很有可能通过街头抗议等行为爆发出来,演变为激烈的政治运动,这对摩洛哥政府会是一个不小的打击。

三、摩洛哥经济生活的障碍:腐败

正如"2·20 运动"的抗议者提到的,腐败问题在摩洛哥已经很严重了。腐败问题也是摩洛哥的经济困境之一。对政府官员来说,它破坏了政治秩序;对企业家来说,它扰乱了经济秩序,增加了企业经营成本;对民众来说,它增加了生活的负担。尽管摩洛哥政府在 20 世纪 90 年代陆续出台了打击腐败的相关措施,但收效甚微。在"2·20 运动"中,打击腐败是抗议者们提出的要求之一,抗议者们要求惩罚腐败官员,游行队伍中的口号直指政府官员和跨国公司的不正当关系。抗议者举着国王私人秘书穆尼尔·马吉迪以章鱼触须装

---

① Anouar Boukhars, *Politics in Morocco: Executive Monarchy and Enlightened Authoritarianism*, Routledge, 2011, p.61.

饰的照片,用以影射其与政府部门和其他有权势的人的关系,如同章鱼触须般复杂,其背后更是隐藏着不可告人的秘密交易。与此类似的是,皇室控股公司"非洲北方公司"也被描绘成一只触手伸向所有部门的章鱼。[①]激进的抗议者们更是通过口号来表达他们的不满:"非洲北方公司滚出去!""马吉迪滚出去!"更有甚者将马赫赞[②]成员定义为"政治经济领域的黑手党",并喊出"马赫赞滚出去"的口号。[③]虽然抗议者的行为有些过激,但他们也揭示了一个现实问题:摩洛哥的政治生活中存在诸多腐败行为和暗箱操作,而这些问题已经引起了民众的不满,动摇了社会的根基。

摩洛哥腐败的根源可以追溯到前保护国时期,那时摩洛哥的土地由两个部分组成:统治地区和异见地区。统治地区处在马赫赞的有效控制下,并向马赫赞交税;异见地区虽然名义上属于马赫赞统治,但不允许马赫赞派遣官员,也不向马赫赞交税,它们只承认摩洛哥国王的合法性。摩洛哥国王往往通过调解、庇护、征伐等手段维持其在异见地区的影响力。在某些情况下,国王会通过利益交换的方法,例如通过金钱、地位等换取异见地区部落的忠心,部落首领有时也会通过上贡的方式换取特权。这就在国王和部落首领之间形成了一种交易关系,在这一关系中,忠心和特权都成了可以用金钱或地位衡量的筹码。虽然此种方式埋下了日后腐败的隐疾,但在摩洛哥国王权力未至之境,通过利益交换的方式有利于王国的统一和稳定。

这种政治与利益交换的政策在摩洛哥独立之后不但没有消失,反而更加深入人心。1956年摩洛哥独立之后,国王为巩固自身权力,在农村扶植了一批政治精英以对抗反对派政党,这其中就包括利益交换。在法国殖民时期约100万公顷的优良农地在独立后成为国王与农村精英交易的砝码。在1956年至1963年,许多农村精英获得了购买土地的权利,他们通过土地得

---

① Anja Hoffmann,Christoph König,Scratching the Democratic Façade:Framing Strategies of the 20 February Movement,*Mediterranean Politics*,Vol.18,No.1,2013.

② 马赫赞:传统上指国王和执政政府、亲政府的部落首领、高级官僚和安全系统及军队和警察之间的非正式联盟,现在多指摩洛哥政府和公务人员。

③ Anja Hoffmann,Christoph König,Scratching the Democratic Façade:Framing Strategies of the 20 February Movement,*Mediterranean Politics*,Vol.18,No.1,2013.

到了财产和地位,但由于这些特权是由国王授予的,使得他们只能服从国王以避免特权被取消。对于城市资产阶级更是如此,经营许可、公共信贷、进口许可、公共合同、优惠和其他形式的皇家关怀都鼓励了其对中央当局的普遍依赖和服从。[①]在利益交换政策下形成的交易关系中,其内部的人往往比之外的人享有更多的资源和特权,这实际上造成了一种二元对立的情况:在交易关系外部的民众厌恶在内部的精英享有的特权,但想方设法想进入内部;在内部的精英得不到民众的支持,只能依靠国王的庇护。这种二元对立的情况又使得这种交易关系极难被打破,因为在其外部的民众对此关系存在矛盾心理,很难团结一致打破它;内部的精英又因为自身利益而不愿打破它。因此,这种交易关系得以在摩洛哥长期存在。

在这种交易关系的影响下,人们往往认为在其内部的公务员或政府官员会腐败。事实上,腐败确实存在于某些部门,小到地方警察局,大到中央政府,都有或多或少的腐败现象出现。2007年7月初在拉巴特和卡萨布兰卡进行的采访中,独立专家、社会活动家及记者始终使用以下词汇来概括摩洛哥的腐败范围:"司空见惯""系统化""根深蒂固""制度化"和"地方化"。[②]虽然这些话有些夸张,但也在一定程度上描述了摩洛哥的腐败迹象,即使在基层的公务人员中仍然存在腐败。在一次采访中,一位居住在法国的摩洛哥公民优素福讲述了他被摩洛哥交警索贿的经过。他在开车时被一位交警拦下,交警认为他没有在进入十字路口前让出路权,需要暂扣他的驾照,但并未出具正式的罚单。当优素福向交警索要证件的时候,交警却说:"要么给我200迪拉姆,要么给警察局400迪拉姆。"优素福拒绝了,并在警察局花了一天时间来取回他的证件。[③]在这个事件中,交警并未开具罚单,也未告知优素福罚金的具体标准,这种行为本身就是不当的。加之他向优素福索贿之后并不害怕

---

① John Waterbury, Corruption, Political Stability and Development: Comparative Evidence from Egypt and Morocco, *Government and Opposition*, Vol.11, 1976.

② Guilain Denoeux, Corruption in Morocco: Old Forces, New Dynamics and a Way Forward, *Middle East Policy*, Vol.14, No.4, 2007.

③ Mustapha Kadimi, Global Integrity Report 2008 – Corruption Notebook – Morocco, https://www.globalintegrity.org/resource/gir2008-morocco/.

前者去警察局告发,这可能说明这种乱象在警察局也屡见不鲜。在另一次采访中,摩洛哥一位交通督导员也肯定了腐败现象的发生,并且还提及了买卖职位的现象。他毫不避讳地表明自己交通督导员的职位就是花20000迪拉姆"购买"的,并且将其称为"投资",他认为凭借日后的工资和贿赂的收入很快就能弥补损失。这位交通督导员每天的工作是分配协调交警的工作地点,据他所说,每一个地区都有不同的收入标准,凡是每天收入超过此标准的人,多余的钱将会落入他自己的口袋,而每天收入不达标的人则可能被安排到某个偏远的地区。这位交通督导员每日从交警提交的收入中得到一部分,将剩下的钱交给上司,上司通常也会得到属于他的那部分钱,之后再将剩下的向上传递,从而形成一个从上到下的腐败关系网。[①]在上述事例中不难发现,腐败已经不只是个人行为,它已经在警察局形成了一个结构组织严密的关系网,警察局中从上到下的每一层级都有人成为腐败链条上的一环,不参与这一关系网的职员甚至会被边缘化。更加可怕的是,似乎每个参与腐败的人都习以为常。

虽然摩洛哥的腐败现象十分猖獗,但政府的反腐措施却起步较晚。在20世纪90年代以前,摩洛哥国内几乎很少使用"腐败"一词,而用"道德问题"来代替它。1996年7月,摩洛哥主要宣传团体之一"摩洛哥2020"组织了第一次专门讨论腐败问题的研究会。在这次会议上提出反腐败斗争的要求,并指出国家应采取哪些措施以遏制腐败。[②]在民间团体的不断努力下,逐渐引起了政府对反腐败问题的重视。1998年,首相阿卜杜勒拉赫曼·优素福制定了打击腐败的官方政策,这是该国历史上第一次公开承认国内的腐败问题。在此基础上,政府于1998年12月通过了一项法令,改进了公共采购合同的投标、审查和授予程序,使其更加透明,并鼓励民间组织和新闻界对其进行监督。不仅如此,摩洛哥政府还积极寻求国际合作,1999年6月22日,首相阿卜杜勒拉赫曼·优素福与世界银行合作组织了一次广为宣传的研讨会,题

---

① Mustapha Kadimi, Global Integrity Report 2008 – Corruption Notebook – Morocco, https://www.globalintegrity.org/resource/gir2008-morocco/.

② Guilain Denoeux, The Politics of Morocco's Fight Against Corruption, *Middle East Policy*, Vol. 7, No.2, 2000.

为"反腐败:追求现代方法——国际经验与摩洛哥的利害关系"。①摩洛哥政府还允许1996年建立的透明摩洛哥(透明国际的摩洛哥分支)进行活动,并允许其公布调查结果。优素福总理在1999年1月会见了透明摩洛哥的代表,并在2001年允许后者与教育部合作,向在校学生宣传腐败的危害。②

除了民间倡议和对外合作之外,摩洛哥政府还着力制定反腐法规、建立反腐机构。2003年6月,在卡萨布兰卡爆炸案发生后,摩洛哥通过了一项反恐怖活动洗钱的立法,规定与恐怖主义相关的银行账户会被冻结或查封。同年12月,摩洛哥中央银行下属所有银行被要求全面检查客户交易记录。2007年3月,摩洛哥正式通过了反洗钱法案,该法案规定洗钱活动为非法,并要求银行和金融机构对客户进行实名制认证,不得开立匿名账户和虚构账户。同年,官员财务公开法案也得以通过,该法案要求法官、高级公务员、议员和地方官员等几类人员公开其资产,还包括其配偶和未成年子女的资产。③2010年摩洛哥制定了预防和打击腐败的国家计划,主要基于以下六个主题:①在行政部门与其用户之间建立透明的关系;②在行政当局内建立价值和诚信标准;③加强公共行政的内部控制;④加强财政管理和公共采购的透明度;⑤继续推进监管体制改革;⑥鼓励利益攸关方在国家和国际一级建立伙伴关系。④如果说立法制定了反腐标准,那反腐机构就是惩治腐败的利剑。2007年1月31日,由国王主持的内阁通过了一项法令,要求成立防贪总局,这是一个专门负责预防、发现和制裁腐败的机构。它的职能包括:①协调、执行和监督与反腐败有关的政府政策的有效性;②教育和宣传反腐败相关知识;③发现、

① Guilain Denoeux, The Politics of Morocco's Fight Against Corruption, *Middle East Policy*, Vol. 7, No.2, 2000.

② Guilain Denoeux, Corruption in Morocco: Old Forces, New Dynamics and a Way Forward, *Middle East Policy*, Vol.14, No.4, 2007.

③ Guilain Denoeux, Corruption in Morocco: Old Forces, New Dynamics and a Way Forward, *Middle East Policy*, Vol.14, No.4, 2007.

④ Ktit Jalal, Machrafi Mustapha, Corruption Impacts on Growth and Development of the Moroccan Society, *IOSR Journal of Economics and Finance*, Vol.7, No.1.

调查、检举腐败行为。[1]虽然摩洛哥反腐措施起步较晚,但在接近 20 年的时间内,摩洛哥逐渐形成了一套较为完善的反腐体系,这套体系以反腐立法为核心,反腐机构为基础,结合民间监督和外部合作等方式逐渐形成了一套具有摩洛哥特色的反腐体系,这对打击摩洛哥积弊已久的腐败现象非常有利。但美中不足的是,由于反腐措施起步较晚,虽然其体系较为完备,但在执行方面仍是困难重重,例如某些反腐机构权限不足,无法彻查牵涉面较广的腐败案件。加之摩洛哥长期存在的腐败乱象,反腐之路仍任重道远。

虽然摩洛哥自 20 世纪 90 年代起陆续颁布了许多反腐措施,包括颁布反腐法律及建立反腐机构,但腐败现象仍屡禁不止。许多民众将腐败看作摩洛哥最大的经济问题之一,并且对摩洛哥的反腐前景不抱信心。根据透明国际的调查,摩洛哥的腐败程度自 2000 年以来逐渐恶化。透明国际将一个国家的腐败发生率、严重性和程度量化为一个指标,即清廉指数,清廉指数越高,腐败程度越低,反之,清廉指数越低,腐败程度越高。摩洛哥在 2000 年得分为 4.7(满分为 10 分),而在 2000 年至 2003 年得分逐渐下降,由 4.7 分降至 3.3 分。自 2004 年至 2006 年连续 3 年保持在 3.2 分,虽然在 2007 年之后又小幅回升,分数回到了 3.5 分,但一直到 2012 年,其分数始终在 3.5 分上下徘徊。(2007、2008 年为 3.5 分,2009 年为 3.3 分,2010、2011 年为 3.4 分,2012 年为 3.7 分)[2]虽然清廉指数不能完全反映一个国家腐败的具体状况,但也可对摩洛哥腐败状况的恶化进行佐证。另外,摩洛哥公司对腐败的看法也从另一个方面反映出摩洛哥腐败的严重性。据调查显示,越来越多的摩洛哥公司将腐败视作其经济活动的障碍。在 1999 年,仅有 9% 的公司认为腐败是其活动的障碍,但到了 2006 年,56% 的公司都已持有类似看法。而在 2000 年对摩洛哥企业家的调查结果显示,93% 的受访企业家表示公共部门的腐败是他们

---

① Guilain Denoeux,Corruption in Morocco:Old Forces,New Dynamics and a Way Forward,*Middle East Policy*,Vol.14,No.4,2007.

② Guilain Denoeux,Corruption in Morocco:Old Forces,New Dynamics and a Way Forward,*Middle East Policy*,Vol.14,No.4,2007,p.135. Ktit Jalal,Machrafi Mustapha,Corruption Impacts on Growth and Development of the Moroccan Society,*IOSR Journal of Economics and Finance*,Vol.7,No.1.

活动最主要的障碍,80%的企业家则提到腐败往往导致公共服务不足。①由此可见,摩洛哥的腐败现象依然猖獗,摩洛哥的企业与政府的关系很有可能也陷入了如前文所述的"交易网络"之中。在这个网络中,与政府关系更紧密的企业可能会获得更多的特权,而没有特权的企业则可能会通过贿赂而获取特权。但这种行为一方面会鼓励腐败,另一方面也会加重企业的负担,导致企业成本提高,最终不利于经济发展。

除了企业陷入的腐败困局,摩洛哥最令人痛恨的腐败现象是官员以权谋私和发生在民众身边的腐败现象。尽管摩洛哥政府对腐败重拳出击,但还是有许多身居高位的官员以权谋私。2007年5月,国王秘书穆尼尔·马吉迪被曝利用与捐赠和伊斯兰事务部长艾哈迈德·图菲克的私人关系,在塔鲁丹特以极低的价格购买了一处宗教地产。这片地产是宗教性质的,按照法律规定只应用于宗教和慈善,不应成为私人地产,而且马吉迪并没有通过合法的渠道变更土地性质。②这件事不禁令人猜想其背后是否隐藏着某种不可告人的利益交换。2006年8月爆发的"得土安丑闻"则更进一步说明了摩洛哥官员中存在的腐败现象。该市的7名律师联名写了一封公开信,信中谴责了得土安司法界普遍存在的腐败现象。他们指出了司法官员在涉毒案件中所犯的多种错误,并强调了他们与毒贩之间共谋的证据。③不仅如此,腐败也和普通民众的日常生活紧密联系在一起。根据透明摩洛哥2008年的调查显示,被调查者中有60%的家庭曾经行贿,④46%的商人定期支付贿赂和便利费,或利用私人关系加快行政或海关程序,与警察有接触的家庭中58%曾经行贿。⑤

---

① Ktit Jalal,Machrafi Mustapha,Corruption Impacts on Growth and Development of the Moroccan Society,*IOSR Journal of Economics and Finance*,Vol.7,No.1.

② Guilain Denoeux,Corruption in Morocco:Old Forces,New Dynamics and a Way Forward,*Middle East Policy*,Vol.14,No.4,2007.

③ Guilain Denoeux,Corruption in Morocco:Old Forces,New Dynamics and a Way Forward,*Middle East Policy*,Vol.14,No.4,2007.

④ Margaret J. Abney,*Avoiding the Arab Spring? The Politics of Legitimacy in King Mohammed VI's Morocco*,*Master Dissertation*,the University of Oregon,2013,p.39.

⑤ Elizabeth Johnson,Corruption Trends in the Middle East and North Africa Region(2007–2011), https://www.u4.no/publications/corruption−trends−in−the−middle−east−and−north−africa−region−2007− 2011.pdf.

这种在身边发生的腐败事件才是引发民众愤怒的导火索。

摩洛哥的腐败现象之所以被列为经济困境之一，主要在于它的顽固性和危害性。首先，摩洛哥的腐败现象极其顽固。即使摩洛哥政府在短短 20 多年间建立了一个较为完善的反腐败体系，但腐败现象仍屡禁不止，并在各个阶层都有迹可循。其次，摩洛哥的腐败现象危害性极大。对于政府来说，腐败促进了不正当竞争，不利于社会的稳定；对于企业来说，腐败增加了经济活动的成本，不利于经济的发展；对于民众来说，腐败增加了家庭的负担，不利于促进民生。"2·20 运动"的抗议者之所以举起反腐的大旗，一方面因为腐败在摩洛哥根深蒂固，对社会造成了极大的危害；另一方面因为政府打击腐败的力度不尽如人意，无法彻底根除这一问题。

结语

综观摩洛哥数十年的政治发展史，其中政治和宗教是其不可分割的两面，它们既是摩洛哥民族性的外化，也是摩洛哥政治文化的体现。首先，独立初期的摩洛哥面临内忧外患，急需一个强有力的中央政府来掌控全局，而穆罕默德五世国王在与独立党的斗争中取胜，成功奠定了王权的基础。但随着王权的逐渐强大，君主独裁之风日盛，进而引起了国内许多政治势力的不满，甚至出现了刺杀国王的事件。继任者哈桑二世开始调整策略，积极与反对派和解，并试图重新将其引入政治舞台。20 世纪 90 年代摩洛哥国内外政局发生重大变化，哈桑二世将政治开放作为缓和国内矛盾，保障统治的策略，不仅使反对派成功组阁，还开始关注民间组织的诉求。进入 21 世纪，新任国王穆罕默德六世又面临许多新的挑战，他响应民众的诉求，部分满足了后者在人权、女权和柏柏尔人权利方面的要求，并在 2011 年"2·20 运动"过后启动了一系列改革措施。此举不仅延续了其父哈桑二世的政治开放政策，也为摩洛哥之后的政治发展道路指明了方向。

其次，摩洛哥的宗教政策，由于宗教合法性是摩洛哥王权的重要组成部分，因此国王对控制宗教一直非常在意。在独立初期，国王就通过政治手段迫使乌莱玛集团屈服，并逐渐控制其经济和教育系统。到 20 世纪 80 年代更是将乌莱玛集团转变成了一个官僚机构,成为国王控制宗教的工具。另外,打击宗教极端主义也是摩洛哥宗教政策的关键一环。自 2003 年卡萨布兰卡爆炸案起,潜伏在摩洛哥多年的宗教极端主义终于露出了冰山一角。摩洛哥政府采用"打防兼重,改造为辅"的策略,一是联合西方国家积极打击国内存在的宗教极端组织;二是在国内进行改革,在加强国家对宗教控制的同时抵制极端宗教思想的影响;三是教化已经入狱的宗教极端分子,希望其思想转变,痛改前非。与此同时,拉拢温和宗教团体也是必不可少的。打击宗教极端主义不仅需要官方的努力,也需要民间宗教组织的配合。摩洛哥政府支持苏非派团体的发展,其目的是借助苏非派温和的宗教观来抵制极端宗教思想对摩洛哥的渗透。摩洛哥宗教政策的核心对内是拱卫王权,对外是抵制宗教渗透。

而摩洛哥政治道路的发展同样也引起了人们的一些思考。首先,摩洛哥是一个君主立宪制国家,掌握权力的本应是议会,但该国实际的最高掌权者是国王。要解释这一问题,就必须清楚国王的权力基础和合法性。摩洛哥国王的权力由政治和经济两部分组成,其政治权力的来源主要是王朝时期马赫赞的传统遗存和法国殖民时期的现代政治体系。在当今的政治生活中,国王利用传统权威和宪法巩固了自身的权力与地位,成为该国最高的政治领袖。国王宗教权力的来源则要追溯到王室家族的神圣血脉、国王拥有的"巴拉卡"和传统的宗教仪式。阿拉维家族与先知穆罕默德的血脉联系赋予了其高贵地位和领导摩洛哥穆斯林的权力,"巴拉卡"则是国王神圣性的外化,传统的宗教仪式则强化了国王的威严。正是国王至高无上的政治和宗教权威赋予了其最高掌权者的地位。

其次是摩洛哥政治上的顽疾,即政党的软弱与投机。在摩洛哥独立初期,国王穆罕默德五世为巩固王权曾与民族主义政党独立党争夺政治权力,最终国王取得了胜利,而独立党则成为被边缘化的政治反对派。在哈桑二世 1961 年颁布的宪法中明确规定摩洛哥禁止一党执政,这开启了削弱执政党的先河。此后,各种各样被国王扶植的亲王党走上政治舞台,并在一定时间内占据着议会的绝大多数席位。这种情况直到 20 世纪 90 年代末原属反对派的社会主义人民力量联盟组阁才得以结束。虽然国王的多党联合执政政策有助于加强王权,避免议会一党独大的局面,但其长期对政党的压制与分裂也造成了严重的后果。由于议会中党派分裂,造成效率低下、决策迟缓等问题,政府相关部门也往往因此遭到民众指责。另外,政党成员为了自身利益,往往进行政治投机,流连于数个政党之间。这不仅抹杀了政党的凝聚力和公信力,还不利于其进一步发展。

最后是摩洛哥经济上的腐败问题。摩洛哥的腐败由来已久,甚至发生在每一个人身边,摩洛哥民众对此深恶痛绝,将其视为民生问题上的恶疾,在"2·20运动"中曾经公开向政府提出。摩洛哥的腐败可以归结于独立初期国王收买地方实力派所造成的一种制度性文化。在摩洛哥官场小到警察,大到王室顾问,都曾经有或多或少的腐败行为。商业领域则更加泛滥,甚至影响到摩洛哥的对外贸易。虽然摩洛哥政府在20世纪90年代起开始打击腐败,但由于其起步较晚,缺乏相关经验,政策落实不到位等问题,难以在短时间内遏制住腐败的势头。自2011年正义与发展党上台执政之后,政府制定了一系列反腐措施,相信在未来治理腐败问题上会有所成效。

第九章　从部落社会到民族国家

——索马里政治发展道路的曲折历程

　　历史上被称作"非洲之角"的索马里地处非洲大陆东北角,地理上与亚丁湾和印度洋接壤,同阿拉伯半岛隔海相望。作为印度洋地区的贸易中心之一,索马里是非洲与阿拉伯半岛、欧洲、印度、中国等进行贸易的重要枢纽。13世纪以前,索马里处于部落社会。此后,索马里逐渐出现了一些王国并且主导了印度洋与东非之间的贸易往来。19世纪初,索马里北部和南部沦为英国和意大利殖民区。在经历长达数十年的殖民统治后,英国于1960年撤出英属索马里兰,允许其保护国与意属索马里联合,组成索马里新国家,即索马里共和国。1991年初,西亚德政权垮台后,索马里陷入内战。1991年5月,索马里北部部落宣布独立并建立索马里兰共和国(通称索马里兰)。从1993年开始,联合国进行为期两年的人道主义努力以失败告终。在1995年联合国军队撤出时,索马里社会秩序仍未恢复。2004年1月29日,索马里各派割据势力和政治组织代表通过索马里《过渡宪章》。2005年1月15日,索马里正式成立过渡联邦政府。2008年12月,索马里过渡联邦政府倒台。2012年11月,索马里结束了长达8年的政治过渡期,成立了内战爆发21年来首个正式政府。2017年2月8日,穆罕默德·阿卜杜拉希·穆罕默德当选索马里新总统。至今,索马里并未建立行之有效的中央政府,军事冲突时有发生。

第一节 从被殖民到托管:部落社会的现代化变革

一、索马里部落社会的生成

"非洲之角"的主体居民是索马里人,索马里地区亦不例外。谱系学家将索马里人划分为两大民族:萨马勒族和萨卜族。萨马勒族是索马里民族的主体,这一名称后来变成包括萨卜族在内的统称。在索马里部落社会中,人们血统主要按照父系溯源,每个部落都有自己的创始祖先,统一使用一个集体的姓氏,这是索马里部落社会的典型特征。萨马勒族主要包括迪尔、伊萨克、哈维耶和达鲁德四大部落。它们基本上都属于游牧部落,广泛分布在索马里全境。萨卜族主要包括迪吉尔和拉汉文两大部落。萨卜人是农耕部落,分布在朱巴河和谢贝利河之间。除上述族群外,索马里还存在一些较小的族群,人口最多的是已经索马里化的班图人。9—15世纪之间,非洲大湖地区和中非雨林以南的大草原上出现了早期国家,居民讲班图语。后来,班图人进行迁徙,从西一中非的核心迁徙到非洲地区,包括谢贝利河沿岸的瓦戈沙人(或称戈沙人)和戈巴文人。此外还有阿拉伯人、印度人、巴基斯坦人和波斯人。欧洲人数量不多,大多从事商业与贸易,极少数欧洲人定居在索马里南部的农场并成为庄园主。

索马里部落社会属于"分支型社会",整个社会以血缘为纽带、宗族为界限,裂变为大小不一的部落组织。各个部落及个人之间互相平等、互不隶属。部落观念作为一种重要的意识形态在索马里深入人心。英国人类学家普理查德提出的"平衡—对抗理论"同样适用于索马里。索马里人及不同层次的部落组织为了维持独立和平衡,倾向于互相对抗。索马里部落社会组织之间矛盾频发,特别是部落和个人往往因为水源和牧场发生冲突。当冲突发生后,敌对双方按照宗族关系结成两大相互对立的群体,进行血亲复仇。有时小矛盾可能引发大规模的冲突。只有遭遇共同的外部威胁，不同的部落组织才可能暂时联合。

部落是索马里最为重要的社会组织形式，由苏丹、波卡尔、盖拉德、乌加斯领导。与一些伊斯兰国家苏丹的显赫权势不同，索马里部落苏丹只不过是名义上的称呼，没有固定的制度化权力。部落中苏丹的地位往往是世袭的，但其真正权力或许与部落长老的权力一致。苏丹是部落成员中平等的一员，长老会议掌控着部落中的大小事务。

索马里部落政治由血缘关系和社会契约共同维系。政治契约用来调动错综复杂的血缘联系，并以此确立敌友关系。血缘关系是索马里各家族和部落团结的基石，有的索马里人可以拥有两位先祖。索马里境内族群通过血缘关系和政治契约组成大小不一的政治、经济、文化组织，同时也是具有进攻和防御特征的共同体。索马里人十分关注自由和独立精神，具有强烈的个人主义倾向，索马里社会缺失等级和权威观念。相对而言，索马里南部地区的部分农耕部落由于社会分化程度高，存在一定的等级制。

血亲复仇是索马里部落解决争端的惯用形式，索马里每个部落都被视作是一个血亲复仇集团。这种源自血缘关系为纽带的体系结构，使索马里部落内部得以团结。在这一集团中，每个人都与部落有一种契约联系。部落中任何一名成员伤害别人或被他人伤害，都会与部落内的每名成员有一定的连带关系。因此，当某部落成员被另一部落成员所杀，前一部落就会向后一部落提出赔偿。作为一种契约，血亲复仇广泛存在于索马里各个部落中。在这种血亲复仇集团的存在下，索马里部落之间无法形成有效的政治行为体。

索马里部落社会最早信奉的是原始宗教，即自然崇拜。在伊斯兰教传入索马里之前，索马里的北部沿海城市盛行由埃塞俄比亚传播而来的基督教，内陆的游牧民则以原始的万物有灵和偶像崇拜为主。索马里北方是游牧社会，南方是定居社会，一直没有出现一个强大的中央集权国家。7世纪，随着阿拉伯帝国军队进入索马里，伊斯兰教随之传播开来。9世纪到10世纪之间，索马里人开始了伊斯兰化进程。至13世纪，索马里完成伊斯兰化。索马里部落社会接受伊斯兰宗教信仰后，伊斯兰主义便深刻影响着部落生活的方方面面。现今索马里的穆斯林大部分属于沙斐仪学派为主的伊斯兰教逊尼派成员。1960 年,索马里共和国独立。宪法明确规定伊斯兰教为国教,由伊斯兰教事务部和司法部统管,《古兰经》和伊斯兰教法典成为中学教育的必修课程。

11—12 世纪,阿拉伯沿海和内地零星出现了一些国家,最著名的是泽拉、摩加迪沙和米主提因。到 16 世纪,索马里境内的苏丹国多达 30 个左右。15—16 世纪,摩加迪沙苏丹国势力强大,控制着东非贸易。17 世纪初,摩加迪沙苏丹国开始衰落,先后受控于阿曼苏丹国和桑给巴尔苏丹国。18 世纪初,索马里南部出现了一个阿居兰苏丹国,控制并吞并了周遭部落及沿海地区,但很快昙花一现,随之就崩溃了。

索马里境内苏丹国的统治者或是阿拉伯化的索马里人,或是索马里化的阿拉伯人。苏丹国大多是在部落基础上发展起来的,按照分支—世系的逻辑时而结盟、时而对立。索马里苏丹国的首领权力并不大,没有政治权威的制度化中心,核心政治机构是为了解决特定冲突而成立的专门理事会。各部落民在会议上畅所欲言,有威望的男性长者主导了议事程序。宗教人士受到游牧部落的特别尊重,原因在于他们德行高尚,照顾病人和社会流浪人士而博得声望,与政治权威无关。这些人还会将部落民聚于麾下,抵御外敌。19 世纪后期,英国人称之为"疯子毛拉"的萨义德·穆罕默德建立萨利西亚神秘教派,抵抗埃塞俄比亚的入侵,反对英国殖民政府。苏丹和毛拉能够赢得支持是建立在个人魅力而非任何制度化的权力基础上的。因此,索马里的前殖民社会并没有产生集权政体。

二、殖民政府对部落社会的初步改革与整合

欧洲殖民国家对索马里的大规模侵略始于 19 世纪三四十年代。1840 年,英国为了解决国内及印度殖民地的物资供应侵入索马里北部沿海地区,占领索马里北方大部分地区,称之为"英属索马里兰"。1859 年,法国随后入侵索马里中部红海沿岸的吉布提。1870 年至 1890 年,在英国政府的默许下,意大利控制了索马里的东北部、中部和南部地区,统称为"意属索

马里"。这一时期,英国和意大利殖民政府在各自属地实行的政治制度,以及进行的部落改革与整合,成为索马里政治发展进程中的重要转折点。在索马里独立前,英、意殖民者为了推行分而治之的政策,往往利用和保护索马里部落结构的这种排他性特征,致使部落之间相互孤立,难以形成一致对外的有效联盟。

在此期间,殖民政府在索马里颁布成文法典,制定法律制度。英属索马里兰实行的是英国的公共法典、成文法和印度刑法典,意属索马里实行的是意大利殖民法。除了上述法律体系,索马里的部落习惯法、伊斯兰教法也可以进行司法判决。这些源于西方资本主义法律体系的制度和法典,促进了索马里地区现代法律制度的创设,为后期国家独立和建立机构奠定基础。

意大利殖民政府实行法西斯制度,来加强中央集权;鼓励意大利移民,通过租用索马里殖民区土地,强征本地劳工发展殖民种植园;致力于建立现代城市体系,大力修建公路,设立卫生、教育、文化等配套设施。

由于意属索马里实行的是法西斯制度下的直接统治,驻摩加迪沙的总督及其直接下属和秘书行使统治权。区和州一级设置驻扎官,[①]由领取殖民政府薪酬的部落酋长和长老协助管理。在一定程度上这些本土"权威"仅仅起到顾问的作用,平时只是传达殖民政府的命令与指示,殖民者对部落中较为忠诚的代理人会颁发奖金和奖章。[②]意大利殖民政府的文职人员包括350名意大利移民和1700名在当地招募的索马里人等,担任各类次要职务。[③]这种直接统治形式上架空了传统意义上的部落政治,部落中的大小事务都由所属殖民政府进行管理,使部落政治开始分化,部落的凝聚力有所丧失。

在经济层面,意属索马里致力于构建合作殖民区,鼓励移民、强征劳工和实施公司制。所谓的合作殖民区即让意大利农民通过移民的方式定居在索马里中南部肥沃的土地上。1906年,担任意属索马里总督的卡勒蒂提出此

---

① 意属索马里共设置七个州,下设三十三个区。

② 例如马尔氏族首领阿卜德·拉赫曼·阿里·伊萨被意大利殖民政府授予共和国骑士勋章;迪吉尔部落首领艾哈迈德·阿布·巴克尔因帮助殖民者招募劳工被殖民政府授予"殖民之星"勋章。

③ [英]I.M.刘易斯:《索马里史》,赵俊译,东方出版中心,2012年,第93页。

观点。1908年,卡勒蒂在谢贝利河的戈沙地区预留一万公顷的可耕地用于移民定居点。该项经济措施以失败告终,原因有:一是最早的一批移民由于资金、技术、劳动力等匮乏,以及政府忙于战争而疏于管理,大多数移民种植园经营惨淡;二是强迫劳动的奴隶政策加剧了意属殖民地的不稳定因素。1920年,意大利殖民者阿布鲁齐公爵创立的"意索农业公司"改变了惨淡经营的局面。这种新型公司制以一种创新的方式从传统部落土地所有者手中取得土地所有权,并与其部落首领签订合同来保证充足的劳动力来源。意索农业公司改变了原先部落结构中自给自足的封闭经济模式,雇佣和租赁的模式在意属索马里开始逐渐发展起来。

索马里社会服务体系发生较大变化,以交通领域最为显著。索马里公路里程从无到有地建设起来,一度增长到6400千米。1928年,索马里修建了第一条柴油机车的铁路。①随之,索马里相继展开灌溉工程、土壤改良工程、地质勘测等现代技术。在教育领域,索马里开办教会学校、设立专门性的技术类学院。总体来看,意属殖民地的一系列整合和改造措施打破了封闭的部落体制,将现代化的观念和模式注入索马里陈旧的社会中,为索马里后期的政治发展奠定了重要基础。

1939年9月1日,德国闪击波兰,两天后英国、法国对德宣战,第二次世界大战正式爆发。1940年8月,意大利军队占领了英属索马里兰,索马里共和国疆域也在此时基本定型。尽管索马里人在英、意战争中无力决定自己的命运,但这场战争深刻影响着索马里。因为无论哪一方获胜,索马里都会被统一在一个政权中,从而一定程度上改变原先部落林立的松散状态。

在此期间,英国殖民政府没有利用酋长制度来建立间接统治,较少参与英属索马里兰的统治和管理。他们颁布法律,雇佣少量的英国官员,在印度裔、阿拉伯裔的政府工作人员协助下管理国家。②英属索马里兰的人口分为迪尔、伊萨克和达鲁德三个部落,实行较为温和的统治。各个部落中的酋长和长老虽然不像意属殖民地那样作为殖民政府的管理者,但也得到了英国

---

① 这条铁路起于阿弗戈伊,止于摩加迪沙。
② [英]I.M.刘易斯:《索马里史》,赵俊译,东方出版中心,2012年,第97页。

殖民政府的承认并领取一定的薪水。[1]英属索马里兰被划分为六个独立的区，由设立在柏培拉的秘书处进行管理。由于这一地区交通不便且远离首府，因此区一级的行政专员在部落保安队的支持下拥有很大权力。直至1926年，英属索马里兰才设立警察部队。

1941年3月，英国发动攻势，重新夺回被意大利占领的英属索马里，进而攻占了意属索马里和欧加登地区，整个索马里变为英国殖民地。随后英国政府设立占领区临时行政机构进行军事管理。英国政府解散了意大利警察机关，设立了一支由英国军官统领下的索马里保安队。至1943年，该保安队已经扩充到3070名索马里士兵和120名英国军官。英国殖民政府在该保安队的支持下打压部落敌对势力，收缴民间兵器，进一步压制了索马里部落力量的发展。

在英国统一管理索马里的这段时期，英殖民政府鼓励地方自治。当部落酋长出现空缺时，英殖民政府不直接指派继任者，而是设立部落议会，通过部落议会选举部落领袖和议会成员。1946年，英殖民政府建立区和州一级的咨询委员会，作为部落议会的上设机构，鼓励这些新机构讨论和解决索马里社会中亟待解决的问题。

索马里教育也有所发展。英国军管当局接管意属殖民地时，那里共计有13所得到英国政府资助的教会学校。至1947年，该地区已经有了19所公立学校和一些职业技术培训学院。索马里学生入学率是二战前的两倍多。教育的普及带来了新的知识和文化体系，冲击着部落的传统文化价值观。

索马里出现了政治团体。1943年5月13日，索马里青年俱乐部在摩加迪沙成立，这是索马里第一个也是最为重要的政治组织。[2]该俱乐部有13名成员，基本代表了索马里的主要部落。索马里青年俱乐部成立目标便是消除部落冲突，宣扬国家观念。到1946年，该俱乐部成员数量已经达到2.5万人。

---

① 英属索马里兰的部落酋长和长老被称为"阿基勒"，即中间联系人。

② 1943年在意属索马里成立统一的代表性政治团体索马里青年俱乐部，1947年该俱乐部扩大改组为索马里青年联盟，提议整合所有索马里人。

三、索马里部落的抵抗运动

索马里抵抗运动的兴起原因有：一是在意属索马里，为了管理非意大利籍居民，维护殖民者的种族优越地位，殖民当局颁布了一套歧视性法律制度；二是进行促进和维护"雅利安征服者的尊严"和"主人地位"的宣传，加剧了殖民者和索马里民众之间的矛盾。部落抵抗运动分为三个阶段：第一阶段（1893—1918年），索马里部落牧民掀起武装抵抗，从殖民政府控制地区移民他处，不服从殖民政府的命令；第二阶段（1915—1943年），部落进行武装抵抗，发动和平抗议活动，出现有组织的议会，律师参与抗议活动，拒绝纳税等；第三阶段（1947—1960年），索马里民族主义开始大规模传播。

索马里游牧部落一直是反抗英国殖民统治的中流砥柱。他们生活在英国势力范围的边缘地带，经济发展十分迟缓，是经常被殖民者忽视的群体。由于英国殖民者镇压这些游牧部落，1893年、1898—1901年和1913年，这里相继发生了赫蒂起义、奥加登起义、马雷汉部落抵抗运动。

在索马里抵抗运动中，有少数部落群体选择依附于英国殖民者，其中最为著名的是赫蒂人。1895年，赫蒂人的苏丹希尔瓦·伊斯梅尔和阿里·苏莱曼·赫蒂归顺英国人。他们在殖民政府任职并领取薪金，充当说服者和宣传者，游说部落放弃抵抗。索马里部落内部发生分裂，各部落群体之间发生内斗。

1900—1920年，在赛义德·穆罕默德·阿卜迪勒·哈桑[1]领导下，索马里发生抵抗运动，目的是使索马里脱离"异教徒"的统治。哈桑认为，索马里人的古老的伊斯兰教信仰受到基督教殖民的威胁而处在危险之中。最终殖民政府镇压了这场宗教起义，但是给予了殖民政府沉重的打击，之后所颁布的

---

[1] 赛义德·穆罕默德·阿卜杜勒·哈桑（1864—1920）是索马里诗人，民族独立运动的先驱。他的足迹遍布东非、西亚，一生为索马里人民纯洁的伊斯兰教信念同殖民主义者及基督教教会进行斗争，1901年起领导人民进行抗英斗争，直至病死。代表作有嘲笑英国殖民军骆驼保安队陷入爱国战士的重围自取灭亡的叙事诗《理查德·考菲尔德的阵亡》，以及《诗人的爱马》《赛义德的回答》《地狱之路》《正义之路》等。

涉及宗教的政策都有了很大的宽容和让步。

第二节 联合国托管时期索马里国家雏形的生成

第二次世界大战后，英属索马里和意属索马里统一由英国管理。直至1945年波茨坦会议期间，联合国为了维护大国利益、促进殖民地的独立和发展，允许意大利再次托管原意属索马里，英国继续托管英属索马里，要求在十年的托管期结束后实现索马里独立。①《托管协议》中明确规定英、意政府应遵循"扶植自由政治制度的发展，促进索马里的人民走向独立"②，强调不能过多地干预索马里地方事务，只能提供一些指导，更多的由索马里人进行国家治理。③为了使托管协议得以充分实施，联合国在摩加迪沙设立专门委员会，用于监督和联系托管政府。

一、意大利托管领地

1948年初，当索马里青年联盟④得知意大利将以托管名义继续治理南部索马里时，随即于1月11日在摩加迪沙鼓动民众举行示威游行，并向联合

① Kwame Anthony Appiah，Henry Louis Gates，*Africana：The Encyclopedia of the African and African American Experience：the Concise Desk Reference*，Running Press，2003，p.1749.

② Paolo Tripodi，Back to the Horn：Italian Administration and Somalia's Troubled Independence，*The International Journal of African Historical Studies*，Vol.32，No.2.

③ A. A. Castagno，Dilemma on the Horn of Africa，*Africa Today*，Vol.7，No.4.

④ 1943年5月13日，索马里青年俱乐部在首都摩加迪沙成立。俱乐部有13个创始人，他们代表了索马里的各个主要部落，为首的是阿卜杜勒·卡迪尔·塞克哈韦·丁和亚辛·哈吉·伊斯曼·舍马克等人，他们同时也是宗教领袖。索马里青年俱乐部成立的宗旨就是要把国内原有的各个部落连结起来，共同的伊斯兰教信仰就是他们的连结纽带，他们的目标是建立一个现代化的民族国家。为此，他们制定了四条纲领：一是要消除旧有的部落和氏族之间的差异和偏见；二是对青年进行现代文化教育，不排斥西方教育；三是运用好现有的宪法和法律，保障索马里人的利益，防止未来发生有损索马里人民利益的事；四是要发展索马里语言。

国调查委员会表明要求独立、反对意大利托管的严正立场。

1950 年 4 月，意大利托管政府正式开始托管统治，逮捕索马里爱国者，并以武力遣散示威团体。至 6 月中旬，仅摩加迪沙关押的人数就一度超过 3000 人。①由于意大利托管政府过于强硬的统治手段导致属地内索马里民众反抗情绪高涨，示威游行时常发生。为了避免事态进一步恶化，意大利托管政府采取了一系列政治改革措施来分化索马里民众的不满情绪。

首先，政治上实行代议制②体制。通过设立农村地区的区议会和城镇（城市）的市议会逐步移交政治权力。1955 年，由民众选举产生第一届区、市议会成员。由于区议会受制于游牧社会的分散性特征，仅充当协商管理的角色；市议会的发展十分顺利，议员纷纷展示出愿意承担更多政治职责的愿望。从 1955—1956 年，意属索马里共建立起 48 个市议会以及数量庞大的区议会，并赋予其政治、财政等方面的自主权。之后，在联合国咨询委员会的建议下，意大利托管政府进一步采取措施，设立立法委员会和立法办公室，为进一步更为全面地移交政治权利铺平道路。③1956 年，意大利托管政府迫于压力同意组建立法议会。同年 2 月举行立法议会议员选举，索马里青年联盟在 60 个席位中获得 43 席。4 月，立法会议正式成立，索马里青年联盟的领袖欧斯曼担任第一届议长。5 月，由意大利行政长官委任的索马里自治政府成立。自治政府总理由索马里青年联盟总书记阿卜迪拉希·伊萨担任。遗憾的是，统治权依旧掌握在意大利托管政府手中。直到托管的最后几年，自治政府才真正获得政府权力，意大利托管政府仅保留外交、国防权。1959 年 12 月 5 日，在索马里自治政府的不懈努力下，联合国宣布意属索马里将于 1960 年 7 月 1 日正式独立。④

其次，经济上也采取了一系列刺激索马里经济发展的政策和措施，奠定了索马里现代国家建设进程的经济基础。1954 年，意大利托管政府开始执行

---

① 顾章义、付吉军、周海泓编著：《索马里》，社会科学文献出版社，2010 年，第 55 页。

② 代议制是以议会为国家政治活动中心，由少数代表通过讨论或辩论进行主要立法和行政决策的政治制度和政权组织形式。

③ ［英］I.M.刘易斯：《索马里史》，赵俊译，东方出版中心，2012 年，第 133 页。

④ 顾章义、付吉军、周海泓编著：《索马里》，社会科学文献出版社，2010 年，第 55~56 页。

促进索马里经济发展的"七年计划",该计划是根据托管政府、美国国际合作署代表团及联合国机构的研究结果而制定的,其全部开支达到400万英镑,其中一半用来发展农业及畜牧业。农业方面,主要是建设谢贝利河中下游的灌溉系统、在朱巴河建立分洪区以及在这两条河之间的干旱地带修建蓄水池。除此之外,还计划开垦更多的土地,建设公用粮仓及开办实验农场。值得注意的是,这一时期创办了索马里第一家农业银行,即索马里信贷银行,用于农业发展。这一系列措施刺激了索马里农产品加工及原料出口,取得了许多令人称赞的成就。

最后,教育领域也取得了蓬勃发展。普及性的免费教育学校替代了原先的教会学校。至1957年,意属索马里地区的教育普及率有了很大程度的提高。同时,在摩加迪沙创办第一所政治和行政管理学校,作为培养索马里官员和政治领袖的中心。1954年又创办了法律和经济高等学院。这一时期,托管政府不但建立了一系列的高等教育机构,并且为索马里民众提供海外留学奖金,鼓励出国教育。随着教育水平的不断提升,索马里民众的教育普及程度大为增长,政府中任职的官员行政能力也大有增益。至1956年,意属索马里所有的区和州政府都已由索马里官员直接进行管理,为后期的权力交接奠定了良好的政治基础。

概括而言,意大利托管政府实行的一系列措施,为后期全面移交政治权力铺平了道路,意属索马里在政治、经济和文化领域也取得了令人瞩目的成就。随即,索马里民众要求独立和统一的呼声逐渐高涨,意属索马里的政治发展进程进入新时期。

二、英国托管领地

在英属索马里,由于没有规定具体的独立日期,[①]甚至鲜有人提出独立的要求,因此发展十分缓慢。英国托管政府认为采取稳健的政策与措施,发展才会更加有效。受这种观念的影响,英国托管领地的发展十分迟滞。

---

① 意属索马里的托管期限为十年,并且联合国要求在1960年意属索马里独立。

首先，政治领域中的变革仅限于地方政府层面。英国托管政府在 1950 年颁布的"地方法令"基础上，任命了一批部落首领作为地方管理官员，并给予其广泛的行政、司法权力。部落首领作为"地方官"的治理行径严重阻碍和分化了统一国家的建立，埋下后期索马里族群冲突混乱的种子。然而在 1955 年发生了一系列改变政治发展趋势的事件。这一年英属索马里建立起"民族统一战线"①组织，同年 11 月，该组织派遣代表赴伦敦进行谈判，要求英国政府允诺英属索马里独立，英国政府回绝。随后该组织发起了声势浩大的示威、游行活动。迫于压力，英国托管政府做出让步，表示尽快在索马里实行代议制政府。

1957 年 5 月，英属索马里建立起以总督西奥多·派克为首的立法议会。但议员不是由选举产生的，而是由总督指派的。后因政党团体的抵制被迫改组立法机构，议会成员增加至 29 名，其中 12 名由选举产生。1959 年举行首届选举，索马里民族统一战线在 12 名由选举产生的议员中占据 7 名，成立了以马利安诺为总理的自治政府。②这种选举形式无法满足英属索马里民众的政治要求，一系列抵抗、示威活动接踵而至，英国托管政府不得不再次做出让步，决定于 1960 年重新进行立法议会选举。这次选举人数增加至 36 名，其中 33 名由选举产生，3 名由总督任命。通过选举，索马里民族联盟占据 20 席，索马里统一党占据 12 席，原先的执政党仅仅获得 1 席。同年 2 月 26 日，建立起以索马里民族联盟领袖埃加勒为首的自治政府。4 月 26 日，新自治政府代表前往英国谈判，英国被迫同意英属索马里在 6 月 26 日独立。

其次，教育领域是英国托管政府颇为注重的方面。英国继承了战争时期的成功经验，以此为基础采取了一系列促进教育和社会发展的措施。其中最有代表性的是在布尔奥开办了第一所政府主导的女子学校。在索马里这个以伊斯兰信仰为主导的部落社会中，女子多半处于附属地位，宗教规则和束缚使得这一行为具有很大的挑战性，社会中的大部分宗教人士反对女子受教育，但是在英国政府的支持下，大部分人被迫接受这一事实。

---

① 由索马里民族联盟和索马里统一党共同组成。

② 顾章义、付吉军、周海泓编著：《索马里》，社会科学文献出版社，2010 年，第 53 页。

综上所述，英国托管政府采取的一系列措施，虽然没有取得像意属托管区那样的成就，但在一定意义上为索马里的最后独立铺平道路。整个托管时期是索马里社会进步最大的历史时刻，在经历了长达一个世纪的殖民侵略后，最终迎来独立的曙光。

三、索马里的独立建国

1958 年索马里独立前夕，邻国吉布提（当时称为法属索马里）举行全民公决，决定是加入索马里共和国还是留在法国。全民公决的结果是继续与法国结盟，这主要归因于规模庞大的阿法尔族和常驻欧洲人投出的赞成票[①]，"操纵投票"也是重要因素，如法国在公投投票前驱逐了数千名索马里人。[②] 1960 年 4 月，英国和意大利托管政府发表联合公报，宣称索马里将于 1960 年 7 月 1 日统一，两地区的立法议会同日合并为新的国民议会，由国民议会选举总统。新政府由两地的执政党共同组成，首都设在摩加迪沙，推举亚丁·阿卜杜拉·奥斯曼·达尔为共和国临时总统。1960 年 7 月，由阿卜迪拉希德·阿里·舍马克任总理的新政府成立，前英属索马里改称北区，意属索马里改称南区，索马里青年联盟掌握了新国家的政权。至此，索马里完成民族独立解放，建立起属于自己的民族国家。

无论是英国人、意大利人，还是索马里人，都十分清楚索马里独立只是时间问题。因为当年联合国把意属索马里交给意大利托管时就已经安排好独立的最后期限。索马里人想独立，自己当家做主，英国和意大利也不堪于索马里的拖累，也愿意脱手。所以，最后的独立是三方意愿统一的最好结果。

---

① 投反对票的大多数是索马里人，他们强烈支持加入一个统一的索马里。

② Kevin Shillington, *Encyclopedia of African history*, CRC Press, 2005, p.360.

第三节　索马里共和国时期的政治发展

1960 年索马里获得独立,建立民族国家,成立索马里共和国,执政党是索马里青年联盟。[①]根据 1964 年宪法,索马里共和国是代议制国家,实行行政、立法、司法三权分立。国家最高立法机构是国民议会,议员由民选议员和当然议员组成。民选议员按照无记名投票产生,由年满 25 岁的公民进行选举。[②]总统为当然的终身议员,也是国家元首,由国民会议选举产生。[③]政府由总理和部长组成,总理由总统提名。地方行政很大程度上仍然依靠部落、氏族首领进行治理,他们都是实权派人物,对政府各个部门有很大影响。1960 年以后尽管索马里政治发生了重大变化,但索马里仍然是一个传统部落社会,谱系、血亲认同依然是索马里社会的基本特点。

一、新政府的国家建设

1960 年索马里共和国宣布独立,随即进行新宪法的创制。1961 年 6 月20 日,就宪法草案举行公民投票,结果以压倒性优势通过。根据宪法,国民议会是国家最高权力机关,政府行使行政权,成员由总统任命。7 月 6 日,选举欧斯曼为国家总统,舍马克被任命为总理进行组阁。舍马克总理宣布新政府的对内政策是建设和谐统一,对外政策是不结盟,声明要加强同非洲和伊斯兰国家的关系,支持整个非洲的独立和解放。由于新国家是由不同的两个殖

[①]　索马里青年联盟是一个全国性政党,具有代表性。后期由于在国内政策上的分歧,于 1964年分裂为两派:一派代表部落上层和亲原宗主国的资本家利益,代表人物是欧斯曼和侯赛因;另一派代表民族资产阶级的利益,代表人物为舍马克。(参见:顾章义、付吉军、周海泓编著:《索马里》,社会科学文献出版社,2010 年,第 75~76 页。)

[②]　索马里妇女无选举权,直到 1963 年 5 月国民议会才通过给予妇女选举权。

[③]　总统由国民议会秘密选举产生,任期 5 年。

民地合并而来的,殖民遗产差异给新国家带来了困难和阻碍。舍马克采用统一税率和关税、设立统一语言委员会等方法整合两个地区。这些措施在一定程度上促进了国家统一,但双重殖民遗产所带来的问题不可能一蹴而就。[①]

为了解决殖民和托管时期在经济方面遗留的问题,新政府计划实施为期五年的经济发展计划(1963—1967 年)[②],主要内容包括建立国营经济和发展民族工业。在工业方面,计划建立一批初级产品加工厂,进行地质勘探和国家基础设施建设。1962 年成立国家对外贸易公司,逐渐掌控对外贸易以及烟草制品贸易。通过一系列恢复经济的政策和措施,索马里共和国似乎走上了现代国家建设之路。但是由于独立初期索马里急需建立庞大的国家机构,导致政府开支巨大,从而引发财政赤字。1960 年,索马里新政府的财政赤字总计达到 12200 万先令。由于国内缺乏资金来源,只能进一步求援于他国。据索马里官方统计,从 1960 年至 1963 年总计接收外国援助达 6370 万英镑。

虽然一系列的经济刺激计划稳步推行,但索马里新国家依旧存在难以短期内解决的经济问题。第一,财政收支严重失衡,政府不得不依靠外援进行国家建设,使国家资本进一步衰落。第二,推行现代化农业的成效甚微,农业发展无法满足城市人口增长的需要,农产品一度依赖进口。第三,新的畜牧制度导致原先游牧牧场环境恶化,牧民生活困难。这一系列问题不但加深了部落民众的不满情绪,国家建设也因此放缓。

在立法与司法领域,1962 年索马里共和国国民议会通过《司法组织法》,这部法典是吸收部落习惯法、伊斯兰教法、殖民时期相关法律的集大成者。但是在相当长的时间里索马里南部和北部的司法体制并未得到有效整合,部落和氏族层面传统的习惯法和伊斯兰教法仍然起主导作用。

新政府由于建立时间短,无法采取更多直接有效的措施来进行国家治理,地方势力日益强大成为索马里中央政府的心头之患。新政府在这一时期面临的国家建设困境主要有以下两个方面:第一,部落与部落主义依旧是索马里政治中最为重要的影响因素,由部落主义所衍生的地方分裂势力依旧

[①]　Greystone Press Staff, *The Illustrated Library of The World and Its Peoples: Africa, North and East*, Greystone Press, 1967, p.338.

[②]　该计划由联合国专家帮助制定,规定五年内的投资总额为 14 亿索马里先令。

强大,部落主义所带来的分裂效应阻碍着民族国家建立进程。在共和国成立后,新的党派团体如雨后春笋般建立,但是这些党派团体大多都是地区性的,这些团体都强调所属地区和部落的利益,忽视国家和民族的长远利益需求。部落主义的长期存在威胁着索马里新生国家的稳定和统一。第二,一体化进程缓慢。一体化是指共和国的两个部分合并以后如何实现最后统一,并且这种统一不仅仅体现在政治上的结合。由于双重殖民遗产的影响,索马里北区与南区在各个方面都有着较大差异,诸如经济生产方式、语言文化、司法和行政体系等方面。因此,如何改革和融合这种差异成为建构一体化的主要核心所在。1969 年,舍马克总统遇刺身亡,索马里共和国时期的"西方模式"也以失败结束。

二、外交领域的争执

索马里共和国时期政府领导人大多受过西方教育,奉行的是亲西方的外交政策,同时强调独立和不结盟,注重发展与苏联和中国的关系,并且作为奉行伊斯兰教的国家与阿拉伯国家保持友好关系。积极参加非洲统一组织,支持非洲国家的独立与统一。然而在泛索马里主义的影响下,与邻国因领土问题长时间处于紧张状态。这一时期索马里政治家普遍认为,统一所有索马里人的居住区是最为重要的政治任务之一。1960 年,索马里共和国总理舍马克写道:"我们的不幸是,我们致力于促进同邻国及非洲其他国家建立和谐的关系,但我们的邻居并不是我们的邻国,我们的邻居是我们的索马里同胞……"[1]索马里共和国宪法[2]中明确规定:索马里共和国将以合法的、和

---

[1] Abdi Sheik‑Abdi,Somali Nationalism:Its Origins and Future,*The Journal of Modern African Studies*,Vol.15,No.4,1977.

[2] 索马里独立时,宪法将最终实现"大索马里"作为索马里的一项关键目标。宪法规定,"索马里共和国以法律和和平手段促进索马里所有领土的统一"。与此同时,索马里政府发表了一份更具侵略性的外交政策文件,重申了建立大索马里的主张。该文件还声称,英国和埃塞俄比亚之间的协议违反了英国在 1885 年签署的保护索马里北部部落的条约。(David Carment,Patrick James and Zeynep Taydas,*Somali Irredentism—The Pursuit of a "Greater Somalia"*,Ohio State University Press,p.83.)

平的手段促进索马里所有领地的统一,支持世界各民族的团结,尤其是非洲和伊斯兰世界民族的团结。并且索马里政府不断强调"统一五个索马里人地区"的思想,由此引发了同埃塞俄比亚、肯尼亚外交关系的紧张。[①]这一系列外交摩擦使得新生的索马里共和国陷入外交孤立的境地。

另外,在 1961 年伦敦会议考虑肯尼亚的未来时,来自肯尼亚东北部的索马里人代表要求与肯尼亚分离,但遭到拒绝。1963 年 12 月,肯尼亚获得独立,肯尼亚东北部的索马里人与肯尼亚中央政府的敌对情绪不断上升,后期进行了长达 4 年的反政府游击战争。[②]

除了与肯尼亚的政治冲突外,索马里新政府还拒绝承认 1897 年英国与埃塞俄比亚签订的埃索边界条约。1961 年 1 月,埃塞俄比亚境内欧加登地区的索马里人要求脱离埃塞俄比亚而遭到当地军警镇压,这一事件直接引起了索马里与埃塞俄比亚之间的边界冲突。1964 年 2 月,索马里与埃塞俄比亚军队在边界发生冲突,埃塞俄比亚对索马里境内目标进行轰炸。后来在苏丹政府的调停下两国停火,并在边境地区设立非军事区。1967 年,舍马克当选总统后,采取了对邻国积极友善的外交策略。在 1967 年至 1968 年举行了一系列会议,索马里同意结束肯尼亚和埃塞俄比亚边境的敌对行动,恢复与肯尼亚以及埃塞俄比亚的友好关系。[③]

---

① 同埃塞俄比亚的外交争执主要集中在豪德和欧加登地区,至 1960 年前,索马里和埃塞俄比亚一致同意英国划定的临时界限依然有效,这一协商为后期两国的领土争端埋下隐患,并由此引发边界战争。同肯尼亚的外交争执主要集中在肯尼亚北部地区,在这一边境地区实际上有将近 20 万以上的人口是索马里人,由此引发了希夫塔战争。

② 顾章义、付吉军、周海泓编著:《索马里》,社会科学文献出版社,2010 年,第 183 页。

③ David Carment, Patrick James and Zeynep Taydas, *Somali Irredentism——The Pursuit of a "Greater Somalia"*, Ohio State University Press, p.88.

三、政党政治的发展

政党政治[①]是资产阶级的产物。索马里共和国时期,全国性的政党组织如雨后春笋般建立起来,政党政治取得长足发展,到 20 世纪 60 年代中后期,全国已经拥有 50 多个政党团体。其中有重大影响力的包括:索马里青年联盟、索马里独立立宪党人和索马里民主党。

1943 年 5 月,在学习"奥斯曼尼亚文字"的掩护下索马里人民建立了"索马里青年俱乐部",宣传争取民族解放独立的主张。俱乐部有 13 个创始人,他们代表了索马里主要部落,为首的是阿卜杜勒·卡迪尔·塞克哈韦·丁和亚辛·哈吉·伊斯曼·舍马克等人,他们同时也是宗教领袖。索马里青年俱乐部成立的宗旨是要把国内的各个部落连接起来,建立一个现代化的民族国家。为此,他们制定了四条纲领:一是要消除旧有的部落和氏族之间的差异和偏见;二是对青年进行现代文化教育,不排斥西方教育;三是运用好现有的宪法和法律,保障索马里人的利益,防止未来发生有损于索马里人民利益的事;四是要发展索马里语言。1947 年 4 月,俱乐部改名为"索马里青年联盟",纲领是:建立民主共和国,实行社会改革和消灭部落氏族制度。提出的口号是:反对帝国主义,反对殖民主义;团结所有索马里人,建立一个统一的国家。[②]索马里青年联盟发展壮大后,积极争取使索马里成为统一民族国家。后期由于在国内政策上的分歧,于 1964 年分裂为两派:一派代表部落上层和亲原宗主国的资本家利益,代表人物是欧斯曼和侯赛因;另一派代表民族资产阶级的利益,代表人物为舍马克。

---

① 政党政治指一个国家通过政党行使国家政权的形式,主要表现在 3 个方面:①政党以各种方式参与政治活动,就国内外重大政治问题发表意见,对国家政治生活施加影响。②政党争取成为执政党,然后通过领导和掌握国家政权来贯彻实现党的政纲和政策,使自己所代表的阶级或阶层、集团的意志变为国家意志。这是政党政治的核心。③政党处理和协调与国家及与其他政党、社会团体和群众之间的关系。

② 顾章义、付吉军、周海泓编著:《索马里、吉布提》,社会科学文献出版社,2006 年,第 54~55 页。

索马里青年联盟不仅是索马里最大的全国性政党，也是索马里新政府的执政党。据统计，索马里青年联盟在 1960 年选举时在全国各个部落都拥有成员。在共和国早期，统一的政党有利于政府团结和具体政策的实行，后期由于政党势力过大及内部产生分裂，索马里青年联盟不断受到其他党派的攻击。但是在整个索马里共和国时期，没有任何一个政党能够媲美在全国各地得到支持的索马里青年联盟。①

第四节　从社会主义到专制统治：
民主共和国的政治变迁

1969 年 3 月，时逢大选，索马里青年联盟在党派斗争中战胜独立立宪党，形成一党独大的局面，随即引起一些西化精英们的不满，最终导致发生军事政变。1969 年 10 月 15 日，索马里共和国总理埃加勒出访海外，时任总统舍马克在视察北部城镇拉斯阿诺德受旱地区时，被自己的一名警卫开枪打死。1969 年 10 月 21 日（他葬礼后的第二天），由穆罕默德·西亚德·巴雷领导的索马里军队在没有遇到武装反对派抵抗的情况下夺取了政权，这是一次没有流血的政变，开启了索马里科学社会主义建设时期。

新政府通过提倡自力更生和自给自足的理念赢得了人民的支持。这有助于鼓励一种民族意识，而不是氏族意识，因为它减少了对传统氏族血统的依赖。每个索马里人的梦想都是统一，包括那些生活在埃塞俄比亚和肯尼亚统治下的索马里人。在西亚德政权执政的头 8 年里，苏联成为一个重要的军事盟友。1977 年，索马里－埃塞俄比亚战争成为索马里和苏联国家之间友谊的分水岭。苏联最终选择支持埃塞俄比亚，反对索马里的民族主义计划，最终索马里国民军输掉了这场战争。

---

① ［英］I.M.刘易斯：《索马里史》，赵俊译，东方出版中心，2012 年，第 136 页。

一、"不流血"的政变

1969 年索马里共和国举行的选举中，索马里青年联盟以压倒性优势掌握了议会和政府，导致其他代表部落势力的党派人物丧失返回摩加迪沙继续担任议员的可能，其中许多人是强势的部落实权派。而选举中的腐败行径导致法院收到大量关于选举的诉讼，选民由于自己所支持人物的落选抱怨不断。1969 年这场充满争议的选举是部落裙带联系和腐败盛行的蔓延。对所有民众而言，国民议会已经丧失建立之初的民主和公平的象征，被嘲笑为"污秽的集市"。面对这种局面，时任总理埃加勒和总统舍马克一致认为需要采取军事性的高压统治来重建政府权威。

1969 年 10 月 15 日，埃加勒总理出访海外时，舍马克总统被警卫枪杀身亡。得知消息后，埃加勒总理第一时间返回摩加迪沙组织新总统的选举。埃加勒提名哈吉·穆塞·博克为总统并且通过政党会议审核，埃加勒继续担任政府总理。10 月 21 日凌晨，军队开进摩加迪沙占领了首都的主要场所，政府官员遭到扣押和软禁，国民议会也被关闭。军队随即宣布成立最高革命委员会并接管国家政权。10 月 24 日，在政变后的首次讲话中，西亚德·巴雷为国家定下新的基调："武装部队的干预是不可避免的，我请求所有索马里人出来建设他们的国家，一个强大的国家，用他们所有的努力、精力、财富和大脑来发展他们的国家。帝国主义者总是希望看到人们处于饥饿、疾病和无知之中，他们会反对我们，以便我们乞求他们。让我们携起手来粉碎我们土地上的敌人。"11 月 1 日，新政府正式宣布穆罕默德·西亚德·巴雷担任最高革命委员会主席，废止 1961 年宪法，颁布《第一革命宪章》和《第一号法令》，授予全国最高革命委员会一切权力，禁止所有政党活动。西亚德不仅是最高革命委员会主席，也是国家书记委员会主席和国家武装总司令，新建立的索马里民主共和国被认为是军人专制政体。

1976 年 7 月 1 日,索马里革命社会主义党①成立,最高革命委员会宣布解散,并将全部权力交与革命社会主义党。索马里革命社会主义党是在 1976 年 7 月 1 日由时任索马里总统穆罕默德·西亚德·巴雷创建,随后最高革命委员会解散,由该党领导全国事务。1981 年,该党加入非洲社会党国际。1990 年 5 月起,索马里开始实行多党制,直到 1991 年 1 月索马里联合大会上台,结束了该党长达 21 年的统治。索马里革命社会主义党党纲规定,该党是索马里劳动人民和其他一切进步力量的先锋队,是以科学社会主义思想武装起来的。任务是建立一个以社会主义、平等、团结和进步为基础的社会。对内主张维护民族独立和国家主权,反对部落主义和地方主义,实行社会保险、免费医疗和义务教育。对外奉行中立和不结盟政策。该党一直是索马里民主共和国的唯一执政党,最高领导机构是全国代表大会,每五年召开一次,选举产生中央委员会和中央检查委员会,基层组织按地区生产原则建立。总书记是穆罕默德·西亚德·巴雷,党报是《通讯报》,党刊为《斗争》月刊。索马里由此建立起一个由革命社会主义党领导的党政合一的国家。

西亚德政府的统治可以分为两个阶段:欧加登战争②之前和之后。第一个阶段是一种渴望和幻想,即索马里启动"科学社会主义"项目,旨在通过巩固对国家资源、法律和纠纷调解的控制,摧毁所有其他可能存在竞争的权力来源。国家的言论和行动都包含在强化民族主义和根除"部落主义"的双重计划中。③在许多人看来,西亚德的民族主义计划有值得称赞的目标,包括扫

---

① 索马里革命社会主义党是一个以科学社会主义和伊斯兰信条为基础的一党组织,试图通过使马克思主义适应当地情况来调和国家意识与伊斯兰教,强调穆斯林的社会进步、平等和正义原则。政府认为,这些原则构成了科学社会主义的核心。它本身强调自给自足、公众参与和控制,以及生产资料的直接所有权。虽然也鼓励私人投资,但政府的总体方向基本上是共产主义性质的。

② 欧加登战争指 1977 年到 1978 年爆发于欧加登地区的战争。交战双方是埃塞俄比亚和索马里。战争起因是索马里对埃塞俄比亚的欧加登地区提出领土要求。欧加登是埃塞俄比亚东部的一块土地,当地主要居民为索马里人。在索马里语中,欧加登意为"灼热的土地"。在这场战争中,苏联、古巴和南也门公开支持埃塞俄比亚。索马里早期也曾经得到苏联支持,但后来苏联转为支持埃塞俄比亚。战争最后以索马里撤出欧加登地区告终。

③ Catherine Besteman, Violent Politics and the Politics of Violence: The Dissolution of the Somali Nation-State, *American Ethnologist*, Vol.23, No.3, 1996.

盲运动、歌颂民族文化英雄、发动民族战争、修改法律以加强国家控制。所有这些都被认为是国家建设的重要组成部分。第二个阶段是欧加登战争失败后的政治高压时期,西亚德的独裁统治与派系主义的强势复苏相结合,进行全国性的高压统治。

新政权的领导者西亚德于 1919 年出生于朱巴河流域盖多州,属索马里最大部落——达鲁德部落中的马列汉氏族。西亚德系警官出身,部落意识十分强烈,在舍马克总统时期(1967 年 6 月—1969 年 10 月),他任国民军司令,兵权在握,于 1969 年 10 月 21 日发动军事政变上台。虽然他一再广为宣传自己反对部落宗族主义的立场,但讽刺的是西亚德的上位是依赖于索马里最大部落达鲁德部落两个主要氏族联盟的支持, 即马列汉——西亚德及其母亲所在的氏族,奥加登——西亚德女婿所在的氏族。[①]他口头上强调反对部落主义,还颁布多项法令,开展反部落主义运动,实际上是借此打击其他部落的势力。因此,欧加登战争失败后,部落主义一直是索马里国家难以解决的问题之一,并且在后期引发了全国性的内战。

二、西亚德政府的"科学社会主义"

1970 年适逢军事政变一周年,新政府大力进行拨乱反正,并为国家建设和发展选择了更为清晰的意识形态:即科学社会主义。[②]西亚德的这一选择,反映出索马里倾向苏联的政治选择, 同时索马里的军队也依赖于苏联装备和军事顾问。西亚德声称这完全符合他的同胞对伊斯兰教的传统献身精神。西亚德领导着一个以军事为主的政府,他宣布要使国家摆脱贫困、疾病和无知。总统很快被誉为人民的"父亲"(他们的"母亲"是"革命")。"马克思同志、列宁同志和西亚德同志"的口号在全国各地装饰着官方的意识统治机构。农村社会通过区域委员会也被纳入极权主义结构中, 部落忠诚被正式宣布为非法,部落主义衍生的行为成为刑事犯罪。

---

① Paolo Tripodi,*The Colonial Legacy In Somalia*,ST. MARTIN'S PRESS,1999,p.2.

② 索马里语:banti-wadaagga ilmi ku dhisan,字面意思是"基于智慧上的共同富裕"。

"科学社会主义"是一种普世性的思想意识，但是西亚德的索马里政权，其实是以马克思主义提供的上层建筑来掩饰他通过氏族部落来管控国家的目的。最终，科学社会主义变成了"西亚德主义"。所以从本质上来说，科学社会主义对于西亚德来说是一种手段而非目标。

早期西亚德政府采取了一系列打压部落主义和削弱部落实力的措施，对部落进行社会主义性质的改革，主要包括以下措施：

第一，经济国有化改革，打压部落经济发展。1969 年至 1980 年初，穆罕默德·西亚德·巴雷军政府实行了社会主义下的国有化改革，[①]其特点是将银行、保险公司、石油公司和大型工业公司国有化；设立国有企业、农场、贸易公司；建立国家控制的合作社等。国有经济的建立在一定程度上摧毁了以氏族家庭为基础的部落经济，抑制了部落武装力量的进一步扩大。

第二，谴责部落主义，宣布部落制度为非法。将公开和私下承认部落存在的行为定为犯罪。任何涉及正式的、非正式的、口头的或书面的关于宗族、血统的内容都被严格禁止，而且一旦发现违法者，就会被监禁。[②]刘易斯曾指出："在共和国的主要中心地区有关部落主义、腐败、裙带关系和暴政的雕像被象征性地焚烧或埋葬。'同志'这个词被广泛使用，取代了传统的礼貌称呼'表亲'，因为它带有部落和亲属的内涵，现在被认为是不受欢迎的。"[③]西亚德政府亦通过法律压制部落势力，确立科学社会主义在意识形态领域的主导地位。西亚德政府首先以官方名义谴责部落主义，进而通过立法的措施进一步压制民众的部落观念。1970 年政府颁布的法律中明确取消部落特权和

---

① 即经济的大部分部门都归政府所有，包括银行、学校、保险公司、进口和批发贸易在内的所有中型企业。国有化浪潮始于 20 世纪 70 年代初。许多新的国有机构保持着绝对的垄断地位，它们是作为社会主义经济的基础而创建的。法律禁止私人商人进口、储存、购买或分销食品。

② 在"社会主义团结，部落主义分裂"的口号下，宗族和亲属关系被正式禁止，新政府承诺根除任何有关宗族的口头或书面说法。为了限制团体之间血亲复仇的传统，该政权对被判犯有杀人罪的人判处死刑。(Ismail I. Ahmed and Reginald Herbold Green, The Heritage of War and State Collapse in Somalia and Somaliland: Local-Level Effects, External Interventions and Reconstruction, *Third World Quarterly*, Vol.20, No.1, 1999.)

③ Catherine Besteman, Violent Politics and the Politics of Violence: The Dissolution of the Somali Nation-State, *American Ethnologist*, Vol.23, No.3, 1996.

一切附属称号,收回部落土地所属权,并且开展为期一个月的反对和批判部落主义运动。①通过这一系列法律措施的颁布,部落主义和部落势力日渐式微,社会主义威权体系下的民族国家建构初见成效。

第三,在意识形态与文化领域,建立个人崇拜代替传统父系部落崇拜,并且统一文字体系,建立索马里国家的官方语言体系。为了将整个国家团结在他的民族主义、魅力型领导之下,西亚德首先在自己周围建构了一种高度复杂的强制性个人崇拜。无论他走到哪里,总统都受到群众的掌声和奉承,他忠诚的臣民们在他面前跳舞,向他致敬。1974年,西亚德派出所有的学生和教师到全国的农村向农民和游牧民教授新文字,以及"卫生知识、现代畜牧业方法、基本公民学和科学社会主义"②。西亚德希望通过这种方式创造一个由会说、会读、会写同一种语言的人组成的社区,这种有意识地将民族主义与现代化联系起来的尝试赢得了十分可观的成效。传统的部落依附逐渐被领袖依附所代替,语言体系的建立使得国家政策得以快速施行和传递,现代国家体制得到进一步完善。

第四,建立社会主义宣传体制。索马里"最高革命管理委员会"和全国"指导中心"先后成立,在威权下进行社会主义宣传,降低部落的政治影响。为了整合和打压部落武装力量,成立了社会主义原则指导下的民兵组织,进一步对部落传统势力进行压制与监督。部落首领先后被聚集在摩加迪沙的指导中心进行社会主义教育,从部落体制的上层建筑进行部落改革。另外,隶属于西亚德的"国家安全局"进一步监视部落势力,成为威权政治实行的直接参与者。这一系列社会主义性质的打压措施,进一步瓦解了索马里传统的部落势力,建立了国家主导的威权中央政府,索马里国家建设和部落整合达到了新高度,民族国家似乎从这一时期开始形成。

1974年以后,西亚德将注意力转向对外事务。1974年6月,西亚德政府

---

① Ismail I. Ahmed and Reginald Herbold Green, The Heritage of War and State Collapse in Somalia and Somaliland: Local-Level Effects, External Interventions and Reconstruction, *Third World Quarterly*, Vol.20, No.1, 1999.

② Catherine Besteman, Violent Politics and the Politics of Violence: The Dissolution of the Somali Nation-State, *American Ethnologist*, Vol.23, No.3, 1996.

以东道主的身份,在首都摩加迪沙承办非洲统一组织会议。①这是自西亚德通过军事政变夺得政权以后,在国际上的首次外交亮相。领导人西亚德想通过外向型的外交政策,提升索马里在非洲、阿拉伯和国际社会上的地位。为了组织这次会议,西亚德斥巨资建立了辉煌的大会堂,更是精心安排官方代表团接待大量外宾、新闻记者,所有的这些都给首都摩加迪沙的经济带来了沉重负担。但是这场会议也为索马里带来一些好处。从国家立场而言,索马里能在非洲事务中获得话语权,同时西亚德还利用非洲统一组织会议主席的身份,参与葡萄牙政府和安哥拉独立组织之间的谈判。他标榜索马里是反对殖民主义、支持民族独立的坚定拥护者,甚至声称索马里愿意帮助所有在外国统治下受苦的索马里同胞。这很明显是一种泛索马里主义的扩张野心,逐渐将索马里的外交扩大到他国内政中。

之后,索马里加入阿拉伯联盟,②成为唯一的非阿拉伯语成员国,并获得了急需的石油援助和波斯湾诸多国家的政治支持。1974年9月海尔·塞拉西被推翻后,埃塞俄比亚分崩离析,欧加登的索马里西部解放阵线(西索马里解放阵线)的游击队要求西亚德政府提供支持。1977年6月,法国给予吉布提独立后,在索马里的支持下,索马里西部解放阵线立即对埃塞俄比亚驻军发动了一系列猛烈攻击。到1977年9月,索马里基本上征服了欧加登地区。然后,苏联转向填补美国逐渐撤出在埃塞俄比亚留下的权力真空。不幸的

---

① 非洲统一组织成立于1963年5月25日。2002年7月9日,非洲统一组织在南非总统塔博·姆贝基主持下,正式改组为非洲联盟。非洲统一组织成立的目的是为了团结非洲国家,形成一个代表非洲国家的统一的声音,反对殖民主义,成立一个解放委员会帮助非洲独立运动。由于埃塞俄比亚原皇帝海尔·塞拉西一世的邀请,非洲统一组织的总部设在埃塞俄比亚。刚成立时有32个非洲独立国家签署了组织宪章,后来全非洲的54个独立国家都加入了非洲统一组织,不过1985年,因为非洲统一组织接纳了西撒哈拉作为成员,摩洛哥表示抗议,退出了组织。非洲联盟以不结盟精神为基础,协调非洲各个国家的政策和计划,保卫非洲各国的独立和主权。在联合国非洲联盟有一个"非洲集团",使非洲国家能统一意志,维护非洲国家的利益,同时协调非洲国家在"77国集团"中互相协作。联合国秘书长科菲·安南高度评价非洲联盟的作用。非洲国家和政府首脑大会每年举行一次,休会期间事务由各国外交部长组成的理事会负责。

② 阿拉伯联盟简称阿盟,成立于1945年,是阿拉伯国家组成的地区性国际政治组织,成员国皆位于亚洲或非洲,宗旨是加强成员国间的协作,共同维护各国的主权和领土完整,广泛开展经济、文化等各个领域的合作。

是,1978 年春天,在苏联士兵和古巴士兵的支持下,埃塞俄比亚重新征服欧加登,数十万难民涌入索马里地区。

欧加登战争失败后,这一地区的索马里人因害怕埃塞俄比亚的仇杀大量涌入索马里,加剧了索马里本不景气的国内经济。欧加登战争的失败导致西亚德政府公信力开始下降,国内各个反对派乘机发难。在内忧外患的情况下,西亚德为了维持自己的独裁统治,开始了长达数年的高压统治。这一时期,西亚德背离科学社会主义原则,重新鼓励部落势力,以此为基础建立了一支有 12 万人规模的纠察队来帮助自己建立独裁政权,逮捕了一批政见不合者,希望重新建立起威权中央政府。

1986 年 5 月,西亚德总统出访途中遭遇了几乎致命的交通事故,在西亚德尚未脱离生命危险的情况下,副总统萨马塔尔将军果断采取措施,将西亚德送往沙特阿拉伯。出乎意料的是,西亚德仅一个月后就顺利返回索马里。这一时期,索马里没有发生任何颠覆性的军事政变。这一切归功于西亚德精心挑选的副总统穆罕默德·阿里·萨马塔尔将军。此人没有深厚的氏族部落背景,只对西亚德本人效忠。在西亚德住院的一个月时间,萨马塔尔代替西亚德接任国家元首,阻止了西亚德家族以及所属氏族部落发动军事行动的可能。虽然萨马塔尔没有趁机夺取政权,但西亚德的统治危机依然存在。西亚德政府后期变得越来越极权主义,在埃塞俄比亚共产党的支持下,反抗组织领导的抵抗运动在全国各地兴起,最终导致 1991 年爆发内战,推翻西亚德政权,解散索马里国民军。领导叛乱的民兵团体包括索马里救国民主阵线①、索马里联合大会②、索马里民族运动③和索马里爱国运动④,以及索马里民主运动、索马里民主联盟和索马里宣言集团等非暴力政治反对派。

1988 年,西亚德下令对北部城镇进行扫荡,以此回应当地伊萨克部落领

---

① 1978 年 4 月,索马里在欧加登的失败导致了马耶廷部落高级军官的一次未遂政变。尽管政府镇压了叛乱,一些在政变后逃跑的高级官员组成了第一个反对派运动,称为索马里救国民主阵线,其总部设在埃塞俄比亚。

② 1987 年由哈维耶部落领导的反抗组织,最初在意大利成立。

③ 1981 年由一群商人、宗教领袖、知识分子和来自伊萨克家族的军官发起。

④ 1989 年成立,主要由政府官员和军人组成。

导的反抗起义。1990 年,联合国人权组织的一系列报告①批评西亚德政府的独裁暴力统治,包括对抗议者的虐待行为、对敌对部落的屠杀等。②在接下来的时间里,从北方开始的起义向南方蔓延,各种抵抗组织(特别是北方的索马里民族运动和中部地区的索马里联合国会)为推翻西亚德政权进行着斗争。这些抵抗组织通常被认为代表着特定的部落氏族,以部落利益为主导的政治角逐使索马里陷入内战深渊而难以自拔。

三、与苏联的外交关系

1969 年,西亚德建立民主共和国后与苏联的关系迅速发展。1972 年,苏联国防部长访问索马里,与索马里签订帮助修建柏培拉港的协议,并且向索马里军队提供大量武器装备,包括坦克、喷气式飞机和米格-21 战斗机等。1974 年,索马里又与苏联签署友好合作条约,苏联进一步向索马里提供先进武器装备③,派往索马里的军事顾问也增加到 1500 人,帮助索马里培养大量军事人才。索马里成为苏联在全球争霸策略中非洲的重要战略基地。苏联还向索马里政府提供了非军事援助,包括技术培训奖学金、印刷机、广播设备,以及农业和工业发展援助。1969 年,中国向索马里提供大量非军事援助,包括建造医院和工厂,以及修建连接南北的主要公路。

1977 年是索马里与苏联外交关系的重要转折期,而欧加登战争(1977—1978)也几乎葬送了西亚德政府。这一年夏天,索马里与埃塞俄比亚之间因欧加登问题爆发战争,战争起因是索马里对埃塞俄比亚的欧加登地区提出

---

① 1990 年 1 月,人权观察组织的非洲观察委员会发表了一份题为"索马里政府与本国人民作战"的报告,共 268 页,报告突出了索马里北部地区普遍侵犯基本人权的情况。报告包括关于世界各地各国新抵达的难民在索马里北部遭到杀害和冲突的证言。报告将针对北部占统治地位的伊萨克族的有系统侵犯人权行为描述为 "国家支持的恐怖主义","城市人口和生活在农村的游牧民都遭到即决处决、任意逮捕、在肮脏条件下的拘留、酷刑、强奸、对行动自由和言论自由的严重限制及心理恐吓模式"。报告估计,1988 年到 1989 年,有 5 万至 6 万人丧生。

② Catherine Besteman, Violent Politics and the Politics of Violence: The Dissolution of the Somali Nation-State, *American Ethnologist*, Vol.23, No.3, 1996.

③ 包括米格-21 战斗机、T-54 坦克、萨姆-2 导弹等。

领土要求。欧加登是埃塞俄比亚东部的一块土地，当地主要居民为索马里人。在索马里语中，欧加登意为"灼热的土地"，埃塞俄比亚政府毫不让步的立场使双方在这一地区爆发军事冲突。起初，苏联以中间人的身份试图调解埃索冲突，以期继续保持两国之间的友好关系，但未获成功。经过权衡，苏联在后期选择支持埃塞俄比亚，并于同年 8 月停止对索马里的武器援助，同时开始向埃塞俄比亚提供大量武器装备。12 月索马里西亚德政府宣布取消与苏联的友好合作条约，要求 6000 名苏联军事、文职人员在一周内离开索马里，之后宣布与苏联断交。两国的外交关系直至 1986 年才再度恢复。苏联解体后，俄罗斯政府采取撤离非洲的政策，不再过度关注非洲问题，在索马里问题上，作为联合国安理会常任理事国之一，仅仅在政治上支持联合国、非洲地区组织以及索马里邻国为索马里冲突所做的一系列努力。

20 世纪 70 年代末，由于失去苏联的支持，在美国的压力下，1979 年索马里开始实行政治改革，制定了新宪法、实行议会制、允许多党存在和组织活动。同年 12 月，经过选举产生的人民议会正式组成。1980 年 1 月，人民议会选举西亚德为总统，集党政军权于一身。[1]随着冷战接近尾声，索马里的战略重要性开始降低，该政权的权威进一步削弱。西亚德政府变得越来越专制，在埃塞俄比亚的鼓励下，抵抗运动在全国各地爆发，最终导致索马里爆发内战。

四、与美国的外交关系

第二次世界大战之前，美国在非洲的参与非常有限，除了与选定的西非国家签署了一些商业条约外，总体来说，华盛顿对非洲事务不感兴趣，也没有对欧洲统治非洲大陆表示真正的反对。然而当 1918 年 1 月 18 日，伍德罗·威尔逊总统在国会联席会议上发表了他的"十四点宣言"时，非洲引起了关注。1941 年，美国总统富兰克林·罗斯福和英国首相温斯顿·丘吉尔签署了

---

① 顾章义、付吉军、周海泓编著：《索马里、吉布提》，社会科学文献出版社，2006 年，第 77 页。

《大西洋宪章》①，这是一个通过妥协来促进世界和平的倡议。两位领导人都认识到殖民地人民自决和自治权利的重要性。第二次世界大战后，苏联以反对西方统治和帝国主义的姿态进入世界政治事务。作为回应，西方集团及美国在前殖民地促进民主方面变得更加积极主动，开始了在非洲大陆与苏联的角逐。

二战后，为了与苏联在非洲地区竞争与抗衡，美国开始对索马里积极进行经济渗透。1960 年至 1969 年，美国在索马里建立了一系列的经纪公司，给予索马里较大的经济援助。1969 年索马里民主共和国建立后，因采取亲苏联的政策，于 1969 年 12 月宣布驱逐美国政治团体"和平队"②，标志着索马里正式与美国决裂。

1978 年，索马里同埃塞俄比亚的战争失败后，与苏联的关系全面恶化。美国很快宣布愿意为索马里提供武器。1980 年，索马里与美国签订协议，美国答应在今后两年时间内为索马里提供 4000 万美元的武器装备，以此换取在摩加迪沙、柏培拉的港口和机场的使用权。索马里成为美国在中东势力边界地区的一个重要军事据点。之后美国对索马里的苏联援建设施进行修缮，成为美国快速反应部队的培训基地。在 1990 年的海湾战争中，柏培拉港成为向沙特运送美军的前沿基地。在整个 20 世纪 80 年代，美国对索马里的援助一直增加。从 1980 年至 1985 年美国总计提供了超过 1 亿美元的援助。1982 年 2 月，西亚德总统亲自率代表团访问美国，两国友好关系到达历史顶点。

在苏联援助下建立起来的索马里民主共和国在 1978 年加入西方阵营，从而证实了"没有永远的朋友，也没有永远的敌人"。选择支持西亚德的社会主义政权的政策长期以来违背了美国宪法。然而机会主义仍然是美国外交政策的一个固定套路，索马里符合这种外交选择。尽管西亚德·巴雷的人权

---

① 《大西洋宪章》又称《丘吉尔罗斯福联合宣言》，于 1941 年 8 月 14 日由英国首相丘吉尔与美国总统罗斯福签署的联合宣言。苏德战争爆发后，第二次世界大战范围扩大，英、美迫切需要进一步协调反法西斯的战略。两国首脑于 1941 年 8 月在大西洋北部纽芬兰阿金夏海湾内的美国的重巡洋舰"奥古斯塔"号上举行大西洋会议。在 13 日两国首脑在"威尔士亲王"号战列舰的后甲板上进行了《大西洋宪章》的签字仪式，14 日正式公布。

② 和平队是 1962 年美国派遣至索马里的新闻机构。

记录不佳,政府腐败,美国还是向他提供了经济援助以维持他的政府,并向他提供军事援助以保护索马里。因此,索马里西亚德政权平稳度过了 20 世纪 80 年代,获得了世界银行、国际货币基金组织的赠款和灵活贷款,并通过美国国际开发署获得了粮食援助。然而西亚德的阴云笼罩着美国人倡导的民主和自由理念。西亚德是一个非法的独裁者,他既不能容忍政治反对派,也不试图通过妥协来制定各方都能接受的解决方案。相反,他更喜欢扮演暴徒的角色,使用武力消除任何同情反对派的家族。他的军队尤其在索马里中部犯下了不可饶恕的暴行。

由于 20 世纪 80 年代后半期美苏关系缓和,索马里在美国的战略地位开始下降。美国以西亚德政府腐败、违反人权和有领土扩张的野心为借口,开始逐渐降低对索马里的援助。1986 年美国正式通过大规模减少对索马里援助的法案,1989 年正式停止对索马里的军事援助。1990 年 2 月,美国意识到西亚德政权即将倒台,随即停止对索马里的所有援助。1991 年 1 月,美国正式关停在摩加迪沙的大使馆,并撤出所有驻索马里成员。

关于如何解决索马里内战期间的混乱局势问题,美国随着国际和国内形势的变化采取了不同的应对方案。起初美国主张联合国武力干预索马里事务,并积极参加联合国索马里维和行动,在 1992 年率领多国部队进入索马里,介入索马里内部冲突。后来在遭遇索马里国内以艾迪德反对派为主的抗争后,美国开始寻求索马里问题的政治和解。"黑鹰坠落"(又被称为摩加迪沙战役)事件的发生是美国援助索马里的重要转折。

该事件起于 1960 至 1970 年因计划发动政变失败而入狱的穆罕默德·法拉赫·艾迪德,在他获得主力派系索马里联合国会①的支持后,一些原本遭放逐避走意大利的索马里联合国会成员先下手为强宣布阿里·马赫迪·穆罕默德为新任总统。1991 年 6 月,艾迪德被选为索马里联合国会主席,但穆罕默德拒绝放弃总统头衔,再加上索马里境内还有许多势力也有意染指西亚

① 索马里联合大会(USC)是索马里主要的反叛组织之一,成立于 1987 年,1991 年在西亚德·巴雷政府下台方面发挥了主导作用,内战中 USC 分裂成两个武装派别:一个由阿里·马赫迪·穆罕默德领导,另一个由穆罕默德·法拉赫·艾迪德领导。到 2000 年,随着过渡民族政府的成立,解除武装进程开始启动,一些温和的党派成员被纳入新的临时政府。

德下台后真空的地盘，因此爆发了一场以小型民兵单位为主体的军阀内战。联合国最初介入索马里事务，原本只是为了解决在索国南部严重的饥荒问题，①但很快这项行动开始变质成具有政治目的的军事行动。从国际角度来说，索马里境内的战争已经成为盗匪帮派之间互相争夺地盘、国家处于无政府状态的混乱状态。为了解决这种情况，联合国希望能通过解除各派系的武装，在索马里境内扶植一个西方式的中央政府。但对于索马里当地的各个武装派系来说，他们并不想接受这种西方文明主导的政治方式，也不愿意放弃武装与自我防卫的力量，因而除了敌对的派系势力之外，外来侵入者也成为他们对抗的目标。②

1993 年 6 月 5 日，联合国部队尝试将艾迪德所拥有的无线电广播电台关闭，以制止其进一步散播反联合国的言论，之后艾迪德派的民兵们进行反击，在冲突中射杀了 23 名巴基斯坦籍的联合国部队士兵。1993 年 10 月 3 日，为了惩罚并削弱艾迪德的势力，美国陆军在得知 2 名艾迪德高级幕僚的所在地后为逮捕他们发动"艾琳行动"，出动精锐的游骑兵部队与三角洲特种部队组成联合打击部队，突袭摩加迪沙市中心的民兵据点。在这次行动中，美军虽成功地逮捕到艾迪德的两位高级幕僚。但在策划与执行时，因为对民兵火力的低估，两架美军黑鹰直升机被击落，百余名美军特种部队在进行对坠毁直升机机组员的搜救任务时身陷民兵火网与路障中，以致困于市区中无法撤离，使原定数小时就可完成的突击任务，变成长达数十小时的城市游击战。美军地面部队直到次日清晨联合国部队派出装甲车才得以撤离。此役共有 18 名美军与 1 名马来西亚装甲运兵车驾驶兵阵亡，数十人受伤。索马里方面估计约有 500 至 1000 名民兵死亡，3000 至 4000 名普通民众受到波及。

这次事件发生后，克林顿政府大规模缩减了美国在该地区的人道主义

---

① Overy, Richard, *20th Century : History As You've Never Seen It Before*, Dorling Kindersley, 2012. p.287.

② Brune, Lester H, *The United States and Post-Cold War Interventions : Bush and Clinton in Somalia, Haiti and Bosnia, 1992-1998*, Regina Books, 1999, p.28.

努力。①后期仅仅通过联合国难民署向索马里的难民提供一定数量的人道主义援助。2003 年 5 月，美国史无前例地开始接受因内战逃到肯尼亚的 1.18 万名索马里班图族难民到美国定居。从这一时期开始，美国与索马里的关系逐渐淡化，索马里问题的解决只能再次回归国内。

五、民主共和国的终结

表 2　索马里各届政府中主要部落集团分布：1960 年至 1975 年

	1960 年	1966 年	1967 年	1969 年	1975 年
达鲁德	6	6	6	6	10
哈维耶	4	3	4	5	4
迪吉尔与拉汉文	2	3	3	2	0
迪尔	0	1	1	0	2
伊萨克	2	3	4	5	4
总计	14	16	18	18	20

统计为历届政府的内阁部长人数及 1969 年后最高革命委员会委员人数（［英］I.M.刘易斯：《索马里史》，赵俊译，东方出版中心，2012 年，第 202 页。）

西亚德政府时期，其政权特点被刘易斯概括为：M.O.D 模式。M 代表主席的父系家族；O 代表主席的母系家族；D 代表国家安全局局长的家族（最为重要的女婿所在家族）。该公式是一个统治索马里的模型，为主席提供权力基础并保障国内外安全。因此，即便是社会主义模式下的索马里国家建设，其根本还是部落支持下的利益争夺，部落的长期存在及后期关于利益争夺引发的族际冲突也是索马里混乱局面的根源。

索马里民主共和国的社会主义模式失败的原因有很多，如经济发展内生性不足，连续执行两个经济计划成效微薄，严重依靠苏联的帮助等，但部落问题更不可忽视。到 20 世纪 70 年代末和 80 年代初，随着索马里与邻国

---

① Rod Thornton, *Asymmetric Warfare: Threat and Response in the Twenty-First Century*, Polity Press, 2007, p.10.

边界问题的解决，民众削弱的部落观念日益滋长，一些以部落为组织的政党重新出现。西亚德总统出生于索马里达鲁德部落中的马列汉部落分支。西亚德部落情结十分浓厚，推崇达鲁德部落主义。由于父亲被伊萨克部落所杀，因此他怀着部落复仇意识来处理部落问题。为了对付日益强大的部落反对派，西亚德开始大规模使用本部落的人担任政府要职，建立马列汉小部落和西亚德家族的统治。索马里人批判西亚德在反对部落主义时使用的双重标准，其国内曾流行这样一个笑话，"政府在将象征部落主义的木像烧毁后，西亚德又在半夜将其挖出来重新放到自己的办公室"①。西亚德总统采用回归部落主义、分而治之的方式对付部落问题的做法并不奏效，部落主义在索马里沉渣泛起，一些以部落为基础的武装力量相继出现。② 20 世纪 80 年代中期，索马里已经显示出失败国家的迹象。除安全部门外，索马里政府机构开始减少，也不发挥什么作用，部落冲突频繁发生，腐败现象较为严重，国有农场和公司大规模破产。

随着索马里民众对军事专制统治和社会主义理想的幻灭，西亚德政府的权威进一步受挫。到 20 世纪 80 年代中期，埃塞俄比亚共产党德格军政府③支持的抵抗运动在索马里全国各地兴起。西亚德政府下令对反抗的游击队采取惩罚措施，特别是北部地区的抵抗组织。镇压行动包括军事打压和轰炸抵抗军城市，索马里民族运动领导的抵抗组织是首要的镇压对象，其据点哈尔格萨遭受轰炸袭击。至 1990 年，在首都摩加迪沙禁止三人以上的集会，资源短缺和通货膨胀加剧了社会中的不稳定因素。政府对外国人实行严格的监视，出台严厉的外汇管制条例来防止外币流失。高压政策和严厉的军事镇压导致部落基础上的党派不满情绪逐渐上升，最终酿成索马里内战局面的爆发。

1991 年 1 月，索马里领导人西亚德的政权被反政府组织推翻，他本人也被迫流亡至尼日利亚。事实上，在索马里民主共和国后期，西亚德政权的统

---

① Raphael Cjijioke Njoku, *The History of Somalia*, Greenword Press, 2013, p.125.

② Ken Menkhaus, Governance without Government in Somalia: Spoilers, State Building, and the Politics of Coping, *International Security*, Vol.31, no.3, Winter, 2006/2007.

③ 即埃塞俄比亚临时军政府，1974 年至 1987 年统治埃塞俄比亚的社会主义政府。

治范围仅仅在摩加迪沙,当时有人嘲讽地说到,西亚德是"摩加迪沙市长"。早在1990年,西亚德赖以生存的外交援助已经枯竭。在那场西亚德主动发起的欧加登战争中,索马里不仅失去了苏联这个支持者,最终也兵败撤退。于是,随之而来的大量索马里难民造成政府机构和国家经济的整体崩溃。加上内部势力的分裂,西亚德政权最终被颠覆,西亚德时代也由此终结。

第五节　走向内战:国家失败与社会危机

基于部落氏族利益,索马里各个反对派在反对西亚德政府的斗争中联合起来,然而当1991年1月西亚德政府被推翻后,它们便割据一方,彼此争斗,进入群雄争霸的"战国时代",索马里"国家失败"由此开始。至20世纪90年代中期,索马里部落势力基础上的政治军事派别超过50多个。经过不断地分化和重组,到21世纪初,索马里基本上形成索马里兰共和国、蓬特兰国、索马里西南国和以摩加迪沙为基地的地方政权四分天下的格局。[①]至今,索马里依然没有一个强有力的集权政府,地方分裂势力继续存在。部落作为地方分裂势力存在的最大载体,成为解决索马里问题的关键所在。从独立开始,索马里面临的问题接踵而至,究其原因,不只是殖民时期和托管时期的政治遗患,更是长期以来索马里部落体制存在的结果。

内乱时期,各反对派都进行建立中央政府的尝试,但因得不到多数派别的支持而作罢。于是,这些反对派便以部落氏族为基础,建立不同层次的政府机构。地方政府机构大多是部落首领、长老、宗教领袖、商界人士、民兵领导以及政界人物的联合体。地方政权的部落化和氏族化导致索马里内乱形势更加严峻。索马里从一个统治者变成了许多统治者,在内乱中,军阀们开始互相厮杀,却没有任何势力可以联合起来对抗他们。因此,无政府状态取

---

① 顾章义、付吉军、周海泓编著:《索马里、吉布提》,社会科学文献出版社,2006年,第65~66页。

代了法律和秩序,索马里人又回到了传统的部落战争。这种混乱是古老的游牧文化的一部分,很难与现代民族国家的要求相兼容。氏族家庭制度及其暴力文化造成了国家的巨大损失,主要的家族都在军阀的背后结盟,他们都在寻求保护自己的利益和领土,最终彼此侵犯,加剧了该国的不稳定因素。无数无辜的人在战斗中失去了生命,更严重的后果是随之而来的饥荒。

1992 年,索马里发生了一场历史性的饥荒,索马里 900 万人口中有四分之一的人营养不良。在这个问题上,美国和国际社会的良知占据了上风,联合国采取了一项人道主义干预行动,旨在帮助农村饥饿的人们。很明显,美国不可能在不卷入内战的情况下援助索马里,军阀们阻止联合国的救援物资到达有需要的人手中。老布什政府在 1992 年底卸任前提出了一项名为"恢复希望行动"的新倡议,在这一努力中,美国与时任联合国秘书长布特罗斯·布特罗斯·加利合作,部署了 30000 人的维和部队,监督人道主义食品安全有效地运送给饥饿的人民。布什总统前往被媒体称为"死亡之城"的拜达镇,亲眼看见了救援行动所取得的成果及所面临的困难。

一、索马里的"四分天下"

1991 年,西亚德政府被以部落为基础的反对派联盟赶下台,该联盟得到了当时执政的埃塞俄比亚共产党德格军政府和利比亚的支持。[①]随后索马里民族运动组织[②]和北部部落长老商议英国殖民领地于 1991 年 5 月独立为索

---

① Columbia University, School of International Affairs, *Journal of international affairs*, Vol.40, 1986.

② 1981 年成立于伦敦,1982 年在埃塞俄比亚的迪雷达瓦设总部。成员大部分为伊萨克族,系北方实力最强、影响最大的武装派别。1991 年西亚德政权垮台后,控制整个西北部地区,宣布北方"独立",成立"索马里兰共和国"。首任领导人为阿卜杜拉赫曼·艾哈迈德·阿里·图尔。1993 年 5 月,穆罕默德·易卜拉欣·埃加勒当选"总统",1997 年 2 月连任。2001 年 5 月 31 日,索马里兰举行全民公决,通过含有独立条款的新宪法。7 月,埃加勒因与反对派发生矛盾而在哈尔格萨成立"联合人民民主党"(Allied People's Democratic Party,索语简称 UDUB,意为支柱),通过了党章并建立了中央委员会。2002 年 4 月,埃加勒病逝,原"副总统"达希尔于 5 月 1 日就任"代总统"。

马里兰共和国。①虽然与动荡不安的南方相比,它事实上是独立和相对稳定的,但没有得到任何外国政府的承认。尽管后期该地区在 1992 年和 1994 年爆发两次内战,也出现了"团结党"等新的政治团体,但该地区政局基本上稳定,有健全的政府机构,两院制议会(长老院和代表院)、司法体系、警察部门及地方行政机构。社会经济也稳定发展,民众生活比较安定。国际上的一些机构和学者将索马里兰的成功实践作为索马里国家重构的样板。

索马里邦特兰国位于索马里东北部地区,当地的达鲁德氏族于 1998 年 7 月发表自治宣言,并于同年 8 月 1 日在努加尔州的加罗韦建立了自治政府,而邦特兰则是对该政府统管辖区域的称呼。该政府实际控制面积 21 万多平方千米,占索马里总面积近三分之一。邦特兰为继索马里兰以来,实际上是国家的分裂。但与索马里兰不同的是,邦特兰提出愿意和索马里统一的立场,此外邦特兰和索马里兰也有领土方面的纷争。现任政府主席是莫哈穆德·慕塞·哈希二世。首任政府主席阿卜杜拉希·尤素福·艾哈迈德在 2004 年 10 月 14 日成为索马里过渡全国议会的领袖,同月辞去邦特兰政府主席的职务。

索马里西南国位于索马里西南部。该地区自 1991 年西亚德政府垮台后长期处于军阀混战状态。2002 年 3 月 31 日,"拉汉文抵抗军"②成功控制大部分地区后,决定成立索马里西南国,首府位于巴拉韦。长期以来,该地区内讧不断,政局不稳。该政权于 2005 年瓦解。2014 年 11 月 7 日,索马里西南州作为索马里的联邦成员州重新成立。

以摩加迪沙为基地的地方政权长期受到国际社会的关注,作为索马里

---

① 位于非洲之角东北部的一个未受国际普遍承认的国家,该国东部和索马里邦特兰州接壤,西部和南部与埃塞俄比亚接壤,吉布提在其西北方,北面隔着亚丁湾和也门相望。1991 年 5 月 18 日索马里内战时,西北部的伊萨克部落组成的索马里民族运动宣布原英属索马里兰地区独立为"索马里兰共和国"。索马里兰实际控制原索马里 18 个州份中的 5 个(奥达勒州、沃戈伊加勒贝德州及托格代尔州大部分、萨纳格州大部分、索勒州大部分)。索马里兰是世界上实际控制领土面积最大的未受国际普遍承认的国家,多数国家因索马里的反对而仍将索马里兰视为索马里的联邦成员州之一。索马里兰目前未被任何联合国会员国承认。

② 拉汉文抵抗军:1995 年 4 月成立,由拉汉文族人组成,主席兼总司令为穆罕默德·努尔·夏尔古杜德。

首府的摩加迪沙，不仅是政治经济中心，也是诸多派别争夺最为激烈的地方。它们以摩加迪沙为中心，建立了包括索马里中部和南部部分地区在内的地方政权。这一地区先后建立的政权有马赫迪派、艾迪德派和苏迪派，其中影响力最大的是艾迪德派。

艾迪德派是在摩加迪沙甚至是索马里地区最为有影响力的军阀，其首领是穆罕默德·法拉赫·艾迪德。艾迪德早年先后在罗马和莫斯科接受教育，后于1950年就职于意大利在索马里招募的殖民地部队。索马里独立后，艾迪德被总统穆罕默德·西亚德·巴雷晋升为将军，曾率军参加欧加登战争，后成为西亚德·巴雷的情报机关负责人。1991年，西亚德怀疑艾迪德谋划针对其的军事政变，遂将其逮捕并判处6年徒刑，但支持艾迪德的部落成立索马里联合大会并奉其为首领，推翻西亚德·巴雷的统治，控制了首都摩加迪沙和大部分南部索马里国土。

此后，艾迪德与索马里联合大会内另一支武装首领阿里·马赫迪·穆罕默德互相争夺首都的控制权和竞选总统。尽管他们的合作已经推翻了西亚德政权，但他们不明白国家建设中妥协的意义。他们每个人都力争成为其各自家族的政治领袖，希望借此控制政府机构，为自己所在部落的索马里人民谋福利。有趣的是，这两名"候选人"都来自摩加迪沙和索马里中部的同一个哈维耶部落。艾迪德属于哈巴-吉迪尔氏族，而马赫迪是阿布加尔氏族的成员。因此，艾迪德和马赫迪把哈维耶部落分成两个小部落，他们作为军阀进行统治。这种发展标志着一种与现代民族国家格格不入的政治"滑坡"。因此，"军阀主义"成为索马里政治文化中被接受的一部分。面对如此多来自其他部落的威胁，每个主要部落家族都不得不培养自己的军事领袖和民兵来保护自己。毕竟，政府本身就充斥着军阀。此外，索马里首都几乎没有什么保护措施，更不用说是否能够进行良好的国家治理。值得注意的是，在乡村、部落和氏族的宗族事务仍由宗族长老和首领负责，军阀扮演的是国家舞台上的角色，他们远离可能与传统长老和首领产生冲突的部落事务。实际上，它们过去是，现在仍然是索马里的噩梦，是一场永无止境的瘟疫。

1991年在吉布提召开的和解会议上，阿里当选索马里临时总统，并得到了吉布提、埃及、沙特阿拉伯和意大利的正式承认。而艾迪德因抵制这次会议没有参加，并在 1992 年 6 月以索马里联合大会内支持他的派别为核心，组建了索马里国家联盟,索马里联合大会从此分裂为两派。艾迪德抵制联合国在索马里部署维和部队的决定，对以美军为主力的维和部队开展城市游击战。1995 年 6 月,艾迪德自任为索马里总统。1996 年 8 月 2 日,艾迪德因为在战斗中受到枪伤而去世。其子侯赛因·穆罕默德·法拉赫·艾迪德当时正在美国海军陆战队中服役,旋即被推选为艾迪德的继承人。1997 年 12 月,小艾迪德在开罗举行的和谈中签署声明,同意放弃总统职位,并在第二年 3 月与阿里·马赫迪·穆罕默德缔结和平计划,分享首都统治权力。索马里国家联盟最终在 2004 年加入索马里过渡政府,小艾迪德在过渡政府中担任副首相和内阁部长。

西亚德政府在失败并被驱逐出摩加迪沙后,由于连续不断地发生屠杀,外国使馆以及联合国都抛弃了索马里,让其自生自灭。这一时期,各个民兵组织政治经济的主要来源是港口，各个派系为争夺港口和运输路线经常发生战斗,并且这些军阀派系对货物征收重税,向一些救援机构索要高额保护费。一段对索马里当时局势的判断十分贴切:一个没有政府的国家,其民众处于绝望之中,缺乏粮食和医药供应,而这些物资只能靠配有大量现代武器的、互相敌对的、掠夺的民兵组织保护才能被运送到那些最需要这些物资的人的手中。①

二、艰难的国家重建

索马里的战乱和分裂引起了国家社会的广泛关注。为调解索马里各派的冲突,联合国、非洲统一组织、非洲联盟、阿拉伯联盟、伊斯兰会议组织及索马里的邻国都做出了一定努力。从 1993 年开始,为期两年的联合国人道主义工作(主要是在索马里中南部)缓解了索马里的饥荒问题,但当联合国于 1995 年撤离时,索马里共和国的秩序依然没有得到恢复。在 20 世纪 90年代初期,由于长期缺乏永久性的中央权力机构,索马里开始被定性为"失

---

① ［英]I.M.刘易斯:《索马里史》,赵俊译,东方出版中心,2012 年,第 245 页。

败的国家"①。

在 20 世纪 90 年代,为解决索马里问题举行了 10 多次和平会议,但会议基本上没有取得成功。2000 年 4 月至 5 月在吉布提阿尔塔举行的索马里全国和平会议上成立过渡时期临时全国政府。阿布达卡西姆·萨拉特·哈桑被选为新的过渡时期全国政府的总统。过渡政府成立后,先后提出恢复首都秩序,解除民兵武装,部落之间平等对话与和解等一系列整肃国家的措施。与此同时,积极出席各种国际会议,访问周边国家和阿拉伯国家,寻求国际援助和承认。但是过渡时期全国政府在国内尚无一定权威,新政府不断遭到反对,并且无法有效地进行管理。2002 年 7 月 15 日,索马里第 14 轮全国和解会议在肯尼亚的埃尔多雷特召开,索马里各个派别和民间团体除了索马里兰以外均派代表参加。2002 年 10 月 27 日,《关于停止敌对行动和实现索马里全国和解的原则宣言》正式签署。宣言规定:立即在索马里实现全面停火,制定新的联邦共和国宪章,成立包括各派的联邦中央政府。2003 年 9 月 15 日通过《索马里过渡联邦共和国宪章》,之后过渡时期全国政府由于内部问题导致三年内四次总理更迭,最终于 2003 年 12 月宣布破产。

2004 年 2 月,和解议会通过过渡宪章修正案。2004 年 10 月 10 日,立法会议选举阿卜杜拉希·尤素福·艾哈迈德为过渡时期联邦政府的第一任总统,这是过渡时期全国政府的继任者,旨在恢复索马里的国家机构。但是过渡时期联邦政府的未来并不乐观,过渡时期联邦政府花了七个月的时间才从肯尼亚搬到索马里。②过渡联邦政府是国际公认的索马里政府,直到 2012 年 8 月 20 日正式结束。

---

① Hagmann,Tobias;Hoehne,Markus V,Failures of the state failure debate:Evidence from the Somali territories,*Journal of International Development*,Vol.21,No.1,2009.

② Ken Menkhaus,Governance without Government in Somalia Spoilers,State Building,and the Politics of Coping,*International Security*,Vol.31,No.3,2006.

2006年,伊斯兰组织伊斯兰法院联盟①成立,接管了该国南部大部分地区的控制权,并迅速强化了伊斯兰教法统治。过渡联邦政府试图重建其权威,并在埃塞俄比亚部队、非洲联盟维持和平人员和美国的空中支援下,设法驱逐了敌对的伊斯兰法院联盟。2007年1月8日,随着拉斯坎博尼战役②的激烈进行,过渡联邦政府主席兼创始人阿卜杜拉希·尤素福·艾哈迈德在当选后首次在埃塞俄比亚军方的支持下进入摩加迪沙。政府随后从位于拜多阿的临时地点迁往首都索马里别墅(索马里总统的官邸和主要工作场所)。这是自1991年西亚德·巴雷政权倒台以来,联邦政府首次控制了该国大部分地区。

这次失败后,伊斯兰法院联盟分裂成几个不同的派别。一些更激进的分子,包括青年党,重新集结起来继续反对过渡联邦政府,并反对驻扎在索马里的埃塞俄比亚军队。在整个2007年和2008年,青年党取得了诸多军事胜利,夺取了索马里中部和南部主要城镇和港口的控制权。2008年底,该组织占领了拜多阿,但没有占领摩加迪沙。到2009年1月,青年党和其他民兵设法迫使埃塞俄比亚部队撤退,留下一支装备不足的非洲联盟维持和平部队来协助过渡联邦政府。由于缺乏资金和资源,以及武器禁运使重建国家安全部队变得困难,加上国际社会普遍的不关心,尤素福总统发现自己不得不从邦特兰向摩加迪沙调遣数千名士兵,以维持打击南部叛乱分子的战斗。

2008年12月29日,阿卜杜拉希·尤素福·艾哈迈德在拜多阿联合议会宣布辞去索马里总统职务。尤素福在国家电台播出的讲话中,对未能像他的政府承诺的那样结束该国长达17年的冲突表示遗憾。他还指责国际社会未能支持政府,并表示议会议长将根据《过渡联邦政府宪章》接替他执政。

---

① 自索马里原政府在1991年被推翻后,一些奉行沙里亚法规的伊斯兰法院逐渐成为当地主要的司法系统。后来这些法院开始提供其他服务,例如教育及医疗。它们也担当地方警察,经费来自当地商人的缴费。伊斯兰法院除了负责制止劫案及打击毒品交易外,也禁止当地电影院播放被它们认为是色情的电影。索马里人口几乎全是穆斯林,这些措施为伊斯兰法院取得了不少民众的支持。有些伊斯兰法院开始寻求互相合作,逐渐发展为民兵组织"伊斯兰法院联盟"。

② 拉斯坎博尼战役是伊斯兰法院联盟及其附属民兵为控制拉斯坎博尼而与埃塞俄比亚和索马里过渡联邦政府部队作战的索马里战争(2006—2009年)中的一次战役。

2008年5月31日至6月9日,索马里联邦政府和温和派伊斯兰反叛分子联盟代表在前联合国索马里问题特使艾哈迈杜·乌尔德·阿卜杜拉的斡旋下参加了在吉布提举行的和平谈判。会议结束时签署了一项协议,要求埃塞俄比亚军队撤出,以换取停止武装对抗。议会随后扩大到550个席位,以容纳阿尔斯党成员,随后选举谢里夫·谢赫·艾哈迈德为总统。谢里夫总统不久后任命被杀害的前总统阿卜迪拉希德·阿里·舍马克之子奥马尔·阿卜迪拉希德·阿里·舍马克为国家新总理。随后在非洲联盟部队的帮助下,联合政府于2009年2月开始反攻,并完全控制该国南部地区。为了巩固其统治,过渡联邦政府与伊斯兰法院联盟、索马里重新解放联盟和温和派苏非民兵组成联盟。然而该国南部和中部地区的冲突仍在继续。

2010年10月14日,外交官穆罕默德·阿卜杜拉希·穆罕默德(又称法马霍)被任命为索马里新总理。2011年6月19日,穆罕默德·阿卜杜拉希·穆罕默德辞去索马里总理职务。作为有争议的《坎帕拉协定》条款的一部分,该协议将总统、议会议长和众议员的任期延长至2012年8月。作为官方"结束过渡路线图"的一部分,过渡联邦政府于2012年8月20日结束,这一政治进程为在索马里建立永久民主机构提供了明确的基准,索马里联邦议会也同时成立了。

自2012年8月以来,索马里在国家建设方面出现了一系列新的机遇和挑战。2012年8月一个由指定的立法者组成的机构选举总统哈桑·谢赫·穆罕默德领导一个"后过渡时期"的主权国家。索马里联邦政府是该国自内战爆发以来的第一个常设中央政府,结束了7年动荡不安的过渡政府时期。在2012年8月1日索马里全国制宪大会通过《索马里联邦共和国临时宪法》,规定索马里实行立法、行政、司法三权分立的政治体制和联邦体制,明确人人平等,公民享有言论、出版、集会、结社等基本权利;总统为国家元首和军队总司令,掌握实权,由联邦议会选举产生,任期4年,无明确任期限制;总理由总统任命,为联邦政府首脑,负责任命副总理、各部部长、国务部长和副部长,非议员也可担任部长级官员;司法独立,建立宪法法院、联邦法院和州法院三级法院体制;国家安全部门由军队、情报、警察和监狱部门组成。关于地方区划,《索马里联邦共和国临时宪法》规定两个或多个州可在自愿基础上合并组成联邦成员。2016 年,全国联邦成员组建工作结束,共形成 6 个联邦成员州,分别为:索马里兰(由奥达勒、西北、托格代尔、萨纳格、索勒 5 个州组成)、邦特兰(主要由巴里州、努加尔州和穆杜格州北部组成)、加尔穆杜格(由穆杜格州南部和加尔古杜德州组成)、希尔谢贝利(由希兰州和中谢贝利州组成)、西南(由巴科勒州、拜州和下谢贝利州组成)、朱巴兰(由盖多州、中朱巴州和下朱巴州组成)。①

哈桑·谢赫和他的支持者被视为"建设性精英",他们在近 20 年的危机中一直待在摩加迪沙,并修建学校、大学、医院和企业。这一系列措施让人们对国家重建充满希望。新政府在 2013 年得到一笔 27 亿美元的捐赠,用来进行国家恢复和重建。但是由于新政府单方面宣布建立联邦国家几乎引发了一场涉及索马里国家军队和部落武装之间的武装冲突,加剧了国内的不稳定因素。并且新的政府央行发生的重大腐败丑闻暴露出根深蒂固的政治精英将大部分政府收入吸进私人金库,所有这些都导致了索马里新政府和外国捐助者之间的信任危机。此外,索马里继续受到索马里青年党②恐怖主义袭击的困扰。2013 年 6 月,索马里青年党袭击了摩加迪沙的联合国大楼,15 人被绑架,凸显出索马里社会的高度不安全。

2017 年 2 月 8 日,在严密的安全措施下,议会选举了索马里新总统,计划进行三轮投票。穆罕默德·阿卜杜拉希·穆罕默德在联邦议会两院联席会议举行的总统选举中击败寻求连任的马哈茂德总统,当选索马里新总统。整个选举过程,从部落长老为选举团挑选代表一直到议员投票选举总统,都被恐吓、暴力和猖獗的腐败指控蒙上了一层阴影。即便如此,这次选举被认为是这个被围困的国家向前迈出的重要一步。

---

① 参见中华人民共和国外交部——索马里国家概况,https://www.fmprc.gov.cn/web/gjhdq_676201/gj_676203/fz_677316/1206_678550/1206x0_678552/t353698.shtml。

② 一个恐怖主义、圣战原教旨主义组织,总部设在东非。2012 年,它宣誓效忠激进的伊斯兰组织基地组织。2014 年青年党的兵力估计为 7000 至 9000 名武装分子。截至 2015 年,该集团已退出主要城市,然而青年党仍然控制着农村大部分地区。青年党最初是伊斯兰法院联盟的武装派别,后来在 2006 年被索马里过渡联邦政府和埃塞俄比亚军事联盟击败后分裂成几个较小的派别。该组织自称对"伊斯兰敌人"发动圣战,并参与打击索马里联邦政府和非洲联盟驻索马里特派团(非索特派团)的战斗。青年党被澳大利亚、加拿大、马来西亚、阿拉伯联合酋长国和美国认定为恐怖组织。

2018 年,内战、不安全和缺乏国家保护,以及一再发生的人道主义危机对索马里产生了破坏性影响。国内流离失所者人数估计达到 270 万人,其中许多人生活在无人援助和面临严重虐待的危险中。伊斯兰武装组织青年党对生活在其控制之下的人进行残酷统治,强迫招募人员,并针对平民发动致命袭击。据联合国索马里援助团(联索援助团)报告,截至 2018 年 10 月,已有 982 名平民伤亡,其中一半以上是青年党袭击造成的。

至今,索马里依然没有一个强有力的威权中央政府,地方分裂势力继续存在。部落作为地方分裂势力存在的最大载体,成为解决索马里问题的关键所在。从独立开始,索马里面临的问题接踵而至,究其原因,不只是殖民时期和托管时期的政治遗患,更是长期以来索马里部落体制存在的结果。

三、联合国"八二五九"次会议

2018 年 5 月 15 日联合国安理会召开了一场关于"索马里局势"的主题会议。这次会议详细讨论了索马里当前局势及存在的诸多问题,并且提出了可行的解决方案,是国际援助索马里,帮助索马里恢复和平稳定局势的重要原则与纲领。①

在这次会议上,索马里问题特别代表兼联合国索马里援助团团长迈克尔·基廷总结了索马里当前局势与存在的问题,大致分为以下五个方面。

第一,2018 年 5 月在索马里举行的全国宪法会议正式闭幕,标志着索马里的宪法审查取得重大进展,为索马里加强法治和稳定以及推进和解带来了良好的前提。

第二,人道主义局势不再像一年前那样糟糕。但是以任何全球标准来衡量,它仍然非常严重。在索马里中部和南部地区,连绵不断的降雨和洪灾影响到 718000 多人。洪水造成的后果包括大规模人口流离失所、经济损失及霍乱等疾病。

---

① 联合国安全理事会第八二五九次会议记录,《关于索马里局势》,2018 年 5 月 15 日,S/PV. 8259。

第三,不安全状况仍然是持续令人关切的问题。尽管对青年党施加更大压力,包括增加空袭,但该团体继续显示有能力主要通过使用简易爆炸装置,对民事目标和包括非索特派团在内的军事目标实施致命的恐怖袭击。青年失业、腐败、不公正感及武装冲突等滋生恐怖主义的因素不能留待以后处理。索马里及其非盟和其他伙伴所面临的真正严峻的挑战是同时打击反叛运动和改革安全部门。

第四,2018年4月19日,索马里部长会议通过了安全过渡计划。该计划旨在不仅为武装部队,而且还在关系到民众的司法、可问责的地方治理、通行自由和提供服务等最基本的安全领域建设索马里行动和体制能力。该计划于4月30日获得非盟和平与安全委员会的核可,并在5月2日于布鲁塞尔举行的高级别安全会议上受到所有伙伴的欢迎。(至关重要的是要通过索马里领导的国家安全委员会结构确保对该计划的国家自主权和领导权。)

第五,人权状况仍然存在很多问题,许多群体特别脆弱,其中包括妇女、境内流离失所者、少数群体及记者。受武装冲突影响儿童的处境仍然严峻,绑架及招募和使用儿童的事件显著增加。性暴力不受惩处的状况继续令人严重关切。

迈克尔·基廷对索马里局势的分析揭示出索马里社会中存在的严重问题,对索马里而言,科学而有力的国际援助对索马里政治进程有诸多有利因素。在这次会议上,其他与会代表就索马里问题分别发言,提出诸多可行性的方案,促进政治和解、加强经济和人道主义援助、打击政府反对派、强化国家维护安全的能力、改善妇女地位等具体措施为改善和解决索马里问题提供了现实途径。国际和联合国援助在这一时期索马里的政治和社会建设中发挥了重要作用。

四、索马里国家重构新模式

二十多年来,外界在索马里国家体制建设方面所做的努力未能使中央政府恢复职能。索马里被视为一个"崩溃国家"的典型例子,和利比里亚一起,它是"无政府状态"的代名词。然而这个国家曾经被誉为非洲最"统一"的国家,没有困扰其他国家的种族分裂,只有单一的文化、语言和宗教。但是两次不同政体的国家建构尝试都以失败结束,如何进行民族国家的重构对于现今索马里而言是最为紧迫的问题。学者阿布达尔·奥马尔·曼苏尔曾指出:"索马里今天最严重的问题是,我们的文化传统与现代国家的建设不相容。……我们必须重塑自己,并在此过程中开始建设一个新的、可行的国家。"[1]因此,寻求传统部落文化与现代国家建设之间的平衡点对索马里民族国家重构而言尤为重要。

自从索马里国家崩溃以来,索马里出现了两种国家重构方式。第一种是外部力量多次试图通过自上而下的索马里政治精英之间的权力分享来重振该国传统的中央政府,但都以失败告终。索马里国家可以利用的资源基础薄弱,这一限制使得建立现代国家缺乏相应的物质基础。第二种是地方非正式政治组织的兴起,这些政治组织不时地为许多索马里社区提供不同程度的管理、公共安全及社会服务。但是这种非正式政治组织在一定程度上无法承担大规模的国家治理,也无法充当国家重构的基石。[2]在索马里,即使是最有效的非正式政治组织也不能履行一个国际承认的主权国家所急需的一些职能,如签发护照和获得国际金融机构的贷款等。索马里的非正式治理制度在恢复传统国家的努力中一般没有发挥过多作用。地方上的非正式治理体系对于现代国家中央政权建设没有太大意义,只不过是地方治理模式的新变化。它们被视为短期应对机制,一旦国家建构成功,就会被正式的国家权力所取代。

近年来,国外对索马里国家重构的研究提出一种新的国家建构方式,即在索马里建立一个"中介国家"。所谓中介国家,即权力和能力有限的中央政府依赖各种不同的地方当局来执行政府的核心职能,并调节地方社区和国

---

① Virginia Luling, Come Back Somalia? Questioning a Collapsed State, *Third World Quarterly*, Vol. 18, No.2, 1997.

② Ken Menkhaus, Governance without Government in Somalia Spoilers, State Building, and the Politics of Coping, *International Security*, Vol.31, No.3, 2006.

家之间的关系。①这实际上就是通过调停的方式组成一个名义上的中央政府,各个地区依然按照自己的原则进行管理,中央政府实际上无法行使对社会和政治的主权控制。实际上,这种通过调停建立的国家不一定是索马里治理危机的长期解决方案,而是一个漫长的过渡战略。最近,由本土主导的和平建设、地方分权治理及尊重地区异质性的国家建设,似乎为重建指明了一条更为积极的道路。解决索马里国家重构问题,要从其部落内部的组织结构上寻找契机,进行内部改革。只有这样,索马里才能打破传统与现代国家之间的壁垒,寻找重构统一民族国家的新道路。

五、当前索马里存在的社会危机

1.伊斯兰极端主义及其组织

几个世纪以来,索马里的游牧社会延续了自己的伊斯兰传统,原教旨主义对它几乎没有吸引力,氏族社会看到了萨拉菲主义的危害,这就是为什么游牧的索马里在过去能够拒绝伊斯兰激进分子的渗透。如果没有部落领袖的支持,强硬的极端伊斯兰主义现象在索马里游牧社会中生存是不容易的,更不用说普通民众在部落结构中表现出的整体性。然而原教旨主义难以完全压制,就像寄生虫一样,它总能找到繁殖和延续同类的方法。索马里社会中部分极端民众及其领导人来自不同的部落和地区,他们的目标是在伊斯兰法律下统治这片土地。原教旨主义者通常被认为是过时的,实际上他们认为自己是进步的,并且认为古老的氏族制度是不符合伊斯兰教义的,不需要重组,而需要废除。非洲著名历史学家赛义德·萨马特尔对伊斯兰教与索马里部落传统的关系做了如下描述:"索马里永远不会成为伊斯兰恐怖主义的滋生地",主要原因是索马里的政治形态"在非常大的程度上,被一个压倒一切的核心原则所塑造,即社会人类学家称之为'谱系系统'的现象"。然而要摧毁激进的伊斯兰主义就像要击败氏族制度一样困难。这场运动并没有消

---

① Ken Menkhaus,Governance without Government in Somalia Spoilers,State Building,and the Politics of Coping,*International Security*,Vol.31,No.3,2006.

失,相反,它将战略和攻击点转向了南部地区,那里有更多的暴力、混乱和无政府状态可供利用。几年来,伊斯兰原教旨主义者转入地下,在雷达下悄悄重组,索马里宗教激进组织开始蔓延,一系列的恐怖事件随之而来。

索马里社会中部落体制与伊斯兰信仰是两大基础,近年来伊斯兰极端主义及其组织在索马里迅速发展,逐渐演变成影响索马里甚至是非洲之角的最严重的非传统安全威胁之一。按照国际关系学理论的层次分析,索马里伊斯兰极端主义及其组织产生的原因可以归结于社会体系、地区态势与国家现状之间的互动,其中最为重要的是索马里族群冲突与无政府状态局面的长期存在。①现今影响索马里国家建设的地区极端主义组织主要有:"索马里伊斯兰联盟""索马里青年党"及"索马里伊斯兰党"等,这些极端组织频繁制造暴力恐怖事件,加剧了索马里国内的不安全局势,威胁着索马里政府对社会的管理与发展。

索马里青年党是近年来威胁索马里地区安全最为庞大的组织,从根本上来说青年党是一支试图推翻索马里联邦过渡政府的反政府武装。伊斯兰主义者的分化与萨拉菲主义的传播、索马里旷日持久的内战与无政府状态,以及国际恐怖主义势力的渗透,是青年党兴起的原因。自2006年成立以来,青年党经历了依附期、独立期、鼎盛期、衰落期4个阶段的发展,并形成了一套独立的理念与行动目标。青年党的活动对索马里社会造成巨大冲击,阻碍了和平进程的推进,不利于国家的构建与整合。青年党与基地组织的密切关系和极端主义的行动方式,对地区乃至全球安全都产生了恶劣影响。

如果说索马里内部落群冲突是阻碍现代国家建设的绊脚石,那么伊斯兰极端组织的暴恐行为无疑是雪上加霜。2017年10月14日,"索马里青年党"武装分子在首都摩加迪沙市中心引爆两枚卡车炸弹,造成共计320人死亡和多人受伤,这一恐怖事件是索马里乃至全球21世纪以来最为惨重的暴恐事件。在2021年,青年党增加了袭击的频率,以破坏索马里总统和议会选举。原定于2月8日进行选举投票,由于国内政治分歧无限期地推迟了。1月31日,青年党武装分子发动了自杀式汽车炸弹袭击,随后袭击了摩加迪沙的

---

① 赵跃晨:《索马里伊斯兰极端组织的发展及影响》,《阿拉伯世界研究》,2019年第3期。

一家酒店。汽车爆炸发生后,袭击者与索马里安全部队发生枪战,直到第二天清晨。这次袭击造成至少9人死亡,10人受伤。同一天,一枚炸弹在摩加迪沙附近的梅尔卡地区引爆,炸弹造成至少8人死亡,多人受伤。3月5日,一名青年党自杀式炸弹袭击者在摩加迪沙引爆了一辆装满炸药的汽车,目标是卢尔也门餐厅。该餐厅是2020年8月未遂自杀式炸弹袭击的地点。媒体报道,有10至20人在爆炸中丧生,另有30人受伤。[①]类似的恐怖事件发生在索马里的每年多达数十起,而其他极端主义组织亦是经常发起恐怖袭击。

2016年4月16日,在42个国际伙伴的主持下,索马里联邦政府就名为"索马里国家安全架构"的安全改革达成政治协议,随后于2017年5月8日得到索马里国家安全委员会的批准。该协议概述了索马里新的国家安全框架,该框架将在今后几年内将该国安全的责任从非索特派团移交给索马里安全部队。2017年5月11日,42个国际伙伴在伦敦举行会议,通过了与索马里联邦政府签订的安全条约,批准了2016年4月的政治协议,以及索马里于2016年9月发布的《预防和打击暴力极端主义国家战略和行动计划》。从2017年6月1日起,用六个月时间建立了一支由至少18000名士兵(不包括特种部队、空军和海军)组成的索马里国民军。还在同一时限内建立一支由32 000名警官组成的索马里警察部队,分为联邦警察和州警察。从2019年4月开始,非索特派团和索马里安全部队展开联合行动,攻占青年党在索马里谢贝利地区的据点,包括萨比德和巴里埃镇。2019年8月,非索特派团和索马里安全部队解放了埃瓦德赫格镇。多年来,青年党一直占领该镇,将其用作策划和发动恐怖活动的基地。在2021年4月12日的一次军事行动中,索马里国民军的特种部队"闪电突击队"在希尔谢贝利州打死了25名反政府武装索马里"青年党"成员。

金宜久曾指出:宗教极端主义是"宗教"与"极端主义"的复合概念。它不是人们日常所闻所见的、具有广泛群众基础的、通常意义上的宗教,也不是

---

① The Counter Extremism Project, Al-Shabaab, https://www.counterextremism.com/threat/al-shabaab, 2021年3月20日。

一般的极端主义。它可以理解为"宗教的极端主义,或宗教中的极端主义"①。当今活跃在国际上的宗教极端主义,恰恰是在宗教外衣的掩护下,具有强烈政治性的极端主义。索马里社会的伊斯兰信仰成为宗教极端主义发展的基础,由于索马里威权中央政府和国家治理的缺失及地方上部落冲突所带来的权力真空,为类似"青年党"的极端主义发展提供了机会,恐怖事件的频繁发生不仅仅是带来严重的社会危害,更重要的是极端主义组织意欲分享国家政治与权力的意图严重阻碍了索马里的现代国家建设。

自索马里陷入内战以来,部落势力和军阀始终是争夺权力的主要力量。由于分裂和混乱而导致部分民众将身份认同的基础从部落血统转向宗教,因此伊斯兰势力以此为契机在这一时期疯狂增长,并且逐渐开始演变为伊斯兰复兴主义和伊斯兰激进主义等极端思想,加上部分境外势力的支持,索马里地区的伊斯兰极端组织开始建立并且开展一系列恐怖活动。索马里当前的混乱局势更是由于极端组织的不断渗入变得愈加复杂。值得注意的是,虽然极端势力长期存在,但是索马里部落力量和军阀势力依旧是国家分裂和斗争的基础,因此索马里国家重构依然需要平衡部落势力和军阀力量,同时通过部落内部对部落民众的治理和改革,阻止伊斯兰极端主义的进一步扩张,在此基础上寻求解决当前恐怖问题和国家建构的新方法。

2.难民问题与粮食危机

索马里难民问题在非洲乃至世界上较为突出,其产生的原因既有自然环境因素也有经济因素,更与该国政治局势失序息息相关,难民问题成为困扰索马里自身发展及难民输入国的一个棘手难题。在过去 30 年中,由于政治不稳定和 20 世纪 90 年代爆发的内战,使数十万人逃离索马里。今天,仍有 75 万多索马里难民留在邻国,260 多万索马里人在索马里境内流离失所。绝大多数索马里难民生活在邻国肯尼亚(256186 人)、也门(250500 人)和埃塞俄比亚(192082 人)。尽管也门和埃塞俄比亚等国家也存在难民危机,但它们长期以来一直欢迎来自索马里的难民。2020 年,索马里南部地区特大山洪暴发和河水泛滥,使 65 万多索马里人流离失所。许多难民住在拥挤不堪的

---

① 金宜久:《宗教在当代社会的蜕变》,《世界宗教研究》,2002 年第 2 期。

临时住所里,这些避难所由旧衣服、塑料袋、纸板和棍棒建造而成。收容所的卫生条件很差,得不到医疗保障。由于北部和东部的干旱状况,以及南部和中部地区的异常降雨,全国性的粮食不安全现象依然存在。在一些地区,特别是牛奶和蔬菜的价格上涨了 20% 至 50%。粮食危机让索马里难民苦不堪言。①2020 年 2 月,索马里政府因蝗虫肆虐而宣布"国家紧急状态",这是全世界 25 年来最严重的一次自然危机,对邻国肯尼亚而言,更是 70 年以来首见。联合国粮食及农业组织警告,至 6 月蝗虫数量可能会增加 500 倍。②

近年来,索马里人由于许多原因离开他们的国家寻求庇护。索马里难民是世界上许多国家中难民人数最多的群体之一。虽然很难估计索马里境内和境外的索马里人口总数,但根据联合国人口基金的数字,2003 年索马里的人口略多于 1000 万,难民人数约为 39 万人。③但是这些统计数字并不包括生活在索马里以外的索马里人。虽然索马里人有悠久的移民历史,但大多数流亡者在内战爆发时就已经作为难民离开了他们的国家。根据联合国难民办事处的说法,北方(索马里兰和邦特兰)的流亡者和南部、中部地区的流亡者之间似乎有明确的界限。因为该国北部地区被认为是安全的,但在其他地区并非如此。

不安全和粮食危机使索马里难民不仅涌入邻国,还包括亚洲、欧洲和北美。除了索马里的邻国(肯尼亚、埃塞俄比亚、吉布提和也门),也前往历史上与他们有殖民联系的国家(英国、意大利),以及有大量劳动力机会的国家(海湾国家),如加拿大、荷兰或北欧国家。2020 年 5 月联合国难民署根据实地调查指出:严重的洪水、族群冲突、瘫痪的经济、沙漠蝗虫灾害和急剧蔓延的新冠肺炎疫情正在威胁着索马里 260 万境内流离失所者的安全和福利。联合国难民署担心,除非国际社会、索马里国家和地方当局及人道主义机构

---

① Somalia Refugee Crisis Explained,USA for UNHCR,https://www.unrefugees.org/news/somalia-refugee-crisis-explained/.

② 《蝗虫肆虐!25 年来最惨 索马里宣布进入"国家紧急状态"》,CTWANT 新闻网,2020 年 2 月 3 日。

③ Joëlle Moret,Simone Baglioni,Denise Efionayi-Mäder,*The Path of Somali Refugees into Exile*,Swiss Forum For Migration And Population Studies ,2006,p.14.

采取强有力的行动,满足大规模的人道主义需求,否则这些多重、复杂的紧急情况将导致灾难性的后果。

在索马里难民问题治理过程中,以联合国难民署为核心的国际机构、区域组织或次区域组织与承担接收难民重任的周边国家开展多边、多层次合作,在难民的人道主义紧急安置与救助、难民持久解决计划、国际法与国家立法的完善、难民问题治理机制建设方面均取得重要进展。展望未来,联合国难民署、联合国粮农组织、世界卫生组织等国际机构在难民紧急救助、安置及其可持续发展上,必将发挥更大作用;区域组织如非盟或次区域组织"伊加特",以及相关大国应该积极有为,承担更多责任,扎实推进索马里民族和解与制度深化,提升索马里治理能力;在难民问题治理中,调动和发挥民间组织,特别是侨民组织的积极性是难民问题治理的新趋势。[①]

3.政治危机

索马里原定于 2021 年 2 月举行的选举已无限期推迟。国际危机集团研究员奥马尔·马哈茂德指出:"失败的主要原因是索马里各政治人物之间缺乏信任。"总统穆罕默德·阿卜杜拉希·穆罕默德(常用名"法马霍")认为,他的任期于 2 月 8 日结束后可以继续延长,直到选出新总统,而反对派政治领导人不愿继续承认他的合法性,他们呼吁成立临时政府。联邦议会自 2020年 12 月起任期结束,这意味着索马里不再拥有真正的合法政府,索马里新的政治危机已经开始。

2021 年 2 月 22 日,联合国索马里事务特别代表兼索马里援助团负责人詹姆斯·斯旺指出,索马里日益加剧的政治紧张局势威胁着该国的国家建设,甚至对其安全局势构成威胁,他敦促各方为了国家利益,通过对话和让步改变这种紧张局势。2021 年 4 月 11 日,联合国和非盟、欧盟、非洲区域贸易集团举行多边会议,此次会议"鉴于索马里在延期举行选举方面持续的政治僵局的严重性,以及联邦政府和联邦成员州领导人在开展对话方面的持续僵局"而举行,会后共同发表联合公报指出,对索马里当前的局势表示高度关注,并呼吁索马里领导人"以国家利益为先"打破其政治僵局。13 日,索

---

① 毕健康、陈丽蓉:《索马里难民治理的困局及出路》,《西亚非洲》,2017 年第 6 期。

马里总统穆罕默德·阿卜杜拉希·穆罕默德签署了一项法律，将自己的总统任期延长了两年。但是当前索马里五个州中已有两个不再承认现任政府，认为在达成有关新投票方式的协议之前总统任期已正式结束。

索马里部落基础上的党派争夺从来没有停止过，部落利益依旧是国内政治的基础所在。摩加迪沙各个反对派正在与总统对峙并举行示威游行，要求总统离任。该国民众武装程度仍然非常高，联邦军可能由于社会原因再次分裂。长期以来，索马里族群认同差异构成了索马里社会组织和政治生活的基础，几乎每个氏族或部落均表现出强烈的排他性。在索马里国家建设进程中表现为毫不妥协的政治和经济诉求。内战爆发后，在外国干涉和宗教极端势力的作用下，族际冲突不断蔓延和升级，致使国家长期处于"失败"状态，甚至"外溢"为地区安全威胁，不断冲击地区和国际秩序的稳定。因此，如何稳定政局，平衡各个部落基础上的党派利益，建立和完善符合索马里宪法的议会组织与选举程序成为当下索马里必须面对的首要问题。

结束语:中东国家政治发展进程中的政治文化和政治危机

政治文化是决定着一个民族或国家政治行为方式的文化、精神、情绪或价值理念。从后发型现代化国家的现代化进程来看,在实现传统政治向现代政治转型的过程中,政治文化对于现代民族国家的现代化运行是至关重要的。积极健康的政治文化是现代化的重要基础,政治文化的正向变迁会对现代化起到积极的推动作用;[①]反之,则会对现代化起到阻碍和消解作用。中东地区因其独特的地理位置是多元文化的交汇处,其政治文化也是古代文化、伊斯兰文化、西方文化碰撞与交织的结合体。

对中东国家政治现代化产生重要影响的政治文化主要包括两类:一类是中东传统政治文化,即伊斯兰政治文化、强人政治文化和部落主义政治文化;另一类是中东现代政治文化,即阿拉伯民族主义、阿拉伯社会主义、伊斯兰中间主义等文化思潮。中东政治文化作为地域性政治文化,既具有长久的"静水流深式"的稳定性,较少受到一时一刻的变革所影响;也具有表征属性上的变化性,从而在不同时期体现出了影响中东国家政治现代化的风向标特征。同时,中东政治文化作为观念性政治文化,[②]它不仅关乎中东各个国家政权和政府合法性的基础,而且潜移默化地塑造与规范中东民族国家建构

---

① 熊光清:《当代中国政治文化变迁与政治发展》,《太平洋学报》,2022 年第 12 期。

② 有学者从政治文化概念界定的角度出发,将政治文化分为观念性政治文化和实体性政治文化。本文中的"政治文化"指的是观念性的政治文化,即是特定时间和空间内通过政治社会化获得社会遗传机制并在长期政治环境作用下形成的持久影响人们政治行为与社会政治倾向的政治思想意识、政治价值评价与政治心理习俗的总和。戚珩:《政治文化结构剖析》,《政治学研究》,1988 年第 4 期。

与中东国家政治现代化的形式、速度与方向。

(一)伊斯兰政治文化

中东地区是世界三大一神教的发源地,除以色列和黎巴嫩国内部分民众外,伊斯兰教与政治及社会的紧密联系构成了本地区主要的政治文化特征。较之其他宗教,伊斯兰教的独特性就在于,它不仅仅是一种宗教意识和信仰体系,而且也是一种全面的生活方式、社会规范、行为准则、制度文化和文明体系。在其传播和发展过程中,完成了对中东社会的塑造和整合。伊斯兰教自始就是统治者和民众共有的一种宗教政治文化。[1]伊斯兰政治文化根植于伊斯兰教,其全部政治观点集中体现在《古兰经》、"圣训"及伊斯兰教法中,"这三件神圣的东西被视为伊斯兰国家理应建立在他们基础上的治国之本和穆斯林理应遵循的道德规范和法律规范的根本依据"[2]。先知创制时期,建立了以乌玛为核心的穆斯林共同体,它是一种政教合一的政治体制和管理形式,是神权与王权、宗教与政治相结合的阿拉伯民族国家的雏形,是由一个宗教团体团结在一起,超越部落、种族和民族认同的宗教纽带。[3]先知穆罕默德不仅是全体穆斯林的宗教领袖,也是穆斯林共同体诸多世俗事务的政治领袖。四大哈里发时期,建立起政教合一的哈里发政体,哈里发也将自己塑造成既是全体穆斯林的最高精神领袖,又是不断扩大的阿拉伯帝国的最高世俗君主。[4]伊斯兰教塑造了独尊安拉和尊崇伊斯兰教法的政治思想和制度原则。无论是创制时期的先知,古典时期的哈里发,还是近代以来的各国统治者们,只是代替真主暂行伊斯兰世界中的统治,而非真正的统治者。此后,在西方民族主义观念输入中东地区之前,伊斯兰教长期居于意识形态的主导地位,构成中东政治文化的核心要素,也使宗教与政治的复杂矛盾贯

---

① 刘月琴:《论伊斯兰政治文化功能(上)》,《西亚非洲》,2008 年第 4 期。

② 王彤主编:《当代中东政治制度》,中国社会科学文献出版社,2005 年,第 374 页。

③ John L. Esposito, *What Everyone Need to Know About Islam*, *Second Edition*, Oxford University Press, 2011, p.16.

④ 王彤主编:《当代中东政治制度》,中国社会科学文献出版社,2005 年,第 373 页。

穿于中东国家政治现代化进程的始终。

反殖民反封建的民族解放独立运动是中东国家政治现代化的必经之路。通过宗教复兴以达到国家和民族的复兴是穆斯林各民族所共有的历史意识和文化心态。[①]从这个意义上说,宗教与民族主义具有某种内在的同质性,[②]伊斯兰教为争取中东民族解放运动的胜利提供了理论指导和实践动员形式。18世纪至20世纪中叶,中东地区出现了伊斯兰复兴主义思潮和社会运动。18世纪,阿拉伯半岛兴起以伊本·阿卜杜勒·瓦哈卜为领导核心,以正本清源、回归传统为目标的瓦哈比运动。19世纪下半叶,中东地区出现了以苏丹马赫迪运动、摩洛哥萨拉菲运动、利比亚赛努西运动等为代表的伊斯兰教社会改革运动,涌现了以哲马鲁丁·阿富汗尼、穆罕默德·阿卜杜和拉希德·里达为代表的现代伊斯兰改革主义思潮。他们主张通过改革伊斯兰教,在科学与理性中探索实现伊斯兰世界的现代化之路;援引伊斯兰政治文化中"舒拉""公议""创制"[③]等传统文化资源论证建立伊斯兰民主制度的基础;主张泛伊斯兰主义;提出重建政教合一、贯彻沙里亚法、体现"真主主权"的"伊斯兰国家"理论构想。这一伊斯兰复兴思潮从阿富汗尼的伊斯兰改革主义,其中经泛伊斯兰主义,在理论渊源上通向了阿拉伯民族主义。[④]1928年,穆斯林兄弟会的成立标志着伊斯兰复兴思想由理论指导转向实践层面,以伊斯兰教作为号召和动员形式,为民族主义运动的胜利和民族国家体系的建立贡献伊斯兰力量。

二战后,尽管民族主义取代伊斯兰教成为中东现代化的主流意识形态,但伊斯兰教也为新生民族国家政权提供了以宗教为基础的政权合法性。中东国家政治现代化需要遵守伊斯兰教的基本原则,至少在社会政策方面不能与之偏离过远,宗教为国家提供合法性,国家则避免冒犯宗教的政策。[⑤]在

---

① 吴云贵、周燮藩:《近现代伊斯兰教思潮与运动》,社会科学文献出版社,2000年,第6页。

② 马瑞映:《民族主义:民族求存的庇护所》,《世界民族》,1998年第1期。

③ 王林聪:《略论伊斯兰传统政治文化对民主实践的双重影响》,《西亚非洲》,2006年第7期。

④ 彭树智:《东方民族主义思潮》,人民出版社,2013年,第247页。

⑤ David Dunford, The Kingdom: Can the Magic Last?, in Abbas Kadhim, *Governance in the Middle East and North Africa: A Handbook*, Routledge, 2013, p.248.

政治文化与民众及统治者心理方面，伊斯兰教的观念与原则限定了基本的政治形态，在国家宪法、法律体系、政党类别、革命形势等方面，体现出了深刻的伊斯兰特征，甚至在伊朗伊斯兰革命后，发展出了伊斯兰教与伊斯兰政府神圣统一体的法基赫政治模式。①在政党政治方面，以繁荣党、穆斯林兄弟会、正发党为代表的伊斯兰政治党派上台执政，反映了政治伊斯兰与中东国家政治现代化发展方向上的深度融合。②此外，无论是巴列维执政时期的伊朗，还是众多阿拉伯社会主义国家，20世纪以来，特别是二战之后的中东国家大多都走上了世俗化的现代化道路，但无不受到伊斯兰思潮的回溯影响。1979年伊朗伊斯兰神权共和国的建立，1991年阿尔及利亚"伊斯兰拯救阵线"执政未果后使国家陷入长期内战。1996—2001年阿富汗建立塔利班伊斯兰政权，2002年土耳其具有伊斯兰背景的正发党执政，2006年巴勒斯坦哈马斯执掌加沙地带。凡此种种，都与宗教的政治动员形式与民众心理上对于政府政策理想模式密不可分。③

阿拉伯剧变后，宗教政治文化所衍生的另一个问题是革命形势的伊斯兰化，即世俗道路受阻而民众反抗强人政府时，某种程度上追求"原初的"。④伊斯兰政治社会形态，或借助于宗教的手段，使伊斯兰政治力量取得领导地位，进而转向"伊斯兰之春"⑤。例如，突尼斯复兴党、黎巴嫩真主党、摩洛哥公正与发展党、埃及自由与正义党、利比亚民族团结政府，它们或为议会第一大党，或为执政党，使得伊斯兰政治力量向合法化和政党化趋势迈进。

与此同时，伊斯兰政治文化的双重性特征使其对中东现代化的民主政治实践也产生了对抗和消解的作用。由于阿拉伯世界特殊的宗教地域特色，

---

① Iman Khomeini, *Islam and Revolution*:*Writings and Declarations of Imam Khomeini*,Translator by Hamid Algar,Mizan Press,1981,p.54.

② Saad Eddin Ibrahim and Kay Lawson eds.,*Political Parties and Democracy*:*The Arab World*,Praeger Publishers,2010,p.18.

③ 韩志斌等:《阿拉伯社会主义国家治理的历史考察》,中国社会科学出版社,2019年,第2页。

④ 马萨诸塞大学政治学教授安瓦尔·赛义德教授将伊斯兰发展模式概括为:"原初的""中世纪的"和"最近的"三种模式。[美]霍华德·威亚尔达主编:《非西方发展理论——地区模式与全球趋势》,董正华等译,北京大学出版社,2006年,第96~112页。

⑤ Raphael Israeli,*From Arab Spring to Islamic Winter*,Routledge,2013,p.xii.

导致其政治文化不可避免地具有阿拉伯民族性与伊斯兰宗教性，二者的此消彼长是阿拉伯政治文化最鲜明的结构模式。①新兴的世俗民族主义摒弃传统伊斯兰世界关于乌玛的宗教观念，采用现代西方关于民族国家的世俗概念，着力阐述政党政治、公众参与、权力制约、责任政府、公民自由的基本原则，强调顺从国家取代顺从宗教作为公民的首要任务。②但伊斯兰政治文化却塑造了与民族认同和国家认同相悖的宗教认同。伊斯兰政治文化中政教合一的宗教共同体"乌玛"和哈里发制度的概念及其形式承载着重要的伊斯兰历史和文化意义，并在适应现代民族国家建构过程中极大地夸大，③伊斯兰国家观与现代民族国家观的复杂关系弱化了现代民族国家建构的国家能力与治理水平。当世俗强人政治合法性受到质疑时，政治伊斯兰力量崛起，甚至伊斯兰政治文化中所承载的非宗教因素以政治化、军事化、暴恐化手段干扰中东现代民族国家建构和现代化建设。

（二）强人政治文化

与西方自由民主制度产生发展过程不同，及至 20 世纪五六十年代，包括东亚、拉美、中东等众多发展中国家不约而同地选择了以强人政治力量推动现代化的发展道路，强人政治俨然成为战后第三世界国家政治现代化的主流。④强人政治文化也就构成了战后一些中东国家政治合法性的基础。就强人政治形态而言，有西方学者曾提及所谓"东方专制主义"或"大河文明"的说法，认为中东乃至整个东方都是滋生专制、独裁与威权的土壤。此种说法失之偏颇，甚至是戴着有色眼镜审视东方国家。在中东地区，民族主义主

① 韩志斌：《阿拉伯国家政治文化的多维考量》，《西亚非洲》，2012 年第 2 期。

② 哈全安：《中东现代化进程中的世俗政治与宗教政治：以埃及、伊朗和土耳其为例》，中国社会科学出版社，2017 年，第 57 页。

③ Bassam Tibi, *Arab Nationalism between Islam and the Nation-State*, *Third Edition*, Palgrave Macmillan, 1997, p.224.

④ 王泰、陈小迁：《追寻政治可持续发展之路：中东现代威权政治与民主化问题研究》，社会科学文献出版社，2016 年，第 11 页。

导的国家建构进程最终发展成为强人政治模式或强人政治文化传统，有其深刻的历史根源和现实需求。

中东现代强人政治形态的合法性源自中东专制主义统治和由此形成的专制主义政治文化传统。①东方与西方古代政治道路的分叉路口在于，文明的悠久性及对庞大帝国的神往。在所谓"萨珊专制制度"中，国王的作用是维护造物主赐予的社会秩序，该秩序并不是建立在自由和流动的基础之上，而是建立在与种姓制度类似地将社会划分为神职人员、战士、农民和手工业者等不可改变的等级的基础之上。②与其说中东地区是专制和强人政治文化，还不如说是普遍对秩序观念的诉求。从尼罗河流域到两河流域，再到伊朗高原；从波斯帝国到阿拉伯帝国，再到奥斯曼土耳其帝国等，十余个帝国崛起又淹没，相继为中东地区规制了数千年的帝国秩序。追根溯源，中东国家政治现代化道路早已在尼罗河流淌而过的帝王谷，古巴比伦王雕刻在黑色玄武岩上的法典等一系列象征着权力运行与秩序塑造的遗迹中初现。

更为重要的是，帝国秩序不仅从根本上提供了一种政治、经济、社会、文化及对外交往的规则，还产生了庞大政治机器运转中必不可缺的权威意识，从而构成了集权和强人政治文化内核。西方流行的观念认为，权威只能通过选举程序授予某些人。③与其观点有所区别的是，中东地区的权威更多来自遵循以往秩序，或建立一种新的可供发展的秩序，往往体现出强制性及"魅力型统治"的特征。此外，由于数千年来的秩序观念深入人心，传统政治权威的宗教、家庭和种族的属性也逐渐深入现代政治权威单一的、世俗的和全国的特征之中。在此种政治文化中，集权政治领导人乃至社会民众对于道统而非法统的现代化模式更易于接受，也更好地解释了近代以来的中东国家政治制度水平普遍低下的症结。

二战后，独立的中东民族国家建构面临着民族建构和国家建构的双重

---

① 贾宝维、王泰：《当代埃及威权主义政治合法性的构建》，《西亚非洲》，2010年第2期。

② [美]查尔斯·林霍尔姆：《伊斯兰中东——传统与变迁》，张士东、杨军译，兰州大学出版社，2012年，第39页。

③ [英]韦农·波格丹诺(英文版主编)、邓正来(中译本主编)：《布莱克维尔政治制度百科全书》，中国政法大学出版社，2011年，第38页。

任务,需要解决政治、经济、社会和文化等多元挑战,这也就为强人政治模式在中东地区的确立提供合法性的现实需要。在埃及、阿尔及利亚、突尼斯、利比亚、伊拉克、叙利亚、也门等确立共和政体的国家,它们在强人政治体制框架下,确立国家主导的现代化发展模式,大多以军人出身的魅力型领袖为权力中心,实行一党制,通过强有力的军人政权维护国家统一,集中国家全部人力物力财力进行以国有化和工业化为核心的现代化建设,强人政治与国家资本主义彼此赋能,以实现国家对资本和资源的控制和利用,提高独立民族国家自主能力。

在海湾君主制国家,强人政治统治的合法性就在于政府通过石油国有化运动,再进行石油资源的统一调度和开采,建立以石油工业为核心的现代经济体系,推动国家现代化建设。因此,战后中东强人政治模式不仅可以迅速促进经济发展,而且可以整合中东现代化进程中出现的社会和政治力量的分化,这对于刚刚经历民族解放运动洗礼的中东人民来说,强人政治模式是人心思定的民心之所向。

但从长远来看,强人政治根源于中东伊斯兰世界现代化进程中新旧经济秩序和社会势力的深刻对立,其实质是牺牲政治层面的自由和民主作为代价进而推动新旧经济社会秩序的更替。[①]经济上,由于先天内生发展动力的不足,国家政权对经济的过度干预则造成中东国家政治现代化问题层出不穷,社会矛盾不断激化。政治上,如果集权政府政治权力运用失当,如垄断公共权力、严格控制的政党活动和有限的政治参与,则会使民众政治参与边缘化,抑制政治现代化的发展,政治秩序从而滞后于经济社会的现代化。在西方自由化经济改革和海外"民主"促进计划的外源型国家建构的干预下,强人政治的弊端出现于阿拉伯剧变的连锁反应之中。

(三)部落主义政治文化

部落主义政治文化是影响中东国家政治现代化的重要因素,也是中东

---

① 王泰、陈小迁:《追寻政治可持续发展之路:中东现代威权政治与民主化问题研究》,社会科学文献出版社,2016年,序言。

传统政治文化和深层社会结构的重要组成部分。以部落自治和认同为特色的部落主义政治文化，浸染了阿拉伯传统社会，内化为阿拉伯传统文化基调，成为划分自我和他者的文化基因。①在中东地区，尤其是阿拉伯半岛地区，存在强调"平等主义"和"竞争的个人主义"的传统部落政治文化。正如以色列学者约瑟夫·科斯蒂纳教授所言，对于海湾地区的国家与部落、沙漠与绿洲、游牧与定居之间的历史关系的二分法视角是毫无根据的。②在西方或者"他者"的想象中，似乎在伊斯兰教诞生之前，阿拉伯半岛的贝都因人、阿富汗的普什图人、北非的一些部落民已经过着一种专制主义的生活。但美国学者查尔斯·林霍尔姆详细考证和引用了大量文献资料，认为"共同拥有平等主义和竞争主义的个人主义价值观，在这一地区大量人种志资料和历史文献中都随处可见"③。在政治分配原则上，贝都因人及其部落的每个亲族集团，都不接受对资源的独占，基本上认为自己在威望、荣誉、地位和权利方面与其他集团是平等的。不仅贝都因人，普什图人也是如此，并且这种平等即使面对地位和财富方面的差异，也保持着同样的观念。④

"竞争的个人主义"则在某种程度上排斥等级制度和特权社会，从而在阿拉伯半岛地区及部落组织化程度高的国家，解构着国家秩序，阻碍着中央集权化的现代化道路，容易造成缺乏权威或权力核心过多的问题。对于这种悖论，有学者认为，沙特阿拉伯代表了最典型的阿拉伯部落传统政治心态，⑤它们看上去是平等的，但是如果没有领导者的话，则产生了其他传统社会中受西方教育的精英有时候造成的普遍的政治认同危机。⑥事实上，部落政治文化所产生的一定秩序规范之下的平等主义分散聚合，构成了阿拉伯半岛等中东国家较为特殊的妥协性政治发展模式，对共识的追求并没有促进政

① 韩志斌、马崝嵘：《从部落社会演进看阿拉伯早期国家生成》，《历史研究》，2022 年第 5 期。

② Uzi Rabi ed., *Tribes and States in a Changing Middle East*, C. Hurst &Co. Ltd., 2016, p.xvi.

③ ［美］查尔斯·林霍尔姆：《伊斯兰中东：传统与变迁》，张士东、杨军译，兰州大学出版社，2012 年，第 12 页。

④ 韩志斌：《中东部落：概念认知、类型演化及社会治理》，《史学月刊》，2021 年第 5 期。

⑤ Moneef N. Mlafekh, *Power and Autonomy in the Saudi State: Case Study Analysis of Policy Implementation*, Ph. D Thesis, The Department of Politics at the University of Sheffield, 2010, pp.34-35.

⑥ D. E. Long, *The Kingdom of Saudi Arabia*, Gainesville, University Press of Florida, 1997, p.108.

治进步,却往往导致了核心政治问题的变革迟滞效应。然而并非所有部落文化都如上文所述。伊朗、土耳其等国家的等级制部落传统,衍生了政治文化中自上而下的服从意识,使其政治结构更好地聚合于魅力型人物的领导之下。①

部落作为中东传统的社会组织形式,在民族国家建构历程中也发挥着不可替代的积极作用。通过自治的文化传统和独立的武装力量维护了社会稳定和国家安全,强化了国家对社会的权力,推动着国家建构的完成,有利于中东现代化的外源型国家建构向内源型国家建构的转型与回归。但部落社会存在狭隘的部落认同削弱了国家认同,影响了中东国家政治现代化国家建构的聚合。在"平衡对抗"的原则下,以父权制、劫掠与血亲复仇,以及荣誉观等为主要内容的部落主义文化成为部落对抗国家、部落与部落之间、部落与地区冲突的根源,为"外部行动者"提供了可能性,有时也会成为恐怖主义产生的温床。

(四)混合型政治文化

随着时代的发展,中东地区的政治文化也融入了某些现代主义的因素,出现了传统与现代相融合的、具有传统政治文化本质特征与现代政治文化发展趋向的混合型政治文化。

阿拉伯民族主义是现代中东混合型政治文化的主要组成部分,是近代东西方文明碰撞、交汇的结果,是西方民族主义思想与东方阿拉伯传统素材如种族、语言、文学、传统、地域等相结合的产物,具有明显的复合性特征。②20世纪初期,特别是二战前后,阿拉伯民族主义逐步发展成为一种思想体系,并在民众中汇聚成一股思想潮流,并且成为一种谋求民族权益的社会实践和群众运动。③作为战后中东地区最具影响力的社会思潮和实践运动,它是"阿拉伯人意识发展的结果,这一意识迸发在1400年前,在阿拉伯历史的

---

① 韩志斌:《中东部落:概念认知、类型演化及社会治理》,《史学月刊》,2021年第5期。

② Dawa Norbu, *Culture and the Politics of Third World Nationalism*, Routledge, 1992, p.1.

③ Munif al-Razzaz, *The Evolution of the Meaning of Nationalism*, Doubleday&Company, 1963, pp. 5-6.

进程中逐渐得到发展,并于现时代完成自我认识"①。在中东民族国家体系建立过程中,阿拉伯民族主义是指导阿拉伯人实现民族独立、国家统一和人民解放的主要意识形态。但民族主义也具有双重性。20世纪70年代后,中东地区出现了以国家利益为主的国家民族主义,成为阿拉伯民族分裂的制约性因素。与此同时,战后阿拉伯民族主义与中东强人政治模式相结合,使得"这种意识形态的主要功能不再是提供思想启蒙,而是沦为政治控制的工具"②。

阿拉伯社会主义是战后阿拉伯民族主义的主要代表和集中体现,主要存在于阿拉伯政治精英的中上阶层,特别是领导阶层的政治文化之中,属于政权主导并进行动员的文化类型。③它主要由阿拉伯民族主义、伊斯兰传统和科学社会主义的个别原理构成,带有浓厚的阿拉伯—伊斯兰特色,并非科学社会主义。④在阿拉伯共和制国家的政治发展中,"阿拉伯社会主义"提供了集权主义政权用以动员民众及运转国家机器的政治文化,普遍具有世俗化的意识形态取向,并依此建立了整套的政治制度,为独立探索中东国家政治现代化提供了可供参考的道路与模式。但阿拉伯社会主义治理模式在犹豫不决的民主化政治治理结构、进退两难的市场化经济治理体系及徒有其表的市民社会网络中,与多元化的全球治理和独特的中东国家政治现代化道路渐行渐远。⑤

伊斯兰中间主义发起于现代性伊斯兰主义者,源于对20世纪80年代以来面临的时代挑战,并在思想上成功地把这种挑战转化为主要以伊斯兰

---

① 张国伟:《阿拉伯民族主义的历史根源》,《阿拉伯世界》,1990年第3期。

② Roger Owen,*State Power and Politics in the Making of the Modern Middle East*,Third edition,Routledge,2004,p.142.

③ Kamel S. Abu Jaber,*The Arab Ba'th Socialist Party:History,Ideology,and Organization*,Syracyse University Press,1966,p.6.

④ 王铁铮、闫伟:《中东国家现代化实践及历史反思》,《历史研究》,2023年第4期,第50页。

⑤ 韩志斌等:《阿拉伯社会主义国家治理的历史考察》,中国社会科学出版社,2019年,第415页。

宪政主义、新伊斯兰主义等为表征的伊斯兰社会和政治思潮，[①]是传统与现代政治文化结合的最典型例证，也是伊斯兰教所具有的自我调节和自我更新能力的集中体现。这一思潮主张以伊斯兰教为基础奉行中正之道；重启"创制之门"实现伊斯兰文明与现代文明的融合；以渐进原则贯彻伊斯兰教法；借鉴西方积极的民主元素与伊斯兰民主相适应；反对极端主义倾向等。伊斯兰中间主义思潮是伊斯兰思想家在新的历史条件下对伊斯兰复兴主义所做的全新的理论建构。[②]从思想内容来看，它与阿富汗尼、阿卜杜、里达等人的现代伊斯兰主义具有继承性和一致性。从政治目的来看，它是伊斯兰主义自身反省和调整的反映，它没有放弃建立一个伊斯兰国家的目标，却为伊斯兰民主治理开拓了新的可能性。[③]

政治文化是一个国家政治制度体系现代化的软实力，国家建构需要强有力的政治文化力量作为支撑。中东政治文化对民众及统治者具有政治思想意识和价值取向的重要影响，在国家形态、政权属性、体系建构及角色定位方面表现出正向促进和阻碍消解的双重属性。因此，在建立中东现代国家民主制度时，当政者要积极引导传统和现代政治文化与社会发展、现实需要相适应，尽可能地消除政治文化中的负面影响，因为"一个稳定的和有效的民主政府，不光是依靠政府结构和政治结构：它依靠人民所具有的对政治过程的取向——即政治文化。除非政治文化能够支持民主系统，否则，这种系统获得成功的机会将是渺茫的"[④]。

从社会科学的系统理论角度看，当社会系统结构所能允许解决问题的

① Bruce K. Rutherford, What do Egypt's Islamists Want? Moderate Islam and the Rise of Islamic Constitutionalism, *The Middle East Journal*, Vol.60, No.4, Autumn 2006; Joshura A. Stacher, Post-Islamist Rumblings in Egypt: The Emergence of the Wasat Party, *The Middle East Journal*, Vol.56, No.3, Summer 2002; Raymond William Baker, *Islam without Fear: Egypt and the New Islamists*, Harvard University Press, 2003, p.17.

② 王泰：《埃及伊斯兰中间主义思潮的理论与实践》，《西亚非洲》，2012 年第 2 期。

③ 王泰、马云飞：《伊斯兰因素在埃及民族国家构建历程中的角色变迁》，《世界宗教研究》，2022 年第 10 期。

④ ［美］加布里埃尔·A. 阿尔蒙德、西德尼·维巴：《公民文化——五个国家的政治态度和民主制》，徐湘林等译，东方出版社，2008 年，第 443 页。

可能性低于该系统继续生存所必需的限度时,就会产生危机,从这个意义上说,危机就是系统整合的持续失调。①现代化本身是一个复杂的、多层级的问题,涉及技术、经济、政治、社会和文化等多方面的系统性革新。而且伴随全球化的经济和政治形势的发展,在二战后独立的发展中国家被迫加速走上西方发达国家近五百年才渐进走过的现代化之路,在探索和实践中普遍面临着政治矛盾、经济震荡、民众异议、外部干涉、社会演进等多重挑战和困境。许多新兴民族独立国家在政治体系尚未建立完善、经济能力和发展水平较低之时,便面临着民众要求政治参与、广开言路、分配物质福利的压力。②按照美国政治学家鲁恂·W.派伊的说法,将政治发展过程中面临的这些挑战归纳为发展中国家现代化道路的六大政治危机,即认同危机、合法性危机、贯彻危机、参与危机、整合危机和分配危机。③在中东国家探索现代化道路过程中,同样面临着以上六重危机和挑战。

(五)国家认同危机

在国际政治中,认同作为政治行为体相互识别的文化标识,能够对国际关系产生相当深远的影响。认同是社会成员对自己群体归属的一种认知和情感依附,民族、种族、宗教、语言、风俗等都是身份政治的重要媒介,也是政治行为体界定利益、采取行动的主要依据。④国家认同通常指生活在某一个国家之内的公民,基于对自己国家的历史文化传统、道德价值观念、理想信念、国家主权等的热爱基础上而建立起的认同。⑤不同的国家认同会建构出不同的政治利益,并导致不同的政治实践。⑥在发展政治学视域下,国家认同

---

① [德]尤尔根·哈贝马斯:《合法化危机》,刘北成等译,上海人民出版社,2009年,第4页。

② [美]加布里埃尔·A.阿尔蒙德、小G.宾厄姆·鲍威尔:《比较政治学——体系、过程和政策》,曹沛霖等译,东方出版社,2007年,第420~423页。

③ [美]鲁恂·W.派伊:《政治发展面面观》,任晓、王元la译,天津人民出版社,2009年,第81~85页。

④ [美]亚历山大·温特:《国际政治的社会理论》,秦亚青译,上海人民出版社,2000年,第282、290页。

⑤ 贾英健:《全球化背景下的民族国家研究》,中国社会科学出版社,2005年,第180页。

⑥ 韩志斌:《民族主义建构中的政治认同——伊拉克复兴党民族主义政治实践个案考察》,《世界民族》,2006年第1期。

危机可以表述为存在于文化、心理决定意义上的个人–群体认同和政治异议上的共同体认同之间的紧张。[1]中东多数国家认同危机产生的重要原因之一是，中东地区从来不是一个步伐统一和目标一致的整体，它被宗教派系、种族认同、部落纷争等因素分割成了零散而复杂的国家和地区单元。民众的认同意识处于非同质化环境，地区内既有阿拉伯、波斯、土耳其、库尔德、普什图、科普特、柏柏尔等种族，又存在着基督教、伊斯兰教逊尼派、什叶派及其分支等一系列教派，形成了多民族、多教派的族群意识结构。

此外，中东现代民族国家的建构大多为政治强人推动，曾受到了西方殖民者的干涉与扰乱，具有偶然性与强制性的特点。国家建构速度明显快于民族建构，从而形成了国家–民族，缺乏循序渐进的认同过程，使得自我认定的族群意识较为强烈。[2]中东的现代化因不同族群间的矛盾与隔阂而无法形成统一的共识，不利于社会的凝聚，并且人为地抛弃了互利思想，在社会资源竞争中更多地表现为短期利益交换甚至"零和博弈"。

（六）政治合法性危机

政治合法性指政府的决定基于正常的信仰及做出决定的正确方式被社会民众接受的基础和程度。[3]也有学者认为，合法性意味着政治体系有能力培育并坚定这样的信念：现存的政治制度是最适合于社会需要的，一个特定的民主制度的稳定性……依赖于政治体系自身的有效性和合法性。[4]中东国家强人政治的现代化发展模式决定了统治阶层与民众之间存在一定距离，在政策制定和实施方面的共识主要依赖于加入某些动员因素，或者长久以来形

---

[1] Leonard Binder, eds., *Crises and Sequences in Political Development*, Princeton University Press, 1971, p.53.

[2] Alfred Stepan, Juan J. Linz and Yogendra Yadav, The Rise of "State–Nations", *Journal of Democracy*, Vol.21, No.3, 2010.

[3] Monter Palmer and William R. Thompson, *The Comparative Analysis of Politics*, F. E. Peacock, 1978, p.74.

[4] Seymour Martin Lipset, Some Social Requisites of Democracy: Economic Development and Political Legitimacy, *The American Political Science Review*, Vol.53, No.1, 1959.

成的传统的政治文化感召力。即使在黎巴嫩这样的选举民主制国家,政府的政治合法性也被宗教及教派之间的分裂性政治文化所衍生的矛盾而削弱。

因此,中东国家政治现代化的政治合法性存在两方面主要问题。一方面,政府通过给予不同社会阶层人士进入政治体系的机会,承认其平等的政治与社会地位,从而为稳定的民主政治体系提供一种社会心理和价值基础。[1]依此而论,中东国家政治现代化的社会基础还远算不上牢固。另一方面,中东国家始终面临着政治转型中的合法性重构问题,几乎每个国家在进行现代化模式转换时,要么陷入传统政治的冲突局面,要么处于政治派系争权夺利的混乱之中。在新旧政治体制解构与建构的巨大鸿沟中,许多中东国家仍未找到平稳过渡的路径,也预示着中东国家的现代化之路必将漫长、坎坷且充满波折。

(七)政策贯彻危机

中东国家政府政策推行和向社会渗透能力较弱,导致其治理手段与效能明显弱化。此外,政策贯彻实施可以被看作政府意图向行动的转化,有时是作为政府系统对施加给它的压力和向它提出的要求作出反应,有时则是政府自己采取主动行动的结果。[2]然而政府的行为并不全是遵循政策而为,即使遵循,其结果也常常同期望有所出入。在政治学中,此种政策贯彻所面临的问题被称为"实施失败"或"实施偏差"。[3]

中东国家政治现代化发展中的政策贯彻危机主要存在以下三方面问题:一是政府机构的治理能力弱,政策目标的可实施性较差,政府办事人员的素质水平较低,无形中增加了治理成本,导致政策无法推行;二是政府机

① Seymour Martin Lipset, Some Social Requisites of Democracy: Economic Development and Political Legitimacy, *The American Political Science Review*, Vol.53, No.1, 1959.

② [英]韦农·波格丹诺(英文版主编)、邓正来(中译本主编):《布莱克维尔政治制度百科全书》,中国政法大学出版社,2011年,第297页。

③ L. Fisher, Addressing the Resurgence of Presidential Budget Making Initiative: A Proposal to Reform the Impoundment Control Act of 1974, *Texas Law Review*, Vol.63, 1984.

构的整合度较低,特别是阿拉伯共和制国家及海湾君主国,不仅缺乏横向的部门联动机制,还极易在纵向政策贯彻中出现"闭塞"现象;三是社会整合程度较弱,特别是叙利亚等国的政府与社会之间的联系脱节,在社会群体差异的基本情况下,强行推行统一政策或诸地采取不同政策的实施效果均不够理想,甚至产生不利的政策反馈。因此,从长远看,中东国家政治现代化的政策贯彻危机需要通过民众广泛参与到政策制定中来加以解决,但现阶段国家尤其需要强化政府能力和政策实施手段,捋顺政府各部门及中央与地方之间的关系,科学制定并落实政府的各项政策。

(八)民众参与危机

民众参与危机是在扩大民众参与的政治过程中,不断扩大的利益集团对现存政治体系的容纳和承受能力所提出的挑战,在近年来中东各国政治发展中颇具表征性。有西方学者称中东地区为"民主的沙漠",这在某种程度上或与该地区遍布的集权主义政权有一定关系。在中东国家政治现代化的诸多因素中,政治参与是公民分享政治权利的重要渠道,也是国家保障政治稳定、制衡政权领导人、解决社会矛盾的有力工具。[1]然而无论在深度上还是广度上,中东多数国家民众政治参与状况并不理想。当中东地区国家的集权主义政权缺少了政治参与的"减压阀",在其政治转型的道路上必然不会平稳顺畅。同时,较低的政治参与水平也间接地预示着阿拉伯剧变及诸多抗议示威活动爆发的必然性。

概括起来,除土耳其、黎巴嫩等国家的政治参与水平较高外,中东大多数国家的政治参与普遍存在两类问题:一类是严格限制政治参与,排除异己,只允许符合领导人意愿的政党有限度地参与选举、分享政权,以埃及最为典型。[2]沙特阿拉伯等君主国视政党为非法组织,传统政治参与的有效性

---

[1]　B. Barber, *Strong Democracy: Participatory Politics for a New Age*, University of California Press, 1984, p.21.

[2]　Maye Kassem, *Egyptian Politics: The Dynamics of Authoritarian Rule*, Lynne Rienner Publishers, 2004, p.82.

和效力性较弱。另一类是以土耳其军政府时期和阿尔及利亚为代表的多元政治严格限制伊斯兰政党参政。从历史发展进程看,由于以上国家严格限制政治参与,世俗反对派能力羸弱且在民众中威望有限,致使以穆斯林兄弟会为代表的宗教性政治组织成为势力最大的反对派, 也使得第一类与第二类国家的政党发展趋势出现合流。此外,即使是土耳其、黎巴嫩这样的国家,民众参与也不能保证政治发展的良性和平稳, 反而因为参与程度高于制度承载范围而导致了政坛混乱局面。

(九)政治整合危机

政治整合危机主要涉及政府活动与大众政治互相关联的问题, 主要表现为如何有效而妥善地处理政府政策贯彻和民众政治参与问题。中东多数国家的政府对行政机构、社会各团体很难进行有效组织的重要原因在于:一是许多阿拉伯国家的政治制度化及体系化存在大量缺陷, 行政机构缺乏联动机制;二是中东国家的政治动员模式具有压制性特征,需要社会各团体依循政治精英所谋划好的政策进行组织,造成了多元化水平较低的"虚假"社会组织;三是社会各团体,甚至政府各部门的利益取向差异较大,并且在集权主义的政治体制下,政治精英们缺少平衡利益关系的政治智慧,或干脆压制某些社会团体的社会及政治诉求, 而非将其组织成相互依存的利益共同体。21世纪以来,包括土耳其等政治发展水平较高的国家,也存在着大量的整合危机困境,关键在于政治一体化的基础并不牢固,政府有效性与整合性发展并没能达成共进关系,并且人为地忽视了社会中的多元诉求。未来中东各国需要考虑的关键问题在于, 如何处理好政治体系及社会子系统的整合与共同体塑造,并将有效的措施和机制加以制度化。

(十)政治分配危机

分配危机是政治发展过程中执政者运用政府权力分配商品、服务和价值时遇到的问题，[①]它主要表现为经济发展压力如何实现有效缓解、现代化发展成果如何实现全民共享。总体而言，土耳其、沙特阿拉伯等政局稳定、经济发展较好的国家，提供公共服务的能力较强。埃及、伊朗等国家能够向社会配给一定的商品及服务，但政局动荡和经济制裁等因素导致供给的有效性与土耳其等国家存在差距。叙利亚及内战时期的黎巴嫩，政府疲于应对战争局势，为社会提供的公共产品数量极为有限。事实上，中东地区无论是分配水平高还是分配能力低的国家，均存在两方面的问题。一方面，公共产品和财富没能进行公平地分配。数据显示，2011 年之前的中东地区，5% 的人口支配着社会 80% 的财富，约 1/3 的中东人口生活在贫困线以下，埃及近四千万人每天生活费用低于 2 美元。[②]阿拉伯剧变后，社会分层扩大现象并没有根本性好转，2013 年中东 18 个国家平均基尼系数为 0.676，属于极端不平等的社会财富分配情况，其中土耳其、埃及、沙特阿拉伯均超过了 0.7。[③]正如前世界银行行长罗伯特·S.麦克纳马拉所言，"过去大多数发展中国家国民收入的增加并没有对穷人起显著的影响。贫困问题深深根植于制度框架之中，特别是深植于制度内部的经济和政治权力的分配之中……增长不是公平地达到穷人。在许多发展中国家，迅速增长伴随着更大的收入分配不当"[④]。另一方面，中东国家特别是以沙特阿拉伯为代表的海湾君主制国家，还存在着商品及服务是否分配合理的问题。一般而言，海湾地区的石油君主国政府的主要任务是分配资源，[⑤]但福利国家造成了分配不当的问题，不利于激发民众的劳动积极性，造成了显著的"食利者心态"和资源浪费现象。[⑥]这使各国

---

① ［美］鲁恂·W.派伊：《政治发展面面观》，任晓、王元译，天津人民出版社，2009 年，第 84 页。

② 田文林：《对当前阿拉伯国家变局的深度解读》，《现代国际关系》，2011 年第 3 期。

③ Credit Suisse Research Institute, Global Wealth Databook 2013, http://usagainstgreed.org/GlobalWealthDatabook2013.pdf, 2017-06-22.

④ ［澳］海因茨·阿恩特主编：《经济发展思想史》，唐宇华、吴良健译，商务印书馆，1997 年，第 101 页。

⑤ K. C. Ulrichsen, Saudi Arabia, in C. Davidson ed., *Power and Politics in the Persian Gulf Monarchies*, Hurst & Co., p.65.

⑥ Lisa Anderson, Policy-making and Theory and Theory Building: American Political Science and the Islamic Middle East, in Hisham Sharabi ed., *Theory, Politics and the Arab World: Critical Responses*, Routledge, 1990, pp.37-45.

政府背上了愈发沉重的财政负担，从长远看并不利于这些国家的政治发展与稳定。

由于各国现代化发展条件和环境存在差异，这些政治危机出现的次序、矛盾的主要方面也是不同的。中东国家需要审慎地处理现代化进程中所面临的六大危机，选择好解决发展困境的先后顺序，更为重要的是需重塑或巩固有效的政治秩序。

现代化是一个包括经济、政治、文化、社会、科技、生态等在内的综合发展进程，政治领域则是考察一国现代化进程的重要视角。中东国家政治现代化历经不同演进阶段和艰难探索，在取得不同程度成就的同时，也仍然面临诸多困境和挑战。从国家建构、政治文化与政治危机三个维度反思和总结中东国家政治现代化发展道路的成败得失与经验教训，会给其他发展中国家以借鉴和启示。

第一，建立并完善现代国家政治制度体系是中东国家建构的核心问题。大体而言，中东现代民族国家建构过程中主要隐含的政治缺陷：一是仍然在很大程度上受到"外部行动者"的影响，西方殖民者人为划定的地理边界给中东国家现代化造成诸多民族及社会问题；二是中东现代民族国家建构在建立伊始便在某种层面上忽略了政治体系的整合问题，导致中东国家政治现代化的持续性波折，政治参与和政治发展并不表现为一种共进关系，反而弱化政治制度的效能。在比较政治学理论中，现代化道路与模式是一个争论不休的问题。由于世界各国政治制度的差异、国情基础的不同，没有现成的现代化道路与模式可以照搬。但多数外源型现代化国家习惯地将西方的政治模式视为必须模仿的"模特儿"和榜样，以为可以从中得出应当由各人类共同体都必须效法的标准、指数和原则。但设计和发展国家政治制度，必须注重历史和现实、理论和实践、内容和形式的有机统一，要坚持从国情出发，从实际出发，既要把握长期形成的历史传统，又要把握走过的发展道路，积累的政治经验、形成的政治原则，还要把握现实要求、着眼解决现实问题，不能隔断历史，不能想象突然就搬来一座政治制度上的"飞来峰"。[①]中东国家

---

① 习近平：《在庆祝全国人民代表大会成立 60 周年大会上的讲话》，《人民日报》，2014 年 9 月 6 日。

建构与现代化发展历程也证明，模仿西方政治模式的中东国家都未能实现真正的政治治理现代化目标。因此，一个国家政治制度体系的构建，不仅具有各国现代化的共同特征，更有基于这个国家的历史演进过程和民族的历史文化传统具有紧密联系和内在逻辑的自身特色。只有选择了适合自己民族特点的治理路径和模式，才能走出一条独特的现代化道路。这一点在中国式现代化道路的成功探索中得到了很好的印证。

第二，中东政治文化的历史遗产是影响中东国家建构的重要因素。由于中东地区的宗教地域特征和宗教强烈涉世性特征，在中东国家政治现代化进程中表现为伊斯兰教与现代化的关系。时至今日，中东国家仍旧没有处理好宗教与世俗、传统与现代、信仰与理性、部落与国家之间的关系。政教合一的历史遗产和以民族主义为核心的国家建构主导意识形态，二者的并存导致中东各国在回归宗教与坚持世俗问题上陷入深刻内耗和博弈。现代化不是脱离传统的空中楼阁，要想取得现代化的进步，就必须"坚持有鉴别的对待、有扬弃的继承……努力实现传统文化的创造性转化、创造性的发展"①，即最大限度地保留利用传统中的有益部分，在走向现代化的历史进程中保持自身的宗教特征与民族特性，保持自身对伊斯兰传统政治文化和现代混合型政治文化最大程度的尊重。此外，现代化从根本上说是人的现代化，因此必须要实现人的思想解放。

第三，提升政府的治理能力和制度水平仍然是中东国家建构的当务之急和重中之重。必须优先解决行政机构的整合危机和政府政策的贯彻危机。在此基础上，扩大政府对社会的公共产品分配，特别是对不同社会群体间进行公平、有效且合理地分配，从而加强政府的政治合法性。与此同时，还要依照自身国情，坚定、缓步且不间断地扩大民众的政治参与渠道，避免民主化诉求对政治发展的侵蚀。反观中国式现代化为第三世界独立探索现代化道路提供了全新选择，树立了正确典范，具有重要的世界历史意义。二战后，第三世界纷纷效仿西方的现代化发展模式，进行政治民主化和经济自由化改革，其结果是引发政局动荡，陷入大量外援和外债陷阱，进而丧失经济自主

---

① 《习近平谈治国理政》（第二卷），外文出版社，2017年，第313页。

权和发展决策权。这种把基于西方现代社会,从西方现代化历史经验中抽象出来的发展模式照搬到第三世界都会引起"水土不服",也不会取得现代化的成功。中国式现代化的成功经验表明,文明的多样性、国情的差异性决定了世界各国的现代化道路与模式都不会是同步的、相同的。因此,只有跳出西方政治模式的"窠臼",以自身社会经济和国情民意为基础,通过自身的实践,才能探索出适合本国国情的独特的现代化发展道路与模式。

参考文献

一、中文文献

（一）中文著作

1. 北京大学亚非研究所西亚研究室编著:《石油王国沙特阿拉伯》,北京大学出版社,1985 年。

2. 陈德成主编:《中东政治现代化——理论与历史经验的探索》,社会科学文献出版社,2000 年。

3. 高光福、马学清编著:《叙利亚》,社会科学文献出版社,2008 年。

4. 哈全安、周术情:《土耳其共和国的政治民主化进程研究》,上海三联书店,2010 年。

5. 哈全安:《中东国家的现代化历程》,人民出版社,2006 年。

6. 哈全安:《中东国家史 610—2000:伊朗史》,天津人民出版社,2016 年。

7. 哈全安:《中东史(610—2000)》,天津人民出版社,2010 年。

8. 韩志斌等:《阿拉伯社会主义国家治理的历史考察》,中国社会科学出版社,2019 年。

9. 黄维民:《奥斯曼帝国》,三秦出版社,2000 年。

10. 冀开运、蔺焕萍:《二十世纪伊朗史:现代伊朗研究》,甘肃人民出版社,2002 年。

11.贾英健:《全球化背景下的民族国家研究》,中国社会科学出版社,2005年。

12.蒋真:《后霍梅尼时代伊朗政治发展研究》,人民出版社,2014年。

13.金宜久主编:《当代伊斯兰教》,东方出版社,1995年。

14.李路曲:《当代东亚政党政治的发展》,学林出版社,2005年。

15.刘竞主编:《中东手册》,宁夏人民出版社,1989年。

16.刘靖华、东方晓:《现代政治与伊斯兰教》,社会科学文献出版社,2000年。

17.罗荣渠:《现代化新论》,北京大学出版社,1993年。

18.吕大吉主编:《宗教学通论》,中国社会科学出版社,1989年。

19.彭树智:《东方民族主义思潮》,西北大学出版社,1992年。

20.彭树智:《文明交往论》,陕西人民出版社,2002年。

21.钱学文:《当代沙特阿拉伯王国社会与文化》,上海外语教育出版社,2003年。

22.唐宝才:《冷战后大国与海湾》,当代世界出版社,2002年。

23.王林聪:《中东国家民主化问题研究》,中国社会科学出版社,2007年。

24.王三义:《工业文明的挑战与中东近代经济的转型》,中国社会科学出版社,2006年。

25.王三义:《晚期奥斯曼帝国研究(1792—1918)》,中国社会科学出版社,2015年。

26.王三义:《英国在中东的委任统治研究》,世界知识出版社,2008年。

27.王泰、陈小迁:《追寻政治可持续发展之路:中东现代威权政治与民主化问题研究》,社会科学文献出版社,2016年。

28.王铁铮、黄民兴等:《中东史》,人民出版社,2010年。

29.王铁铮、林松业:《中东国家通史:沙特阿拉伯卷》,商务印书馆,2000年。

30.王铁铮主编:《全球化与当代中东社会思潮》,人民出版社,2013年。

31.王铁铮主编:《世界现代化历程:中东卷》,江苏人民出版社,2010年。

32.王彤主编:《当代中东政治制度》,中国社会科学出版社,2005年。

33.王新刚:《20世纪叙利亚:政治经济对外关系嬗变》,西北大学出版社,2003年。

34.王新刚:《中东国家通史——叙利亚和黎巴嫩卷》,商务印书馆,2003年。

35.王新中、冀开运:《中东国家通史:伊朗卷》,商务印书馆,2002年。

36.王宇洁:《伊朗伊斯兰教史》,宁夏人民出版社,2006年。

37.王宇洁:《宗教与国家——当代伊斯兰教什叶派研究》,社会科学文献出版社,2012年。

38.徐心辉编著:《黎巴嫩》,社会科学文献出版社,2007年。

39.严庭国:《当代叙利亚社会与文化》,上海外语教育出版社,2006年。

40.杨灏城、朱克柔主编:《当代中东热点问题的历史探索——宗教与世俗》,人民出版社,2000年。

41.杨灏城:《纳赛尔与萨达特时期的埃及》,商务印书馆,1997年。

42.杨兆钧:《土耳其现代史》,云南大学出版社,1990年。

43.昝涛:《现代国家与民族建构:20世纪前期土耳其民族主义研究》,生活·读书·新知三联书店,2011年。

44.张铁伟编著:《伊朗》,社会科学文献出版社,2005年。

45.赵伟明:《近代伊朗》,上海外语教育出版社,2000年。

46.朱福慧、王建学:《世界各国宪法文本汇编》(亚洲卷),厦门大学出版社,2012年。

(二)中译文著作

1.[德]卡尔·布洛克尔曼:《伊斯兰各民族与国家史》,孙硕人等译,商务印书馆,1985年。

2.[法]热拉德·德·维里埃:《巴列维传》,张许苹、潘庆舲译,商务印书馆,2002年。

3.[美]埃尔顿·丹尼尔:《伊朗史》,李铁匠译,中国出版集团东方出版中心,2010年。

4.[美]戴维森:《从瓦解到新生:土耳其的现代化历程》,张增健、刘同舜译,学林出版社,1996年。

5.[美]菲利普·克·希蒂:《黎巴嫩简史》,北京师范学院《黎巴嫩简史》翻译小组译,北京人民出版社,1974年。

6.[美]弗朗西斯·福山:《政治秩序的起源:从前人类到法国大革命》,毛俊杰译,广西师范大学出版社,2014年。

7.[美]霍华德·威亚尔达:《新兴国家的政治发展——第三世界还存在吗?》,刘青等译,北京大学出版社,2005年。

8.[美]霍华德·威亚尔达编:《非西方发展理论——地区模式与全球趋势》,董正华等译,北京大学出版社,2006年。

9.[美]加布里埃尔·A.阿尔蒙德、小G.宾厄姆·鲍威尔:《比较政治学:体系、过程和政策》,曹沛霖等译,上海译文出版社,1987年。

10.[美]凯马尔·H.卡尔帕特:《当代中东的政治和社会思想》,陈和丰等译,中国社会科学出版社,1992年。

11.[美]利普赛特:《政治人:政治的社会基础》,刘钢敏等译,商务印书馆,1993年。

12.[美]鲁恂·W.派伊:《政治发展面面观》,任晓、王元译,天津人民出版社,2009年。

13.[美]塞缪尔·P.亨廷顿:《变化社会中的政治秩序》,王冠华等译,上海三联书店,1989年。

14.[美]塞缪尔·P.亨廷顿:《第三波:20世纪后期的民主化浪潮》,欧阳景根译,中国人民大学出版社,2013年。

15.[美]亚当·普沃斯基:《民主与市场——东欧与拉丁美洲的政治经济改革》,包雅钧等译,北京大学出版社,2005年。

16.[美]伊曼纽尔·沃勒斯坦:《现代世界体系》,庞卓恒等译,高等教育出版社,2000年。

17.[美]伊兹科威兹:《帝国的剖析》,韦德培译,学林出版社,1996年。

18.[日]田村秀治编:《伊斯兰盟主——沙特阿拉伯》,上海译文出版社,1981年。

19.[突尼斯]伊本·赫勒敦:《历史绪论》,李振中译,宁夏人民出版社,2014年。

20.[叙]莫尼尔·阿吉列尼:《费萨尔传》,何义译,商务印书馆,1977年。

21.[叙]以萨特·阿尔·努斯等:《叙利亚地理与历史概要》,马肇椿译,生活·读书·新知三联书店,1974 年。

22.[伊朗]阿布杜尔礼萨·胡尚格·马赫德维:《伊朗外交四百五十年》,元文琪译,商务印书馆,1982 年。

23.[以]摩西·马奥茨:《阿萨德传》,殷罡等译,世界知识出版社,1992 年。

24.[英]B.R.米切尔:《帕尔格雷夫世界历史统计·亚洲、非洲和大洋洲卷(1750–1993)》,贺力平译,经济科学出版社,2002 年。

25.[英]埃里克·霍布斯鲍姆:《民族与民族主义》,李金梅译,上海人民出版社,2006 年。

26.[英]伯纳德·刘易斯:《现代土耳其的兴起》,范中廉译,商务印书馆,1982 年。

27.[英]霍马·卡图简、[美]侯赛因·沙西迪编著:《21 世纪的伊朗——政治、经济与冲突》,李凤、袁敬娜、何克勇译,江苏人民出版社,2014 年。

28.[英]罗伯特·史蒂文思:《纳赛尔传》,王威等译,世界知识出版社,1992 年。

(三)期刊

1.陈剩勇、徐珣:《民主的社会基础:政治发展理论解读》,《浙江大学学报》(人文社会科学版),2009 年第 2 期。

2.哈全安:《伊斯兰传统文明的基本特征与中东现代化进程的历史轨迹》,《史学理论研究》,2007 年第 1 期。

3.姜明新:《伊斯兰化后突厥人对外扩张与奥斯曼帝国兴起》,《西亚非洲》,2007 年第 7 期。

4.李艳枝:《土耳其政治发展道路的反思与启示》,《西亚非洲》,2018 年第 4 期。

5.刘东:《叙利亚危机的历程、影响与重建前景》,《中东研究》,2021 年第 2 期。

6.刘义强、管宇浩:《国家建构:为什么建构、建构什么与如何建构——兼论国内研究之不足》,《学习与探索》,2015 年第 6 期。

7.潘光:《浅析黎巴嫩内乱的历史根源》,《阿拉伯世界研究》,2007 年第 3 期。

8.彭树智:《论 1905—1911 年伊朗资产阶级革命》,《西南亚研究》,1987 年第 4 期。

9.沈昌纯:《阿拉伯世界当代主要思潮》,《阿拉伯世界》,1998 年第 2 期。

10.苏闻宇:《浅谈"奥斯曼主义"思潮变异及衰亡的原因》,《世界民族》,2011 年第 1 期。

11.王三义:《传统社会诸因素对中东现代化的影响》,《西北大学学报》(哲学社会科学版),2004 年第 3 期。

12.王泰、马云飞:《后穆巴拉克时代埃及政治转型的道路选择与制度重构》,《中东研究》,2022 年第 2 期。

13.王铁铮、闫伟:《中东国家现代化实践及历史反思》,《历史研究》,2023 年第 2 期。

14.王铁铮:《试论中东国家的现代化》,《西北大学学报》(哲学社会科学版),1996 年第 2 期。

15.王新刚:《后冷战时代叙利亚复兴党民族主义的特点》,《西亚非洲》,2010 年第 5 期。

16.闫伟:《阿富汗塔利班崛起的历史逻辑》,《现代国际关系》,2021 年第 8 期。

17.杨仁厚:《政治发展概念的指涉与表述——发展政治学的视角》,《贵州大学学报》(社会科学版),2011 年第 3 期。

二、外文文献

1.Akram Fouad Khater, *Sources in the History of the Modern Middle East*, Houghton Mifflin, 2004.

2.Alaa Al-Din Arafat, *The Mubarak Leadership and Future of Democracy in Egypt*, Palgrave Macmillan, 2009.

3.Alexei Vassiliev, *The History of Saudi Arabia*, NYV Press, 2000.

4.Askar H. al-Enazy, *The Creation of Saudi Arabia: Ibn Saud and British Imperial Policy, 1914–1927*, Routledge, 2010.

5.Ayman Al-Yassini,*Religion and State in the Kingdom of Saudi Arabia*, Westview press,1985.

6.Berna Turam,*Between Islam and the State:the Polities of Engagement*, Stanford University Press,2007.

7.Bertelsmann Stiftung,*BTI 2018 Country Report:Saudi Arabia*,Bertelsmann Stiftung,2018.

8.Carol Hakim,*The Origins of the Lebanese National Idea:1840-1920*,University of California Press,2013.

9.Daryl Champion,*The Paradoxical Kingdom:Saudi Arabia and the Momentum of Reform*,Columbia University Press,2002.

10.David E. Long,*The Kingdom of Saudi Arabia*,University Press of Florida, 1997.

11.Derek Hopwood,*Syria 1945-1986:politics and Society*,Routledge,2013.

12.E. Zisser,*Asad's legacy:Syria in Transition*,New York University Press, 2001.

13.Elena Andreeva,*Russia and Iran in the Great Game:Travelogues and Orientdism*,Taylor & Francis,2010.

14.Erik J. Zurcher,*Turkey:A Modern History*,St Martin's Press,1998.

15.Ervand Abrahamian,*A History of Modern Iran*,Cambridge University, 2008.

16.Ervand Abrahamian,*Iran Betueen Tvo Revolutions*,Princeton University Press,1982.

17.Erwin I. J. Rosenthal,*Islam in the Modern States*,Cambridge University Press,1965.

18.Eyal Lisser,*Asad's Legocy:Syriain Transition*,New York University Press, 2001.

19.Fawwaz Traboulsi,*A History of Modern Lebanon*,Pluto Press,2007.

20.Feroz Ahmad,*The Young Turks:The Committee of Union and Progress in Turkish Politics*,*1908-1914*,Oxford University Press,1969.

21.Feroz Ahmad, *Turkey: The Quest for Identity*, Oneworld, 2003.

22.Fouad Al-Farsy, *Modernity and Tradition: The Saudi Equation*, Knight Communication, 1999.

23.Gilles Kepel, *The War for Muslim Minds: Islam and the West*, Harvard University Press, 2004.

24.Hatice Karahan, *The Quest for a New Indernational Aid Architecture: The Turkish Experience*, Palgrave Macmillan, 2020.

25.Huri Türsan, *Democratisation in Turkey: The Role of Political Parties*, Brwelles, PZE-Peter lang, 2004.

26.Ilzkowitz, *Ottoman Empire and Islamic Tradition*, Unviersity of Chicago Press, 1972.

27.Jacob M. Landau, *The Politics of Pan-Islam: Ideology and Organization*, Clarendon Press, 1990.

28.James Gelvin, *The Arab Uprisiings: What Everyone Need to Know*, Oxford University Press, 2012.

29.John Mchugo, *Syria form the Great War to Civil War*, Journal of Peace Research, 2014.

30.John Mchugo, *Syria from Great War to Civil War*, Saqi Books, 2014.

31.Joseph Kostiner, *The Making of Saudi Arabia(1916-1936): From Chieftaincy to Monarchical State*, Oxford University Press, 1993.

后 记

　　本书是西北大学中东研究所韩志斌教授主持的国家社科基金重大项目:非西方国家政治发展道路研究(项目号:15ZDA033)的子课题"中东国家政治发展研究"的结项成果,并得到国家出版基金资助。20世纪以来,中东地区的政治发展在传统与现代、东方传统与西方文明的相互交织与碰撞中独树一帜。本书主要以现当代西亚、非洲国家的政治发展变迁作为研究对象,结合现代化理论与发展政治学理论,重点研究现当代中东国家在西方政治文明的影响下所具有的不同政治发展道路、发展模式,特别是深入分析这些国家政治发展的独特性。

　　本书是集体成果,全书由韩志斌教授审定。

　　分工如下:

　　导论、结论——韩志斌(西北大学中东研究所教授)

　　第一章——李艳枝(辽宁大学历史学院教授)

　　第二章——吴彦(浙江大学历史学院副教授)

　　第三章——李云鹏(咸阳师范学院历史文化学院讲师、博士)

　　第四章——陈小迁(西北大学中东研究所博士)

　　第五章——高文洋(郑州大学历史学院讲师、博士)

　　第六章——李彩玲(西安外国语大学马克思主义学院讲师、博士)

　　第七章——薛亦凡(西北大学中东研究所博士研究生)

　　第八章——林友堂(四川大学历史文化学院博士后)

　　第九章——邢昊(西北大学中东研究所博士研究生)

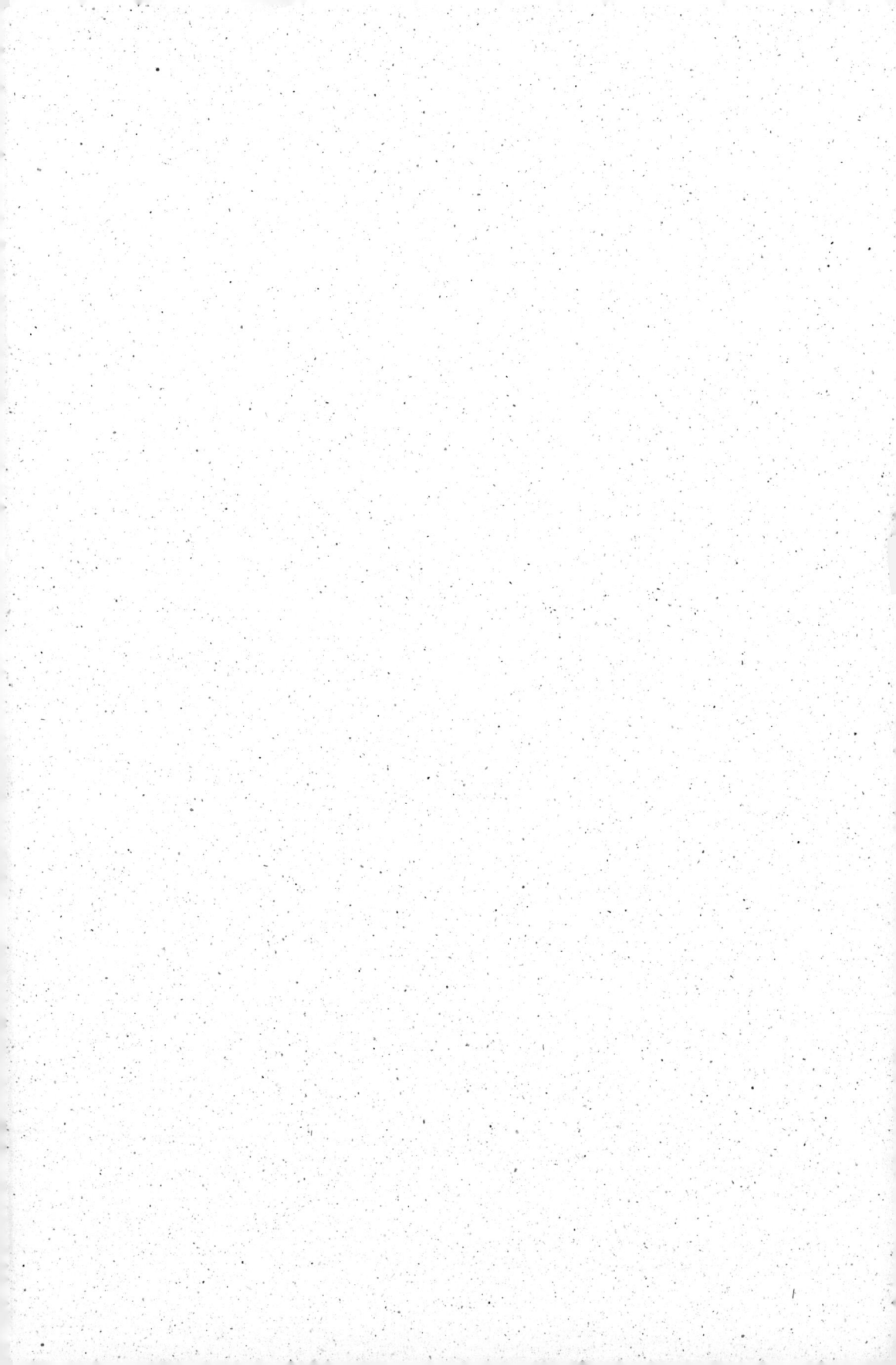